Aus der Mündlichkeit in die Schriftlichkeit: Höfische und andere Literatur

750–1320 Band **1**

Herausgegeben von
Ursula Liebertz-Grün

rororo
Rowohlt

Der Herausgeber dankt der Universität Essen für die finanzielle Förderung des Projekts.

Einige Artikel mußten leider gekürzt werden, um Überschneidungen zu vermeiden und um den vorgesehenen Umfang des Bandes einhalten zu können.

Zitate werden durch die in Klammern gesetzten Ziffern nachgewiesen. Hierbei bezieht sich die erste Ziffer auf die Titelnummer der Bibliographie, die der Anhang enthält, während die zweite, *kursiv* gesetzte Ziffer die Seite im zitierten Titel angibt.

Originalausgabe
Redaktion Burghard König
Umschlaggestaltung Werner Rebhuhn
Veröffentlicht im Rowohlt Taschenbuch Verlag GmbH,
Reinbek bei Hamburg, Oktober 1988

Satz Times (Linotron 202)
Gesamtherstellung Clausen & Bosse, Leck
Printed in Germany
1980-ISBN 3 499 16250 4

Inhalt

Ursula Liebertz-Grün

Einleitung

Beinahe hätte die Geschichte der Schriftlichkeit in den deutschsprachigen Gebieten um 510 begonnen, als der Ostgotenkönig Theoderich der Große (471 bis 526) seine Nichte Amalaberga mit dem Thüringerkönig Herminafrid verheiratete. Er beglückwünschte Herminafrid in einem Schreiben, das Cassiodor formuliert und überliefert hat, zu seiner «in den Wissenschaften gebildeten, in der Sittenlehre wohl unterrichteten, ...überaus liebenswürdigen Gemahlin, die mit Euch zusammen durch Rechtssatzungen Eure Herrschaft festigen und durch eine bessere Ordnung Euer Volk friedlich vereinigen möge» (Cassiodor, *Variae*, IV, 1, S. 114). Zwei Jahrzehnte später wurde das Thüringerreich von dem Merowingerkönig Chlothar I. (um 511 bis 561) und seinen Brüdern zerstört. Radegunde (518 bis 587), eine von Amalaberga erzogene, thüringische Prinzessin, die Chlothar als Gefangene nach Südfrankreich führte und heiratete, hat den Untergang des Thüringerreichs in einer an ihren Vetter Hamalafred in Byzanz gerichteten lateinischen Elegie mit dem Untergang Trojas verglichen. Die politische Neuordnung und die Einführung der lateinischen Schriftkultur, die Herminafrid nach Theoderichs Plänen unter Amalabergas Leitung in den analphabetischen deutschsprachigen Gebieten hätte in Gang setzen sollen, wurden erst zweieinhalb Jahrhunderte später unter der Herrschaft Karls des Großen (768 bis 814) Wirklichkeit. Neben der lateinischen Schriftlichkeit hat Karl die Verschriftlichung der später ‹deutsch› genannten volkssprachigen Dialekte gefördert. Aber das blieben Experimente. Das Ende der karolingischen Herrschaft (911) markiert das vorläufige Ende deutschsprachiger Schriftlichkeit. Erst eineinhalb Jahrhunderte später setzte ein Prozeß volkssprachiger Verschriftlichung ein, der nicht mehr abbrach.

In den ersten Jahrhunderten standen deutschsprachige Texte noch ganz im Dienst der Theologie. Das änderte sich um die Mitte des 12. Jahrhunderts, als Autoren und Publikum unter dem Einfluß der französischen

Adelskultur und -literatur die volkssprachige Literatur als autonomes Medium einer undogmatischen Wahrheitssuche entdeckten. Die französische höfische Literatur des 12. und beginnenden 13. Jahrhunderts ist vielgestaltiger, in sich widersprüchlicher, weltoffener und weniger konfliktscheu als die deutsche. Die deutschen Autoren haben Provokationen und Schockeffekte ihrer französischen Vorlagen nicht selten gestrichen oder entschärft. Das deutsche Publikum war unerhörten neuen Gedanken gegenüber weniger aufgeschlossen als das französische, das nur die Ohren aufsperren und die studierten Leute am Hof aushorchen mußte, um etwas über neuartige Erkenntnisinteressen und -methoden zu erfahren. Die Intellektuellen, die damals an den Hohen Schulen im französisch-englischen Kulturkreis den Ton angaben, provozierten die institutionalisierte Kirche zu mancherlei Gegenmaßnahmen, Verboten, Exkommunikationen und Bestrafungen, weil sie sich, inspiriert von der arabisch-griechischen Wissenschaft, selbstbewußt auf ihren Erkenntnishunger, ihre wissenschaftliche Neugier und ihren eigenen Verstand beriefen. «Ich greife meiner Gewohnheit nach beim Lehren nicht auf die Tradition zurück, sondern auf meine Geisteskraft», betonte Abälard (1079 bis 1142). Wilhelm von Conches (1080 bis 1154) empörte sich über die orthodoxen Traditionalisten: «Sie wissen nichts von den Naturkräften und wollen uns an ihre Unwissenheit fesseln; sie verurteilen uns dazu, wie ungehobelte Tölpel ohne Verstand zu glauben.» Adelard von Bath (um 1070 bis nach 1146) entgegnete einem von ihnen:

> «Ich habe... von meinen arabischen Meistern gelernt, die Vernunft zur Richtschnur zu nehmen, Du aber begnügst Dich damit, als Geknechteter der Kette einer moralisierenden Autorität zu folgen... Wie die dummen Tiere an der Kette geführt werden und nicht wissen, wohin oder warum man sie leitet, sondern sich damit begnügen, dem sie festhaltenden Seil zu folgen, so sind auch die meisten von Euch Gefangene einer tierischen Leichtgläubigkeit und lassen sich von der Autorität des Geschriebenen an einer Kette aus gefährlichen Glaubenselementen herumführen» [54; *S. 43, 54 u. 60*].

Die Kette, von der die höfischen Dichter sich selbst und ihr Publikum zu befreien versuchten, war die kirchliche Lehre vom irdischen Jammertal, von der natürlichen Verworfenheit des Menschen und die Verdammung von Sinnlichkeit und Erotik als Tor zur Hölle. Die Dichter dagegen behaupteten, daß erotische Liebe die Ursache aller individuellen und gesellschaftlichen Vollkommenheiten sei. Sie entwarfen im Artusroman das Idealbild einer höfischen Gesellschaft, in der es keine Ausbeutung und Unterdrückung gibt, weil die Bauern, die das Feld bebauen, die Bäcker, die das Brot backen, die Bauarbeiter, die die Burgen bauen, nicht im Bild erscheinen. Dargestellt werden nur die überaus schönen und edlen Ritter und Damen in ihren kostbaren Gewändern, umgeben von erlesenen Ge-

genständen, in ihren schönen Palästen. Die überaus vollkommenen Damen wirken auf die Männer als Katalysatoren der Menschlichkeit. Damit die Ritter ihr Heldengemüt und ihre Herrentugenden unter Beweis stellen können, gibt es den Bereich der Aventiure in der allerlei Unholde zu überwinden und viele edle Prinzessinnen zu befreien sind. Dank einer prästabilierten Harmonie wird der ungebärdigste und wildeste Ritter, der trotzig auf seiner Freiheit besteht, aus sexueller Leidenschaft für die schönste aller Damen zum Befreier und Erlöser der Gesellschaft, der alles noch Ungeglättete glättet.
Waren die Zuhörer von so viel Harmonie erschöpft, konnten sie den zarten Tönen und Klagen eines Minnesängers lauschen, der von seiner unerfüllten Liebe zu einer Dame sang. Die höfischen Dichter haben das leidenschaftliche Individuum entdeckt, das seine psychischen Befindlichkeiten registriert und zergliedert, das sich selbst und seine Kräfte erproben und in der Gesellschaft verwirklichen will. Trotz ihrer Leidenschaftlichkeit, Expressivität, Sinnlichkeit und Individualität wirkt die höfische Dichtung auf den heutigen Leser eher unpersönlich, weil die höfischen Dichter nicht die realmöglichen Konflikte realmöglicher Zeitgenossen ihrer realen Gesellschaft dargestellt haben, sondern die erträumten idealen Konflikte erträumter Idealgestalten in einer erträumten idealen Gesellschaft. Offensichtlich hatten die Herren an den Höfen die christliche Adelsethik und Weltkritik insoweit verinnerlicht, daß sie sich selbst und ihr weltliches Treiben nur als schön bejahen konnten, wenn sie ihre alltäglichen Praktiken, ihre Kämpfe um Machtchancen, ihre Brutalität gegenüber sozial Schwächeren, ihre Gewalttätigkeit im Umgang mit Frauen, poetisch verklärten.

Der vorgegebene Umfang des Bandes hat die Autor(inn)en zu mancherlei Auslassungen und Verkürzungen gezwungen. Die theologisch gebundene Literatur der ersten Jahrhunderte wird nur im Überblick dargestellt. Im Zentrum steht die höfische Dichtung; denn einige Autoren haben, obwohl ihre Gebundenheit an die Interessen der Herrenschicht ihre Texte unverkennbar geprägt hat, Kunstwerke von hohem Rang geschaffen, deren Schönheit, Formstrenge und Phantasiereichtum auch den heutigen Leser noch faszinieren kann. Texte wie Wolframs *Parzival* (etwa 1200/10) und Gottfrieds *Tristan* (etwa 1200/20) mögen einen Fremdheitsschock auslösen; aber wer wollte behaupten, daß Wolframs Traum einer befreienden Sublimierung und Gottfrieds Traum einer ebenso sublimen wie zwanglosen Entsublimierung bereits ausgeträumt seien?
Der Beginn der zwanziger Jahre des 13. Jahrhunderts, nicht dagegen das Ende der Stauferherrschaft 1250, markiert einen Einschnitt in der Geschichte der Literatur. Die Autoren orientierten sich nicht länger an den französischen Neuerscheinungen; die Phase der Bearbeitung und Über-

setzung französischer Texte war plötzlich zu Ende; es wurden nur noch wenige Epen, und bezeichnenderweise keine literarischen Novitäten, sondern bereits ältere Werke, ins Deutsche übertragen. Um 1220 hatte sich die deutschsprachige höfische Dichtung als ein Regelsystem etabliert, dessen labile Konventionen begabte Autoren hinreichend behinderten, um sie, auch ohne Rückgriff auf französische Vorbilder, zu Neuerungen und zum Spiel mit den Spielregeln anzureizen.

Ottokar von Steiermark hat den neuen Wortschatz und die im 12. und 13. Jahrhundert entwickelten Argumentations- und Darstellungstechniken eingesetzt, um die Faktizität der zeitgenössischen Wirklichkeit zu erfassen. Seine historiographische Leistung läßt sich am ehesten mit der künstlerischen Leistung eines Wolfram von Eschenbach oder eines Gottfried von Straßburg vergleichen. Während die beiden Epiker wildwuchernde Phantasiewelten in eine kunstvoll-komplizierte Form gebracht haben, hat Ottokar es verstanden, eine an sich verwirrende Fülle historischer Begebenheiten gedanklich zu durchdringen, verwickelte Zusammenhänge aufzudecken und anschaulich darzustellen, Geschichte unterhaltsam zu erzählen und dabei zugleich übergreifende politische und gesellschaftliche Strukturen sichtbar werden zu lassen. Kenntnisreicher, detaillierter und weltoffener als alle anderen deutschsprachigen Autoren des 12. bis 14. Jahrhunderts gibt er dem heutigen Leser Antwort auf die Frage, wie es denn in der Sicht eines klugen und aufmerksamen Zeitgenossen damals (1250 bis 1309) wirklich gewesen sei.

Der Prozeß des Sich-heraus-Tastens aus der Mündlichkeit in die lateinische und deutschsprachige Schriftlichkeit wird im 14. Jahrhundert beschleunigt. Immer mehr Menschen unterschiedlicher sozialer Zugehörigkeit lernen lesen und schreiben und partizipieren an der Literatur. Neue Gattungen wie das volkssprachige Drama, das erst im zweiten Band vorgestellt wird, gewinnen an Gewicht. Das Netz der Orte, an denen Texte verfaßt und rezipiert werden, wird dichter. Die Entscheidung, den ersten Band um 1300 beziehungsweise in den ersten beiden Jahrzehnten des 14. Jahrhunderts, in denen Ottokar sein Geschichtswerk verfaßt hat, enden zu lassen, sollte freilich nicht darüber hinwegtäuschen, daß die Übergänge fließend und die Kontinuitäten wichtiger als die Einschnitte sind. Die gattungsgeschichtlichen Beiträge, die nach bewährtem Muster mit übergreifenden und mit monographischen Artikeln zu einzelnen Autoren und Werken gemischt werden, lassen die Kontinuitäten deutlich erkennen. Die poetischen Gesellschaftsentwürfe waren von Anfang an umstritten. Die Moraldidaktiker haben die Fiktionalität der Ideale kritisiert und die althergebrachte Ansicht verteidigt, daß nur das zurechtgebogene und zurechtgestutzte, nicht aber das sich frei entwickelnde Individuum ein nützliches Mitglied der Gesellschaft werden könne. In Verserzählungen wurde der eng begrenzte Platz der oder des einzelnen in einer festgefügten Ordnung vermessen; nicht ohne Ambivalenzen, denn die verpönten Regelverstöße wurden nicht selten als sehr lustvoll dargestellt. Die Unzufriedenheit mit den realen Faktizitäten einerseits, unverbindlichen poetischen Wunschträumen andererseits artikulierte sich in den neuen Frömmigkeitsbewegungen, in mystischer Versenkung und, nachdem der kritische Elan, in die Welt hineinzuwirken, schnell verflogen war, in dem Bestreben, die bestehenden Herrschaftsverhältnisse zu legitimieren und zu stabilisieren. Wichtigstes Indiz der zunehmenden Verschriftlichung ist der beginnende Durchbruch der Prosa, der Fachprosa, der Prosa des Rechts, der Geschichtsprosa und der geistlichen Prosa.

Da Texte nicht aus Texten entstehen, sondern von Menschen verfaßt, gehört und gelesen werden, die miteinander interdependente Figurationen, soziale Systeme und Teilsysteme bilden, ist die Literaturwissenschaft eine Wissenschaft vom Menschen und die Geschichte des von Menschen veranstalteten Teilsystems Literatur eine Sozialgeschichte. Seit einigen Jahrzehnten versuchen Wissenschaftler und Wissenschaftlerinnen herauszufinden, wie sie diese allgemeine Einsicht als Schlüssel zu neuen Problemstellungen, Erkenntnischancen, Interpretationsexperimenten und methodologischen Modellversuchen benutzen können. Dabei haben sie im Bereich der älteren Literatur die Erfahrung gemacht, daß ihre professionelle Neugier durch den Mangel an Quellen empfindlich behindert wird. Es ist oft nicht möglich, die Situationen zu rekonstruieren, in denen Texte geschrieben, rezipiert und verbreitet wurden. Welche theoretischen Prämissen, methodologischen Grundsätze und wissenschaftlichen Verfahrensregeln bei der Lösung eines literarhistorischen Problems am ehesten hilfreich sind, ist umstritten. Die Autor(inn)en dieses Bandes haben jeweils die Fragestellungen und Methoden benutzt, die ihnen aus ihrer individuellen Sicht am ehesten als geeignet erschienen.

Eine Literaturgeschichte sollte die Neugierigen neugieriger machen. Wenn dieser Band die Leser zum Weiterlesen reizt, hätte er seinen Zweck erfüllt.

Franz Irsigler

Epoche – Sozialgeschichtlicher Abriß

Die sozial- und wirtschaftsgeschichtlichen Voraussetzungen und Bedingungen der Entstehung und Entfaltung von Literatur, wie sie in diesem Band definiert wird, können für die mehr als acht Jahrhunderte umfassende Periode der Geschichte Mittel- und Westeuropas nur in groben Umrissen dargestellt werden. Unmittelbare oder gar kausale Zusammenhänge zwischen Gesellschafts- und Wirtschaftsentwicklung einerseits und Formen, Trägern und Auftraggebern literarischer Produktion andererseits lassen sich allenfalls wahrscheinlich machen – als Bedingungen der Möglichkeit von Literatur. Auf ereignisgeschichtliche Elemente muß weitgehend verzichtet werden; Epochendaten finden Berücksichtigung als Wendepunkte oder Bruchstellen in der Dynamik der Strukturen langer Dauer.

Bevölkerungs- und Siedlungsentwicklung
Seit der großen demographischen Krise in den letzten Jahrzehnten des 6. Jahrhunderts, ausgelöst durch Pest, extreme Klimaschwankungen und Hungersnöte – betroffen waren neben Teilen Italiens und Spaniens vor allem Mittel- und Südgallien –, ist ein leichtes und trotz der periodischen, häufig aber nur regionalen Hungerkrisen stetiges Wachstum der Bevölkerung zu beobachten, das mindestens bis etwa 1280/1300 anhielt. Die gesamteuropäische Hungerkrise von 1315 bis 1317 signalisiert die Wende zur demographischen Katastrophe von 1347 bis 1352 in der Wiederkehr der Pest, die etwa ein Drittel der europäischen Bevölkerung hinwegraffte. Die in Mittel- und Westeuropa erfolgte Zunahme bis ins 14. Jahrhundert – von ca. neun Millionen um 500 auf zwölf Millionen um 1000 und über 35 Millionen um 1340 – wird zurückgeführt auf Änderungen der Ernährungsgewohnheiten, den Übergang zu protein- und vitaminreicher Kost, in Verbindung mit erheblicher Intensivierung der Landwirtschaft: Vergetreidungsprozeß, Einführung und Durchsetzung der geregelten

Dreifelderwirtschaft, Ausweitung der Gartenkulturen Wein-, Obst- und Gemüsebau in der grundherrschaftlichen Wirtschaftsorganisation. Technische Errungenschaften der Antike wurden übernommen und ausgebaut, vor allem die Mühlentechnik, neue Elemente wie der schwere, schollenwendende Räderpflug und die Verbesserung der Zugkraft (Pferdekummet) setzten sich durch, wo Bodenverhältnisse und Sozialsystem dies zuließen. Siedlungsvermehrung und -verdichtung sind im Altsiedelland bereits kurz nach der Landnahme der germanischen Stämme zu beobachten, wenngleich der Verdorfungsprozeß den Raum ungleichmäßig erfaßte und, vor allem im nordfranzösisch-niederländisch-niederdeutschen Bereich, weite Regionen die Einzelhof- und Weilerstruktur bis in die Neuzeit beibehielten.

Landesausbau durch Rodung, Eindeichungs- und Entwässerungsmaßnahmen, letztere verstärkt seit dem 11. Jahrhundert, initiiert und gesteuert durch König, Adel, Bischöfe und Äbte, getragen aber von der grundherrschaftlich abhängigen Bevölkerung, nur in Ausnahmefällen von freien Landgemeinden (Friesland, Teile der Schweiz), schuf das wichtigste Ventil für den steigenden Bevölkerungsdruck; im 13. Jahrhundert lassen erhebliche Wüstungsvorgänge in Mittelgebirgsregionen bereits auf Fehlsiedlungen und Bodenerschöpfung schließen, so daß die an der Wende zum 12. Jahrhundert einsetzende Ostbewegung weitere Impulse erhielt. Erst recht gilt dies für den mittelalterlichen Urbanisierungsprozeß. Substanzverluste durch Hungersnöte, Krankheiten, Kriegszüge auswärtiger Völker in der Folge der Araber-, Awaren-, Normannen-, Ungarn- und Wendeneinfälle zwischen 711 und 1066, durch Reconquista – unter Beteiligung französischer Bauern nach 1050 – und Kreuzzugsbewegung seit 1096 konnten relativ rasch wieder ausgeglichen werden. Das stärkste Wachstum der Bevölkerung, des Kulturlandes und der Siedlungsdichte erfolgte zwischen 1100 und 1250.

Urbanisierung

Die urbane Tradition der Antike beeinflußte den Neuaufbau des mittelalterlichen Städtewesens in abgestufter Form, relativ stark in Oberitalien, wo sich städtische Siedel-, Wohn- und Lebensformen weitgehend erhielten und durch die Unterwerfung des Umlandes (*contado*) die Entstehung autonomer Stadtstaaten ermöglicht wurde, sowie in den zum Mittelmeer hin orientierten Teilen Galliens bzw. des Merowingerreiches bis zur islamischen Expansion im westlichen Mittelmeerraum. In Nordgallien, England, den Rhein- und Donaulanden wirkte das antike Erbe nur begrenzt fort; die Abstufungen der Kontinuitätselemente reichen von der topographischen Anknüpfung an römische Städte und Kastellorte über begrenzte Bevölkerungsstabilität, die Nutzung spätantiker Befestigungsanlagen, öffentlicher und sakraler Bauten bis zum Weiterleben rudimentärer Organisationsformen im Übergang zahlreicher Civitas-Grenzen zu bischöflichen Amtssprengeln. Die weitgehende Abschließung Mittel- und Westeuropas vom mittelmeerischen Wirtschaftsraum führte zu einer deutlichen Verlagerung der Handelswege nach Nordwesten und Norden an die Atlantik-, Nord- und Ostseeküste.

Vorformen städtischen Lebens entwickelten sich in Kaufmannsniederlassungen (Wiken), Hafenplätzen, Zollstellen, Märkten und frühen Burgplätzen; offene Kaufmanns-, bald auch Handwerkersiedlungen entstanden bei befestigten Bischofssitzen, Königspfalzen, Klöstern, Stifts- und Dynastenburgen; der typische «topographische Dualismus» findet sich am klarsten ausgeprägt in den flandrischen Kastellaneistädten mit Grafenburg und Kollegiatsstift einerseits, *portus/emporium* und Handwerkersiedlung andererseits. Die Umwallung oder Ummauerung der beiden Kerne, meist verbunden mit der rechtlichen Abgrenzung vom Umland, bedeutet den Abschluß des Stadtwerdungsprozesses beim Typ der ‹gewachsenen Stadt›. Während sich im westlichen Karolingerreich, vermutlich wegen der stärkeren Kontinuität des Marktlebens, nur Spuren von Marktrechtsverleihungen finden, erfolgte östlich der Maas im 9. Jahrhundert die schrittweise Ausbildung des königlichen Marktregals mit der Verleihung von Markt, Zoll und Münze, das in Verbindung mit Burgen-, Straßen- und Brückenbau unter den Herrschern aus dem sächsischen und salischen Haus die Basis für eine aktive königliche Raumordnungspolitik bot.

Neben die gewachsenen Städte aus antiker oder frühmittelalterlicher Wurzel traten seit dem 11. Jahrhundert Gründungsstädte, zum Beispiel 1067/70 Geraardsbergen/Grammont, 1120 Freiburg i. Br., 1143 bzw. 1158 Lübeck. Wesentliche Anstöße zur Städtegründung gab nach 1050 die Reconquista im nördlichen Spanien, verbunden mit der Sicherung des Pilgerwegs nach Santiago de Compostela, jenseits und diesseits der Pyrenäen (*salvitates/sauvétés*, später *bastides*-Typ), wobei Königtum und große Adelsfamilien die Chance zur Sicherung bzw. zum Ausbau der Landesherrschaft nutzten. In ähnlicher Weise und ebenfalls unter territorialen Gesichtspunkten erfolgte die große Welle der Städtegründungen und -privilegierungen in Flandern, im Maas- und Niederrheinraum im 11. bis 13. Jahrhundert; das frühe Vorbild der Zähringer, Welfen, Staufer, Wettiner und Habsburger ahmten im Reichsgebiet kleinere Dynasten wie die Grafen von der Mark oder die Edelherren zur Lippe nach.

Die präurbanen und urbanen Siedlungen des frühen Mittelalters wirkten eher wie «Inseln in einer rustikalen Umwelt« [23; *S. 46f*]; zahlreiche Kaufmannsniederlassungen bestanden nur knapp zwei Jahrhunderte, weil die Verflechtung mit dem Umland zu wenig ausgebildet war, und auch die weltlichen und kirchlichen Herrschaftszentren trugen als Standorte grundherrschaftlicher Haupthöfe stark agrarischen Charakter. Der Weg zur vollentwickelten mittelalterlichen Stadt führte über die Durchbildung der zentralörtlichen Funktionen herrschaftlich-militärischer, wirtschaftlicher und kultisch-kultureller Art, die neben weiteren Faktoren wie Siedlungsverdichtung, Gliederung der Bebauung, sozialer und beruflicher Schichtung, rechtlicher Sonderung vom Umland, genossenschaftlichen Einrichtungen usw. per definitionem als unverzichtbar für die Stadtqualität anzusehen sind. Die erste Welle der Gründungsstädte diente zunächst der herrschaftlichen und wirtschaftlichen Raumerfassung, wobei Herrschaftsträger und frühbürgerliche Kräfte in besonderer Weise zusammenarbeiteten. Seit dem 13. Jahrhundert treten in den Kernzonen des Urbanisierungsprozesses, in Nordostfrankreich, der Champagne, in Flandern, Brabant, an Maas und Rhein, dann in Oberdeutschland, an der südlichen Ostseeküste und in Teilen Mitteldeutschlands hierarchische Strukturen im Städtewesen klar hervor, wobei als Zentralorte hoher und höchster Stufe frühe Residenzen (Paris), Bischofssitze und, häufig in Verbindung mit weitreichenden herrschaftlich-administrativen und kultisch-kulturellen Zentralfunktionen, Exportgewerbe- und Fernhandelsstädte bzw. Hafen- und Handelsstädte einzustufen sind. Seit dieser Zeit kann man von Städtelandschaften sprechen.

Wirtschaftsordnungen: Grundherrschaft und Stadtwirtschaft

Bis zur Mitte des 14. Jahrhunderts waren 90 bis 95 Prozent der Bevölkerung im ländlich-agrarischen Bereich tätig; nur in wenigen, gewerblich hochproduktiven Regionen, in Flandern/Brabant, an Rhein und Maas, im Bodenseeraum und natürlich in Oberitalien, dürfte der Anteil der stadtsässigen Bevölkerung bis zum Ende des 13. Jahrhunderts 20 Prozent schon erreicht oder überschritten haben. Trotz der schrittweisen Durchsetzung geldwirtschaftlicher Elemente seit den karolingerzeitlichen Münzreformen – Einführung des Silberdenars als Fernhandels-, Markt- und Abgabenwährung –, der starken Belebung von Handwerk und Handel, der Zunahme der Markt- und Verkehrsabgaben (Zölle, Geleits- und Brückengelder, Schlagschatz aus der Münzprägung, Rodungs- und Bergbauzehnt etc.), des Aufstiegs von Jahrmärkten und Messen sowie der Ausbildung von neuen Formen der Kreditpraxis beruhte Herrschaft weiterhin überwiegend auf den Erträgen der Landwirtschaft, auf Abgaben und Leistungen der unfreien Bevölkerung.

Der moderne Ordnungsbegriff der Grundherrschaft bezeichnet ein sehr komplexes Wirtschafts-, Sozial- und Rechtssystem, seit dem 6. Jahrhundert geformt aus spätantiken Elementen der Latifundienwirtschaft und germanischen Formen der Leib- und Gefolgschaftsherrschaft, die in den unterschiedlichen Arten der Landnahme – von der Laeten- und Foederatensiedlung (Hospites-System) bis zur gewaltsamen Eroberung und Verknechtung der einheimischen Bevölkerung – zu starken regionalen Diffe-

renzierungen führte. Die in der Karolingerzeit voll ausgebildete Villikationsverfassung als bi- oder tripartites System von Eigenwirtschaft (Sal- oder Herrenland, *terra indominicata*) und Diensten und Abgaben herrschaftlich gebundener Hufenbauern beschränkte sich auf den Kernraum fränkischer Herrschaft zwischen Loire und Rhein sowie das alemannische und bayerische Stammesgebiet. In West- und Südfrankreich blieben ‹gutswirtschaftliche› Elemente stärker lebendig, östlich des Rheins, vor allem im sächsischen Stammesgebiet, setzte sich, auch bedingt durch Siedlungsform und Siedlungsdichte, mit zeitlicher Verzögerung die Variante der Rentengrundherrschaft durch, in der die Eigenwirtschaft des Grundherrn und damit auch die Dienste bereits reduziert waren; das Hauptgewicht lag auf der Erhebung von Natural- und Geldabgaben.
Die Gesamtheit der in einer Villikation arbeitenden, dienenden und leistenden Personen, die *familia* (Hörigenverband), war ähnlich wie das zu bewirtschaftende Land rechtlich, sozial und den wirtschaftlichen Möglichkeiten nach stark differenziert. Die Skala reichte von dem besitzlosen, ursprünglich fast sklavengleichen und zu ungemessenem Dienst verpflichteten Gesinde des Herrenhofs über abgaben- und dienstpflichtige Hufenbauern mit abgestufter Belastung und unterschiedlichem Rechtsstatus im Rahmen der Unfreiheit bis zu persönlich freien und freizügigen Leuten, die lediglich Grundzins als Leistung für das vom Grundherrn überlassene Land zahlten. In dieser inneren Ungleichmäßigkeit lag der entscheidende Grund für die Aushöhlung und Auflösung des Systems. Es drängte nach Ausgleich sowohl innerhalb einer Villikation als auch, wegen der extremen Gemengelage, zwischen benachbarten Grundherrschaften; dabei scheint die Attraktivität geistlicher Großgrundherrschaften die Verbesserung der sozialen und rechtlichen Situation der Hörigen des Adels nicht unwesentlich beeinflußt zu haben. Leistungsverweigerung, frühe Hörigenverschwörungen (*coniurationes servorum*) in Flandern, die drohende Abwanderung unter mildere Herrschaftsformen mit Rodungsmöglichkeiten in anderen Grundherrschaften, nach Osten und zunehmend in die Städte – auch wenn Stadtluft erst mit Verzögerung frei machte – führten zu Verbesserungen des Besitzrechtes (Erblichkeit), Verminderung oder wenigstens Fixierung von Abgaben und Diensten, der Möglichkeit, diese durch Geldzahlung abzulösen und somit langfristig im Zuge der Inflation des Silberdenars spürbar zu senken. Die Reduzierung der Dienste schränkte die Eigenwirtschaft des Grundherrn deutlich ein. Bis zum 12. Jahrhundert bildete sich in Frankreich ein relativ einheitlicher Stand von Zinsbauern, deren grundherrliche Lasten seit der Karolingerzeit um fast 90 Prozent gesunken waren. Ähnliches darf man für die südlichen Niederlande, Burgund, Lothringen und Luxemburg annehmen.
Bei allem Autarkiestreben in der Versorgung des Grundherrn und der

familia war selbst die durchgebildete Villikationsverfassung kein geschlossenes System. Schon in der Karolingerzeit sind Marktorientierung der landwirtschaftlichen und zum Teil auch der gewerblichen Produktion – Tuchherstellung in den Gynaeceen, Glasfabrikation, Töpferei – nachweisbar. Ein wesentliches Element der Außenbeziehungen bildeten die herrschaftlich gebundenen Kaufleute, die teils aus der *familia*, teils aus freien Kaufmannsgruppen (Friesen, Flamen) stammten und als Wachszinser vornehmlich der geistlichen Grundherrschaften bei ihren Handelsreisen deren Zollfreiheiten und -vergünstigungen nutzten. Prümer Hörige vertrieben die Salzüberschüsse des Eifelklosters aus den lothringischen Salinen, Zensualen von St. Peter und St. Bavo in Gent findet man als Weinaufkäufer am Mittelrhein, Klosterkaufleute von St. Emmeram/Regensburg als Besucher der Märkte von Kiew, um Pelzwerk einzukaufen. Die bereits in den Grundherrschaften weit vorangetriebene handwerkliche Spezialisierung erleichterte, wenn der Grundherr gleichzeitig Stadtherr war oder wurde, also in den Bischofssitzen, Kloster- und Stiftsstädten, den Kastellorten Nordwesteuropas und später auch in den Burgsiedlungen rechts des Rheines, die Konzentration gewerblich tätiger Höriger. Die ursprüngliche, aus der Grundherrschaft abzuleitende herrschaftliche Bindung von Handwerkerorganisationen (Zünften), die seit dem 11. Jahrhundert in Nordfrankreich (Rouen), in Paris und in den rheinischen Bischofsstädten quellenmäßig faßbar sind, blieb – ungeachtet des ebenso wichtigen Elements der freien genossenschaftlichen Einung – zum Teil bis ins Spätmittelalter bestehen. Nach dem *liber annalium iurium* von ca. 1180/90 konzentrierte der Trierer Erzbischof Pergament- und Glashüfner im Nahbereich der Stadt, forderte von den Metzgern Botendienste und schickte die Meister der Pelzerzunft noch im 16. Jahrhundert auf eigene Kosten zum Pelzeinkauf nach Köln.

Grundherrschaftliches und städtisches Wirtschaftssystem waren in der entscheidenden Phase des Urbanisierungsprozesses im 12./13. Jahrhundert noch außerordentlich eng miteinander verknüpft. Die Stadt war bevorzugter Standort von herrschaftlichen Großhaushalten der Erzbischöfe, Bischöfe, Klöster und Stifte mit enormer Nachfrage für Luxuswaren, hochwertige Nahrungsmittel und Verbrauchsgüter. Der landsässige Adel, der zusammen mit einigen Klöstern, die nicht zum Ansatzpunkt städtischer Entwicklung wurden, dem Land noch ein gutes Stück politischer und kultureller Eigenbedeutung beließ, besaß ebenso Stadtquartiere oder -höfe wie die *in eremo* verbleibenden Klöster. Wesentliche Funktionen auf dem tertiären Sektor – Botendienst/Nachrichtenwesen, Münzprägung und Münzwechsel (Münzerhausgenossenschaften), Verkehrs- und Transportorganisationen –, Markt- und Verkaufseinrichtungen, Armen- und Pilgerfürsorge waren in den großen geistlichen Grundherrschaften schon so weit ausgebildet, daß sie bei der endgültigen

Bindung an urbane Zentren nur noch angepaßt werden mußten. Der Prozeß der Vereinheitlichung des Rechtsstatus der Stadtbewohner wurde durchweg nur hinsichtlich der Gleichheit vor dem städtischen Gericht erreicht, nicht aber im Bereich der politischen Rechte.

Nichtsdestoweniger fand bis 1300 der Prozeß zunehmender Arbeitsteilung zwischen Stadt und Land einen vorläufigen Abschluß. Vor allem die Stärkung der wirtschaftlichen Zentralfunktionen veränderte das Land, beschränkte es auf Agrarproduktion und Bergbau, die Rohstofflieferung für die städtischen Gewerbe und die Versorgung mit Getreide, Wein, Obst, Gemüse und Brennholz. Erst im 12. Jahrhundert wurde der Stadt-Land-Gegensatz, in Nordwesteuropa früher als in Mittel- und Ostmitteleuropa, in voller Schärfe erkennbar, abzulesen zum Beispiel aus dem ‹Stadterlebnis› Parzivals nach Chrétien de Troyes (vor 1150 bis um 1190), das man durchaus auf eine der Messestädte der Champagne beziehen kann: Er sah die Stadt

«ansehnlicher Leute voll, / und die Tische der Geldwechsler / sind ganz mit Münzen bedeckt. / Er sah die Plätze und Straßen / voll von guten Arbeitern, die verschiedene Handwerke ausübten: / jene polierten die Schwerter, / die einen walkten Tuche, die anderen webten, / jene hechelten, diese schoren sie, andere schmolzen Gold und Silber / und machten gute Werke davon, / machten Pokale und Schalen / und emailliertes Geschmeide, / Ringe, Gürtel und Schließen. / Man hätte glauben und sagen können, / daß in der Stadt immerzu Markt sei, / so sehr war sie des Reichtums voll / an Wachs, an Pfeffer, Scharlachröte, / an kleinen grauen Pelzen / und aller Art von Waren».

Der Eindruck, den Chrétien unterstellt, ist positiv, geprägt von Staunen, Bewunderung, ein wenig Neid und vor allem Faszination: Der Ritter vom Lande wird gefesselt durch die Aktivität des Lebens, die Buntheit des Bildes von Arbeit und Reichtum, das er geradezu als Schauspiel empfindet. Alle wesentlichen Elemente der typischen Exportgewerbe-, Fernhandels- und Messestadt sind erfaßt: Markt und Messe als Grundstrukturen lokaler, regionaler und internationaler Verkehrswirtschaft, differenziertes, auf Markt und Fernhandel orientiertes Gewerbe und Geld, Wechselbänke, vielleicht auch schon Kredit als entscheidende Motoren städtischer Wirtschaft.

Markt und Stadt gehörten untrennbar zusammen. Von den drei bekannten Formen des Marktes, Jahrmarkt/Messe, Wochenmarkt und täglicher Markt, entfalteten die beiden letzteren wegen ihrer Siedlungsgebundenheit eine besonders hohe stadtbildende und stadterhaltende Kraft. Jahrmärkte konnten im Prinzip ohne Anbindung an eine städtische Siedlung existieren; sie haben mancherorts tatsächlich auf freiem Felde stattgefunden. Die schon im 7. Jahrhundert als Treffpunkt von Kaufleuten aus Süd- und Nordwesteuropa bezeugte Lendit-Messe von St. Denis bei Paris, die bis ins Spätmittelalter lebendig blieb, gab keine nennenswerten Siedlungsimpulse. Der Fernhandel des frühen Mittelalters, in erster Linie Luxuswarenhandel, neben einheimischen Klosterkaufleuten getragen von Syrern, dann Juden, Angelsachsen, Friesen, Dänen und Gotländern, war weder als Karawanenhandel auf dem Land- und Seeweg von einem Handelszentrum (Wik) oder Messeplatz zum anderen noch als Hausierhandel von Herrenhof zu Herrenhof grundsätzlich auf städtische Zentren angewiesen. Solche dispersen Funktionen des Fernhandels konnten den Aufstieg präurbaner Siedlungen zu einem wirtschaftlichen Zentralort höherer Stufe nur dann beschleunigen, wenn markt- und exportorientierte Gewerbe und eine aktive, siedlungsgebundene Kaufmannschaft bereits die Grundlagen geschaffen hatten. Der Aufstieg der südenglischen Messeplätze, des niederrheinischen Messesystems mit Köln, Aachen, Duisburg und Utrecht, das insgesamt elf bis zwölf terminlich im Jahresablauf aufeinander abgestimmte Jahrmärkte umfaßte, und des berühmten Messesystems der Champagne mit Lagny, Bar sur Aube, Troyes, Provins – zeitweise ergänzt durch die Lendit-Messe und die Jahrmärkte von Chalon-sur-Saône in Burgund –, das einen nahezu permanenten Jahrmarkt von zehn Monaten ermöglichte, diese enorme Konzentration von Marktinfrastrukturen im west- und nordwesteuropäischen Raum seit dem 12. Jahrhundert ist nur zu erklären aus der Nähe zu hochproduktiven Tuch- und Metallgewerbelandschaften. Erst recht gilt dies für die nur wenig später aufblühenden flandrischen Messeplätze (Brügge, Ypern), die im 14. Jahrhundert zusammen mit den Brabanter (Antwerpen, Bergen-op-Zoom) und Wetterauer Messen (Frankfurt, Friedberg) die französischen Messen beerben sollten. Chrétiens Beschreibung des Marktlebens entspricht zum Teil der Reihenfolge in der Spezialisierung der Messeplätze der Champagne: Tuchmesse, Leder- und Pelzmesse, Messe der nach Gewicht verkauften Waren, vor allem der Gewürze, Zahlmesse (Verrechnung, Wechsel, *lettre de foire*).

Als weitere Grundlagen für die Steuerungsfunktion der großen Messen und Jahrmärkte, ihren Einfluß auf Stärke und Richtung der Handelsströme, Rhythmus und Absatz der gewerblichen Produktion, Regelung des Zahlungsverkehrs, der Geld- und Kreditströme müssen die Existenz von regionalen Jahrmärkten und der permanente Markt der Städte unterschiedlicher Größe und Marktorte, also der Unterbau in der hierarchischen Stufung, und grundlegende Veränderungen in der Handelspraxis angeführt werden. Der schreibgewandte *clericus*, der die Kaufmanns- und Schiffskarawanen bis ins 13. Jahrhundert begleitete, wurde allmählich überflüssig durch die schriftliche Fixierung von Geschäften auf Kreditbasis in städtischen Schuldbüchern, in den Messebriefen (Chirographform), gegen Ende des 13. Jahrhunderts auch schon durch Ansätze kaufmännischer Buchführung, die auf zunehmende Alphabetisierung der wirtschaftlichen Führungsschichten schließen läßt. Die Steuerung des

Handels vom Kontor aus setzte sich seit dieser Zeit durch; der die Ware selbst begleitende Kaufmann wurde – vom Messebesuch abgesehen – die Ausnahme. Neue Organisationsformen des Handels, auf alten Fernhändlergilden und dem Karawanenhandel aufbauend, entstanden im flandrisch-niederrheinischen Raum und in den aufstrebenden Handelsplätzen an Nord- und Ostsee: mehrere flandrische Hansen, die ‹Hanse der 17 Städte› als Zusammenschluß für den Besuch der Champagner-Messen und schließlich die aus niederrheinischen und niederdeutschen Kaufmannsgruppen von den Außenkontoren in London, Brügge und Novgorod her aufgebaute Deutsche Hanse. Auf lokaler Ebene entstanden Handelsgesellschaften, Partenreederei und andere Konsortien als Organisationsformen zur Risikoverteilung.

Das in der Periode der regionalen Pfennigwährungen destabilisierte karolingische Geld- und Währungssystem erhielt seit der Mitte des 13. Jahrhunderts durch Anstöße aus führenden oberitalienischen Städten Venedig, Florenz und Genua bzw. aus dem Machtbereich des französischen Königs neue Grundlagen durch die Wiederaufnahme der Goldmünzenprägung in Florenz (Floren/Gulden), Genua und Venedig (Zechine/Dukat) 1252 bzw. 1284 und die Ausbringung mittelschwerer Silbermünzen im zwölffachen Wert des Denars. Nicht der Grosso oder Matapan von Venedig seit etwa 1200 und vergleichbare Münzen aus Florenz, sondern der seit 1266 geprägte grossus Touronensis wurde Vorbild für die Groschenwährungen West- und Mitteleuropas im späteren Mittelalter; die Tournose überlebte als Berechnungsgrundlage für Zolleinnahmen bis in die frühe Neuzeit. Die schwierige Umstellung des Währungssystems auf eine zunächst relativ stabile Gold-Silber-Doppelwährung förderte das Eindringen oberitalienischer, savoyardischer (Asti, Chieri), aus Cahors (Kawertschen) stammender und jüdischer Kaufleute und Bankiers in die Münz-, Zoll- und Bergregalverwaltung nahezu aller Reiche und Territorien Mittel- und Westeuropas, die ihr Modernisierungsdefizit gegenüber den führenden, weitgehend schon autonomen Handels- und Exportgewerbestädten damit zum Teil ausgleichen konnten.

Verfassungsentwicklung, Sozialstrukturen, Mobilitätsprozesse

Ältere Thesen von der Ausrottung des fränkischen Adels durch Chlodwig I. (466 bis 511) und der Neubildung eines merowingischen Amtsadels aus einer breiten Schicht von ‹Gemeinfreien› dürfen als widerlegt gelten, trotz des Fehlens eigener Wergeldbestimmungen in den fränkischen Stammesrechten. Wie bei anderen germanischen Stämmen der Völkerwanderungszeit müssen wir eine klare aristokratische Grundstruktur mit (klein-)königlicher oder dukaler Spitze annehmen. Die Prägung der Gesellschaftsstruktur in der Landnahmezeit durch Gefolgschafts- und Sippen- oder Hausherrschaft trat im Aufbau des grundherrschaftlichen Systems langsam zurück. Den Assimilationstendenzen zwischen senatorischer oder kurialer Oberschicht in Südwest- und Südgallien und fränkischem Stammesadel entsprach die zunehmende Angleichung der durch Gefolgschaft, Haus- oder Leibherrschaft gebundenen fränkischen Stammesmitglieder an die Masse der Colonen, *servi* und *mancipia* in der verbliebenen galloromanischen Bevölkerung. Die Zahl der freien Gefolgsleute der Merowingerkönige muß in den Auseinandersetzungen mit dem Adel erheblich zurückgegangen sein. Das Pariser Edikt von 614 zementierte die Bindung von Amtsgewalt in der Grafschafts- und Gerichtsverfassung an bereits bestehende Herrengewalt im Lande (Indigenatsprinzip), leitete den Übergang der faktischen Ausübung der Königsmacht an die Hausmeier und damit die Ablösung der Merowinger 751 durch die Karolinger ein. Hof- und Königsdienst brachten in der Merowingerzeit erhebliche Aufstiegschancen, vor allem aus der freien *trustis dominica* in die aristokratische Spitze; Karrieren von unfreien Leuten in der Ämterhierarchie wurden von den Zeitgenossen eher als Ausnahme beschrieben. Herrennähe und qualifizierter Dienst erwiesen sich auch in der Karolingerzeit als wichtige Mobilitätskanäle, wenngleich die Stellung der karolingischen Reichsaristokratie mit ihren weitgestreuten Grundherrschaften schon so gefestigt war, daß sich zentrale Einrichtungen wie die Königsboten (*missi dominici*) unter Karl dem Großen (742 bis 814) gegen die geistlichen und weltlichen Großen nicht durchsetzen konnten.

Der wohl entscheidende sozialgeschichtliche Vorgang der Karolingerzeit ist das weitgehende Verschwinden der ‹altfreien› fränkischen Bevölkerung, der als *pauperes* bezeichneten Besitzer von wenigen Hufen mit den entsprechenden Hörigen, die durch die massive *opressio potentum* ihrer wirtschaftlichen Selbständigkeit beraubt und in das grundherrschaftliche System eingegliedert wurden. Das Gegensatzpaar *potens–pauper* konnte abgelöst werden durch die Gegenüberstellung von *liber* und *servus*, wobei *liber* nahezu ausschließlich den Adeligen bezeichnen sollte, der nur den König als Herrn anerkannte. Diese Verherrschaftlichung des Lebens ging einher mit Änderungen der Technik der Kriegführung (Panzerreiter), der Ausbildung von Vasallität und Lehnswesen seit Karl Martell mit neuen Formen der Bindung von Herr und Gefolgsmann. Fast notwendig mußte es dabei zu einer zahlenmäßigen Reduzierung des Adels bei gleichzeitig stärkerer Abhebung von der übrigen Bevölkerung kommen.

Grundherrschaften, die vor allem den weltlichen Grundherrn für Amtsaufgaben und Heeresfolge – an der Spitze einer meist unfreien, gleichwohl berittenen Dienstmannschaft – freistellten und ihm das notwendige ‹arbeitsfreie› Einkommen für die Erfüllung königlicher und eigener Interessen sicherten, bildeten den Untergrund für das auf Lehensbeziehungen beruhende feudale Herrschaftssystem mit seiner starken hier-

archischen Gliederung, die durch die Systematik der späten Heerschildordnungen eher verunklart wird.
Grundherrschaft (Haus- oder Allodialgut), Lehensbesitz, der in der Regel bald erblich wurde, Vogteirechte, die hervorragende Ansatzmöglichkeiten zur Entfremdung kirchlichen Besitzes boten, Verleihung oder Usurpation von Regalien (Münze, Zoll, Geleit, Markt, Bergbau), Fehden, Kriegs- und Beutezüge bis hin zu gezielten Eroberungen, Rodung und Landesausbau, nicht zuletzt die systematische Erfassung und Sicherung des Raums durch Burgenbau, Markt- und Stadtgründung, gelten als die wesentlichen Mittel, personale durch gebietsbezogene Herrschaftsrechte zu ergänzen und Herrschaft über Boden und Menschen zur Landesherrschaft zu verdichten.
Der langgestreckte Prozeß der Territorialisierung des Deutschen Reiches – die Entwicklung in Frankreich verlief unter den letzten Karolingern und den ersten Kapetingern, die erst 1137 die Anerkennung des Erbrechts erreichten, bis zur Erneuerung der Königsmacht im 12./13. Jahrhundert ähnlich – kann hier nicht im einzelnen dargestellt werden. Bedingt durch die Beibehaltung des Wahlkönigtums, die Reduzierung des Reichsgutes im Wechsel der sächsischen, salischen, staufischen und – nach der Krise des Interregnums – der luxemburgischen bzw. habsburgischen Herrscherhäuser, die Beschränkung der Königsmacht, der *vis maxima regni*, auf den jeweiligen Hausgutbereich, die Auseinandersetzungen mit dem Papsttum, die starke Orientierung auf Reichsitalien und schließlich die Übermacht der partikularen, stammesmäßigen oder regionalen Interessen wurde das Kräftespiel zwischen Königtum und Adel zugunsten des letzteren entschieden und damit die in Mitteleuropa bis heute nachwirkende Vielfalt politischen, wirtschaftlichen und kulturellen Lebens grundgelegt. Den inneren Zerfall des Reiches konnten zeitweise hochwirksame Organisationsformen – ottonisch-salisches Reichskirchensystem, Reichsministerialität der Salier und Staufer, Übernahme des in Frankreich aus der Krise von Vasallität und Lehensbindungen entstandenen ligischen Lehenswesens – nur verzögern; letztlich mußte sich auch das Reich dem Territorialprinzip unterwerfen.
Die oben bereits angesprochene Dynamik der grundherrschaftlichen Wirtschafts-, Sozial- und Rechtsordnung wurde durch den Territorialisierungs-, vor allem durch den Urbanisierungsprozeß außerordentlich beschleunigt. In den Grundherrschaften des Königs, der Bischöfe und Äbte, der Fürsten, Grafen und Barone hoben sich unfreie Leute durch qualifizierten Dienst als Meier (*villici*), Vögte, Schultheißen, Dekane, *baillis* oder *prevôts* (*praepositi*), als Inhaber von Hofämtern (Kämmerer, Kellner, Marschall, Mundschenk, Seneschall, Drost usw.), vor allem aber als berittene Dienstleute weit aus der Masse von grundhörigen Bauern und zum täglichen, ungemessenen Dienst verpflichteten Angehörigen

der *familia* heraus. Die frühe Entwicklung in geistlichen Grundherrschaften signalisieren die Hofrechte des salischen Hausklosters Limburg oder des Bischofs Burchard von Worms im frühen 11. Jahrhundert. Der Aufstieg der Ministerialen zu ritterlicher Lebensführung, besonders der Reichsministerialen unter den Staufern zu adelsgleicher Stellung und höchsten Ämtern in der Verwaltung Reichsitaliens, ist als kollektiver Mobilitätsprozeß durchaus der Gewinnung bürgerlicher Freiheit in den großen mittelalterlichen Städten vergleichbar. Er erfaßte im Grunde alle Herrschaftsbereiche der Feudalgesellschaft, beschleunigte die Ausdifferenzierung in hohen (Reichsfürsten, Markgrafen, Grafen) und niederen Adel, wobei die Konnubiumsschranken zwischen ritterlich lebenden Ministerialen und ‹altfreien› Familien, deren Zahl rückläufig war, relativ rasch fielen und es zu einer gewissen Vereinheitlichung des niederen, burg- oder landsässigen Adels kam. Ein großer Teil der kleineren Adelsfamilien in Frankreich und im Reich dürfte im 10. bis 13. Jahrhundert, nicht zuletzt infolge der Kreuzzüge, ausgestorben oder sozial abgesunken sein.

Vergleichbare Prozesse des Dienstmannenaufstiegs muß es – zeitlich erheblich früher – auch im französischen Machtbereich gegeben haben, wenngleich die Quellenarmut der Zeit die Mobilitätsstrukturen nicht so klar hervortreten läßt wie im Reichsgebiet. Klare Indizien gibt es für Burgund, so in der Vita des Propstes Garnerius von St. Etienne in Dijon aus der Mitte des 11. Jahrhunderts die aufschlußreiche Erzählung vom Vogt des Vizegrafen von Dijon, der den Kopfzins am Jahrestag des hl. Stephanus heimlich bezahlen wollte, um seinen unfreien Stand zu verschleiern. Der Autor verschwieg seinen Namen, «um seinen Erben, die sich des vollen Ritterglanzes erfreuen, nicht zu schaden». Karl der Gute, Graf von Flandern, wurde 1127 in der Stiftskirche zu Brügge ermordet, weil er im Jahr zuvor in einem Gerichtsverfahren hatte aufdecken lassen, daß die Erembalde, nach dem Grafenhaus die mächtigste Familie des Landes, unfreier Herkunft waren und vom Grafen als Eigenleute beansprucht werden konnten. Der Makel der unfreien Geburt traf mit Erembalds Sohn Bertulf den Propst von St. Donatian (Brügge) und Träger der Kanzlerwürde, mit dessen Bruder und Neffen den Brügger Kastellan bzw. den Kämmerer des Grafen; vier Nichten Bertulfs waren zur Absicherung der sozialen Stellung der Sippe mit Baronen und Rittern verheiratet, an deren adeligem Stand niemand zweifeln konnte. Ein weiteres Beispiel bietet der Aufstieg der im 10./11. Jahrhundert wohl ebenfalls gräflichen Dienstmannen von Selnessa/Ardres in der westflandrischen Grafschaft Guines; im 12. Jahrhundert erlangten sie durch Konnubium die Grafenwürde.

Heiratsverbindungen, frühe Umwandlung von Amts- und Dienstlehen in echte Lehen, Einsatz der oben angeführten Mittel der Territorialpolitik, Gründung von Stiften und Hausklöstern, häufig in Verbindung mit dem wirtschaftlich so aktiven Zisterzienserorden, Ausbau von residenzartigen

Höfen nach dem Vorbild der Fürsten und schließlich die Absicherung der Legitimität durch fiktive Genealogien, haus- und sippenbezogene Chronistik mit der Fixierung oraler Überlieferung stützten den Assimilationsvorgang an die aristokratische Spitze der Gesellschaft.

Der enge Konnex zwischen Grundherrschaft, entstehender Landesherrschaft und Urbanisierung verlagerte einen wesentlichen Teil des Aufstiegsprozesses der Ministerialen in die Stadt. Ihr Beitrag zur Ausbildung des Stadtpatriziats mit zunehmend aristokratischem Lebenszuschnitt in den frühen und großen städtischen Zentren war zwar regional unterschiedlich gestaltet, darf aber keinesfalls unterschätzt werden. Im 11. bis 13. Jahrhundert scheinen dort die Grenzen zwischen kaufmännisch-bürgerlicher und ministerialisch-ritterlicher Lebensform noch wenig ausgeprägt gewesen zu sein; wesentlich stärker war der Gegensatz zwischen *castrenses* und *burgenses* in den kleinen bis mittelgroßen Territorial- und Gründungsstädten des hohen Mittelalters. Angehörige ministerialischer Familien spielten eine hervorragende Rolle als Lokatoren in der Ostbewegung; sie dürften, vermutlich stärker als der alte Adel, auch das neue Bildungsangebot der Dom- und Stiftsschulen angenommen haben, im Westen, im französisch-normannisch-flandrischen Herrschaftsgebiet früher als im Reich.

Horizontale als Voraussetzung vertikaler Mobilität wurde oben bereits als zentraler Aspekt der Umformung und Auflösung der grundherrschaftlichen Sozialordnung herausgestellt. Die größte Sprengkraft entfaltete das neue Element der Stadt, wenngleich die Lösung aus personalen und bodenbezogenen Bindungen nur schrittweise erfolgte und sich häufig lediglich die Form der Herrschaftsausübung änderte. Bürgerliche Freiheit blieb, ungeachtet der Gestaltungsmöglichkeiten in der Wirtschaftstätigkeit, der Erweiterung des Aktionsraumes (Freizügigkeit) und der sozialen Aufstiegschancen, für die meisten Stadtbewohner eine begrenzte Freiheit und manchen gehobenen Lebens- und Arbeitsformen auf dem Lande (Rodungsfreiheit, freieres Siedelrecht im Osten etc.) durchaus vergleichbar. Die kommunale Bewegung, die Auseinandersetzungen zwischen Stadtherrschaft und frühbürgerlichem Freiheitsstreben in genossenschaftlichem Rahmen seit dem späten 11. Jahrhundert, führte – gemessen an der Gesamtzahl der mittelalterlichen Städte und Stadtbewohner – nur in den früh urbanisierten Regionen zu dauerhaftem Erfolg. Das neue duale Gesellschaftsmodell von Arm und Reich, mit Vorliebe auf die Gesamtheit einer Stadt bezogen, wurde trotz des Vordringens differenzierter, berufsständisch orientierter Sozialordnungsvorstellungen seit dem 13. Jahrhundert im Modell des Schachspiels (Jacques de Cessoles, *Gesta Romanorum*, *Schachzabel*- und Ständebücher) von dem alten Gegensatz der *potentes* und *pauperes*, der *nobiles* und *populares* überlagert.

Hof, Stadt, Residenz: Aspekte der materiellen und sozialen Bedingungen von Literatur

Entstehung, Rezeption und Tradierung von Literatur im weitesten Sinne erscheinen im Mittelalter eng an Personengemeinschaften gebunden, die zumindest zeitweise ortsstabil waren, über eine gesicherte Versorgung mit den lebensnotwendigen Gütern, Zeit und Muße sowie regelmäßige Kommunikationsbeziehungen mit ähnlichen Gemeinschaften verfügten. Aus der Masse der Bevölkerung waren die Träger literarischer Produktion durch ein höheres Bildungsniveau, die Hauptrezipienten durch ihre politische, wirtschaftliche und soziale Rangposition abgehoben. Diese Bedingungen trafen zu für Kloster- und Stiftsgemeinschaften einschließlich der Domstifte, zeitweise die Höfe, Residenzen und Pfalzen der Herrscher, in begrenztem Maße für die Zentren großer weltlicher Grundherrschaften, meist erst nach der Anbindung an urbane Siedlungen oder umgekehrt der Angliederung städtischer Elemente an die Dynastenburgen.

Ansätze zur Bildung dauerhafterer Residenzen sind in den merowingischen Teilreichen im 6. Jahrhundert unverkennbar; die beachtliche Entfaltung eines auch literarisch geprägten kulturellen Hoflebens stand aber weitgehend in der spätantiken Tradition. Die Aktivität des Kreises um Venantius Fortunatus (um 530 bis um 600), der 564/65 aus Venetien an den austrasischen Hof Sigiberts I. kam, später auch an Chilperichs Hof in Paris als *poète de cour* [225; *S. 41*] wirkte und als Bischof von Poitiers die Freundschaft der hochgebildeten und als Autorin bedeutsamen thüringischen Königstochter und Gemahlin Chlothars I., Radegundis (518 bis 587) gewann, darf trotz der bemerkenswerten Bemühungen auch fränkischer Adeliger um lateinische Bildung kaum als Beginn der höfischen Literatur des Mittelalters angesehen werden. Schreib- und Lesefähigkeit merowingischer Laien, begrenzt auf einige Referendare fränkischer Herkunft in der königlichen Kanzlei, die sogar tironische Noten verwandten, gingen im 7. Jahrhundert verloren.

Paris behielt zwar auf Grund seiner geopolitischen Lage und der guten Versorgungsmöglichkeiten eine Sonderrolle als Herrschaftszentrum, die seine Stellung als Kapitale und Residenz des späteren französischen Königtums vorbereitete; ansonsten entsprachen das spätmerowingische und das karolingische Königtum bereits weitgehend dem für die Entwicklung eines dauerhaften kulturellen Hoflebens ungünstigen Reisekönigtum, das die Praxis der Herrschaftsausübung im Reichsgebiet bis weit ins Spätmittelalter hinein prägte. Die Verlagerung und Eingrenzung literarischer Produktion auf die Klöster des durch iro-schottische und angelsächsische Missionare geprägten benediktinischen Mönchtums – mit dem ungemein wichtigen Prinzip der *stabilitas loci* –, die Bischofssitze und einige Stiftspfalzen und Kanonikerstifte vollzog sich sehr rasch. Die Organisation der geistlichen Grundherrschaften, die der Königs- und Adelsgutverwaltung zweifellos überlegen war, erleichterte den Bezug und die Produktion der teuren Beschreibstoffe (Papyrus, Pergament) und Materialien für die Buchmalerei, das vergleichsweise hoch entwickelte Kommunikationssystem der geistlichen Gemeinschaften untereinander den Austausch von Werken und die Vereinheitlichung regionaler Schreibformen.

Das Weiterleben laikaler Literaturproduktion in mündlicher Form, der *leudes* (Lieder), die am austrasischen Hof König Sigibert dargeboten wurden, der volkssprachigen Texte, die Karl der Große sammeln und Ludwig der Fromme (778 bis 840) wegen ihrer heidnischen Elemente verbrennen ließ, ist nur indirekt zu fassen. Die karolingische Renaissance, die Konzentration der führenden Gelehrten des Abendlandes, Iren, Angelsachsen, Langobarden, Goten und Franken, am Hof, das heißt in der Hofkapelle Karls des Großen, ist neben der gezielten Förderung der Klöster, der Privilegierung zahlreicher Abteien als Königs- oder Reichsklöster, der Reform der Kanonikerstifte, der Durchbildung der Krongutverwaltung und anderer Wirtschafts- und Rechtsordnungen ganz wesentlich darauf zurückzuführen, daß die Bevorzugung der Pfalz Aachen als Residenz für kurze Zeit *stabilitas*-Bedingungen schuf, die denen der großen geistlichen Gemeinschaften vergleichbar waren.

Die Verlagerungen der Königsmacht, die strukturelle Schwäche des Wahlkönigtums und die Durchsetzung des Territorialprinzips wiesen Wahl, Weihe und Krönung topographisch den Städten Frankfurt, Köln und Aachen, dauerhafte Zentralfunktionen in der Rechtsprechung und zum Teil in der Verwaltung den Städten Regensburg, Speyer, Rottweil und schließlich Wien zu, ohne damit Residenzelemente zu begründen, streuten die Repräsentation des Reichs in der Person des Königs und Kaisers, auf Hof und Reichstagen dem jeweiligen Herrscheritinerar entlang auf die volkreichen und wirtschaftlich leistungsfähigen Zentren, vor allem Nürnberg, Regensburg, Frankfurt, Köln und andere Reichsstädte; nach der Ottonenzeit geriet der Nordwesten und Norden des Reichs nur unter dem Luxemburger Karl IV. in der zweiten Hälfte des 14. Jahrhunderts wieder kurz ins Blickfeld der Reichspolitik und Herrscherpräsenz.

Der Vorsprung Westeuropas in der Bildung von festen Residenzen als Zentren des Hoflebens und eines auch von Laien getragenen oder zumindest aktiv rezipierten literarischen Lebens war eindeutig, die dauerhafte Anbindung von herrschaftlich-politisch-militärischen Zentralfunktionen höchster Stufe an die Kult- und Wirtschaftszentren und deren teilweise Überlagerung wurde in den Grafschaften der großen französischen Kronvasallen im 11. und 12. Jahrhundert abgeschlossen; die Macht des Laienadels und des französischen Erbkönigtums ließen große geistliche Fürstentümer von der Art der rheinischen Erzstifte gar nicht entstehen. Mit 60- bis 80000 Einwohnern um 1300 war Paris die mit Abstand

größte Stadt nördlich der Alpen; bezüglich ihrer unbestrittenen Stellung und der vollendeten Einheit von Hauptstadt und Residenzfunktion in einem Königreich kann in Mittel- und Westeuropa bis zum Ende des Hochmittelalters allenfalls Prag mit der Seinestadt verglichen werden.
Auf die beeindruckende Kette der frühen flandrischen Residenzburgen bzw. Residenzstädte (St. Omer, Ypern, Brügge, Gent usw.) mit ihrer hohen Konzentration an Wirtschaftskraft und bürgerlichem Reichtum wurde bereits hingewiesen. Die Hauptstadtfunktion wechselte; trotzdem waren auf Grund der Gleichmäßigkeit der Ausbildung zentraler Einrichtungen und der Existenz von Stadthöfen der landsässigen Barone die Bedingungen für die Entfaltung eines reichen Hoflebens wesentlich günstiger als in den Territorien östlich der Maas. Reisende Lebens- und Herrschaftsform nach königlichem Beispiel charakterisierte bis ins Spätmittelalter nicht nur die Herren der großen weltlichen, sondern auch Erzbischöfe und Bischöfe in den geistlichen Territorien, wobei die Domkapitel und zentrale Einrichtungen das ortsstabile Element darstellten. Der Aspekt der ausreichenden Versorgung des Hofstaates trat dabei allmählich hinter den Zwang zur persönlichen Darstellung der Herrschaftspräsenz zurück. Nicht selten wurden bischöfliche Stadtherren seit dem späten 13. Jahrhundert aus dem Bischofssitz verdrängt und auf Nebenresidenzen angewiesen. Von wenigen, meist oberdeutschen Beispielen abgesehen (Innsbruck, München, natürlich Wien) gehört die Entwicklung des Stadttypus Residenzstadt erst dem späten Mittelalter und der frühen Neuzeit an. Höfisches Leben und höfische Kultur mußten sich den Bedingungen mobiler Herrschaftsausübung anpassen.
Die positiven Effekte auf der Seite der Rezipienten, die Erweiterung des Gesichtskreises durch die Fluktuation des Adels zwischen den ‹Höfen› der Lehens- und Oberlehensherren, der engere Kontakt mit der bürgerlich-patrizischen Welt, die auch als Förderer von Bildung und kultureller Aktivität an Bedeutung gewann, schließlich der allmählich spürbare Prozeß der Lösung der Laienkultur von der Prädominanz der Geistlichkeit in der Vermittlung von Bildung und Wissenschaft, treten zurück hinter den retardierenden Elementen, den von West nach Ost und von Süden nach Norden zunehmenden Verzögerungen der Entwicklung. Sie korrespondieren damit eindeutig mit dem bekannten Gefälle der Verfassungs-, Wirtschafts- und Sozialstrukturen.
Höfische Kultur in West- und Mitteleuropa war, so paradox dies klingen mag, seit dem 12. Jahrhundert, das heißt in ihrer Blütephase, stadtgebunden. Städtische Siedlung, Stadtwirtschaft und städtische Dominanz gegenüber dem Land, gegründet auf den herrschaftlich-militärischen, wirtschaftlichen und kultisch-kulturellen Zentralfunktionen, boten den Raum, die Mittel, die Personen. Die Bischofsburg, die Grafenburg, die Herrscherresidenz, die meisten Klöster und Stifte mit ihren Schulen, die

ersten Universitäten, die Hochschulen der Dominikaner, die neuen Lateinschulen seit dem 13. Jahrhundert waren topographisch in der Stadt verankert, Hof- und Reichstage, Feste und Turniere, Königswahl und Königskrönung ohne städtische Infrastruktur kaum mehr möglich, ebensowenig die Konstanz von Kanzleiwesen, Verwaltung und Haushalt. Auch das Turnier als ritualisierte Kampf- und Identifikationsform des Adels stellte spätestens seit dem 12. Jahrhundert ein «Geldspiel» dar, eine frühe «undichte Stelle, durch die sich das» – ‹stadtbürgerliche› – «Gewinndenken in die aristokratische Mentalität einschleichen» konnte [21; *S. 153ff*]; wegen der dabei umgesetzten enormen Summen wurde es zutreffend als *nundinae*, als Messe bezeichnet. So löst sich das Paradoxon der Einheit von höfischer Kultur und Stadt im hohen Mittelalter auf, wenn man den engen Konnex von Grundherrschaft, Landesherrschaft und Stadtherrschaft berücksichtigt, die Dauerhaftigkeit der herrschaftlichen Formung der Stadt, das Scheitern der bürgerlichen Emanzipationsbestrebungen (soweit sie gegen die landesherrliche Stadtherrschaft gerichtet waren) in der überwiegenden Zahl der mittelalterlichen Städte und nicht zuletzt die ungeheure Anziehungskraft adeliger Lebensformen auf die städtischen Führungsschichten.

Rüdiger Krohn
Kulturgeschichtliche Bedingungen

Die Entwicklung der mittelalterlichen Literatur führt im wesentlichen vom Lateinischen zur Volkssprache und von geistlichen Schriften über chronikalische Texte zu dichterischen Werken. Dieser Abfolge, die ein zeitliches Nebeneinander unterschiedlicher Gattungen sowie Sprachformen keineswegs ausschließt, entspricht die Verlagerung der literarischen Zentren von den Klöstern und Stiften über die Kanzleien an die geistlichen bzw. weltlichen Höfe und schließlich in die Städte, in denen die Pflege der höfischen Dichtung erst späterhin durch die Entstehung einer spezifisch bürgerlichen Literatur abgelöst wurde. Wiederum ist dieser Prozeß nicht als striktes Nacheinander der einzelnen Entwicklungsstufen zu verstehen. Vielmehr haben wir grundsätzlich auch mit der Gleichzeitigkeit klösterlicher und höfischer, geistlicher und weltlicher Literaturpflege zu rechnen. Der Weg, den die Ausbildung der Literatur im Mittelalter nimmt, wird durch Veränderungen der Bildungsvoraussetzungen, durch soziale und politische Umwälzungen und die dadurch bewirkten Wandlungen der Produktions-, Vermittlungs- und Rezeptionsbedingungen bestimmt. Der mittelalterliche ‹Literaturbetrieb› erweist sich als ein hochkomplexes Gefüge aus vielfältigen Faktoren, die teilweise noch weitgehend unerforscht sind – oder sich auf Grund der schlechten Quellenlage einer eindeutigen Klärung entziehen. Wir sind bei der Beschreibung des literarischen Lebens im Mittelalter deshalb nicht selten auf Vermutungen, Rekonstruktionen und die – nicht immer verläßlichen – Angaben in den überlieferten literarischen Zeugnissen angewiesen.

Bildungsverhältnisse

Bildung, die hier als Lese- und Schreibfertigkeit verstanden wird und die in aller Regel an Lateinbildung sowie an Kenntnisse in den Elementarfächern des Triviums (vor allem Grammatik und Rhetorik) gebunden war, stellte im Früh- und Hochmittelalter ein Privileg der Geistlichkeit dar, die «jahrhundertelang Hüter der Schriftkultur» [185; *S. 155*] war. Der Laienadel verfügte über solche Kenntnisse nur in Ausnahmefällen – etwa wenn ein nachgeborener Sohn, der ursprünglich für die geistliche Laufbahn bestimmt war und eine entsprechende Ausbildung genossen hatte, später in den Laienstand zurückkehrte, weil der erbberechtigte Älteste gestorben war und er in dessen Rechte eintrat.

Das Bildungs- und mithin das Literaturmonopol lag bis ins 12. Jahrhundert, in dem sich im deutschen Adel eine eigenständige Laienbildung (auch mit Blick auf die neue französische Gesellschaftskultur) entwikkelte, so gut wie ausschließlich in den Händen der Geistlichkeit. Daraus folgt, daß die Werke dieser Epoche bis auf wenige Ausnahmen gottesdienstlichen Zwecken dienten: der Liturgie und Exegese, der theologischen Unterweisung, der Verteidigung und Festigung des christlichen Glaubens. Nur sehr vereinzelt treten weltliche Themen auf, meist mit der Funktion des Herrscherlobs wie im althochdeutschen *Ludwigslied* (881/82), das freilich ebenfalls von einem Geistlichen geschaffen wurde und in dem sich die altheimische, germanisch-heidnische Tradition des Preisliedes mit Elementen der christlich-heroischen Poesie verbindet.

Die Laienbildung in Deutschland war derjenigen im Wirkungsbereich der französisch-normannischen Kultur deutlich unterlegen. Die zeitgenössischen Quellen, die genaueren Aufschluß geben könnten über die Schreib- und Lesekünste des deutschen Adels, sind quantitativ wie qualitativ wenig ergiebig. Immerhin vermittelt ein Textzeugnis aus dem 11. Jahrhundert einen Eindruck von der Wirklichkeit der gleichzeitigen Bildungsverhältnisse: In seinem *Tetralogus* (1041) beschwert sich Wipo (gest. nach 1046) darüber, daß die deutschen Adligen (anders als in Italien) für ihre Kinder eine literarische Ausbildung als unnütz oder sogar verächtlich ansähen.

Selbst Kaiser und Könige waren bis ins 12. Jahrhundert zumeist Analphabeten, wenngleich sich hier gelegentliche Ansätze zeigen, nachwachsenden Generationen zum Ausweis und zur Förderung ihres Führungsanspruchs Schriftkenntnis und eine gelehrte Erziehung zu vermitteln [188; *S. 603ff*]. Daß sich beim deutschen Adel die Einsicht in den Wert der formalen Erziehung und Schriftkundigkeit erst später durchsetzte als in Frankreich, hängt nicht zuletzt mit der zeitlichen Verschiebung zusammen, mit der die Errungenschaften der neuen höfischen Kultur aus dem Nachbarland, die alsbald verbindlichen Vorbildcharakter erlangten, in Deutschland rezipiert wurden.

Im zeitgenössischen Sprachgebrauch wurde der Gebildete als *litteratus*, der Ungebildete dagegen als *illitteratus* charakterisiert, wobei die erste Bezeichnung bis ins 12. Jahrhundert als Synonym für die *clerici*, die zweite für *laici* eintrat. Zwischenformen, die einen Kenntnisstand zwischen lateinischer Schulbildung und völligem Analphabetismus zu beschreiben hätten, waren mit dieser Terminologie nicht zu erfassen, obwohl sich gerade Angehörige des Laienadels häufig eine gewisse Teilbildung aneigneten [Beispiele in 188; *S. 607ff*]. Mit Recht hat Herbert Grundmann [39, *S. 14*] darauf hingewiesen, daß die Begriffe *litteratus* und *illitteratus* im Mittelalter «nicht verschiedene Bildungsgrade, sondern verschiedene Bildungsweisen, ja Bildungswelten» unterscheiden. Diese beiden «Bildungsformen» taugen mithin auch zur ständischen Differenzierung; «nur adligen Frauen und Königssöhnen wird ein gewisses Maß literarischer Bildung und Fähigkeit zugemutet, bei anderen Laien ist es ungewöhnlich und auffällig, wenn sie *litterati* sind, während es für Kleriker und Mönche allerdings ein Manko und Makel ist, illiterat zu sein» [ebd.].

In der Literatur des Mittelalters finden wir hierfür eine Reihe von Belegen. Wenn Hartmann von Aue (um 1168 bis um 1210) sich in seiner Verserzählung vom *Armen Heinrich* (um 1195) einleitend selbst vorstellt mit den Worten «Ein ritter sô gelêret was / daz er an den buochen las» und wenn er diese Selbstcharakterisierung im Prolog zu seinem *Iwein* (um 1200) fast wortgleich wiederholt, dann offenbart sich in diesem ausdrücklichen Hinweis auf die eigene Lese- und Literaturkundigkeit gewiß nicht allein der Stolz des Autors über seine Kenntnisse, sondern überdies und vor allem die Ungewöhnlichkeit solcher Bildung unter Laien. Einen ähnlichen Befund legt die Passage in Wolframs von Eschenbach (1170 bis 1220) *Parzival* (etwa 1200/10) nahe, in der der vornehme Einsiedler Trevrizent erklärt: «doch ich ein leie waere, / der wâren buoche maere / kund ich lesen unde schrîben» (V. 462,11ff). Zeugnisse wie diese, auch wenn ihre Interpretation und der Grad ihrer Glaubwürdigkeit im einzelnen gelegentlich umstritten sein mögen, werfen doch allemal ein bezeichnendes Licht auf den Bildungsstand des deutschen Laienadels.

In der Regel können wir davon ausgehen, daß die höfischen Epiker (wie Heinrich von Veldeke, Hartmann von Aue oder Gottfried von Straßburg) buchgelehrte Männer waren, die, wenn sie nicht überhaupt dem Klerikerstand angehörten, zumindest eine geistliche Ausbildung genossen haben dürften. Aufschlußreich ist in diesem Zusammenhang das stolze Eingeständnis Wolframs von Eschenbach, «ine kan decheinen buochstap» (*Parzival*, V. 115,27; «ich kann weder lesen noch schreiben»), das keineswegs als kokette Demutsformel, sondern als Ausdruck eines vor allem ritterlichen Standes- und Selbstbewußtseins zu werten ist; denn wenige Verse zuvor hatte er ausdrücklich betont: «schildes ambet ist mîn art» (*Parzival* V. 115,11; «das Waffenhandwerk ist mein Beruf»). Ähnlich ist die Äußerung des Dichters im *Willehalm*-Prolog zu verstehen: «swaz an den buochen stêt geschriben, / des bin ich künstelôs beliben» («von dem, was in Büchern steht, weiß ich nichts»). [Zu diesem Fragenkomplex vgl. 479.]

Gerade der Umstand, daß Wolfram keine Schulbildung besaß, mochte

seine literarische Leistung bereits bei den Zeitgenossen um so bemerkenswerter erscheinen lassen, wie ein (schon im Mittelalter gern variierter) Ausspruch des Epikers Wirnt von Grafenberg (um 1200) im *Wigalois* (vor 1209) belegt: «leien munt nie baz gesprach» (V. 6346).
Nicht minder aussagekräftig ist der Hinweis Ulrichs von Lichtenstein (um 1200 bis 1275) in dessen stilisierter Autobiographie *Frauendienst* (1255), daß er eine schriftliche Botschaft, die seine Dame ihm zusandte, zehn Tage lang nicht entziffern konnte, weil sein lesekundiger Schreiber abwesend war. Erst nach dessen ungeduldig ersehnter Rückkehr erfährt Ulrich den Inhalt des vermeintlichen *billet doux*: eine spöttische Zurückweisung seines Werbens. Selbst wenn wir bei Ulrich stets mit ironischen Brechungen und manipulierenden Selbstinszenierungen zu rechnen haben, so dürfen wir der Stelle doch entnehmen, daß der Autor, ein einflußreicher Ministeriale, der zahlreiche politische Ämter bekleidete, des Lesens und Schreibens offenbar nicht mächtig war – ein Bildungsdefizit, das seinem Ansehen und Selbstbewußtsein durchaus nicht geschadet zu haben scheint.

Frauenbildung

Besser stand es im frühen und erst recht im hohen Mittelalter mit einschlägigen Kenntnissen bei den adligen Damen [vgl. 38]. Es überrascht deshalb nicht, daß die vornehmen Frauen, mit denen der illiterate Ulrich von Lichtenstein in seinem *Frauendienst* umgeht, durchweg selbst schreiben und lesen können. Der Erwerb einer gelehrten Bildung – etwa durch das Studium des Trivium und des Quadrivium – war den Frauen zwar so gut wie verwehrt, denn zu den Universitäten hatten sie keinen Zugang, und das Niveau der Schulen in den Nonnenklöstern und Stiften war bisweilen so gering, daß die dort vermittelten Sprachkenntnisse in aller Regel nicht ausreichten, um den Nonnen und Laienschwestern das Verständnis der lateinisch gehaltenen Predigten zu ermöglichen – ein Umstand, der entscheidend zur Entstehung eines volkssprachigen religiösen Schrifttums beitrug [188; *S. 474f*].
Aber trotz solcher Benachteiligungen war die Kunst des Lesens und (obgleich in geringerem Maße) des Schreibens bei den weiblichen Angehörigen des Laienadels verbreiteter als bei den Männern, die über solche Kenntnisse nur in Ausnahmefällen verfügten. Die Fertigkeiten des Lesens und Schreibens gehörten im Mittelalter bis ins 14. Jahrhundert nicht zwangsläufig zusammen. Bei den schriftkundigen Frauen überwog gemeinhin die Fähigkeit zur Lektüre; aber wir dürfen davon ausgehen, daß einzelne dieser gebildeten Nonnen, Stiftsdamen oder Laienschwestern auch als Abschreiberinnen tätig waren. Diese angesehene Arbeit setzte freilich eine höhere Stufe der Bildung voraus, die für das Lesen allein nicht unbedingt erforderlich war. Das Bildnis einer schreibenden Frau ist

uns etwa in einer (aus dem 13. Jahrhundert stammenden) Handschrift von Veldekes frühhöfischem *Eneas*-Roman (entst. zwischen 1170 und 1190) überliefert, und von einigen Nonnenklöstern wissen wir, daß ihnen Skriptorien mit lateinkundigen Schwestern angegliedert waren [dazu die Angaben in 84; I, *S. 131ff*, sowie in 220; *S. 444ff*].
Nachhaltiger aber wurde das literarische Leben im Mittelalter durch lesende Frauen geprägt, die von Dichtern häufig als die Adressatinnen ihrer Werke genannt werden [vgl. 189; *S. 231ff*, sowie 215; *S. 205ff*]. Durch ihre «Sonderstellung zwischen den Gebildeten des geistlichen und den Ungebildeten des weltlichen Standes» [52; *S. 21*] erhielten sie eine wirkmächtige Mittlerposition und trugen so zum Aufschwung des volkssprachigen Schrifttums bei. Die dazu notwendigen Kenntnisse wurden nicht ausschließlich durch Kloster- und Stiftsschulen vermittelt, sondern in wohlhabenden Adelskreisen übernahmen bisweilen Privatlehrer, Hofkapläne oder Hausgeistliche den literarischen Unterricht [76; *S. 283*] – eine Praxis, die noch in der Schilderung von Isoldes Erziehung im *Tristan*-Roman Gottfrieds von Straßburg (zwischen 1200 und 1220) ihren Niederschlag findet: Zunächst liegt ihre Ausbildung in «beidiu buoch und seitspil» (V. 7727) in den Händen eines «pfaffen», dessen pädagogische Aufgaben dann aber der vermeintliche «spilman» Tristan übernimmt. Unter seiner Anleitung erweitert und verfeinert Isolde, die von ihrem geistlichen Mentor zuvor bereits in Französisch und Latein unterwiesen worden ist, ihre Kenntnisse in «schuollist» und «hantspil» (V. 7967; «Buchwissen und Musik») so erfolgreich, daß sie die staunende Hofgesellschaft durch Beweise ihrer kultivierten Schulung zu entzücken vermag, denn: «si sang in, si schreip und si las» (V. 8055).
Wir haben zahlreiche Belege dafür, daß «innerhalb des Laienstandes nur die Frau als Leserin gilt und Bücher als Frauensache» [38; *S. 70*]. Diese Auffassung hat sogar im mittelalterlichen Recht ihren Ausdruck gefunden: Im Landrecht des *Sachsenspiegel* (zwischen 1220 und 1235) werden bei der Definition der ausschließlich der weiblichen Erbfolge vorbehaltenen beweglichen Habe, der «râde», unter anderem ausdrücklich «saltere, unde alle buke, de to Goddes denste horet» («Psalter und alle Bücher, die zum Gottesdienst gehören») aufgeführt, und ein späterer Bearbeiter des Rechtsspiegels hat um 1270 kommentierend hinzugefügt: «de vrowen pleget to lesene» («die für gewöhnlich von Frauen gelesen werden»).
An dieser Bestimmung ist nicht zuletzt die Beschränkung auf religiöse Andachtsbücher aufschlußreich, die übrigens in zeitgenössischen bildlichen und literarischen Darstellungen von Psalter lesenden Damen vielfältig unterstrichen wird [vgl. 172], und die aufwendig ausgestatteten Psalterien, die uns aus dem Hochmittelalter erhalten sind, dürften denn auch zumeist aus dem Besitz von gebildeten weiblichen Angehörigen der vornehmen Laiengesellschaft stammen. Tatsächlich schulten die adligen

Frauen ihre Lesefähigkeit – schon in Ermangelung volkssprachlicher Texte – zunächst an der Psalmen-Lektüre, durch die sie sich häufig zugleich auch die Anfangsgründe des Lateinischen aneigneten [vgl. 59; *S. 66ff*]. Wenn die auf solche Weise erworbenen Kenntnisse nach Auskunft der Quellen auch nicht in allen Fällen sonderlich umfangreich gewesen sein dürften, so brachten es einige Damen durch Selbststudium oder unter geistlicher Förderung doch zu großer Gelehrsamkeit [38; *S. 71ff*]. Auch in den Klöstern selbst gab es Frauen von hoher lateinisch-theologischer Bildung – etwa Hrotsvit von Gandersheim (um 935 bis nach 973?), Herrad von Landsberg (gestorben nach 1196) und die Mystikerinnen Hildegard von Bingen (1098 bis 1179) oder Elisabeth von Schönau (um 1129 bis 1164). Sie haben an der Entstehung und Verbreitung eines volkssprachigen geistlichen Schrifttums entscheidenden Anteil, wie denn überhaupt die religiöse Frauenbewegung des 12. und 13. Jahrhunderts für die literarische Entwicklung des Mittelalters von erheblicher Bedeutung ist [vgl. 38]. Überdies wäre ohne die Frauenklöster «die mystische Literatur des 13. und 14. Jahrhunderts nicht denkbar» [278; *S. 41*; vgl. auch 145].
Die Mitwirkung der Frauen am literarischen Leben des Mittelalters führt dazu, daß das Monopol des lateinisch-klerikalen Schrifttums zunehmend durchbrochen wird. Das Eindringen der Volkssprache in die religiöse Literatur wird von ihnen ebenso befördert wie die Entstehung einer profanen deutschen Dichtung. Bezeichnenderweise richtete sich schon das Verbot Karls des Großen aus dem Jahre 789, *winileodos* (d. h. weltliche Lieder mit womöglich erotischem Inhalt) aufzuschreiben und untereinander auszutauschen, an die Frauenklöster, in denen die literaten Nonnen offenbar eine nach Ansicht der Kirche bedenkliche Neigung zu volkstümlicher und -sprachlicher Literatur pflegten.
Aber auch innerhalb des geistlichen Schrifttums bewirkten die Frauen des Adels und der Nonnenstifte eine deutliche Verlagerung zugunsten von Werken in der Landessprache, die neben die von Klerikern verwaltete lateinisch-christliche Buchliteratur zu treten beginnen. Es ist in diesem Zusammenhang aufschlußreich, daß Otfrid von Weißenburg (um 800 bis 875) nach eigenem Eingeständnis (in der Widmungsvorrede an den Mainzer Erzbischof Liutbert) zu seinem *Evangelienbuch* (um 870) unter anderem auch durch eine Frau, die «veneranda matrona nomine Judith», angeregt wurde. Überdies gehen namentlich Übersetzungen und Kommentare von Psalmen, Bearbeitungen des Hohenliedes und Mariendichtungen in deutscher Sprache auf weiblichen Einfluß zurück – sei es, weil Damen sie anfertigten, sei es, daß sie sie benutzten oder gar in Auftrag gaben, um ihrem Lese- und Erbauungsbedürfnis genügen zu können. Für die allmähliche Überwindung des Dogmas, das die Volkssprache aus dem geistlichen Schrifttum ausschloß, waren die Frauen besonders begünstigt, weil sie «die Bildungsgrenze zwischen Klerus und

Laientum überschneiden und verwischen und dadurch die strenge Scheidung zwischen lateinischem Schrifttum und nicht-schriftfähigem ‹Sprachtum› beseitigen» [38; *S. 75*].
Der «Frau als Leserin» haben wir die «Entstehung einer religiösen deutschen Erbauungsliteratur wie die Aufnahme der deutschen Dichtung in das Schrifttum zu verdanken» [38; *S. 90*]. Zugleich bedeutet der Übergang von einer männlich bestimmten Literaturepoche zu einer Zeit des literarischen Lebens unter prägender Teilhabe der Frauen den Wandel vom nur «hörenden» zum auch «lesenden» Umgang mit der Dichtung. «Unverkennbar ändern sich durch die lesenden Frauen nicht nur die Formen der Vermittlung, sondern auch Geist und Gehalt der Dichtung wie der Frömmigkeit erhalten durch sie ein anderes Gepräge» [38; *S. 94*].

Mündlichkeit und Schriftlichkeit
«Analphabetismus ist in keiner Weise mit stummer und stumpfer Kulturlosigkeit gleichzusetzen» [278; *S. 55*]. Die illiterate Laiengesellschaft des Mittelalters, für die das Schrifttum in der (lateinischen) Bildungssprache nicht zugänglich war, hatte eigene Wege der Überlieferung und Vermittlung von Dichtung, und wenn auch die Entwicklung der mittelalterlichen Literatur gekennzeichnet ist von einer immer umfassenderen Schriftlichkeit, so müssen wir doch mit der Existenz einer sehr lebendigen «mündlichen Literatur» in der Volkssprache rechnen. Der scheinbare Widerspruch zwischen «Mündlichkeit» und «Literatur» verringert sich angesichts der Tatsache, daß wir unsere Kenntnisse von einer solchen schriftlosen Dichtung ausschließlich aus Aufzeichnungen beziehen, die ihrerseits erst in einer Entwicklungsphase einsetzen, in der die zunächst lediglich auswendig tradierten und akustisch rezipierten Werke bereits das Stadium buchliterarischer Umgestaltung erreicht haben.
Zu dieser *oral poetry*, die gerade wegen der komplizierten Überlieferungslage und der Schwierigkeiten bei der Rekonstruktion mündlicher Traditionen zu den ebenso umstrittenen wie ungelösten Forschungsproblemen der Literaturwissenschaft zählt [einen Überblick vermitteln 335 sowie 206], gehören zunächst «einfache Formen» wie Sprichwort und Rätsel, aber auch einfache Märchen, Sagen und Legenden, die heute jedoch untergegangen und nur noch in späteren literarischen Reflexen zu fassen sind. Auch die volkstümlichen Frühformen der Liebesdichtung können wir allenfalls aus überkommenen Motiven und Elementen, wie sie etwa in einigen Strophen der *Carmina burana* (um 1230) oder des donauländischen Minnesangs nachklingen, annähernd erschließen, wenn die aus vorhöfischer Zeit stammenden Texte selbst auch niemals den Weg auf das kostbare Pergament gefunden haben – ebensowenig wie die gnomischen oder brauchtümlichen Sprüche und Lieder, die Teil der geselligen Unterhaltung schon in vorliterarischer Zeit waren.

Auf mündliche Traditionen geht auch die Heldendichtung zurück. Daß ihre schriftliche Überlieferung erst relativ spät einsetzt, als die höfische Literatur bereits fest etabliert ist, darf nicht als Indiz dafür gewertet werden, daß das Interesse an dieser heroischen Dichtung unter dem Einfluß der neuen literarischen Mode etwa erloschen wäre. Vielmehr ist davon auszugehen, daß die schriftliche Fixierung dieser Lieder nicht nötig erschien, eben weil sie durch eine lebendige mündliche Tradition bewahrt blieben. Wenn diese Werke dann aber in schriftliche Form gefaßt wurden, erfuhren sie Veränderungen, die durch die eigenen Gesetze der neuen Vermittlungsweise bestimmt waren. Dieser Übergang von Mündlichkeit zu Schriftlichkeit läßt sich namentlich am *Nibelungenlied* deutlich nachvollziehen, das zuerst um 1200 aufgezeichnet wurde, nachdem es über Jahrhunderte nur im mündlichen Vortrag überliefert worden ist: Einerseits weist das Epos in metrischer Gestaltung, stilistischer Prägung und stofflichen Eigentümlichkeiten die typischen Merkmale archaischer, mündlicher Tradierung auf; andererseits läßt seine Anlehnung an Darstellungskonventionen der zeitgenössischen höfischen Dichtung und sein demonstrativer Kunstcharakter den Einfluß der dominierenden Schriftliteratur erkennen [vgl. 337].

Wir haben Zeugnisse dafür, daß die Heldendichtung lange vor ihrer Verschriftlichung beim weltlichen und geistlichen Adel überaus populär war [188; *S. 612f*]. Aber auch nachdem sich die schriftlich konzipierte höfische Literatur allenthalben längst durchgesetzt hat, bestehen die mündlichen heldenepischen Überlieferungen erfolgreich fort. Ihre Beliebtheit bezeugt etwa Hugo von Trimberg (um 1230 bis 1310) in seinem Lehrgedicht *Der Renner* (um 1300), wenn er von fahrenden Sängern berichtet: «Swer von hern Dietrîch von Berne / Dâ sagen kan und von hern Ecken / Und von alten sturm recken, / Vür den giltet man den wîn» (V. 10 348ff; «wer von Herrn Dietrich von Bern, von Herrn Ecke und alten, sturmerprobten Recken zu erzählen weiß, für den bezahlt man den Wein»). Aufschlußreich ist in diesem Zusammenhang auch eine Strophe des Marners, eines bürgerlichen Spruchdichters aus der Mitte des 13. Jahrhunderts, der sich darüber beklagt, daß das höfische Publikum im Vortragsrepertoire der Berufssänger vor allem Stücke aus der heroischen mündlichen Erzähltradition bevorzuge (Lied XV, 14), während nur wenige Hörer den «hübschen minnesanc» (V. 271) verlangen. Wir können also mit einem Nebeneinander von mündlicher Tradition und Schrifttum im gesamten Mittelalter rechnen [vgl. 213], das auch mit dem Einsetzen eines geregelten Schriftbetriebs an den Höfen im 12. Jahrhundert nicht abbricht.

Im wesentlichen sind – unter dem Aspekt ihrer Überlieferung und Vermittlung – drei Grundtypen der volkssprachlichen Literatur im Mittelalter zu unterscheiden, die durch einen zunehmenden Grad der Verschriftlichung und Literarisierung charakterisiert sind:

- rein mündlich konzipierte und tradierte Dichtung, für die uns freilich die Textzeugnisse fehlen und auf die wir nur aus Formen der späteren Verschriftlichung schließen können;
- die buchliterarisch geprägten Aufzeichnungen ursprünglich nur mündlich bewahrter und verbreiteter Werke, die dann allerdings ebenso durch Vortrag vermittelt wurden wie jene Texte, die von vornherein schriftlich fixiert wurden (wie etwa die höfischen Epen);
- schließlich solche Literatur, die tatsächlich als individuelle Lektüre konzipiert war und die erst im späteren Mittelalter zu größerer Bedeutung gelangte.

Diese Grundtypen sind indessen nicht säuberlich zu trennen. So wie im Übergang von der lateinischen zur volkssprachlichen und von der geistlichen zur weltlichen Literatur keine klare Grenze erkennbar ist, so erfolgt auch die Ablösung der Mündlichkeit durch die Schriftlichkeit im literarischen Leben nicht schlagartig. Wir haben vielmehr mit mancherlei Mischformen zu rechnen.

Vortragsweise der Dichtung

Die Lebensform der mittelalterlichen Literatur wird nicht nur durch die Bedingungen ihrer Produktion und Rezeption, sondern auch durch die Art ihrer Vermittlung bestimmt. Die Frage nach der Vortragsweise dieser Dichtung erhält insbesondere bei dem mittleren der oben genannten Grundtypen bedeutsames Gewicht. Sie ist überdies eng mit dem komplexen Verhältnis von Mündlichkeit und Schriftlichkeit verknüpft.

Die geringe Lesefähigkeit des Laienpublikums führte dazu, daß alle höfische Literatur hauptsächlich in und aus dem mündlichen Vortrag vor der Hofgesellschaft lebte, auch wenn sie bereits schriftlich fixiert vorlag [vgl. 215]. Die großen, nicht selten prächtig ausgestatteten Epenhandschriften der höfischen Zeit dienten in aller Regel nicht etwa der privaten Lektüre, sondern erfüllten – wie die gesamte mittelalterliche Literatur sehr häufig – vor allem repräsentative Zwecke. Als gesellige Veranstaltung erlangte die Literatur an den weltlichen wie den geistlichen Höfen wegen ihrer «gemeinschaftsstiftenden und gemeinschaftsbestätigenden Funktion» [188; *S. 718*] eine unverkennbar soziale Bedeutung.

Was die Vortragsweise, ja die «Aufführungspraxis» der höfischen Literatur angeht, so sind wir auf Vermutungen, bildliche Zeugnisse und gelegentliche Hinweise in den Werken selbst angewiesen. Die Tatsache, daß Lyrik ebenso wie Epik vom Publikum für gewöhnlich hörend aufgenommen wurde, darf nicht darüber hinwegtäuschen, daß es zwischen den Überlieferungsformen dieser Gattungen einen wesentlichen Unterschied gab: Während der Minnesang und die Spruchdichtung primär im musikalischen Vortrag lebten und die einzelnen Lieder meist erst später niedergeschrieben bzw. zu Sammlungen vereinigt wurden, entstanden die Epen zunächst und in erster Linie als Schriftwerke, deren öffentliche Rezitation nicht notwendig an die schriftliche Vorlage gebunden war, wenn wir auch Texthinweise darauf haben, daß das *buoch* beim Vortrag eine wichtige Rolle gespielt hat. Diese Differenz in den Lebensformen der Gattungen ist eine Erklärung dafür, daß wir in Lyrikhandschriften eine sehr viel größere Variationsbreite von abweichenden Lesarten finden als in den schon früh einsetzenden Epik-Aufzeichnungen, die sich für gewöhnlich auf den relativ festen, als verbindlich angesehenen Text einer authentischen Originalfassung stützen konnten.

Die Lieder der Minnesänger wurden grundsätzlich unter musikalischer Begleitung gesungen und in geselligem Kreise aufgeführt. Allerdings müssen wir auch mit anderen Arten der Rezeption rechnen, die vor allem Ulrich von Lichtenstein in seinem *Frauendienst* bezeugt: Vortrag durch den Minnesänger (oder einen Boten) vor der angesprochenen Dame, Aufnahme mit Tanz oder private Lektüre als Leselyrik [188; *S. 755 ff*]. Über die musikalische Darbietungsweise dieser Sangverslyrik sind wir ganz unzureichend informiert, da die großen deutschen Liederhandschriften (im Gegensatz zu den nordfranzösischen Sammlungen) fast ausnahmslos nur die Texte überliefern [188; *S. 779 f*] und wir lediglich einzelne Melodien erhalten haben, deren konkrete Umsetzung jedoch allenfalls mit einiger Wahrscheinlichkeit erschlossen werden kann [vgl. 722].

Auch über den Vortrag der epischen Dichtung haben wir nur ungenaue Angaben. Gehen die Forschungsmeinungen in Detailfragen auch auseinander, so besteht doch weitgehende Übereinstimmung darin, daß strophische Epik (wie das *Nibelungenlied*) gesungen, die Reimpaarepik (wie die großen Artusromane) dagegen gesprochen wurde. Die Dauer der einzelnen Vortragseinheiten ist umstritten; aber einige Werke lassen eine Einteilung in Abschnitte erkennen – etwa das *Nibelungenlied*, das nicht zuletzt durch solche Großgliederung seine Herkunft aus der mündlichen Erzähltradition sinnfällig macht.

Es gibt indessen eine Reihe von Hinweisen, die glauben lassen, daß die mittelalterliche Epik bisweilen auch als Leseliteratur rezipiert worden ist. Häufig bezeichnen die Autoren, um sich selbst von den ungebildeten Laien und ihre Werke von der nur mündlichen Dichtung abzuheben, ihre Romane ausdrücklich als «Bücher», die zur Lektüre bestimmt sind [Beispiele in 188; *S. 725 ff*] – wobei es immer wieder Frauen sind, die als Leserinnen apostrophiert werden. Aus dem zwischen 1195 und 1200 entstandenen *Lanzelet* Ulrichs von Zatzikhoven ist zu erfahren, daß der englische Adlige Hugo von Morville, der 1194 als eine der Geiseln für Richard Löwenherz nach Deutschland gekommen war, sich «daz welsche buoch von Lanzelete» (V. 9341) mitgebracht hatte, um es während seiner Gefangenschaft zu lesen.

Mitunter begegnen auch in den Epen selbst Szenen, in denen Vorlese-Situationen geschildert werden. Im *Iwein* Hartmanns von Aue vertreibt ein junges Edelfräulein, «diu vil wol, ist mir gesaget, / wälhisch lesen kunde» (V. 6456f; «die, wie ich hörte, ausgezeichnet französisch lesen konnte»), seinen vornehmen Eltern die Zeit mit Vorlesen: «ir lesen was eht dâ vil wert» (V. 6470; «ihr Vorlesen bereitete da großes Vergnügen»). Auffallend häufig sind es adlige Damen, die bei dieser Tätigkeit gezeigt werden. ‹Private› Lesungen im kleinen Kreis gehörten – wie sportliche Wettkämpfe, Tanzen, Musizieren, Jagen und andere höfische Lustbarkeiten – offenbar zu den standesgemäßen, festlichen Vergnügungen. Einen Beleg dafür liefert etwa der *Helmbrecht* von Wernher dem Gartenaere (entstanden zwischen 1250 und 1282): Da wird bei der Aufzählung höfischer Festesfreuden auch die literarische Unterhaltung genannt, denn unter anderem «gie dar einer unde las / von einem, der hiez Ernest» (V. 956f; «ging einer hin und las von einem Manne namens Ernst») – ein weiterer Hinweis überdies darauf, daß der literarische Geschmack der adligen Laiengesellschaft sich keineswegs auf höfische Werke beschränkte, sondern auch die spielmännischen Erzählstoffe (und, wie erwähnt, die heroische Dichtung) einschloß, die hier etwa die Funktion von unterhaltender Trivialliteratur gehabt zu haben scheinen.

Auftraggeber und Autoren

Auf solche Vorlieben der Rezipienten mußten die Verfasser mittelalterlicher Dichtung eingehen. Zumindest alle weltliche Literatur der Epoche war Auftragskunst, und mithin waren die Autoren auf die Gunst und Förderbereitschaft ihrer Mäzene angewiesen. Diese Abhängigkeit bestand noch nicht, solange die Literatur in der Obhut der Klöster und Domschulen stand. Die dort eingerichteten Skriptorien haben durch ihre Tätigkeit eine bedeutende Funktion für den frühmittelalterlichen Wissenschaftsbetrieb gehabt, für den sie antike und christliche Werke kopierten. Insofern erhielten die Klosterbibliotheken eine beträchtliche Bedeutung für die Wahrung einer – wenn auch begrenzten – geistigen Kontinuität im Übergang vom Altertum zum Mittelalter. Besonderes Gewicht kam in diesem Zusammenhang der Bildungsreform Karls des Großen (742/43 bis 814) zu [198; *S. 200ff*].

Die geistlichen Autoren unterlagen noch nicht den Zwängen des später aufkommenden Mäzenatenwesens. Widmungen, die sich in ihren Werken finden, dürfen deshalb auch nicht als Gönner-Anreden gedeutet werden – etwa die Vorreden Otfrids von Weißenburg zu seinem *Evangelienbuch*, die eher als Ausdruck freundschaftlicher Ergebenheit oder der «Respektbezeugung gegenüber den kirchlichen Oberen» [200; *S. 2*] zu verstehen sind. Selbst wenn einzelne Werke im Auftrag von Äbten oder Bischöfen entstanden, ergab sich durch solche Bestellungen noch kein Abhängigkeitsverhältnis im späteren Sinne. Ein wenig anders war die Position der Vaganten an den geistlichen Fürstenhöfen, die in ihre lateini-

schen Dichtungen wiederholt Dankadressen an ihre Auftraggeber eingebaut haben.
Neben den Klöstern und Bischofssitzen spielte der Kaiserhof bis ins 12. Jahrhundert, das mit dem Aufstieg der Fürsten zu Territorialherren neue gesellschaftliche und politische Voraussetzungen für den Literaturbetrieb schuf, als literarisches Zentrum eine bedeutende Rolle, für die das Mäzenatentum der römischen Kaiser das Vorbild lieferte [dazu 202 und 188; *S. 639ff*]. Freilich wurden unter dem Patronat der deutschen Kaiser in der Regel eher historische, theologische und wissenschaftliche denn dichterische Werke gefördert. Auffällig ist, daß schon im Zusammenhang mit dem kaiserlichen Mäzenatentum – wie am Hofe Ottos I. (912 bis 973) – vor allem die Frauen ein besonderes Interesse an der Literatur bekundeten, deren Pflege im übrigen den Klerikern der Hofkapelle oblag.
Im Zusammenhang mit der zunehmenden Macht der Fürsten und ihrem wachsenden Repräsentations- sowie Legitimationsbedürfnis im 12./13. Jahrhundert [vgl. 279] entwickeln sich auch die großen Fürstenhöfe zu wichtigen literarischen Zentren [über deren Bedeutung vgl. 189]. Die politischen Ambitionen der weltlichen Herren drücken sich zunächst in einem auffälligen Bedürfnis nach dynastischer Geschichtsschreibung aus, die zuvor an den Hausklöstern verfaßt wurde [zu den zahlreichen «Stifterchroniken» vgl. 64] und nun durch den Beginn eines geregelten Schriftbetriebs an den Höfen selbst (im 12. Jahrhundert) entscheidend befördert wird. Die Einrichtung eigener Kanzleien bewirkt aber nicht allein die «Loslösung der adeligen Geschichtsschreibung aus der Welt ihrer geistlichen Autoren» [64; *S. 299*] und eine Verschriftlichung des Rechts- sowie des Urkundenwesens [dazu 221, I], sondern zugleich die Entfaltung einer weltlichen Literatur nach dem Vorbild der französischen Adelsdichtung, die im Zusammenhang mit der Übernahme der französischen Gesellschaftskultur immer stärker den Rang verpflichtender Musterhaftigkeit erhält.
Mit dieser Entwicklung erfährt die Laienkultur eine folgenreiche Veränderung: Das Lateinische verliert seine Bedeutung als fragloser und alleiniger Inbegriff von Bildung; an seine Seite tritt, wie etwa das oben angeführte Beispiel von Isoldes höfischer Erziehung belegt, jetzt das Französische – eine lebendige Sprache und Kultur, zu der die Angehörigen des deutschen Hochadels schon durch dynastische Verflechtungen eine persönliche Beziehung haben konnten. Das wird an dem ersten Stück weltlicher Literatur in deutscher Sprache deutlich, in dem auch ein Auftraggeber genannt wird und das überdies bezeichnenderweise auf die Vermittlung einer weiblichen Gönnerin zurückgeht: Im Epilog zum *Rolandslied* (um 1170) spricht dessen Bearbeiter, der Pfaffe Konrad (12. Jh.), von «dem herzogin Hainriche» (V. 9018), womit vermutlich der Welfe Heinrich der Löwe (1129 bis 1195) gemeint ist. Dieser habe, so schreibt der Autor, aus Frankreich die Vorlage herbeischaffen lassen, denn «des gerte di edele herzoginne, / aines richen

chûniges barn» (V. 9024f; «das wünschte die vornehme Herzogin, die Tochter eines mächtigen Königs»): Mathilde, die Tochter des englischen Königs Heinrich II. Plantagenet (1133 bis 1189) und Eleonores von Aquitanien (um 1122 bis 1204), die die fruchtbare mäzenatische Tätigkeit ihrer Eltern nun auch am Welfenhof fortsetzt und dabei als Vermittlerin ihrer heimischen Kultur fungiert (wie – auf andere Weise – auch die Gattin des Stauferkaisers Friedrich I., Beatrix von Burgund, um 1140/44 bis 1184, die sich große Verdienste um die Einführung namentlich der romanischen Liebesdichtung erwarb).

Diese Textpassage, die aus einem der ersten Zeugnisse deutschsprachiger Dichtung nach französischen Vorlagen stammt, ist aufschlußreich und symptomatisch gleich in mehrfacher Hinsicht: Der Autor ist geistlich gebildet und also buchgelehrt; der Auftraggeber beschafft – auf Anregung seiner Frau Mathilde – das Originalwerk zur Bearbeitung in deutscher Sprache; der mit der Übersetzung betraute Dichter bedankt sich mit Lobreden bei seinem Gönner.

Bemerkenswert ist schließlich auch Konrads Erklärung (V. 9080ff), er habe den französischen Text zunächst ins Lateinische übertragen und ihn dann aus dieser (ihm wohl vertrauteren) Sprache in deutsche Verse gebracht. Das wirft die Frage auf, wieweit diese bearbeitenden deutschen Übersetzer die Sprache, in der ihre Vorlagen abgefaßt waren, überhaupt selbst beherrscht haben. Daß die geistlichen Autoren Latein lesen konnten, versteht sich von selbst; ihre Französischkenntnisse aber reichten, wie die Bemerkung Konrads andeutet, nicht immer aus. Auch die weltlichen Dichter hatten hier bisweilen gewisse Schwächen, und sie konnten sich offenbar nicht immer darauf verlassen, daß ihr Publikum die fremde Sprache ohne weiteres verstand: Gottfried von Straßburg (spätes 12./frühes 13. Jh.) etwa läßt auf jedes französische Zitat, das er zum Nachweis höfischer Kultiviertheit in seinen *Tristan* einflicht, sofort die deutsche Übersetzung folgen.

Die wichtigste Funktion des Gönners für den mittelalterlichen Dichter – neben der Gewährleistung von dessen Unterhalt während der (vor allem bei Epikern) oft sehr lange dauernden Arbeit – bestand also darin, die materiellen Voraussetzungen für das zu schaffende Werk bereitzustellen. Pergament und Farben waren teuer. Vor allem aber die Handschriften, die als Vorlage dienten, waren überaus kostbar, und ihre Beschaffung konnte Schwierigkeiten verursachen, zu deren Überwindung die Dichter meist keine Möglichkeiten besaßen. Den mächtigen Auftraggebern gelang es oft erst unter Nutzung der dynastischen, gesellschaftlichen oder politischen Verbindungen zwischen den europäischen Fürstenhäusern, ein Exemplar der gewünschten Quelle zu bekommen.

Daß die Arbeit der Autoren mitunter von allerlei Vorkommnissen bedroht war, zeigt eine Episode, die Heinrich von Veldeke im Epilog seines

Eneas-Romans mitteilt: Er hatte das Manuskript des unfertigen Romans der Gräfin von Kleve geliehen, der es dann jedoch anläßlich ihrer Hochzeit gestohlen wurde – ein Beleg dafür, wie begehrt und kostbar das Werk gewesen sein muß. Daß der Dichter seine Arbeit doch noch beenden konnte, ist dem Landgrafen Hermann I. von Thüringen (um 1155 bis 1217), einem besonders engagierten Förderer der Literatur [208], zu danken, der das unvollendete Gedicht zurückholte und dem Autor an seinem Eisenacher Hof zur Verfügung stellte, wo dieser das Werk tatsächlich abschloß.

Anders als bei der lyrischen Dichtung, die häufig aus dem und für den Augenblick geschaffen wurde, war die epische Literatur auf andere Voraussetzungen angewiesen. Sie benötigte Kontinuität und eine langfristige Sicherung des Autors, der in der Zeit seiner Arbeit von der Huld und Geduld seines Gönners abhing. Die mittelhochdeutschen Epen wurden in ihrer überwiegenden Mehrzahl von Angehörigen des vermögenden Hochadels, aber auch von Mitgliedern ritterlicher Geschlechter, von geistlichen Herren und später zunehmend vom wohlhabenden Bürgertum in den erblühenden Städten patronisiert.

Dabei haben die Mäzene mitunter wohl auch versucht, Einfluß auf die Stoffwahl und Darstellungsweise der von ihnen geförderten Werke zu nehmen. Wie weit und in welche Richtung diese Steuerung des literarischen Lebens ging, ist nicht mehr genau feststellbar. Immerhin ist auffällig, daß etwa am Babenberger Hof in Wien nur Lyrik gepflegt worden zu sein scheint, während Hermann von Thüringen eine deutliche Vorliebe für antike Stoffe und Werke aus dem Umkreis der *chanson de geste* hatte. Daß Frauen, die an der Entfaltung der höfischen Literatur des Mittelalters (obschon oft nur mittelbar: als Gattinnen mächtiger Herren) entscheidenden Anteil hatten [189; *S. 233ff*], vor allem an Legendenepen interessiert waren, dürfte an ihrer stärker religiös geprägten Erziehung gelegen haben. Bezeichnenderweise erhielt schon Heinrich von Veldeke gleich zu Beginn dieser Entwicklung seinen Auftrag zur Verdeutschung der *Servatius*-Legende (vor 1170) von einer Gönnerin, der Gräfin Agnes von Loon [189; *S. 238*].

Neben den weltlichen Fürsten traten auch geistliche Herren, die häufig prachtvolle Höfe unterhielten und sich mit dem Luxus des mächtigen Laienadels umgaben, als Mäzene weltlicher Literatur auf [189; *S. 256ff*]. Das *Nibelungenlied* etwa wurde vielleicht um 1200 in der Umgebung, wenn nicht auf Bestellung des Passauer Bischofs Wolfger von Erla (gest. 1218) niedergeschrieben, in dessen Gefolge sich, wie die berühmte «Pelzrock-Urkunde» aus dem Jahre 1203 beweist, zeitweilig auch Walther von der Vogelweide aufgehalten hat.

An den kleineren Höfen des nicht fürstlichen Adels beschränkte sich die Förderung der Literatur, schon weil die materiellen Voraussetzungen für die aufwendigere epische Dichtung in der Regel fehlten, meist auf kleinere Formen. Vor allem die Spruchdichtung und der Minnesang wurden hier gepflegt [189; *S. 265ff*]. Seit dem späten 12. Jahrhundert, als die weltlichen Fürsten zunehmend ihre Höfe in die prosperierenden Städte verlegen, entsteht dort ein reiches literarisches Leben, das an bereits bestehende Traditionen vor allem in den Bischofssitzen anknüpft. Ein städtisches Mäzenatentum im engeren Sinne jedoch bildet sich erst gegen Ende des 13. Jahrhunderts. Es wendet sich sowohl der höfischen Epik als auch der Lyrik zu, wobei es den Patriziern, die diesen Literaturbetrieb hauptsächlich trugen, oft nicht allein um Traditionspflege, sondern auch um den Nachweis der eigenen Adelsgleichheit und Standeslegitimation geht [189; *S. 283ff*, sowie 209].

Über die Standesverhältnisse und die gesellschaftliche Stellung der mittelalterlichen Autoren haben wir kaum gesicherte Zeugnisse. Zwar überliefern uns die Handschriften die Namen der Verfasser, aber sie teilen nichts über deren Identität mit – nicht zuletzt, weil nach dem Kunstverständnis der Zeit die Dichter völlig hinter ihr Werk zurücktraten und nur sehr selten (meist in Pro- oder Epilogen) die Gelegenheit zu persönlichen Äußerungen wahrnahmen [vgl. 94; *S. 134ff*, sowie 120]. Bei den Minnesängern [vgl. 232; jetzt auch 706; *S. 234ff*] haben wir es meist mit hochgestellten, mächtigen Herren zu tun, deren Reihe in der *Manessischen Liederhandschrift* (um 1310ff) von dem Stauferkaiser Heinrich VI. (1165 bis 1197) angeführt wird. «Minnesang war Adelskunst» [188; *S. 686*]. Erst mit Walther von der Vogelweide (um 1170 bis um 1230) begegnen wir dem ersten Berufsdichter [706; *S. 343ff*], dem dann weitere Fahrende (auch bürgerlicher Herkunft) folgen [vgl. 216 sowie 193]. Unter den Verfassern weltlicher Epik dominieren die Kleriker und geistlich gebildeten Autoren, die meist in drückender Abhängigkeit von ihren Auftraggebern zu arbeiten und zu leben hatten, wofür wir in den Texten selbst eine große Zahl von Mitteilungen und Andeutungen finden [188; *S. 679ff*]. Gerade diesen demütigenden Verhältnissen ist wohl der nicht selten panegyrische Zug der epischen Dichtung zu verdanken.

Handschriftenproduktion und Überlieferung

Die Überlieferungsgeschichte der mittelalterlichen Literatur und namentlich der Epik ist noch wenig erforscht [hierzu die Angaben in 188; *S. 718ff*]. Die Erzählwerke wurden schon im 12. Jahrhundert aufgezeichnet – ein Hinweis darauf, daß es sich hier um eine von vornherein schriftlich konzipierte Literatur handelte, die sich grundsätzlich von der Lebens- und Überlieferungsform der Lyrik unterscheidet; denn Liederhandschriften begegnen erst gegen Ende des 13. Jahrhunderts, während vorher nur einzelne Strophen niedergeschrieben wurden oder Eingang in Sammlungen wie die *Carmina burana* fanden. Nur in wenigen Fällen können wir feststellen, daß die Autoren gelegentlich auch als Schreiber ihrer eigenen Werke wirkten. In der Regel wurde die Aufzeichnung und Vervielfältigung der Handschriften durch Schreiber bzw. Schreibstuben vorgenommen, die im Auftrag von Bestellern arbeiteten. Über die Besitzer solcher Handschriften ist wenig bekannt. Wir glauben jedoch zu wissen, daß die Werke von den Trägern der Literatur bisweilen auch ausgeliehen, getauscht und weitergegeben wurden; das Schicksal der *Eneit*-Handschrift ist hierfür ein besonders lebendiger Beleg.

Große Bedeutung wurde oft auch der reichen Ausschmückung der Handschriften beigelegt. Damit wurde nicht nur ihr repräsentativer Wert erhöht, sondern sie erfuhren durch solche sorgfältige Ausstattung und die Einfügung von Bildern, die in speziell hierfür ausgebildeten Malschulen entstanden, überdies eine Aufwertung, die die weltliche Literatur in den Rang der geistlichen Werke erheben sollte. Zumeist wurden allerdings Lehrgedichte, Rechtsbücher und Geschichtswerke illustriert (zu denen freilich auch Veldekes *Eneit* und Wolframs von Eschenbach *Willehalm*, die als historische Dichtungen galten, gezählt wurden). Nur vereinzelt treten bebilderte Handschriften von höfischen Epen auf: etwa zum *Parzival* und zum *Tristan*. Erst im 15. Jahrhundert werden illustrierte Epenhandschriften zahlreicher. Daß epische Stoffe überdies auch durch bildliche Darstellungen rezipiert werden konnten, beweisen beispielsweise die *Tristan*-Fresken auf Burg Runkelstein und die *Iwein*-Darstellungen in Schmalkalden sowie auf Burg Rodeneck. Auch Gebrauchsgegenstände waren gelegentlich mit literarischen Motiven verziert.

Bei der Lyrik, deren Sammlung und schriftliche Fixierung uns erst aus dem Ende des 13. Jahrhunderts bezeugt ist, haben wir keine gesicherte Erkenntnis darüber, auf welche Weise die Lieder verbreitet und bewahrt wurden, bis sie schließlich den Weg aufs Pergament fanden. Bei den erhaltenen Textzeugnissen müssen wir [nach 188; *S. 761 ff*] zwischen «sporadischen Aufzeichnungen», «Autorsammlungen» und den «großen Liederhandschriften» unterscheiden. Zwischen diesen Überlieferungstypen gibt es mannigfaltige Querverbindungen. Die bedeutendsten Sammelhandschriften sind die *Kleine Heidelberger* (A, entstanden gegen Ende des 13. Jahrhunderts), die *Weingartner* (B) und die *Große (Manessische)* (C; beide zu Beginn des 14. Jahrhunderts geschrieben). Von besonderem Gewicht ist die prachtvoll verzierte, umfangreiche Handschrift C, die nicht nur Lieder, sondern auch Miniaturen von 140 Lyrikern (wie in der Handschrift B nach ihrem Stand geordnet) überliefert. Eine Sonderstellung nimmt in der Lyrik-Überlieferung wiederum Ulrich von Lichtenstein ein, der seine Minnelieder im *Frauendienst* selbst zusammenstellt. Aus dem späteren Mittelalter ist uns eine solche, vom Verfasser selbst vorgenommene ‹Werkausgabe› etwa von Oswald von Wolkenstein (1377 bis 1445) bekannt.

Für die Herstellung der großen Epen- und Lyrikhandschriften wurde in der Regel Pergament verwendet, das sich schon im 4. Jahrhundert als haltbareres und geschmeidigeres Material gegenüber dem Papyrus durchgesetzt hatte. Das aus der Haut von Schafen, Ziegen oder Kälbern in einem aufwendigen Verfahren hergestellte Pergament wurde dann mit Linien und einem Rahmen für den Schriftspiegel versehen. Die Beschriftung erfolgte mit Gänsefedern. Die Tinten und Farben wurden aus pflanzlichen, tierischen oder mineralischen Stoffen gewonnen. Die zur Herstellung der Tinkturen erforderlichen Kenntnisse wurden in Traktaten, Werkstatt- und Musterbüchern übermittelt, die in den mittelalterlichen Skriptorien zur Verfügung standen.
Nach Fertigstellung der Beschriftung und Illumination wurden die Blätter in aller Regel gefalzt, in einer Buchbinderlade zu einem Block zusammengeheftet und schließlich mit einem hölzernen Buchdeckel versehen, der mit Leder überzogen wurde. Mit kostbaren Schließen und Beschlägen versehen, kam das Buch dann in die Bibliothek, wo es nicht selten – zum Schutz gegen Diebstahl – angekettet wurde [zur Buchherstellung vgl. 220]. Eine Federzeichnung aus dem 12. Jahrhundert führt die Buchherstellung in einer Serie von Bildern vor [in 198; gegenüber *S. 208*]. Der hohe Kostenaufwand, den die Anfertigung von solchen repräsentativen oder auch nur Gebrauchshandschriften erforderte, führte dazu, daß nach der Durchsetzung des Papiers als Schreibstoff im 13. Jahrhundert dieses billigere Material zunehmend Verwendung fand. Aber noch lange bestanden Pergament- und Papierhandschriften nebeneinander.

Francis G. Gentry

Von der karolingischen Kulturreform bis zur Rezeption der höfischen Literatur Frankreichs

Zusammenbruch des Römischen Reiches im Westen

Der Zusammenbruch des weströmischen Imperiums im Jahre 476 hatte gewiß eine größere Wirkung auf das Europa der Neuzeit als auf die unmittelbar Betroffenen in Italien und Gallien. Daß der Niedergang des Kaisertums für manche Zeitgenossen ein Schock war, läßt sich vermuten. Aber ob sie das Ereignis auch als das Ende ihrer Zivilisation bzw. Kultur betrachteten, ist fraglich. Denn mit wenigen Ausnahmen waren seit geraumer Zeit die Zustände im westlichen Teil des Reiches chaotisch. Im Jahre 476 war das römische Heer schon germanisch – wie die große Zahl von Söldnern, die als *foederati* für die Römer (gegen Bezahlung) kämpften. Die Weigerung des zum König ernannten Söldners Odoaker (433 bis 493), den Kaisertitel anzunehmen, und die Zurücksendung der kaiserlichen Regalien nach Byzanz sind ein beredtes Zeugnis für das Rechtsgefühl der «usurpatorischen» Germanen wie für deren Einschätzung der Realität des Weströmischen Reichs. Denn schon lange vor dem endgültigen Zusammenbruch war nach der Teilung des Römischen Reiches in ein Ost- und Westreich der östliche Teil wirtschaftlich wie politisch dem westlichen Teil weit überlegen. 476 hatte das Römische Reich, wenn auch in einiger Entfernung, trotz allem noch einen Kaiser in Byzanz, dessen Einfluß auf die Angelegenheiten des Westreichs allerdings nach und nach verebbte und mit der Erhebung Karls zum Kaiser praktisch verschwand. Es mußten aber noch einige Jahrhunderte vergehen, bevor der Westen sich stark genug fühlte, symbolisch und politisch sich vom Obrigkeitsanspruch des oströmischen Kaisers zu befreien.

Obwohl im Westen kein Kaiser mehr vorhanden war, blieb doch eine Institution erhalten, die die Kontinuität mit der Vergangenheit aufrechterhielt: die christliche Kirche. Deren Bedeutung für den Lauf der europäischen Geschichte im Mittelalter kann nicht überschätzt werden. Die politische Kontinuität wurde erst im Jahre 800 mit der Kaiserkrönung Karls des Großen (742 bis 814) wiederhergestellt, und zwar auf der Grundlage der römisch-christlichen Vergangenheit.

Päpstliche und weltliche Herrschertheorien

Seit den Dekreten der römischen Kaiser Valentinianus II., Gratian und Theodosius I. im Jahre 390, in denen das Christentum als Staatsreligion des Römischen Reiches proklamiert wurde, hat der Papst in Rom regierungsähnliche Funktionen ausgeübt, obwohl die römische Kirche an sich weder offiziell begründet noch legitimiert war; das heißt, die Kirche in Rom konnte keinerlei Anspruch auf eine höhere Stellung unter den anderen christlichen Kirchen erheben. Diese Sonderstellung der römischen Kirche und damit des Papsttums entwickelten sich langsam, aber auch zielbewußt. Erst im 5. Jahrhundert wurde die päpstliche Theorie der Sonderrechte des römischen Bischofs innerhalb der Kirche bekanntgegeben, die Leonische These, nach Papst Leo I. (440 bis 461) so benannt. Den Ausgangspunkt bildet die allgemeine Annahme, daß Petrus in Rom den Märtyrertod erlitten habe, wodurch im Beginn der christlichen Kirche eine symbolische Verbindung zwischen dem ersten Papst und der Stadt Rom hergestellt ist. Die biblische Bestätigung der besonderen Funktion der Kirche findet man in der bekannten Stelle des Matthäusevangeliums (Kap. 16, 18–19), wo Christus Petrus zum Oberhaupt seiner Kirche erhebt und ihm die Macht des Bindens und Lösens verleiht. Der Kirche nach hat Christus dadurch nicht nur eine bestimmte *societas* gegründet, sondern auch die ihr angemessene Regierungsform beigegeben – ein einmaliges Ereignis in der Geschichte von Staaten und Regierungen. Papst Leo I. gründete seine These des päpstlichen Machtanspruchs auf einen gefälschten Brief von Papst Clemens an den heiligen Jakobus (ein auf griechisch verfaßtes Dokument aus dem 2. Jahrhundert, das erst im 5. ins Lateinische übersetzt wurde). In diesem Brief berichtet Clemens, Petrus habe vor seinem Tod in Anwesenheit der Christlichen Gemeinschaft Roms seine Macht des Bindens und Lösens an ihn (Clemens) weitergegeben. Es schien also eindeutig, daß die Nachfolger Petri, die römischen Bischöfe, das Recht haben, die Macht, die von Christus ausschließlich an Petrus verliehen wurde, auszuüben, weil sie öffentlich an Clemens übertragen worden sei. Um dem Einwand entgegenzutreten, Christus habe diese Macht Petrus nur deswegen verliehen, weil er als erster Christus bei Caesarea Philippi als Gott anerkannt hätte, erdachte sich Papst Leo eine neue Formulierung des päpstlichen Amtes. Er gab zu, daß kein Nachfolger Petri sich das Verdienst, als erster Christus anerkannt zu haben, anmaßen könnte; dieses bleibe Petrus reserviert. In diesem Sinne sei jeder

Papst ein *indignus haeres beati Petri* («ein unwürdiger Erbe des heiligen Petrus»). Jeder neue Papst ist also der unmittelbare Nachfolger Petri, nicht der seines Vorgängers. Das Verdienst Petrus bleibt diesem allein vorbehalten, aber seine Macht darf jedesmal neu durch ihn an den römischen Bischof weitergegeben werden. Damit wurde die Person vom Amt getrennt; die Autorität, die dem päpstlichen Amt innewohnt, ist getrennt von dem Individuum, das das Amt innehat. Als ein unwürdiger Erbe des ersten Papstes bekommt jeder neue Papst – wie Petrus selbst – seine Macht und Autorität von Gott, nicht von anderen Menschen. Er ist das Oberhaupt der Kirche und als solches seinen Untertanen, den Christen, weit überlegen. Die Kirche, also die gesamte christliche *societas*, ist ein unmündiges Kind, das er für Gott regiert. Im Mittelalter agiert der Papst daher auf eigene Initiative allein; er ist niemandem verantwortlich, nur Gott. So findet man schon im 5. Jahrhundert die Basis einer päpstlichen Reichsidee. Noch ist der Papst zu schwach, um diese These in die Wirklichkeit umzusetzen und geltend zu machen. Erst im 11. Jahrhundert findet der römische Bischof die passende Gelegenheit, seine Reichsansprüche zu erheben und eine Zeitlang zu verwirklichen.

Die Grundlagen der weltlichen Reichsidee findet man im monarchischen Konzept der byzantinischen Kaiser. Auch der oströmische Kaiser hält sich für den Stellvertreter Christi auf Erden. Nur ihm fällt es zu, den heiligen Glauben des Christentums aufrechtzuerhalten. Er ist sowohl Priester als auch Kaiser, und er selber nimmt teil an wichtigen liturgischen Zeremonien. Er allein darf Konzilien einberufen; er allein darf Gesetze verabschieden, ja diese Gesetze werden mit dem Attribut «heilig» versehen. Christus ist der Pantokrator, der Kaiser ist der Autokrator, der Kosmokrator. Er ist von Gott selber erkoren, dessen Volk, dessen Reich zu regieren. Die Schwächen dieser weltlichen Herrscherthese – vom Standpunkt des Papstes aus betrachtet – brauchen hier nicht verfolgt zu werden. Es genügt zu sagen, daß die weltliche Theorie des Herrschers ‹nur› in der weltlichen Geschichte begründet ist, während die päpstliche These in der ‹wahren›, das heißt göttlichen Geschichte ihre Bestätigung findet, die freilich Vorrang haben muß.

Daß die päpstlichen Ansprüche wenig Resonanz am kaiserlichen Hof in Konstantinopel fanden, war zu erwarten. Und solange das Oströmische Reich verhältnismäßig stark blieb, vermochten die Päpste sie nicht durchzusetzen. Die große Wende in der Politik der römischen Kirche und in der Geschichte des westlichen Christentums kam während des Papsttums Gregors des Großen (590 bis 603). Gregor, der vor seiner Wahl Gesandter der römischen Kirche am kaiserlichen Hof in Byzanz war, erkannte, daß es zu seiner Zeit unmöglich war, die kaiserliche Regierungsform in eine päpstliche umzuwandeln. Gregor war weitsichtig und wußte, daß, wenn die Ansprüche des Papsttums überhaupt eine Chance der Verwirklichung haben sollten, der Papst versuchen müsse, seine Theorien in Gegenden, die nicht in der Machtsphäre des Ostkaisers standen, zu verbreiten und geltend zu machen. Das war im Westen. Aus diesem Grund sandte Gregor Mönche nach Gallien und England, die mit der Botschaft Christi auch die päpstliche Reichstheorie verkündeten. Diesen Mönchen gelang es, Sympathie für die Ansprüche des Papsttums zu erwecken, und damit beginnt die eigentliche Geschichte des europäischen, lateinischen Westens. Da die Mönche die lateinische Bibel mitbrachten, wurde Latein zu der führenden gelehrten Sprache Europas. Hiermit wurde zugleich die päpstliche Reichsidee untermauert; denn Latein war eben auch die Sprache Roms. Knapp anderthalb Jahrhunderte später erntete das Papsttum im Fränkischen Reich die ersten Früchte dieses mönchischen Strebens.

Von Odoaker bis zu Karl dem Großen

Im Jahre 493 wurde Odoaker von oder durch Theoderich den Großen, den König der Ostgoten, bei Ravenna ermordet. Theoderich (geb. um 456) beherrschte Italien bis zu seinem Tode im Jahre 526. Obwohl die Goten Christen waren, gehörten sie der arianischen Häresie an – im Gegensatz zu den von ihnen Regierten, die sich zum orthodoxen Christentum bekannten. Aus diesem Grund kam es wohl nicht zu einer Assimilierung der beiden Volksgruppen, so daß die Goten nach Theoderichs Tod als politischer Machtfaktor in Italien verschwanden. Die Zukunft gehörte vielmehr einem anderen germanischen Stamm, den Franken. Am Weihnachtstag 497 (oder 498) ließ sich der fränkische Stammesführer Chlodwig (446 bis 511) zusammen mit seinem Volk taufen – und zwar als orthodoxe (d. h. römische) Christen, im Gegensatz also zu den längst christlichen, aber arianischen Goten. Dieser Schritt war von großer Wichtigkeit; denn seine Orthodoxie ermöglichte es Chlodwig, die in seinem neubesetzten Gebiet ansässigen Galloromanen zu verschmelzen und ein geeintes Staatswesen zu begründen, eine Leistung, die seinem ostgotischen Nachbarn, Theoderich, in Italien nicht gelang. Nach Chlodwigs Tod wurde das Reich nach fränkischem Brauch unter seine Söhne geteilt. Trotz verschiedener Versuche, das Reich wiederzuvereinigen, verfielen Macht und Ansehen des merowingischen Königshauses zunehmend und damit auch das religiöse, das sittliche und das kulturelle Leben. Erst mit dem Aufstieg der Karolinger, zunächst mit dem Hausmeier Pippin II. (um 635 bis 714) und ab 714 mit dessen Sohn Karl Martell (um 688 bis 741), begann die Zeit der großen Ausdehnung und des Prestiges des Frankenreichs, deren Höhepunkt die Regierungszeit Karls des Großen bildet. Der Übertritt der karolingischen Hausmeier ins Königsamt begann mit Karls Vater, Pippin. Um die Mitte des 8. Jahrhunderts, als das merowingische Königtum machtlos geworden war und die Hausmeier schon längst die Macht im Reich ausübten, sandte der Hausmeier Pippin eine Botschaft an den Papst mit der Frage, ob er berechtigt sei, selber König zu werden. Zacharias (Papst von 741 bis 752) erwiderte mit dem bekannten Satz: Derjenige, der die eigentliche Macht ausübt, solle auch König sein. Für Pippin war das Anlaß genug, den letzten merowingischen König, Childerich III. (gest. 754), ins Kloster zu schicken und sich vom Papst selber als König salben zu lassen. Das war der entscheidende Schritt seitens des Papsttums, sich von den Herrschaftsansprüchen des byzantinischen Kaisers zu befreien und die päpstliche Reichstheorie zu verwirklichen. Denn die Salbung des Königs durch den Papst hatte symbolische Bedeutung. Hieße das denn nicht, so würde später die Frage lauten, daß der König erst dann König wird, wenn der Papst ihn salbte, und daß demzufolge der König seine Macht eigentlich vom Papst bekommt? Pippin war sich der schicksalhaften Natur seiner Handlung gewiß nicht bewußt, und es sollte noch geraume Zeit dauern, bevor der große Konflikt zwischen Papst und König bzw. Kaiser das Deutsche Reich zu zerreißen drohte. Aber der erste Schritt war getan. Um dieser Deutung der Königssalbung den Anschein der Legitimität zu verleihen, konnte der Papst die sogenannte Konstantinische Schenkung vorweisen, die *mirabile dictu* in Rom aufgetaucht war.

Die Schenkungsurkunde war nicht im 4., sondern um die Mitte des 8. Jahrhunderts in Rom ausgestellt worden. Damals aber galt sie in gewissen Kreisen als echt. Dieser Urkunde nach hatte Konstantin (um 285 bis 337) dem Papst Silvester (Papst von 314 bis 335), kurz bevor jener nach Konstantinopel übersiedelte, alle Reichsinsignien übergeben; denn er, Konstantin, erkannte den Papst als das wahre Oberhaupt der römisch-christlichen Gesellschaft an. Konstantin wollte sogar die Reichskrone Silvester auf das päpstliche Haupt setzen, was ihm auch gelungen wäre, hätte der Papst sich nicht geweigert. Wichtig für das symbolbewußte 8. Jahrhundert war, daß die Reichsinsignien durch diese Handlung Konstantins zum Eigentum des Papstes wurden. Und da niemand bezweifelte, daß Konstantin dann auch später, als er in Konstantinopel Residenz bezog, wirklich die Reichskrone trug, mußte man annehmen, daß ihm der Papst die Krone, die schließlich jetzt päpstliches Eigentum war, geliehen hatte. Das sei ein sicherer Beweis dafür, so wurde argumentiert, daß der Papst das eigentliche Reichsoberhaupt ist und der Kaiser sein Amt nur durch den Papst bekommt. Solange ein Kaiser der römischen Kirche folgt und sie schützt, kann er römischer Kaiser sein. Wenn er das nicht tut, ist er bloß griechischer Kaiser bzw. König. An sich war der griechische Kaiser nicht in der Lage, dieser Auffassung wirkungsvoll entgegenzutreten. Denn das westliche Europa war seit langer Zeit lateinisch und daher auch Rom und nicht Konstantinopel zugetan. Mit dieser Fälschung begann ein neues Zeitalter im lateinischen Westen.

Kulturelles und literarisches Leben vor Karl dem Großen

Die Zustände im Fränkischen Reich des 6. Jahrhunderts waren so, daß von einer Pflege des kulturellen Lebens, wie sie dann später unter den Karolingern stattfinden sollte, nicht die Rede sein kann. Zwar gab es Männer und Frauen, die Literatur (im weitesten Sinne) produzierten, aber ihre Zahl war klein. Deshalb heben sich die Stimmen der Frauen der Spätantike und der frühen merowingischen Zeit besonders heraus. In dieser Zeit spielten Frauen eine weit größere Rolle in der Pflege der Kultur und Religion sowie in der Politik, als bisher durch historische und literarische Untersuchungen bekannt wurde. In den letzten Jahren sind gewichtige Studien der Rolle der Frau im Mittelalter gewidmet worden [vgl. 236; 24; 724]. Wie aus diesen Werken hervorgeht, ist die spätere Entwicklung des europäischen Mittelalters ohne die Mitwirkung von bedeutenden Frauen des 4. bis 6. Jahrhunderts überhaupt nicht zu denken. Daß die Frauen auch danach eine wichtige Rolle spielten, muß nicht betont werden.

Trotz der strengen Ermahnungen des heiligen Paulus: «Ein Weib lerne in der Stille mit aller Untertänigkeit; einem Weibe aber gestatte ich nicht, daß sie lehre, auch nicht, daß sie des Mannes Herr sei, sondern daß sie stille sei» (1. Tim. 2,11–12), ist es einigen Frauen der Spätantike gelungen, ihre Stimme zum Lobe Gottes zu erheben. Selbst der heilige Hieronymus (um 345 bis 420) erkannte, daß die Ausbildung der Frau zu den Pflichten des wahren Lehrers zählte. Die Frau – allerdings die Frau höheren Standes – muß nach Hieronymus solchen Unterricht von weisen Männern erhalten. Sie muß früh Latein und Griechisch lernen, damit ihre Sprache nicht durch die Volkssprache korrumpiert wird und damit sie nur dem Worte Gottes und der Musik der Psalmen lauscht. Außerdem muß ihr das Lesen beigebracht werden, damit sie die Heilige Schrift und die Kirchenväter richtig und ohne Gefährdung (z. B. beim *Hohelied*) verstehen kann. Daß dann die Schriften der Frauen, die noch erhalten sind, vorwiegend exemplarischen und didaktischen Charakter haben, verwundert nicht. Der Reisebericht der spanischen Nonne Egeria (ca. Ende des 4./Anfang des 5. Jahrhunderts) mag hier als Beispiel dienen. Egerias *Itinerarium* ist auf den ersten Blick ein Bericht von ihrer Pilgerfahrt ins Heilige Land, gerichtet an ihre «Schwestern» (vielleicht Nonnen daheim in Galicien). Abgesehen von den stilistischen Eigenschaften ihrer Darstellung, die Gemeinsamkeiten mit der späteren *chanson de geste* aufweisen [vgl. 648], ist das *Itinerarium* bemerkenswert in seiner zuversichtlichen, ja fast freudig-naiven Haltung der Dichterin. Egeria berichtet voller Bewunderung von den heiligen Stätten, die sie besucht. Immer wieder betont sie, daß die Wirklichkeit tatsächlich mit dem bisher nur Gelesenen übereinstimmt. Ihr Bericht ist von heiliger Neugier beseelt, von der Freude, die sie empfindet, wenn sie sich in ihrem Glauben durch ihre

Beobachtungen bestätigt fühlt. Es ist richtig, daß man dem Bericht fast nichts Persönliches über Egeria entnehmen kann [vgl. 236; *S. 20*], sie also keine Selbstbiographie hinzufügt, daß sie nur von den Freuden, aber nicht von den Schwierigkeiten der Reise erzählt. Trotzdem ist es möglich, sich ein Bild von dieser frommen Pilgerin zu machen. Erstens muß man erkennen, daß sie nicht für die Nachwelt schrieb, sondern höchstwahrscheinlich für einen Menschenkreis, der sie schon kannte; also mußte sie nichts Näheres über sich erzählen. Zweitens wußten ihre «Schwestern» diese enorme körperliche wie geistige Leistung, die eine Pilgerfahrt von Spanien ins Heilige Land im 4./5. Jahrhundert bedeutete, mit Sicherheit richtig einzuschätzen. Es ging Egeria nicht darum, ein Reisejournal zu führen, worin allerlei Merkwürdiges und Außergewöhnliches aufgezeichnet wird, um den Lesern mit dem Exotischen des Berichteten zu imponieren, sondern sie wollte ihnen versichern, daß ihre Vorstellung von der biblischen Heimat, die sie entweder aus der Bibel selbst oder aus anderen religiösen Schriften gewonnen haben, stimmt. Hier hat man es nicht mit ‹Touristenmentalität› zu tun, sondern mit Pilgermentalität. Von diesem Standpunkt aus kann man sich Egeria als Individuum gut vorstellen: als eine Frau, die über ein gewisses Niveau an Bildung verfügt, die schreiben und lesen kann. Ferner kann man ihr Unternehmungslust und Mut nicht absprechen; vor allem tritt sie aus den Zeilen ihres *Itinerariums* als eine überzeugte und zuversichtliche Christin hervor, die sich freut, die Bestätigung alles dessen, was sie für wahr hält, an Ort und Stelle zu finden. So betrachtet, erweckt Egeria in späteren Lesern ihrer Schrift eine Sympathie und Bewunderung, die selbst die große zeitliche Entfernung nicht mindert.

Es ist mehr als eine Zeitspanne, die Egeria von der germanischen Königin und späteren Klostergründerin Radegunde (518 bis 587) trennt. Radegunde, eine thüringische Prinzessin, wurde 531 vom Frankenkönig Chlothar I. nach seinem Sieg über Herminafrid, den thüringischen König und Radegundes Onkel, gefangengenommen – und bald darauf geheiratet. Obwohl Radegunde von Anfang an dieser Ehe widerstrebte, so daß Chlothar sich oft beklagte, er hätte offenbar eine Nonne statt einer Königin geheiratet, blieb sie mit dem König zusammen, bis dieser ihren Bruder ermorden ließ. Danach zog sie sich in das von ihr gestiftete Frauenkloster Ste. Croix bei Poitiers zurück, wo sie bis zu ihrem Tode lebte. Zu ihrer Zeit wurde Ste. Croix zu einem Mittelpunkt des geistigen Lebens im Merowingisch-Fränkischen Reich. Könige und Bischöfe kamen zu Radegunde, um Rat und Beistand einzuholen. Einige der produktivsten Jahre seines Lebens hat Venantius Fortunatus (um 530 bis um 600) in ihrer Nähe verbracht. Im großen und ganzen ist es Radegunde zu verdanken, daß es zumindest eine Stätte der Kultur in diesem ungestümen Zeitalter gab. Denn nur wenige Männer unter den Franken interessierten sich für das Klosterleben oder das Studium. Es waren vor allem die Frauen, die ins

Kloster gingen, sehr oft aus ‹realpolitischen› Gründen: Sie wollten den blutigen Machtkämpfen entkommen, die an der Tagesordnung waren. Freilich war nicht jede Dame, die den Schleier nahm, mit dem gleichen religiösen Eifer erfüllt wie die später heiliggesprochene Radegunde. Revolten der Nonnen, selbst im Kloster Ste. Croix nach Radegundes Tod, sind in zeitgenössischen Berichten keine Seltenheit (Gregor von Tours, *Zehn Bücher Geschichten*, Buch X, Kap. 15–16). Trotzdem war Ste. Croix eine echte Bildungsstätte. Radegunde führte die Regel des heiligen Caesarius von Arles (um 470 bis 542) ein, worin ausdrücklich verfügt wird, daß die ins Kloster aufzunehmenden Mädchen schon einen gewissen Bildungsstand haben müssen. Im Kloster sollen sie weitergebildet werden, nicht aber mit ihrer Bildung dort erst beginnen. Während andere ihrer Arbeit nachgingen, sollte eine Schwester vorlesen. Und selbst wenn nicht vorgelesen wurde, sollten sie an die Heilige Schrift ‹denken›. In Klöstern wie Ste. Croix konnten die adeligen Damen der Merowinger einen ihrem Stand angemessenen Lebensstandard genießen, Gott dienen und sich vor den Schrecken und Unannehmlichkeiten ihrer Zeit zurückziehen.

Die uns überlieferte Dichtung aus dieser Zeit ist in lateinischer Sprache geschrieben, obwohl anzunehmen ist, daß eine Fülle weltlicher Lieder und Epen heroischen Inhalts bekannt und beliebt war, die mündlich tradiert, nicht aber aufgeschrieben wurden. Wie erwähnt, stand der Dichter und spätere Bischof von Poitiers, Venantius Fortunatus, in freundschaftlicher Beziehung zu Radegunde und ihrer Nichte Agnes, der Äbtissin von Ste. Croix. Aus Oberitalien stammend, studierte Fortunatus Rhetorik und Grammatik in Ravenna. Im Jahre 565 wanderte er über die Alpen nach Gallien, wo er in Tours am Grab des heiligen Martin als Pilger Heilung für ein Augenleiden suchte, das angeblich auch geheilt wurde. Danach zog er von einem merowingischen Hof zum anderen, wo er stets gute Aufnahme fand. Als Dank für die freundliche Behandlung verfaßte er Gedichte zu Ehren dieses oder jenes Königs, bis er schließlich die Bekanntschaft Radegundes machte. Bei ihr blieb er mehrere Jahre im Dienste des Klosters. Aus dieser Zeit stammen viele Gelegenheitsgedichte, Gedichte im Namen Radegundes, Heiligenviten, Hymnen und Neckverse.

Fortunatus war mehr als bloß ein Anhänger der Großen seiner Tage, er war auch ein fleißiger Dichter; einige seiner Werke zeigen große poetische Begabung. In diesem Zusammenhang muß seine *Martinsvita* erwähnt werden sowie zwei Hymnen, die sehr bald Eingang in die Liturgie fanden, das Passionslied *Pange, lingua, gloriosi* und das Prozessionslied *Vexilla regis prodeunt.* Nach seiner Ernennung zum Bischof von Poitiers um 600 verstummte er; sein Todesdatum ist nicht sicher festzustellen. Immerhin lebte sein dichterischer Ruhm weiter, zunächst bei den Angelsachsen, durch die er zurück ins Fränkische Reich der Karolinger ge-

langte, wo Fortunatus zum Vorbild für die karolingischen Autoren wurde.
Die zweite große literarische Persönlichkeit des 6. Jahrhunderts war Gregor, Bischof von Tours (538/39 bis 594). In seinem großangelegten Werk *Zehn Bücher Geschichten* malte er mit ziemlich grellen Farben die rauhen und barbarischen Zustände, die im Merowingischen Reich herrschten. Er stammte von einer hochangesehenen galloromanischen Familie und wurde 573 Bischof von Tours, wo er bis zu seinem Tode im Amt blieb. Gregor ist es zu verdanken, daß die Nachwelt im großen und ganzen zuverlässige Kenntnisse von der Frühzeit der Merowinger besitzt. Seine Geschichte behandelt eine Folge von Königen, Königinnen, Konkubinen, frommen Männern und Frauen, Bischöfen, Äbtissinnen sowie weniger bekannten Personen, die die Welt seiner Tage bevölkert haben. Diese Gestalten werden gegen den Hintergrund eines Umbruchzeitalters geschildert, in dem die Grundlagen der späteren germanischen und romanischen Gesellschaft des Mittelalters geschaffen werden. Seine Geschichte liest sich zum Teil wie ein moderner Roman über Ölbarone, reich angefüllt mit Intrigen, Mordtaten, blutrünstiger Rache und dergleichen. Trotzdem sind beim Lesen der leise Humor, die Aufrichtigkeit und der Eifer des Verfassers nicht zu übersehen. Vor allem will Gregor die Wahrheit berichten, nämlich wie es zu seiner Zeit wirklich war. In seiner Vorrede gibt er den Grund an, warum er sich diese Aufgabe vorgenommen hat:

«Da die Pflege der schönen Künste in den Städten Galliens in Verfall, ja sogar im Untergang begriffen ist, hat sich kein in der Redekunst erfahrener Grammatiker gefunden, um in Prosa oder Versen zu schildern, was sich unter uns zugetragen hat; und doch hat sich Vieles ereignet... So mancher hat oftmals... beklagt und gesprochen: ‹Wehe über unsere Tage, daß die Pflege der Wissenschaften bei uns untergegangen ist, und niemand im Volke sich findet, der das, was zu unsern Zeiten geschehen ist, zu Pergament bringen könnte.› Da ich unablässig bedachte, daß man dies und anderes der Art sagt, so konnte ich es nicht lassen, zur Erinnerung an das Vergangene und zur Kenntnis für die Nachkommenden selbst die Kämpfe der Ruchlosen und das Leben der Rechtschaffenen an das Licht zu bringen...»

Sicher ist das Ausmaß des wissenschaftlichen Rückgangs, das Gregor in diesen Zeilen beklagt, übertrieben. Was Gregor in seiner Vorrede aber besonders bedauert, ist der Mangel an ausgebildeten Grammatikern, die in der Lage sind, richtig zu schreiben, das heißt im klassischen Stil und fehlerfrei. Er merkt auch an, daß seine Zeitgenossen nicht fähig sind, den «philosophierenden Kunstredner (zu) verstehen», sondern in erster Linie nur die «Rede des schlichten Mannes». Deshalb, unbegabt wie er sein mag (er vermag sich nur in «schlichter und kunstloser Rede» auszudrükken), muß er seine Geschichte nicht nur für die Zeitgenossen schreiben, sondern vor allem für die «Nachkommenden». In rascher Folge wird in den ersten zwei Büchern die Geschichte der Welt von der Schöpfung bis zum Tode Chlodwigs dargestellt. In den letzten acht Büchern behandelt er, je näher er an seine eigene Zeit kommt, um so ausführlicher die Ereignisse und Persönlichkeiten samt allerlei Wundergeschichten. Die Geschichte endet wohl mit dem Jahr 591. In den letzten Absätzen nennt er sich und seine Schriften und beschwört die unbekannten Nachfolger im Amt, sein Werk auf keinen Fall zu zerstören; sie dürften höchstens seine Geschichte in Verse umschreiben, aber ansonsten müsse das Werk intakt bleiben. Auf die Idee der Unantastbarkeit seiner Geschichte kann hier nicht näher eingegangen werden, obwohl diese sicher mit der Auffassung der Integrität und Ewigkeit der Wahrheit zusammenhängt. Ob Gregors Bericht über sein Zeitalter historisch zuverlässig ist, spielt zwar für Historiker eine Rolle, ist aber für andere Beobachter der fränkischen Frühzeit weniger interessant. Was aus seiner Geschichte klar zutage tritt, ist ein bewegtes Bild von einer Gesellschaft und ihren Bräuchen, ohne das ein Verständnis und eine Würdigung der Karolinger nicht möglich wäre.

Die Angelsachsen

Die von Gregor angedeutete kulturelle Verwahrlosung war nicht überall zu finden. Im Jahre 597 landete der heilige Augustinus mit einigen Begleitern in England; nach anfänglichen Schwierigkeiten gelang es ihm und seinen Nachfolgern, die christliche Religion unter den Einheimischen mit großem Erfolg zu verbreiten. Nach der Synode von Whitby im Jahre 663, wo der Primat der römischen Kirche über die keltische debattiert und endgültig festgelegt wurde, beginnt die ununterbrochene Geschichte der englischen Kirche bis zur Reformation des 16. Jahrhunderts. Die nächsten Jahrhunderte erlebten eine Blüte wissenschaftlicher und literarischer Tätigkeit, die ihresgleichen auf dem Kontinent vergebens sucht. Vor allem aber in der Volkssprache zeichnen sich diese frühen Jahrhunderte aus. Abgesehen von dem Epos *Beowulf* (um 700) weist die Periode zahlreiche andere Dichtungen vorwiegend religiösen Inhalts auf: Bibelepen, Heiligenviten, Gedichte allegorischen und didaktischen Inhalts, Chroniken, Fragmente heroischen Inhalts usw. Die einzigartige Entwicklung einer Volkssprache zu einer literaturfähigen Sprache in England läßt sich auf die frühe Einsicht führender Gelehrten, vor allem Bedas (um 672 bis 735), zurückführen, daß es nicht genügt, wenn nur die Lateinkenner in dem christlichen Glauben unterrichtet würden. Es müsse auch Priester und Lehrer geben, die dem Volk die Grundlehre der christlichen Botschaft beibringen können. Wie wichtig dies Beda war, zeigt eindeutig seine Geschichte des Naturtalentes Caedmon (*Historia ecclesiastica gentis Anglorum*, Buch IV, Kap. 24). Caedmon (gest. um 680) war ein einfacher Hirt, der dichterisch unbegabt gewesen sein soll, bis er eines Nachts durch göttliche Erleuchtung ein Loblied auf den Schöpfer komponierte, das er am nächsten Tag zum Staunen aller Anwesenden vortrug. Die große Äbtissin von Whitby, Hilda (614 bis 680), wurde seine Gönnerin und überzeugte ihn, sein weltliches Leben hinter sich zu lassen und ins Kloster einzutreten. Daß Gott selber Caedmon dabei half, sein Lied nicht auf latein, sondern in der Volkssprache zu schreiben, zeigt, daß für Beda die Volkssprache dazu geeignet war, Gottes Lob zu verkünden. In seinem Werk liefert er eine lateinische Paraphrase des Caedmonschen Hymnus und beschreibt die weiteren dichterischen Tätigkeiten dieses sonst bescheidenen Mannes. Die volle Wirkung Bedas in dieser Hinsicht findet man bei seinen Schülern, vor allem dem Bischof Egbert von York (678 bis 766), der dort eine Schule gründete, die sehr bald zu der wichtigsten Bildungsstätte Englands wurde. Sein berühmtester Schüler war Alkuin, der spätere Gelehrte und Berater am Hof Karls des Großen.

Die Bildungsreform Karls des Großen

Es ging den karolingischen Herrschern, vor allem Karl dem Großen (742/43 bis 814; König 768, Kaiser 800) und seinen Nachfolgern wie auch seinen Vorgängern, Karl Martell und Pippin, um nichts anderes als die Reform der fränkischen Kirche und ihrer Institutionen schlechthin und die Gründung eines Bildungsprogramms, das imstande war, das Wort Gottes unter das Volk zu verbreiten. Nicht nur aus religiösem Eifer förderte Karl diese allgemeine Reform – obwohl man ihm diesen Eifer wiederum auch nicht absprechen sollte –, sondern auch auf Grund einer konkreten ‹politischen› Vorstellung eines christlichen Reichs. Voraussetzung für ein geeintes Reich war Einheit in der Religion, und diese Einheit sollte gestärkt werden durch die enge Zusammenarbeit zwischen König bzw. Kaiser und der Kirche, das heißt der fränkischen Kirche. Auf der Basis dieser Allianz blühte zunächst das Fränkische und später mit dem Erscheinen der sächsischen Ottonen das Deutsche Reich. Erst als sich die deutsche Kirche – infolge des Investiturstreits – den Obrigkeitsansprüchen der römischen Kirche unterwerfen mußte, endete die lang anhaltende Periode der Stabilität und des (relativen) Friedens. Die Regierungszeit Karls des Großen bildete den Anfang dieser kulturellen und theologischen Erneuerung, deren Höhepunkt man jedoch erst später unter seinen Nachfolgern, besonders seinem Enkel Karl dem Kahlen (823 bis 877), sieht.
Karl der Große hat die bekanntesten Gelehrten aus Italien, Gallien, England und Irland für seine Pläne gewonnen. Männer wie der Rhetoriker Petrus von Pisa, der Karl in der Grammatik unterrichtete, Paulus Diaconus, der die Geschichte der Langobarden schrieb, Theodulf von Orléans, Paulinus von Aquileja, Einhard, der die erste Biographie Karls (*Vita Karoli Magni*, nach 830) verfaßte, waren eine Zeitlang am Hofe Karls und haben wohl an der sogenannten Palastschule in Aachen unterrichtet.

Aber der einflußreichste unter den karlischen Gelehrten und wohl auch neben Karl selber die treibende Kraft hinter der Bildungs- und Klosterreform im Frankenreich war der Angelsachse Alkuin von York (um 730 bis 804), Schüler von Egbert, der wiederum Schüler von Beda war. Alkuin verfaßte mehrere lateinische theologische Werke, einige Heiligenviten (z. B. *Vita Willibrordi, Vita Martini* u. a.), wichtige didaktische Werke zur Sprachpflege (zum Beispiel *Dialogus Saxonis et Franconis, De orthographia*), zur Rhetorik, zu den christlichen Tugenden, und er schrieb Dialoge zwischen sich und Karl dem Großen (*De rhetorica et virtutibus, De dialectica*) oder dessen Sohn Pippin (*Disputatio regalis et nobilissimi iuvenis Pippini cum Albino scholastico*). Wie die meisten anderen karlischen Gelehrten hat er auch zahlreiche Briefe geschrieben und einige hundert Gedichte verfaßt.

Obwohl am Hof offenbar ein reges kulturelles Leben herrschte, darf man nicht vergessen, daß die meisten dieser berühmten Lehrer nur wenige Jahre am Hofe Karls weilten. Die größte Arbeit wurde von vielen zum Teil unbekannten Gelehrten geleistet, die die Schulen leiteten, die Karl zu gründen befahl; von den uns unbekannten Schreibern, die die kostbaren Handschriften in einer kunstvollen, aber gut lesbaren Schrift, der karolingischen Minuskel, kopierten und von den Verfassern der vielen Predigten, Heiligenviten und Schulbuchsammlungen. Diese Unbekannten haben das vom Herrscher und seinen Beratern aufgestellte Bildungsprogramm ausgeführt, verbreitet und lange nach dem Tode Karls weitergeführt.

Doch war es Karl selbst, der das Bildungsprojekt in Bewegung setzte. Die beiden Dokumente, die die Umrisse seiner Pläne enthielten, die *Admonitio generalis* (789) und *De litteris colendis* (um 780 bis 800), zeigen klar, daß seine Bemühungen um die Pflege der (zunächst lateinischen) Sprache auf die kirchliche und klösterliche Reform zielte. Obwohl Karl zögerte, in die Tätigkeitssphäre seiner Geistlichkeit einzugreifen, fühlte er sich als christlicher König, der für die Kirche in seinem Reich verantwortlich war, ja dazu von Gott berufen wie sein biblischer Vorgänger. Damit war Josias gemeint, den er in der Vorrede zur *Admonitio generalis* erwähnt – Josias, der sein Volk, die Israeliten, durch die Einführung des deuteronomischen Rechts dazu brachte, sich von den heidnischen Göttern und Bräuchen abzuwenden und zum wahren Glauben zurückzukehren. Karl ermahnte die Bischöfe und Priester, dem Volk das Wort Gottes zu verkünden. Mehr noch: Der Bischof sollte Priester in alle Gegenden seines Bistums ausschicken, um dort die Gläubigen zu taufen, zu konfirmieren und ihnen die Beichte abzunehmen. Ferner müsse der Priester dem Volk seine heidnischen Bräuche nicht nur verbieten, sondern sie auch bekämpfen. Er müsse dem Volk das Vaterunser und das richtige Singen der Psalmen beibringen. Die Gläubigen sollten gelehrt werden, dem Gotteshaus Ehrfurcht zu bezeigen, dem Priester beim Reinigen und Reparieren desselben zu helfen, regelmäßig zur Messe zu gehen und bis zum Ende der Predigt zu warten, bevor sie die Kirche verließen. Schulen sollten vorhanden sein, damit Kinder jeden Standes das Lesen und vielleicht auch Schreiben lernen konnten. Zwar gab es vor der karolingischen Ära auch Schulen, die berühmt waren, so den berühmten *domus ecclesiae* des Caesarius von Arles, das *Vivarium* des Cassiodorus und freilich Bedas Schule bei Wearmouth-Jarrow auf den Britischen Inseln. Neu ist hier, daß die Schulen im karolingischen Reich unter der Aufsicht der Herrscher standen. Es ist dieses Engagement der Karolinger, das ihr ganzes Tun und Streben bei der Reform kennzeichnete und ihren Erfolg schließlich sicherte. Wenn auch oder gerade weil das 9. Jahrhundert weder innerhalb noch außerhalb des Reiches friedlich war, hielten die Herrscher immer ein wachsames Auge auf das Wohlbefinden der Kirche und der öffentlichen Institutionen des Staates gerichtet, wo gelehrt wurde, wie ein christliches Reich funktionieren sollte.

Volkssprachige Literatur

Bekannt ist die Stelle aus Einhards *Vita Karoli Magni,* wo Einhard (um 770 bis 840) von Karls Anordnung berichtet, die alten «barbarischen» Lieder in einem Buch, dem sogenannten *Heldenliederbuch,* zu sammeln. Dieses Buch ist später, so die herkömmliche Meinung, von Karls Sohn Ludwig dem Frommen (778 bis 840) zerstört worden. Ob dies in der Tat geschah oder ob Karl überhaupt eine Sammlung von weltlichen Liedern hatte anlegen lassen, ist umstritten. Es ist möglich, daß Einhard, von seinem Suetonischen Vorbild angeregt, diese Tat Karls frei erfunden hat, weil sie zu den guten Eigenschaften eines frommen Herrschers gehörte. Wie dem auch sei, diese Einhardische Stelle ist ein Beweis für die Existenz einer mündlich tradierten weltlichen Dichtung in der Volkssprache, von der nur ein fragmentarisches Beispiel überliefert ist: das *Hildebrandslied.*

Als Heldenlied steht das *Hildebrandslied* (um 800) am Ende der Entwicklung dieser Gattung, die ihren Ursprung wohl bei den Goten während der Völkerwanderungszeit hat – also in der heroischen Frühzeit, die etwa mit der Niederlage der Ostgoten durch die Hunnen um 375 beginnt und schon im 6. Jahrhundert zu Ende ist. Außer dem althochdeutschen *Hildebrandslied* gibt es andere Lieder nur in der altisländischen Sammlung, der *Edda Saemundar* (nach 1220), die einen Einblick in die ursprüngliche Gestalt des Heldenliedes ermöglicht. Die noch existierenden Exemplare erzählen vorwiegend die historischen Ereignisse dieser heldischen Frühzeit. Dennoch wollten die Dichter nicht nur historische Tatsachen berichten, sondern vor allem belehren und unterhalten. Die Heldenlieder sind Kunstwerke und keine Beispiele von ‹Volksdichtung›. Die Dichter waren

Krieger am Hof, und die Lieder wurden für den König und sein Gefolge gedichtet. Wie schon angedeutet, wurden sie mündlich, nicht schriftlich tradiert. Aus diesem Grund ist es schwierig, wenn nicht gar unmöglich, den ‹Urtext› eines Heldenliedes zu bestimmen. Denn wie moderne Forschung nachgewiesen hat, ändert sich das Lied – manchmal nicht unwesentlich – bei jedem Neuerzählen. Erst mit der schriftlichen Fixierung wird ein Lied sozusagen ‹historisch›, also von da an in einer bestimmten Form und mit einem bestimmten Inhalt weiter überliefert. Dennoch dominiert nicht die schriftliche Darbietung; denn die war höchstwahrscheinlich bis ins späte Mittelalter hinein weitgehend eine mündliche.

Im Heldenlied wird der hervorragende kriegerische Held dargestellt, der meist Repräsentant einer Sippe, eines Stamms oder Volks ist und für sie Taten vollbringt, Aufgaben erfüllt oder schicksalhafte Situationen zu bestehen hat, die über das übliche Maß hinausgehen und im Hörer/Leser Bewunderung und Erschütterung hervorrufen. Die Form des Heldenliedes ist für den mündlichen Vortrag sehr geeignet, da es als alliterierende Langzeilendichtung komponiert ist. Diese Form wird dann auch für die althochdeutschen Bibelepen verwendet, die den gleichen Zweck der Belehrung und der Unterhaltung haben und die in der Volkssprache zahlreicher überliefert sind.

Zunächst soll aber das einzige noch existierende Beispiel eines althochdeutschen Heldenlieds näher betrachtet werden. Das *Hildebrandslied* wurde Ende des 8./Anfang des 9. Jahrhunderts im Kloster Fulda von zwei Mönchen auf der ersten und der letzten Seite eines lateinischen theologischen Kodexes, also quasi auf dem Einband, niedergeschrieben. Leider haben die Mönche nur so viel geschrieben, wie auf die beiden Seiten paßte; das Ende des Liedes fehlt also. Die Geschichte ist folgende: Dietrich von Bern (historisch Theoderich der Große), der rechtmäßige König von Italien, wird durch den Usurpator Otacher (historisch Odoaker) aus dem Land vertrieben. Dreißig Jahre lang weilt Dietrich bei Etzel (historisch Attila) im Exil, bis er nach Italien zurückkehren kann, um gegen Otacher zu kämpfen und sein Reich zurückzuerobern. Der Schauplatz des Liedes liegt vor Ravenna, wo die Führer der beiden einander feindlich gegenüberstehenden Heere sich begegnen. Hildebrand ist Dietrichs Mann, und Hadubrand ist Otachers Mann. Aus ihrem Gespräch, das übrigens fester Bestandteil einer Heldenbegegnung ist und das den Opponenten dazu dient, Herkunft, sozialen Stand und Ansehen des anderen zu klären, geht hervor, daß die beiden eng verwandt sind. «Sunufaterungo» (Sohn und Vater) heißt es im Lied. Trotz aller Versuche Hildebrands, seinen Sohn Hadubrand davon zu überzeugen und so das Schlimmste zu vermeiden, gelingt es ihm nicht, bis schließlich Hadubrand seinem Vater vorwirft, er wolle nicht kämpfen, weil er zu alt und feige geworden sei. Für Hildebrand gibt es nach dieser Ehrenbeleidigung keinen Ausweg mehr; er beklagt das harte Schicksal, das ihn zwingt, gegen den eigenen Sohn zu kämpfen: «welaga nu, waltant got, wewurt skihit» (Ach weh, waltender Gott, das Schicksal muß seine Lauf nehmen!). Mitten im Kampf bricht das Lied ab. Es besteht kein Zweifel daran, daß Hildebrand seinen Sohn tötet. Dafür gibt es ein altisländisches Zeugnis, *Hildebrands Sterbestrophe* (um 1200), in der der altgewordene und im Sterben liegende Hildebrand beklagt, daß er seinen eigenen Sohn töten mußte. Die Macht des Schicksals im germanischen Weltbild war unbarmherzig, und dem germanischen Ethos nach hatte Hildebrand keine andere Wahl, als gegen den Sohn ins Feld zu ziehen. Es ist ein auswegloser Konflikt. Wenn er nicht kämpft, ist das ein sicherer Beweis für die Richtigkeit von Hadubrands Beschuldigung. Wenn er dagegen kämpft, trägt er den großen Makel der Blutschuld, jemanden aus der eigenen Familie, aus der eigenen Sippe ermordet zu haben. Offensichtlich war das für den germanischen Krieger das kleinere Übel. Dieses Dilemma darzustellen, war ein Anliegen des Dichters des *Hildebrandsliedes*.

Allerdings bleibt noch die Frage, warum die historischen Tatsachen im Liede erheblich verändert sind. Eine Antwort könnte man in dem vermutlich gotischen Ursprung des Werks finden. Die Ursänger wollten nach aller Wahrscheinlichkeit zeigen, daß Theoderich ein ‹Recht› auf Italien hatte. Da aber Odoaker faktisch der König Italiens war und als solcher vom oströmischen Kaiser toleriert wurde, hatte Theoderichs Anspruch auf die Herrschaft wenig Rechtskraft, zumal Odoaker während eines Waffenstillstands durch den Ostgoten umgebracht worden war. Diese Version der Ereignisse im *Hildebrandslied* ist dem germanischen Rechtssinn viel gemäßer und läßt sowohl Theoderich wie die Goten im besseren ‹ethischen› Licht erscheinen. Daß diese Überlegung die Fuldaer Mönche wenig interessierte, ist daraus ersichtlich, daß sie das Ende des Lieds weggelassen haben. Aller Wahrscheinlichkeit nach handelt es sich bei der Aufzeichnung des *Hildebrandsliedes* um eine Schreibübung und nicht um einen bewußten Versuch, eine weltliche Dichtung für die Nachwelt zu bewahren.

Die weltliche volkssprachige Dichtung wurde, gemäß Alkuins Mahnung an die Mönche von Lindisfarne, «Quid Hinieldus cum Christo?», von den führenden Kulturträgern weitgehend vernachlässigt, verpönt und, hinsichtlich der christlichen Lebensführung, für unwürdig, wenn nicht gar für sündig gehalten – eine Ansicht, die mehr oder minder bis zur höfischen Zeit gelten sollte. Ganz anders dagegen stand es mit der volkssprachigen Dichtung religiösen Inhalts. Diese Tradition wurde von den angelsächsischen Mönchen und Nonnen nach dem Kontinent gebracht, wo sie von Alkuin und seinen Schülern gefördert wurde, vor allem von Hrabanus Maurus (um 784 bis 856), dem späteren Abt von Fulda (822 bis 847) und Bischof von Mainz (847 bis 856).

Mit Ausnahme des *Hildebrandsliedes* und der *Merseburger Zaubersprüche* (vor 750) bestimmte die christliche Religion den Inhalt der althochdeutschen Literatur. Der Zweck der Dichtung war, anfangs den Bekehrungsprozeß voranzutreiben und später die Gläubigen in ihrem Glauben zu stärken. Um die althochdeutsche Sprache zu Missionierungszwecken zu gebrauchen, mußte sie zuerst ‹literaturfähig› gemacht werden. Priester, Mönche und Prediger mußten sie genügend beherrschen, um bei der Übertragung der lateinischen Schriften Möglichkeiten zur Neubildung von Wörtern, zur Belegung von vorhandenen Wörtern mit neuen Konnotationen und wenn nötig zur Übernahme von Fremdwörtern zu erkennen. Daher verwundert es nicht, daß das erste deutsche Schriftstück eine Glossenarbeit ist. Der *Abrogans* ist ein Wörterverzeichnis, das um 750 im Kloster St. Gallen niedergeschrieben wurde, so genannt nach dem ersten lateinischen Stichwort «abrogans». Ähnliches gilt vom *Vocabularius Sancti Galli,* der um 790 ebenfalls in St. Gallen zusammengestellt wurde. Hier handelt es sich um ein lateinisch-griechisches Wörterverzeichnis, das in ein lateinisches-althochdeutsches verwandelt wird. Im 9. Jahrhundert wurden die Glossen etwas anspruchsvoller, indem sie ganze Texte umschlossen (interlineare Texte). Bekannt sind die *Murbacher Hymnen*, die Benediktinerregel (St. Gallen), die *Kasseler Glossen* und im 10. Jahrhundert die *Pariser Glossen,* die wohl für Reisende im deutschen Sprachgebiet bestimmt waren.

Während die Glossen dazu dienen, den Mönchen beim Verfassen volkssprachiger Texte zu helfen, waren die Texte selber für ein breites Publikum bestimmt. Am Anfang steht der *Weißenburger Katechismus* (8. Jahrhundert), der das Vaterunser, ein Beichtschema und ein Glaubensbekenntnis enthält, die alle der neue Christ auswendig lernen sollte. In Anbetracht der verschiedenen theologischen Kontroversen war wohl das Glaubensbekenntnis von besonderer Wichtigkeit.

Am Ende des 8. Jahrhunderts und vielleicht zur Bekämpfung der Adoptionismus-Häresie (derzufolge zwischen der menschlichen und göttlichen Natur Christi unterschieden werden muß) ist der sogenannte althochdeutsche *Isidor* entstanden, eine Übersetzung der Schrift *De fide catholica contra Iudaeos* vom Bischof Isidor von Sevilla (um 575 bis 636). Den Kern dieser Schrift bilden die alttestamentlichen Zeugnisse von der Gottheit Christi. Es ist nicht mit Sicherheit festzustellen, ob die Übersetzung aus einer bekannten klösterlichen Schreibstube stammt oder anderswo herkommt; denn die sprachliche Gestalt des Werks, die mühelose Wiedergabe des Originals in der Volkssprache, das konsequente orthographische System schaffen einen großen stilistischen Abstand zwischen dem *Isidor* und anderen Glossenarbeiten. Die Vermutung liegt nahe, obwohl sie nicht beweisbar ist, daß der *Isidor* im engeren Hofkreis um Karl entstand, wo die Trinitätslehre ein wichtiges und vieldiskutiertes Thema war.

Obwohl die Lehren des *Isidor* sich gut für Predigtzwecke in der Gemeinde eigneten, ist der unmittelbare Rezipientenkreis höchstwahrscheinlich nicht unter dem ‹einfachen› Volk zu suchen, sondern unter den Gebildeten des Reichs. Merkwürdigerweise hat der *Isidor*-Autor keine Nachfolger gefunden. Erst etwa zweihundert Jahre später wird sich auf deutschem Boden wieder ein feinfühliger, begabter Übersetzer finden: Notker Labeo.

Anders steht es um das großangelegte Prosawerk der Periode, den althochdeutschen *Tatian*. Tatian selber war ein syrischer Christ des 2. Jahrhunderts, dem eine Evangelienharmonie zugeschrieben wird, die über Jahrhunderte hinweg mehrfach übersetzt wurde und eine weite Rezeption fand. Die deutsche Übertragung wurde wohl zwischen 825 und 830 im Kloster Fulda, und zwar unter dem Abt Hrabanus Maurus, angefertigt. Seit der Zeit seines Gründers Bonifatius war Fulda ein wichtiges Bildungszentrum im Reich und eine Stätte der Pflege der Volkssprache. Diese wurde durch den ersten Abt Sturmi und durch eine Anzahl von bayerischen Mönchen sowie durch die Bestrebungen des Alkuin-Schülers Hraban bedeutend gefördert. Stilistisch betrachtet, steht der *Tatian* nicht auf so hohem Niveau wie der *Isidor.* Dennoch ist er für die Sprachwissenschaft sehr wichtig: Der *Tatian* versucht nämlich, ein nicht allzu stark mundartlich gefärbtes, nivelliertes Althochdeutsch zu fixieren. Auch ist die Erweiterung der Sprache durch seinen reichen Wortschatz von großer Bedeutung.

Waren die volkssprachigen Bemühungen des 8. Jahrhunderts – abgesehen von der Leistung des *Isidor*-Übersetzers – hauptsächlich durch glossenartige und interlineare Arbeiten gekennzeichnet, so war das 9. Jahrhundert eine Zeit des dichterischen Schaffens, vorwiegend in der Bibelepik.

Als Gattung geht die Bibelepik auf Juvencus zurück, der als Gründer der christlichen Epik schlechthin gilt. Um 330 schrieb dieser spanische Priester seine *Evangelium Libri IV,* die als christliche Antwort auf die heidnische Literatur bestimmt waren. Seinem Modell folgte man sodann in der Volkssprache. Wie schon erwähnt, gibt es viele solcher Beispiele im Altenglischen. Im Althochdeutschen sind vor allem Otfrids *Evangelienbuch* (abgeschlossen zwischen 863 und 871) und einige wichtige Fragmente von Bibelepen zu nennen. Im Altsächsischen existiert, abgesehen von dem mächtigen *Heliand,* lediglich ein *Genesis*-Fragment. Alle Bibelepen bzw. -fragmente wurden entweder in Fulda verfaßt bzw. niedergeschrieben oder von den Fuldaer Bemühungen um die Volkssprache angeregt (zum Beispiel Otfrid). Alle – mit Ausnahme desjenigen von Otfrid – sind Langzeilendichtungen im Stabreim.

Zwei fragmentarische Bibelepen bilden zusammen betrachtet das A und O der christlichen Thematik. Das *Wessobrunner Gebet* (um 770/90) steht in einem lateinischen Kodex aus dem Kloster Wessobrunn in Bayern. Der Titel ist irreführend; denn die ersten neun alliterierenden Langzeilen sind eindeutig der Anfang eines Bibelepos, das die Schöpfung zum Thema hat. Nach diesen neun Zeilen bricht das Epos ab, und es folgt ein anspruchsloses Prosagebet, das inhaltlich nichts mit dem Vorangegangenen zu tun hat. Es besteht kein Zweifel, daß das Gedicht auf ein angelsächsisches Modell zurückgeht, was auch für Fulda als möglichen Entstehungsort spricht. Der epische Teil beschreibt das Universum vor der Schöpfung und schildert ein Chaos, dem die natürliche Ordnung des Kosmos fehlt:

«Das habe ich bei den Menschen als größtes Wunder erfahren,
daß es die Erde nicht gab und nicht den Himmel,
es gab nicht den Baum und auch nicht den Berg,
es schien nicht ein einziger Stern, nicht die Sonne.
Es leuchtete weder der Mond noch die glänzende See.
Als es da also nichts gab, was man als Anfang oder Ende hätte verstehen können,
gab es schon lange den einen allmächtigen Gott,
den reichsten an Gnade. Bei ihm waren auch viele Geister voll
Herrlichkeit, früher [als sie aber war] der heilige Gott.»

Wie aus den Zeilen hervorgeht, wird der Versuch gemacht, das Nichts im Sinne dessen, was nicht vorhanden ist, zu beschreiben. Als Text für die zu Bekehrenden oder die Neukonvertierten eignete sich das *Wessobrunner Gebet* hervorragend. Denn die Betonung der Ewigkeit des christlichen Gottes hatte zum Ziel, seinen Vorrang auch vor den germanischen Göttern zu demonstrieren. Eine typische Formel aus der Heldenepik borgend, wird Gott als Herrscher mit einem Gefolge (den Engeln) dargestellt, was nicht als eine ‹Germanisierung› Gottes verstanden werden sollte, sondern als Versuch, dieses schwierige Konzept der Ewigkeit in einer den Zuhörern verständlichen Form auszudrücken.

Ganz anders steht es mit dem *Muspilli,* das das Weltende zum Thema hat. Aus dem späten 9. Jahrhundert stammend, richtet sich das *Muspilli* (die Bedeutung des Begriffs ist unklar, vielleicht «Weltbrand») an einen ganz anderen Rezipientenkreis als das *Wessobrunner Gebet.* Kann dieses als ein Beispiel einer ‹Bekehrungsdichtung› verstanden werden, so ist jenes eine Dichtung für bereits Bekehrte, die das Thema des gerechten Handelns auf Erden aufgreift. Nur durch ein richtiges Verhalten kann der Mensch den himmlischen Lohn erlangen:

«Darum ist es für den Menschen von Nutzen, wenn er zum [Jüngsten] Gericht geht,
[Selbst zuvor] über alles gerecht geurteilt zu haben.
Dann braucht er nicht zu sorgen, wenn er vor diesem Gericht erscheint»
(Z. 63–65).

Der Dichter ermahnt die Richter, wahrscheinlich den weltlichen Adel, ihr Amt auf Erden gerecht auszuüben, insbesondere hinsichtlich der Bedürfnisse der Armen, der gesellschaftlich Schwächeren, wenn ihre Hoffnung auf das Paradies sich erfüllen soll. Diese Verknüpfung von gerechtem Handeln auf Erden mit dem verheißenen himmlischen Lohn wird von nun an zu einem festen Bestandteil der Dichtung, die für den Weltadel bestimmt ist. Denn die Gerechtigkeit zählt zu den wichtigsten Attributen des Herrschers («rex iustus et pacificus» – ein gerechter und friedenstiftender König) wie des Adels schlechthin, und dieses Thema nimmt in den kommenden Jahrhunderten an Bedeutung zu. Im späten 9. Jahrhundert aber ist das Erscheinen des Themas ein sicheres Indiz für eine neue Auffassung der volkssprachlichen Dichtung und ein Beweis, daß sie nicht mehr nur im Dienste der Bekehrung steht, sondern auch der Vertiefung des Glaubens dient. Daß der Dichter des *Muspilli* außerdem zwei Gruppen, die «Sachverständigen des weltlichen Rechts», das sind vermutlich Laien, und die «Diener Gottes», das sind vermutlich Geistliche, beim sogenannten Eliasstreit gegenüberstellt, macht den Unterschied zum *Wessobrunner Gebet* besonders deutlich. Denn beim Eliasstreit handelt es sich vermutlich um eine theologische Kontroverse. Die «Sachverständigen des weltlichen Rechts» meinen, daß der Prophet Elias den Kampf mit dem Antichrist gewinnen wird; der Kampf wird im Sinne eines Gottesgerichts gedeutet, während viele «Diener Gottes» glauben, daß Elias im Kampf verletzt wird: «wenn sein Blut auf die Erde tropft, beginnen die Berge zu brennen», und die Welt wird in Flammen aufgehen. Woher der Dichter seine Kenntnis von dieser Kontroverse hat, ist nicht festzustellen. Klar ist nur, daß im 9. Jahrhundert unter den Gläubigen zwei einander entgegengesetzte Gruppen sich herauskristallisiert haben, die sich beide für berechtigt hielten, zu dieser theologischen Auseinandersetzung Stellung zu nehmen. Daß ein Laienkreis seine Meinung offensichtlich ebenso energisch verteidigt wie die Geistlichen, zeugt von einer wachsenden intellektuellen Reife im Lande. In dieser Hinsicht sind die «Rechtskundigen» durchaus würdige Nachfahren der karolingischen Herrscher, die seit der Zeit Karls des Großen sich in solche Angelegenheiten einmischten und dadurch das geistige Klima zweifellos bereicherten.

Ein altsächsisches Intermezzo

Ein faszinierendes Kapitel der altdeutschen Literaturgeschichte wurde nicht in der althochdeutschen, sondern in der altsächsischen Sprache verfaßt. Ein mächtiges, wenn auch unvollständig überliefertes Bibelepos, der *Heliand* (etwa 822 bis 840), und ein bibelepisches Fragment, *Genesis A* (um 850), sind die einzigen noch erhaltenen Zeugnisse einer altsächsischen christlichen Dichtung. Obwohl die *Genesis* einer eingehenden Besprechung durchaus würdig ist, da sie anscheinend ein altsächsisches

Originalwerk ist, das dann ins Altenglische übersetzt wurde, womit die kulturelle und literarische Schuld des Festlandes gegenüber England teilweise abgetragen wird, ist der *Heliand* hier von größerem Interesse. Trotz des fehlenden Schlusses und einer größeren Anzahl verlorengegangener Zeilen umfaßt der *Heliand* (das Leben des Heilandes) noch 5983 Zeilen, die das Leben Christi in alliterierender epischer Versform unter Benutzung vieler aus der germanischen Heldenepik stammenden Stilmittel erzählen. Der Text wurde höchstwahrscheinlich vorgelesen, wozu sich der epische Stil gut eignete. Es lag die Versuchung nahe, den *Heliand* als ‹Germanisierung› der christlichen Botschaft anzusehen und zu behaupten, das Werk verrate ein germanisch-heldisches und nur unterschwellig ein christliches Ethos. Doch in dieser Sicht wurde die Eigenart und der Zweck der Dichtung gänzlich und grundsätzlich verkannt. Zwar wird Christus mehrfach als *drothin* («Herr»), *uualdand* («Herrscher»), *uualdandes barn* («Kind des Herrschers»), *thiodo drothin* («Herr der Völker»), *mildi mundboro* («großzügiger Schützer») usw. bezeichnet, und seine Apostel sind alle – freilich mit der Ausnahme von Judas – vortreffliche Gefolgsadlige. Dennoch sollte man die Wahl dieser Bezeichnungen als Versuch deuten, den Erwartungen und dem literarischen Geschmack der bisher am Rande des Reiches lebenden, heidnischen Sachsen entgegenzukommen. Denn der *Heliand* diente in der Hauptsache dem Zweck der Christianisierung der Sachsen, die sich nur mühsam und nach heftigen Kämpfen mit den karolingischen Franken bekehren ließen. Der christliche Kern der Dichtung bleibt von der germanisch-heldischen Form völlig unberührt. Die christliche Botschaft der Nächstenliebe, der Gerechtigkeit und des Friedens ist für den *Heliand*-Dichter unantastbar.

Über den Dichter selber sowie über den Entstehungsort der Dichtung ist so gut wie nichts bekannt. Nach der neuesten Forschung kommt das Kloster Werden an der Ruhr in Frage, obwohl es durchaus gerechtfertigt ist anzunehmen, daß der *Heliand* unter dem Einfluß der literarischen und theologischen Arbeiten aus Fulda entstanden ist. Eine der Hauptquellen des Dichters ist der Matthäuskommentar Hrabans, und Fulda war zu dieser Zeit das Zentrum dichterischer Bemühungen in der Volkssprache.

Wenn auch die Person des Verfassers für uns im dunkeln bleibt, geben doch zwei lateinische Vorreden (Prosa und Vers) – sofern sie überhaupt mit dem *Heliand* in Verbindung gebracht werden können – möglicherweise Auskunft über die Herkunft des Autors und den Anlaß zu seiner Dichtung. Diese beiden Teile wurden erst 1562 bekannt, als der Humanist Matthias Flacius Illyricus (1520 bis 1575) sie in der zweiten Ausgabe seines *Catalogus testium veritatis* druckte. In der Prosavorrede erfährt man, daß ein Dichter, ein nicht unbekannter Mann unter den Sachsen, nach der Verordnung «Ludouuicus piissimus Augustus» (Ludwigs des Frommen?) die Aufgabe auf sich genommen habe, das Alte und das Neue Testament in die germanische Sprache zu übertragen. In der Versvorrede wird dieser Dichter – in offensichtlicher Anlehnung an die Caedmon-Geschichte bei Beda – als ein einfacher Hirte beschrieben, der eines Nachts im Traum den Auftrag von Gott bekommen habe, von heiligen Dingen zu schreiben. Wie schon gesagt, ist und wird ungewiß bleiben, ob sich diese Vorreden auf den *Heliand*- und – möglicherweise – auf den *Genesis*-Dichter beziehen. Mit einiger Sicherheit läßt sich nur behaupten, daß die Vorreden keine Fälschung des Humanisten Matthias Flacius sind. Sie sind nämlich in karolingischem und nicht in Humanisten-Latein verfaßt.

Otfrid von Weißenburg und seine Zeit

Zu Otfrids Schaffenszeit (etwa 863 bis 871) waren die Zustände im Reich anders als zur Zeit des *Heliand*-Autors. Die Söhne Ludwigs des Frommen hatten das Reich 843 in das Ostfrankenreich, das Mittelreich und das Westfrankenreich geteilt. Wie die *Straßburger Eide* (842) zeigen, die die Allianz zwischen den Söhnen Ludwigs des Frommen, Karl dem Kahlen (Westfrankenreich) und Ludwig dem Deutschen (Ostfrankenreich) gegen ihren Bruder Lothar (Mittelreich) festigten, war das Reich sprachlich geteilt. Jeder las den Eid dem Bruder in dessen Sprache vor. Zunächst sprach Ludwig der Deutsche auf westfränkisch (altfranzösisch):

«Pro deo amur et pro christian poblo et nostro commun saluament, d'ist di in auant, in quant deu sauir et podir me dunat, si saluarai eo cist meon fradre Karlo et in aiuhda et in cadhuna cosa, so cum om per dreit son fradra saluar dist...»

Dann las Karl das gleiche auf ostfränkisch (althochdeutsch) vor:

«In godes minna ind in thes christanes folches ind unser bedhero gehaltnissi, fon thesemo dage frammordes, so fram so mir got geuuizci indi mahd furgibit, so haldih thesan minan bruodher, soso man mit rethu sinan bruodher scal...»

Beide Herrscher versprachen, den anderen nicht anzugreifen und dem Bruder Beistand im Streit mit Lothar zu leisten. Ähnliche Eide wurden auch von den Heeren in der jeweils fremden Sprache gesprochen.

Zu dieser Zeit ist der Hraban-Schüler Otfrid von Weißenburg der – mit Recht – berühmteste volkssprachige Dichter. Als erster hat er – angelehnt an die lateinische Hymnendichtung – sein althochdeutsches *Evangelienbuch* (7000 Zeilen, um 870) mit Endreimen statt mit Stabreimen geschrieben. Er wählt vorwiegend Episoden aus dem Johannesevangelium und erläutert sie allegorisch, das heißt, er erläutert den verborgenen, hinter dem Wortwörtlichen stehenden Sinn des Textes. Zur Erklärung der Hochzeit zu Kana etwa schreibt Otfrid:

«Ich will dir auch erklären, was die steinernen Krüge bedeuten: im gläubigen Verständnis sind es die Herzen der Anhänger Gottes. Innen sind sie hohl, gefüllt mit heiliger Schrift, womit sie uns stets Köstliches zu trinken bieten.»

Diese Auslegung bezieht sich auf die Stelle in seinem Text: «uuarun steininiu thiu faz, siu mahtu uueren thes thiu baz» (Die Gefäße waren aus Stein, sie waren um so haltbarer). Der Kreis, der sich von solchen Auslegungen wohl am ehesten angesprochen fühlte, war ein klösterlicher. Max Wehrli sagt dazu:

«Die Dichtung gründet auf der klösterlichen Praxis der Bibellektüre und Meditation, anhand der Lehren der Väter und vertieft durch das Gebet, in welchem sich erst der Kreis zwischen dem Sprechen des Menschen und dem Sprechen Gottes schließt. Letztes Ziel ist die Kontemplation, als Vorbereitung auf die ewige Seligkeit» [277, *S. 79*].

Das *Evangelienbuch* ist dennoch alles andere als trockene Mönchslektüre. Ein humaner, menschenfreundlicher Geist verbunden mit tiefer Frömmigkeit durchfließt das Ganze.

Kulturgeschichtlich gesehen sind Otfrids Vorreden an Ludwig den Deutschen, Erzbischof Liutbert von Mainz und Bischof Salomon von Konstanz sowie die Erklärung, warum er sein Evangelienbuch in der Volkssprache schrieb, von großem Interesse. In der Widmung an Ludwig den Deutschen führt Otfrid die wichtigsten Eigenschaften eines Herrschers auf. Als «rex pacificus et iustus» ist Ludwig ein vorbildlicher Herrscher. Als besonderer Günstling Gottes, der ihn wie einst David erwählte, damit er sein [Gottes] Volk führe, überkommt er alle Schwierigkeiten mit Gottes Hilfe, und wie Hiob erträgt der manchmal schwergeprüfte König alles mit Geduld und wird zu einem «Diener Gottes». Das ungeteilte Reich Karls des Großen besteht zwar nicht mehr, und seine Enkel streiten sich wie die Großen im Reich; dennoch bleibt das Bild des Herrschers als Stellvertreter Gottes, als Oberhaupt des christlichen *societas* unangetastet.

In der lateinischen Vorrede an Liutbert erwähnt Otfrid, daß er sein Werk auf Geheiß einer gewissen «venerandae matronae» namens Judith, die nicht näher identifiziert wird, und einiger «probatissimorum virorum» unternommen habe, um dem verderblichen Einfluß weltlicher volkssprachiger Lieder entgegenzuwirken. Zu diesem Zwecke mußte er in der Volkssprache schreiben. Wichtiger aber ist die seinem *Evangelienbuch* vorangestellte Erklärung: Alle Kulturvölker der Geschichte haben – so behauptet Otfrid –, wie die Griechen und Römer, ihre Taten in Büchern dargestellt und aufbewahrt. Sie haben also ihr großartiges Können gezeigt, indem sie die Regeln der Dichtung meisterten. Außerdem, «warum sollen nur die Franken davon absehen, Gottes Lob in fränkischer Sprache zu singen?». Um sein Argument zu stärken, fügt Otfrid hinzu, daß die Franken weder den Römern noch den Griechen in Mut, Geisteskraft und Reichtum nachstehen. Niemand wagt es, und «seien es sogar Meder oder Perser», gegen die Franken, die übrigens «nach Abstammung und Wert zum Geschlecht Alexanders gehören», Krieg zu führen.

Otfrid versucht hier, so will es scheinen, noch einmal den Glanz des großen, mächtigen und einheitlichen Reiches im Bewußtsein seiner Zeitgenossen aufscheinen zu lassen. In dieser Hinsicht ist sein Bemühen, obzwar vergebens, doch ein großartiges Beispiel spätkarolingischen Patriotismus.

Ein ähnliches Anliegen taucht auch in dem 881/82 verfaßten *Ludwigslied* auf. Bemerkenswert ist, daß das Lied in ostfränkischer (althochdeutscher) Sprache zum Lob eines westfränkischen Königs verfaßt wurde. Zudem befindet sich das Lied in einer westfränkischen Handschrift, die auch die altfranzösische Eulalia-Sequenz enthält. Deshalb liegt die Vermutung nahe, daß selbst um diese späte Zeit im Westfränkischen Reich die Ostsprache noch am Leben war – zumindest in adligen Kreisen.

Sein Herrscherbild zeigt die christliche Auffassung vom Herrscheramt. Das Verhältnis zwischen König und Gott ist direkt und unmittelbar. Gott erscheint nicht nur, er redet auch. Jetzt sind die Franken die neuen Israeliten, das neue auserwählte Volk, und Ludwig ist der neue Moses. «Als Kind wurde er vaterlos», heißt es im Lied. Gott wurde sein «magenzogo», was gewöhnlich als «Erzieher» übersetzt wird. Das Wort beinhaltet aber viel mehr; es deutet auf einen aus der Sippe, einen Verwandten (vielleicht den Onkel) mütterlicherseits. Also sind Gott und Ludwig, metaphorisch betrachtet, Blutsverwandte. Der König ist «rex dei gratia», denn «der Herr berief ihn», und «er gab ihm Tüchtigkeit, herrliche Gefolgsleute [und] den Thron hier in Franken». Weil das fränkische Volk gesündigt hat, läßt Gott sie schwer prüfen (i. e. er läßt die Normannen in das Reich einfallen), dann erbarmt er sich ihrer und befiehlt Ludwig, die Franken zu retten: «Ludwig, mein König, hilf meinen Leuten!» Die christlichen Krieger ziehen nicht wie die alten, von Tacitus beschriebenen Germanen in den Kampf mit dem *barditus* auf den Lippen, sondern mit einem *Kyrie eleison*.

Von den vielen anderen volkssprachigen Werken der althochdeutschen Periode wie Gebeten, Taufgelöbnissen, Beichtformeln usw. seien hier nur die Zaubersprüche hervorgehoben. Die Mehrzahl liefert Beispiele von der Verschmelzung der christlichen Religion mit der mündlich tradierten vorchristlichen Volksweisheit. Alle bezeugen, da sie zu einem verhältnismäßig späten Zeitpunkt (9./10. Jh.) noch aufbewahrt und gesammelt wurden, die Beliebtheit und Anpassungsfähigkeit der Gattung in einer zwar christlichen, aber doch vorwiegend ländlich-konservativen Gesellschaft. Statt der germanischen Götter erscheinen jetzt Christus, Maria oder ein Heiliger als wirkende Kraft. Der Zauber befindet sich nicht mehr so häufig in einer Formel, obwohl diese noch zu finden ist (so im *Wurmsegen*), als in der Bitte an die göttliche Person, etwa den Hirtenhund zu schützen (*Wiener Hundessegen*) oder ein gelähmtes Pferd zu heilen (*Wiener Spruch, 2. Trierer Spruch*). Einzig die *Merseburger Zaubersprüche* (in einer Handschrift des Merseburger Domkapitels aus dem 10. Jahrhundert) geben einen Einblick in die magische Welt des germanischen Altertums. Der 2. Spruch diene hier als Beispiel:

> «Phol und Wodan ritten in den Wald.
> Da verrenkte sich Balders Fohlen einen Fuß.
> Da besprach ihn Sindgund [und] Sunna, ihre Schwester,
> Da besprach ihn Frija [und] Volla, ihre Schwester,
> Da besprach ihn Wodan, so gut wie [nur] er es konnte:
> wie die Verrenkung des Knochens, so die des Blutes,
> so die des ganzen Gliedes!
> Knochen an Knochen, Blut zu Blut, Glied an Glied,
> als ob sie zusammengeleimt wären!»

Der erste zum Teil mit Anaphern (da... da... da... da...) versehene Abschnitt (Zeilen 1–5) berichtet von einer Situation in epischer Form. Der zweite Abschnitt (Zeilen 6–9) enthält den magischen Spruch. Durch das Mittel des Analogiezaubers können nur andere den Spruch wirksam anwenden, denn der Sprecher verläßt sich auf die magische Kraft der Wörter und drückt sie als Befehl aus. Es ist dieser Befehl, durch den solche Sprüche sich von dem christlichen Gebet oder den meisten christlich gefärbten Sprüchen unterscheiden. Mit den *Merseburger Zaubersprüchen* bewegt man sich noch in einer germanisch-heidnischen Landschaft, und sie erlauben uns einen, wenn auch bescheidenen, Einblick in das sonst verschlossene kultische Leben der vorchristlichen Epoche.
Die christlichen Ausklänge der karolingischen volkssprachigen Literatur findet man in dem fragmentarischen, schwerverständlichen *Georgslied* vom Ende des 9. Jahrhunderts aus dem Kloster Reichenau und in dem kleinen Werk *Christus und die Samariterin*, das um 900 ebenfalls auf der Reichenau entstand.

Die lateinische Dichtung der Karolinger und der Ottonen

Wenn auch bisher die Betonung auf der volkssprachigen Dichtung lag, sollte man nicht daraus schließen, daß die Volkssprache für die literarische Produktion dieser Zeit kennzeichnend ist. Ganz im Gegenteil! Latein war immer noch das Medium des kultivierten internationalen Umgangs. Während ein wichtiges althochdeutsches Werk vielleicht fragmentarisch in einer Handschrift tradiert ist, haben wir – kulturgeschichtlich gesehen – ziemlich unbedeutende lateinische Werke in mehrfacher, ja gar hundertfacher Überlieferung. Die klösterlichen Schreibstuben und die Mönche, die darin tätig waren, produzierten eine Flut von Handschriften. Manche enthalten Originaltexte wie Bibelkommentare, theologische Traktate und späterhin literarische Werke wie Sequenzen, Hymnen usw., während andere Kopien der Schriften der Kirchenväter, der

Bibel oder sonstiger Dokumente theologischen bzw. geistlichen Inhalts aufweisen. In vielen Manuskripten sind Werke antiker (lateinischer) Autoren zu finden. Die Bestände der St. Gallener Klosterbibliothek des 9. und 10. Jahrhunderts mögen hier als Beispiel dienen. Diese heute noch intakte Bibliothek enthielt nebst der ältesten Alkuin-Bibel und der ältesten Kopie des reinen Textes der Benediktinerregel auch eine besonders eindrucksvolle Sammlung von antiken Größen wie Terenz, Lucretius, Sallust, Cicero, Cäsar, Vergil, Horaz, Ovid, Vitruvius, Persius, Lucan, Quintilian, Statius und Juvenal. Ein wichtiger Zweck dieser Schreibtätigkeit war die Ausstattung von Kloster- und Dombibliotheken. Aus zeitgenössischen Briefen erfährt man, daß das Leihen und Austauschen von Handschriften zwischen Gelehrten oder Klöstern zum Zwecke des Kopierens alltäglich war. Es ist leider noch nicht möglich, die Handschriftenbestände der sechzehn bedeutenden Kathedralen und dreißig wichtigsten Klöster im großkarolingischen Reich des 9. Jahrhunderts mit Sicherheit festzustellen. Handschriftenkataloge aus der Zeit gibt es nur für drei Kathedralen (Freising, Köln und Würzburg) und sieben Klöster (St. Gallen, Reichenau, Murbach, Lorsch, Fulda, St. Riquier und St. Wandrille). Trotzdem darf man annehmen, daß die anderen sich auch nennenswerter Bestände rühmen konnten.

Die karolingischen Herrscher und die Frauen des Herrscherhauses, besonders die Kaiserin Judith (die zweite Ehefrau Ludwigs des Frommen), haben die Literatur durch ihr Mäzenatentum gefördert, wovon die zahlreichen Widmungen zeugen. Auch sollen die nichtliterarischen Leistungen der Epoche nicht vergessen werden wie die kunstreichen Buchilluminationen und die außergewöhnliche Bautätigkeit: Zwischen 768 und 855 werden 27 Dome, 417 Klöster und 100 Königspfalzen gebaut!

Aus der reichen lateinischen Literatur der karolingischen Zeit seien zwei Werke hervorgehoben: Einhards Biographie von Karl dem Großen, die *Vita Karoli Magni,* und Dhuodas *Liber Manualis.* Einhard wurde um 770 im Maingau als Sohn eines Adligen geboren und dem Kloster Fulda zur Erziehung übergeben, von wo er um das Ende des 8. Jahrhunderts zur weiteren Ausbildung an den Königshof in Aachen geschickt wurde. Dort studierte er zunächst bei Alkuin; er rückte bald zum Lehrer an der Hofschule auf und wurde der Berater des Kaisers in literarischen und mathematischen Angelegenheiten. Nach Karls Tod stand er bei dessen Sohn Ludwig dem Frommen in hoher Gunst; aber als das Verhältnis zwischen Ludwig und seinen Söhnen immer gespannter wurde und Einhards Schlichtungsversuche scheiterten, zog dieser sich 830 nach Seligenstadt am Main zurück. Dort ist er am 14. März 840 gestorben.

Die erst nach 830 verfaßte *Vita* ist wohl die reifste Frucht der karolingischen Kulturreform auf dem Gebiet der Historiographie. Die Kaiserbiographien Suetons dienten Einhard als Vorbild. Einhard will einen idealen

Herrschertyp darstellen, wozu er am Anfang seiner Biographie schreibt: «Und ich habe es für besser gehalten, mit anderen sozusagen gemeinsam dasselbe niederzuschreiben und auf die Nachwelt zu bringen, als das ruhmvolle Leben und die herrlichen von Menschen der neueren Zeit wohl unerreichbaren Taten des ausgezeichnetesten und größten Königs seiner Zeit in die Nacht der Vergessenheit sinken zu lassen.» Um diese Einzigartigkeit seines Herrn hervorzuheben, deutet Einhard unmißverständlich an, daß Karl Kaiser von Gottes Gnaden ist und es nicht durch die Salbung bzw. Krönung des Papstes wurde. Denn über die Kaiserkrönung um 800 in Rom schreibt Einhard: «Er [Karl] kam also nach Rom und brauchte daselbst den ganzen Winter, um die Kirche aus der überaus großen Zerrüttung, in die sie gefallen war, zu reißen. Damals war es, daß er die Benennung Kaiser und Augustus empfing [‹quo tempore imperatoris et augusti nomen accepit›].» Diese Stelle ist von besonderem Interesse, da sie lediglich besagt, daß Karl hier den Titel empfing, aber nicht das Amt. Und nirgendwo steht bei Einhard etwas über das Amt, den *ordo,* des Kaisers. Auch an anderer Stelle findet man wieder «Nach Annahme des Kaisertitels [‹Post susceptum imperiale nomen›]», und später: «Gegen Ende seines Lebens, als ihn schon sehr Alter und Krankheit schwächten, berief er seinen Sohn Ludwig... zu sich und erklärte ihn in feierlicher Versammlung der Großen aus dem ganzen Frankenreich mit aller Beistimmung zum Mitregenten im ganzen Reich und zum Erben des kaiserlichen Namens [‹et imperialis nominis heredem constituit›].» Es ist offensichtlich, daß für Einhard Karl der oberste Herr des römischen Christentums war und daß der vom Papst verliehene Kaisertitel nur das bestätigt, was Karl in Wirklichkeit schon war. Einhard bekräftigt diese Auffassung durch die Beschreibung der Bemühungen Karls um die Kirche und seiner karitativen Tätigkeiten. So entsteht das Bild eines christlichen Herrschers, der die Kirche nicht nur ehrt und schützt, sondern auch als Stellvertreter Gottes regiert. Dieses Herrscherbild wird durch die Ottonen und frühen Salier aufrechterhalten und sogar verstärkt. Erst durch den Investiturstreit (1076) gerät es ins Wanken und erfährt eine grundsätzliche Veränderung.

Dhuodas *Liber Manualis* ist, wie der Titel sagt, ein Handbuch, und zwar eine Art Fürstenspiegel für ihren Sohn. Dank dieser Absicht verrät ihr Manual mehr von den Zuständen im karolingischen Reich und von dem Leben einer Frau zu dieser Zeit als das Einhardsche Werk. Der *Liber Manualis* wurde erst 1677 durch eine Teilveröffentlichung von Jean Mabillon bekannt, und damit wurde die bemerkenswerte Adelige Dhuoda aus der Vergessenheit geholt. Trotzdem weiß man wenig über sie, und die Informationen, die wir haben, stammen aus ihren eigenen Aussagen in dem Manual. Sie berichtet, daß sie am 29. Juni 824 den berühmten Bernhard von Septimanien (gest. 844) heiratete. Am 29. November 826 wurde

ihr erster Sohn Wilhelm geboren. Am 22. März 841 gebar sie einen zweiten Sohn Bernhard. Kurz nach der Hochzeit wurde sie vermutlich auf ein Gut ihres Mannes in Uzés an der unteren Rhone gebracht und lebte dort quasi als Verbannte. Es ist nicht bekannt, warum ihr Mann diese geistig rege Frau so behandelte, ja sogar psychisch mißhandelte, als er bald nach der Geburt des zweiten Sohnes ihr das Kind sogar noch vor der Taufe wegnehmen ließ. Im Sommer 841 schickte ihr Mann den ersten Sohn Wilhelm als eine Art Geisel an den Hof Karls des Kahlen, was allerdings einem damaligen Brauch entsprach, um den Frieden zu sichern. Das Büchlein schrieb sie zwischen dem 30. November 841 und dem 2. Februar 843. Es bleibt unbekannt, wann sie gestorben ist.
Obwohl das Manual eine frühe Form des Fürstenspiegels darstellt, ist der *Liber* doch ein Werk sui generis. Er liefert dem heutigen Leser einen Einblick in die Denkweise der karolingischen Zeit. Neben vielen Anweisungen, wie ihr Sohn sich in der Gesellschaft zu benehmen habe und wie er seinem Herrn Karl dienen solle, versucht sie, den Sinn der christlichen Religion zu erklären. Sie weist sehr oft auf den geheimen Sinn der Zahlen und auf die Etymologie hin, um den verborgenen Sinn hinter den Zahlen und den Namen zu erläutern. Demnach deutet sie den Namen ADAM unter Benutzung der griechischen Namen der Buchstaben folgendermaßen: A=anathole, das heißt der Osten, D=dysis, das heißt der Westen, A=arktos, das heißt der Norden; und M=mesembrios, das heißt der Süden. Wenn man die Zahlen zusammenrechnet, die im Griechischen mit diesen Buchstaben assoziiert sind, ergibt sich die Summe 46, die genau der Anzahl der Jahre entspricht, die gebraucht wurden, um den Tempel in Jerusalem wiederaufzubauen. Dieses Beispiel läßt sich an Hand mehrerer Textstellen wiederholen. Man erkennt, daß Dhuoda eine gebildete Frau war und sich nicht nur in der Bibel, sondern auch in den Schriften und Auslegungen vieler Gelehrter wie Alkuin und Isidor von Sevilla auskannte. Sie ist sozusagen ein ‹glänzendes Produkt› der karolingischen Bildungsreform. Auch ihr Sohn Wilhelm mußte lesen können; denn Dhuoda schreibt in dem mit einem Akrostichon versehenen Prolog, «Dhuoda grüßt ihren geliebten Sohn Wilhelm – lies!» Häufig mahnt sie Wilhelm, ihr Büchlein zu lesen, obwohl er schon viele Bücher besitzt und in der Zukunft mehr besitzen wird. Sie hofft auch, daß andere nach Wilhelm ihr Manual lesen und davon profitieren werden.
Das kleine Werk endet mit den Worten Christi am Kreuz «consumatum est», und mit dem Tod Ludwigs des Kindes (911) kann man das gleiche von dem karolingischen Einfluß im östlichen Teil des ehemaligen Großreiches der Karolinger behaupten. Mit der Wahl Heinrichs I. zum König (918) ging die Herrschaft im künftigen Deutschen Reich von den Franken an die Sachsen über. Obwohl anzunehmen ist, daß die volkssprachige Dichtung in mündlicher Form weiterbestand, wurde in dieser Epoche

(918 bis ca. 1050) vorwiegend lateinisch gedichtet – auch Dichtungen weltlichen Inhalts.

Es ist für die Zeit nicht ungewöhnlich, daß der Anstoß zur dichterischen Tätigkeit vom Kloster ausging und Frauen als Gönnerinnen dabei eine erhebliche Rolle spielten. Auch am Kaiserhof, der nach wie vor die literarische Produktion unterstützte, waren es vor allem Frauen, die den Antrieb dazu gaben.

Die lateinische Literaturproduktion der Ottonenzeit erfolgte vorwiegend in sächsischen Klöstern, unter denen Nonnenklöster und Stifte eine besondere Rolle spielten. Den Damenstiften entstammen prachtvolle illuminierte Handschriften wie der *Hitda Codex* aus Meschede (1. Hälfte des 11. Jhs.) und das *Evangeliar* der Äbtissin Svanhild aus Essen (2. Hälfte des 11. Jhs.), wie auch das berühmte *Quedlinburger Evangelienbuch*. Ferner sind die kostbaren Prozessionskreuze der ottonischen Äbtissinnen Mathilde und Theophanu von Essen (um 1000 und Mitte des 11. Jhs.) zu nennen. Diese Klöster wurden von den Damen der sächsischen Aristokratie geleitet, die sich auch durch karitative Tätigkeit auszeichneten. Mathilde (gest. 968), Mutter des Kaisers Otto I., machte das Kloster in Quedlinburg zu einem wichtigen Bildungszentrum; Adelheid (um 931 bis 999), die zweite Ehefrau von Otto I., war die Gönnerin von Ekkehard II. von St. Gallen; ihre Tochter Mathilde (955 bis 999) war die Äbtissin von Quedlinburg, Gerberga (940 bis 1001), die Nichte von Otto I., war die Äbtissin von Gandersheim zur Zeit Hrotsvits. Die Liste berühmter sächsischer Damen läßt sich beliebig erweitern; doch die angeführten Namen genügen, um zu zeigen, daß die Rolle der adligen Frau im religiösen wie im kulturellen Leben der sächsischen Kaiserzeit eine wichtige und wohl unentbehrliche war.

Mit der Erneuerung des Kaisertums durch Otto I. (912 bis 973) kam auch eine Wiederbelebung der Literatur. Latein war die Sprache der literarischen Kommunikation, weltliche Themen wurden jetzt auch in lateinischer Sprache ausgedrückt. In der *Cambridger Liederhandschrift* (11. Jh.) befinden sich siebenundvierzig Lieder, von denen einige inhaltlich deutscher Herkunft sind. Darunter sind weltliche Sequenzen wie der *Modus Ottinc,* der die Taten der drei Ottos besingt, und der *Modus Liebinc* («Das Schneekind»), ein Schwank vom klugen Schwaben. Die poetische Sequenz, die von Notker Balbulus (um 840 bis 912), einem Mönch aus St. Gallen, erfunden wurde, war ursprünglich als Gedächtnisstütze für die Mönche gedacht, die das lange -a des Alleluia nach dem Graduale der Messe singen mußten. Weil die Melodie des -a in der Regel sehr kompliziert war, war den Mönchen durch diese Texte (= Sequenzen) die Möglichkeit gegeben, die Melodie des Alleluia besser zu behalten. Texte hatte es zwar schon lange vor Notker gegeben, aber er war der erste, der mit seinen Texten eine neue poetische Form schuf. (Aus dieser Form entwickelte sich später der mittelhochdeutsche Leich.) Ein Beispiel einer religiösen Sequenz, die noch heute bekannt ist, ist der *Dies Irae*. Die *Modi* haben die Form der Sequenz übernommen und behandeln historische oder schwankhafte Themen.

Ein anderer Notker aus St. Gallen soll hier nicht unerwähnt bleiben: Notker Labeo oder Teutonicus (um 950 bis 1022), auch Notker der Deutsche genannt. Er war der Leiter der St. Gallener Klosterschule und ein genialer Übersetzer aus dem Lateinischen ins Deutsche. Die Übersetzungen bilden eigentlich ein Protokoll seines Unterrichts. Er fängt mit einem lateinischen Satz an, den er manchmal syntaktisch ändert, um ihn verständlicher zu machen. Er unterscheidet im Deutschen auch zwischen langen und kurzen Vokalen und versieht die betonten Silben mit einem Akut. Er versucht, eine einheitliche Orthographie einzuführen, und hat das «Notkersche Anlautgesetz» erfunden (anlautende b, d, g wechseln mit p, t, k, je nachdem, ob der Auslaut des vorangehenden Wortes stimmhaft oder stimmlos ist). Er übersetzte unter anderem den *Trost der Philosophie* von Boethius, die *Kategorien* und *Hermeneutik* von Aristoteles sowie die ersten zwei Bücher der *Hochzeit Merkurs mit der Philologie* von Martianus Capella (5. Jh.) und die Psalmen. 1022 starb er an der Pest, als er die Übersetzung eines Hiobkommentars (wahrscheinlich von Gregor dem Großen) vollendete. Leider ist dieses Werk verlorengegangen. Besonders imponierend an Notker sind die klaren und idiomatischen Übersetzungen und eine Syntax, die deutsch und nicht lateinisch ist. Notker hat keine Nachfolger in seinen Bemühungen um die deutsche Sprache gefunden, und es sollte noch 150 Jahre dauern, bis die «barbarica lingua» zu neuen Ausdrucksmöglichkeiten gebracht wurde.

Zwei lateinische Epen (der *Waltharius* und der *Ruodlieb*), die wir kurz betrachten wollen, umrahmen die Ottonische Epoche. Ekkehard IV. (um 980 bis 1060) berichtet in seinem *Casus Sancti Galli,* daß ein St. Gallener Mönch, von der Forschung mit dem Namen Ekkehard I. (um 909 bis 973) versehen, ein Jugendwerk, ein lateinisches Walthariusepos, verfaßt habe; man hat demnach das Werk um 930 datiert. Aber in drei von den insgesamt zwölf Handschriften befindet sich ein Prolog von einem Verfasser namens Geraldus, der behauptet, dem Bischof Erchambaldus das Epos überreicht zu haben. Obwohl nicht klar ist, ob Geraldus damit behaupten will, er habe das Epos verfaßt oder dem Bischof bloß überreicht, kommen einige Geraldus sowie Erchambaldus in Frage, und in diesem Fall schwankt die Datierung zwischen ca. 850 und 918. Die Datierungs- und damit auch die Verfasserfrage muß also offenbleiben.

Daß der *Waltharius* (Ende des 9. Jahrhunderts) ein im christlichen Sinne bearbeitetes Heldenlied und als solches ein hervorragendes Beispiel der klösterlichen Rezeption von weltlicher, wahrscheinlich ursprünglich volkssprachiger Dichtung darstellt, ist unumstritten. Zunächst läßt die

Sprache auf ein klösterliches Publikum schließen; dazu kommen Anspielungen auf die klassische Mythologie sowie eine nicht zu verkennende gelehrte Prahlerei wie am Anfang des Werks

«Ein Drittel der Erde wird, ihr Brüder, Europa genannt;
Es sondert nach Sitten und Sprachen, nach Namen die mancherlei Völker,
Trennt sie auch nach der Bildung sowie nach dem Götterglauben.»

Obwohl dieser Anfang mit dem üblichen Heldenliedanfang wenig gemeinsam hat, scheut sich der Autor nicht, ausführlich und mit Genuß von den heroischen kämpferischen Leistungen seines Helden Walther zu berichten. Vor allem aber ist der *Waltharius,* der seinen Ursprung im Nibelungenstoff hat, die Geschichte von dem Konflikt der Freundestreue mit der Gefolgschaftstreue. Die Kinder Walther, Hagen und Hildgund werden jeweils von ihrem Land (Spanien, Franken und Burgund) als Geiseln (zu Friedenszwecken) an den Hof Etzels geschickt. Dort wachsen die drei zusammen auf, und die beiden Jungen geloben einander die Freundschaftstreue. Beide werden von Etzel sehr geschätzt und erlangen großen Ruhm als seine Heeresführer, während Hildgund den Hort Etzels hütet. Eines Nachts entflieht Hagen, um in den Dienst des neuen Frankenkönigs Gunther zu treten. Kurz danach tun Walther und Hildgund dasselbe und führen den reichen Hunnenschatz mit sich. Um nach Spanien zu gelangen, müssen sie durch Franken reiten, wo Gunther nach dem Schatz trachtet und sich nicht von Hagen, der ausdrücklich betont, daß Gunther ungerecht handele, davon abraten läßt. Nach vielen Einzelkämpfen bleiben von den Franken nur Gunther und Hagen übrig. Dieser hat an dem Kampf nicht teilgenommen, weil er sich an die gelobte Freundestreue erinnert. Erst als der König ihn um Hilfe anfleht, gibt er nach, macht aber Gunther klar, daß er nur aus Gefolgschaftstreue das Band der Freundschaft mit Walther zu brechen bereit ist. Dagegen erklärt er Walther ausdrücklich, er kämpfe nur, da dieser seinen (Hagens) Schwestersohn erschlagen habe, also aus Sippentreue. – Dem Ende des Epos fehlt die unerbittliche Tragik des Heldenliedes. Statt dessen sitzen die drei Schwerverwundeten um das Lagerfeuer, machen groteske Witze über ihre Verletzungen und versöhnen sich – ein christliches, der Gedankenwelt des Heldenliedes äußerst fremdes Element. Dennoch ist die Betonung des Freundschaftsmotivs und die Implikation, daß die gelobte Freundschaft der ebenso feierlich gelobten Gefolgschaftstreue den Vorrang streitig machen kann, sozialgeschichtlich betrachtet, eine Sensation.

Mit dem nach der Mitte des 11. Jahrhunderts entstandenen *Ruodlieb* aus Tegernsee befindet man sich in einer veränderten historischen und literarhistorischen Epoche. Im *Ruodlieb* handelt es sich nicht mehr um germanische Recken, sondern um einen deutschen Ritter ein Jahrhundert vor der Rezeption der französischen ritterlichen Hofkultur. Er wird somit als der erste mittelalterliche Roman bezeichnet. Obwohl unvollständig (2300 Verse) und sehr fragmentarisch überliefert, gibt der *Ruodlieb* (auch der Name des Helden) einen guten Einblick in die mittelalterliche Wirklichkeit. Man erfährt Näheres über die verschiedenen Stände, Tischgewohnheiten, Zustände der Dorfstraßen, die Wichtigkeit der Landwirtschaft, die Bräuche bei einer Trauungszeremonie, diplomatisches Geschick, das Leben der reichen Bauern, über die verschiedenen gerichtlichen Verfahren, die Formen der Strafen – verbrennen, ertränken, beim lebendigen Leibe begraben, verstümmeln usw. –, die Art und Bedeutung von Juwelen und Spielen (Schach) und schließlich über ‹high-life› und exotische Tiere am Hof.

Noch wichtiger für eine Sozialgeschichte der Literatur als diese Einblicke in die mittelalterliche Realität sind die Hervorhebung des sakralen Königtums und die Schilderung des idealen Herrschers am Beispiel des sogenannten *rex maior,* des «großen Königs». In dessen Dienst tritt Ruodlieb, nachdem er zu Hause von seinen Herren treulos behandelt wurde. Im Gegensatz zu Ruodliebs einstigen Herren ist der *rex maior* die Verkörperung des gerechten und friedfertigen Herrschers (*rex iustus et pacificus*), der stets Böses mit Gutem vergilt. Nach einem verheerenden Krieg mit dem ungerecht handelnden *rex minor,* dem «kleinen König», aus dem der *rex maior* den Sieg davonträgt, bietet dieser dem *rex minor* einen ehrenvollen und durchaus großzügigen Frieden an, den der *rex minor* sofort demütig und dankbar annimmt. Die Botschaft des kleinen Königs an den *rex maior* ist der beste Ausdruck der weltlichen Herrscherthese, die sich im Westen von Karl dem Großen über die sächsischen Kaiser bis schließlich hin zu den Saliern (Heinrich III.) am Vorabend des Investiturstreits herausbildete. Der *rex minor* läßt durch Boten erklären: «An Christi Stelle kannst du allein für uns die feste Säule sein» (V. 154). Als die beiden Könige sich auf dem früheren Kampfplatz treffen, um den Frieden zu feiern, steht ferner ein Altar zur Messe bereit, hergerichtet mit dem Diadem und Kreuz des Königs: Sinnbild und Zeichen der engen Beziehungen des Königs zu Gott. Als Ruodlieb schließlich mit einem Versöhnungsangebot von seinen früheren Herren nach Hause zurückkehren will, gibt ihm der *rex maior* nicht nur handfeste Ratschläge, sondern auch zwei silberne Schalen. Eine davon ist mit goldenen Münzen gefüllt, auf denen eingraviert steht: «der Gottesmajestät Gestalt und auch die kaiserliche Gewalt, der Christus seine Hand im Stehn zum Segnen auflegt, wie zu sehn» (V. 325–326). Deutlicher könnte die Herrscherauffassung nicht dargestellt sein.

Der Investiturstreit

Der lateinische *Ruodlieb* zeigt die Richtung, die die Dichtung – vermutlich auch die volkssprachige – um die Mitte des 11. Jahrhunderts wahrscheinlich eingeschlagen hätte, wäre sie nicht von der tiefgreifenden Auseinandersetzung zwischen Papsttum und Kaisertum, dem sogenannten Investiturstreit, unterbrochen worden.

Kaum ein Ereignis im Mittelalter hatte eine solch tiefe und heute kaum vorstellbare Wirkung auf das damalige Deutschland wie dieser Autoritätenstreit. Durch ihn erlebte das Reich einen Schlag, an dem es noch lange nach dem ‹offiziellen› Ende des Kampfes (Wormser Konkordat 1122) leiden sollte. Der Kampf ist nicht im Sinne eines modernen Streits zwischen Kirche und Staat zu verstehen, denn diese beiden Institutionen waren zu der Zeit im Grunde genommen eins. Es ging vielmehr um den Primat des Papstes bzw. des Kaisers in der Führung der christlichen Gesellschaft. Durch den Investiturstreit wurde der theokratischen Seite des deutschen Königtums ein für allemal ein Ende gesetzt. In einem gewissen Sinne darf man hier von einer zweifachen Emanzipation sprechen: (1) Die Kirche hat sich von der weltlichen Herrschaft befreit; (2) das Königtum wurde aus archaischen Banden gelöst, und ein neues Zeitalter begann.

Von diesem langwierigen und blutigen Streit hat weder das Königtum noch die Kirche, sondern nur der deutsche Adel profitiert. Er hatte fast fünfzig Jahre Zeit gewonnen, sich von der zentralen Königsgewalt zu befreien. Schon um 1100 war Deutschland das am weitesten feudalisierte Land in Europa mit einer bunten Vielfalt von Territorialinteressen, die von denen der Monarchie oder selbst der Kirche völlig unabhängig waren. Das Streben der sächsischen und salischen Könige nach einer Zentralerbmonarchie scheiterte; die eigentliche Macht im Land lag bei den Fürsten.

Die frühmittelhochdeutsche geistliche Dichtung

Die Bezeichnung ‹frühmittelhochdeutsche geistliche Dichtung› bezieht sich auf etwa neunzig Werke aus dem Zeitraum von circa 1060 bis circa 1180, die nach nahezu 150 Jahren des ‹Schweigens› entstanden, einer Zeit, aus der keine Schriftwerke in der Volkssprache überliefert worden sind – abgesehen von Notkers Übersetzungen. Unter ihnen befinden sich epische Bibeldichtungen, Hoheliedkommentare, Bußpredigten, Sündenklagen, moralisch-allegorische Traktate, Geschichtsdichtungen, zoologische Dichtungen, Spielmannsepen, Litaneien und Meßerklärungen.

Warum die volkssprachige Literatur zu dieser Zeit so mächtig in Erscheinung tritt, läßt sich schwer erklären. Daß die deutschsprachigen Werke am Ende der Karolingerzeit allmählich verschwanden, ist eher zu verstehen. Wenn es darum ging, eine Dichtung oder ein gelehrtes Werk zu schaffen, bedienten sich die Autoren, wie es sich gebührte, der einzigen dazu geeigneten, nuancierten Sprache des zivilisierten Westens, des Lateins. Mit der zweiten Hälfte des 11. Jahrhunderts begann eine neue Epoche im lateinischen Westen, in der die Kirche eine wichtige, wenn auch andere Rolle als früher spielte. Denn das wichtigste Ergebnis, das der Konflikt zwischen Kaiser und Papst, der Investiturstreit, bewirkte, war eine gewandelte Haltung der Kirche. Statt sich wie bisher mit dem Jenseits zu befassen, richtete sie ihr Augenmerk nun aufs Diesseits und darauf, wie dessen Angelegenheiten zu regeln und zu verwalten seien. Die Kirche beanspruchte das Recht, auch die weltliche Gesellschaft zu führen. Deshalb mußte sie sich etwa mit folgenden Fragen befassen: Wie sollen die Menschen auf Erden miteinander leben, welches sind die Aufgaben und Pflichten der verschiedenen Stände, insbesondere des Adelsstandes? Dies sind die Themen, die man in einem Großteil der Dichtung dieser Zeit entweder direkt oder indirekt, aber dennoch unmißverständlich angesprochen findet. Um die Laien zu belehren und zu beeinflussen, mußte die Kirche die Volkssprache benutzen. Ferner erweiterte sich der Gönnerkreis. Im 12. Jahrhundert sind auch die großen Fürstenhäuser Auftraggeber. Der Kaiserhof und die großen Reichsklöster sind nicht länger die wichtigsten Zentren der literarischen Produktion in der Volkssprache.

Das erste deutsche Werk dieser Periode ist die *Cantilena de Miraculis Christi,* das sogenannte *Ezzolied,* von einem Kleriker namens Ezzo, der den Text auf Geheiß des Bischofs Gunther von Bamberg (gest. 1065) schrieb. Das Lied entstand um 1063 und existiert in zwei Fassungen. Die jüngere vollständige aus Vorau enthält 34 Strophen, die ältere aus Straßburg nur die ersten sieben. Ezzo richtet sein Werk an «iu herron», also an einen aristokratischen Adressatenkreis. (Die jüngere Vorauer Fassung hat statt dessen «iu eben allen», was wohl auf einen klösterlichen Hörerkreis deutet.) Er will eine wahre Geschichte erzählen im Gegensatz zu der mit «Lügen» erfüllten weltlichen Dichtung, die in mündlicher Form sicher vorhanden war. Daß das Lied sich einer gewissen Beliebtheit unter seinen Zuhörern erfreute, erfährt man aus der ersten Strophe der Vorauer Fassung: «duo ilten si sich alle munechen» (sie beeilten sich alle, Mönche zu werden). In fast atemberaubendem Nacheinander bewegt sich das Lied zwischen der Schöpfung und dem Sündenfall, der Adam angelastet wird, und der Geburt Christi. Episoden aus dem Leben Christi, seine Wunder, seine Passion, sein Tod und seine Auferstehung werden dargestellt. Das Augenmerk ist stets auf seine Erlösungstat und ihre Bedeutung gerichtet, denn allen Rechtgläubigen ist das Himmelreich sicher. Dennoch kann man nicht von einer einseitigen Jenseitsstimmung sprechen. Zwar ist das Endziel des Lebens, wie es sich gebührt, das Erlangen des Paradieses, aber die Welt wird zugleich positiv eingeschätzt, und den Zuhörern wird nicht mit der ewigen Finsternis gedroht.

Ein ganz anderer Ton herrscht in dem kurzen, um 1080 entstandenen Werk (19 Langzeilenstrophen, 73 Zeilen) von einem Noker, das den von seinem Entdecker benutzten, irreführenden Titel *Memento mori* trägt. Es wird als Bußpredigt bezeichnet und war wohl für ein adliges Publikum während der Fastenzeit gedacht. Noker hebt mit der Mahnung an: «nu denchent, wib unde man, war ir sulint werdan» (Nun bedenkt, alle, wohin ihr gelangen werdet). Nicht von Heilsgeschichte ist hier die Rede, sondern von der Fahrt des Menschen durch das Leben und von den Gefahren, die einem auf dieser Fahrt begegnen. Noker beklagt, daß die Armen im Leben, gemeint sind nicht nur die wirtschaftlich Benachteiligten, sondern vor allem die gesellschaftlich Schwächeren, das ihnen zustehende *reht* nicht bekommen. Hier trägt *reht* wohl die Bedeutung: «das, was einem gerechterweise zusteht». Schuld an diesen Mißständen sind die Reichen und Mächtigen, die dem Liebesgebot Gottes nicht Folge leisten wollen. Wenn diese ihr Leben nicht ändern, werden sie auf ewig verdammt werden. Trotz dieser recht direkten Drohung, die nur zweimal in zwei aufeinanderfolgenden Strophen erhoben wird, beachtet Noker durchgehend einen sehr gemäßigten Ton. Er will die Pflichten der Reicheren und Mächtigeren in der Gesellschaft betonen. Sie müssen den «Armen» helfen, indem sie ihren Reichtum richtig verwenden und durch diese Hilfe das Gebot der Nächstenliebe erfüllen. Nur so könne man ein christliches Leben führen und das Paradies erlangen. Was Noker also letzten Endes beklagenswert erscheint, ist der Mißbrauch der Macht und der Vorteile, deren sich die Begünstigten der Gesellschaft erfreuen. Es geht ihm nicht nur um das Leben nach dem Tode, sondern vor allem um das Leben auf der Erde.

Diese beiden Werke enthalten die wichtigsten Themen der moral-didaktischen Dichtungen dieser Epoche: (1) Die Welt und ihre Angelegenheiten sind an sich nicht schlecht, man muß jedoch immer im Sinne behalten, daß der Zweck der irdischen Existenz mehr meint, als hienieden bloß angenehm und nur für sich zu leben; (2) die gesellschaftlich Schwächeren haben ein Anrecht auf das, was ihnen «von Rechts wegen» zusteht. Ihnen zu diesem *reht* zu verhelfen, ist Aufgabe und Pflicht der gesellschaftlich Stärkeren, damit die Menschen tatsächlich in Liebe und Eintracht miteinander leben können.

Die sogenannte *Summa theologiae* (um 1100) betont letzteres am eindrucksvollsten, indem der Autor dieses Thema in seine Darstellung der gesamten Heilsgeschichte einbaut. Dazu benutzte er meines Erachtens zum erstenmal in der deutschen Dichtung die Metapher des Körpers, um die Zusammengehörigkeit der Menschheit zu demonstrieren. Gott, so schreibt er, hat unsere Glieder geschaffen, damit sie einander dienen. Der Glieder, die scheinbar von geringem Wert sind wie der Füße, bedarf der Mensch am meisten, denn die erhabenen «Glieder» wie die Augen vermögen in der Tat wenig zu leisten ohne die Mobilität, die die Füße bieten. Der Text spiegelt die herkömmliche christliche Lehrmeinung. Der Autor stellt nüchtern fest, daß es im sozialen Leben Rangstufen gibt und die

Höherstehenden ohne die Niederen (1. Kor. 12,12–25) nur in sehr beschränkter Weise ihre Funktionen ausüben können.

Auch die Bibelepik erfreute sich einiger Beliebtheit. Aus dem alttestamentlichen Stoffkreis kommen Genesis-, Exodus- und kleinere Dichtungen (*Judith, ältere* und *jüngere*, die *Drei Jünglinge im Feuerofen*) sowie die *Vorauer Bücher Mosis* (1120 bis 1140). Die älteste Genesisdichtung ist die *Wiener Genesis* (1060 bis 1070), die jüngere ist die Millstätter Bearbeitung (vermutlich aus dem späten 12. Jahrhundert), und die mittlere Stelle nehmen die *Vorauer Bücher Mosis* ein. Alle drei Ortsbezeichnungen (Wien, Millstatt, Vorau) beziehen sich auf die Handschriften, in denen die Werke stehen. In der *Wiener Genesis,* die den anderen als Vorlage diente, merkt man, daß der Autor mehr will als die karolingischen und angelsächsischen Autoren vor ihm, die die Schöpfung und ihre Bedeutung betonen. Er will die biblischen Ereignisse aktualisieren und seine Zuhörer, wahrscheinlich aus ländlichen Adelskreisen, mit Bildern ansprechen, die ihnen aus der eigenen Erfahrung bekannt sind. So beschreibt er den Paradiesgarten als «Wunschtraum eines Baum- und Kräutergartens bäuerlicher-konkreter Art» [277; *S. 138*]. Auf der anderen Seite berichtet er weniger ausführlich von Dingen, die geschichtlich und geographisch die jüdische Erfahrungswelt betreffen. Vor allem vertritt der Autor eine für das Mittelalter typische und hier nun in der Volkssprache erscheinende Geschichtsauffassung, die mit der Schöpfung anhebt, da diese der terminus post quem der Geschichte ist. Personen und Ereignisse des Alten Testaments werden als Präfiguration von Personen und Ereignissen des Neuen Testaments angesehen. Man hat es also nicht nur mit Heilsgeschichte zu tun wie beim *Ezzolied.* Das auserwählte Volk der Israeliten präfiguriert das auserwählte Volk der Christen, das heißt die Franken bzw. die Deutschen. Die alttestamentlichen Gestalten werden als Helden und Fürsten in einem Dienst-Lohn-Verhältnis zu Gott dargestellt, nicht als die einfachen Bauern oder Hirten, die sie eigentlich waren. Die Armeen könnten ebensogut ritterliche bzw. kreuzritterliche Heere sein. Die offensichtliche Freude am Erzählen, die schon auf die vorhöfischen Epiker hindeutet, ist nicht zu verkennen und ein sicheres Zeichen des neuen Zeitalters.

Das Ineinanderflechten der Heils- und Weltgeschichte kommt zum deutlichen Ausdruck in zwei Werken dieser Periode, dem *Annolied* (um 1080) und der *Kaiserchronik* (um 1150). Das nur in der Druckfassung von Martin Opitz (1639) erhaltene *Annolied* erzählt von den Taten des Bischofs Anno zu Köln (um 1010 bis 1075), der einer der mächtigsten Reichsfürsten war und eine Zeitlang, infolge der Entführung des unmündigen Heinrichs IV. (Staatsstreich von Kaiserwerth 1062), an Königs Stelle (1062 bis 1065) regierte. Er war eine umstrittene politische Persönlichkeit, aber zugleich ein Förderer des Reformmönchtums sowie ein eifriger

Kirchen- und Klostergründer. Das aus dem Kloster Siegburg stammende *Annolied* kann als eine ‹Propaganda›schrift für Annos Heiligsprechung betrachtet werden. Da diese aber erst im Jahre 1183 erfolgte, ist die mehrfach wiederholte Bezeichnung «sent Anno» im Lied ziemlich verfrüht. Außerdem versucht der unbekannte Autor, Anno als historische Persönlichkeit aufzufassen und zu lokalisieren. Er ist dem Lied nach der 33. Bischof Kölns, und die eigentliche «Anno-Geschichte» fängt ebenfalls mit der 33. Strophe an (33 ist die Zahl der Lebensjahre Christi). In den vorausgehenden 32 Strophen beschreibt der Autor die Geschichte der Welt sowie die Heilsgeschichte, die jedoch nicht voneinander getrennt werden, sondern ineinanderfließen. Wir hören von der Schöpfung, dem Sturz Luzifers, dem Sündenfall und der Geburt Christi. Diese Geschichte wird durch weltliche Ereignisse ergänzt: Gründung der Stadt (Ninive), Bau des Babelturms, Episoden aus dem Alexanderstoff, Daniels Traum von den vier Tieren und der Ursprung der vier bedeutenden deutschen Stämme (Franken, Sachsen, Bayern und Schwaben), wobei die Sachsen – vielleicht ein Echo aus der Zeit der großen Kämpfe zwischen Karl dem Großen und den Sachsen – am schlechtesten wegkommen. Bei der Auslegung von Daniels Traum, in dem vier Tiere (Löwe, Bär, Leopard und Eber) erscheinen, erfährt man, daß sie die vier Weltreiche (das babylonische, persische, mazedonisch-griechische und schließlich das römische) bedeuten, von denen jedes das vorangegangene geschichtlich abgelöst hat (*translatio imperii*). Vor allem wird Anno als Verkörperung des idealen Herrschers dargestellt, denn in seiner einen Person verbindet er die wichtigsten Attribute der Gerechtigkeit und der Nächstenliebe. Wie ein Löwe, schreibt der Dichter, hatte er den ersten Platz unter den Fürsten, wie ein Lamm aber ging er unter die Armen. Er diente also Gott und der Welt, womit bereits ein Thema angeschlagen wird, das erst von den höfischen Dichtern entwickelt wird.

Die monumentale *Kaiserchronik* aus Regensburg (17283 Verse) ist der «großartige Versuch, die Geschichte des Reichs von der Gründung Roms und speziell von Caesar an bis zur Gegenwart [1147] durch eine Sammlung der verschiedensten Überlieferungen darzustellen, als systematische Zusammenfassung des offiziellen abendländischen Erzählstoffs überhaupt» [277; *S. 185*]. Der Autor stellt seinem Publikum die Idee des christlichen Reiches vor, in dem die beiden Mächte, Kaiser- und Papsttum, eins sind. Man kann also nicht von einer einseitigen Programmschrift der Kirche reden. Vielmehr wird in den Beschreibungen der Kaiser stets das Augenmerk auf das Moralische gerichtet, wobei die Tugend der Gerechtigkeit eine große Rolle spielt. Selbst heidnische Kaiser können die geforderten Tugenden besitzen, wie man der Trajan-Geschichte entnehmen kann. Trajan wird gerettet, weil er «rehtes gerihtes phlegete» (er richtete gerecht), und an ihm sollen sich alle weltlichen Könige ein

Beispiel nehmen, wenn sie das Himmelreich erlangen wollen. Dies ist insofern ein interessanter Gesichtspunkt, als das Seelenheil hier nicht unbedingt von der äußeren Zugehörigkeit zur christlichen Kirche abhängt, sondern von der inneren moralischen Substanz des Individuums. Diese Betonung des Individuums ist ein Zeichen des neuen Geistes im 12. Jahrhundert. Die tradierte Weisheit (*translatio sapientiae*) der Antike wird zwar bewundert und bestaunt (zum Beispiel bei Otto von Freising, in des Armen Hartmanns *Rede vom heiligen Glauben* [zwischen 1140 und 1160] und in Priester Arnolds *Loblied auf den Heiligen Geist* [um 1150]); aber irdische Weisheit, wenn sie auch nicht genügt, um die himmlischen Pforten zu öffnen, hat dennoch einen großen Wert für sich, den man nicht verkennen darf. Diese neue Einstellung auf Irdisches und Individuelles ist meilenweit entfernt von der frühchristlichen Meinung, irdisches Wissen sei nutzlos und eitel, wenn nicht gar sündhaft. Weltliches Wissen sowie die Produkte menschlicher Arbeit werden innerhalb der vom christlichen Glauben gesetzten Grenzen anerkannt, ja geschätzt [vgl. 34; 142].

Diese unverkrampfte Haltung gegenüber dem Irdischen begegnet einem auch in den Werken der ersten namentlich genannten deutschsprachigen Dichterin, Frau Ava (gest. 1127). Ava stammte wohl aus einer vornehmen Familie und hatte sich als Witwe gegen Ende ihres Lebens in eine Eremitenzelle beim Kloster Melk zurückgezogen. Ihr Œuvre umfaßt vier Dichtungen, die zusammen ein Gesamtwerk bilden (*Johannes, Leben Jesu, Antichrist* und *Das Jüngste Gericht* – zusammen 3388 Kurzverse). Ihr Werk ist ein Lobgesang auf die Erlösungstat Christi aus der unmittelbaren Erfahrung einer frommen Christin. Einfühlsam und zum Teil lyrisch schildert sie das Leben des Heilands. Biblische und außerbiblische volkstümliche Züge (Ochs und Esel an der Krippe) sind in ihre Erzählung eingebaut. Sie meint nicht, als Frau ihre bescheidene poetische Begabung rhetorisch beklagen zu müssen. Die ansonsten von mittelalterlichen Dichtern häufig benutzten Demutsformeln findet man bei Ava nicht. Sie hält ihre dichterische Tätigkeit für eine Selbstverständlichkeit, und diese Meinung wurde wohl von ihrem vornehmen Publikum geteilt, das sie als «lieben mine herren» anredet.

Die Subjektivität, die bei Ava zu finden ist, durchfließt auch das Prosawerk der frommen Verinnerlichung des 12. Jahrhunderts, das *St. Trudperter Hohelied.* Es ist vermutlich um 1160 im oberdeutschen Sprachraum entstanden. Die Handschrift wird aufbewahrt im Benediktinerinnenkloster St. Trudpert im Schwarzwald. Das Werk ist nicht als Fortsetzung des Kommentars des gelehrten Abtes Williram von Ebersberg (um 1065) anzusehen, der dem biblischen Hohelied eine lateinische Paraphrasierung und eine Übersetzung mit deutschem Kommentar beigab. Zwar geht der anonyme St. Trudperter Dichter von Williram aus, aber er deutet das biblische Buch wesentlich anders. Daß das Hohelied nicht wortwörtlich als bloß erotische Erzählung verstanden werden darf, liegt auf der Hand. Während Williram es jedoch ganz im ecclesiologischen Sinne auslegt, betont der St. Trudperter Dichter die Bedeutung des Brautbegriffs. Zunächst ist die Christenheit die Braut, dann die Jungfrau Maria und schließlich die Seele des gläubigen Individuums. In eine lehrhafte Exegese für eine Benediktinerinnen-Gemeinde paßt diese Deutung sehr gut hinein. Als Nachfolgerinnen Marias verstehen die Klosterfrauen sich als Gottesbräute, die sich nach der Vereinigung mit dem göttlichen Bräutigem (dem Heiligen Geist) sehnen. Somit wird auch die Sprache von der zurückhaltenden Gelehrsamkeit früherer Hohelied-Auslegungen befreit, und die erotische Sprache und die sinnlichen Bilder des Bibeltextes gehen jetzt ein in die Volkssprache. Die Darstellung des inneren Menschen und der Gott inbrünstig liebenden Seele findet im Deutschen bis Mechthild von Magdeburg im 13. Jahrhundert nicht ihresgleichen.

Abschließend sei erwähnt, daß die volkssprachige Literatur dieser Zeit eine Vielfalt von Formen und Gattungen aufweist, die hier nur gestreift werden konnte. Unbehandelt bleiben müssen unter anderem die Mariendichtungen, die fast alle von einer dem St. Trudperter Hohelied sehr nahestehenden, verinnerlichten Frömmigkeit erfüllt sind, die Legendendichtungen, die Jenseitsvisionen, die Sündenklagen, der *Physiologus* und der *Lucidarius*.

Fidel Rädle

Hrotsvit von Gandersheim

Zu den auffallendsten Gestalten des politisch instabilen und von enormen kulturellen Einbußen gezeichneten 10. Jahrhunderts gehört die sächsische Kanonisse Hrotsvit von Gandersheim. Sie ist die erste bedeutende lateinische Autorin seit der Antike und die erste Dramatikerin der christlichen Welt überhaupt. Nach der Wiederentdeckung ihres Werks durch Konrad Celtis (in einer heute in München liegenden Handschrift des Regensburger Benediktinerklosters St. Emmeram) haben die deutschen Humanisten in ihrem Inferioritätsgefühl gegenüber den Italienern Hrotsvit demonstrativ als Repräsentantin nationaler lateinischer Kultur gefeiert. 1501 erschien in Nürnberg der erste Druck mit Holzschnitten aus der Schule Dürers. Spätestens seit der Romantik gehört Hrotsvit zum festen Kanon der deutschen Autoren des Mittelalters, und die wissenschaftliche Literatur über sie wächst ständig [590]. In unserer Zeit hat sie Peter Hacks (*Rosie träumt*, 1975) sogar als Dramenfigur in der virtuos durcheinandergemischten Welt ihrer eigenen Stücke auf der Bühne agieren lassen.
Hrotsvits äußere Lebensdaten (circa 935 bis nach 973?) und -umstände sind nur aus ihrem literarischen Werk zu erschließen. Sie war vermutlich Angehörige eines sächsischen Adelsgeschlechts und kam schon in jungen Jahren in das Frauenstift Gandersheim, dessen Anfänge sie später in einem kleinen Epos mit großer Sympathie beschrieben hat. Hier konnte sie als Kanonisse (nicht als Nonne), das heißt ohne ausdrückliche Gelübde und ohne die strenge Observanz einer Ordensregel, gleichwohl ein klösterlichen Idealen geweihtes Leben führen. Es ist eine kultivierte Form der Frömmigkeit, bestimmt von der unangestrengt anmutenden Askese jungfräulichen Lebens und von einer fast grenzenlosen Wertschätzung wissenschaftlicher Bildung, die auch die literarische Tätigkeit Hrotsvits geprägt hat.
Die Autorin hat ihr Werk selber, offenbar in der chronologischen Reihenfolge seiner Entstehung, redigiert und in drei nach Gattungen unterschie-

dene Bücher eingeteilt. Den ersten Teil bilden acht Verslegenden in leoninischen (die Mitte – normalerweise die dritte Hebung – des Verses reimt hier mit dem Schluß) Hexametern bzw. elegischen Distichen. Die ersten fünf Legenden sind der noch als Lehrerin wirkenden Gerberg gewidmet, also wohl vor dem Jahr 959, in dem diese Äbtissin von Gandersheim wurde, entstanden; die Praefatio des kompletten Legendenbuchs spricht bereits von Gerberg als der Kaisernichte (*imperialis neptis*), liegt demzufolge nach der Kaiserkrönung Ottos des Großen (2. Februar 962). Die sechs Dramen, die den zweiten und bedeutendsten Teil des Gesamtwerks darstellen, sind wohl nach dieser Zeit geschrieben worden. Die *Gesta Ottonis,* die das dritte (das Epen-)Buch eröffnen, sind dem Mainzer Erzbischof Wilhelm gewidmet, der am 1. März 968 gestorben ist; für die bereits erwähnte Frühgeschichte des Gandersheimer Stifts gilt als terminus ante quem der Tod Ottos des Großen (7. Mai 973).

Hrotsvits Selbstverständnis

Jedem dieser drei Bücher hat Hrotsvit eine Prosa-Praefatio vorausgeschickt; dem Dramenbuch ist zusätzlich ein Brief an ihre gelehrten Gönner (*sapientes fautores*) beigegeben. Es sind einzigartige Texte, deren besonderer Wert darin besteht, daß sie die Situation einer Frau als Autorin im Mittelalter authentisch beschreiben. Hrotsvit äußert sich hier über die objektiven und die subjektiv-psychischen Bedingungen ihres Dichtens. Namentlich nennt sie zwei ihrer Lehrerinnen: Rikkardis und die bereits erwähnte Gerberg, Nichte Ottos des Großen und spätere Äbtissin. Mit deren Hilfe hat sie sich eine wenn auch (wie sie immer wieder betont) unzulängliche Kenntnis der lateinischen Sprache erworben. Beim Schreiben benutzte sie die ihr im Bereich des Stifts erreichbare Literatur. Es handelt sich dabei, wie man erschließen kann, um christliches Schrifttum im engeren Sinne sowie um einige Werke der klassischen und christlichen Antike: Terenz, Vergil, Prudentius (dieser vor allen anderen), Sedulius, Boethius. An sie hat sich Hrotsvit sehr eng angeschlossen, teils durch formale Nachahmung, die bis zum Zitat nahezu ganzer Verse gehen kann, teils auch, wie im Falle des Boethius, durch die Übernahme von autoritativem Wissen auf dem Gebiet der *artes liberales*, Dialektik, Arithmetik und Musik.

Immer wieder fällt auf, welche Bedeutung Hrotsvit einer guten schulischen Ausbildung in der lateinischen Sprache und speziell in der Metrik beimißt. Bei aller grundsätzlichen Demut und Selbstverkleinerung scheint sie die Ursache für die tatsächlich empfindlichen formalen Schwächen ihres Werks allerdings nicht nur in ihrer eigenen Person und ihrem geschlechtsspezifischen Versagen zu sehen, sondern auch in einem Mangel an Unterweisung und Förderung. Offensichtlich hat sie in Gandersheim lange Zeit niemanden gehabt, der sie geführt und in ihrem Schreiben bestärkt hätte. Ihre beiden Lehrerinnen erwähnt sie nur generell, nicht aber (was sich bei der Widmung an Gerberg leicht angeboten hätte) im Zusammenhang ihres Dichtens. So bittet sie den Leser um Gerechtigkeit für ihr «armseliges Buch, das sich nicht auf die Autorität irgendeines Lehrers (hier hauptsächlich im Sinne eines literarischen Vorgängers zu verstehen) stützen kann» («...egenti paginae, quae nullius praeceptoris munitur auctoritate»). Die Vorreden (mit Ausnahme der letzten) zeugen in der Tat von einer beträchtlichen Isoliertheit – um nicht zu sagen Einsamkeit – dieser Dichterin. Ihre Legenden hat sie «vor allen versteckt und gewissermaßen verstohlen... sich allein abmühend» («clam cunctis et quasi furtim... sola desudando...») geschrieben. Der Brief an die drei gelehrten Förderer ihrer dramatischen Dichtung verrät nicht nur im Ton die tiefste Dankbarkeit für lange entbehrten Zuspruch und für sachkundige Kritik; er spricht auch in deutlichen Worten aus, wie sehr Hrotsvit in ihrem eigenen Umkreis Teilnahme, Kompetenz und Anregung vermißte: Sie hatte ihre Dichtung lange Zeit nur ihren engsten Vertrauten («paucis ac solummodo familiaribus meis») zu zeigen gewagt und hätte beinahe überhaupt zu schreiben aufgehört, weil es von den wenigen, denen sie ihre Werke zeigte, «nicht viele gab, die Fehler herausgefunden oder aber (mich) angespornt hätten, weiterhin derartiges anzupacken» («quia, sicut pauci fuere, qui me prodente perspicerent, ita non multi, qui vel quid corrigendum inesset enuclearent, vel ad audendum aliquid huic simile provocarent»). Sie ist sich bewußt, von Gott Talent (*perspicax ingenium*) erhalten zu haben; aber sie erkennt, daß es «wegen der fehlenden Sorgfalt der Lehrer unausgebildet» («magistrorum cessante diligentia incultum») und wegen ihrer eigenen Faulheit vernachlässigt blieb.

Das Gefühl, in ihrem Bereich allein zu stehen, vernachlässigt und verkannt (worden) zu sein, hat Hrotsvit in der Praefatio zu ihrem Epenbuch nicht mehr artikuliert, mit gutem Grund: Die beiden Epen sind keine poetischen Wagnisse der verstohlen schreibenden Kanonisse mehr, sondern offizielle, für das Ottonische Haus repräsentative Dichtungen; zumindest die *Gesta Ottonis* hat Hrotsvit im Auftrag ihrer Äbtissin, der Kaisernichte Gerberg, verfaßt. Gemeinsam allerdings hat diese Vorrede mit den früheren das Bekenntnis sprachlicher und geistiger Ungebildetheit (*rusticitas*), die dem weiblichen Geschlecht zugute zu halten sei («quanto sexus fragilior scientiaque minor, tanto venia erit facilior»), und die gleichzeitige, insgeheim stolze Behauptung, etwas Neues – im vorliegenden Fall: die Darstellung der Taten Ottos des Großen ohne die Stütze schriftlicher Tradition – gewagt zu haben.

So konkurriert bei Hrotsvit das Empfinden eigener Unzulänglichkeit, das nicht gespielt scheint und das regelmäßig objektiviert und begründet wird durch den Hinweis auf die generelle Schwäche der Frau, ständig in

reizvoller Weise mit ihrer kecken, letztlich unbeirrbaren Selbstbehauptung und der naiven Freude an ihrem eigenen Werk.
Auffallend gering ist für mittelalterliche Verhältnisse der belehrende Anspruch dieses Werks, das in seinem durchgehend fromm-feierlichen, fast liturgischen Ton die Menschen vor allem «erbauen», das heißt stärken, trösten und beseligen soll. Auch die Legenden und Dramen, die ausdrücklich von asketischen Existenzen und moralischen Entscheidungen handeln, erwecken nirgends den Eindruck, Hrotsvit wolle ihren Lesern eine Lektion erteilen und ihnen zeigen, wie sie zu leben haben. Statt dessen führt sie die Leser in eine Welt, in der sich auch im Katastrophenfall überwiegend schöne Bilder und heitere, zumindest am Ende tröstliche Szenen aneinanderreihen, und die sich immer auf wunderbare Weise als von Gott behütet erweist. Das Martyrium ist stets ein von Schönheit verklärter Triumph. Das Häßliche und Böse macht Hrotsvit in einem gewissen Sinne unschädlich, indem sie es mit Vorliebe auf die Ebene des Komischen überführt. Man hat diese grundsätzlich begütigende Weltsicht Hrotsvits, der alle Verwirrung nur als ein unwesentlicher, buchstäblich nicht ernst zu nehmender Zustand vor dem endgültigen Sieg der lichten Sache Gottes erscheint, mit dem Begriff «Legendendenken» bezeichnet [593].
Auf eine ästhetische Komponente dieses Denkens ist noch besonders hinzuweisen. Dem Bedürfnis nach göttlicher Ordnung und heiterer Schönheit in der Welt bzw. in der Menschenseele entspricht das Bedürfnis nach Schönheit und die Lust am Schönen in der Welt der Sprache. Wie niemand vor ihr hat sich Hrotsvit um den sinnlichen Schmuck der lateinischen Sprache gekümmert: Die beiden Epen und die Legenden sowie die am Schluß des Dramenbuchs eingeschobenen Verse zur Apokalypse sind in leoninischen Hexametern (der *Gongolf* und die Widmung des Legendenbuchs in leoninischen elegischen Distichen) geschrieben, die Dramen hat sie wie auch die Vorreden in Reimprosa verfaßt. Die strengen antik traditionellen Ausdrucksformen der metrischen Dichtung bzw. der Prosa sind hier verschönert und verziert durch das harmonisierende Prinzip des Reims.

Das Legendenbuch (vor 959 bis 962)

Das erste Buch enthält folgende acht Verslegenden (die umfangreichen deskriptiven Originaltitel hat Konrad Celtis in seiner ersten Ausgabe zum Teil verfälschend auf bloße Namen oder einfache Begriffe verkürzt, die sich in der Forschung eingebürgert haben und deshalb auch im folgenden verwendet werden sollen): *Maria, Ascensio, Gongolfus, Pelagius, Theophilus, Basilius, Dionysius, Agnes.* Mit Ausnahme des *Pelagius,* dessen Martyrium Hrotsvit von einem Augenzeugen erzählt bekam, beruhen alle diese Legenden auf schriftlichen Prosavorlagen. Die ersten beiden entstammen apokryphen Berichten über das Marienleben. Hrotsvit hat, wie sie in ihrer Vorrede gesteht, erst nachträglich erfahren – und sie will es offenbar gar nicht glauben –, daß diese ihre Quellen nicht zu den kanonischen Schriften der Kirche gehören. In einer für ihr herzhaftes und lebenstüchtiges Naturell typischen Weise lehnt sie es ab, die fertigen Werke wieder zu zerstören, und hofft statt dessen, was jetzt angezweifelt werde, könnte sich doch noch als gültig erweisen.

Die Legende *Maria* (903 Verse) schildert zunächst die ereignisreichen Umstände der Geburt Mariens, dann ihre Kindheit und den Tempelgang, ihre Verlobung mit Joseph, die Geburt Jesu, die Anbetung der Könige, den Bethlehemitischen Kindermord und die Flucht nach Ägypten. Hrotsvit hält sich hier eng an das im Mittelalter weitverbreitete apokryphe Evangelium von der Kindheit Jesu («Pseudo-Matthäus»). Die einzelnen Szenen sind mit Hingabe und mit einem zarten Gefühl für Stimmung in der Natur und in der menschlichen Gemeinschaft ausgemalt.

Die kurze *Ascensio* (150 Verse) ist der ersten Legende nah verwandt. Ihren theologischen Kernpunkt bildet die apokryph überlieferte Himmelfahrt Mariens (*Transitus Mariae*), die Christus unmittelbar vor seiner eigenen Himmelfahrt in einer Abschiedsrede an seine Mutter ankündigt.

Die Legende vom heiligen *Gongolf* (582 Verse) gilt allgemein als eines der Meisterwerke Hrotsvits. Sie handelt von dem Ritter Gongolf, der im 8. Jahrhundert in Burgund im Dienste Pippins d. J. stand und, als ein Märtyrer der Ehe, von seiner treulosen Frau und deren Liebhaber, einem Kleriker, ermordet wurde. Hrotsvit fand die Geschichte in einer zeitgenössischen Vita, die, zusammen mit anderen Fassungen, rasch weite, bis in das 12. Jahrhundert andauernde Verbreitung erfuhr. Die Gestalt des eleganten, in der Welt erfolgreichen Ritters, der sich bei der Jagd und im Krieg hervortut und trotzdem sein demütiges und mildes Herz bewahrt, faszinierte das Mittelalter. Hrotsvit hat sich ihrer Vorlage gegenüber sehr frei bewegt und ihre Erzählung auf zwei zentrale Motive ausgerichtet, den sogenannten Quellenkauf (V. 81–332) und die Ehebruchsgeschichte (V. 347–582), die mit der Ermordung Gongolfs, den Wundern an seinem Grab und der burlesk erzählten Bestrafung seiner Frau endet.

Pelagius (413 Verse) ist, wie angedeutet, die einzige Legende, die keine schriftliche Quelle hatte. Sie handelt von dem unerschütterlichen Glauben und der Keuschheit des schönen christlichen Jünglings Pelagius, der das Liebeswerben des Kalifen von Cordoba zurückweist und zur Strafe grausam gemartert wird.

Theophilus (455 Verse) handelt, wie der originale Titel sagt, von «Fall und Bekehrung des bischöflichen Statthalters Theophilus» («Lapsus et conversio Theophili vicedomini»). Es ist die Geschichte von dem hochangesehenen, mildtätigen Statthalter Theophilus, der auf das Bischofsamt, das man ihm anträgt, aus Demut verzichtet, danach aber vom neuen Bischof degradiert wird und, durch diese Kränkung innerlich völlig verwandelt, mit dem Teufel paktiert, um wieder zu Ehren zu kommen. Im Gegensatz zu seinem weltlicheren Nachfahren Faust bereut Theophilus seinen Frevel und wird durch die Hilfe der Jungfrau Maria aus der Gewalt des Teufels befreit. Hrotsvits *Theophilus* ist die erste poetische Bearbeitung der ursprünglich griechischen Erzählung, die im 9. Jahrhundert durch Paulus von Neapel ins Lateinische übertragen wurde. Sie hat durch das ganze Mittelalter bis in die Neuzeit hinein in allen Sprachen und Gattungen literarisch fortgelebt. Mit besonderer Sympathie verweilt Hrotsvit bei der Bekehrung des Helden, der seine Schuld durch die Tränen der Reue abwäscht und ein seliges Ende findet. Wie schon im *Gongolf* sieht sie die Verfehlung des Menschen ausdrücklich als Werk des Teufels (vgl. V. 67 ff). Daß der Teufel bereits in der tradierten *Theophilus*-Geschichte seine Rolle spielt, fügt sich gut zu Hrotsvits auch sonst (selbst in den historischen Epen) geübter naiver Vergegenwärtigung der dämonischen Mächte. Ein gebetsartiger Epilog des *Theophilus* (V. 443–455) beweist, daß die Legenden zur Tischlesung im Gandersheimer Stift gedacht waren.

Mit *Theophilus* hatte Hrotsvit ihre Sammlung zunächst abgeschlossen. In der Endredaktion folgen, mit einer eigenen Widmung für Gerberg, drei weitere Legenden, von denen allerdings die beiden ersten an poetischem Wert den früheren deutlich nachstehen und nur Motive aus diesen variieren. Das gilt für *Basilius* (264 Verse), in dem ein Teufelspakt nach dem Modell des *Theophilus* beschrieben ist. Mit Hilfe des Teufels versucht ein Sklave, die Liebe der Tochter seines Herrn zu gewinnen. Der heilige Basilius befiehlt dem Teufel kurzerhand die Rückgabe der Urkunde, die den Pakt dokumentiert.

Im *Dionysius* beschreibt Hrotsvit, auf der Grundlage der von Hilduin von St. Denis im 9. Jahrhundert verfaßten Vita, Martyrium und Wunder des heiligen Dionysius.

Das zentrale Thema ihres Lebens und Dichtens, die Jungfräulichkeit, behandelt sie in der Legende *Agnes* (459 Verse). Agnes, ein 13jähriges Mädchen, verweigert sich dem heidnischen Sohn des Stadtpräfekten, der um sie wirbt. Als sie auch den Dienst einer Vestalin ablehnt, wird sie in ein Bordell gebracht, wo sie jedoch von Gott auf wunderbare Weise beschützt bleibt. Der abgewiesene Liebhaber versucht, sie dort zu vergewaltigen, fällt aber auf der Stelle tot zu Boden. Durch das Gebet der Agnes wird er wieder zum Leben erweckt und bekehrt sich, gemeinsam mit seinem Vater, zum Christentum. Agnes wird schließlich von den Heiden gemartert, und Engel entführen ihre weißleuchtende Seele (V. 414) in den Himmel.

Diese letzte Legende präludiert deutlich vernehmbar den Dramen. Agnes ist eine Schwester der zahlreichen Jungfrauen, die dort, meist im Martyrium, ihre Keuschheit bewähren.

Das Dramenbuch (begonnen nach 962)

Der Ruhm der Autorin beruht im wesentlichen auf ihren sechs Dramen (*Gallicanus, Dulcitius, Calimachus, Abraham, Pafnutius* und *Sapientia*), denen in der Geschichte ihrer Gattung nichts gleicht. Hrotsvit erzählt in der Vorrede, was sie veranlaßt hat, diese Dramen aus Legenden zu schreiben. Sie stellt fest, daß viele ihrer Zeitgenossen und nicht zuletzt sie selbst lieber heidnische als christliche Bücher lesen, und findet eine besonders ausgeprägte Vorliebe für den stilistisch attraktiven Terenz sogar bei jenen, die sonst die Heiden generell meiden. Aus Sorge, die Leser könnten sich durch die Frivolitäten des Terenz beflecken, beschließt sie, diese durch christliche Stoffe zu ersetzen, im übrigen aber, das heißt auf formalem Gebiet («eodem dictationis genere»), sich an Terenz zu halten. Statt schamloser Liebesgeschichten will sie – mit ihrem bescheidenen Talent, versteht sich – die «löbliche Keuschheit heiliger Jungfrauen» verherrlichen. Um den Triumph dieser Jungfrauen jedoch möglichst eindrucksvoll zeigen zu können, ist sie gezwungen, sie wirklich ernsten Versuchungen auszusetzen. Für dieses Wagnis, das sie oft vor Scham erröten ließ, bittet sie ihre Leser um Verständnis. Mit Aufführungen rechnet Hrotsvit offensichtlich nicht.

Auf die Vorrede folgt der bereits erwähnte Brief an die (wie sich aus dem Text ergibt, drei) gelehrten Männer, die ihr dramatisches Schaffen mit Sympathie förderten («Epistola... ad quosdam sapientes huius libri fautores»). In tiefster Bescheidenheit dankt sie, das «Dummerchen Hrotsvit» («Hrotsvit nesciola»), überschwenglich für die Ermutigung, die sie von ihnen erfahren hat. Nachdem die ersten vier Dramen in einer zusätzlichen Kölner Handschrift von hohem selbständigen Überlieferungswert gefunden worden sind, kann man vermuten, daß Hrotsvit ihren Gönnern zunächst diese vier Stücke separat, gewissermaßen als Rezensionsexemplar, zugesandt hatte. Die beiden letzten Dramen sind offenbar erst nach der positiven Antwort entstanden. Ihnen wob Hrotsvit, wie sie in ihrem Brief schreibt, einige Fäden ein, die sie von Flecken aus dem Gewand der Philosophie gewonnen hatte. Gemeint sind damit die in *Pafnutius* und *Sapientia* eingefügten didaktischen Exzerpte aus den Schulbüchern des Boethius. Der Kontakt mit den drei Gelehrten hat sie offensichtlich veranlaßt, sich ihrerseits mit Gelehrsamkeit noch etwas aufzuhelfen.

Es mag dahingestellt bleiben, ob das Bedürfnis und der Plan, Terenz christlich zu ersetzen, wirklich am Anfang der dramatischen Versuche Hrotsvits stand, oder ob nicht doch zunächst nur eine naive Schöpferlust sie probieren ließ, ihre Legenden statt in epischer auch einmal in dramatischer Form zu erzählen. Legenden («Legendendramen») sind es in jedem Fall geblieben.

In jüngster Zeit ist auf überzeugende Weise gezeigt worden, daß schon in den Vorlagen der Dramen die Suggestion des Dramatischen enthalten ist, daß Hrotsvit also auch durch ein ‹Leseerlebnis› auf den Weg ihrer neuartigen Dichtung gebracht worden sein könnte [288]. *Gallicanus, Dulcitius* und *Sapientia* stammen aus einem Passionale, *Abraham* und *Pafnutius* aus den *Vitaspatrum,* einer spätantiken Sammlung von erbaulichen Geschichten der Mönchsväter, *Calimachus* aus einem «Passionale apostolorum». Kennzeichnend ist für alle diese Schriften ein hoher Anteil an wörtlicher Rede und eine latent dramatische, wenn nicht gar theatralische Struktur.

Im *Gallicanus* sind zwei in sich abgeschlossene Handlungskomplexe hintereinandergeschaltet. Der erste hat mehrere Parallelen mit der Agneslegende: Der heidnische Feldherr Konstantins des Großen, Gallicanus, wirbt um die Kaisertochter Constantia, die jedoch den jungfräulichen Stand erwählt hat. Vor einer endgültigen Entscheidung wird Gallicanus in den fast aussichtslosen Kampf gegen die Skythen geschickt. Die beiden geistlichen Betreuer Constantias, Johannes und Paulus, sollen ihn begleiten und zum wahren Glauben wie auch zum Verzicht auf die Ehe bekehren. Bestärkt durch eine Vision des Kreuzes erringt Gallicanus wider Erwarten den Sieg und läßt sich, seinem Gelübde entsprechend, taufen. Nach seiner Rückkehr verzichtet er freiwillig auf Constantia und weiht sein Leben Gott.

Der zweite Teil des Dramas rekapituliert sehr flüchtig den Tod des um Christi willen verbannten Gallicanus und zeigt das Martyrium der beiden Heiligen Johannes und Paulus unter Kaiser Julian. Ihr heidnischer Richter wird Christ, am Grab der Märtyrer geschieht das erste Wunder. *Gallicanus* ist das einzige Stück Hrotsvits, das im Mittelalter eine nennenswerte Nachwirkung gehabt hat.

Im *Dulcitius* ist die «Passio» der heiligen Jungfrauen Agapes, Chionia und Hirena dargestellt. Die drei Schwestern weigern sich in einem kecken Dialog mit dem Kaiser, Christus zu verleugnen und den Göttern zu opfern. Daraufhin werden sie dem lüsternen Praeses Dulcitius ausgeliefert, der ihnen in der Dunkelheit des Kerkers Gewalt antun möchte, aber versehentlich statt der Mädchen die rußigen Kessel der angrenzenden Küche umarmt und als ein betrogener Teufel mit geschwärztem Gesicht bei den Soldaten wie bei seiner Frau Verwirrung stiftet und dem Gelächter preisgegeben wird. Wie zuvor der Kaiser scheitert auch der Hauptmann Sisinnius bei seinem Versuch, den Widerstand der beiden älteren Schwestern zu brechen. Sie werden auf dem Scheiterhaufen verbrannt, aber während ihre Seelen in den Himmel emporsteigen, bleiben ihre Körper völlig unversehrt. Hirena, die jüngste, soll (wie Agnes) in ein Bordell gebracht werden, doch wird sie von zwei engelhaften Gestalten den Händen der Soldaten entrissen und auf einen unzugänglichen Berggipfel versetzt. Von dort aus verspottet sie ihren Peiniger und entschwindet in den Himmel.

Im *Dulcitius* hat Hrotsvits Grundgedanke einen besonders konkreten

Ausdruck gefunden: Der Heilige ist von seiten der Welt in Wahrheit nicht zu gefährden und, wie Hirena auf dem Gipfel, für die Feinde unerreichbar. Die scheinbar Mächtigen sind dagegen lächerlich.

Aus den apokryphen Johannes-Akten stammt der Stoff des höchst komprimierten Dramas *Calimachus,* in dem zwei Liebende, der Heide Calimachus und die Christin Drusiana, den Tod erleiden und wieder ins Leben zurückkehren. Calimachus gesteht der verheirateten Drusiana seine Liebe. In ihrer Bedrängnis bittet sie Christus um den Tod und stirbt tatsächlich. Mit unverminderter Leidenschaft erzwingt sich Calimachus Zugang zu der Leiche, bei deren heftiger Umarmung er seinerseits stirbt. Ein Engel zeigt dem heiligen Johannes an, daß er die beiden wieder zum Leben erwecken will, was durch das Gebet des Johannes auch geschieht. Calimachus wird Christ; er bereut seine Verirrung und verzichtet auf Drusianas Liebe.

Abraham bzw. *Fall und Bekehrung Marias, der Nichte des Einsiedlers Abraham (Lapsus et conversio Mariae neptis Habrahae heremicolae)* ist nach allgemeiner Ansicht Hrotsvits am besten gelungenes Stück. Die Geschichte, deren Handlung immer wieder kunstvoll vom Gespräch zwischen den beiden Einsiedlern Abraham und Effrem exponiert, reflektiert und kommentiert wird, stammt aus den *Vitaspatrum*: Nach 20 Jahren frommen Lebens in der Einöde entzieht sich Maria der Obhut ihres Oheims Abraham und begibt sich in ein Bordell. Als Liebhaber getarnt («sub specie amatoris») sucht sie der alte Mann dort auf. Nach einem kennerhaft gemimten Gespräch mit dem Zuhälter wird er zu Maria geführt, die ihn bei der Umarmung tief erschüttert wiedererkennt. Abraham gibt ihr das Vertrauen in die Gnade Gottes wieder, und Maria zieht mit ihm aus der Stadt zurück in ein Leben der Buße. Nirgendwo sonst hat Hrotsvit ein so großherziges und welthaltiges Verhältnis zwischen Menschen dargestellt wie hier. (Normalerweise gehören ihre guten Charaktere nur halb und flüchtig der Erde an.) Die Szenen im Bordell haben Delikatesse und Witz – auf sie dürfte sich die Schamröte bezogen haben, von der sie in der Vorrede schreibt.

Die restlichen zwei Dramen sind, wie bereits angedeutet, nach einer Schaffenspause entstanden. *Pafnutius (Conversio Thaidis meretricis)* ist nur ein Abklatsch des *Abraham,* was die Autorin in ihrem dem Drama vorangestellten «Argumentum» selber verrät: Der Einsiedler Pafnutius besucht «gleich wie Abraham in der Rolle eines Liebhabers» («aeque ut Habraham, sub specie adiens amatoris») die Dirne Thais und bekehrt sie allein durch seine Ermahnungen. Nur lose mit dieser Handlung verknüpft ist das einleitende lange Gespräch des Eremiten mit seinen Schülern über Fragen der Philosophie und der Musik (nach Boethius). Ein vergleichbares Stück, und zwar eine Lektion über Arithmetik, enthält das letzte Drama, *Sapientia.* Sapientia, mit ihren Töchtern Fides, Spes und Karitas wegen ihres christlichen Glaubens angeklagt und dem Tod geweiht, verwickelt den Kaiser Adrianus in eine schwierige Disputation über Zahlen (Anlaß dazu ist die Frage nach dem Alter der Töchter) und blamiert ihn dabei gründlich. Die drei Töchter erleiden, von ihrer Mutter bestärkt, das Martyrium. Sapientia begräbt sie und bittet Gott in einem großen Gebet um den Tod.

Dem Dramenbuch folgen 35 Hexameter, die sich als «Tituli» auf nicht erhaltene bildliche Darstellungen der Johannes-Apokalypse beziehen.

Die historischen Epen

Vor dem Jahre 968 schrieb Hrotsvit ihre leider fast zur Hälfte verlorenen *Gesta Ottonis* (837 Hexameter). Sie sind nachträglich in Versen Otto dem Großen und Otto II. dediziert, der Widmungsbrief richtet sich an die Auftraggeberin Gerberg. Hrotsvit hatte für diese sächsische ‹Familienlegende›, die bei König Heinrich I. (um 876 bis 936) einsetzt und mit der Kaiserkrönung Ottos des Großen (962) endet, keine schriftlichen Quellen zur Verfügung und fühlte sich nach ihren eigenen Worten wie ein Wanderer, der durch einen unbekannten verschneiten Wald irrt. Die Geschichte des sächsischen Hauses ist aus einer stolzen, religiös geadelten Sicht beschrieben, in der Otto fast schon wie ein den verworrenen politischen Verhältnissen entrückter Legendenheld die christlichen Herrschertugenden Frömmigkeit, Milde und Weisheit verkörpert.

Die *Primordia coenobii Gandeshemensis* (vor 973) behandeln die wiederum legendär ausgestalteten Anfänge des Gandersheimer Stifts bis zum Jahre 919. Dieses kostbare ‹Heimatgedicht› vermittelt vielleicht am eindrucksvollsten Hrotsvits poetischen Charme.

Kein Autor des früheren Mittelalters tritt so entschieden heraus aus den literarischen Konventionen wie Hrotsvit und keiner hat sein Werk so stark geprägt mit schöpferischer Individualität, der auch Gattungsnormen kaum Widerstand entgegensetzten. Die übliche Nivellierung des literarischen Betriebs unter den ziemlich diktatorischen Bedingungen der Schule und damit der Tradition hat Hrotsvit nicht betroffen. War das etwa ein schmerzlicher Verzicht, das geduldig akzeptierte Los der isolierten Frau, oder war es die aktive Entscheidung ihrer Person? Man kann nicht abschätzen, welche objektiven Bedingungen in welchem Maße dieses Werk ermöglicht oder gar verursacht haben. Gewiß entscheidend war in jedem Fall die in Hrotsvit elementar angelegte, von ästhetischem und religiösem Harmoniebedürfnis gespeiste schöpferische Lust, die sie befähigte, «mit lachendem Herzen» («ridenti pectore») Gott zu loben und gleichzeitig das eigene Schaffen zu genießen: «Mich freut jedenfalls, was ich gemacht habe», sagt sie selber in der Vorrede zu ihren Dramen: «me-met ipsam tamen iuvat, quod feci».

Christel Meier
Hildegard von Bingen

Hildegard von Bingen (1098 bis 1179) ist als große Frauenautorin des 12. Jahrhunderts ein herausragender, Nachfolge provozierender Fall, dem damit bereits in einer sozialgeschichtlichen Betrachtung der mittelalterlichen Literatur ein besonderer Platz gebührt. Ihr ausgedehntes Wirken als Naturwissenschaftlerin und Ärztin, als Liederdichterin und Komponistin, als Äbtissin und Klostergründerin, als wandernde Predigerin und als Ratgeberin vieler, auch hochgestellter Zeitgenossen bis zu Papst und Kaiser – bemerkenswerte Funktionen und Tätigkeiten allesamt – findet seinen Höhepunkt und sein existentielles, organisierend auf die übrigen Bereiche ausstrahlendes Zentrum in Hildegards Autorschaft. Als Autorin, mit Wachstafel und Griffel bei der Konzeption ihrer Schriften, wird sie in der mittelalterlichen Bildüberlieferung fast durchweg dargestellt. In diesem ‹Beruf› liegt – deutlich sichtbar – die besondere Innovationskraft ihres Wirkens, die sie auch bis zur ausführlichen theoretischen Neubegründung solcher Literatur (mit einer bisher noch kaum erkannten Nachwirkung) verfolgt hat.
Gleichwohl erscheint Hildegard unter sozialgeschichtlichem Aspekt als eine Gestalt im Zwielicht. Denn der Magistra auf dem Disibodenberg und Äbtissin auf dem Rupertsberg bei Bingen konnte von Zeitgenossen auch soziale Rückständigkeit, insbesondere das Festhalten an dem älteren Schichtenmodell der Gesellschaft, vorgeworfen werden – wie jüngst an einem Schlüsselzeugnis für diesen Problemzusammenhang, dem Briefwechsel zwischen der Magistra Tenxwind von Andernach und Hildegard erläutert wurde [vgl. 498]. Tenxwind, die Schwester Richards von Springiersbach, durch ihren Bruder unmittelbar verbunden mit der Reform der Regularkanoniker, die das strenge Armuts- und Brüderlichkeitsideal neu zu realisieren suchte, befragt in nicht zu überhörender Schärfe Hildegard, die «von Gott selbst belehrt» zu ihrem Handeln veranlaßt werde [498; *S. 543*], zu zwei ihrer Auffassung konträr zuwiderlaufenden Punkten der

klösterlichen Organisation und des Gottesdienstes im Kloster: Einmal trugen Hildegards Nonnen an den Festtagen offenes Haar, lange Seidenschleier und goldenen Schmuck; zum andern, «und das scheint uns nicht weniger ein Grund der Verwunderung, daß Ihr in Eure Gemeinschaft nur Frauen aus angesehenem und adligem Geschlecht Zutritt gewährt, den anderen aber, den Nichtadligen und weniger Reichen die Aufnahme in Euren Konvent ganz verweigert» [498; *S. 544*]. Dieses Verfahren, sagt Tenxwind, errege bei ihr starke Zweifel, und sie untermauert ihre Ansicht mit mehreren einschlägigen Zitaten aus dem Neuen Testament (Apg. 10,34; Röm. 2,11; 1. Kor. 1,26f) [vgl. 173]. Hildegard verteidigt in ihrer Antwort ihr Verfahren in beiden Punkten mit Begründungen, die in ihrer Tragweite vielleicht nicht auf den ersten Blick voll zu erfassen sind. Trotz der bereits versuchten Rückführung ihrer Argumente auf ihre ‹Weltanschauung› insgesamt [vgl. 498], blieb besonders für den zweiten Punkt der Ideologieverdacht bestehen, wo Hildegard die Stände (*ordines*) als gottgegeben, mit alttestamentlichen Aussagen bestätigt sieht.

Hildegard meint, die Stände bezeugten dieselbe göttlich-ordnende Kraft der Welt (*discretio*) wie die in *ordines* gestufte Engelwelt auf der einen Seite und die vom Menschen respektierten Gattungen der Tierwelt auf der anderen. Diese Meinung wird erst vor dem Horizont ihres theoretischen Konzepts verständlich. Es ist von einem neuplatonischen Denkansatz bestimmt, wie er dem Mittelalter vor allem im Werk jenes anonymen griechischen Philosophen aus der zweiten Hälfte des 5. Jahrhunderts begegnete, der sich in seinen Schriften als der aus der Apostelgeschichte bekannte Paulus-Schüler Dionysios Areopagita ausgegeben hat. Besonders in der Vermittlung durch Johannes Scottus Eriugena (um 810 bis um 877) ist dieser sogenannte Pseudo-Dionysios zu einer Autorität von überragender Bedeutung geworden [vgl. 568; 569; 570]. Die Adaptation dieses Denkmodells war in einer Zeit der Wiederentdeckung Eriugenas kein bloß traditionsgebundener, sondern ein durchaus moderner, innovativer Zugriff, den Hildegard dann erstaunlich eigenständig zu einem großen visionär-künstlerischen Werk fortentwickelt hat, in dem die Frau als Autorin und Heilsgarantin einen wichtigen Platz einnimmt: «ideo est summa benedictio in feminea forma prae omni creatura». Wie also der Verweis auf das durchgehende, weltkonstituierende Hierarchiemodell nicht die Legitimation der eigenen adligen Herkunft zu leisten hat, also nicht Ideologie ist, so entsprechen auch die von Tenxwind kritisierten Neuerungen im Kult der grundsätzlichen Auffassung Hildegards von der Herausgehobenheit der Virginität aus der durch Sünde beeinträchtigten Menschennatur: Ihr gebührt – zeichenhaft – bereits der Schmuck des wieder heilen, christusnahen Menschen; die Ausstattung der vielen Hildegardschen Tugendgestalten bestätigt das [vgl. 569; 571]. Wie deutlich die Kongruenz von Hildegards Stellungnahme gegenüber Tenxwinds Kritik mit ihrer grundsätzlichen Vorstellung von Prophetentum und Autorschaft ist, kann unschwer erwiesen werden.

Prophetentum als literarische Existenz

Als Hildegard 1141 mit gut 42 Jahren zu schreiben begann, lebte sie – früh als Oblatin von ihren Eltern der Rekluse Jutta von Spanheim (um 1090 bis 1136) am Disibodenberger Benediktinerkloster übergeben – bereits seit 35 Jahren in klösterlicher Weltabgeschiedenheit. Das bedeutete in ihrer Zeit, zumal für eine Frau, aber nicht Distanz zu den produktiven Kräften der Epoche, sondern eher den Zugang zu ihnen. Hildegard setzte, was ihr zuteil wurde, in ungewöhnlicher Selbständigkeit um zur Entwicklung einer neuen Position der Visionärin, Theologin, Autorin.

Ihr Schriftstellertum hat besondere personale und zeitspezifische Bedingungen. Um ihre bemerkenswerten Erkenntnisse öffentlich mitzuteilen, bedurfte Hildegard des theologischen Lehramts, das ihr als Frau aber generell versagt war. Wenn sie dennoch schreiben und lehren konnte, so beruhte das für sie selbst und vor ihren Zeitgenossen auf einer exzeptionellen ‹Amtslegitimation›: der Anerkennung ihres Prophetenamtes. Die Wahrheit ihres prophetischen Auftrags, der das Schreiben von Büchern, von Lehrschriften, nach dem Befehl des göttlichen ‹Auftraggebers› implizierte, mußte auf dem Weg durch die irdischen Instanzen geprüft und bestätigt werden. Das geschah nach Hildegards autobiographischen Aufzeichnungen durch den Magister und den Abt des eigenen Klosters auf dem Disibodenberg, dann durch die zuständige Kirchenbehörde der Diözese in Mainz und schließlich endgültig durch den Papst, Eugen III., auf der Synode in Trier 1147/48 nach entschiedener Fürsprache auch Bernhards von Clairvaux (um 1090 bis 1153). Auf Grund der Durchsicht von Teilen ihres Erstwerks *Scivias* erfolgte die Erlaubnis zu einer Fortsetzung der Schrift; denn «alle sagten, daß es aus Gott sei und aus der Prophetie, auf Grund derer einst die Propheten prophezeiten». Hildegard konnte fortan autorisiert und von Amts wegen schreiben.

Das Prophetenamt wurde von ihr grundsätzlich reflektiert und durch alle ihre Schriften hindurch mit Erläuterung und Rechtfertigung fundiert; so sind die zahlreichen Aussagen zum eigenen Prophetentum wie zur Prophetie allgemein zusammengenommen zu lesen als eine ausführliche Darstellung ihres schriftstellerischen Selbstverständnisses, wie es in dieser Bewußtheit und Konsequenz erst im 12. Jahrhundert für das Mittelalter möglich wird. Diese die Autorschaft legitimierende Selbstdeutung ist bisher eher faktenhistorisch und biographistisch, das heißt auf die individuelle Persönlichkeit und ihre psychologische oder auch pathologische Verfaßtheit hin ausgewertet und daher mißverstanden worden. Erst innerhalb der Gesamtkonzeption von Schriftstellertum und Werkgehalt werden aber die Intentionen dieser Aussagen ganz plausibel. Denn die

Selbstdarstellung, Teil des literarischen Werks, muß in ihrer Literarizität, also in ihrer Stilisierung der eigenen Rolle und deren Funktion durchschaut werden, der freilich dadurch die existentielle Wahrheit nicht genommen ist.

Hildegards zahlreiche Selbstzeugnisse beschreiben – vordergründig gelesen – eine Frau, die sich als schwach, ungelehrt, häufig von Krankheit heimgesucht darstellt, die zugleich aber ausgestattet ist mit einer visionären Begabung von Kindheit an und deren objektive Lebensleistungen sie als außerordentlich tatkräftigen und von praktischer Lebensklugheit zeugenden Menschen ausweisen. Die genannten Schwächen sind nun nicht zuerst autobiographisch gemeint, sondern bilden einen wichtigen Teilaspekt, die eine Seite gleichsam innerhalb ihres Gesamtentwurfs der Prophetenrolle. Denn wie der Visionär Paulus sich seiner Schwächen rühmt, auf Grund deren die göttliche Kraft in ihm wirken kann, und wie nach Gregor dem Großen der Prophet Ezechiel vor jeder Kette von außerordentlichen Schauungen ‹Menschensohn› genannt wird zur Erinnerung an seine menschliche Gebrechlichkeit, die ihn zur Demutshaltung verpflichtet, bildet auch nach Hildegards Auffassung der Schwächebeweis die notwendige Voraussetzung zu echtem Prophetentum. Von dieser Basis kann in Stufen die Vollkommenheit der prophetischen Existenz erreicht werden: vom Beweis der eigenen Unfähigkeit zur göttlichen Erleuchtung und zur Aufhebung der Schwächen in einer neuen Virtualität. An die Stelle der Ungelehrtheit hinsichtlich menschlicher und schulmäßiger Bildungsgüter und -methoden tritt die plötzliche und umfassende Gelehrtheit durch Geistinspiration, die jene weit übertrifft; das durch Sünde verdorbene Menschsein wird durch die Gnade des Menschensohnes restituiert, die Schwäche der Frau ist überwunden in der Stärke der *virgo,* die in besonderem Maß Paradigma des Heils ist, zumal in der Nachfolge Marias, nämlich in der Verheißung der spirituellen Inkarnation des Wortes Gottes in ihr. Die Krankheit bedeutet Rückzug aus der Körperlichkeit, aus dem äußeren Menschen, Stärkung des geistigen und seines Aufnahmevermögens für den Empfang der Inspiration. Im Vorgriff auf die vollkommene endzeitliche Erneuerung geschieht eine Neuschöpfung im Geist, die den visionären Propheten zur Schau Gottes und seiner Geheimnisse schon hier befähigt. Er erreicht damit die einst heile und fähige Konstitution des Menschen wieder, und das heißt Adams im Urstand, wie auch seine ursprüngliche Erkenntnisweise natürlicher, durch die Körperlichkeit nicht gestörter Gotteserkenntnis.

Prophetentum und Autorschaft Hildegards haben über diese grundsätzliche und jederzeitliche Legitimation hinaus auch eine geschichtliche Dimension und einen aktuellen Zeitbezug, durch die ihre Notwendigkeit erst ausgewiesen wird. Prophetie ist nicht eingeschränkt auf die alte Zeit bis zu ihrer Erfüllung in Christus, sondern sie wirkt durch die gesamte

Heilsgeschichte als erleuchtende Inspiration mit anagogischer (rückführender) Potenz, insofern sie nach Gottes Plan die Erinnerung an den ursprünglich heilen Zustand des Menschen wieder weckt und so die Rückkehrbewegung zu ihm in Gang setzt. Hildegard sieht sich in der langen Kette der Propheten aller Zeitalter, die in der Nachfolge des Urvisionärs Adam, der die Erkenntniskraft, Sprache und Musik der Engel als natürliche Fähigkeiten besaß, auf Grund der gnadenhaften Erneuerung dieser Gaben die pädagogisch-anagogische Aufgabe der Rückführung durch prophetische Lehre erfüllen. Sie präzisiert ihren Standpunkt dann heilsgeschichtlich und epochenspezifisch: Ihre Prophetie ist nachinkarnatorisch und gleicht in Inhalt und Redemodus der Apostellehre, stellt eine Erneuerung ihrer nicht mehr verdeckten, körperlich-buchstäblichen, sondern offenen spirituellen Redeweise dar; ihre Berufung und Inspiration ist daher auch als eine pfingstliche beschrieben. Dazu hat Hildegards Prophetie eine wesentliche aktuelle Komponente in ihrer Ausrichtung auf die eigene Epoche. Entsprechend den verbreiteten eschatologischen Erwartungen des 12. Jahrhunderts sieht auch Hildegard in ihrer Gegenwart den Beginn der Endzeiten gekommen. Gegenüber den früheren Blütezeiten der Kirche, ihrer Stärke, versteht sie sie als Anbruch eines rapiden Verfallsprozesses, der direkt in das Auftreten des Antichrists und die Endzeitverfolgungen hineinführt. Wegen ihrer Schwäche nennt sie diese Zeit weibisch, *tempus muliebre.* In dieser Epoche nun hat die Frauen-Prophetin ihren eigentlichen Ort, insofern als nun die Heilsfunktion der Frau zeitspezifisch zur Wirkung drängt. Denn – so die geschichtliche Perspektive Hildegards – unter dem Antichrist soll sich der Fall Evas vollenden; deshalb tritt im heilsgeschichtlichen Gegenzug die visionäre Prophetin auf, in der als der *virgo-prophetissa* das Marienmysterium sich so erneuert, daß aus der prophetischen *incarnatio Verbi Dei* als der sich wiederholenden Gottesgeburt die göttliche Offenbarung wieder bewußt werden kann zur Errettung vieler in den Gefahren der aufziehenden Endzeiten. – Beide Dimensionen der Hildegardschen Prophetologie, die jederzeitliche und die heilsgeschichtliche, sind auf die Situation der lehrenden und schreibenden Frau hin präzisiert, zu ihrer Legitimation stilisiert. Hildegards Entwurf der Deutung ihrer prophetisch-literarischen Existenz ist eine Neugründung, deren Nachwirkungen noch kaum abzuschätzen sind.

Sowohl für seine Bildung wie auch für seine Durchsetzung war ein solcher Deutungsentwurf angewiesen auf Anregungen aus der Tradition. Das theoretische Fundament für dieses Verständnis der Prophetenrolle und seine Umsetzung ins prophetische Werk war vor allem die platonisch-christliche Überlieferung der pseudodionysischen Lehre, die vom 12. Jahrhundert an neue große Wirkkraft entfaltete, besonders durch die Wiederentdeckung ihres westlichen Vermittlers, des berühmten irischen

Gelehrten Johannes Scottus Eriugena. Hiernach war der Theologe schlechthin als Interpret der göttlichen Worte und Schriften der visionäre Prophet, eben der geistinspirierte *propheta theologus,* der aus solcher Kompetenz Vermittler von Einsichten aus dem intelligiblen Bereich und Lehrer der durch Erkenntnis zur Vollkommenheit Strebenden sein konnte.

Das Werk

Das Werk, das aus der beschriebenen Konzeption der exzeptionellen Autorschaft hervorgeht, entspricht in seiner Beschaffenheit jener genau. Es ist ein ausgedehntes Visionswerk, in dessen Zentrum eine große Visionstrilogie steht mit den drei Einzelschriften *Scivias* (1142 bis 1151), *Liber vitae meritorum* (1158 bis 1163) und *Liber divinorum operum* (1163 bis 1173). Die entscheidende Absage an die schulmäßige Kunst des Schreibens – Hildegard formuliert sie gleich im Vorwort ihres Erstwerks *Scivias* – weist die drei Hauptteile der Rhetorik, *inventio, dispositio* und *elocutio,* als für die Gegenstände ihrer Mitteilung unzureichend und unpassend zurück; denn die ‹himmlischen Geheimnisse› aufzuschreiben, bedarf es – so das Vorwort – gleichsam einer ‹himmlischen Poetik›, nach der die Organisation des Stoffes und die Ausführung bestimmt werden. Da die eigentlich angemessene Sprache der Mitteilung, die die der Engel wäre, auch nicht verfügbar ist, wird der Stoff dann konsequent in der einfachen, schmucklosen Redeweise der Ungelehrten, dem *sermo humilis,* vorgetragen, wie er für Offenbarungsschriften durch seine Verwendung bei den Aposteln, den einst einfachen Fischern, seine Dignität für das christliche Schrifttum erhalten hatte.

Im Gegensatz zur programmatischen Ankündigung von Neuem im Eingang des *Scivias* erscheinen die Inhalte dieser Schriften zunächst eher konventionell, da sie nicht etwa Zukunftsprophetien sind, sondern im wesentlichen die bekannten Heilstatsachen umfassen; doch präsentieren sie sie in ungewöhnlichen neuen Bildern und deren Deutung. Dieser Gegensatz von Traditionellem und Innovatorischem hat die modernen Interpreten des Hildegardschen Werkes immer irritiert. Sie folgt aber darin – aus der Konsequenz ihres prophetischen Gesamtkonzepts – der pseudodionysischen und erigenistischen Vorstellung von der gleichsam unendlichen Deutbarkeit der heiligen Schriften, der *symbola* der göttlichen Worte (*divina eloquia*), und sieht daher die Prophetie durch alle Zeiten der Weltgeschichte vielfältige verschiedenartige Bedeutungen vorbringen.

Auch die Organisation und Komposition, kurz die eigenartige, zum Teil auch befremdliche Bildkombinatorik der großen Visionswerke, wird vor dem Horizont der pseudodionysischen Tradition ganz verständlich. Hildegards Visionsschriften bestehen aus Reihen von Einzelvisionen, das Werk *Wisse die Wege* aus 26, das *Buch der Lebensverdienste* aus sechs, das

Buch der göttlichen Werke aus zehn. Die Einzelvisionen wiederum erweisen sich bei näherer Prüfung als komplexe Bildkonfigurationen aus einer größeren Zahl von einzelnen Bildelementen, umfassend Personen und Dinge, und zwar solche der natürlichen oder der vom Menschen gestalteten Welt, wie Steine, Pflanzen, Tiere, Landschaftselemente, Gebäude(teile), Musikinstrumente, Gegenstände des praktischen Gebrauchs usf. Der Zusammenhang solcher Dinge ist in der Bildebene der Vision meist unverständlich. Er ist von einer darüberliegenden Bedeutungsebene her organisiert, sinnvoll komponiert, wird also erst von dort her einsehbar. Die Dingbilder haben ihre über sich selbst hinausweisenden Korrespondenzen im intelligiblen Bereich und dienen zur Vermittlung und Illustration der dort angelegten Entsprechungen. Deshalb folgt jedem Visionsbild bzw. seiner Beschreibung ein deutender Teil, der als Audition, als Erklärung vom göttlichen Inspirator der Visionärin eröffnet wird, eingeführt mit der jeweils wiederkehrenden Wendung: «Und ich hörte eine Stimme vom Himmel sagen...» Wie das Verfahren dem der Schriftexegese gleicht, erweisen sich auch die Bildelemente und ihre Signifikate als Zeichen, die aus der sicheren Kenntnis dieser Traditionen gebildet sind; wenn sich besonders zahlreich verwandte Bilder in den prophetischen Schriften der Bibel und in frühchristlichen prophetischen Werken finden, so ist das Hildegard bewußt, ja, der Anschluß an diese prophetische Überlieferung ist von ihr voll intendiert. Neue aktuelle Offenbarung entsteht demnach durch Wiederaufgreifen der alten Bilder und Zeichen zur Entdeckung und Mitteilung eines neuen, aktuellen Sinngehalts.

Das theoretische Konzept für derartige Visionen fand sich für das 12. Jahrhundert neu formuliert etwa zwanzig Jahre vor Hildegards Erstwerk bei Hugo von St. Viktor (um 1096 bis 1141), und zwar in seinem Kommentar zur *Himmlischen Hierarchie* des Pseudo-Dionys (in dem er auch Eriugena verpflichtet ist). Dort sind zwei Visionsmodi unterschieden: Der hier gebrauchte ist – neben dem anderen bildlosen – der auf Bilder aus der Sinnenwelt angewiesene; er führt mit seinen Bildzeichen, die auf die Erkenntnisweise des körperverhafteten Menschen Rücksicht nehmen, über sinnliche Vorstellungen aber hinaus zum Intelligiblen und Unsichtbaren. Das Verfahren der Montage solcher sinnlich vorstellbaren Bildelemente heißt hier ‹symbolische Darstellung›, die Zusammenfügung sichtbarer Bildformen zum Verweis auf das Unsichtbare wird mit *symbolum* bezeichnet. Analog der Dichtungsfiktion mit ihrer ethisch oder naturphilosophisch tieferen Wahrheit sind prophetische Bilder dann als ‹prophetische Erfindungen› (*prophetica figmenta*) mit verhülltem theologischen Wahrheitsgehalt zu verstehen, also von entsprechender pädagogischer Valenz. Abgesetzt vom Subjektiven, sind aber prophetische Bilder Erleuchtungen aus dem objektiv seienden Bestand der Urbilder (Ideen), die in der aktuellen Prophetie eine Art Verkörperung (Inkarna-

tion) eingehen. Diese Theorie von den prophetischen Erfindungen legt Hildegard ihren analog der Heiligen Schrift konzipierten Neuschöpfungen zugrunde; ganz ähnlich hat sie übrigens auch die grundsätzlichen Erläuterungen der prophetischen Rede in Gregors des Großen (540 bis 604) Ezechielhomilien als visionspoetologische Anweisungen genutzt.
Der Aufgabe des prophetischen Werkes entsprechend, die Rückkehr aus der Unwissenheit zur wahren Erkenntnis und damit zur neuen Vervollkommnung im Aufstieg zur Ideen- und Trinitätsschau einzuleiten und zu fördern, gestaltet Hildegard ihre großen Visionsschriften. Schon der *Scivias* ist ein Trinitätswerk. Seine drei Teile sind Gottvater, dem Sohn und dem Heiligen Geist zugeordnet, stellen das Werk des Schöpfers, des Erlösers und des Erbauers des Gottesreiches dar. Als Hildegard nach einigen Jahren verschiedener anderer literarischer Arbeiten, der Klostergründung auf dem Rupertsberg und heftiger Krankheit wieder zu großen prophetischen Schriften zurückkehrt, ist der Plan zu einer trinitarischen Trilogie gereift – in Fortführung der einmal gefaßten Konzeption vom Charakter des prophetischen Werks. Es folgen nun eine dem Sohn und eine dem Heiligen Geist gewidmete Schrift, der *Liber vitae meritorum* und der *Liber divinorum operum* (oder *De operatione Dei*). Jedes dieser Werke zeigt als Rahmengestalt, die auch die Inhalte jeweils dominierend prägt, eine Person der Trinität: Die des *Scivias* ist als Gottvater zu verstehen; der Kosmosmann und starke Kämpfer des zweiten Werks ist der Christusriese, der Anführer der Tugenden (*virtutes*) als die göttliche Virtus; die *caritas*-Gestalt des letzten Werks meint den Heiligen Geist, wie er Zentrum des göttlichen Schöpfungs- und Erlösungswirkens, der göttlichen *operatio* ist. Sie sind also bestimmt nach der bekannten Trinitätsformel *potentia – sapientia – caritas (benignitas)* und nach dem spezifisch pseudodionysisch-erigenistischen Ternar *essentia – virtus – operatio*.
Die deutlichste Ausprägung der literarischen und prophetischen Intention Hildegards stellt ihr Spätwerk *Liber divinorum operum* dar, insofern hier ein weiterer entscheidender Gedanke ihrer Konzeption voll in die Werkgestalt eingebracht ist: der Zusammenhang von Kosmologie und Prophetie. Die prophetische Erkenntnis wird hier unmittelbar abgeleitet aus der göttlichen *praescientia*. Damit sind gemeint die planenden Gedanken Gottes, die vor und über allem Wirken die Ursachen, die Ideen im Sohn darstellen. Nach dem Vorbild des Visionärs Johannes und seiner Prophetie *In principio erat Verbum*, aus deren Meditation Hildegard diese Schrift hervorgegangen erklärt, ist der Prophetin die Einsicht in die Urgründe, also Ideenschau, zuteil geworden; diese bedingt die besondere Kompetenz des prophetischen Visionärs im Hinblick auf die Weltdeutung insgesamt. So zeigt das Werk in seinen drei Haupt-*symbola* drei ‹Ideen-Bilder› (die ihrerseits wieder auf die Trinität zurückverweisen): das des *mundus physicus* (I, 2–4), das des *mundus ethicus* (II, 5), das des *mundus*

historicus (III, 6–10), die am Ende (III, 10) ihren Zusammenschluß finden in der *trinitas* und *unitas* Gottes, in der Einheit von Gott und Welt, in dem Abschluß der großen Bewegung von Hervorgang und Rückkehr (*processus – reditus*): in der Kreisfigur der letzten Vision der Spätschrift und des Werkes insgesamt. Prophetische Kontemplation, aus diesem Urgrund inspiriert, erreicht in Schau und Deutung diese *unitas* wieder und führt zurück. So trägt diese letzte Schrift den Titel *Liber divinorum operum* offenbar in Anspielung auf die *scientia divinorum operum*, die in der *Hierarchia caelestis* als intuitive inspirierte Gottesschau (nach Art der angelischen Erkenntnis) der gewöhnlichen menschlichen *scientia analytica sive resolutoria*, einer allmählich und diskursiv fortschreitenden Untersuchungsform, entgegengesetzt ist.
Neben diesem originellen und nicht nur theologisch, sondern auch künstlerisch bedeutenden Werkentwurf der Trilogie, an deren Abfassung Hildegard 25 Jahre gearbeitet hat, stehen die übrigen literarischen Werke von kaum geringerer Qualität und Neuartigkeit: das Singspiel *Ordo Virtutum* (1151/58), die erste mittelalterliche Moralität weit vor der Blütezeit dieser Dramenform, ferner 77 überlieferte geistliche Gesänge (Antiphonen, Responsorien, Hymnen, Sequenzen), ungewöhnlich in Melodik und Sprachgestaltung, dann eine Evangelienauslegung, kleinere theologische und hagiographische Arbeiten, eine Geheimschrift und Geheimsprache (*Litterae ignotae* und *Lingua ignota*), dazu ein umfangreiches naturwissenschaftlich-medizinisches Werk (*Physica* und *Causae et curae*), von gleicher erstaunlicher Innovationskraft zeugend, und schließlich rund 300 bisher nachgewiesene echte Briefe Hildegards, die sie im Gespräch zeigen mit einer großen Zahl von Zeitgenossen, Geistlichen und Laien verschiedener Stände, mit einer Ausstrahlung über fast ganz Europa. Abgesehen von der Kenntnis über Hildegard selbst und die Situation manches ihrer Briefpartner vermitteln diese Briefe einen interessanten Einblick in die Kirchen- und Klostergeschichte des 12. Jahrhunderts.

Über ihr großes visionäres Œuvre und die kleineren theologischen und hagiographischen Arbeiten, über ihr naturkundlich-medizinisches Wirken und ihre musikalischen Werke hinaus, in denen jeweils bestimmte Aspekte ihres Prophetentums zu besonderer Ausprägung gelangten, übte Hildegard also ihre prophetische Kompetenz in einer Quasiöffentlichkeit der Beantwortung von Hunderten von Briefen aus, ja sogar in einer direkten Öffentlichkeit als ‹Wanderprophetin›, indem sie größere Reisen unternahm und vor Klerus und Volk auf freien Plätzen oder in Kirchen prophetische Mahnpredigten hielt – eine gleichfalls exzeptionelle Tätigkeit für eine Frau dieses Jahrhunderts; dies hebt auch ihre *Vita* hervor: «Außerdem ist vor allem dieses bemerkenswert an ihr, daß sie nach Köln, Trier, Metz, Würzburg und Bamberg kam, vom göttlichen Geist... getrieben, und (dort) Klerus und Volk verkündete, was Gott wollte...» Es werden noch weitere 15 Stationen solchen Wirkens aufgeführt; authentische Zeugnisse sind in den schriftlichen Fassungen der Predigten von Trier und Köln erhalten.

Hildegard erscheint danach als eine bemerkenswerte, ja, fast eine revolutionäre Gestalt. Das ungewöhnliche Werk, die eigenständige Entwicklung ihrer Autoren- und Prophetenrolle, die, zum Teil über die räumlich nahe jüngere Visionärin Elisabeth von Schönau (um 1129 bis 1164), die spätere Frauenmystik begründete, der große Innovationsschub in ihrer Musik, ihrer Naturwissenschaft und Medizin, das unvergleichliche Handeln der brieflichen Ratgeberin und öffentlichen Predigerin, ihre Gründung des Klosters Rupertsberg und dessen Erweiterung auf das Tochterkloster Eibingen bezeugen ihre Kraft der Erneuerung. Trotzdem ist ihre Haltung nicht die der Auflehnung, etwa gegen die traditionelle Lehre der Kirche, höchstens gegen den schlechten Zustand des Klerus ihrer Gegenwart. Die Traditionsgebundenheit vielmehr und der große Anteil von Altüberliefertem in ihrem Denken und Werk können erstaunen, irritieren, als spannungsvoller Gegenpol zu dem Neuen gesehen werden, solange jedenfalls noch nicht erkannt war, in welchem Maß bereits das pseudodionysische Denken Tradition und Neuerung versöhnt hatte [vgl. 568; 570]. Dieses von Hildegard fortschrittlich für ihre Zeit und produktiv aufgenommene philosophische Konzept läßt schließlich auch denselben Dualismus in ihrem Verhältnis zur sozialen Wirklichkeit plausibel werden (vor allem die Visionen *Scivias* II, 5 und III, 6 illustrieren das); in diesem wird er aufgehoben, eingefügt in ihr neuplatonisch beeinflußtes kosmologisches Weltmodell einer in Seinsstufen und Partizipationen aufgebauten Wirklichkeit, die gipfelt im höchsten geistigen und göttlichen Prinzip, deren Ordnung nur unter Mitleidenschaft aller Schichten und Ränge gestört wird. Das Armutsideal, das Tenxwind vertrat, hat hier nachgeordnete Bedeutung; doch beiden Konzepten war durch die folgenden Jahrhunderte Zukunft beschieden.

Alfred Karnein

Renaissance und höfische Kultur des 12. Jahrhunderts in Frankreich

Höfe und Städte

Für die gegen Ende des 12. Jahrhunderts sich entfaltende Hofkultur Deutschlands wurde die Begegnung mit einer Bildungslandschaft bedeutsam, die ihr in praktisch allen kulturell überformten Lebensbereichen zum Vorbild wurde: die intellektuelle und höfische Bildung Frankreichs. Dort waren – zeitlich früher – zwei kulturelle Systeme nebeneinander entstanden, von denen grundlegende Impulse ausgingen und die bis zum heutigen Tag als die das Hochmittelalter prägende Entwicklungen gelten: die Veränderung der bischöflich-städtischen Kathedralschulen zu Orten des öffentlichen Wissenschaftsbetriebs und die Ausformung einer literarischen Hochkultur an den Höfen der geistlichen und weltlichen Fürsten.

An den Kathedralschulen kam es durch eine umfassende Rezeption arabischen gelehrten Schrifttums zu einer tiefgreifenden Wissensrevolution in den traditionellen Fächern des ‹Grundstudiums›, den *artes liberales* (freien Künsten), vor allem in den mathematisch-naturwissenschaftlichen Fächern. Zur logisch-argumentativen Wissenschaft entwickelte sich die Theologie durch die ebenfalls von den Arabern vermittelte Rezeption der Schriften des Aristoteles – eine epochale Wiederentdeckung, die eine radikale Umgestaltung, eine Intellektualisierung des Studiums auch anderer Fächer zur Folge hatte. Von der Verwissenschaftlichung wurden ebenfalls die bislang vorwiegend praxisorientierten Fächer Medizin und Rechtskunde ergriffen, die unter dem Druck neuer Kenntnisse und unter dem Zwang einer systematischen Wissensordnung zu Buchwissenschaften, zu Fächern des Studiums an den hohen Schulen sich entwickelten.

Gleichzeitig erreichte an den Höfen der Fürsten die Dichtung höchsten poetischen Rang. An den geistlichen Höfen sind es die Bischöfe selbst, die als Autoren einer an antiken Vorbildern geschulten lateinischen Literatur den Weg bereiten. An den weltlichen Höfen kreieren schriftgelehrte Kleriker – in Ausweitung des herkömmlichen chronikalisch-genealogischen Schrifttums durch die Rezeption antiker Stoffe und die Transformation lokaler geschichtlicher Sagen zu höfischen Romanen – ein fiktionales Universum literarisch-feudaler Selbstdeutung, welches den Durchbruch einer weltlich-autonomen Buchkultur und des Französischen als Literatursprache bedeutet.

Spricht man von ‹Frankreich› im 12. Jahrhundert, so muß man daran erinnern, daß damit ein geographisch wesentlich kleinerer Raum als mit dem heutigen geopolitischen Begriff gemeint ist. Es handelt sich dabei nur um die sogenannte Île de France, das Gebiet um Paris, und die angrenzenden Grafschaften, wozu wir im folgenden der Einfachheit halber Nordfrankreich sagen werden. Auf diesem engen Raum, im Umkreis von etwa 100km von der ‹Hauptstadt›, bildet sich von der Wende vom 11. zum 12. Jahrhundert eine eigenständige neue Bildungslandschaft heraus, getragen von einem kulturellen Umbruch, der nicht ohne Grund mit dem Begriff ‹Renaissance des 12. Jahrhunderts› bezeichnet wird.

Auf die Gesamtheit der Phänomene bezogen handelt es sich jedoch weniger um eine ‹Wiedergeburt› (falls man den Ausdruck wörtlich übersetzen will) etwa der Antike als um die Schaffung neuer Denkformen und letztlich Institutionen: des Wissenschaftsbetriebs und daraus resultierend im 13. Jahrhundert der Universität sowie um die dauerhafte Akkulturation des weltlichen Adels.

Zunächst begann alles im Schatten der Kathedralschulen, alten, seit der Spätantike auf dem Boden des ehemaligen Römischen Reiches etablierten, bis ins 11. Jahrhundert hinein nicht sonderlich auffälligen Bildungsstätten an Bischofssitzen, deren primäre Aufgabe es war, Klerikern den nötigen Lateinunterricht für Liturgie und Chorgesang sowie Kenntnisse für die Berechnung des kirchlichen Kalenders usw. zu vermitteln. Zwar haben einzelne dieser Schulen einen gewissen Ruf gehabt – zum Beispiel Reims schon im 10. Jahrhundert –, doch neben den Klosterschulen waren diese Einrichtungen, wo es sie gab, eher unbedeutend. Noch gegen Ende des 11. Jahrhunderts war die erst 1034 gegründete Klosterschule von Bec in der Normandie bedeutsamer als jede Kathedralschule – Reims vielleicht ausgenommen. Doch sollte sich schnell zeigen, daß Bec zu diesem Zeitpunkt schon ein Sonderfall war: Die Kathedralschulen von Laon, Chartres, Orléans und allen voran Paris ließen das Ansehen der Klosterschulen im 12. Jahrhundert verblassen. Eine Veränderung von atemberaubender Schnelligkeit war zu beobachten: Lehrer traten auf, die von weit her Massen von Schülern anzogen und geradezu über Nacht so etwas wie eine Öffentlichkeit für die geistige Auseinandersetzung herstellten. Der ‹öffentliche› Disput zwischen Lanfranc von Bec und Berengar von Tours um die Mitte des 11. Jahrhunderts über eine unterschiedliche Auslegung der Abendmahlslehre war nur das erste Anzeichen einer Entwicklung, die jetzt allgemein wird und sich in den Städten ereignet. Lehrer wie Anselm von Laon, Wilhelm von Champeaux, Bernhard von Chartres, Abaelard sprengten mit ihrem Wirken den traditionellen Rahmen der Kathedralschulen. Stephan von Tournai (Abt von St. Geneviève 1177 bis 1191) wird später tadelnd diesen Zustand beschreiben, indem er bemängelt, daß an jeder Straßenecke, auf allen Plätzen alle möglichen Leute die blasphemischsten Dinge über die Tatsachen des Glaubens öffentlich diskutieren würden.

Was äußerlich sichtbar wurde als Zustrom Hunderter und später in Paris Tausender von Studenten, als Mobilität der Lehrenden, die an verschiedenen Orten nacheinander tätig wurden, als öffentlicher Gelehrten- und Richtungsstreit – es hatte seinen Grund in einem veränderten methodischen Zugriff auf den Gegenstand des Wissens, in der Erschließung neuer Quellen, der Erweiterung der Lehrgebiete und in der relativen Freiheit der Lehre, einem anarchischen Wildwuchs der Lehr- und Lernmöglichkeiten im Schatten der Kathedralschule, im Schutze der Stadt, und in der offenbaren Tatsache, daß es von Vorteil und Nutzen war, über dieses neue Wissen zu verfügen, weil damit Karriere an den Höfen und in den Städten zu machen war. Die zunehmende Komplexität der Aufgaben der Verwaltung und die verstärkte pastorale Aktivität der Kirche schufen einen ‹Arbeitsmarkt›, erforderten den umfassend Gebildeten.

Fragt man, warum gerade zu dieser Zeit die Kathedralschulen in Bewegung gerieten und sich zu Universitäten entwickelten, daneben die Mönchsbewegung und -kultur ihren letzten Höhepunkt erreichten, die alten und neugegründeten Städte zu bedeutsamen Zentren wurden, Fürsten und Bischöfe ihre Höfe zu Pflegestätten der Zivilisation und geistigen Bildung machten, Kathedralen und andere Sakral- und Profanbauten neu errichten ließen – es war auch die ‹Zeit der Kathedralen› –, so kann die Antwort darauf nicht ohne einen Blick auf die Sozialgeschichte der Zeit gegeben werden. Die stürmische Entwicklung der Zentren der intellektuellen Kultur ist nämlich nicht ablösbar von der wirtschaftlichen Entwicklung ihres sozialen Raums, der Stadt. Auch ist die kulturelle Repräsentation des Adels, sei es Fürst oder Bischof, nicht unabhängig vom materiellen Wohlstand als Funktion von (relativer) Friedenssicherheit und steigenden Einkünften aus der Verwertung des Grundbesitzes.

Seit etwa dem Jahr 1000 – so hat Georges Duby für Frankreich festgestellt – kann man beobachten, wie der Adel das System der Abgaben immer mehr zu verfeinern versteht, ein immer dichteres Netz der Abschöpfung entwickelt, das dann im ganzen 12. Jahrhundert praktisch ungestört funktionierte. Hinzu kam eine fortschreitend intensivere Nutzung des schon erschlossenen Bodens durch neue Bewirtschaftungsformen, aber auch vermittels technischer Neuerungen, durch die das Pflügen intensiviert und die Arbeitsleistung und der Ertrag der Felder erhöht werden konnte. Der Bau von Windmühlen, Brotöfen, Schmieden wurde vorangetrieben und trug zur Erhöhung der Einkünfte des Grundherrn bei. Durch Rodung und Urbarmachung wurde darüber hinaus neuer Boden erschlossen. Über die Instrumente Heiratspolitik und Erbrecht wirkte der französische Adel einer möglichen Zersplitterung des Landbesitzes rechtzeitig und energisch entgegen. Indem nur der älteste Sohn heiraten durfte und erbte, während die anderen zölibatär leben mußten, blieb die Zahl der großen Familien relativ konstant, blieb der größte Teil des neuen Reichtums in den Händen weniger. Da gleichzeitig die Kosten für Krieg und Verteidigung sanken, kam der Wohlstand der Repräsentation von Herrschaft zugute. Er floß in Bautätigkeit, in Pracht der Kleidung, veränderte die Hoftage zu üppigen Festen und fand nicht zuletzt seinen Niederschlag in der Förderung von Literatur und Kunst.

Der weltliche Adelshof trat damit als Kulturträger neben die – genealogisch ebenfalls hochadligen – geistlichen Zentren der Kirche, insbesondere die Bischofssitze. Die bischöflichen Höfe waren im Gegensatz zu den turbulent-anarchistischen Höfen des weltlichen, bislang hauptsächlich kriegführenden Adels der eigentliche Ausgangspunkt einer verfeinerten Hofkultur gewesen. Die dort entwickelten Bildungsideale, zentriert auf die Person des Bischofs, werden jetzt vom weltlichen Adel als vorbildlich übernommen und werden wesentlicher Bestandteil des Konzepts des höfischen Ritters. Zivilisatorische Leitbegriffe, die für den idealen Bischof als geistigen Führer geprägt worden waren, werden Richtschnur für den weltlichen Fürsten und infolgedessen Vorbild für das verfeinerte, triebgezügelte Benehmen des adeligen Kriegers, des Ritters, bei Hofe.

Dramatischer noch veränderte die ökonomische Entwicklung das Erscheinungsbild der Städte. Die Bedeutung der urbanen Zentren in Frankreich (und Italien) als Lebensraum für die Entfaltung der Wissenschaft an den Schulen kann nicht hoch genug eingeschätzt werden, denn die Entwicklung des akademischen Lebens ist eng auf den Wirtschafts- und Schutzraum Stadt angewiesen. Ende des 11. Jahrhunderts schon beginnen die alten Bischofsstädte und Verwaltungszentren als Umschlagplätze für die primär landwirtschaftlichen Überschüsse, aber auch für die Waren des wieder aufblühenden Fernhandels, ihre seit Jahrhunderten verlorene Bedeutung, die sie in spätrömischer Zeit gehabt hatten, zurückzugewinnen. Mit der vermehrten Warenzirkulation – es sei nur an die in voller Entfaltung befindlichen überregionalen Märkte in der Champagne erinnert – findet auch das Geld als Zahlungsmittel allgemeine Verbreitung.

Während gegen Ende des 11. Jahrhunderts spärliche erste Anzeichen in der von Georges Duby untersuchten Gegend von Macon sich finden, ist es am Ende des 12. Jahrhunderts überall gegenwärtig, in allen Klassen der Gesellschaft: beim hohen Adel natürlich, der damit neben seinen kriegerischen Unternehmungen ein aufwendiges Hofleben finanziert, bei den Studenten, die damit ihr Studium und die Lehrer bezahlen, bei den Bauern, die ihre Überschüsse auf dem Markt verkaufen.

Nordfrankreich bietet plötzlich ein erstaunliches Bild. Auf relativ engem Raum, dem schon erwähnten Umkreis von etwa 100km um Paris, entwikkeln sich an nicht weniger als 25 solcher Orte Schulen, die Studenten aus ganz Europa anziehen. Sie kamen zwar wegen des ‹berühmten› Lehrenden, doch bot die Stadt die materiellen und ideellen Voraussetzungen für einen längeren Aufenthalt von Ortsfremden. In besonderem Maße begünstigten solche Voraussetzungen die Stadt Paris, die seit Beginn des Jahrhunderts ein bedeutender Schulort ist. Nirgendwo sonst waren die Bedingungen ähnlich günstig für die Unterbringung und Versorgung der vielen Studierenden. Während ein kleines Städtchen wie Laon zu Zeiten Anselms rasch an die Grenzen seiner Aufnahmefähigkeit für Studierende stieß, wissen wir aus zeitgenössischen Zeugnissen, daß Paris wahrgenommen wurde als ein Ort ‹der Fülle der Nahrungsmittel›, an dem der Student leichter unterzubringen war und sich materielle Unterstützung besorgen konnte. Auch wirkte sich die Anwesenheit des Königs schützend und fördernd für Studierende und Lehrende aus.

Auf das Ganze gesehen wird also innerhalb weniger Jahrzehnte die Bildungslandschaft Nordfrankreichs wesentlich vielschichtiger: Neben den Bischofshof tritt der weltliche Fürstenhof, neben die Klosterschule tritt die Kathedralschule als wichtige Bildungsinstitution. Dieses Nebeneinander bleibt aber nicht lange eines des gleichen Rangs. Tatsächlich drängt die stürmische Entwicklung der Kathedralschule die Klosterschule ins Abseits, läßt sie bedeutungslos für die weitere wissenschaftlich-intellektuelle Entwicklung werden, während der Fürstenhof den Bischofssitz in der kulturellen Führung in dem Maße ablöst, wie die Volkssprache Bildungssprache wird. Damit wird in diesem Jahrhundert das bisherige Monopol der Kirche auf Schriftkultur gebrochen.

Beide Ablösungen erfolgen nicht reibungslos. Am Fürstenhof äußert sich das Unbehagen der geistlichen Intellektuellen am Wandel der Verhältnisse, die sie als Profanierung alter Ideale wahrnehmen, in massiver Kritik am ‹Höfling›, am *curialis*, einer neuentstandenen sozialen Schicht, die in den Worten ihrer Kritiker geistliche Ideale verriet, indem sie sich für materiellen Lohn und gesellschaftlichen Glanz in den Dienst der Fürsten stellte.

Schärfer äußerte sich der Kampf der Schulen. Denn dem Niedergang der Klosterschulen entsprach keineswegs ein Verfall der Mönchskultur als

solcher. Im Gegenteil, die monastische Bewegung gehört im 12. Jahrhundert wirtschaftlich wie politisch zu den bestimmenden Kräften des Jahrhunderts. Äbte wie Suger von St. Denis (1081 bis 1151), Bernhard von Clairvaux (1091 bis 1153) oder Petrus Venerabilis von Cluny (um 1092 bis 1156) sind eine politische und moralische Macht. Georges Duby kann am ‹invertierten› Beispiel der Zisterzienser zeigen, wie eine monastisch retrogressive Reform, die Rückbesinnung auf die ursprünglichen Prinzipien des benediktinischen Lebens, nämlich Flucht in die Wüste, die Einöde, die Auffassung der Arbeit als demütige Buße und Strafe, ökonomisch zu Wohlstand und Reichtum führen können. Diese Prinzipien veranlaßten die Zisterzienser, sich in wenig entwickelte Landstriche zurückzuziehen, deren Produktivität dann durch die Arbeit der Mönche und unter Benutzung modernster Methoden und Kenntnisse geradezu sprunghaft anstieg und der Orden so durch die landwirtschaftlichen Erfolge an die Spitze der ökonomischen Bewegung getragen wurde.
Hier endet jedoch die Analogie von wirtschaftlichem Aufschwung und kulturellem Fortschritt: Ökonomie vermag unter bestimmten Umständen wenig gegen Ideologie. Die monastische Theologie verstand sich angesichts der Entwicklung, die die Theologie in den Städten nahm, als ein Korrektiv dazu. Ein Antagonismus tat sich auf zwischen den Bewahrern des alten, richtigen Weges zu Gott und den Lehrern in den Städten, die die Geheimnisse des Glaubens mit ihren intellektuellen Analysen zu profanieren schienen. Aus der im Verhältnis des Christentums zur Welt des Wissens immer schon latent vorhandenen Spannung über den rechten Weg zur Erkenntnis des Glaubens war durch die Entwicklung in den Städten offene Dissonanz geworden. Denn im sozialen Lebensraum der Stadt verwandelte sich, herauswachsend aus dem Lehrbetrieb der Kathedralschulen, die kontemplative Beschäftigung mit dem Wort Gottes – so die ursprüngliche Bedeutung von *theologia*: «Wenn du ein Theologe bist, dann betest du wahrhaftig, und wenn du wahrhaftig betest, bist du ein Theologe» – zu einer Wissenschaft von Gottes Wort. Wenn Abaelard den Titel *Theologia Christiana* verwendet, so ist dies sogleich methodisches Programm: die Anwendung logisch-deduktiver Denkformen, einer begrifflich abgesicherten Metasprache auf das Verhältnis von Bibelstellen und Zitaten der Kirchenväter, um den ‹beweisbaren› Weg zu finden. Für die monastische Theologie, die sich den Wahrheiten des Glaubens mystisch-kontemplativ näherte und sich bildlich-metaphorisch ausdrückte, war schon die schiere Tatsache, die Geheimnisse der Trinität zum Beispiel einer logischen Analyse zu unterziehen, Entweihung von Gottes Wort, auch wenn das Ergebnis solcher Analyse am Glauben nicht rütteln und nichts verrücken wollte.

Die Erneuerung der *artes liberales* und das Wissen der Araber

Über Jahrhunderte hinweg war der Kanon der Werke, die in den Schulen studiert wurden, relativ konstant geblieben. Von Alkuin (um 730 bis 804) und noch bis zu dem Chronisten und Mann des Klosters Ordericus Vitalis (1075 bis nach 1143) umfaßte die *schola* traditionellerweise alle Mitglieder einer Kloster- oder Kanonikergemeinschaft, die im Chor der Kirche Gottesdienst leisteten. Für diese liturgische Aufgabe sowie für die Seelsorge und die Kirchenverwaltung und in gewissem Umfang auch für die Verwaltung an den weltlichen Höfen hatte das Mittelalter aus dem Erbe der Antike einen Grundbestand an säkularem Wissen ausgesondert, das im System der *septem artes liberales*, der Sieben Freien Künste, organisiert war. Diese ‹Künste› – wir würden heute Fächer dazu sagen – waren deutlich zweigeteilt: in drei Künste, zusammengefaßt unter der Bezeichnung Trivium (Dreiweg), nämlich die ‹redenden› Fächer Grammatik, Dialektik und Rhetorik, und in vier weitere Künste, zusammengefaßt unter der Bezeichnung Quadrivium (Vierweg), nämlich die ‹rechnenden› Fächer Arithmetik, Geometrie, Musik und Astronomie.

Dieses seit der Spätantike gültige Curriculum einer Schule geriet an den Kathedralschulen Nordfrankreichs in den Sog einer neuerwachten intellektuellen Neugier und Rezeptionshaltung, die den Schulbetrieb nachhaltig veränderte. Ein immenser Hunger nach neuen Wissensquellen, ein akut gefühlter Mangel, resultierend aus dem Bewußtsein einer langen Stagnation – mit anderen Worten: die Unfähigkeit, mit den überbrachten Kenntnissen auf die Herausforderungen der Zeit Antworten zu geben –, führte zu einer revolutionsartigen Veränderung des Lehrens und Lernens.

Der soziale Ort, an welchem sich diese Bedürfnisse am deutlichsten artikulierten, war die Stadt. Daß die ‹Bildungsrevolution› gerade in den Städten sich ereignete, dafür wird man eine Reihe von Gründen anführen können: den wirtschaftlichen und politischen Wiederaufschwung in dieser Zeit, der in den Städten Freiheitsräume entstehen ließ, die bislang unbekannt waren. Die Entwicklung wurde auch gestützt durch die Gregorianische Kirchenreform, zu deren Zielen gehörte, daß an allen Bischofssitzen Schulen eingerichtet und gefördert wurden: «... ut omnes episcopi artes litterarum suis ecclesiis doceri faciant ...» (daß alle Bischöfe Sorge tragen, daß in ihren Kirchen die Wissenschaften gelehrt werden), so Papst Gregor VII. im Jahre 1078. Die Kathedralschule bot sich als natürlicher Ort für die Bildungsrevolution an, weil die Klosterschulen von ihren Anfängen an Distanz zu rein intellektuell-weltlichem Wissen hielten. Sie waren auf Kontemplation ausgerichtet und förderten im allgemeinen nur soviel an Wissen, wie es sich mit der monastischen Lebensform vereinen ließ. Hinzu kam die Schließung der externen Klosterschulen, die in diese Zeit fiel, und die die Nicht-Ordensmitglieder zur Abwanderung in die Städte zwang.

Um die Veränderungen im Bereich der *artes liberales* zu beschreiben, bietet es sich an, aus sachlichen Gründen zwischen den Vorgängen im Bereich des Triviums einerseits und denjenigen des Quadriviums andrerseits zu unterscheiden. Beiden ist gemeinsam, daß insbesondere die Rezeption des griechisch-arabischen Schrifttums den Kanon der zu studierenden Werke total veränderte. Im Trivium war es vor allem das Fach der Dialektik oder Logik, nicht so sehr die beiden anderen Fächer Grammatik und Rhetorik, das die stürmischste Entwicklung durchmachte. Es wandelte sich von der untergeordneten Rolle einer Hilfswissenschaft für Erkenntnisfindung zur dominanten Methode im Studium, die das theologische und auch juristische Argumentieren bestimmte. Allerdings ist hier der Bruch mit der Denktradition schon erkennbar, ehe der ‹arabische› Aristoteles bekannt wurde.

Für die mathematischen Fächer des Quadriviums jedoch scheint vor allem der enorme Kenntniszuwachs durch die Rezeption des arabischen Schrifttums zu einem ‹Paradigmenwechsel› geführt zu haben. Adelard von Bath (um 1070 bis nach 1146), Raymon von Marseille (Mitte 12. Jahrhundert) und Daniel von Morley (um 1140 bis um 1210) zum Beispiel, die sich energisch um die Übersetzung mathematischer und naturwissenschaftlicher Bücher der Araber bemühten, spotteten über jene Magister-Kollegen, die sich gegen die neuen Kenntnisse sperrten. Deren Wissensstand galt ihnen – alle drei benutzen dieselbe Metapher – nicht höher als der von ‹Weidevieh›.

In der Tat muß man von einer für die Verhältnisse der Zeit geradezu planvollen Übersetzungstätigkeit sprechen, durch welche die an den geographischen Rändern der christlich-lateinischen Welt vorhandenen Wissensressourcen nun erschlossen werden. Begünstigt durch die normannische Herrschaft auf Sizilien und durch die fortschreitende Reconquista in Spanien, gefördert von Bischöfen und Fürsten erschließen die Übersetzer die Kenntnisse der Araber – das meint das von den Arabern bewahrte griechische Erbe sowie deren eigene astronomische und mathematische Kenntnisse der christlichen gelehrten Welt, um der *penuria*, dem akut gefühlten Mangel an Wissen, abzuhelfen. In Toledo, in kleinerem Maße auch in Tarazona und an anderen Orten bildeten sich Zentren der Übertragungsaktivitäten aus, so daß mit einer gewissen Berechtigung von Übersetzungsschulen gesprochen werden kann. Bischöfe erkennen wir als die Mäzene dieses gewaltigen Wissenstransfers: Raimund, von 1130 bis 1150 Erzbischof von Toledo, und Michael (1119 bis 1151), Bischof von Tarazona, sind die herausragendsten Gestalten. Zahlreich sind die Magister und Studenten der hohen Schulen des nördlichen Europa, die jetzt aufbrechen und sich an die Orte begeben, wo die Wissenschaft zu Hause ist. Adelard von Bath reiste weit in muslimische Länder, um astronomisch-astrologische Schriften zu finden und zu erschließen. Auf der Suche nach des Ptolemäus hochgepriesener astronomischer Schrift, dem *Almagest*, kam Gerhard von Cremona (um 1114 bis 1187) nach Spanien, durchstreifte das Tal des Ebro und ließ sich endlich in Toledo nieder, wo er sich für den Rest seines Lebens der Übersetzungsarbeit widmete; denn auch ihn «dauerte die Armseligkeit der lateinischen Wissenschaft». Seine Schüler haben eine Liste der von ihm übersetzten Werke zusammengestellt. Dazu gehören die *Analytica posteriora* des Aristoteles, mathematische Schriften, darunter Euklids *Elementa*, ein Traktat des Archimedes, viele Schriften zur Medizin mit Werken von Galen und Hippokrates. Es sind insgesamt mindestens 70 ohne den ursprünglich gesuchten und gefundenen Almagest, den er 1175 übertrug.

Die Folgen für die Fächer des Quadriviums sind deutlich zu spüren. In die Arithmetik dringen jetzt die den römischen überlegenen arabischen Ziffern ein, mit der Null als Zahlzeichen. Wenn auch noch nicht im Alltag, so aber doch in der Schule, wird das bisher benutzte Rechenbrett, der *abacus*, durch den neuen Typ des Rechnens, genannt *algorismus* oder *algorithmus*, verdrängt. Der Name für diese revolutionäre Rechenkunst bezieht sich direkt auf al-Khwarizmi, die arabische Autorität auf diesem Gebiet aus der ersten Hälfte des 9. Jahrhunderts. Von seinem mathematischen Traktat existieren gleich drei lateinische Versionen im 12. Jahrhundert, deren eine Adelard von Bath zugeschrieben wird.

In gleichem Maße erweitern sich die astronomisch-astrologischen Kenntnisse, die dann durch das ganze Mittelalter bis in die Neuzeit an Fürstenhöfen und Universitäten so große Bedeutung erlangen. Neben dem schon erwähnten *Almagest* und den emsig kommentierten Aristotelischen Schriften zur Kosmologie, wurden die astronomischen Werke von Albumasar (805 bis 886; übersetzt 1150 von Hermann dem Dalmatier in Toledo) und von Al-Fargani (9. Jh.; übersetzt von Johannes Hispaniensis, ebenfalls in Toledo) zu vielgelesenen Handbüchern. Der Bildungshunger war so groß, daß auch okkultes und pseudowissenschaftliches und mantisches Schrifttum übertragen wurde.

Am nachhaltigsten wirkte sich jedoch die Rezeption der durch die Araber überlieferten Schriften des Aristoteles auf das Triviumfach der Dialektik aus, weil dies tiefgreifende Veränderungen für das theologische Denken zur Folge hatte. Die Kenntnis der Aristotelischen Schriften war von Boethius (470 bis 524) bis auf die Zeit Abaelards, also bis ins erste Drittel des 12. Jahrhunderts, sehr begrenzt gewesen. Abaelards vermutlich letzte Arbeit über die Logik ist seine *Dialectica*. Die ihm zur Verfügung stehenden Quellenschriften geben präzise Auskunft über den Stand des Aristoteles-Wissens, das sich seit Boethius kaum verändert hatte und weniger auf direkter Textkenntnis des Aristoteles als auf indirekt vermittelter Lehre beruhte. Von Aristoteles selbst zitiert Abaelard nur die *Categoriae* und *De Interpretatione*. Darüber hinaus die *Isagoge* (Einführung) des

Porphyrius (um 233 bis 304), des durch das ganze Mittelalter vielgelesenen Vermittlers Aristotelischen Gedankenguts; ferner die Kommentare des Boethius zu den genannten drei Werken sowie des Boethius eigene Logik-Traktate. Diese Schriften werden nach der jetzt neu einsetzenden Aristoteles-Rezeption die ‹alte Logik› genannt, im Gegensatz zur ‹neuen Logik› der von den Arabern übernommenen aristotelischen Werke, wie der *Analytica priora et posteriora, Topica, Sophistici elenchi*. Schon 1141 ist im *Heptateuchon* des Wilhelm von Thierry (um 1085 bis 1148/49), der in Chartres lehrte, die neue Logik Teil des Lektüreprogramms des Faches Dialektik im Trivium.

Ab der zweiten Hälfte des 12. Jahrhunderts wird dann nach und nach der ganze *Aristoteles latinus* sichtbar; auch die naturwissenschaftlichen Schriften, die *libri naturales*, nämlich die *Physica, De Anima*, Teile der *Parva naturalia, De Coelo* etc. Anfang des 13. Jahrhunderts werden im ganzen Trivium nur noch die Schriften des Griechen studiert – trotz kirchlicher Verbote. Die Aristotelisierung von Wissenschaft und Theologie war nicht mehr aufzuhalten.

Medizin und Jurisprudenz: die Araber und die Italiener

Dem veränderten und erweiterten Lektürekanon in den Fächern der *septem artes liberales*, des Triviums und Quadriviums, entsprach eine nicht weniger radikale Um- und Neugestaltung der Art und Weise, wie man Theologie, Medizin sowie das kanonische und römische Recht studierte. Nach heutigem Verständnis könnte man die *artes liberales* als eine Art Grundstudium bezeichnen, nur daß man dabei berücksichtigen muß, daß mindestens bis ins 11. Jahrhundert kein eigentliches ‹Hauptstudium› darauf folgte, das nach formaler oder inhaltlicher Organisation diesen Namen verdiente. Unter Hauptstudium wird man später im 12., vor allem dann im 13. Jahrhundert, Theologie, Jurisprudenz und Medizin verstehen; in der Ausformung dieser Gegenstandsbereiche zu wissenschaftlichen Disziplinen liegt im besonderen die Bildungsrevolution des 12. Jahrhunderts.

Für diese Entwicklung sind dieselben zwei Faktoren wie bei den Fächern der *artes liberales* bestimmend geworden: die Erschließung neuer Wissensquellen und ein verändertes Methodenbewußtsein. Rechtskunde und medizinisches Wissen sind bis auf diese Zeit weitgehend durch Lebenspraxis vermittelte Kenntnisse gewesen; nun werden daraus akademische Disziplinen, die man aus Büchern an Schulen studiert. Die für uns selbstverständliche Unterscheidung zwischen Theorie und Praxis wird generell Teil des Methodenbewußtseins. In der Theologie verändert sich nicht so sehr die ‹Quellenlage› wie bei Jura oder Medizin, sondern hauptsächlich die Methode; aber gerade hier bedeutet dies eine Veränderung im Sinne einer Verwissenschaftlichung des Fachs.

Im einzelnen stellen sich die materiell faßbaren Gründe für die Verwissenschaftlichung der genannten Fächer durchaus verschieden dar, finden ihr Zentrum an jeweils anderen Orten.

Die Medizin verdankt ihren Aufstieg zu einem Lehrfach an den hohen Schulen in entscheidendem Maße der frühen Rezeption der hochentwikkelten arabischen Medizin, einer Rezeption, die schon im 11. Jahrhundert begonnen hatte und damit früher einsetzte als auf allen anderen Gebieten. Constantinus Africanus (um 1010/15 bis 1087), Mönch in Montecassino, und Alfanus (um 1015/20 bis 1085), Erzbischof von Salerno, übersetzten als erste das von arabischen Ärzten tradierte Schrifttum der Griechen. So kamen die Werke des Hippokrates und Galens ins Lateinische. Salerno wurde zur Hochburg des Medizinstudiums, in Südfrankreich Montpellier. Geschlossener und umfangreicher war jedoch der ‹zweite Schub› der Latinisierung der arabischen Heilkunde, der dann im 12. Jahrhundert in Spanien erfolgte, hauptsächlich von Toledo aus. Er führte zur methodisch-theoretischen und kenntnismäßigen Fundierung der Medizin als Wissenschaft und stellte einen großen Kanon für Jahrhunderte gültiger Lehrwerke bereit, deren wichtigste die *Isagoge Johannitii*, der *Liber de medicina ad Almansorem*, der *Canon Medicinae* des Avicenna sowie die *Chirurgica Abulcasis* sind.

Die nordfranzösische Schullandschaft ist im 12. Jahrhundert an dieser Entwicklung nicht direkt beteiligt. Marginal sind die Nachrichten aus Chartres. Hinweise auf ein Studium der Medizin in Paris finden sich erst gegen Ende des 12. Jahrhunderts, als Gilles de Corbeil, der in Salerno studiert und einige Zeit in Montpellier verbracht hatte, um 1193 in Paris zu lehren beginnt. In einigen seiner Traktate deutet er an, daß er der erste Magister sei, der in der Stadt des Königs Medizin lehre.

Auch bei dem Aufschwung der beiden Fächer der Rechtswissenschaft, Kirchenrecht (Kanonistik) und römisches Recht, ist unsere Schullandschaft nicht der eigentliche Motor der Entwicklung. Hier ist Bologna Hauptort des Studiums, das zu einem Zentrum der Beschäftigung mit dem römischen Recht wird. Als Gründer der Bologneser Rechtsschule gilt Irnerius (um 1055 bis 1130/38). In seine Lebenszeit fällt die Wiederentdeckung des wichtigsten Teils des Justinianischen Gesetzgebungswerks aus dem 6. Jahrhundert, der sogenannten *Digesten*, die um 1070 in einer Handschrift in Pisa gefunden wurden. Weitere Teile (die Bücher 10 bis 12 des sog. *Codex* sowie die Einzelgesetzsammlung *Authenticum*) wurden dann um die Mitte des 12. Jahrhunderts bekannt und führten zu einer intensiven Beschäftigung mit dem römischen Recht. Gerade bei letzterem wird deutlich, wie sehr Rechtslehre und -theorie einerseits und Praxis andererseits auseinanderklaffen können. Der ‹akademischen› Beschäftigung mit dem römischen Recht steht die verblüffende Tatsache gegenüber, daß dieses Rechtssystem für die meisten Gebiete, aus welchen die Studierenden kamen, nur geringe oder gar keine Gültigkeit hatte. Die immer komplexer werdende Lebenswirklichkeit erzwang aber geradezu die Beschäftigung mit diesem überlegenen und flexiblen System von Rechtsnormen, welche dann von den Schulen aus in einem langen historischen Prozeß die Rechtswirklichkeit beeinflußten.

Der große andere Rechtsraum des Mittelalters, das kanonische Recht, war von Anfang her Teil der theologischen Ausbildung gewesen. Die im Laufe der Jahrhunderte immer umfangreicher werdende Sammlung von Konzilsbeschlüssen, päpstlichen Dekretalen und sonstigen kirchlichen Rechtsnormen, eben der *Canones*, die zunächst nur chronologisch geordnet war, wurde ab Ende des 9. Jahrhunderts auch systematisch und somit leichter handhabbar gegliedert. Auch hier wird die Rechtsschule von Bologna zum Schrittmacher der Entwicklung, obwohl kirchliches Recht auch an den nordfranzösischen Schulen gelehrt wurde. Zu Beginn des 12. Jahrhunderts hatte Chartres in dem großen Ivo (Bischof von Chartres; um 1040 bis 1115/16) einen bedeutenden Lehrer des kanonischen Rechts. Doch sein *Decretum* und damit die Tradition seiner Schule wurden rasch obsolet durch die epochemachende Arbeit des Kamaldulensermönches Gratian. Um 1140 unternahm Gratian in Bologna den Versuch, die riesige Menge unterschiedlichster kirchlicher Gesetzesnormen nicht nur systematisch, sondern auch methodisch-sachlich zu ordnen und widersprüchliche Rechtssetzungen vergleichend zu diskutieren. Gratian wird durch diese Arbeit, die unter dem Namen *Decretum Gratiani* in die Rechtsgeschichte eingeht, zum Begründer einer Wissenschaft vom kirchlichen Recht, die sich nun als selbständige Disziplin von der Theologie abspaltet und an den Schulen meist zusammen mit dem römischen Recht studiert wird.

Einer der frühesten, die in Paris über Gratians *Decretum* Vorlesungen halten, ist Gerald von Wales (1147 bis 1223). Wichtiger jedoch ist, daß Gerald kanonisches Recht in den Jahren 1176 bis 1179 in Paris und nicht in Bologna studiert hat und dennoch, wie Zeitgenossen berichten, ein hervorragender Kenner der Kanonistik war. Um 1200 erreicht die Pariser Kanonistenschule endgültig den wissenschaftlichen Standard Bolognas, wenn auch nicht eine vergleichbare Bedeutung als Ort des Rechtsstudiums insgesamt.

Theologie als Wissenschaft und Glaube

Schon die Zeitgenossen haben sich über die unterschiedliche Bedeutung der Studienorte geäußert. Alexander von Neckham (1157 bis 1217) berichtet, daß, wer Medizin studieren wollte, nach Salerno, wer Jura studieren wollte, nach Bologna ging; nach Paris jedoch zog man wegen der Königin der Wissenschaften, der Theologie. Denn methodisch wird die Arbeit am Wort Gottes, der Bibel, zum Schrittmacher der Entwicklung wissenschaftlichen Denkens, und thematisch tritt innerhalb des Faches eine außerordentliche Entfaltung ein. Wesentlich mehr Menschen werden erreicht, oder pointierter: Auch die Theologie dringt in die Städte ein. Ihr Hauptort wird Paris.

Der Ausdruck *magister* wird zum Kennwort für den Lehrer der ‹neuen› Wissenschaft, der damit terminologisch von den alten Autoritäten und den Kirchenvätern unterschieden wird, die man *auctoritates* nannte. Manegold von Lautenbach (um 1030 bis vor 1119), Lanfranc von Bec (um 1005 bis 1089) und Berengar von Tours (um 1000 bis 1088) scheinen die ersten zu sein, die solchermaßen von den früheren unterschieden wurden. Im 12. Jahrhundert werden die *magistri* zu einer besonderen sozialen Gruppe, die von Ort zu Ort zieht und dort lehrt, wo sie kann. Die Schüler folgten. Abaelard lehrte in Paris, mußte dann nach Melun ausweichen, verlegte von dort seine Lehrtätigkeit nach Corbeil, ist dann einige Zeit in Paris, muß wieder nach Melun ausweichen, kehrt noch einmal nach Paris zurück, um auf dem Mont Ste. Geneviève seine Schule weiter zu betreiben, war dann kurze Zeit in Laon: immer in Auseinandersetzung mit einem ‹Gegner›, den er mit Argumenten bekämpft und von dem er bekämpft und – durchaus auch im physischen Sinne – vom Ort vertrieben wird. In Paris hieß sein Widersacher Wilhelm von Champeaux (um 1070 bis 1121), in Laon war es der große Anselm (gest. 1117). Die Identität einer ‹Schule› war daher zunächst nicht so sehr ein Ortsname als der eines Lehrenden. Porretani hießen die Schüler Gilberts de la Porré (um 1076/80 bis 1154), der zuerst Kanzler von Chartres (1126) war, um 1140 in Paris lehrte und 1142 Bischof von Poitiers wurde; Meludinenses hießen die Schüler Roberts von Melun (um 1100 bis 1167), eines Engländers, der in Paris lehrte, zuvor aber in Melun gewesen war. Dies gilt vor allem für die Verhältnisse in Paris. Hingegen verbinden sich – und sei es nur in der Forschung – gewisse, die Wissenschaftstradition charakterisierende Schlagworte mit der Schule von Chartres: die besondere Hochschätzung der klassischen Bildung, die Exploration des Verhältnisses von Natur und Kosmos als Ausdruck des göttlichen Willens sowie des Verhältnisses von antiker Philosophie zu christlichem Glauben und Denken. Die besondere Rezeption des Platonismus ist mit Chartres verknüpft. Ähnlich wie bei Aristoteles hatte das 12. Jahrhundert eine nur fragmentarische Kenntnis der Schriften Platos. Sie beschränkte sich im wesentlichen auf den *Timaios*-Dialog. Darüber hinaus strömte platonisches Gedankengut über indirekte Vermittlung ein: durch Augustinus (354 bis 430), Boethius, Calcidius (um 400), Martianus Capella (um 400) und andere mehr. Als wichtigstes Werk des Platonismus des 12. Jahrhunderts gilt das *Librum hunc* (vor 1148), ein Kommentar über die Schrift *De Trinitate* von Boethius, der Thierry von Chartres bzw. seiner Schule zugeschrieben wird.

Die Beschäftigung mit der Theologie erfolgt nach Petrus Cantor (um 1130

bis 1197) in einem Dreischritt: als *lectio*, dem Vorlesen des Bibeltextes mit Erklärungen bestimmter Textstellen, als *quaestio*, der Diskussion des Für und Wider bestimmter Erklärungen von Textstellen durch die Kirchenväter und anderer Magister, und als *praedicatio*, der pastoralen Predigt.
Es ist vor allem der sensitive Bereich der *quaestio/disputatio*, in welchem sich der Bruch mit der Tradition schon um 1100 deutlich bemerkbar macht. Hier entwickelt sich mit der Zeit eine strenge Form, die die Vorgehensweise regelt. Es handelt sich nicht einfach um beliebige Fragen an einen Text, sondern um das genaue Gegenüberstellen widersprechender Aussagen über eine Textstelle und die Exposition des Widerspruchs.
Für die Ausbildung dessen, was man dann die scholastische Methode nennen wird, ist entscheidend, daß die Denkschritte und Analyseverfahren der Dialektik, der philosophischen Logik, in den Argumentationsgang eindringen. Der Sache nach, ohne das Vokabular als Metasprache, ist dieses dialektische Verfahren schon bei Anselm von Laon zu erkennen. Bei dem wenig jüngeren Abaelard jedoch ist diese dem Trivium entlehnte Vorgehensweise bewußtes Bekenntnis zu einem neuen Zugang zu Gottes Wort; er führt als Theologe auch das Vokabular der Dialektik in die Theologie ein. Damit bekommt der Begriff der Theologie einen neuen Sinn: Nicht mehr die vorwiegend kontemplative Paraphrase von Bibelstellen und die Reihung der Kommentare der Kirchenväter bestimmen die Arbeit des Theologen, sondern die Überprüfung der Logik der Argumente und die auch gegen die Autoritäten behauptete Schlußfolgerung daraus.
Die neue Theologie geriet sehr schnell in Konflikt mit den Theologen in den Klöstern. Bei bestimmten, für den christlichen Glauben zentralen Themen wie der Trinität wirkte die Anwendung logischer Deduktion als Profanierung des Geheimnisses des Sakralen, nährte den Verdacht der Häresie. Der neue soziale Ort, die Stadt, wird zum Inbegriff des Ortes des Verderbens. Guibert von Nogent (1053 bis 1124) nennt die Kommune «ein neues und scheußliches Wort» (*novum ac pessimum nomen*). Rupert, Abt von Deutz (um 1075 bis 1129/30), erinnert sich mit Horror an eine öffentliche Diskussion in Laon aus dem Jahre 1117, auf die er sich, schon als älterer Mann, als ‹Vertreter› der monastischen Theologie mit den zwei Magistern Wilhelm von Champeaux und Anselm eingelassen hatte, und bietet seine ganze Belesenheit auf, um die Jugend vor der Verderbtheit der Städte und ihrer glaubensgefährdenden, rabulistischen Theologie zu bewahren. In Bernhard von Clairvaux (um 1090 bis 1153) artikuliert sich die monastische Gegenposition zu dieser Theologie der Städte auch machtpolitisch. Er drängt auf die Verurteilung Abaelards und setzt diese auf der Synode zu Sens 1140 durch. Gegen das Studium der Theologie in den Städten, insbesondere Paris, schleudert er seine Warnung: «Flieht aus dem Schoße Babylons, flieht und rettet eure Seelen!... In den Wäl-

dern ist mehr Weisheit als in den Büchern. Bäume und Sträucher können dich mehr lehren als jeder Magister!»

Was damit an jeweils verschiedenem Ort als Gegensatz aufbricht, stellt sich uns als Streit zweier Theologien dar, die (häufig unter dem Begriff Frühscholastik zusammengefaßt) auf Dauer zwei getrennte Wege der Gotteserkenntnis bleiben werden.

Monastische Theologie vertraut auf Erfahrung, überläßt sich der Kontemplation. Ihre Sprache ist eher poetisch, drückt sich in Symbolen und Bildern aus, lebt von Evokation und Imagination. Sie zielt auf praktische Gestaltung des religiösen Lebens. Gott wird geliebt, nicht analysiert.

Städtische Theologie, die eigentlich scholastische, im Wortsinne: schulmäßige Beschäftigung mit Gottes Wort, verfährt kritisch-analytisch mit ihren Quellen und Texten, verlangt die spekulative und theoretische Diskussion des Für und Wider, tendiert zur enzyklopädischen Systematik, zur Sentenzensammlung und Summenbildung, betont das rationale Argument, versteckt die Liebe zu Gott in der intellektuellen Anstrengung, vermischt nicht die Gottesschau in Gebet und Poesie mit Dogmatik und Erkenntnis.

Die beiden Theologien haben unterschiedliche Adressaten und damit eine unterschiedliche Pastoralität. Hier die Mönche und der spirituelle Weg, dort die Studenten und die Alltagswelt der Kleriker und Laien, deren pastorale Probleme vielschichtiger waren: Glückserwartung, freier Wille, Gottes Gegenwart, Sakramente, Zölibat, Judenfrage, himmlischer Lohn für irdische Mühsal, Tugend und Laster, Liebe und Sexualität. Haupttexte für die städtische Theologie waren aus dem Alten Testament die Genesis und die Psalmen, aus dem Neuen Testament das Evangelium nach Matthäus und die Paulinischen Briefe. Monastische Theologie bevorzugte mehr kontemplative Bibeltexte: das Hohelied und das Evangelium nach Johannes. Methodisch näherte sie sich ihnen über die *lectio divina*, die Vorlesung mit Meditation und Gebet, entwickelte keine eigene Metasprache, zitierte Väterstellen eher ungenau, weil spontan und gelebt, dem Gedächtnis immer gegenwärtig. Scholastische Theologie insistierte auf dem genauen Zitat, bezog das Vokabular ihres Sprechens über den Glauben aus anderen Disziplinen, vor allem eben der Logik. Domäne der Magister der Schule von St. Victor zum Beispiel war die detailgenaue Bibelexegese, die sich zuallererst um den literalen und historischen Wortsinn gegenüber der bisherigen Bevorzugung des spirituellen Sinns bemühte. Andreas von St. Victor (um 1110 bis 1175), Schüler Hugos, lernte Hebräisch und befragte jüdische Gelehrte zur besseren Klärung des historischen Sinns von Bibelstellen.

Zu den herausragenden Werken der Schultheologie gehören deshalb systematische Darstellungen, Summen und Sentenzensammlungen sowie logisch-analytische Traktate. Zu ersteren rechnet Anselms von Laon systematische Glossierung der biblischen Bücher, der Psalmen und der Paulinen, die dann von Gilbert de la Porré und Petrus Lombardus (um 1095 bis 1160) fortgesetzt wurde und als *Glossa ordinaria* das grundlegende exegetische Werk des Unterrichts wurde. Hinzu gehören die Sentenzensammlung in vier Büchern des Petrus Lombardus, die *Historia Scholastica* des Petrus Comestor (um 1100 bis 1179) oder die kunstvoll gegliederte Gesamtdarstellung der Theologie in Hugos von St. Victor (1096 bis 1141) *De sacramentis christianae fidei*. Bahnbrechend für die dialektisch-logisch argumentierende Theologie wurden Anselms von Canterbury (1033/34 bis 1109) Traktat *Cur deus homo* (*Warum Gott Mensch geworden*), in welchem für Jahrhunderte prägend Vernunft in den Dienst der Glaubenserkenntnis gestellt wurde, und Abaelards *Sic-et-non*-Methode, die den Durchbruch dialektischen Argumentierens in der Theologie brachte. Hauptwerke der monastischen Theologie sind die wirkungsmächtigen Predigten Bernhards von Clairvaux sowie mystisch-kontemplative Abhandlungen über die Gottesliebe.

Das Buch als Arbeitsinstrument, die Schule als Institution

Mit der neuen Wissenschaftlichkeit von Theologie, Medizin und Jurisprudenz wird das geschriebene Buch zum Arbeitsinstrument. Die Bücher werden ausgestattet mit Registern und Indizes zum Auffinden von Stellen. In der karolingischen und ottonischen Zeit war das Buch noch Repräsentationsobjekt für wenige, hergestellt in den klösterlichen Schreibateliers für den Tresor des Fürsten: nicht geschrieben, um gelesen zu werden, wie Le Goff zugespitzt formuliert, sondern für die Aufbewahrung.

Um die Mitte des 11. Jahrhunderts benutzt Papias das Alphabet als Ordnungs- und Auffindesystem für seine Enzyklopädie *Elementarium doctrinae erudimentum*. Einen Sachindex verwendet Deusdedit (gest. um 1099) für seine Sammlung kanonischer Rechtstexte (1083 bis 1087). Ein relativ kompliziertes und nicht weiter entwickelbares Verweissystem von Symbolen und Zahlen zur Auffindung sachlich zusammenhängender Stellen verwendet Gilbert de la Porré für seinen Psalmenkommentar.

Beschleunigt wird die Durchsetzung solcher Indizes im Kontext der großen Summenbildungen des Zeitalters, die als Erträge der Forschung Marksteine des wissenschaftlichen Fortschritts vor allem in Theologie und Rechtswissenschaft sind. Die schon erwähnten Hauptwerke, die *Glossa ordinaria*, die große Kommentarsammlung zu den Büchern der Bibel, die Anselm von Laon begann, Gilbert de la Porré und Petrus Lombardus fortsetzten, die Sentenzensammlung des letzteren, wie aber auch das *Decretum* Gratians sind alles gigantische Fundstellenverzeichnisse, aus den Bedürfnissen eines geregelten Schulbetriebs entstanden,

für den sie ohne ein klares Ordnungssystem schwer oder auch gar nicht benutzbar blieben.
Bis in solche ‹Details› läßt sich der Gegensatz zwischen städtischer und monastischer Theologie verfolgen. Während Petrus Lombardus, der Lehrer an der Kathedralschule, solche alogischen Ordnungssysteme wie das Alphabet favorisierte, «damit es mühelos ist» (*sine labore*), sich zurechtzufinden, besteht Bernhard von Clairvaux in den *Sermones in Cantica Canticorum* (*Predigten über das Hohelied*, zwischen 1135 und 1148) gerade auf der fruchtbringenden Mühsal (*cum labore*) der Lektüre. Er trifft sich darin mit Hugo von St. Viktor, der einer der letzten gewesen zu sein scheint, die das Gedächtnis und die immanent-logische Ordnung der Dinge als allein sinnvolle anpreisen. Und noch im 13. Jahrhundert finden wir einen Reflex dieses Widerstandes gegen das Alphabet bei Albertus Magnus (um 1206/07 bis 1280), der sich für dessen Verwendung in *De Animalibus* (zwischen 1260 und 1270) entschuldigt, weil es kein der Philosophie gemäßer Zugang zu den Dingen sei (*hunc modum non proprium philosophie esse*). Das durch die schiere Quantität erzwungene Auseinanderfallen von Darbietungsform und geistig-logischer Zusammengehörigkeit der Dinge und Ideen wird als schmerzlicher Verlust empfunden.
Die Masse des angehäuften Wissens erzwang die systematische Ordnung, die Masse der Lehrenden und Lernenden die institutionelle. Was im 12. Jahrhundert in anarchisch-regelloser Wildheit sich rund um die Kathedralschulen entwickelte, wird im 13. Jahrhundert in der Institution Universität gebändigt, in Satzungen und Lehrplänen festgeschrieben. Ursprünglich ‹mietete› sich ein Magister, der nicht selbst zur Kathedralschule gehörte, Räume oder ein Haus in der Stadt nahe der Kathedrale, häufig das Haus eines Kanonikers des Kathedralkapitels. Darin eröffnete er seine ‹Schule›. Ab einem nicht genau angebbaren Zeitpunkt im 12. Jahrhundert bedurfte er dazu der *licentia docendi*, der Erlaubnis zu lehren, die durch den Kanzler des Kathedralkapitels erteilt wurde. Darin kann man den ersten Anfang formaler Universitätsausbildung erkennen. Im Wortsinne jedoch meint *universitas* den Zusammenschluß der Lehrenden bzw. Lernenden zu Interessengemeinschaften, die alle sie betreffenden Probleme zu regeln versuchten. Früh schon erkennen wir in Paris das Interesse des Königs, Professoren wie Studenten in der Stadt zu halten und zu schützen. Große Bedeutung wird in diesem Zusammenhang einem Vorfall aus dem Jahre 1200 beigemessen, bei dem deutsche Studenten in einer Wirtshausstreiterei eine Kneipe verwüstet und den Gastwirt verprügelt hatten, worauf anschließend die Polizei und bewaffnete Bürger in einer Strafaktion die deutschen Studenten zur Räson bringen wollten, in deren Haus eindrangen und einige Studenten zu Tode kamen. Die Empörung über den Vorfall war unter Professoren und Studenten groß, sie drohten abzuwandern. König Philippe Auguste (1165 bis 1223) nahm

den Vorfall zum Anlaß, die Rechtsstellung der Studenten und Professoren zu klären, indem er sie unter seinen und den besonderen Schutz der Geistlichkeit stellte. In den folgenden Jahren mehren sich die Anzeichen für eine organisierte und geregelte Lehre, über Zusammenschlüsse zu Fakultäten. Wir finden den schriftlichen Niederschlag in den Urkunden als nachträgliche Bestätigung schon existierender akademischer Praxis. Es gibt kein eigentliches Gründungsjahr; doch wird aus diversen überlieferten Ereignissen deutlich, daß die Korporationsbildung um 1215 in Paris abgeschlossen war. Die ersten Universitäten Europas wie Paris oder Bologna sind *ex consuetudine*, das heißt naturwüchsig entstanden, spätere entstehen *ex privilegio*, das heißt, sie werden durch fürstlichen Erlaß gegründet. Letztere haben ein Gründungsdatum.

Der Bischofshof als zivilisatorisches Leitbild

Die wissenschaftliche Entwicklung begleitete eine nicht minder bedeutsame Rezeption der antiken lateinischen Dichtung, der Moral- und der Staatslehre. Wir erleben eine der Phasen in der abendländisch-christlichen Geschichte, in der die klassischen Autoren besonders intensiv gelesen werden. Ein Student des 12. Jahrhunderts begegnete ihnen überall: im Schulunterricht ebenso wie bei der Lektüre der Kirchenväter. Eine erste, auf Zitate beschränkte Kenntnis der antiken Autoren vermittelten die Schulfächer des Triviums, Grammatik und Rhetorik; doch eröffneten diese Fächer gleichzeitig den Weg zu einem vertieften Zugang zu den Autoren. So war zum Beispiel einer der Haupttexte des Schulunterrichts, die lateinische Grammatik des Priscian, eben nicht nur Grammatik, sondern zugleich eine riesige Zitatensammlung klassischer Autoren, Dichter wie Moralisten, und führte so in die Lektüre der Werke ein. Besonders intensiv war die Beschäftigung mit Vergil und Ovid. Vergils *Aeneis* wird kopiert, zitiert, kommentiert, imitiert. Man findet – wie bei der Bibel – einen allegorischen Zugang zum Werk und entdeckt darin die Vorhersage der Geburt des Heilands. Ebenso geschätzt, Schulautor und mit Zitaten in allen Florilegien vertreten, war Ovid. Alle seine Werke fanden sich in den Bibliotheken; besonders einflußreich waren die *Metamorphosen*. Sie wurden kommentiert, moralisiert und fanden früh in Einzelepisoden den Weg in die Volkssprache. Nicht weniger bekannt waren Ovids Werke über die Liebe, vor allem die *Ars Amatoria* (*Liebeskunst*) und die *Remedia Amoris* (*Heilmittel gegen die Liebe*), wobei letztere sogar als Schullektüre gelesen wurden. Lateinische und volkssprachliche Dichter stehen nachhaltig unter seinem stilistischen Einfluß. Von Horaz wurden die Satiren und Episteln viel gelesen, ebenso die Satiren Juvenals; Lucan, Statius waren gut bekannt, die *Thebaide* des letzteren wird früh in die Volkssprache übertragen.

Während die antiken lateinischen Poeten vor allem als stilistisches Vorbild wirkten, formten Cicero oder Seneca durch ihre Schriften das Zeitalter nicht nur stilistisch, sondern auch ideologisch. Von Cicero waren es vor allem die Reden und Briefe sowie die Schriften über die Freundschaft (*De amicitia*) und über den Staatsmannn (*De officiis*); von dem ‹Moralisten› Seneca zirkulierten zahllose Zitate, Weisheitssätze, Lebensregeln in allen Arten von Werken. Die Staatslehre, die Ideale in den Lebensbeschreibungen vorbildlicher Bischöfe, die Pflege des Freundschaftskults unter den Klerikern erweisen sich als nachdrücklich von der römischen Antike, insbesondere von diesen beiden Autoren geprägt. Dieser Einfluß bestimmt eine der folgenreichsten Veränderungen des 12. Jahrhunderts, nämlich die Durchsetzung eines neuen Persönlichkeitsideals bei Fürsten und Adel. Die Leitbegriffe heißen *elegantia morum* (elegante Umgangsformen), *disciplina* (Zucht), *urbanitas* (gesellschaftliche Gewandtheit), *mansuetudo* (Sanftmut), *moderatio* (Zurückhaltung), *affabilitas* (Leutseligkeit, Freundlichkeit), *amabilitas* (Liebenswürdigkeit). Mit diesen Wertvorstellungen definiert sich der Adel nun als *curialis*, als höfisch.

So wurde der Bischofshof in mehrfacher Hinsicht zum Schrittmacher der kulturellen Entwicklung. Dort vereinigten sich Wissen, Bildung und Macht früher und leichter als am nur kriegführenden weltlichen Fürstenhof. Der geistliche Führer, der in der Regel derselben gesellschaftlichen Schicht bzw. Familie angehörte wie die Inhaber der weltlichen Macht, war in seinen entscheidenden Vertretern ‹humanistisch› gebildet und seinem weltlichen Bruder auch in den Hofkünsten überlegen. Drei außergewöhnliche Gestalten an der Wende des 11. zum 12. Jahrhundert zeigen die bedeutsame Rolle der geistlichen Fürsten für die allgemeine kulturelle Entwicklung und die Blüte der lateinischen Poesie: die Bischöfe Marbod von Rennes (um 1035 bis 1123) und Hildebert von Lavardin (1056 bis 1133) wie auch der Abt Baudri von Bourgueil (1046 bis 1130). Alle drei haben durch ihre lateinischen Dichtungen einen hervorragenden Platz in der Literaturgeschichte. In ihrem Werk manifestieren sich nicht nur Studium und Pflege der antiken Literatur, es demonstriert auch höchstes stilistisches Raffinement. Doch ein Hildebert von Lavardin ist mehr als nur Poet. An ihm zeigt sich das neue Persönlichkeitsideal auch im Handeln und Lehren: Sinn für Ausgeglichenheit, Milde und Vernunft nach dem Vorbild der antiken Weisheitslehrer, Pflege des kultivierten Umgangs, der *urbanitas*, heiteren Gesittung und geistigen Vornehmheit, Scheu vor Extremen und Freude am Schönen. Peter von Moos faßt diese in dem Begriff des «humanistischen Christentums» zusammen.

Auch als Mäzene nehmen die Bischöfe einen hervorragenden Platz neben ihren inzwischen ebenfalls zu Förderern gewordenen weltlichen Brüdern ein. Wilhelm mit den Weißen Händen (1135 bis um 1203), Bischof von Chartres, Erzbischof von Sens und Reims (1176 bis 1202), Bruder des

Grafen von Champagne, Heinrichs des Liberalen, der selbst als Literaturförderer bekannt ist, sind eine Reihe bedeutender Werke gewidmet: die vielgelesene *Alexandreis* (um 1184) Walthers von Chatillon (1135 bis 1200), die *Microcosmographia* eines (nicht weiter bekannten) Wilhelm, die Sentenzensammlung Peters von Poitiers (um 1130 bis 1205) sowie die *Historia Scholastica* des Petrus Comestor.

Literatur am Fürstenhof: Antike und Gegenwart

Die Zügelung und Unterdrückung der anarchisch-triebhaften Verhaltensweisen an den Höfen des weltlichen Adels ist zweifellos ein langwieriger und komplexer Prozeß, für den viele Gründe in Anschlag zu bringen sind. Das enge Zusammenleben bei Hofe, das längere Zeit dauerte, und die geregelte Durchführung der Geschäfte machten die Ausbildung von Etikette und affektkontrollierten Umgangsformen dringend erforderlich. Wenn auch Wesentliches von den geistlichen Höfen übernommen wurde, so kam doch an den weltlichen Höfen ein kulturgeschichtlich entscheidendes Moment hinzu, für welches der geistliche Hof kein Modell abgab: die Anwesenheit von Frauen gleichen Standes. In einer Gesellschaft, in der Fest und Staatsakt voneinander nicht ablösbar sind, ist der Auftritt der Königin an der Seite des Königs politisches Handeln und Erotisierung des Festes. Wenn auch schon in früheren Jahrhunderten hochstehende Frauen im politisch-kulturellen Raum eine ‹öffentliche› Rolle spielten, so waren dies doch Einzelfälle. Jetzt tritt in unserem Gebiet die Frau am Hofe in den Vordergrund und wird zum Prüfstein für die Zivilisiertheit der Männerwelt.

In der feudalen Gesellschaftsstruktur kam den Fürsten die Funktion von Staatsoberhäuptern zu, von autonomer Herrschaft für ihr Gebiet. Jetzt attribuierten sie sich auch die geistige Führungsrolle, die der König bislang als einziger Laie innehatte: Erziehung, Wissen, aktive Religionsausübung, Förderung von Literatur und Künsten. In eine ältere Chronik über Ereignisse aus dem 10. Jahrhundert fügt im 12. Jahrhundert ein Bearbeiter eine Anekdote ein, die ein bezeichnendes Schlaglicht auf die neue Bewußtseinslage wirft. Der Vorfall betrifft Graf Fulko I. von Anjou (942 bis 960), mit dem Beinamen der Gute. Von dessen Bildung und Mäzenatentum für Kirche und Religion wußte schon die ältere Chronik zu berichten; doch der spätere Bearbeiter akzentuiert den Siegeszug der Bildung in der Hocharistokratie mit folgender Geschichte: Bei einem Besuch König Ludwigs IV. (936 bis 954) in Tours mokierte sich die Umgebung des Königs über Graf Fulko, weil er nicht wie die andern Adligen im *palatium* bei den Amtsgeschäften des Monarchen zugegen war, sondern gemeinsam mit den Klerikern in der Kirche von St. Martin die Messe sang und dabei ebenso viele Kenntnisse der Liturgie an den Tag legte wie ein Geistlicher. Auch der König zeigte sich amüsiert. Als dies Fulko hinterbracht wurde, soll er dem König einen Brief geschrieben haben mit dem pointierten Satz: «Nehmt zur Kenntnis, Herr, daß ein ungebildeter König ein gekrönter Esel ist.» Betroffen von der Wahrheit des Ausspruchs, soll der König gesagt haben: «Richtig ist, daß sich vor allem Könige und Grafen durch Weisheit, Beredsamkeit und Literaturkenntnis auszeichnen sollen. Je höher der Rang, um so mehr muß man durch Sitte und Bildung glänzen.»

Zum Zeitpunkt der Einfügung dieser Anekdote in die Chronik der Grafen von Anjou hatte das Bildungsideal die Fürstenhöfe durchdrungen. Herrschaft legitimierte sich nicht mehr nur mit Schwert und Gesetz, sondern auch durch geistige Führung. Grafen und Fürsten wetteiferten geradezu mit dem König in der Rolle der Mäzene und Donatoren für den Bau und Schmuck von Kirchen, der Förderung der Klöster. Die Höfe selbst wurden zu Zentren der Schriftkultur und der Künste. Der Ritter wird daran gemessen, wie er sich bei Hofe benimmt. Beherrschung der Affekte, Toleranz gegen andere, Pflege geselliger Unterhaltung, Beachtung dessen, was ‹sich ziemt›, Respektierung und Schutz des Schwächeren, Observanz des Religiösen – diese neuen Ideale verdrängen die individualistisch-anarchistische Kriegermentalität. Nicht mehr der Haudegen ist Leitfigur, sondern der ritterliche Kämpfer, der Regeln beachtet und sich zu benehmen weiß.

Mittelbar wurde der geistliche Hof auch zum Geburtshelfer für die Buchkultur des Adels. Indem der weltliche Adel sich des schulgebildeten Klerikers bediente, war er an dessen intellektuellen Horizont und kreative Phantasie gebunden. Schon früher hatte der Kleriker für den weltlichen Adel das Genre des chronikalischen Schrifttums verwaltet. Daß sich die großen und kleinen Adelshäuser diesem jetzt verstärkt zuwandten und in der Volkssprache abfassen ließen, diente mehr der Legitimation von Herrschaft als der Liebe zur Literatur. Doch dies war nur ein erster Schritt; auf die Umsetzung der lateinischen Chronistik in die Volkssprache folgte die volkssprachige Rezeption des sogenannten antiken Romans in Frankreich. Das war in mehrfacher Hinsicht kein Zufall. Als lateinische Buchkultur waren den klerikalen Verfassern die Stoffe und auch Texte von der Kathedralschule her bekannt: die Geschichte des Aeneas, die Geschichte Alexanders, die Geschichte der Thebaner. Mit diesen Stoffen erreichte ein Teil des antik-lateinischen Literaturkanons den Fürstenhof. An den antiken Helden schärfte sich das Bewußtsein des Fürsten für seine Rolle als ‹zweiter Alexander›. Noch mehr Affinität, wenn nicht gar Identifikationsmöglichkeiten bot die ‹dritte› Generation von Büchern: der heimische, weil auf lokalem Sagen- und Geschichtsmaterial beruhende Artusroman. Dieses Genre wurde zum höfischen Roman par excellence, indem es sachlich-ideologisch die Möglichkeit bot, den Staatsvorstellungen der Feudalität Ausdruck zu verleihen; in dem dynamisch-

starken Helden, der einem statisch-schwachen Monarchen gegenübersteht, fand sie eine Sinndeutung der eigenen gesellschaftlichen Existenz.
König Heinrich II. von England ist das glänzendste Beispiel für die Entstehung der zeitgenössischen Buchkultur an einem Fürstenhof. Wenn auch feudalrechtlich Vasall des französischen Königs war Heinrich (1133 bis 1189) durch seine Heirat 1152 mit Eleonore von Aquitanien, der geschiedenen Gemahlin von Ludwig VII. von Frankreich, zum mächtigsten Fürsten neben dem deutschen König und römischen Kaiser geworden. Sein Herrschaftsgebiet reichte von den Pyrenäen bis nach Schottland. Im Zentrum dieses französisch-englischen Machtraums, dem (iterierenden) Hof des Königs, finden wir als Berater, Verwalter, Kanzler, Diplomaten und kirchliche Würdenträger den Typus des Schriftstellers, der seine intellektuelle Ausbildung an der Kathedralschule erhalten hatte.
Damit kulminiert in der zweiten Hälfte des 12. Jahrhunderts die interessengebundene fürstliche Förderung der Buchkultur, die wir – als Familientradition des Hauses Plantagenet – schon bei Heinrich I. greifen können. Sie beginnt mit der Chronistik, die regierende Häuser von jeher pflegten, und mit vereinzelten enzyklopädischen Werken, die aus der Schultradition an den Hof gelangen. Wichtige, für die Erhellung der Vorgeschichte des späteren Artusromans aufschlußreiche Geschichtswerke werden für Mitglieder der Familie Plantagenet geschrieben. So widmet Wilhelm von Malmesbury (um 1080 bis 1142) sein Geschichtswerk *Gesta Regum Anglorum* um 1125 und Geoffrey von Monmouth (um 1100 bis 1154) seine *Historia Regum Britanniae* rund zehn Jahre später Robert von Gloucester, dem Sohn Heinrichs I. von England. 1155 überträgt Wace (um 1100 bis nach 1174), der Hofkleriker Heinrichs II., das Werk Geoffreys in französische Verse unter dem Titel *Roman de Brut*. Wace, der im allgemeinen Geoffrey sehr getreu folgt, nimmt jedoch an bestimmten Stellen charakteristische Veränderungen vor, indem er zum Beispiel an der Gestalt des Königs Artus die *courtoisie* und das Friedenskönigtum betont, das heißt Ideale einführt, die Leitvorstellungen der Hofgesellschaft betonen und die der Entwicklung während der 20 Jahre, die zwischen der Vorlage und ihrer Bearbeitung liegen, Rechnung tragen. 1160 beauftragt König Heinrich II. Wace, die Geschichte der Herzöge der Normandie zu schreiben, den sogenannten *Roman de Rou*.
Daß die literarische Bildung von den Kathedralschulen und gebildeten bischöflichen Höfen an den weltlichen Fürstenhof wanderte, bedingt, daß die ersten Romane am weltlichen Hof Neufassungen klassisch-antiker Stoffe und Werke sind: die Geschichte von Alexander, von Eneas, der Thebaner. Die Kenntnis der antiken Literatur war an den lateinischen Bildungsstätten lebendig geblieben und hatte mit dem Aufschwung dieser Stätten gegen Ende des 11. Jahrhunderts eine neue Renaissance erlebt.

Die großen Helden der Antike werden Vorbilder zur Selbstdeutung fürstlicher Lebensform. Geschichtsschreibung und Literatur vereinigen sich zum Bildungsprogramm für den Adel. Den Anfang macht der Alexanderroman, von dem es mehrere Fassungen verschiedener Autoren gibt: eine frühe von Alberic von Pisançon aus der Zeit um 1130, eine weitere, deren Verfasser wir nicht kennen, aus der Zeit um 1155 bis 1160. Enger an das Haus Plantagenet werden dann von der Forschung der *Roman de Thèbes*, der *Roman d'Enéas* und der *Roman de Troie* gerückt. Um 1155 entsteht der *Roman de Thèbes*, eine Bearbeitung der in den Schulen gutbekannten *Thebais* des Statius. Der *Roman d'Enéas* ist eine Adaptation der *Aeneis* Vergils, er wird auf 1160 datiert; der *Roman de Troie*, den man sich um 1170 entstanden denken muß, ist eine Übertragung und Zusammenfügung zweier lateinischer Werke, der *Historia de exidio Trojae* des sogenannten Pseudo-Dares (6. Jh.) und der *Ephemeris belli Trojani* des Pseudo-Dictys (4. Jh.). Das Entscheidende in unserem Zusammenhang ist, daß diese Erzählungen nur von Autoren verfaßt werden konnten, die aus der lateinischen Bildungswelt kamen. Solche literarischen Unternehmungen setzen den schulgebildeten Kleriker und dessen Literaturkenntnis voraus. Diese Kenntnisse nützt er als ‹Propagandist› des Feudaladels. Er will durchaus belehren, seine Hörer an seinem Wissen teilhaben lassen; aber er bietet keine wirkliche Übersetzung, sondern eine Neufassung, indem er seine Vorlage adaptiert, aktualisiert. Er schlägt eine Brücke vom antiken Helden zur Vorgeschichte seiner Auftraggeber: Im Ritterbegriff werden die Anfänge der Feudalgesellschaft des 12. Jahrhunderts zurückgeführt bis in die Antike; sie soll die eigene Zeit präfigurieren. Die Helden in den mittelalterlichen Neufassungen sind höfische Ritter, verfügen über *courtoisie* und *clergie*, sind somit imprägniert mit den neuen Bildungsidealen. Deutlich ist auch das enzyklopädische Interesse an den ‹Wundern der Welt›. Indem sie geschildert werden, wird in das Bildungswissen des Mittelalters eingeführt. Neu gestaltet ist jedoch das Verhältnis der Geschlechter: Die Liebeshandlung tritt in den Vordergrund. Wieder ist es ein Schulautor, nämlich Ovid, der den Verfassern die Stichworte für die Beschreibung eines besonderen sentimentalen Raums liefert: des sich liebenden Paares und der Liebe als brennender Leidenschaft und Krankheit. Zu diesem Zweck mußte der mittelalterliche Autor die Frauengestalten neu konturieren, ja gänzlich umgestalten. Die liebende Frau tritt fast gleichberechtigt neben den kämpfenden und liebenden Helden.

Mit solchen Retouchen am überkommenen klassischen Erbe differenziert sich die Feudalität nicht nur generell als mittelalterliches, sondern auch als literarisches Publikum mit spezifischen Interessen aus. Am augenfälligsten zeigt sich dies darin, daß die etwa gleichzeitigen lateinischsprachigen Nachdichter derselben antiken Stoffe auf solche Aktualisierungen verzichteten. Walther von Chatillon, der mit seiner *Alexandreis* (um 1184) die im Mittelalter wohl bedeutendste und meistgelesene Neuschöpfung der Alexandergeschichte schuf, und Josef von Exeter, der für *De bello Trojano* (um 1189) auf dieselben Quellen zurückgriff wie Benoît de St. Maure, der in der Volkssprache dichtete, versuchen, ihre Vorlagen durch poetische Mittel und rhetorische Meisterschaft zu überbieten, aber nicht, ihren antiken Geist auszutreiben. Beide Autoren widmen ihre Dichtungen jeweils einem geistlichen Fürsten: Josef von Exeter dem Erzbischof von Canterbury, Baldwin, Walther von Chatillon, wie schon erwähnt, Wilhelm von Reims. Die gemeinsamen Stoffe in der Literatur des weltlichen und geistlichen Adels werden somit zum Ausgangspunkt für unterschiedliche Zielsetzungen: Während für die einen – den weltlichen Adel – die Größe der antiken Helden als Simile der eigenen Existenz erfahrbar wird und ihrem Kampf um Herrschaft und Legitimität Geschichtsmächtigkeit verleiht, erlaubt es die Bewahrung, ja sogar Verschärfung der historischen Distanz den andern – dem geistlichen Adel – ihre Rolle als spirituelle Führer dieser Gesellschaft zu bestätigen.

Doch aus der Sicht des weltlichen Adels war die Wiederbelebung des antiken Erzählgutes nur partiell für die eigenen Interessen nutzbar zu machen, da die Struktur der Stoffe nicht beliebig veränderbar war – auch wenn in kühnen genealogischen Konstruktionen Trojaner und Römer zu Ahnherrn der Franken und Briten werden. Für das Verhältnis von König und Vasall, das die besonderen Interessen der Feudalaristokratie zum Ausdruck gebracht hätte, gaben die antiken Romane kein Modell ab. In dieser Situation entsteht das erste genuin neue Genre der Buchliteratur des volkssprachigen Mittelalters: der *Artusroman*. Sein Schöpfer ist der Kleriker Chrestien (Chrétien) von Troyes (vor 1150 bis um 1190). Das Material, das Chrestien in Geschichtswerken wie bei Geoffrey von Monmouth vorfand oder aus mündlicher Tradition wissen konnte, war amorph und unstrukturiert. Es gab Möglichkeiten vor, bedurfte aber der Gestaltungskraft dessen, der in der Lage war, den politischen und kulturellen Bestrebungen der Feodalen Ausdruck zu verleihen.

Im Vergleich zum antiken Roman eines Benoît de St. Maure kann in drei Punkten die fortschreitende Autonomie der höfischen Literarizität benannt werden:

1. In den antiken Romanen war der Kriegsheld auch der ranghöchste Held. Im Artusroman jedoch ist der kämpfende Held grundsätzlich nicht der König. Wir erkennen in dieser Grundkonstellation das neue Verhältnis von zentraler Königsmacht und partikularer Feudalmacht, das entscheidend zugunsten der Feudalmacht verschoben ist: König Artus ist eine Königsfigur, deren Glanz und Macht merkwürdig abgehoben von den Handlungen seiner Barone bleibt. Deren ritterlich-kriegerische Unternehmungen, literarisch stilisiert als Zweikämpfe mit ebenfalls ritter-

lichen Gegnern oder mit häufig auch unritterlichen Störern der sozialen Ordnung, bilden das erzählerische Universum des Romans. Erfolg oder Mißerfolg bleiben des Helden ureigenste Sache, gefährden den König nicht. Er und sein Hof können nur mit Freude oder Trauer jeweils reagieren. Artus hat alle Eigenschaften des idealen Königs: mildtätig, freigebig, gerecht, selbstbeherrscht, weise, gebildet, selbstlos. Nur: er selbst handelt nicht mehr als Krieger. In den Geschichtsquellen, in welchen uns die Gestalt des König Artus zuerst begegnete, war er noch ein Kriegsheld. Jetzt ist sein Hof ein Ort des Friedens und der Versöhnung. In den Romanen Chrestiens haben die Ritter die kriegerische Handlung in der *aventiure* ganz für sich selbst usurpiert.

2. Die antiken Romane hatten schon die Liebeshandlungen gegenüber ihren Vorbildern betont bzw. solche neu eingeführt, soweit Ansatzmöglichkeiten da waren wie in der Lavinia-Episode im Eneas-Roman. Dennoch blieb die Frauenliebe in dem Sinne marginal, daß sie nicht ins Zentrum des Handlungsantriebs, das nach wie vor der geschichtliche Auftrag des Helden war, gerückt wurde. Im Artusroman geht zwar der Held auf *aventiure*-Suche, aber diese ritterliche Bewährung bedarf der Mitwirkung der Frau. Alle höfischen Helden sind nichts ohne ihre Damen. Schon der erste dieser Romane, Chrestiens *Erec und Enide* (um 1165/70), könnte nachgerade als Eheroman bezeichnet werden. Chrestiens *Iwein* (*Yvain ou le Chevalier au lion*, um 1170/80) verliert den Verstand, als seine Frau ihn verstößt (im Wortsinn!). Chrestiens *Lancelot* (um 1180) und der Tristan (in verschiedenen Fassungen) sind nur noch Helden der Liebe. Erst in Chrestiens *Conte du Graal* (nach 1180) wird die Sinn- und Wesenssuche des Hauptthelden Perceval wieder in andere Bahnen gelenkt: in die des ritterlichen Erlösers der Gemeinschaft, für den die höfische Liebe nur ein Durchgangsstadium ist.

3. Bildung und Wissen des Helden in den antiken Romanen standen im Zeichen der *artes liberales*. Aus den Prologen ist zu entnehmen, daß die Verfasser sich ein Publikum aus Klerikern und Rittern, *clerc et chevalier*, vorstellten. Der Ritter des Artusromans verfügt über eine andere Art von Bildung, die den engen Schulgeruch hinter sich gelassen hat. Was immer sie gelernt haben mochten, sie glänzen vor allem durch gesittetes Benehmen, Kenntnis höfischer Etikette, Regeln der Ritterlichkeit, Achtung der Frauen, die sie im Minnedienst verehren.

Wir haben den Bogen über Chronik, antiken Roman hin zur Artuserzählung gespannt, um das Autonomwerden der weltlichen Literatur zu verfolgen. Der einmal in Gang gesetzte Literarisierungsprozeß brachte rasch weitere Themen und Stoffe hervor, auf die in unserem Zusammenhang nur marginal eingegangen werden kann: die *Lais* der Marie de France (um 1130 bis 1200), erzählerische Meisterstücke von weltliterarischem Rang und ideologisch unverbindlichere Variante des Artusromans; die

Romane Gautiers von Arras, eines Zeitgenossen von Chrestien de Troyes wie Marie de France, als ideologisch unverbindlichere Variante des antiken Romans. Die im Artusroman stabilisierte Harmonie zwischen Individuum und Gesellschaft wird durch andere Stoffe gefährdet, Stoffe, die auch schon die Aporien der höfisch-ritterlichen Welt auszuloten geeignet sind und auf das folgende Jahrhundert verweisen: Tristan-Erzählungen und Graalsepen. Die Liebeskonzeption im Tristan (letztlich aller altfranzösischen Fassungen) ist dem Liebesideal des Artusromans geradezu diametral entgegengesetzt, ist gesellschaftsfeindlich, da sie auf der ‹freien› erotischen Selbstbestimmung entgegen den Normen der Gesellschaft beruht. «In ihr wird das Individualrecht der Liebe zum Naturrecht gegen die gesellschaftliche Norm» (vgl. 249 und 710). Das Werk kann nicht in gleichem Maße identitätsstiftend gewirkt haben wie der Artusroman. Köhler weist ihm deshalb eine andere ideologische Funktion zu als dem Artusroman, eine Funktion, die repräsentativ für jene bürgerliche Intellektuellenschicht ist, welche, in Hofdiensten stehend, dort ihre eigene Weltsicht entwickelt: eine hochfliegende Liebeskonzeption, die nur als tragisch endend gedacht werden kann, weil sie keinen Ort in der Gesellschaft hat (vgl. 249 und 710). Der Graal wiederum erweitert die ritterlich-höfische Welt hin in die Transzendenz diesseitiger Existenz: Zweikämpfe und Frauendienst hinter sich lassend, führt die rastlose Wegsuche in die esoterisch-religiöse Gemeinschaft. Es sind letztlich aber schon die Themen des nächsten, des 13. Jahrhunderts.

Frauen am Fürstenhof und in der Kirche: Die Perspektive der Intellektuellen

Frauen in der Kirche: eine solche Formulierung erscheint für mittelalterliche Verhältnisse zunächst paradox, hat die Kirche doch bis heute die institutionalisierte Mitwirkung von Frauen als Amtsträgerinnen zu verhindern gewußt und auf das Klosterleben beschränken können. Doch für die Sozialgeschichte der Frau ist die religiöse Frauenbewegung am Ende des 11. Jahrhunderts ein entscheidender Markstein selbstbestimmter Lebensgestaltung; denn hier bietet sich der Frau ein geschützter Lebensraum außerhalb von Familie und Ehe. Wir beobachten, daß zunächst vor allem die weiblichen Angehörigen des höchsten Adels, junge Mädchen, verheiratete Frauen und Witwen, davon Gebrauch machen, also nicht Armut und materielle Not Antriebe für die Entscheidung zum spirituellen Leben sind.

Gegen Ende des 11. Jahrhunderts setzte Robert d'Arbrissel (um 1050 bis 1117), ein Wanderprediger, der, wie es scheint, bei Anselm in Laon und später bei Marbod in Angers studiert hatte, durch die Überzeugungskraft seiner Worte in öffentlicher Predigt und privatem Gespräch eine Bewegung in Gang, die das Bewußtsein der Zeit nachhaltig veränderte. Robert predigte für Männer und Frauen. Er geißelte die Verderbtheit der Welt, den Verfall der Moral, die Brutalität der Mächtigen, die Falschheit und Lüge und setzte dagegen die Ideale der wahren inneren Frömmigkeit, der Armut, propagierte den Rückzug aus der Welt. Gefördert vom Adel, unterstützt vom Papst, befehdet und verteidigt von lokalen Kirchenführern, führte der große Zulauf von Frauen dazu, daß Robert, der bis dahin mit einer großen Menge von Anhängern beiderlei Geschlechts durch die Lande gezogen war, 1101 in einem menschenleeren Tal den Orden von Fontevrault gründete. Er verfügt, daß der Orden von einer Äbtissin geleitet werden sollte, diese aber keine Jungfrau, sondern eine Witwe sein sollte. Das bedeutete weniger eine Abwertung der Virginität als asketisch hohem Gut denn eine Anerkenntnis des Lebenswegs einer Frau in der Welt als nützlicher Erfahrung und hochrangigem Wert für die Gemeinschaft. In der Folgezeit zieht der Orden von Fontevrault besonders Frauen aus dem Adel an. Eleonore von Aquitanien, die 1204 starb, liegt dort begraben.

Frauen treten aber vor allem am Fürstenhof ins Licht überlieferter Geschichte. Der weltliche Hof unterschied sich vom Bischofshof in dem wesentlichen Punkt der Anwesenheit von Frauen. Im zivilisatorischen Ideal des Hofmannes, wie es die Kleriker entwickelten, hatten die Frauen keinen Platz. Der Fürst aber ist verheiratet mit einer Frau, die durch ihr Heiratsgut seine politische Macht entscheidend vergrößert und ihm durch die Kinder, die sie gebiert, die Kontinuität der Herrschaft garantiert. In gleichem Maße wie die Fürsten und Grafen die Rolle des Königs als Förderer von Religion und Kunst übernehmen, attribuieren sich ihre Frauen die Rolle der Königin am eigenen Hofe.

Dadurch aber verändert sich die gesellschaftliche Funktion der adeligen Frau: Sie wird öffentlich. Nicht der gesellschaftliche Rang allein, sondern weibliche Ausstrahlung, Bildung und Schönheit werden in Zusammenhang mit ihrer öffentlichen Rolle gebracht. Ein frühes Beispiel ist Adele, Tochter Wilhelms des Eroberers, die 1081 den Grafen von Blois heiratete. Sie muß ihren Hof zu einem Zentrum der Künste gemacht haben, der weithin bekannt wurde. Baudri von Bourgueil feiert sie als Beschützerin der Dichter, preist ihr kritisches Literaturverständnis, ja sogar ihre Tätigkeit als Autorin. Ihr stünde der Titel einer Königin noch besser an als der einer Gräfin. Die persönliche Anteilnahme, mit der er sie beschreibt und zu ihr spricht, wirkt wie eine Vorwegnahme des späteren volkssprachigen Minnedienstes der Trobadors.

Im 12. Jahrhundert treten adlige Frauen als Gönnerinnen und Förderinnen von literarischen Werken in den Prologen und Widmungen der lateinischen und volkssprachigen Dichter auf. Um 1106 schreibt ein gewisser Benoit die *Voyage de Saint Brendan* für die englische Königin Mathilde, der Frau Heinrichs I. Aélis de Louvain, ebenfalls Königin von England,

ist Empfängerin eines *Bestiaire* von Philippe de Thaon zwischen 1121 und 1131, und zwischen 1135 und 1139 gibt dieselbe Königin eine Lebensbeschreibung Heinrichs I. bei einem gewissen David in Auftrag. Konstanze, Gemahlin des mächtigen anglonormannischen Barons Ralph Fitz Gilbert, läßt durch Geoffroi Gaimar die *Estoire des Engleis* (*Geschichte der Engländer*) 1140 in die Volkssprache übertragen. Am bekanntesten sind Eleonore von Aquitanien (um 1122 bis 1204) und ihre Tochter Marie von Champagne. Solange Eleonore mit Ludwig VII., König von Frankreich, verheiratet war, kann man sie nicht mit Literatur in Verbindung bringen; doch als Königin von England erscheint die Enkelin des ersten Trobadors, Wilhelms IX., in den Liedern Bernhards von Ventadorn (um 1125 bis 1195) und anderer Trobadors, wird sie – wie schon erwähnt – zur Mäzenin des antiken höfischen Romans. Ihre Tochter Marie, Gräfin von Champagne, hat als Gönnerin von Chrestien von Troyes, von Gautier von Arras und von anderen einen ebenso herausragenden Platz in der Sozialgeschichte der Literatur wie als Regentin in der politischen Geschichte ihrer Zeit. Berühmt, weil viel diskutiert und letztlich nicht endgültig geklärt, sind Chrestiens Eingangsverse des *Lancelot*, in welchen er sagt, daß er von Marie nicht nur den Auftrag zur Abfassung des Werks erhalten habe, sondern auch *san et matiere*. Unter *matiere* ist wohl der Stoff der Dichtung zu verstehen; aber bei *san* ist sich die Forschung nicht einig, inwieweit hier gemeint ist, daß Marie dem Dichter auch den Gehalt, die Zielrichtung der Aussage vorgegeben habe. Wie dem auch sei, deutlich ist, daß Frauen am Fürstenhof des 12. Jahrhunderts in Fragen der Bildung, der inneren Organisation des Hoflebens und bei den politischen Allianzen nach außen eine entscheidende Rolle übernommen haben.
In diesem anglonormannischen Kulturraum tritt auch die erste Dichterin französischer Sprache von weltliterarischem Rang auf: Marie de France. Leider ist über ihre Person nichts bekannt. Die Herkunftsbezeichnung verrät, daß sie aus der Gegend von Paris stammen muß, obwohl sie in England ihr primäres Publikum hatte. Ihre Werke, *Lais* (kurze Verserzählungen über ungewöhnliche Liebesvorkommnisse) und Fabeln (nach Äsop), gehören zu dem Schönsten und Lebendigsten der gesamten mittelalterlichen Literatur.
Etwas problematischer stellt sich das Verhältnis der Fürstinnen zur Lyrik dar. Eleonore von Aquitanien galt der Forschung lange Zeit als die *grande dame* der Trobadors, als Wegbereiterin der provenzalischen Lyrik außerhalb ihres eigentlichen Sprach- und Entstehungsgebiets. Tatsache ist, daß Bernhard von Ventadorn zeitweise dem Hof Heinrichs II. attachiert war und daß er eines seiner Lieder an die Königin richtet. Durch die politischen Verflechtungen des Hauses Plantagenet öffnete sich bekanntlich die anglonormannische Hofkultur der südfranzösischen Lyrik. Die in den Liedern der Trobadors meistgefeierte Person des Nordens ist aller-

dings nicht Eleonore, sondern ihr Sohn, Richard Löwenherz (1157 bis 1199), König von England (ab 1189), Kriegsheld, Kreuzfahrer, spektakulärer und bemitleidenswerter Gefangener, in Österreich auf dem Rückweg vom Kreuzzug schändlich eingekerkert. Tatsache ist gleichwohl, daß die Höfe im Norden nicht wirklich kreativ, sondern mehr rezeptiv sich mit Liebeslyrik beschäftigen. Diese ist im wesentlichen eine Angelegenheit des Südens, das heißt der Dichtung der Trobadors. In ihr findet die Liebesbeziehung einen völlig neuen, historisch einmaligen Ausdruck. In Denkstruktur und Sprache ist sie geprägt durch die gesellschaftliche Erfahrung des Lehensdienstes, im Gedicht wird sie stilisiert als freiwillige Unterwerfung des Mannes unter den Willen der Frau und als sehnsuchtsvolle Verehrung, die in der Entsagung ihr höchstes Ziel findet. Mit anderen Worten: Es entsteht eine Literatur, in der die Frau als absolute Herrin erscheint. Häufig genug ist eine historische Person im Gedicht angesprochen, die als Regentin auch zur politischen Geschichte gehört. Ermengard, Vizegräfin von Narbonne (um 1120 bis 1197), die in harten lehensrechtlichen Auseinandersetzungen um die Grafschaft in Krieg, Intrigen und Kampf auch eine Frau der Tat war, wird von vielen Dichtern verehrt und besungen. In literarischen Streitfragen der Liebe wird ihr die Entscheidung angetragen.

Aus der klerikalen Kritik an diesen literarischen Geselligkeitsformen wird deutlich, daß für die kritisch eingestellten Zeitgenossen die Rolle, die die Frauen in dieser Literatur spielen, das eigentliche Skandalon ist. Keiner hat mit solcher Ausführlichkeit darüber geschrieben wie ein gewisser Andreas, den einige Handschriften als Kaplan des französischen Königs (vermutlich Philippe Auguste) bezeichnen. Ihm verdankt die Nachwelt die Vorstellung von den sogenannten Liebeshöfen: Zusammenkünften hochstehender Damen, Königinnen und Fürstinnen, die in der Form von Gerichtsentscheidungen Liebeskonflikte verhandeln. Andreas nennt Namen: Marie von Champagne, Eleonore von Aquitanien, Ermengard von Narbonne und einige andere. Ob dies als Satire gemeint ist, was wahrscheinlich ist, oder tatsächlich literarische Praxis dokumentiert, ist umstritten. In jedem Fall bezeugt der Traktat, daß für die Zeitgenossen die Frauen, die neuen literarischen Themen und die kulturellen Lebensformen an den Fürstenhöfen zusammengehören und daß eine starke Irritation von dieser neuen Welt der Höfe auch für diejenigen ausging, die in ihrem Umkreis leben und ihre intellektuellen Garanten sind: die Kleriker.

Kleriker unter sich

Der genannte Andreas, der diese Abhandlung über die Frauen und die Liebe schrieb (*De Amore*, vermutlich um 1185/86), in der noch einmal alle nur erdenklichen Argumente des Mittelalters gegen die Frauen Revue passieren und in der das Ideal der höfischen Liebe als pure Sexualität ‹entlarvt› wird, gehört zu der Schicht von Intellektuellen, die nun in der zweiten Hälfte des Jahrhunderts schon zahlreich genug sind, sich ihrer selbst als Gruppe zu versichern. Die Adressaten für seinen Traktat sind nicht die Fürsten und nicht deren Damen. Dafür ist die Diktion und Argumentation zu gelehrt, der Ton zu satirisch und aggressiv für das Thema Liebe. Nicht einmal simple politische Gegnerschaft reicht aus, um die arrogante Süffisanz zu erklären, eine lebende Regentin des Territoriums nebenan, Marie de Champagne, Halbschwester des Königs, in dessen Diensten der Schreiber steht, als Expertin für die Liebesfähigkeit von Huren zu zitieren! Was wir hier beobachten, ist das Entstehen einer (lateinischen) Literatur, mit der eine neue soziale Schicht sich selbst verständigt und ihre Identität sucht. Sie sucht diese in der Kritik nach außen, indem sie die Ideologie der höfischen Welt, zu der sie als Aufsteiger und Marginale gehören, attackieren, und sie sucht diese in der Kritik nach innen, indem sie sich selbst als Gruppe des richtigen Weges versichert. Sie sind allemal *curiales*, Höflinge. Aber es sind ihrer viele geworden. In dem Maße wie der Bedarf der Höfe an schulgebildeten Spezialisten für Regierung, Verwaltung, diplomatische Dienste, Seelsorge steigt, wird durch die schiere Zahl die dieser sozialen Gruppe inhärente Problematik offenbar. Während *curialitas*, die Hofetikette, als Eigenschaft des Fürsten ein zivilisatorisch positiv besetzter Begriff bleibt, wird der *curialis*, der Höfling, rasch zum Schimpfwort.

Der Konflikt, der ein grundsätzlicher ist, entzündet sich an dem Widerspruch zwischen dem geistlichen Status des Klerikers und den ihm zufallenden weltlichen Aufgaben. Die Hofämter der alten Feudalität waren wenige gewesen, und sie waren von kampferprobten Adligen wahrgenommen worden. In einer Zeit zunehmender Komplexität der Verwaltungsprobleme verkümmerten diese Ämter zu bloßen Ehrentiteln, während die eigentlichen Aufgaben von Spezialisten erledigt wurden, von Leuten, die nicht immer hochgeboren waren, aber über Kenntnisse verfügten, die man an Schulen erwarb. Am Hofe waren diese Spezialisten in der *capella* des Fürsten zu finden, Geistliche, denen ursprünglich allein die seelsorgerische Betreuung des Fürsten und des Hofes oblag. Seit langem schon hatten sie den anfallenden Schriftverkehr miterledigt: Die Kanzlei des Hofes geht aus der *capella* hervor. Längst aber waren die Aufgaben weltliche geworden, Arbeits- und Ämterteilung wurden unumgänglich. Dies ist die Stunde der Kritiker, aus den eigenen Reihen sozusagen. Die Kritik findet sich im Rahmen von Staats- und Fürstenlehre wie in Johanns von Salisbury *Policraticus* (um 1159), in Traktaten und Briefen wie bei Peter von Blois (um 1135 bis nach 1204) oder in speziell zum Zwecke der Kritik geschriebenen Werken wie in *De nugis curialium* (Von den Eitelkeiten der Hofleute) Walter Maps (um 1140 bis 1209). Sie alle werfen den Geistlichen, die längst mehr sind als nur Seelsorger, Verrat an ihrer eigentlichen Bestimmung vor: den Fürsten zu ermahnen und das Wort Gottes zu verbreiten. Statt dessen, so die Kritik, verrieten sie aus niedrigen Motiven, insbesondere Geldgier, Ämter- und Ruhmsucht und um dem Fürsten zu gefallen, den von Gott verliehenen Auftrag. Der Hof wird geschildert als ein Dschungel aus Eitelkeit, Verstellung und Niedertracht, eine Stätte des unsicheren Glücks, der Rastlosigkeit und der moralischen Verderbnis. Wenn solche Hofkritik auch alte Wurzeln hat und zum Teil sich überkommener Bilder bedient, in der zweiten Hälfte des Jahrhunderts häufen sich die kritischen Äußerungen zu einem lauten Chor der Warnung, formen einen literarischen Typus aus, der das geistige Leben nachhaltig prägt.

Übernahme und Verweigerung

Wenn man auch vermuten darf, daß im Hinblick auf Deutschland objektiv ein Bildungsgefälle in allen Bereichen bestanden haben muß, so stellt sich die Übernahme dieser französischen Kultur als ein äußerst komplexer Vorgang dar. In dramatischer Weise hat die volkssprachige Literatur der Fürstenhöfe nach Deutschland gewirkt und dort rasch zur Entstehung einer vergleichbaren, wenn auch letztlich sehr verschiedenen und eigenständigen Schriftkultur geführt, während die Wissenschaft an Ort und Institution gebunden blieb. Wir beobachten eine Wanderung Deutscher an die französischen Bildungsstätten, aber nicht die Übernahme der *studia* als Einrichtung. Stoffe und Formen der volkssprachigen Literatur wurden hingegen vom deutschen Adel übernommen, trafen aber auf eine grundsätzlich andere Bildungskonstellation, die vor allem durch das Fehlen der Interdependenz von Schule und Hof gekennzeichnet ist. Den deutschen Verhältnissen fiel vor allem der durch die schulgebildeten Kleriker forcierte intellektuelle Zuschnitt dieser Literatur zum Opfer. Obwohl die weltlichen Adelssitze durch verwandtschaftliche Beziehungen, ökonomisch vergleichbare Umstände und machtpolitische Interessen eng genug verbunden waren, so daß ein Heinrich von Veldeke die französische Vorlage für seinen deutschen *Aeneas*-Roman sofort geliefert bekam, ein Hartmann von Aue die neuen Romane Chrétiens de Troyes mit nur geringer Verzögerung ins Deutsche übertragen konnte, so bedurfte es des komplexen Vorgangs der aneignenden Adaptation (nicht: der einfachen Übersetzung), um zwischen Interesse und Verständnisvoraussetzungen zu vermitteln. Notwendigerweise beschränkten sich die Übernahmen im wesentlichen auf bestimmte Genres: vor allem auf den höfischen Roman und auf die Liebeskanzone des Südens. Nicht rezipiert wurde der ganze Bereich literarischer Formen, die für die Intellektualität des literarischen Spiels charakteristisch sind, also Satire in Roman oder Lyrik, die sogenannten Streitgedichte über Minnekasuistik und vieles andere mehr.

Volker Mertens
Rezeption der französischen Adelsliteratur

Überlegenheit der französischen Kultur

Rittertum und Wissenschaft, so sagt Chrétien (Chrestien) von Troyes im Prolog seines *Cligès*-Romans (um 1164/70), blühten zuerst bei den Griechen, dann gingen sie auf die Römer über und von dort nach Frankreich, wo sie blühen sollten. Dieser Topos von der *translatio militiae* und *studii* findet sich in breit ausgemalter Form am Beginn der höfischen Minneerzählung *Moriz von Craûn*, die Anfang des 13. Jahrhunderts nach (verlorener) französischer Vorlage entstanden ist. Der Akzent liegt dort auf dem Rittertum, die Wissenschaften werden nicht genannt. Zum Rittertum aber gehört nicht nur aufrechte Gesinnung und militärische Kampfkraft, sondern vor allem der Frauendienst, von dem die Erzählung handelt. Dafür ist Frankreich das Vorbild, von ihm haben auch andere gelernt. Das Bewußtsein von der kulturellen Überlegenheit der französischen Gesellschaft wird hier ausdrücklich formuliert, es ist gewiß eine allgemeine Vorstellung der höfischen Dichter und ihres Publikums in der zweiten Hälfte des 12. Jahrhunderts: In Hartmanns erster Dichtung, dem minnedidaktischen *Klagebüchlein* (um 1180/85), kommt die zentrale höfische Tugendlehre aus «Kärlingen», aus Frankreich.

In Deutschland fehlte die Symbiose der Wissenschaft mit dem Königshof, der noch nicht die Ansprüche hatte wie die westlichen Höfe.

Frankreich hat mit Ludwig VII. (1120 bis 1180) und Philipp August (1165 bis 1223) gebildete Könige aufzuweisen, während in Deutschland erst Heinrich VI. (1165 bis 1197), der Sohn Barbarossas, dem Anspruch halbwegs genügen kann, *rex litteratus* zu sein – sein Vater war noch ganz nach dem Leitbild des illiteraten Adels erzogen worden und konnte (was im Reich das Übliche war) weder lesen noch schreiben. Die deutsche politische Führungsschicht war nach anderen Kriterien zusammengesetzt als in

Frankreich: Während dort für ein führendes kirchliches Amt Studium und Bildung eine wichtige Rolle spielten, entschied über eine Führungsposition in der Reichskirche in erster Linie die adlige Herkunft. Wissenschaftler, die ein Ansehen genossen, das dem eines Petrus Abaelard (1079 bis 1142) oder Petrus Lombardus (1095 bis 1160) oder Gilbert Porreta (um 1076/80 bis 1154) vergleichbar war, gab es nicht. Die Tendenz innerhalb des Deutschen Reichs, die traditionellen Führungsschichten zu bevorzugen, führte auch zu einer verzögerten Aufnahme des systematisierten römischen Rechts, so daß ein italienischer Jurist, dessen Namen wir nicht kennen, sagen konnte: «Die Könige von jenseits der Alpen verstanden nur, die Macht zu übernehmen, den Geist des Rechts und der Gesetze zu verstehen waren sie jedoch nicht in der Lage.»

Gelegenheiten zur Rezeption

Die deutschen Scholaren strömten nach Frankreich, weil es in Deutschland keine geeigneten Studienorte gab. Unter ihnen waren viele aus vornehmen Familien – Otto von Freising (nach 1111 bis 1158) ist ein frühes Beispiel, Rainald von Dassel (um 1120 bis 1167), Kanzler Barbarossas, hatte ebenso in Frankreich studiert wie Heinrich von Lübeck, der Heinrich den Löwen beriet, oder die Bischöfe Bruno von Köln (um 925 bis 965) und Ludolf von Magdeburg (gest. 1205). Aber auch Angehörige des niederen Adels und Ministerialensöhne waren unter den deutschen Studenten der französischen Schulen. Wir wissen nicht, wo der Pfaffe Konrad, der Pfaffe Lamprecht, Heinrich von Veldeke und der «gelehrte Ritter» Hartmann von Aue ihre Ausbildung erfahren haben; aber daß sie in Frankreich gewesen sind, wird man annehmen dürfen. Sie wurden die ersten gebildeten Vermittler der romanischen Adelsliteratur in Deutschland. Wegen der Bildungsdifferenz in den adligen Führungsschichten wurde die lateinische weltliche Literatur aus dem französischen Kulturkreis in Deutschland so gut wie gar nicht rezipiert – weder Hildebert von Le Mans noch Andreas Capellanus, nicht Petrus von Blois noch Walter Map.
In Hinsicht auf Gesellschaftsformen und Mode geht die Vorbildhaftigkeit der westlichen Kultur schon in die erste Hälfte des 11. Jahrhunderts zurück: Durch die Heirat Kaiser Heinrichs III. (1017 bis 1056) mit Agnes von Poitou öffnete sich der Kaiserhof für neue Umgangsformen, die von kirchlichen Kreisen heftig kritisiert wurden, wie neue Kleidermoden (die als unsittlich galten) und die Sitte, den Bart zu rasieren. Die erste bezeugte Übernahme des französischen Reiterkampfspiels ist das Turnier im Jahre 1127, das die staufischen Fürsten, Herzog Friedrich II. und Konrad (später König Konrad III.) vor den Toren von Würzburg veranstalteten, als sie König Lothar dort belagerten. Der Reichsadel, vornehmlich die Fürstenhäuser des deutschen Westens, gingen dem Königtum voran in der Übernahme der Adelskultur des Nachbarlandes. Das gilt auch für die

Rezeption der Literatur, die allerdings erst ein halbes Jahrhundert später erfolgte. Nicht nur die weltlichen Fürsten übernahmen die fremden Sitten, die Reichsbischöfe übertrafen an Aufwand und Pracht ihrer Hofhaltung nicht selten die weltlichen Höfe – für die Übernahme der Literatur scheinen sie jedoch eine insgesamt geringere Rolle gespielt zu haben.

Die kulturellen Verbindungen zwischen beiden Ländern liefen auf vielfältigen Bahnen. Neben der internationalen, relativ mobilen Gelehrtenschicht trugen die Kaufleute vor allem den Bereich der Sachkultur, während die dynastischen Verbindungen des Hochadels die Übernahme von Gesellschafts- und Umgangsformen einschließlich der Literatur begünstigten.

Den Bedürfnissen der wandernden Kaufmannschaft des hohen Mittelalters entsprach die Einrichtung der Messen: periodische Zusammenkünfte von Kaufleuten, die eine große Zahl von Ausstellern, Waren und Kunden an sich ziehen. Diejenigen mit dem größten Einzugsbereich waren die Messen der Champagne, die turnushaft in verschiedenen Orten das ganze Jahr über abgehalten wurden: in Lagny-sur-Marne, in Bar, Provins und Troyes. Lebhafte Beziehungen existierten zu den Messen in Flandern, in Brügge, Ypern, Lille, Thourout und Messines. Deutsche Kaufleute spielten zwar gegenüber den Händlern aus Flandern eine geringere Rolle, aber auch sie hatten beispielsweise am Anfang des 13. Jahrhunderts ein eigenes Haus in Troyes. Die flandrischen Kaufleute reisten auf Maas und Rhein und kamen bis nach Süddeutschland und Österreich und bis nach England. Im Reich war Köln der wichtigste Handelsplatz, die Händler pflegten besonders die Verbindung mit Süddeutschland, während Regensburger Kaufleute ihrerseits mit ihren Waren bis nach England zogen.

Das Interesse des Adels an den Messen und Handelsplätzen war ein zweifaches: ein ökonomisches und ein kulturell-repräsentatives. Die Messen waren nicht nur Zentren des Warenverkehrs, sondern auch der Geldgeschäfte; hier wurden Anleihen getätigt, Wechsel ausgestellt und bezahlt. Der steigende Geldbedarf des Adels führte dazu, daß die Möglichkeiten der Kreditbeschaffung durch Kaufleute mehr und mehr genutzt wurden und die grundbesitzenden Feudalherren an der Ausweitung der Geldwirtschaft partizipieren konnten. Daneben war das Interesse an den gehandelten Luxusgütern groß: Schmuck und edle Stoffe, Schuhe und Handschuhe, Hüte und Pelze, Pferdegeschirre und Waffen, Tafelgerät und Gewürze gehörten zu den besonders begehrten Waren. Und mit den Stoffen und Pelzen reisten wohl auch die Schneider, die den Zuschnitt nach der neuesten französischen Mode verstanden. Nicht umsonst lesen sich manche Kleiderbeschreibungen in der höfischen Literatur wie ein Modejournal, und sie sollten wohl auch einen Eindruck von dem vermitteln, was damals bei der tonangebenden Schicht en vogue war.

Neben den Gelehrten gehörten also die Kaufleute zu den mobilen Bevölkerungsgruppen, die die Vermittlung zwischen den Kulturen herstellen. Doch auch der hohe Adel selbst war relativ beweglich: Die führenden Familien waren untereinander genealogisch und durch Heiraten vielfältig verbunden. Andere wieder, vor allem im Nordwesten, standen in vasallitischer Bindung zu zwei oder gar drei Souveränen: dem deutschen Kaiser, dem französischen und dem englischen König. Sie besuchten die Hoftage ihrer Lehnsherren und waren die prädestinierten Vermittler zwischen den Kulturen. Das ‹Land ohne Grenzen› zwischen Schelde, Maas und Rhein war durch seine wirtschaftlichen Verbindungen und politischen Verflechtungen die eigentliche ‹Drehscheibe›. Die Grafschaft Flandern zum Beispiel war zum Teil Reichslehen, für den größeren Teil huldigte der Graf dem französischen König; der Graf von Hennegau war einer der wichtigsten Reichsfürsten, der auf dem Mainzer Hoftag von 1184 vom Kaiser dazu ausersehen wurde, das Reichsschwert zu tragen. Er dokumentierte damit die herausragende Rolle, die der nordwestlichen Region bei der Übernahme der französischen Hofkultur zukam.

Anspielungen in der zeitgenössischen Dichtung unterstützen diesen Eindruck. In Hartmanns von Aue *Gregorius* (um 1186/90) sagt der Held von sich, in seinen Vorstellungen sei er nicht etwa wie ein Bayer oder ein Franke zu Pferd gesessen, sondern ebenso gut wie die besten Ritter aus Brabant, dem Hennegau oder dem Haspengau (V. 1573ff). Eine höfische Literatur dieses Raums können wir mit dem Floris-Roman und Heinrich von Veldeke (gest. um 1190) greifen; die Versuche der Forschung, auch eine frühe niederrheinische Artusepik zu erschließen, haben nicht zu überzeugenden Ergebnissen geführt. Es gibt bestimmte Indizien in der Lautgestalt der arthurischen Eigennamen, die eine Vermittlung über diesen Raum nahelegen (besonders Keies Epitheton «der quâtspreche», *Erec*, V. 4664: eine niederfränkische Form). Aber das bedeutet nicht, daß es umfangreiche Romane, etwa Übertragungen Chrétiens, ins Niederfränkische gegeben hat – Hartmanns *Iwein* (um 1200/05) greift sicher ausschließlich und unmittelbar auf Chrétien zurück, während für den *Erec* (um 1185) eine (rheinische?) Nebenquelle nicht ausgeschlossen werden kann.

Hartmanns mutmaßliche Gönner, die Zähringer, besaßen jedenfalls territoriale Interessen dort und verwandtschaftliche Bindungen an diesen Raum; vergleichbares gilt für die thüringischen Ludowinger. Die erschließbare Biographie Heinrichs von Veldeke mit seiner Wanderung vom Nordwesten des Reiches nach Thüringen kann die literarischen Beziehungen exemplarisch illustrieren. Er stammte aus einem Ministerialengeschlecht der Grafen von Loon (Looz) und war klerikal gebildet, das heißt, er hatte eine gelehrte Ausbildung im Rahmen kirchlicher Institutionen (Domschule?) erhalten, besaß wahrscheinlich auch niedere Weihen und schrieb als erstes Werk eine volkssprachliche Dichtung vom heiligen Servatius, dem Patron des Domes von Maastricht. Die Quelle ist eine lateinische Vita: Die niederfränkische Sprachgestalt des Werks zeigt bereits den Einfluß der volkssprachlichen Dichtung Frankreichs im Streben nach Realisierung des reinen Reims. Auftraggeber waren die Gräfin Agnes von Loon, die Frau seines Dienstherren, und, durch sie vermittelt, der Domkustos von Maastricht. Deutlich wird hier die enge Verbindung von volkssprachlich-laikaler und lateinisch-klerikaler Kultur und die Rolle, die die Frauen in dieser Situation spielten: Auf Grund ihrer den adligen Männern überlegenen Bildung und ihrer engeren Beziehung zu den kirchlichen Institutionen und Personen hatten sie besseren Zugang zu den Autoren und den Vorlagen für die Dichtungen. Ob die Gräfin Agnes auch die Auftraggeberin des ersten deutschen höfischen Romans, der *Eneit* (zwischen 1170 und 1186) als Adaptation des altfranzösischen Eneas-Romans, gewesen ist, steht dahin.

Im Fall von Hartmann von Aue (um 1168 bis um 1210) sind wir weniger gut informiert und stärker auf Vermutungen angewiesen. Manches spricht dafür, daß er Ministeriale der Herzöge von Zähringen war, des ambitioniertesten Fürstengeschlechtes im deutschen Südosten in der zweiten Hälfte des 12. Jahrhunderts. Für die Rezeption der französischen Erzählliteratur besaßen sie gute Voraussetzungen sowohl materieller wie kultureller Art; für die Erwerbung der teuren Pergamenthandschriften der Vorlagen hatten sie die nötigen Geldmittel, denn sie verfügten über die Zölle und Abgaben aus ihren Städten und die Einnahmen aus dem Silberbergbau im Schwarzwald. Sie waren seit 1127 (seit 1156 nur noch nominell) Rektoren von Burgund, einem der frühen Zentren der Hofkultur. Konrad (um 1093 bis 1152) hatte eine Französin zur Frau, und durch sie besaß Berthold IV. (um 1125 bis 1186) Erbrechte in ihrer Heimat Namur. Sein Bruder Rudolf (gest. 1191) war Bischof von Lüttich, zu seinen Vasallen gehörte der bereits erwähnte Balduin V. von Hennegau, der mit einer Tochter von Chrétiens Gönnerin Marie de Champagne verheiratet war. Über diese Verbindung zum Nordwesten waren die Manuskripte beschaffbar, die der Ministeriale Hartmann für seine Adaptationen brauchte. Die Begegnung mit der in diesem Raum früh rezipierten französischen Ritterkultur mochte den Anreiz gegeben haben, am eigenen Hof fürstliche Repräsentation mit Hilfe von Literatur zu gestalten. Vielleicht gab sogar die zweite Heirat Bertholds IV. mit Ida von Boulogne 1184 den entscheidenden Impuls: Die junge Frau stammte aus einer der vornehmsten Adelsfamilien Frankreichs, König Ludwig VII. selbst war ihr Onkel gewesen, Philipp von Elsaß, Graf von Flandern, der Auftraggeber von Chrétiens *Conte du Graal* (um 1185/90), ihr Vaterbruder, Heinrich von Champagne, an dessen Hof Chrétien gewirkt hatte, ihr Vetter. Bei den Verhandlungen wegen der Eheschließung war es wohl zu besonders intensiven Kontakten mit dem mäzenatisch führenden französischen

Adel gekommen, und womöglich war Hartmann als klerikal gebildeter Ministeriale des Herzogs selbst daran beteiligt. Daß die Gemahlinnen deutscher Fürsten die kulturellen Traditionen ihrer Heimat ‹importierten›, wissen wir nicht nur durch das Beispiel der Margarete von Kleve, sondern auch durch Mathilde von England, die Gemahlin Heinrichs des Löwen, von der es im Epilog des *Rolandsliedes* (nach 1172) heißt, daß sie die Vorlage besorgte (V. 9024). Es ist gut vorstellbar, daß Ida die treibende Kraft war, Hartmann mit der Verdeutschung von Chrétiens *Erec* zu beauftragen – wäre der Prolog des deutschen Werkes nicht überlieferungsbedingt verloren, wüßten wir vielleicht mehr darüber.

Die Mainzer Hoftage

Das spektakuläre Gründungsereignis der höfischen Kultur in Deutschland war der Hoftag Kaiser Friedrichs 1184 in Mainz, dessen Bedeutung Veldeke im Epilog seines Eneas-Romans würdigt. «Ich habe nie von einem solchen Fest gehört, das so herrlich war wie die Hochzeit des Aeneas mit Ausnahme dessen zu Mainz, das wir selbst gesehen haben. Unzweifelhaft übertraf es alles, als der Kaiser Friedrich seinen beiden Söhnen das Schwert verlieh... Kaiser Friedrich geschah soviel Ehre, daß man noch bis zum Jüngsten Tag Wunderdinge davon berichten wird, noch über hundert Jahre wird man davon sprechen und schreiben» (V. 12222 bis 13251). Neben den deutschen Fürsten mit ihrem Gefolge sind Gäste aus Burgund (dem Stammland der Kaiserin Beatrix) und Frankreich vertreten, und dabei sind neben den bezeugten Lyrikern Guiot von Provins aus der Champagne und Friedrich von Hausen (gest. 1190) aus der Rheinpfalz andere, die nicht in den Chroniken erwähnt werden oder keine Referenz auf das Fest in ihren Werken unterbringen wie Heinrich von Veldeke. Womöglich war Hartmann von Aue bei Berthold IV. von Zähringen, und das literarisch erhöhte Auftreten des Stauferkaisers mit seinem Sänger Friedrich von Hausen (und seinem von Minne singenden Sohn Heinrich) sowie des Landgrafen von Thüringen mit Heinrich von Veldeke erweckten im Zähringer den Wunsch nach einer ebenso attraktiven Selbstdarstellung, und er gab Hartmann den Auftrag, Chrétiens *Erec* in deutsche Verse zu übertragen – ein Werk, das ja vielleicht ebenfalls mit einem glänzenden Hoffest, der Krönung des französischen Königs Philipp August im Jahre 1170, in Zusammenhang steht. Eine enge Beziehung zwischen dem Trouvère Guiot und Friedrich von Hausen ist jedenfalls sicher; die Lieder *Ma joie premeraine m'est tornee a pesence* und *Ich denke underwîlen* sind nach dem gleichen metrischen Schema gebaut und verwenden daher wohl auch die gleiche Melodie. Es wurde sowohl die Möglichkeit, der Franzose hätte ‹im Ton› des Deutschen gesungen, wie die umgekehrte Folge erwogen. Vielleicht machten sie ihre beiden Lieder auch gemeinsam, indem sie den Topos vom Liebesleid durch unvernünftige Liebe jeder auf seine

Weise akzentuierten: Friedrich, indem er die Trennung von der Geliebten realistisch auf das Unterwegssein des kaiserlichen Diplomaten bezog und die Nähe in den Gedanken, die niemand verbieten kann, sucht; Guiot, indem er in hyperbolischer Rhetorik das Leid zum Todeswunsch steigerte und die Merker, die die Liebe hindern, als konkretes Hemmnis verflucht. Guiot verfügt mit größerer Eloquenz als der Deutsche über das letztlich am Latein geschulte rhetorische Formelgut, Friedrich aber zeigt eine ‹Verinnerlichung›, ein ernsthaft-ethisches Umgehen mit dem Konzept der Minne: Ein für beide Kulturen typischer Kontrast, der hier vielleicht bewußt einem Publikum dargeboten wurde, von dem zumindest einige Zuhörer beider Sprachen mächtig waren.

Der Lyrikvortrag, an dem sich vielleicht der Barbarossasohn selbst beteiligte, war nicht die einzige Form der höfischen Literatur, die sich hier zeremoniös darstellte. Vorab waren es natürlich die traditionellen Repräsentationsformen kaiserlicher und königlicher Stellung, die hier entfaltet wurden: die Festkrönung des Kaiserpaares und das ‹unter Krone gehen› beim Festzug, bei dem der Sohn Heinrich, 1168 zum deutschen König gekrönt, die Königskrone trug. Beim Festmahl, das ebenso prächtig wie exquisit und reichlich ausgestattet war, übernahmen die höchsten Reichsfürsten die klassischen Hofämter von Truchseß und Marschall, Schenk und Kämmerer. Die repräsentative Bedeutung des Festmahls beschränkte sich nicht auf den Geschirr-, den Speise- und Getränkeluxus, sondern schloß vor allem die feine Tischsitte ein; dazu zählte die würdige Bedienung ebenso wie die Selbstbeherrschung der Essenden, die die Ausartung in Prasserei und Sauferei abwehren sollte (was, wie die häufige Kritik bezeugt, in der Realität oft nicht gelang). Dann folgte die feierliche Schwertleite der Kaisersöhne mit Überreichung der Waffen, Umgürtung des Schwerts und Verpflichtung auf die ethischen Konzepte des Ritteramts – eine Zeremonie, die in der Folgezeit gern nachgeahmt wurde und im Jahre 1184 noch einen besonderen Vorbildcharakter besaß. Während in Frankreich eine Schwertleite mit bestimmtem Zeremoniell schon im gesamten Adel verbreitet war, hatte sie im Reich noch Seltenheitswert.

Nach diesem Vorgang fand die übliche Gabe von Pferden, Kleidern und Geld an bedürftige Ritter und Spielleute statt, dann ein Ritterspiel ohne Waffen, an dem auch der Kaiser selbst teilnahm: Er stellte sich damit in den Kreis des ritterlichen Adels als *primus inter pares* und zeigte seine höfische Vorbildlichkeit. Die repräsentative Ritterkultur konnte so eine die Zentralgewalt, die Fürsten und ihre Vasallen integrierende Kraft entfalten. Das Turnier, zu dem die Fürsten eingeladen hatten, konnte wegen eines heftigen Sturms, der die eigens errichtete Zeltstadt zerstörte, nicht mehr stattfinden. Aus den literarischen Quellen können wir schließen, daß auf den große Hoffesten neben den Reiter- und Kampfspielen auch sportliche Wettkämpfe wie Stein- und Speerwurf, Wettlauf und Weitsprung stattfanden. Eine wichtige Rolle spielte die Musik – Trompeten und Pauken waren die Instrumente fürstlicher Aufzüge, die Saiteninstrumente dienten der Interpretation von Lied und Leich und machten die Musik zum Tanz, der gemessen-würdevoll, aber auch ausgelassen sein konnte. Die höfischen Zentren waren beispielgebend auch in der Tanzmusik, und gewiß wurde in diesem Genre viel aus Frankreich übernommen. Ob auch zu Minneliedern getanzt wurde oder ob der Tanzliedcharakter mancher Stücke eine Stilisierung darstellt, ist umstritten. Die Literatur hatte jedenfalls im höfischen Fest eine Gebrauchsfunktion, die sie mit anderen Formen höfischer Repräsentation wie Ritterspiel und Tanz teilte. Im Unterschied zu diesen Formen war sie aber nicht an den festlichen Augenblick gebunden und von ihm abhängig. Auch zur hochhöfischen Zeit wurden Lied und Epos nicht nur angehört, nicht nur aufgeschrieben als Objekte feudaler Bildungsrepräsentation, sondern auch ‹privat›, im kleinen Kreis oder einzeln, gesungen und gelesen – wie Heinrichs von Veldeke *Eneit* von der beraubten Margarete von Kleve. Die Hoffeste hatten allerdings nicht nur eine allgemeine politische Bedeutung derart, daß sie ein integratives Bewußtsein der Adelsgesellschaft förderten, sondern dienten auch aktuellen politischen Zielen – so wurde 1184 der Graf von Hennegau in den Reichsfürstenstand erhoben und in diesem Zusammenhang der Streit um das Namursche Erbe der Zähringer geregelt. Primär realpolitischen Zwecken diente vor allem das zweite Mainzer Hoffest Barbarossas, der ‹Hoftag Jesu Christi› am Fastensonntag ‹Laetare› des Jahres 1188. Hier nahm der Kaiser unter dem Eindruck des Falls von Jerusalem mit einer Anzahl Großer das Kreuz. Aber auch da, in dieser ernsten Situation, scheint ritterlich-höfisches Zeremoniell nicht gefehlt zu haben: Friedrich von Hausen (gest. 1190) nimmt Strophenform und Melodie eines zwei Monate vorher gedichteten Liedes des Trouvères Conon de Béthune *Ahi Amors, come dure departie* auf in seinem *Mîn herze und mîn lîp die wellent scheiden*: Herz und Leib wollen sich trennen, das Herz bleibt bei der Geliebten, der Leib zieht nach Outremer zum Heidenkampf. Die Situation problematisiert den höfischen Minnedienst, denn der Lohn der Dame ist ungewiß, der Gottes dagegen ist sicher. Das ist auch der Sinn von zwei Nachtragsstrophen des Liedes *Si darf mich des zîhen niet*, welches damit für die neue Vortragssituation aktualisiert wurde. Die Sänger reagieren auf die politischen Veränderungen, sie kommentieren, diskutieren sie im Rahmen des vorgegebenen Themas, des Minnediskurses, so daß das politische Kreuzzugsthema in diesem Rahmen zur Problematisierung des *paradoxe amoureux* werden kann, des Dienstes ohne Lohn, aber mit ständiger Bitte. Oder wie bei Hartmann, der den Tod seines Dienstherren (Berthold IV. [?]) als Motivation der Kreuzfahrt nimmt, um ihm die Hälfte des geistlichen Lohnes für das Seelenheil zuzuwenden: Er gibt damit der offiziellen Propaganda, beim Kreuzzug handle es sich primär um eine religiöse Übung und nicht um eine politisch motivierte Aktion, eine biographische Beglaubigung. Diese allerdings relativiert sich selbst, denn der Tod des Herrn hatte für Hartmann auf jeden Fall eine soziale Dimension und erst sekundär eine emotionale.

Höfische Epik

«Die Erzählungen der Bretagne sind leer und unterhaltend und die von Rom voller Weisheit und Sinn, die von Frankreich sind wahr, wie jeden Tag sichtbar», sagt der französische Autor Jean Bodel (um 1167 bis 1210) im Prolog zu seiner *Chanson vom Sachsenkrieg* (um 1196/1200) und gliedert die epischen Stoffe folgendermaßen: Artusroman, antikisierende Erzählung und nationale Heldenepik. Die Reihenfolge ihres Erscheinens in der verschriftlichten Form ist die umgekehrte: Am Beginn steht die als historische Wahrheit verstandene nationale Epik des Karls- und dann des Wilhelmskreises, darauf folgt die Adaptation antiker Stoffe im Alexander-, Theben-, Eneas- und Trojaroman, als lehrhafte Dichtung gesehen und von größter Bedeutung als ‹Geburtshelfer› der Gattung Roman, und schließlich die nunmehr als rein fiktional verstandene arthurische Epik, zu der als ‹bretonischer› Stoff hier auch der *Tristan* zu rechnen ist.
Um 1100 entsteht mit der *Chanson de Roland* die älteste volkssprachliche *Chanson de geste*. Der nationale Stoff von dem Spanienfeldzug Karls des Großen, dem Verrat durch Ganelon und der daraus resultierenden Niederlage der französischen Nachhut unter Roland bot die Möglichkeit einer spezifisch französischen Identifikation im Rahmen eines christlich-heilsgeschichtlichen Konzepts und einer feudalen Staatsauffassung mit ihrem System personaler Bindungen zwischen Herrscher und Kronvasallen. Dieses Werk wurde um 1170 von dem Pfaffen Konrad in Regensburg ins Deutsche übertragen, und der im Epilog berichtete Vorgang der Auftragserteilung zeigt gut die Bedingungen dieses Rezeptionsvorgangs. Nach dem Segenswunsch für Herzog Heinrich (womit Heinrich der Löwe gemeint sein muß) heißt es: «Der Stoff ist schön, wir haben die Freude von ihm, denn er ließ das Buch herbeibringen, das in Frankreich geschrieben war. Das wünschte die edle Herzogin, die Tochter eines mächtigen Königs ... Daß sie diesen Entschluß faßten, es herbeizubringen, damit ist des Reiches Ehre gemehrt. Es war die Folge seiner edlen Tugenden» (V. 9017ff). Heinrich hatte Anfang des Jahres 1168 die Tochter des englischen Königs Heinrich II. geehelicht, der den kulturell führenden Hof in Europa unterhielt. Ihre Mutter, Eleonore von Aquitanien (um 1122 bis 1204), in erster Ehe mit Ludwig VII. von Frankreich verheiratet, förderte die Trobadors, ihre französischen Töchter Marie und Alice, mit großen Kronvasallen, den Grafen von Champagne und Blois, verheiratet, waren Mäzeninnen höfischer Dichtung: Marie gab Chrétien den Auftrag für seinen *Lancelot*-Roman. Obwohl Mathilde bei ihrer Heirat erst zwölf Jahre

alt war, war sie geprägt von dem kulturellen Milieu des anglonormannischen Hofes, und es ist durchaus glaubhaft, daß sie die neue westliche Form, politischen Führungsanspruch durch Literatur zu artikulieren, ihrem Mann vermittelte. Es ist auch nicht verwunderlich, daß ihre Wahl auf die *Chanson de geste* von Karl und Roland fiel, zu diesem Zeitpunkt ein traditionelles, aber nicht veraltetes Werk, denn die Dichtung der *matière de France* stand gerade in voller Blüte. Die antiken Stoffe hatten soeben ihre Bearbeiter gefunden; aber anders als im Dienst des englischen Königs, der seine Herrschaft auf einen Überlebenden des Trojanischen Kriegs, Brutus, einen Schicksalsgenossen des römischen Staatsgründers Aeneas, zurückführte, konnte der Antikenroman in Deutschland nicht an ein entsprechendes dynastisches Vorverständnis anknüpfen und hatte daher keinen staatsidentifikatorischen Hintergrund. Die *matière de Bretagne* hatte noch keine romanhafte Bearbeitung erfahren (vom alten Tristanroman vielleicht abgesehen). Der Karlsstoff hingegen war politisch sogar aktuell: 1165 war der Kaiser heiliggesprochen worden. Das Staatsverständnis Barbarossas artikulierte sich im Rückgriff auf Karl den Großen, und wie er betrachteten auch die Welfen Karl als ihren Ahnherren. Eine genealogisch-politische Bedeutung war also im Reich gerade der Karlsgeschichte abzugewinnen, und so haben wir diese großangelegte Übernahme eines französischen Romans auch zu sehen: nicht etwa motiviert von schöngeistigen Interessen einer ‹höheren› Tochter, sondern von dem Willen zur Artikulation politischer Geltung durch die Förderung dafür geeigneter Literatur. Genau das waren die Interessen des königlichen Vaters der Mäzenin, der vor allem den Geschichtsroman förderte und mit Waces *Brut* (1155), einer Adaptation der *Historia Regum Britanniae* (beendet 1139), eine volkssprachliche nationale Geschichtsschreibung und -mythologie gefördert hatte. Die Nennung Heinrichs des Löwen und seiner königlichem Blut entstammenden Gemahlin im Epilog bezieht das *Rolandslied* in eine imponierende Reihe kultureller Taten des Herzogshauses ein, die dem gleichen Zweck dienen. Dazu gehört das Löwenstandbild vor der Burg Dankwarderode ebenso wie der Blasius-Dom in Braunschweig, der Marienaltar ebenda und die Helmarshausener Buchmalerei. Im *Londoner Psalter* und im ehemals *Gmundner Evangeliar* sind Herzog und Herzogin dargestellt; vor allem im sogenannten Krönungsbild dieser Handschrift kommt ein Bewußtsein von der hohen Abkunft und der königsgleichen Stellung zum Ausdruck, das der Selbstdarstellung im *Rolandslied* entspricht. Das Mäzenatentum der Welfen hat durchgängig eine traditionsbewußte und religiöse Grundlage – das gilt für die geistlichen Stiftungen wie für die Literatur. Im *Rolandslied* ist daher die national-französische Dimension der Vorlage durch eine Gottesstreiter-Idee ersetzt, die auf die für den Kreuzzug entwickelten Heidenkampfkonzepte zurückgreift. Bewahrt bleibt die Staatsdimension, die beispielhafte Dar-

stellung des Funktionierens eines feudalen Verbandes im Zusammenwirken von Zentralgewalt und Kronvasallen, in dem das Heil des Staates sich realisiert. Hier lag gewiß das aktuelle politische Interesse Heinrichs, des mächtigsten Vasallen im Reich, der zum Zeitpunkt der Auftragserteilung sein Verhältnis zum Kaiser neu zu definieren im Begriff war – er hatte 1167 erstmals nicht mehr an einem Italienfeldzug teilgenommen.
Die Übernahme der französischen Literatur erfolgt also in einem spezifisch dynastischen und politischen Kontext, in ihr artikuliert sich ein besonderer Anspruch. Neu ist in Deutschland vor allem, daß das nun mit Hilfe kultureller Repräsentation geschieht. Auch die bedeutende Rolle, die eine Frau bei dieser Angelegenheit spielt, ist eine Nachahmung westlicher Vorbilder, die hier besonders wirksam werden, weil sie aus der gleichen Familie stammen. Der Verfasser des deutschen Werks, der Pfaffe Konrad, ist ebenso eine typische Figur: Die ersten Autoren waren geistlich Gebildete, die, an den schriftliterarischen Bedingungen der lateinischen Kultur geschult, die neue volkssprachliche Schriftkultur gestalten konnten. Welche Rolle dabei das Latein spielte, wird daran sichtbar, daß der Pfaffe Konrad die *Chanson de Roland* zuerst ins Lateinische und dann ins Deutsche übersetzte (V. 9080ff); das Medium der Volkssprache brauchte noch die ‹Gehhilfe› der lateinischen Tradition.
Erst vierzig Jahre nach dem *Rolandslied* entsteht mit Wolframs von Eschenbach (um 1200) *Willehalm* eine zweite Übernahme einer französischen *Chanson de geste*, diesmal aus dem Wilhelms-Kreis. Auftraggeber war Hermann von Thüringen (um 1155 bis 1217); er beschaffte die französische Vorlage (V. 3,8f), eine Fassung der *Chanson d'Aliscans*. Anders als der Pfaffe Konrad im Auftrag Herzog Heinrichs verändert Wolfram das heilsgeschichtlich-kriegerische Konzept der Vorlage; er relativiert seine fraglose Heilsmöglichkeit durch die Problematisierung der Dichotomie von Christen und Heiden. Die volkssprachlich-laikale Dichtung diskutiert nunmehr theologisch-historische Vorgaben, die in älterer Zeit unbefragt übernommen wurden – ein Ausdruck kulturellen Selbstbewußtseins ebenso wie eine Relativierung eines kirchlichen schematischen Ordogedankens und eines archaischen adligen Selbstverständnisses. Der *Willehalm* ist Zeichen der intellektuellen und ethischen Mündigkeit der feudalen Laienkultur und übertrifft damit weit die französische Vorlage. (Vergleichbares artikuliert sich in Frankreich am Artus-Graal-Stoff.) Mit diesem Anspruch der Laienkultur aber konnte der *Willehalm* in der Überlieferung ein herausragendendes Werk herrscherlicher Legitimation werden, wie der repräsentative Prunk der Handschriften bezeugt.
Vielleicht im gleichen Raum wie die Erstfassung von Veldekes *Eneas*-Roman (zwischen 1170 und 1186) entstand ungefähr zur selben Zeit die Übertragung eines französischen Liebesromans: die nach dem Muster des späthellenistischen Romans erzählte Trennungs- und Wiederfindungsge-

schichte von Floire und Blancheflor. Die französische Version, in zeitlicher und stilistischer Nachbarschaft zu den Antikenromanen entstanden, stellt die Helden in die Karls-Genealogie (sie sind die Großeltern), aber die Distanz zur *Chanson de geste* könnte kaum größer sein. Der Autor, ein gebildeter Kleriker, verfügt über gute Kenntnisse der antiken Literatur, zieht für die Liebessymptomatik – und die ist ihm bzw. seiner Auftraggeberin besonders wichtig – Ovid heran. Das Fehlen jeglicher heroischer Elemente spricht für weibliche Gönnerschaft. Erzähltechnisch und stilistisch erreicht der Verfasser nicht die Qualitäten etwa des Eneas-Romans, was jedoch dem Erfolg keinen Abbruch getan hat. Man wird für den nur fragmentarischen deutschen Roman an eine ähnliche Rezeptionssituation wie bei Veldeke denken: eine Mäzenin aus dem niederrheinisch-maasländischen Raum und einen klerikal gebildeten Verfasser. Möglicherweise besteht ein äußerlicher Zusammenhang mit der Kanonisation Karls des Großen im Jahr 1165, so daß in dieser Situation der Blick auf die Literatur des Nachbarlandes und auf einen Text fiel, der sich zwar in die Karls-Genealogie einband, aber keine national-französischen Identifikationsmuster aufbaute und mit der sentimentalen Thematik besonders adlige Frauen ansprach. Die Tatsache, daß die Bruchstücke aus einer Handschrift stammen, die auch zwei Legendendichtungen (*Ägidius* und *Silvester*) enthielt, spricht für die Weitertradierung als ‹Frauenliteratur›: Legenden gehörten zur bevorzugten Lektüre der gebildeten Damen.

Konnte der *Floyris* (um 1160/70) noch auf die Karls-Genealogie, der Eneas-Roman im Rahmen der staufischen Reichsideologie auf den Horizont eines nationalen und geschichtlichen Selbstverständnisses projiziert werden, so ist das bei dem gleichfalls von Hermann geförderten *Liet von Troye* (um 1200) des Herbort von Fritslar nicht möglich. Nach Auskunft des Prologs hat der Graf von Leiningen dem Landgrafen die französische Vorlage besorgt. Vielleicht war es Friedrich I. (um 1125 bis 1190) oder dessen Sohn, der selbst auch als Minnesänger aufgetreten ist; literarische Interessen waren in dieser im Wormsgau beheimateten Familie also zu Hause. Während die Quelle, der *Roman de Troie* (um 1165) des Benoît de Saint-Maure, sich in das genealogische Konzept des Eneas-Romans mit der Parteinahme für die Trojaner und damit die Ahnen Roms und Britanniens einfügt, sind bei Herbort die Griechen positiver gezeichnet, vor allem in der Gestalt Achills, der bei Benoît Hektor perfide ermordet, bei Herbort aber zum souveränen Gegner wird. Herkules erhält als Schildzeichen das Wappen der Ludowinger, den rotweißgestreiften Löwen, der Auftraggeber erscheint also unter dem Bild des griechischen Helden. Die Bearbeitungstendenzen sind andere als die des Veldekschen Eneas-Romans, als dessen Ergänzer sich Herbort (V. 17381) versteht. Die Handlung wird gestrafft, die Kämpfe sind nicht idealisiert, sondern in realistischer Grausamkeit dargestellt, und die Liebe erscheint nicht als

Steigerung der Vorbildlichkeit des Helden, sondern als Schwäche, ja als Verderben. Herborts Roman ist gerade nicht idealisierend-höfisch; sein Geschichts- und Menschenbild ist geprägt von der *Chanson de geste*-Tradition mit ihrer heroischen, nicht höfischen Konzeption einerseits und von klerikaler Ablehnung der Geschlechterliebe andererseits. Vielleicht dürfen diese Tendenzen als Anpassung an die von Kriegergehabe charakterisierte Atmosphäre des Thüringer Hofs gedeutet werden, die Walther von der Vogelweide (gest. um 1230) in seinem Spruch 20,4 kritisiert. Dann wäre auch die Drastik der Schlachtbeschreibungen als Reverenz vor einem unkultiviert-heroischen Ideal zu deuten und nicht als ‹pazifistische› Kritik am Kriegertum. Die Adaptation des Trojaromans zeigt deutlich, daß die Übernahme der französischen Literatur und Kultur nicht nach einheitlichen Prinzipien erfolgte, sondern nach Zeitpunkt und vor allem nach dem rezipierenden Kulturkreis unterschiedlich war.

Das gilt auch für die Übernahme des alten Tristanromans, der sogenannten *Estoire*, im *Tristrant* (um 1190) des Eilhart von Oberge. Die Schwierigkeit bei der Bestimmung der Differenz zwischen deutscher und französischer Fassung liegt darin, daß die *Estoire* (um 1150) nicht erhalten ist, sondern aus der Eilhartschen Adaptation, dem Tristanroman des Béroul, dem französischen Prosa-Tristan und Episodengedichten rekonstruiert werden muß. Die bedingungslose Parteinahme des Autors für die Liebenden gegen die sozialen und moralischen Normen entspricht gewiß der Quelle; aber es gibt Indizien, daß die Liebeskonzeption der *Estoire* radikaler war. Das wichtigste Beispiel ist der gefälschte Reinigungseid, der in der Vorlage gestanden haben wird, den Eilhart jedoch eliminierte, wohl weil er damit rechnen mußte, daß man ein solches Verhalten als Gotteslästerung versteht. Auch die Episode von Tristrants Narrheit scheint er verändert zu haben. Während in der *Estoire* Tristan sich bewußt und absichtlich als Narr verkleidet, die tiefste soziale Erniedrigung planvoll herbeiführt, ist es bei Eilhart sein Neffe, der ihn auf diesen Gedanken bringt. Daß es die Maske des heiligen Liebesnarren ist, die Tristan absichtlich aufsetzt und womit er sein Wesen enthüllt, kommt bei Eilhart nicht heraus. Der deutsche Autor mildert also extreme Situationen oder moralisch zweifelhafte – so dürfte seine Begründung, Isolde Weißhand habe Tristrant «ohne Falschheit, aus Dummheit» (V. 9380f) die Unwahrheit über die Segelfarbe gesagt, eine von ihm erfundene Entschuldigung der im Original aus Eifersucht lügenden Ehefrau sein. Die *Estoire* war sehr locker strukturiert, und Eilhart hat anscheinend die Erzählung auch besser, logischer geordnet und damit für ein Publikum aufbereitet, das die Fabel – im Unterschied zum Publikum Bérouls – nicht kannte. Erzählpartien, die sich auf politisch-gesellschaftliche Situationen beziehen – wie die Abwehr der Bedrohung Cornwalls im Moroltkampf, die Nachfolgeregelung Tristrants in seiner Herrschaft, die Situation im

Land König Havelins, die zur Heirat Tristrants mit Isolde Weißhand führt –, werden von Eilhart mit bemerkenswerter Ausführlichkeit geschildert. Vermutlich sprachen sie ein Publikum an, das an der entsprechenden Thematik der alten Heldendichtung eher geschult war als an der modernen Minnethematik. Diese Dimension wird explizit eingebracht in dem Vergleich von Kehenis und Tristrant mit Dietrich und Hildebrand (V. 5973 ff). Die Projektion des neuen Helden auf das alte heroische Ideal bedeutete – wie im *Alexander* (um 1150) des Pfaffen Lamprecht die Schlacht auf Wülpenwert aus der Hildesage (V. 1321 ff) – ein Eingehen auf das Publikum. Dieses haben wir vermutlich am Braunschweiger Welfenhof zu suchen, am ehesten in den neunziger Jahren des 12. Jahrhunderts, nach der Rückkehr der Welfen und ihrer treuesten Anhänger aus dem normannischen Exil, wo sie die neue Romankunst kennengelernt hatten. Die archaische Form, die Rücksichtnahme auf religiöse Gefühle, die Betonung der Staats- und Herrschaftsthematik passen zum welfischen Literaturbetrieb, der sich darin deutlich von den Höfen im Südwesten unterschied.

Diese (nicht unumstrittene) Spätdatierung des *Tristrant* hebt die Bedeutung des Hartmannschen *Erec* (um 1185) als des ersten Romans der *matière de Bretagne* in deutscher Sprache. Die Vorstellung, der Hoftag zu Mainz 1184 und der mögliche Vortrag von Veldekes *Eneas*-Roman habe den Impuls zur Abfassung des *Erec* gegeben, ist nicht von der Hand zu weisen – die politische Konkurrenz mit anderen Großen könnte Hartmanns Gönner, den Zähringer Herzog wahrscheinlich, motiviert haben, ein wichtiges Werk der modernen französischen Literatur übersetzen zu lassen. *Erec et Enide* (um 1170) Chrétiens ist der Ausgangspunkt der Artusepik in Frankreich; er verwirklicht als erster Roman ein Modell, das später variiert wird. Chrétien spricht im Prolog seines Werkes von der *bele conjointure,* der schönen Fügung (V. 14), in die er den bretonischen Märchenstoff gebracht habe. Sie soll ihm einen Sinn geben, der in der Struktur beschlossen ist – im Doppelweg von scheinbarem Gelingen und Sturz wegen mangelnder gesellschaftlicher Einordnung, dann aber von erneutem Aufstieg und vollkommener Harmonie zwischen Held und Gesellschaft.

Hartmann hat das Muster getreulich nachgeahmt, sogar in Details stärker systematisiert als der Franzose. Anders als die ‹mildernden› Autoren Veldeke und Eilhart setzt Hartmann auf Kontraste; er baut Vorgegebenes schärfer aus – so die Armut Enites und ihres Vaters. Bei ihm wohnen sie in einer Ruine, haben keine Dienerschaft, nicht einmal zu essen gibt es, und die Not des Vaters wird ausführlicher dargestellt als die (für den Ablauf wichtigere) Schönheit des Mädchens, ja er läßt die schäbig Gekleidete beim Sperberkampf von Erecs Gegner als Bettlerin beleidigen («ir dürftiginne», V. 694). Andererseits eliminiert auch Hartmann Momente der

Vorlage, die die Vorbildlichkeit des Dargestellten beeinträchtigen, so ein Element in der *costume Pandragon,* der Hirschjagd des Königs Artus, bei der der Sieger die schönste Dame mit einem Kuß auszeichnet. In Chrétiens Roman besteht ein Mitbestimmungsrecht der Ritter, die sich gegen eine einseitig vom König getroffene Entscheidung wehren, wodurch es zum Streit, zu einer Einberufung des Ritterrates und zu einer Vertagung kommt. Diese Szene hat Hartmann eliminiert, weil sie nicht den idealtypischen Konsens von Herrscher und Vasallen darstellt, den er für vorbildlich halten könnte.

Eine andere Szene steigert entsprechend die ethische Exemplarität des Helden. Die Schlußaventiure *Joie de la curt* wird zusätzlich motiviert durch die Situation der achtzig Witwen, die das Erbarmen des Helden wecken (V. 8334ff) und dann, zurückgeführt in die Gesellschaft, die Hofesfreude mehren (V. 9947f). Auf diese Weise bringt Hartmann eine zusätzliche, nicht strukturell motivierte soziale Dimension in die Aventiure ein. Höfisches Zeremoniell erscheint bei dem Deutschen ausführlicher als im französischen Roman – deutlich wird das bei dem Hochzeitsturnier, für dessen Schilderung Hartmann fünfhundert Verse mehr braucht als Chrétien. Die auffälligste Erweiterung aber ist die rhetorisch aufwendige Beschreibung von Enites Pferd, die bei Chrétien mit 35 Versen nicht aus dem Rahmen fällt, bei Hartmann aber mit 480 Versen einen ganz deutlichen Akzent setzt. Sie demonstriert nicht nur die Souveränität des Dichters in einer klassischen poetischen Technik, sondern soll Enite und ihrer Bewährung ein stärkeres Gewicht geben. Nachdem sie Erec Pferdedienst geleistet hat, wird sie jetzt selbst mit einem unvergleichlichen Reittier ausgezeichnet. Insgesamt zielt also die deutsche Version auf Deutlichkeit und Beispielhaftigkeit in sozialer und ethischer Hinsicht, sie ist weniger erzählerisch-spielerisch als die Chrétiens, eher lehrhaft und nachdrücklich. Das sind wichtige Nuancierungen, wobei jedoch die poetologische Grundlage erhalten bleibt, daß nämlich die Lehre primär nicht über Kommentare oder exemplarische Einzelaktionen, sondern über den Nachvollzug des Struktur gewordenen ‹Königswegs› des Helden erfahrbar gemacht wird.

Das gilt in höherem Maße noch für den *Iwein* (um 1200/05), der näher an der Vorlage, Chrétiens *Yvain* (um 1180), bleibt, aber mit subtilen Mitteln dennoch die Problemsituation schärfer und ein wenig anders akzentuiert. Wie bei Chrétien verfehlt Iwein Laudines Ansprüche auf Zuwendung und Schutz; Hartmann aber faßt das stärker politisch: Sein Iwein versäumt eine Rechtsfrist, in der er die Landesverteidigung hätte wahrnehmen müssen. Sein Weg ist deutlicher auf das Ziel der verantwortungsvollen Herrschaft ausgerichtet, die Liebesproblematik ist eher sozial und weniger persönlich gefaßt, wie in der Trauer von Chrétiens Laudine über Yvains Ausbleiben sichtbar wird, die es bei Hartmann nicht gibt. Andererseits wieder der Versuch, Zweifel an der Vorbildlichkeit der Helden zu beseitigen: Laudines rascher Ehe-Entschluß wird ausdrücklich entschuldigt, am Schluß bittet sie Iwein um Verzeihung für das, was sie ihm angetan hat. Sie macht ihm damit klar, daß sie weiß, wie hart er für seine Verfehlung gebüßt hat, sie ihn verstoßen mußte, um ihn nunmehr ohne Bedenken als Ehemann und Landesherren annehmen zu können.

An den beiden Hartmannschen Romanen wird, gerade weil Hartmann ein sprachlich und rhetorisch gewandter Erzähler ist, deutlich, daß das Ziel, die Menschen- und Gesellschaftskonzeption der französischen Romane einem deutschen Publikum zu vermitteln, teilweise andere, von der Vorlage abweichende Darstellungsmuster verlangte. Die beobachtete Tendenz zur Repräsentation, Deutlichkeit und Exemplarität nimmt Rücksicht auf einen Rezipientenkreis, der weniger literarisch geschult war, dem vieles erst gesagt oder deutlicher vorgeführt werden mußte, was für das französische Publikum mit der längeren höfischen Tradition vorauszusetzen oder leicht aufnehmbar war. Denn der französische Adel hatte ohnehin engeren Kontakt mit der klerikalen Bildungswelt, war oft selbst lesekundig, während die Adelsgesellschaft in Deutschland noch weitgehend illiterat war. Die intellektuell-spielerische Dimension des Erzählens bei Chrétien wäre von einem deutschen Publikum vielleicht mißverstanden worden; daher kommt es zu einer unmißverständlichen Idealisierung.

Diese Tendenz dürfte auch der Grund dafür gewesen sein, daß Chrétiens *Karrenritter* (1177/81) nicht ins Deutsche übertragen wurde. Der Widerspruch zwischen Liebe und Gesellschaftsordnung, zwischen Ehebruchsminne und Ritterehre, der im Lancelotroman ungelöst bleibt und nur im Vortrag vor der höfischen Gesellschaft aufhebbar ist, überforderte wohl die Verständnismöglichkeiten des deutschen Publikums. Erst in der Prosaauflösung des *Lancelot-Graal-Zyklus*, wo die Liebesproblematik in heilsgeschichtlicher Deutungsperspektive erscheint, konnte die Karrenritter-Geschichte ins Deutsche gelangen.

Der Lancelot-Stoff ist allerdings in einer anderen, trivialeren Gestalt deutsch erzählt worden: im *Lanzelet* (1195/1200) des Ulrich von Zatzikhofen, der 1214 als Leutpriester bezeugt ist. Seine Vorlage war ein anglonormannischer Roman, ein «welschez buoch», das in den 1170er Jahren entstanden sein dürfte, und zwar im Umkreis des Vermittlers der Vorlage, des englischen Adligen Hugo von Morville, einer der Geiseln für Richard Löwenherz am Hof Heinrichs VI. 1194/95. Ein Angehöriger der anglonormannischen Führungsschicht hatte also offensichtlich seinen ‹eigenen› Roman dabei; es entstand der Wunsch, ihn allgemein zugänglich zu machen, und ein Mäzen – fraglich, ob es der Kaiser selbst war – gab einem Kleriker den Auftrag zur Verdeutschung. Die neuere Forschung geht davon aus, daß diese eigenständige Variante zum Problemroman Chrétiens die Vorlage getreu wiedergibt mit ihrer Verherrlichung altadliger erotischer Privilegien, ihrer nur oberflächlich höfischen Liebeskonzeption und ihrer Feier der gerechten und friedlichen Herrschaft Lanzelets im Unterschied zur Tyrannei seines Vaters. Im Weg des Helden artikuliert sich das Interesse an guter Herrschaft auf der Basis dynastischer Legitimation, ein Programm, das ganz im Interesse des alten Adels ist. Er kommt deshalb auch am ehesten als Auftraggeber der Übertragung in Frage, ohne daß wir sagen könnten, welcher der Großen im Umkreis des Kaisers der eigentliche Mäzen war. Bezeichnend ist, daß die Verbindung wie im *Rolandslied* und *Tristrant* zum anglonormannischen Hof läuft und daß der Autor, gleich dem Pfaffen Konrad, noch ganz in den Bereich der klerikalen Bildung gehört.

Höfische Lyrik

Bald nach 1150, als die erste Übernahme erzählender Literatur aus der Romania erfolgte, setzt auch die volkssprachliche Liebeslyrik ein, zumeist im Donauraum, weshalb wir von donauländischem Minnesang sprechen. Eine Anregung des (nicht näher identifizierbaren) Kürenbergers (Mitte 12. Jahrhundert) durch französische Ritter, die beim zweiten Kreuzzug ins Heilige Land durch das Donautal zogen, ist nicht unwahrscheinlich. Auf dem ersten Kreuzzug kam sogar der ‹erste Trobador›, Wilhelm IX. von Aquitanien (1071 bis 1127), durch Süddeutschland. Aus dieser Zeit kennen wir jedoch keine Lieder. Es mag solche gegeben haben, die jedoch als mündliche Kunst nicht den Weg auf das Pergament fanden. Beim Kürenberger zeigt die souveräne Verfügung über eine archaische poetische Technik, daß er aus einer existierenden Tradition heraus singt. Es lassen sich zwar inhaltliche Parallelen zwischen ihm und dem ersten Trobador feststellen (wie im Fall der *Prahlstrophe*, *MF* 10,17); aber diese bleiben an der Oberfläche und sind durchaus als Verherrlichung der gleichen altaristokratischen Sexualmoral zu erklären. Bedeutsamer sind die Differenzen; ein Reflex des trobadoresken Frauendienstes ist zum Beispiel nur ex negativo aus dem *Zinnen-Wechsel* (*MF* 8,1 und 9,29) herauszulesen. Doch schon beim Rietenburger Burggrafen zeigt sich das Konzept des Dienstes des Mannes mit ethisierender Wirkung (*MF* 19,17). Stärker ist der Einfluß der romanischen Ideen dann bei Meinloh von Sevelingen (tätig um 1160/70). Die deutschen Sänger greifen einzelne Vorstellungen der Trobadors auf und integrieren sie in ihre literarischen Muster, so daß der Zusammenhang mit der heimischen Tradition gewahrt bleibt. Die Unterschiedlichkeit der romanischen und der deutschen literarisch-kulturellen Situation verbot eine direkte Übernahme: Der donauländische Minnesang wurde in erster Linie von adligen Dilettanten getragen, die, im Unterschied zur Situation in Südfrankreich, weder Beziehungen zur lateinisch-gelehrten noch zur spielmännischen

Welt hatten. Somit fehlen in Deutschland gelehrte Ausführungen über die Liebe wie Verbindungen zum Herrenpreis oder Hinweise auf spielmännische Konkurrenzsituationen [vgl. 706]. Die frühen Minnesänger bis zu Walther fühlen sich nicht als Literaten, die der höfischen Gesellschaft gegenüberstehen, sondern als Teil von ihr.

Die erste Sängergeneration steht in mehr oder weniger enger Verbindung mit dem Babenberger Hof, der ein wichtiges Zentrum der Liedkunst bleibt und an dem heimische Traditionen (z. B. in den Frauenliedern Reinmars) sich halten. Die Sänger der achtziger Jahre dagegen sind im Westen anzusiedeln, vorwiegend im Umkreis des staufischen Hofs. Der Kontakt zur Romania war geographisch durch die Beweglichkeit der kaiserlichen Gefolgs- und Dienstleute wesentlich intensiver. Die Trobadorlyrik bildet nunmehr das Modell, an dem sich die Produktion der westlichen Sänger um Friedrich von Hausen (gest. 1190) und Graf Rudolf von Fenis und Neuenburg (gest. vor 1196) eng orientiert. Das bedeutet jedoch eine Reduktion der Minnekonzeptionen der frühen Zeit auf die einseitige Werbung um eine unerfüllbare ‹hohe› Minne. Das wird beispielhaft sichtbar im Verschwinden des Frauenliedes: Die Frau erscheint nicht mehr als Partnerin im Liebesdiskurs, sondern nur noch als – erhöhtes – Gegenüber.

Die Idee des Frauendienstes, die im Provenzalischen eine stark soziale Komponente hat, wird von den deutschen Minnesängern weiterhin und zunehmend ethisch interpretiert: Die vergebliche Werbung führt zu einer Introspektion und Sensibilisierung des Mannes für seelische Werte einerseits und zu einem verstärkten Bemühen um gesellschaftlich-ethische Vollkommenheit andererseits.

In der zweiten Phase des romanischen Einflusses wird aus dem breiten Angebot des trobadoresken Liebesdiskurses, der auch die erfolgreiche Werbung thematisiert und ohnehin für Fragen der Sexualität offener ist, ein bestimmtes Konzept herausgegriffen. Anders als in Südfrankreich sollte die Liebeslyrik stärker Modelle höfischen Verhaltens vermitteln und weniger Teil eines feudalgesellschaftlichen «Spiels mit der höfischen Liebe» [vgl. 365] sein, die als Ausweis aristokratisch-artistischer Souveränität galt. So wird etwa die Gattung der Pastourelle nicht beziehungsweise nur in Einzelmomenten übernommen, da in ihr die ständisch ungebundene, freizügige Sexualität diskutiert wird. Vergleichbares gilt für das Tagelied, das auch zuerst in ältere Formen (wie bei Morungen den Wechsel) und Konzepte (z. B. bei Reinmar in das der Entsagungsliebe) integriert wird, ehe es dann bei Wolfram in voller Gestalt erscheint, wobei auch hier eine Ethisierung und Steigerung der Existentialität der ‹verbotenen› Liebe analog zum Vorgehen der anderen Sänger bei der Übernahme der ‹hohen› Minne stattfindet. Die Reduktion der Minnekonzepte ist weiterhin wohl in der zeitlichen Verschiebung der Rezeption begründet: In Deutschland entstand gleichzeitig der Roman. Der höfische Diskurs, der in Südfrankreich praktisch nur in der Lyrik geführt wurde, bezog also auch die epischen Formen ein und gewann dadurch einen Teil des bei der reduzierten Übernahme der Lyrik verlorenen Terrains zurück. Im Hausenkreis begegnen wir zum erstenmal der breiten Übernahme romanischer Strophenformen, während die frühen Dichter Formen der heimischen Langzeile bevorzugen. Vor allem die dreiteilige Kanzonenform aus zwei Stollen und Abgesang wird übernommen (AAB), und man darf von der Annahme ausgehen, daß mit dem Strophengerüst auch die Melodie benutzt wurde. Wir sprechen von ‹Kontrafaktur› und halten sie für gesichert, wenn außer der formalen Gleichheit inhaltliche Anklänge an das romanische Vorbild feststellbar sind. Diese Annahme erlaubt, das Fehlen von Melodien für den deutschen Minnesang durch die Unterlegung von Trobador- und Trouvèremelodien zu kompensieren. Es ist allerdings davon auszugehen, daß die Melodien bei der Übernahme Wandlungen erfuhren – was bei dem Charakter der mittelalterlichen Lyrik als ‹Aufführungskunst› naheliegt, die sich in situativ unterschiedlicher Gestalt präsentieren konnte. Der Vorgang der Kontrafaktur ist an dem Beispiel von Walthers *Palästinalied*, dessen Melodie im sogenannten *Münsterschen Fragment* aus der Mitte des 14. Jahrhunderts erhalten ist, mit einiger Sicherheit zu beobachten. Eng verwandt mit Walthers Melodie ist die von Jaufré Rudels *Lanquan li jorn son lonc en mai*. Beide Lieder sind formal identisch; die Strukturen der Melodien (‹Rundkanzone› mit Wiederholung der letzten Stollenzeile am Schluß des Abgesangs) entsprechen sich. Die überlieferten Fassungen der Jaufré-Melodien weisen zwar sehr viel mehr Vieltonfolgen (Melismen) auf; aber das sind Verzierungen, die zum hohen Stil des Minneliedes gehören und weniger zu Walthers religiöspolitischem Lied.

Die Melodieübernahme Walthers enthält obendrein eine semantische Komponente: Jaufré Rudels *Mailied* spricht von der «Fernliebe» (*amor de lonh*), und für Walther ist die «Fernliebe» diejenige zum Heiligen Land. Jaufré selbst hatte nun für seine Melodie die einer Marienantiphon (*Ave regina caelorum*) umgestaltet, indem er aus einer im wesentlichen durchkomponierten Melodie eine Kanzone machte. Er benutzte dabei die sakralen Konnotationen der Melodie zur Unterstützung seiner spirituellen Liebeskonzeption. Walthers Melodie schließlich wurde in der Bordesholmer Marienklage aus dem 15. Jahrhundert verwendet. Dieses Beispiel zeigt, daß die Kontrafaktur eine geübte Praxis des Austauschs zwischen dem geistlichen und dem weltlichen Bereich einerseits und zwischen der französischen und deutschen Hofkultur andererseits war. Mit der Melodienübernahme kamen auch inhaltliche Dimensionen ins Spiel, und die jeweils neue Gestalt wurde vom Text mitbestimmt. In dieser Fähigkeit der anverwandelnden Rezeption zeigte sich die Souveränität des

Sängers. Die Kontrafaktur entsprang nicht einer Begrenztheit, sondern im Gegenteil einer Offenheit und Erfahrenheit des Autors, seiner Kenntnis und seiner Verfügung über die europäische Musizierpraxis. Nicht ohne Grund rühmt Gottfried gerade Walthers Variationskunst (V. 4806).

Der Bezug auf die romanische Formkunst, der zur Hausenzeit besonders intensiv war (vier Lieder von Hausen gelten als sichere, drei weitere als wahrscheinliche Kontrafakte), lockert sich in der späteren Zeit. Bei den Minnesängern des 13. Jahrhunderts ist ein Bezug zur Formkunst der gleichzeitigen Trouvères selten nachweisbar, und ihre mehrstimmige Liedkunst (erste Beispiele von Adam de la Halle, nach der Jahrhundertmitte) wird gar nicht rezipiert. Im Bereich der gelehrten Mehrstimmigkeit (Saint Martial seit Beginn des 12. Jahrhunderts, Nôtre-Dame Paris seit dem letzten Drittel des Jahrhunderts) erwies sich Deutschland ebenfalls als wenig aufnahmebereit, wenngleich man aus dem Fehlen von Aufzeichnungen nicht schließen darf, daß improvisatorische Praktiken der Mehrstimmigkeit gefehlt hätten.

Direkte Kontakte deutscher Sänger mit ihren französischen Kollegen (sie sind Voraussetzung, denn Melodien lernt man nicht vom Pergament) fanden, wie wir gesehen haben, bei den Hoftagen statt – schließlich war Burgund und ein Teil der Provence Reichsgebiet, so daß Barbarossa sich 1178 zum König von Arles krönen ließ. Man hat auch an Kontakte mit Trobadors in Norditalien gedacht, wobei vor allem der Hof der Grafen von Montferrat ein Zentrum der höfischen Kultur und dabei der Liebeslyrik war – die Grafen gehörten zu den engsten Verbündeten der Staufer. Für Friedrich von Hausen ist außerdem an seine nordfranzösischen Missionen im Auftrag seines kaiserlichen Herrn zu denken, bei denen er die Liedkunst des Nachbarlandes kennenlernen konnte. Bei den anglonormannischen Herrschern, mit denen der Kaiser ebenfalls verhandelte, wurde die Trobadorlyrik gepflegt. Gelegenheiten gab es also genug. Es ist bezeichnend, daß vor allem der Stauferhof den Minnesang gepflegt hat – bis zum Barbarossasohn Heinrich selbst, der als der eigentliche Förderer des Hausenkreises gelten muß (eher als der Kaiser selbst).

Das Minnelied, vornehmlich das ‹hohe› Werbelied, war die am vorbehaltlosesten übernommene literarische Unterhaltungsform der höfischen Gesellschaft. Das Streitgedicht (*Jeu parti*), in dem zwei verschiedene Stellungnahmen zu Minneproblemen diskutiert werden, wurde in Deutschland kaum rezipiert, da es nicht zu einem entsprechend distanzierten Umgang mit dem Liebesphänomen kam. Vielleicht ist der *Moriz von Craûn* (um 1220?), eine «höfische Thesenerzählung aus Frankreich» [vgl. 619], Reflex eines Minnediskussions-Verhaltens, weil hier eine Minnethese aufgestellt wird, der eine Gegenthese entsprechen könnte. Satirische und parodistische Momente im *Moriz von Craûn* sind unübersehbar, so daß die Erzählung eher als Kritik an der literarischen Dienstminne und kaum als geradlinige Minnedidaxe zu lesen ist – eine Haltung, die gut in das erste Viertel des 13. Jahrhunderts paßt. Dieses Werk ist ein Sonderfall; sonst wird die kurze Erzählung nicht rezipiert, weder Lai noch Fabliau erscheinen in deutscher Sprache. Sie waren weniger geeignet, höfische Vorbildlichkeit zu transportieren, und hatten auch als Gattungen nicht den Prestigewert, der die übernommenen Formen des Romans und der Liebeslyrik auszeichnet.

Auch die gesungene Lebenslehre und die politische Lyrik blieben in Deutschland ohne Einfluß der provenzalischen, der *Sirventes*. Sie entwikkelte sich aus heimischen Grundlagen anscheinend autochthon in der Spruchdichtung weiter. Walther stellt insofern eine Ausnahme dar, als er die minnesängerische Formkunst auch auf seinen Spruchgesang applizierte und die traditionellen Rollen virtuos ausweitete. Dabei leitete ihn allerdings eher sein Kontakt zur lateinischen Dichtung der Kleriker und Vaganten, als zu den Spielleuten der volkssprachlichen Romania.

Reinhart Fuchs

Eine «antistaufische Gesellschaftssatire» [vgl. 536] ist der im letzten Jahrzehnt auf der Basis eines altfranzösischen *Roman de Renart* entstandene *Reinhart Fuchs*. Der *Roman de Renart* ist eine Reihung von Tiergeschichten in einzelnen ‹Branchen›, die verschiedene Abenteuer von Fuchs und Wolf erzählen. Die beiden ältesten Branchen stammen aus der Zeit 1174/76; bis 1190 kommen sieben weitere hinzu. Die lockere Fügung dieser einzelnen Teile, das episodische Fortschreiten entsprechen am ehesten der zyklischen Reihenbildung der *Chanson de geste,* während Versform und Erzählstil den höfischen Roman voraussetzen. Der deutsche Autor Heinrich gab dem Werk eine deutlicher gezielte satirische Intention und eine logische Struktur, die als Endkomposition mit dem Tod des Löwen (Heinrichs Hinzutat) die offene Reihung des französischen Romans aufgibt. Der Zielsetzung entsprechend wird die Schelmenrolle des Fuchses mit ihren Komik erzeugenden Möglichkeiten in der deutschen Fassung stärker negativ akzentuiert; aber auch die anderen Tiere, allen voran der Löwe, erscheinen von Eigennutz und niederen Trieben gesteuert. Die Bosheit des Fuchses dient dazu, die Unaufrichtigkeit, Heuchelei und Treulosigkeit der anderen zu enthüllen.

Der *Reinhart Fuchs* ist eine scharfe Satire auf den feudalen Staat, er ist der Negativabdruck der Idealbilder vom staatlichen Verband in Heldenepik und höfischem Roman. Eine solche Kritik enthält zur Entstehungszeit notwendigerweise antistaufische Tendenzen, aktualisiert die allgemeine Gesellschaftssatire zur politischen Satire; aber eine Gleichsetzung etwa des Löwen mit Heinrich VI. wäre eine unzulässige Vereindeutigung. Zwar mag der Auftraggeber, ein Dagsburger Graf vermutlich, diese Momente bewußt gefördert haben, doch die Herrschaftskritik bleibt offen. Sie erfolgt von ‹innen›, aus dem Adel selbst, und der Autor Heinrich zieht mit seinen Anspielungen auf Heldenepik (der parodistische Titel «Isengrîmes nôt» analog zur «Nibelunge nôt» z. B.) und höfischen Roman (Reinharts «Minnewerbung» um die Wölfin) alle Register der Adelsliteratur. Wenngleich in der logischen Ordnung der Erzählung bekannte französische Vorlagen auftauchen, so bleibt doch der Erzählstil fern höfischer Rhetorik und stilistisch-sprachlicher Perfektion. Die archaischen Stilzüge stehen wohl im Dienst der parodistischen Anlage. Der sicher klerikal gebildete Autor schlüpft in die Spielmannsrolle mit ihren Lizenzen von Scheltrede und Tadel.

Rezeption im 13. Jahrhundert

Die Rezeption der französischen Adelskultur endet mit dem 12. Jahrhundert, wobei doch eine spürbare Überlegenheit des Westens erhalten bleibt. Aber es hat sich ein Selbstbewußtsein entwickelt, das es erlaubt, bewußter eigene Wege zu gehen. Wir haben das exemplarisch bei Wolfram von Eschenbach gesehen. Die Romane des 13. Jahrhunderts arbeiten selbständig mit vorhandenen und neu erfundenen Motiven – wie der Stricker in seinem *Daniel* (um 1215). Aber daneben bleibt die ‹alte› Rezeptionshaltung bestehen: Chrétiens *Cligès* (um 1164/70) wird zweimal (von Konrad Fleck und Ulrich von Türheim) übertragen. Fleck bearbeitet den altfranzösischen *Floire et Blancheflor*-Roman in der sentimentalen (‹aristokratischen›) Fassung vom Ende des 12. Jahrhunderts. Er erweitert die Vorlage um Begründungen, Beschreibungen und Reflexionen. Ähnlich verfährt Konrad von Würzburg (um 1225 bis 1287) mit seinem Liebesroman *Partonopier und Meliur* (um 1277), bei dem er auf den *Partonopeus de Blois* (2. Hälfte des 12. Jahrhunderts) zurückgreift, aber das genealogische Element der Vorlage tilgte. Auftraggeber war der Basler Patrizier Peter Schaler, der mit seinem Mäzenatentum und mit der Wahl des Themas von Liebe und Ehre an die Gönnerschaft der ‹alten› Zeit anknüpfte. Er ist der erste Stadtadlige, der einen höfischen Roman in Auftrag gab. Auch Konrads *Trojanerkrieg* (1280/87) greift noch einmal auf ein französisches Vorbild, den bereits von Herbort von Fritslar übernommenen *Roman de Troie* (um 1165), zurück; er zieht allerdings noch andere Traditionen aus dem gelehrten Bereich heran. Letztes großes Zeugnis der Übersetzungsliteratur des 13. Jahrhunderts ist die Übernahme des Kernstücks des großen *Lancelot-Graal-Zyklus* (zwischen 1210/20), des *Lancelot propre,* kurz vor der Jahrhundertmitte. Die beiden letzten Teile folgen (wenig?) später. Bemerkenswert ist hier eher die Tatsache der Übertragung dieser Endzeit-Summe des arthurischen Erzählens als das deutsche Werk selbst, das ganz eng und nicht ohne Fehler das Original wiedergibt. Der deutsche *Lancelot* fand wenig Resonanz, weil er, anders als die früheren Adaptationen, keine Rücksicht auf die deutsche Literatursituation nahm. Im Unterschied zu Frankreich war nämlich in Deutschland die erzählende Prosa (noch) keine etablierte Kunstform, und die eher bescheidenen sprachlichen Mittel des Übersetzers reichten nicht aus, sie zu begründen.

Ulrich Müller
Musik und Literatur

Der Musik wurde «im Mittelalter eine Bedeutung zugemessen, die uns heute fremd geworden ist. Sie besaß Ausdruckskraft für rechtliche Verhältnisse und für soziales Ansehen; sie war Bestandteil der Präsentation von Herrschaft und notwendig bei der Darstellung von Reichtum und Pracht oder von Bildung und Gesittung; sie war geselliges Spiel in der höfischen Unterhaltung oder Ausdruck der Zusammengehörigkeit beim gemeinsamen Singen, sei es in Gefahr, sei es als Zeichen der Freude und Zustimmung. Sie diente der Selbstdarstellung wie der Ehrung eines anderen; sie war aber auch zweckfreies Spiel und Trost in Bedrängnis» [91; *S. 271*]. Sie war, als irdisches Abbild der gottpreisenden Engelschöre, ein zentraler und unverzichtbarer Teil der christlichen Liturgie; sie war ein Teil des höfischen Erziehungskanons [etwa der *Tristan* Gottfrieds; vgl. 652], und sie stand im Wissenschaftssystem der ‹Sieben Freien Künste› am Abschluß (also am Ende des Quadriviums). Integraler Bestandteil war die Musik in wichtigen Bereichen der Literatur: im geistlichen Drama, in der gesungenen Lyrik (Sangverslyrik) und in der gesungenen Epik (Sangversepik).

Die Musik des Mittelalters stand vor allem unter drei Einflüssen: der Antike (insbesondere der Musik der Spätantike und der jüdischen Psalmodie), der islamischen Araber (vermittelt vor allem über das seit 711 arabische Spanien und über Sizilien) und der autochthonen volkstümlichen Musik. Während die beiden ersten durch Abbildungen, Beschreibungen und teilweise durch dauernde Tradition (leider nicht durch heute lesbare alte Notenschriften) wenigstens hinlänglich bekannt sind, fehlt solches für den Bereich der ‹Volkskultur› fast völlig, so daß man hier auf Vermutungen und Analogieschlüsse angewiesen ist. Mehrstimmigkeit, die später zu einem Hauptmerkmal der europäischen Musik werden sollte, findet sich in ersten Ansätzen ab dem 9. Jahrhundert (Parallelstimmen im Abstand einer Oktave, Quinte oder Quarte: *Organum*). In den nach den

Schulen des südfranzösischen Klosters St. Martial (1100) und der Pariser Kathedrale von Notre-Dame (Mitte 12. bis Mitte 13. Jahrhundert) benannten Formen der Polyphonie sowie in der sogenannten *ars antiqua* (ca. 1240/1250 bis 1310/1320) erreicht dann die hochmittelalterliche Mehrstimmigkeit ihre Höhepunkte.

Der um 1300 in Paris lebende und lehrende Magister Johannes de Grocheio hat in seinem Traktat *De musica* den Gesamtbereich der damaligen Musik aus eigener Anschauung und Beobachtung systematisiert und beschrieben, ganz im Geist der damals neuen Naturwissenschaft um Wilhelm von Ockham (gest. um 1349). Er unterscheidet *musica vulgaris* (Musik zu volkssprachlichen Texten), *musica mensurata* (polyphone Musik) und *musica ecclesiastica* (die mit beiden verbundene Musik der Kirche), und er erwähnt ausdrücklich und mit verschiedenen Untergliederungen die gesungene Lyrik und Epik, die er beide zur *musica vulgaris* rechnet. Wie auch die überlieferten Melodien zeigen, waren beide im Grundsatz einstimmig; allerdings konnte einfache Mehrstimmigkeit, etwa in Form eines Borduns (tiefstimmige, meist lang ausgehaltene Instrumentaltöne), einer improvisierend-stützenden Instrumentalbegleitung oder des heute in mancher Volksmusik noch üblichen Übersingens (paralleles Mitsingen in der Oberstimme) sicherlich hinzutreten, wurde aber damals nicht notiert (in der mittelhochdeutschen Sangverslyrik erstmals beim Mönch von Salzburg, zweite Hälfte des 15. Jhs.). So rühmt etwa Gottfried von Straßburg (*Tristan*, V. 4805f) die musikalischen Fähigkeiten Walthers von der Vogelweide (gest. um 1230), wenn er preisend sagt, dieser habe hervorragend «organiere(n)» und den «sanc wandeliere(n)», also eine zweite Stimme, komponieren (singen?) und die Melodie variieren können.

Religiöse Dichtung des frühen und hohen Mittelalters, soweit es sich um strophische Lyrik handelt, wurde eindeutig gesungen, sicherlich ganz im Stil des gregorianischen Chorals. Dies gilt nicht nur für mittellateinische Texte (Hymnen, Sequenzen etc., ferner die *Symphoniae* der Hildegard von Bingen [1098 bis 1179]), sondern auch für solche in der Volkssprache wie das *Ezzolied* (zwischen 1057 und 1064); von diesem ist ja ausdrücklich überliefert, daß es als Pilgerlied auf der Kreuzfahrt des Bamberger Bischofs Gunther (1064/65) verwendet wurde und die Melodie von einem Scholasticus namens «Wille» stamme. Aber auch Texte wie das althochdeutsche *Ludwigslied* (881/82) und vor allem das mit einem Refrain versehene, zum Typ der *Leise* gehörende *Petruslied* (9. Jh.) wurden sicher gesungen, und zwar in Art der Psalmodie. Dasselbe muß man für die epische Großform der *Evangelienharmonie* (zwischen 863 und 871) des Otfrid annehmen, zu der in der *Heidelberger Handschrift* (cpl 52) sogar eine Melodie (für eine ‹Stropheneinheit› von zwei Langzeilen = vier paargereimte Vierheber) erhalten ist; Vorbild könnten hier die *lectiones* im Gottesdienst und in den Klöstern gewesen sein. – Geistliche Spiele in lateinischer Sprache übernahmen ihre Musik entweder direkt (mit den dazugehörigen Texten) aus der Liturgie, oder diese wurde in enger Anlehnung daran ‹komponiert›, so im Falle des eindrucksvollen, zwischen 1151 und 1158 entstandenen *Ordo virtutum* der Hildegard von Bingen.

Wie in vielen anderen Kulturräumen wurde auch die Heldenepik des Mittelalters, also die französische *Chanson de geste* und die strophische mittelhochdeutsche Epik, gesungen. Laut der Aufstellung von Horst Brunner [294; 296] sind für das Mittelhochdeutsche fünfzehn verschiedene Strophenformen bekannt, und zu acht von ihnen sind auch die Melodien überliefert oder erschließbar. Michel Beheim (1416/21 bis 1474/78), der zeitlich letzte Verfasser von mhd. Sangversepen, erwähnt in der Überschrift zu seinem *Buch von den Wienern* (1462/66) ausdrücklich, daß dieses gesungen oder (vor)gelesen werden konnte, und gleiches wird wohl für die Strophenepik des gesamten Hoch- und Spätmittelalters gelten [vgl. 589]. Die Forschung hat allerdings die Sangbarkeit der entsprechenden Texte kaum ins Kalkül gezogen, ja sich trotz besseren (und eindeutigen) Wissens sogar ablehnend verhalten. Epen-Singen gab und gibt es noch im Europa des 20. Jahrhunderts, so etwa im Serbokroatischen, im Russischen (*Bylinen*) oder auf Zypern, ferner in der benachbarten asiatischen Türkei und bei den Arabern, sowie – besonders lebendig – in Schwarzafrika (*griot*: man vergleiche dazu den Roman *Roots* des Amerikaners Alex Haley von 1976), in der Mongolei und in China. Eine spezielle Form, nämlich das Tanzen epischer Gesänge, hat sich bis heute auf den skandinavischen Färöer-Inseln gehalten [587].

Gelegentlich, insbesondere durch Ewald Jammers [341] und Walther Lipphardt [354], wurde die Meinung geäußert, die hochmittelalterliche Reimpaarepik wie der *Erec* (um 1185) oder *Parzival* (1200/10) seien gleichfalls ‹gesungen›, also in Art der bereits erwähnten kirchlichen *lectiones* vorgetragen worden; und es wurde dabei auch auf die Sangbarkeit von Otfrids Christus-Epos verwiesen. Diese Vermutung läßt sich zwar nicht eindeutig widerlegen, doch hat sie kaum Anhänger gefunden.

Die strophische beziehungsweise in strophenähnliche Abschnitte gegliederte Lyrik des Mittelalters, also der okzitanischen (provenzalischen) Trobadors, der nordfranzösischen Trouvères und der sogenannten Minnesänger, wurde ihrem Publikum damals primär im gesungenen Vortrag vermittelt, entweder durch die Autoren, das heißt die Dichterkomponisten selbst, oder durch spezielle Sänger («joglars», «spilman»/«spilwîp»). Entsprechend den Verhältnissen im Okzitanischen und Nordfranzösischen hatten die mittelhochdeutschen Lyrica ‹Lied› und ‹Leich› stets eine zugehörige Melodie: *wort* und *wîse* waren im sogenannten Ton (*dôn*) fest verbunden. Die Melodien standen sicherlich im Bezug zum Inhalt der Lieder (z. B. ob geistlich oder eher für den Tanz), aber sie deuteten die

Texte nicht in dem (erst) seit dem 19. Jahrhundert üblichen Sinne eines Kunstliedes aus. Allerdings steht es um die Musiküberlieferung zur mhd. Lyrik des hohen Mittelalters nicht besonders gut: Während für das 12., 13. und frühe 14. Jahrhundert circa 250 Melodien der Trobadors und circa 1400 der Trouvères überliefert sind, ist man für die mdh. Lyrik jenes Zeitraumes zum größten Teil auf die Melodien der *Jenaer Liederhandschrift* (Mitte des 14. Jahrhunderts, 91 Melodien, weitgehend zum sogenannten Sangspruch) und das in seiner Authentizität umstrittene *Neidhart-Corpus* (55 Melodien in fünf Handschriften) angewiesen, das heißt, die Musik zur mhd. Liebeslyrik fehlt fast völlig. Da offenbar manche französischen Melodien von den deutschen Liederdichtern übernommen und mit neuen Texten versehen (‹kontrafaziert›) wurden und da vor allem Sangspruch-Melodien von den späteren Meistersingern in ähnlicher Weise weiterverwendet wurden, gibt es die Möglichkeit, mit den Mitteln der Kontrafaktur-Forschung Melodien zur mhd. Lyrik des Hochmittelalters zu rekonstruieren, allerdings mit vielen Unsicherheiten. Ein Beispiel: Zu den circa 140 Liedern Walthers von der Vogelweide, einschließlich der Sangsprüche, ist nur beim *Palästinalied* (14,38) Text und Melodie zusammen, eindeutig und vollständig überliefert (Hs.Z = *Münstersches Fragment*). Da aber manche Töne Walthers von den Meistersingern übernommen wurden und da Walther möglicherweise einige Melodien aus dem Französischen kontrafaziert hat, kommt man insgesamt doch auf etwa zehn einigermaßen mögliche Melodien zu Walther-Liedern [vgl. dazu grundlegend 427; ferner 589]. Manche der vorgeschlagenen Melodien, etwa zum sogenannten Reichston oder zum 1. Atze-Ton, sind allerdings sicherlich nicht von Walther, und es ist zu bedauern (ja mittlerweile geradezu unverantwortlich), daß die weitverbreitete zweibändige Walther-Ausgabe (1955/56) von Friedrich Maurer in ihren Nachdrucken immer noch verschiedene solcher dubiosen oder falschen Melodien ohne jeden Kommentar enthält.

Selbst wenn Melodien überliefert sind, lassen sich die genauen Umstände, wie mittelalterliche Sangversepik und -lyrik zu ihrer Zeit aufgeführt wurden, nicht oder kaum mehr feststellen. Einerseits fehlen Beschreibungen solcher Veranstaltungen weitgehend (z. B. ob tagsüber oder abends, ob mit oder ohne Tanz, vor wie großem Publikum etc.), andererseits entsprechen die Notationen nicht dem heute Gewohnten. Die linienlosen Neumen (so etwa in der Handschrift der *Carmina Burana*, um 1230) waren bloße Gedächtnisstützen, und sie sind heute für sich (d. h. ohne Parallelüberlieferung auf Notenlinien) nicht mehr deutbar; und die durch Guido von Arezzo (um 992 bis 1050) erfundene Notierung mit Hilfe von Linien im Terzabstand gibt bei der einstimmigen Musik des Mittelalters nur die Höhe der einzelnen Töne an, also den reinen Verlauf der Melodie, nicht aber Tempo, Rhythmus, Ausdruck und eventuelle Instrumentierung. Diese ‹Selbstverständlichkeiten›, die damals nicht notiert werden mußten und deren schriftliche Festlegung erst mit der Mehrstimmigkeit (Rhythmus!) und der weiteren Entwicklung der europäischen Musik notwendig wurde, muß man heute mühsam rekonstruieren: aus einigen wenigen mittelalterlichen Hinweisen, vor allem mit Hilfe von Musikkulturen, in denen sich mittelalterliche Musizierpraxis bewahrt hat, also aus der Folklore einiger europäischer Randgebiete, aus der (mit Traditionsbrüchen belasteten) Kirchenmusik sowie insbesondere der klassischen arabischen Musik, die ihre alten Traditionen in besonderem Maße bewahrt hat.

Die arabische Musik, ihre Instrumente und ihre Musizierweise waren im hohen Mittelalter auf Grund des damaligen Kulturgefälles Orient–Okzident und auf Grund der vielfältigen geographischen Kontakte für Europa vorbildhaft, vor allem der Einfluß aus dem arabischen Spanien ins christliche Südfrankreich war sehr stark. Ein einziges Beispiel für die Wichtigkeit und die weltweite Ausstrahlung des Arabischen sei angeführt: Bis heute wird in Ägypten ein langhalsiges, zweisaitiges Streichinstrument zur Begleitung beim Epen-Singen verwendet, die Rabab; sie findet sich als Zupfinstrument bereits in pharaonischer Zeit (abgebildet etwa im Grab des Beamten Nakht, Theben/Oberägypten, ca. 1425 v. Chr.). Im Mittelalter hat man dieses Instrument, anfangs sicherlich mit der dazugehörigen Musizierweise (und vielleicht auch für dieselbe Textsorte), in Europa übernommen, und es wurde dort der Vorfahre aller späteren Streichinstrumente bis hin zur Violine. Von Arabien brachten es asiatische Steppenvölker ins fernöstliche China (wie die heutige Bezeichnung *hu qin* = Musikinstrument der Nordvölker noch aussagt); dort findet es als Streichinstrument im Musiktheater, als Zupfinstrument (wie ehedem) zum Geschichten-Singen Verwendung, und zwar bis heute. Insofern kann man Anregungen und Vorbilder für heutige Versuche, europäische Epen des Mittelalters wieder aufzuführen, bei den Arabern, in Ägypten (und etwa in China) finden. Allerdings sind diese, wie auch alle anderen Analogieverfahren, natürlich mit gewissen Unsicherheiten belastet.

Aus dem Bisherigen ergibt sich, daß alle heutigen Aufführungen von mittelalterlicher Musik Versuche mit bloßem Annäherungswert sind, sehr unterschiedlich ausfallen können und in sehr viel stärkerem Maße als sonst dem jeweiligen Zeitgeschmack beziehungsweise den Geschmack des jeweiligen Interpreten unterworfen sind. Für den Bereich der Lyrik gibt es moderne Aufführungsbemühungen bereits seit einigen Jahrzehnten, und zum Mittelhochdeutschen seien einige Interpreten und/oder Ensembles (ohne Gewähr einer Vollständigkeit) genannt: Thomas Binkley und sein Münchner «Studio der frühen Musik», das Ulsamer-Ensemble, René Clemencic und sein Consort, die Gruppen «Sequentia», «Bärengässlin» und «Ensemble für frühe Musik»/Augsburg, die Sänger «Wolfram», Urs Böschenstein und Eberhard Kummer. Etwas Neues stellen demgegenüber Versuche zur mhd. Sangversepik dar, die es erst seit kurzem gibt (Eberhard Kummer: *Nibelungenlied*, Beheims *Buch von den Wienern*; Reinhold Wiedenmann/Osvaldo Parisi: Wolframs *Titurel*). Dasselbe gilt für moderne Produktionen mittelalterlicher Spiele (z. B. «Sequentia», Thomas Binkley und sein Ensemble in Bloomington, Indiana/USA; Urs Helmensdorfer/Schweizer Rundfunk; vgl. auch 589a).

In manchen Fragen ist eine Entscheidung über ‹richtig› und ‹falsch› nicht möglich, sondern nur eine subjektive Beurteilung. Mit aller Vorsicht kann man aber sagen: Alle Texte mit religiös-geistlichem Bezug wurden wohl im Stil der Gregorianik (und das bedeutet auch: ohne instrumentale Begleitung) gesungen. Vorstellbar, wenn auch nicht immer nachzuweisen, ist dies auch für manche Texte der Sangverslyrik, insbesondere der Meistersänger. Der Vortrag der weltlichen Lyrik und Epik war wahrscheinlich durch ein hohes Maß von Improvisation gekennzeichnet und variierte nach den jeweiligen Umständen sowie dem Können und Geschmack der Beteiligten. Gesungen wurde wohl mit einer natürlichen Stimme, wobei man im Romanischen leichte und helle Stimmen, im Deutschen offenbar eher kräftige Baritone bevorzugte; sofern begleitende Instrumente verwendet wurden, dienten diese der Abstützung der Singstimme sowie deren improvisierender Umspielung. Reine Parallelität von Singstimme und Instrument(en) ist unwahrscheinlich. Bei modernen Aufführungen mhd. Texte wird sehr oft bei der Aussprache ‹gesündigt›. Dem damaligen Klang kommt man wohl am nächsten, wenn man die aus der ‹norddeutschen› Tradition der Altgermanistik stammenden Eigenarten (z. B. ‹hannoveranisches› st/sp) sowie eine am reinen Schriftbild orientierte Aussprache von Graphien wie sk, sl, sm und zumeist auch sw vermeidet sowie sich überhaupt aller Affektiertheiten enthält; statt dessen sollte man sich am Klangbild heutiger oberdeutscher Dialekte orientieren.

Trotz aller Unsicherheiten im einzelnen ist der heuristische Wert moderner Aufführungsversuche sehr hoch, und mancher Irrweg und manche unnötige Diskussion (etwa in der Metrik) wären der Forschung erspart geblieben, wenn sie die entsprechenden Werke nicht nur als Texte (zumeist sogar als bloße Lesetexte) angesehen hätte, sondern diese wenigstens versuchsweise angehört, gesungen oder gespielt, zumindest aber als gesungene Dichtung betrachtet und auch interpretiert hätte. Viele Literaturwissenschaftler handelten und handeln zum Teil immer noch nach der Devise «Augen zu, wenn Noten kommen» [355].

Ingrid Kasten
Minnesang

Minne, ein Schlüsselbegriff der höfischen Literatur des Mittelalters, ist ein schwer übersetzbares Wort, weil mit ihm Konnotationen verbunden sind, die auf die spezifische Lebens- und Vorstellungswelt dieser Zeit verweisen. So bezeichnet ‹Minne› nicht nur die erotischen Beziehungen zwischen Mann und Frau, sondern auch das Band, das zwischen dem Gläubigen und Gott besteht, sowie das Verhältnis zwischen dem Lehnsmann und seinem Herrn. Dennoch überschneidet sich die Semantik dieses Wortes in wesentlichen Bereichen mit dem neuhochdeutschen, ebenfalls vielsinnigen Begriff ‹Liebe›, der im späten Mittelalter allmählich für das ältere Wort in Gebrauch kam und dieses schließlich ganz aus dem lebendigen Wortschatz verdrängte.

Minnesang ist Liebeslyrik und Liedkunst in einem, es ist die Bezeichnung für die mittelalterlichen Liebeslieder, die seinerzeit an den Höfen vor der Gesellschaft vorgetragen wurden. In den meisten Fällen aber sind nur die Texte erhalten. Denn als man begann, die zunächst nur mündlich tradierten Lieder aufzuschreiben, um sie zu bewahren, gelangten nur die Texte auf das Pergament. Erst in späterer Zeit wurden häufiger auch die Melodien aufgezeichnet.

Die Liebeslieder des Minnesangs sind Teil einer umfassenden Auseinandersetzung mit der Liebe, von der die gesamte höfische Literatur beherrscht wird. Wesentliche Impulse dazu kamen aus Frankreich, wo dieser Prozeß schon früher begonnen hatte. Hier wurden verschiedene Liebesauffassungen diskutiert, und zwar nicht nur auf literarischer, sondern auch auf der Ebene höfischer Geselligkeit. In der französischen Adelsgesellschaft war es eine verbreitete Sitte, über liebeskasuistische Streitfragen von ausgewählter Spitzfindigkeit und nicht selten von erotischer Delikatesse zu debattieren. Manchmal hatten diese Debatten den Charakter eines regelrechten Gesellschaftsspiels, das gelegentlich nach dem Muster eines Rechtsstreits inszeniert wurde (Liebesgerichte, Liebeshöfe).

Überall ging es darum, die Psychologie der Liebe, ihre Mechanismen und Wirkungen zu ergründen. Besonderes Interesse fand dabei der Gedanke, daß die Liebe die sittliche Vervollkommnung des Menschen bewirken könne. Auf der Grundlage dieser Vorstellung wurden verschiedene Liebeskonzepte entwickelt, die heute meist unter dem Begriff der höfischen Liebe, des *amour courtois*, zusammengefaßt werden.

Als eine Erscheinungsform der höfischen Liebe ist auch das Konzept anzusehen, das die Auseinandersetzung mit der Liebe im Minnesang maßgeblich bestimmt. Allerdings hebt es sich durch eine besondere Rollenkonstellation und durch einen distinkten Regelzusammenhang von anderen Liebesauffassungen deutlich ab. Die Minnesänger nennen die von ihnen besungene Liebe ‹Hohe Minne›. Auch die Hohe Minne geht auf romanische Anregung zurück, auf das Konzept des ‹Frauendienstes›, das die an den Höfen Südfrankreichs wirkenden Liederdichter, die Trobadors, entwickelt hatten. Minnesang, Frauendienst und Hohe Minne stehen daher in einem unmittelbaren Zusammenhang.

Minnesang, Frauendienst und Hohe Minne

Das auffallendste Charakteristikum des trobadoresken Frauendienstes ist, daß das traditionelle, von der Dominanz des Mannes bestimmte Verhältnis zwischen Mann und Frau umgekehrt und die Frau, in Anlehnung an lehnsrechtliche Vorstellungen, zur *domina*, zur ‹Herrin›, über den Mann erhoben und in formaler Analogie, aber inhaltlicher Opposition zu christlichen Denkmustern zum *summum bonum* des höfischen Daseins erklärt wird.

Da die Frau so in einer ‹superioren›, der Mann hingegen in einer ‹inferioren› Position erscheint, ist das Verhältnis zwischen Mann und Frau durch eine besondere Distanz bestimmt, die durch den nichtehelichen und daher als ‹illegitim› aufgefaßten Charakter ihrer Liebe ein spezifisches Spannungsmoment erhält. Allerdings setzt der Frauendienst stets voraus, daß die Frau die Liebe des Mannes zunächst nicht erwidert. So werden, auf einer schmalen Gratwanderung zwischen Erlaubtem und Unerlaubtem, Sitte und ‹freie› Liebe gegeneinander ausgespielt und gleichsam neutralisiert.

Aus dieser paradoxen Grundsituation resultiert, daß im Frauendienst nur der Mann als Träger der Liebeserfahrung erscheint und seine Liebe einen ausgesprochenen Werbecharakter trägt. Sein Dienst besteht darin, die Dame zu preisen und trotz der Erfolglosigkeit der Werbung in unbeirrbarer Treue an ihr festzuhalten. Frauenpreis und Ergebenheitsbekundungen des Mannes sind die Hauptelemente des Frauendienstlieds; in seinem Mittelpunkt aber steht der in immer neuen Variationen vergegenwärtigte Spannungszustand des Mannes zwischen Freude und Leid, zwischen der ebenso oft enttäuschten wie immer wieder erneuerten Hoffnung, die Frau werde am Ende seinen Dienst doch belohnen und ihm ihre Liebe gewähren.

Dieses eigentümliche Liebeskonzept hat den Minnesang entscheidend beeinflußt, aber es hat in Deutschland eine andere Ausprägung erhalten. Im Unterschied zu den Trobadors wird der ‹illegitime› und sinnliche Charakter der Liebe kaum akzentuiert. Auch die Stilisierung der Paarbeziehung nach dem Modell eines Lehnsverhältnisses wird nicht nachvollzogen, sondern deutet sich nur an. Entsprechendes gilt für die Formen des Frauenpreises und die Ergebenheitstopik. Dagegen macht sich im Minnesang eine besondere Tendenz zur Ethisierung des Frauendienstes geltend, der insgesamt spiritualisiert und entkonkretisiert erscheint: als Hohe Minne.

Minnesänger und Trobadors

Ungeachtet der unterschiedlichen Ausprägungen des Frauendienst-Konzepts in der deutschen und in der romanischen Lyrik hat die Forschung den Frauendienst zunächst vor allem als ein gemeineuropäisches Phänomen untersucht und nach seiner ‹Genese› gefragt, wobei unterschiedliche Thesen – Herleitung aus arabischen, aus ‹volkstümlichen›, aus mittel- und klassisch-lateinischen Grundlagen – diskutiert worden sind. Dabei wurde der Frauendienst von dem generellen Phänomen der höfischen Liebe meist nicht näher abgegrenzt.

Dies gilt auch für viele sozialgeschichtliche Erklärungsversuche des *amour courtois*. Inzwischen aber sind die Differenzen stärker in den Blick getreten, und es hat sich die Einsicht durchgesetzt, daß die verschiedenen Ausprägungen des Frauendienstes im Zusammenhang mit den jeweils besonderen gesellschaftlichen Verhältnissen in beiden Kulturbereichen zu sehen sind. Zunächst ist in diesem Zusammenhang die These aufgestellt worden, daß es den Trobadors in ihren Liedern nur vordergründig um Erotik gegangen sei, während sie tatsächlich als Repräsentanten einer niederen (Adels-)Schicht im Frauendienst in verklausulierter Form ihre Aufstiegsbestrebungen artikuliert hätten. Entsprechend wurde aus der Spiritualisierung und Ethisierung des Frauendienstes im Minnesang geschlossen, daß die Minnesänger, die als Ministerialen in besonderer Abhängigkeit von ihren Herren gestanden hätten, ihren Wunsch, in die Adelsklasse aufzusteigen, nicht so deutlich hätten artikulieren können wie die Trobadors [vgl. 349 und 350]. Dieser These steht jedoch die Tatsache entgegen, daß unter den Minnesängern, obwohl über ihre Standeszugehörigkeit vielfach Unsicherheit besteht, nicht nur Ministerialen, sondern auch Adlige waren. Neuere Forschungen haben zudem ergeben, daß die vermutete Abhängigkeit der Ministerialen von ihren Herren am Ende des 12. Jahrhunderts keineswegs mehr allgemein bestand, sondern daß sie sich in ihren Lebensformen schon vielerorts dem Adel angenähert hatten [65; 207; 232].

Insgesamt hat sich gezeigt, daß bei einer Deutung des Frauendienstes nicht nur von den Intentionen der Dichter ausgegangen werden kann, sondern der umfassendere gesellschaftliche Zusammenhang zu berücksichtigen ist, in dem die Lyrik steht, vor allem der Hof und die Erwartungen des Hofherrn sowie die der Gesellschaft, die ihn umgibt. Deutlich geworden ist auch, daß es im wesentlichen zwei Gesichtspunkte sind, die zunächst einen generellen Erklärungsrahmen für die Diskussion des Frauendienstes sowohl bei den Trobadors als auch bei den Minnesängern liefern.

In Frankreich wie in Deutschland war das traditionelle Selbstverständnis des Adels durch die wachsende Macht der Kirche zunehmend in Frage gestellt worden und daher das Bedürfnis entstanden, die hergebrachten, in den besonderen Lebensformen des Laienadels gründenden Wertvorstellungen zu verteidigen. So galt es, die vom christlichen Denken als Inbegriff sündhaften Weltlebens verurteilte profane Liebe als Wert auszuweisen, um die ritterlich-aristokratische Existenz zu legitimieren.

Andererseits erforderte das Leben an den großen Höfen, die sich im Laufe des 12. Jahrhunderts zunächst in Frankreich, dann auch in Deutschland zu neuen politischen, gesellschaftlichen und kulturellen Zentren entwickelten, eine Regulierung der sexuellen Freizügigkeit, die der männliche Adel, der vielfach auch vor Gewaltanwendung gegenüber Frauen nicht zurückscheute, als ein hergebrachtes aristokratisches Privileg ansah.

In seiner paradoxen Grundstruktur erweist sich der Frauendienst als ein Kompromiß, der den beiden unterschiedlichen Forderungen gerecht zu werden versucht, indem er den Wert der ‹freien› Liebe verherrlicht, diese aber zugleich, ihr die Erfüllung versagend, sublimiert und zum Ordnungsprinzip stilisiert. Deshalb ist der Frauendienst von Norbert Elias auch als Symptom für einen «Zivilisationsschub» gewertet worden.

Für die verschiedenen Konkretisationen des Frauendienstes und für die besonderen Ausprägungen des Konzepts in der Trobadorlyrik und im Minnesang müssen jedoch weitere Erklärungsfaktoren herangezogen werden.

Eine große Bedeutung kommt dabei der unterschiedlichen Bildungssituation in Frankreich und Deutschland zu. Im kulturell führenden Frankreich war das Bildungsniveau des Adels vergleichsweise hoch. Früher als andernorts entwickelte sich dort an den Höfen unter dem prägenden Einfluß weltzugewandter, gebildeter Kleriker eine anspruchsvolle volkssprachliche Literatur, die sich an den Normen der christlichen Ästhetik orientierte, sich aber zugleich von ihnen emanzipierte und neue Leitbilder für die höfische Gesellschaft entwarf.

An deutschen Höfen dagegen, an denen ein in traditionelleren Bahnen denkender Klerus literarisch den Ton angab, setzt ein vergleichbarer Prozeß mit der Rezeption der modernen französischen Literatur erst langsam ein. Formen der geselligen Unterhaltung, wie sie in Frankreich bezeugt sind, spielerische Diskussionen über die Liebe, hat es hier offenbar nicht gegeben. Hinzu kommt, daß die Minnesänger den Frauendienst nicht nur durch die Trobadors selbst, sondern auch über die Vermittlung der nordfranzösischen Liederdichter, den Trouvères, kennengelernt haben, deren Interesse weniger auf den Inhalt als auf die kunstvolle rhetorische Stilisierung des trobadoresken Konzepts im Sinne einer *poésie formelle* [330] gerichtet war. Dabei wurde der sinnliche Charakter der Liebe bereits entsprechend weniger betont.

Außerdem waren spezifische literarische und lebensweltliche Voraussetzungen, durch die der Frauendienst bei den Trobadors sein charakteristisches Gepräge erhalten hat, im deutschen Kulturbereich nicht gegeben. Dabei spielt auch die Stellung der Dichter in der Gesellschaft eine wesentliche Rolle.

Bei den Trobadors gehörten von der Gunst wechselnder Gönner lebende Berufsdichter zu den Hauptträgern der Lyrik. Zwar ist der Frauendienst an den Höfen Südfrankreichs zunächst von literarisch ambitionierten adligen Herren propagiert worden; aber bald schon sind professionelle, meist klerikal gebildete Literaten unterschiedlichster, auch ‹niederer› Herkunft an der Auseinandersetzung beteiligt und stellen dann die eigentlichen Träger des Frauendienst-Konzepts.

Dabei war der Frauendienst im Wirkungsbereich der Trobadors nicht nur ein literarisches Modell, sondern auch eine Form realen gesellschaftlichen Handelns, da adlige Frauen auf Grund des Erbrechts häufig selbst Herrschaft ausgeübt haben. Die Frau in der Rolle einer Lehnsherrin, der Männer huldigten und dienten, war daher eine durchaus geläufige Vorstellung, die besondere Anschlußmöglichkeiten bei der Diskussion des literarischen Konzepts eröffnete.

Schließlich steht der Frauendienst bei den Trobadors im Zusammenhang mit den traditionellen Formen der Hofpoesie, mit dem Herrscher- und Herrscherinnenpreis, an den schon der erste nachweisbare Trobador, der um 1100 wirkende Wilhelm von Aquitanien (1071 bis 1127), einer der mächtigsten Feudalherren seiner Zeit, anknüpft. Es war eine verbreitete Sitte, die Lieder mit Geleitstrophen zu versehen, in denen meist unter Decknamen, sogenannten *senhals*, die Adressaten und Adressatinnen genannt wurden, denen die Lieder gewidmet waren.

Dieses panegyrische Element tritt in den Liedern der Berufsdichter noch stärker hervor. Denn wenn auch die mittelalterliche Lyrik keine ‹Erlebnisdichtung› war, so wirkte es sich doch aus, daß die Rollenkonstellation des literarischen Konzepts mit dem tatsächlichen Verhältnis zwischen den Sängern und ihren hochgestellten Gönnern und Gönnerinnen korrespondierte, an die sie ihre Lieder richteten. So erscheint der trobadoreske Frauendienst in einen realen Huldigungszusammenhang eingebunden und kann auch die Funktion eines ‹politischen Panegyrikus› haben [402].

Besonders deutlich zeigt sich dies an der engen Verbindung, die Liebeslied und Gönnerlob, Frauendienst und Herrendienst, in der Trobadorlyrik eingegangen sind.

Anders als die Trobadors, unter denen vom mächtigen Fürsten bis zum einfachen Spielmann nahezu alle Schichten der Gesellschaft repräsentiert waren, bildeten die Minnesänger eine sozial relativ homogene Gruppe, die sich im wesentlichen aus Angehörigen des Adels und der Ministerialität zusammensetzte. Hinweise darauf, daß auch professionelle Literaten unter ihnen waren, finden sich zunächst nicht. Der erste Minnesänger, der nachweislich ein Berufsdichter war, tritt erst spät, mit Walther von der Vogelweide (gest. um 1230), in Erscheinung. Auch Neidhart (gest. vor 1246) und der etwas jüngere Tannhäuser (um 1200/05 bis 1266/70) haben dann wohl mit der Ausübung ihrer Kunst ihren Lebensunterhalt bestritten. Insgesamt aber ist der Minnesang auch später eine Domäne ‹ritterlicher› Gelegenheitsdichter geblieben. Von der Stellung der Dichter in der Gesellschaft her gesehen, hat der Minnesang im Vergleich zur Trobadorlyrik daher einen ausgesprochen ‹exklusiven› Charakter.

Die Minnesänger waren nicht an der panegyrischen Funktion des Frauendienstes interessiert; sie haben das trobadoreske Konzept vielmehr als Modell höfischer Gesittung und als Medium ihrer ‹ritterlichen› Selbstdeutung adaptiert. Infolgedessen haben sie die Elemente, welche den Huldigungscharakter betonen, nicht übernommen. Da den deutschen Dichtern die Vorstellung, daß Frauen tatsächlich Herrschaft ausüben und Männer ihnen dienen könnten, eher fremd war, ist das Modell für ihre Dame nicht der Typus der Lehnsherrin, sondern eine Frau der höfischen Gesellschaft, und entsprechend schwach ist bei ihnen die Lehnsterminologie ausgebildet. Dagegen haben sie die sittliche Überlegenheit der Frau um so nachdrücklicher hervorgehoben, um die ungewohnte Forderung nach dienender Unterwerfung des Mannes zu begründen.

Eine Verbindung von Liebeslied und Gönnerlob, von Frauendienst und Herrendienst, deutet sich im Minnesang bezeichnenderweise erst bei Walther von der Vogelweide an. Ebenso signifikant ist, daß die Spruchdichtung mit ihren politischen und sozialkritischen Themen vor Walther im Repertoire der Minnesänger nicht begegnet, während sie in der Trobadorlyrik mit den *sirventes* schon seit den Anfängen bezeugt ist.

Auch die Streitgedichte, die im Zusammenhang mit geselligen Unterhaltungsformen der französischen Adelsgesellschaft stehen, die Tenzone mit ihrer offenen Fragestellung und das kunstvoll strukturierte, dilemmatisch zugespitzte Partimen (auch *joc partit* bei den Trobadors und *jeu parti* bei den Trouvères genannt), sind von den Minnesängern nicht rezipiert worden. Dafür spielt bei ihnen eine Gattung eine besondere Rolle, die in der Trobadorlyrik nur eine Randerscheinung darstellt: das Frauenlied.

Das Frauenlied gehört, wie das Tagelied, das vom Abschied zweier Liebender handelt, die sich beim Anbruch des Tages nach einer gemeinsam verbrachten, heimlichen Liebesnacht voneinander trennen müssen, zu den ältesten, in den Literaturen vieler Völker nachweisbaren Ausdrucksformen des Lyrischen. Aus der Existenz dieser Gattung vor allem im frühen Minnesang ist in der älteren Forschung auf die ‹volkstümlichen› Grundlagen der höfischen Liedkunst geschlossen worden. Diese Auffassung wird zwar heute so nicht mehr vertreten; aber das Frauenlied ist doch ein Indiz dafür, daß die Minnesänger bei der Darstellung der Liebe von anderen, herkömmlicheren Vorstellungen ausgehen als die Trobadors.

Die Ethisierung, Spiritualisierung und Entkonkretisierung des Frauendienstes im Minnesang schließlich resultieren aus der Summe der veränderten Voraussetzungen. Für die Minnesänger war der Frauendienst ein literarisches Phänomen, eine zwar faszinierende, aber eher abstrakte, von ihrem lebensweltlichen Erfahrungshorizont abgehobene Idee. Symptomatisch dafür ist, daß sie in ihren Liedern zunächst nur von der Hohen Minne, nicht aber vom Frauendienst sprechen. Dieser Terminus hat sich erst später eingebürgert.

Folge der veränderten Voraussetzungen ist auch, daß die vielfältigen Möglichkeiten der Variation und Funktionalisierung des trobadoresken Konzepts im Minnesang beträchtlich reduziert erscheinen. Zwar steht bei den Minnesängern wie bei den Trobadors das Bemühen im Zentrum, den ‹Heilswert› der profanen Liebe zu erweisen, um den Antagonismus von Gott und Welt zu überwinden und das höfische Dasein zu legitimieren; aber bei den Trobadors wurden dabei ganz verschiedene, oft schwer entwirrbare Sinnebenen aktualisiert.

Je nachdem, welche Werte mit der ‹Dame› aufgerufen wurden, je nachdem auch, ob die Distanz mehr psychologisch oder sittlich, sozial oder auch ästhetisch begründet wurde, ob dabei die existentielle Grundsituation des Menschen zwischen Immanenz und Transzendenz, die Sehnsucht nach einer absoluten Glückserfahrung, der Wunsch des Dichters nach künstlerischer Perfektion, das Verhältnis des Individuums zur Gesellschaft mitreflektiert wurde, konnte der Frauendienst unterschiedlich akzentuiert und funktionalisiert werden: als spielerisches Vergnügen der *leisure class* und zur Steigerung des Liebesgenusses, als bewußtseins- und identitätsbildender Prozeß, in dem sich bereits das moderne Problem der Subjektivität zu artikulieren beginnt, als sittliches Ordnungsprinzip, als poetologische Reflexion, als Medium der Auseinandersetzung über die Grundsätze des sozialen Handelns am Hof und über das Verhältnis des Künstlers zur Gesellschaft, als Panegyrikus und schließlich, in Annäherung an das Prinzip des *l'art pour l'art*, als *poésie formelle*.

Wenn die Minnesänger den Trobadors in der Deutung und Konkretisation des Frauendienstes auch nachstehen, so zeugen ihre Lieder doch von einer selbständigen, außerordentlich intensiven Auseinandersetzung mit dem trobadoresken Konzept. Sie verleiht dem Minnesang seinen eigenen Reiz und seine herausragende literarhistorische Bedeutung.

Früher Minnesang

Die ältesten deutschen Liebeslieder stammen aus dem bayrisch-österreichischen Raum und werden um 1160 datiert. Viele davon bestehen noch aus einzelnen Strophen, manche sind anonym, die meisten aber schon unter Autorennamen überliefert.

Der von Kürenberg, Dietmar von Eist, die Burggrafen von Regensburg und Rietenburg sowie der Schwabe Meinloh von Sevelingen gelten als die ältesten Minnesänger. Wo sie ihre Lieder gedichtet und vorgetragen haben, läßt sich nicht sicher ermitteln. Aber es ist zu vermuten, daß der Babenberger Hof, der später eines der führenden Zentren des Minnesangs war, schon damals ein Mittelpunkt höfischer Liedkunst gewesen ist.

Einen signifikanten romanischen Einfluß läßt dieser ‹donauländische› Minnesang noch nicht erkennen. Vielmehr steht er mit den häufig noch assonierenden Langzeilen und den Strophenformen, die der Nibelungenlied-Strophe nahestehen, in der Tradition der heimischen, volkssprachlichen Dichtung und knüpft daneben an Brauchtum an. Die in der berühmten Benediktbeurer Handschrift *Carmina burana* (um 1230) überlieferten deutschen Strophen und deutsch-lateinischen Mischgedichte deuten auch auf Beziehungen zur lateinischen Lyrik hin, zu den Vagantenliedern.

Träger der Liebeserfahrung ist nicht nur, wie in der Trobadorlyrik, der Mann, sondern auch die Frau. Frauenstrophen bilden in der Poetik des frühen Minnesangs sogar einen besonders wichtigen Bestandteil. Gelegentlich steht eine Frauenstrophe mit einer Männerstrophe formal und inhaltlich im Zusammenhang. Beide Strophen konstituieren dann mit ihrer eigentümlichen, halb monologischen halb dialogischen Sprechhaltung einen besonderen Gattungstyp, einen *Wechsel*, der nur in der ältesten Lyrik begegnet.

Mann und Frau erscheinen einander in schlichter, ‹natürlicher› Zuneigung zugetan; aber ihre Liebe steht, nicht anders als bei den Trobadors, im Widerspruch zu den Normen der Sitte. Denn ihrem Wunsch nach ungestörtem Zusammensein stellen sich die Aufpasser, die *merker*, sowie die über die Frau wachende Aufsichtsinstitution, die *huote*, als repräsentative Instanzen der gesellschaftlichen Moral entgegen.

Vor allem in den Frauenstrophen herrscht ein elegischer Grundton. Oft erschließt ein einfaches Naturbild die seelische Stimmung, erinnert die jetzt kahle Linde, um die im Sommer getanzt wurde, an vergangenes Liebesglück, verfolgt der Blick den Vogel, der fliegen kann, wohin er will, und lieben kann, wen er will, und weckt die Sehnsucht der Frau nach einer Freiheit, die ihr versagt ist. Auch wenn die Klage der Frau sich gelegentlich zu einer Anklage gegen die *merker* und die *huote* steigert, so erlebt sie die Liebe doch vornehmlich als Leid, als Einsamkeit, als Warten auf den Geliebten, als Sehnsucht, als Verzicht; und es bleibt ihr nichts, als Treue und Liebe trotz der Trennung zu beschwören.

Für den Mann dagegen, vor allem in den Liedern des Kürenbergers (Mitte 12. Jh.), ist die Liebe eine eher glückliche, sein ‹ritterliches› Selbstwertgefühl erhöhende Erfahrung. Bei ihm werden die Beziehungen zu Frauen dem kunstgerechten Umgang mit Jagdvögeln gleichgesetzt und als exklusiver Zeitvertreib dargestellt, als ein Sport, der willkommenen Anlaß bietet, Lebensart und Kompetenz des ‹ritterlichen› Mannes unter Beweis zu stellen.

Bezeichnend ist, daß die Frau im frühen Minnesang mit ihrem Wunsch nach Liebesglück nicht nur an den Normen der Sitte scheitert, sondern auch an der Treulosigkeit des Mannes, der seinerseits ein solches Verhalten von der Frau nicht zu befürchten hat.

In der unterschiedlichen Art, in der die Liebe von Mann und Frau erfahren wird, macht sich ein von patriarchalischen Strukturen geprägtes Denken geltend, das zwar die sexuelle Freizügigkeit des Mannes toleriert, nicht aber die der Frau. Von diesem Denken ist auch das Rollenverständnis der Frau bestimmt. Denn die – von Männern verfaßten – Frauenstrophen bestätigen mittelbar die in den Männerstrophen behauptete erotische Attraktivität und Ungebundenheit des Mannes und suggerieren, daß die Frau für sich das Recht auf eine ‹freie› Liebe nicht beanspruchen kann.

Allerdings ist zu vermuten, daß die Geltung dieses Anspruchs auch für den Mann bereits in Frage gestellt war. Die poetische Verklärung der erotischen Autonomie des ‹ritterlichen› Mannes ist offensichtlich schon einer Antwort auf zunehmende Bestrebungen, diese einzuschränken. Anlaß für ihre Verteidigung boten auch die neuen romanischen Anschauungen über die Liebe, deren Einfluß sich im donauländischen Minnesang hier und da bereits bemerkbar macht.

Für den Kürenberger war die Vorstellung, daß der Mann der Frau wie einer ‹Herrin› dienen soll, daß diese nichts von seinen sinnlichen Wünschen wissen will und respektvolle Zurückhaltung von ihm verlangt, nur Gegenstand der Parodie und spöttischer Kritik. Die anderen Minnesänger der Frühzeit zeigen sich den modernen Ideen gegenüber durchaus aufgeschlossen.

Sie geben zwar die traditionellen Vorstellungen nicht auf, aber ein Wandel bahnt sich an. So gewinnt schon der Gedanke Raum, daß der Mann die Liebe der Frau nicht als ein ihm zustehendes Recht beanspruchen kann, sondern daß er sie sich erst ‹verdienen› muß. Dabei beginnt sich das Bild der Frau zu verändern. Sie ist zwar noch nicht die unerreichbare ‹Herrin›, aber auch nicht mehr die dem Mann in schlichter Zuneigung ergebene Liebespartnerin, sondern eine Frau, die den Mann auf die Probe stellt, um sich von der Aufrichtigkeit seiner Liebe und seinem Wert zu überzeugen, bevor sie sich seinem Werben öffnet. Ihr wird damit eine neue erzieherische Funktion dem Mann gegenüber zugeschrieben.

Romanisierung des Minnesangs

Im Übergang vom donauländischen zum romanisierenden Minnesang steht der aus dem Niederrheinischen stammende Heinrich von Veldeke (vor 1150 bis um 1190). Er war nicht nur in seiner Heimat, sondern auch am thüringischen Hof tätig und hatte daneben wohl mit dem Stauferhof Verbindung, an dem sich dann nach 1170 die eigentliche Romanisierung des Minnesangs vollzieht.

Mit Veldeke tritt ein klerikal gebildeter Minnesänger in Erscheinung, der, wie später auch Hartmann von Aue, in besonderem Maße auf die Vermittlung der modernen französischen Dichtung spezialisiert gewesen ist und auch als Epiker gewirkt hat. Schon durch den Umfang seiner literarischen Produktion fällt er aus der Gruppe der ‹ritterlichen› Gelegenheitsdichter heraus.

Bei Veldeke erhält der Frauendienst konkrete Konturen. Weniger von den Trobadors als von den an den Höfen Nordfrankreichs diskutierten Anschauungen über die Liebe beeinflußt, die in dem Liebestraktat *De amore* (um 1184/86) des Andreas Capellanus ihren Niederschlag gefunden haben, deutet er den Frauendienst als Modell höfischer Gesittung, das vor allem regulierend auf das Sexualverhalten des Mannes einwirken soll, die Erfüllung der Liebe aber nicht ausschließt. Der Mann muß sich jedoch in einer angemessenen Zeit der Werbung bewähren, seine Fähigkeit zu Selbstbeherrschung, seine Treue und Beständigkeit unter Beweis stellen, bevor er erwarten darf, daß die Frau seine Liebe erwidert. Dem Gedanken, daß der Dienst seinen Lohn in sich selbst trägt, weil er die sittliche Vervollkommnung des Mannes fördert, steht der Niederrheiner mit deutlicher Skepsis gegenüber.

Dies ändert sich bei den ‹ritterlichen› Minnesängern, die mit dem Stauferhof in Verbindung gebracht werden. Der führende Dichter in diesem Kreis, zu dem auch ein Sohn Barbarossas, der spätere Kaiser Heinrich VI., zählt, war der in hohen diplomatischen Diensten der Staufer bezeugte Friedrich von Hausen (gest. 1190).

Zwar überschneidet sich gelegentlich noch Neues mit Altem. So bleibt Heinrich VI. (1165 bis 1197) inhaltlich dem traditionellen Minnesang verpflichtet, orientiert sich formal jedoch schon erkennbar an der mo-

dernen romanischen Formkunst, die im Hausen-Kreis insgesamt zum maßgeblichen Vorbild wird.
Auftakt und Kadenzen werden nun nach bestimmten Regeln behandelt, Assonanzen zugunsten reiner Reime vermieden, schwierige Reimschemata und besonders anspruchsvolle Formen bevorzugt; auch die komplizierte Gattung des sequenzartig gebauten Leichs wird bereits erprobt, romanische Strophenformen werden übernommen und variiert oder einfach imitiert. Die alten Langzeilen kommen aus der Mode, und die dreigliedrige romanische Kanzonenstrophe mit dem aus zwei gleichen Teilen, den Stollen, bestehenden Aufgesang und dem kürzeren, anders gebauten Abgesang avanciert zum Paradigma der neuen Strophenkunst, die nun den Minnesang beherrscht.
Auch auf inhaltlicher Ebene setzt sich der romanische Einfluß durch. Unmittelbare Übertragungen von romanischen Vorlagen, wie sie in den Liedern des im deutsch-französischen Grenzgebiet, in der heutigen Schweiz, beheimateten Rudolf von Fenis (gest. vor 1196) nachweisbar sind, bilden jedoch eine Ausnahme. Im allgemeinen haben die Minnesänger Anregungen aufgenommen und diese selbständig verarbeitet.
In den Mittelpunkt der Lieder tritt die Hohe Minne. Die Frau erscheint nun als eine sittlich hoch über dem Mann stehende und daher für ihn unerreichbare Dame, und entsprechend selten werden die Frauenstrophen. Zum Träger der Liebeserfahrung wird fast ausschließlich der Mann. Klagen über die Gleichgültigkeit der Frau, über das Leid unerfüllter Liebe, Reflexionen des Mannes über seine Unzulänglichkeit, Beteuerungen, trotz der Vergeblichkeit der Werbung am hohen Ziel festzuhalten, Äußerungen der Hoffnung, daß die unermüdliche Werbung am Ende mit einer besonderen Freude belohnt werde – all das bestimmt nun den Inhalt der Lieder. Da die Minnesänger dabei vor allem die sittliche Vollkommenheit der Frau, kaum aber ihre äußeren Reize preisen, verliert die Frau ihre Konturen als konkrete Gestalt und erscheint als Inbegriff der Tugend selbst. Die Werbung des Mannes um ihre Liebe wird daher mit dem Streben nach dieser Tugend nahezu identisch.
Wenn so die Hohe Minne im optimistischen Glauben an die Vernunftnatur des Menschen zum ‹Heilswert›, die Frau zum beseligenden *summum bonum* der ‹ritterlichen› Existenz erklärt wird, dann geschieht dies, anders als bei den Trobadors, zunächst nicht in expliziter Auseinandersetzung mit christlich-religiösen Postulaten.
Diese setzt erst während der Vorbereitungen zum Barbarossa-Kreuzzug von 1189/90 ein, als die Minnesänger vor die Entscheidung über ihre Teilnahme an der Heeresfahrt ins Heilige Land gestellt werden. Dabei treten Frauendienst und Gottesdienst in Konkurrenz, und der alte Gegensatz von Diesseits und Jenseits droht wieder aufzubrechen. Friedrich von Hausen, der diesen Konflikt als erster in seinen Liedern behandelt, löst

ihn allerdings im Sinne des mittelalterlichen Gradualismus, indem er den ‹Heilswert› der Hohen Minne relativiert und den Frauendienst dem Dienst Gottes unterordnet.

Gerade beim Kreuzzug erweist sich, daß die Vorstellung von der Frau als einer hohen ‹Herrin› für die Minnesänger nur eine Idee ist und daß sie trotz aller Idealisierung des Frauenbildes einem traditionellen Rollenverständnis verhaftet bleiben, das sich nun wieder geltend macht. Deutlicher noch als im Hausen-Kreis wird dies bei anderen Minnesängern, die dem Kreis nicht zugerechnet werden. Daß für viele von ihnen die Frau im Grunde doch die liebende, dem Mann zugeneigte Partnerin ist, läßt sich daran ablesen, daß sie Frauenstrophen wieder häufiger verwenden, nachdem diese zunächst ganz in den Hintergrund getreten waren.

Diese nun oft aus mehreren Strophen bestehenden Frauenlieder erschöpfen sich allerdings nicht mehr darin, seelische Stimmungen zu vergegenwärtigen, sondern perspektivieren den Frauendienst aus der Sicht der Minnedame. Sie zeigen, daß die Frau doch nicht die gleichgültige ‹Herrin› ist, sondern daß sie die Liebe des Mannes erwidern möchte, dies aber aus Rücksicht auf die Sitte nicht darf. Damit wird der Frauendienst ‹realistisch› begründet und psychologisch vertieft, so daß die Frauenlieder ein Gegengewicht zur Entkonkretisierung des trobadoresken Konzepts in den Männerliedern bilden.

Einer der ersten Minnesänger, bei dem das Frauenlied in dieser neuen Funktion begegnet, ist Hartmann von Aue (um 1168 bis um 1210), ein aus dem Alemannischen stammender Ministeriale und wohl der produktivste Dichter der Zeit, dessen Herkunftsort und Wirkungsstätte sich allerdings nicht genau bestimmen lassen.

Hartmann, der sich schon in seinem Frühwerk, dem *Klage-Büchlein* (um 1180/85), als ein mit den neuen französischen Anschauungen gut vertrauter und als dialektisch geschulter Theoretiker der höfischen Liebe ausweist, setzt sich besonders intensiv mit der Idee der sittlichen Vervollkommnung durch die Liebe auseinander. Er fordert dabei, daß der Dienst des Mannes nicht ungelohnt bleiben darf. Dieser Auffassung verleiht er auch in einem Frauenlied Nachdruck. Hier läßt er eine Frau auftreten, die im Konflikt zwischen den Forderungen ihrer Familie und den Wünschen des Mannes steht, der seinen Wert und seine Treue durch seinen Dienst bewährt hat. Sie erklärt sich schließlich bereit, den Mann auch gegen den Willen der Familie mit ihrer Liebe zu belohnen.

Da Hartmann die Vorstellung, daß die Verwirklichung der Liebe a priori ausgeschlossen ist, ablehnt, entwickelt er sich allmählich zu einem entschiedenen Kritiker des Frauendienst-Konzepts. Seine Kritik entzündet sich zunächst, in einem sogenannten *Unmutslied* (zwischen 1180 und 1189), an den Damen des Hofes, an den *ritterlîchen vrouwen*, die sich in ihrem ständischen Dünkel so affektiert geben, daß die Idee der Hohen

Minne zu einer sinnlosen, den Mann entwürdigenden Farce wird. So erteilt Hartmann dem Frauendienst eine deutliche Absage und setzt ihm polemisch die ‹natürliche›, Gegenseitigkeit einschließende Liebe von ‹einfachen› Frauen, von *armen wîben*, entgegen.
Noch entschlossener äußert er seine Kritik an dem einseitigen Charakter des Frauendienstes, wenn er sich mit dem Kreuzzugsgedanken auseinandersetzt. Auf die absolute Liebe Gottes verweisend und, konfrontiert mit der Möglichkeit eines baldigen Todes, an das Heil der Seele denkend, verurteilt er die Hohe Minne als bloße Illusion, als *wân*, und spricht ihr einen Heilswert ganz ab.

Klassischer Minnesang

Dennoch geht die Auseinandersetzung mit der Hohen Minne weiter. Sie erreicht sogar erst um 1200 mit Reinmar, Heinrich von Morungen und Walther von der Vogelweide, den Repräsentanten des klassischen Minnesangs, ihren eigentlichen Höhepunkt. Eine Intensivierung der literarischen Diskussion signalisieren die neuen Dichterfehden. Es kommt zur Verstärkung von intertextuellen Bezügen, zur Bildung von Liederreihen und zu einer Ästhetisierung des Frauendienstes (vor allem bei Reinmar und Morungen).
Die historische Identität Reinmars (um 1160 bis nach 1203) zu ermitteln, bereitet besondere Schwierigkeiten, weil die Handschriften den Ort seiner Herkunft nicht nennen, sondern seinen Namen nur mit dem Zusatz «der Alte» versehen, der ihn von einem jüngeren Dichter gleichen Namens unterscheiden soll. Es gibt jedoch Anhaltspunkte dafür, daß Reinmar hauptsächlich am Babenberger Hof in Wien gewirkt hat. Heinrich von Morungen (gest. 1222) ist historisch in der Umgebung des Markgrafen von Meißen bezeugt, von einigen Interpreten wird er auch mit dem Stauferhof in Verbindung gebracht. Walther schließlich hat seine literarische Laufbahn am Wiener Hof begonnen, wo er in Konkurrenz zu Reinmar trat, bis er dann, von Hof zu Hof ziehend, im Dienst wechselnder Herren seinen Lebensunterhalt verdient hat.
Für Reinmar und Morungen ist die Idee der Hohen Minne nicht allein Modell höfischer Gesittung, sondern Medium eines umfassenden poetischen Sinnentwurfs, in dem die Sehnsucht nach einer ‹absoluten› Glückserfahrung im Zentrum der Reflexion steht.
Reinmar zieht aus der Unvollkommenheit und Flüchtigkeit der real erfahrbaren Liebesfreuden eine radikale Konsequenz und erhebt die Entsagung zum Programm. Mit seiner Liebesauffassung steht er zwar in der Tradition der ethisierenden Deutung des Frauendienstes; aber die Normen der gesellschaftlichen Moral erscheinen bei ihm vollkommen verinnerlicht, und durch die Übersteigerung des sittlichen Aspekts und die Akzentuierung der Einseitigkeit der Werbung erhält die Hohe Minne in

seinen Liedern eine neue Qualität. Das aus unerfülltem und unerfüllbarem Liebesverlangen erwachsende Leid, das *trûren*, wird zum Signum seiner Liebesauffassung, mit der er eine bis zum Verzicht gehende Dienst-Ethik propagiert. Da es Reinmars erklärtes Ziel ist, diesem *trûren* eine möglichst vollendete, nicht mehr überbietbare Form zu geben, wird allerdings deutlich, daß es ihm in seiner subtilen Reflexionskunst weniger um die Moral geht als darum, einen ästhetischen Anspruch durchzusetzen.
Morungen knüpft, anders als Reinmar, nicht an die herkömmliche ethisierende Richtung an, sondern empfängt wesentliche Impulse für sein Dichten von den Trobadors, die er offenbar besser gekannt hat als jeder andere Minnesänger. Dadurch erschließt Morungen dem Minnesang eine völlig neue Dimension. Während Reinmar sich konsequent von der äußeren Sinnenwelt abwendet und seine ‹Wahrheit› ganz aus der Reflexion auf das Innere gewinnt, wendet sich Morungen der Welt der konkreten Erscheinungen zu und und rückt programmatisch die Frauenschönheit in den Mittelpunkt. Bei Morungen ist es nicht die Tugend der Frau, sondern ihre Schönheit, die im Mann das Verlangen nach Liebe weckt.
Dabei richtet sich Morungens Interesse jedoch nicht auf die Verherrlichung körperlicher Sinnenfreude. Er erfaßt die Schönheit zwar in bildhafter Sinnlichkeit, transzendiert sie aber zugleich im Sinne christlich-neuplatonischer Anschauungen. Im Anblick der Frauenschönheit, im *schouwen*, und in der bis zur Selbstvergessenheit führenden Hingabe an die Sinneseindrücke, die sie hervorruft, konstituiert sich für Morungen die eigentliche, die ‹wahre› Liebeserfahrung, die eine Ahnung von einem vollkommenen Glück, einer ‹absoluten› Liebe zu vermitteln vermag. Dabei ist die im *schouwen* erlebte Selbstvergessenheit bei Morungen auch ein Akt der Selbstfindung, einer Identitätskonstitution, die immer nur vorübergehend und in mühsamer Anstrengung gelingen kann. Das *schouwen* weist damit über die erotische Ebene der Reflexion hinaus auf eine existentielle; es erscheint auch als Metapher für den Prozeß der dichterischen Produktion, für die Suche nach ‹Wahrheit› und ihre sprachliche Umsetzung. Damit erhält die Auseinandersetzung mit dem Frauendienst im Minnesang etwas von jener Vielschichtigkeit, die ihr in der Trobadorlyrik eigen ist.
Bei Reinmar wie bei Morungen ist das Bestreben erkennbar, den Minnesang von einer pragmatischen gesellschaftlichen Zweckbestimmung zu lösen und ihn einem Kunstanspruch zu unterwerfen. Diese Ästhetisierung des Frauendienstes ist zugleich ein Symptom der Verselbständigung, denn beide Minnesänger haben mit ihren Liebesauffassungen keinen allgemeinen gesellschaftlichen Konsens gefunden. Vielmehr sind sie in Gegensatz zu den Erwartungen der Hörer getreten und waren genötigt, ihre Standpunkte gegen kritische Einwände zu verteidigen. Vermutlich ist der mangelnde gesellschaftliche Konsens, von dem die Lieder Reinmars und

Morungens zeugen, auch ein Zeichen dafür, daß der Glaube an die ordnungsstiftende Macht und die ‹Heilswirkung› der Hohen Minne bereits im Schwinden war.

Walther von der Vogelweide (gest. um 1230) bemüht sich noch, die bei Reinmar und Morungen aufbrechende Spannung zwischen Kunst und Gesellschaft zu überwinden und die Diskussion über die Liebe von ihrer esoterischen Höhe wieder auf eine pragmatische Ebene zurückzuführen. Aber seine Auseinandersetzung mit der Idee der Hohen Minne, mit der er souverän wie kein anderer Minnesänger spielt, führt nicht zu ihrer Erneuerung, sondern markiert den Beginn ihrer Auflösung. Denn Walther, als Berufsdichter auf die Reziprozität von Dienst und Lohn angewiesen, versucht nachdrücklich, diesem Prinzip auch in der Liebe Geltung zu verschaffen. Sein Standpunkt findet den prägnantesten Ausdruck in den sogenannten *Mädchenliedern,* in denen er, an die Kritik Hartmanns anknüpfend, das Ideal einer ‹natürlichen›, auf Gegenseitigkeit beruhenden und von ständischen Prämissen freien Liebe entwickelt. Dabei ist er zwar bemüht, die Vorstellung von der ethischen Wirkmacht der Liebe zu wahren; aber in dem Bestreben, die Distanz zwischen Mann und Frau aufzuheben, entzieht er der Hohen Minne die entscheidende Konstitutionsvoraussetzung. Wenn es Walther auch gelingt, in seinen Liedern einen singulären, im eigentlichen Sinne erotischen Ton zu treffen, so leitet er doch das Ende der Diskussion über den Frauendienst als Ideal ein.

Bei einem anderen Repräsentanten des klassischen Minnesangs, bei Wolfram von Eschenbach (um 1200), äußert sich die kritische Distanz gegenüber der Hohen Minne schon darin, daß er sie gar nicht zum Thema macht, sondern sich in seiner Lyrik ausschließlich mit der zwar ebenfalls ‹illegitimen›, aber erfüllten Liebe befaßt, die Gegenstand des Tagelieds ist. In der kunstvollen Variation des alten Themas verleiht Wolfram der Trennung der Liebenden in seiner bildmächtigen Sprache den Charakter eines existentiellen Grunderlebnisses. Gerade die Gefahr der Entdekkung, durch den aufdämmernden Tag und den mahnenden Weckruf des Wächters heraufbeschworen, steigert den Wunsch der Liebenden nach Vereinigung und läßt sie so, im Augenblick der Trennung, die Liebe in höchster Intensität erfahren. Allerdings hat Wolfram sich am Ende von dieser ‹illegitimen› Tagelied-Liebe distanziert und – indem er sie in ein Loblied auf das sichere Glück ehelicher Liebe ummünzt – die Aufhebung der Gattung proklamiert.

Später Minnesang

Im späten Minnesang, nach Walther von der Vogelweide, ist die Hohe Minne zwar überall noch präsent, aber nicht mehr Gegenstand einer substantiellen Auseinandersetzung. Sie wird, in mancherlei Form, zum Gegenstand des Spiels.

Auch der ‹dörperliche› Gegensang Neidharts (gest. vor 1246), der das Minnespiel auf die Dorfwiese und in die Bauernstube verlagert und dabei den ausgelassenen Tanz in den Mittelpunkt stellt, bezieht seine komischen Effekte aus dem kontrastiven und mannigfach ‹verkehrten› Bezug auf die Rollenkonstellation und die Motivik des Frauendienstes. In den zwei neuen Liedtypen, die Neidhart entwickelt, finden sich wieder häufiger Naturbilder, aber sie dienen nicht mehr, wie im frühen Minnesang, der Evokation von Sehnsucht und Leid, sondern führen in eine Welt preziös überdrehter und doch derber Sinnenfreude hinein, die anarchische Züge trägt.

Konstitutiv für die Lieder Neidharts ist der Gegensatz zwischen dem ‹ritterlichen› Sänger, der jedoch keine normative Instanz mehr repräsentiert, und der ‹dörperlichen› Welt, in die er hineingestellt ist. In den *Sommerliedern* erhält diese Welt ihre Konturen durch Bauernmädchen, die zum Tanz und in die Arme des Sängers, des ‹Riuwentalers›, streben. Letzterer erscheint als höfischer Galan und von allen Frauen umschwärmter Liebhaber. Die *huote*, repräsentiert durch die Mutter, die ihre Tochter vom Tanz und vom Riuwentaler fernhalten will, hat alle Autorität verloren. Und in dieser ‹verkehrten› Welt kann gelegentlich auch ‹eine Alte› die Rolle des tanzwütigen und liebestollen Bauernmädchens übernehmen.

Während sich so die *Sommerlieder*, mit denen Neidhart an Formen des Tanzlieds anknüpft, vor allem als eine Travestie des frühen Minnesangs zu erkennen geben, erscheinen die *Winterlieder*, in denen der Minnesänger die klassische Kanzonenstrophe verwendet, eher als eine Travestie des klassischen Minnesangs und der Hohen Minne. Hier zeigt sich die Welt der ‹Dörper› von einer bedrohlicheren Seite als in den Sommerliedern. Der Sänger ist weniger erfolgreich; er scheitert am Widerstand der ‹Dame› oder an seinen ‹dörperlichen› Rivalen, die mit ihren Prahlereien, ihrem angemaßten ‹ritterlichen› Großmannsgehabe, ihren ungeschliffenen Manieren und ihren groben Zudringlichkeiten bei der ‹Dame› mehr Glück haben als der Sänger mit seinen Werbeliedern. Der kann sich, oft als Unterlegener, an seinen Konkurrenten, den ‹Dörpern›, nur mit der Waffe des Wortes rächen.

Eine wesentliche Funktion der Lieder Neidharts besteht zweifellos darin, von dem hohen Anspruch des klassischen Minnesangs zu entlasten. Ein Großteil der Lieder ist vermutlich am Wiener Hof entstanden, wo Neidhart in dem Babenberger Friedrich dem Streitbaren (um 1210 bis 1246) einen Gönner fand, nachdem ihn ein Zerwürfnis mit dem bayrischen Herzog von dessen Hof vertrieben hatte. So haben Neidharts Lieder an einem Hof ihr Publikum gefunden, an dem ehemals die subtile Liedkunst Reinmars erklungen war und wohl gelegentlich noch vorgetragen wurde.

Umstritten ist jedoch, ob Neidhart in seiner Lyrik auch konkrete soziale Konflikte verarbeitet und auf welche sozialgeschichtlichen Gegebenheiten sie verweisen. Die ältere These, nach der die ‹Dörper› für wirkliche, in den Ritterstand aufstrebende und die ständische Ordnung bedrohende Bauern stehen, deren Ambitionen lächerlich gemacht und dem Spott der höfischen Gesellschaft preisgegeben werden sollen, wird inzwischen in Frage gestellt. Als wahrscheinlicher gilt heute, daß Neidharts Lyrik auf Konflikte innerhalb der Adelsgesellschaft selbst verweist.

Umstritten ist auch, ob Neidhart die Geltung der Hohen Minne durch ihre satirische Verzerrung erneut beschwören will, ob er, im Gegenteil, Kritik an ihr übt oder ob sein Sang lediglich ihre Auflösung signalisiert. Da die Aufhebung der durch die Hohe Minne gesetzten Ordnung einerseits als lustvolle Befreiung, andererseits aber auch als Bedrohung erlebt wird, erscheint Neidharts Haltung grundsätzlich ambivalent.

Besondere Probleme wirft die Überlieferungslage auf, denn die Lyrik Neidharts hat im 14. und 15. Jahrhundert eine ungewöhnlich breite, produktive Rezeption erfahren. Manches unter seinem Namen Überlieferte ist erst nachträglich hinzugedichtet worden, einiges davon wohl schon von seinen zeitgenössischen Rezipienten. Das von Neidhart inszenierte Rollenspiel forderte offensichtlich dazu heraus, es fortzusetzen. Anders als zuvor nahm das Publikum aktiv an der Kunstübung teil.

Auch die Aufführungspraxis hat sich gegenüber der früheren Zeit verändert. Die Lieder wurden nicht mehr nur vor der Gesellschaft vorgetragen, sondern zum Tanz gesungen. Dieser neuen Gebrauchssituation entsprechend, wandelt sich der Charakter der Lieder. Dies zeigt sich besonders beim Tannhäuser, der ebenfalls am Wiener Hof wirkte. Die Bedeutung der Texte tritt bei ihm deutlich zurück, während die musikalische Seite ein neues Gewicht erhält.

Insbesondere dem Leich, dem der Tannhäuser ein spezifisches Gepräge als Tanzleich verleiht, gewinnt der Dichter neue, raffinierte Effekte ab. Er läßt die metrischen und musikalischen Bauformen einander nicht immer entsprechen, sondern rückt sie in ein Spannungsverhältnis, das durch den unabhängigen Text einen weiteren Reiz erhalten kann.

Gegenüber den kunstvollen Innovationen auf der Formebene stehen die Bemühungen um den Inhalt zurück. Zwar bleibt der Frauendienst auch in den Liedern des Tannhäusers weiterhin der Bezugspunkt. Aber er bildet nur noch die Folie für parodistische Spielereien, die einem schlichten, immer wieder ausgebeuteten Prinzip folgen, von den aggressiven und satirischen Untertönen Neidharts jedoch frei sind.

Während der Gegensang so am Wiener Hof, an dem nach dem Zeugnis des Tannhäusers auch der Hofherr selbst, Friedrich der Streitbare, als Reigensänger auftrat, zur Mode wird, bleibt andernorts der klassische Minnesang das verpflichtende Vorbild. So knüpfen die Minnesänger der sogenannten Schwäbischen Schule bewußt an die Tradition an. Die vornehmen Gelegenheitsdichter, die ihr zugerechnet werden, vor allem

Burkhart von Hohenfels, Gottfried von Neifen und Ulrich von Winterstetten, sind in Verbindung mit dem Hof des Staufers Heinrich VII. (1211 bis 1242) bezeugt. Ihm wird deshalb ein maßgeblicher Einfluß auf den Charakter ihrer Kunst zugeschrieben.

Doch einer Auseinandersetzung mit der Hohen Minne gilt das Interesse auch dieser Dichter nicht mehr. Wie die Trouvères, von denen noch in dieser Periode formale und musikalische Anregungen ausgegangen sind, richten sie sich aus an dem Ideal einer *poésie formelle*. Die Elemente der Hohen Minne sind deshalb bei ihnen nicht mehr Träger eines sinnkonstituierenden poetischen Entwurfs, sondern beliebig verwendbare Versatzstücke in einer Kunst, die allein nach spielerisch-formaler, an gelehrten Regeln orientierter Perfektion strebt. Dabei erproben die Minnesänger ihre formale Virtuosität auch an Gattungen, die nur in loser oder in gar keiner Beziehung zum Frauendienst stehen (Pastourelle, Tagelied, Dialog zwischen Frauen).

Erst Heinrich von Meißen (um 1250/60 bis 1318), der sich Frauenlob nannte und in Verbindung mit verschiedenen Fürsten und Herren seiner Zeit stand, unternimmt am Ende des 13. Jahrhunderts einen Versuch, die Idee der Hohen Minne neu zu begründen. Dies geschieht in gelehrter Manier. Von philosophisch-spekulativen Überlegungen ausgehend, definiert Heinrich von Meißen die Liebe als eine den gesamten Kosmos beseelende und ihn unterschiedslos durchwaltende, die Grenzen zwischen weltlicher und profaner Liebe aufhebende Kraft, deren irdisches Symbol für ihn die Frau ist. Sich an die allegorische Darstellung der Natur bei Alanus ab Insulis (um 1128 bis 1202) anlehnend, stilisiert er die Liebe zu einem schöpferischen, Freude und Leben spendenden Prinzip, zum Inbegriff des irdischen Paradieses. Deshalb fordert er, der Frau mit Lob, Verehrung und Ergebenheit zu begegnen. Mit seinen Dichtungen hat Frauenlob, der sich bereits als Vertreter eines verrätselnd-dunklen, des sogenannten geblümten Stils ausweist, über seine Zeit hinaus vor allem in den frühen Meistersang hineingewirkt.

Minnesang als Nachspiel

Wiederum Gegenstand des Spiels ist die Hohe Minne im *Frauendienst* (um 1255) des steirischen Ministerialen Ulrich von Lichtenstein (um 1200 bis um 1275). Aber sie wird hier in besonderer Weise funktionalisiert. Der Minnesang erscheint, eingebunden in einen narrativen Zusammenhang, als Teil einer ‹Autobiographie›. Dabei dient der literarische Frauendienst als Modell des ‹wirklichen› Lebens. Dieses wird so zu einem Nachspiel des Minnesangs.

Die Idee zu seiner ‹Autobiographie› verdankt Ulrich vermutlich den Trobador-‹Biographien›, den *vidas*. Diese *vidas*, die aus einem seltsamen Gemisch aus Lebensdaten der Liederdichter und fabulösen Erfindungen von

Liebesabenteuern bestehen, sind offensichtlich entstanden, um das Interesse an den älteren Trobadors wachzuhalten. Diese Funktion hatten vermutlich auch die Kommentare, die zu einzelnen Liedern überliefert sind, die *razos*. Sie wurden dem Vortrag der Lieder vorangeschickt und erklärten deren Inhalt, indem sie ihn auf vermeintlich zugetragene Begebenheiten bezogen und ‹realistisch› ausdeuteten.

In ähnlicher Weise sind Ulrichs Lieder im *Frauendienst* in einen erklärenden Rahmen hineingestellt. Während aber bei den Trobadors die *vidas* eine selbständige, von der Lyrik unabhängige Prosagattung bilden und *razos* nur zu einzelnen Liedern geschrieben wurden, werden die Lieder Ulrichs durch den narrativen Rahmen einem chronologischen Ordnungsprinzip unterworfen, das von dem Konzept einer ‹Biographie› bestimmt ist: Sie markieren die verschiedenen Stationen in seinem Minnedienst-Leben.

In seinen Liedern zeigt Ulrich sich ganz dem klassischen Minnesang verpflichtet, dessen Repräsentanten er mit Vorliebe zitiert. Die Etappen des Frauendienstes in den narrativen Partien sind dagegen mit komischen und burlesken Effekten verbunden. So erzählt Ulrich, wie er als junger Mann in seiner grenzenlosen Verliebtheit das Wasser getrunken haben will, in dem die von ihm verehrte Dame ihre Hände gewaschen hatte. Er berichtet auch, daß er sich einer schmerzhaften Operation am Mund unterzog, weil dieser das Mißfallen seiner Dame erregt hatte.

Die grotesken Züge, die der Frauendienst durch Ulrichs Selbststilisierung als Liebesnarr erhält, signalisieren die Distanz des Autors zu dem ansonsten ernsthaft nachgespielten Frauendienst und sollen die Hörer wohl zum Lachen bewegen. In diesem Schwanken zwischen ernsthaften und komischen Stiltendenzen zeigt sich auch bei Ulrich jene Ambivalenz, die einer der charakteristischen Züge der Dichtung des späten Mittelalters ist.

Ulrichs Dichtung, in der eine ganze Reihe von historisch bezeugten Mitgliedern der steirischen Hofgesellschaft genannt werden und als ‹Mitspieler› figurieren, deutet darauf hin, daß sich allmählich auch an deutschen Höfen spielerische Formen der Minnegeselligkeit herauszubilden begannen. Sie hatten allerdings nur noch den Charakter eines Nachspiels. Daß man sich auch andernorts an solchen Spielen vergnügte, läßt sich noch aus weiteren, später entstandenen Texten schließen. So treten in einigen – dem eigentlichen Minnesang nicht zugehörenden – mittelrheinischen Minnereden, die um die Wende zum 14. Jahrhundert entstanden sind, historisch nachweisbare Personen des Adels als Teilnehmer an einem Minnegericht und an anderen Minnespielen auf.

Ähnlich verbindet sich in literarisch interessierten Kreisen der Stadtgesellschaft die Rezeption und Pflege des Minnesangs mit dem Versuch, ihn spielerisch nachzuleben. Einem Lied des Minnesängers Johannes Had-

loub, der um 1300 in Zürich wirkte, ist zu entnehmen, daß Minnegeselligkeit zu den Unterhaltungsformen der adligen Oberschicht der Stadt gehörte, an denen auch geistliche Würdenträger teilnahmen.
Zürich war zugleich das Zentrum einer regen Sammeltätigkeit. Hier wurden, vor allem durch den Zürcher Patrizier Rüdiger Manesse (gest. 1304) und seinen Sohn Johannes (gest. 1297), die zu dem großen Gönnerkreis um Hadloub gehörten, Lieder zu einer umfangreichen Sammlung zusammengetragen. Eine der drei Liederhandschriften, die den größten Teil der mittelhochdeutschen Lyrik bewahrt haben, die *Große Heidelberger Liederhandschrift (C)*, ist vermutlich eine Abschrift dieser Sammlung. Deshalb wird sie häufig auch als die *Manessische Handschrift* bezeichnet.

Frauen
Hinweise darauf, daß auch Frauen Lieder gedichtet haben, finden sich selten. Sie führen vor allem in den Wirkungsbereich der Trobadors, wo einige Frauen, die sogenannten *trobairitz*, als Lyrikerinnen bezeugt sind. Aber ihnen werden nur etwa zwanzig Lieder und Strophen zugeschrieben – ein verschwindend geringer Anteil an der gesamten Liedproduktion. Über die Lebensumstände dieser Dichterinnen ist so gut wie nichts bekannt. Vermutlich haben sie jedoch alle, wie die Comtessa de Dia, Clara d'Anduze und Maria von Ventadorn, dem Adel angehört. Gelegentlich treten sie als Partnerinnen in Streitgedichten auf. Zumeist aber haben sie Frauenlieder gedichtet, die ansonsten in der Trobadorlyrik selten begegnen. In ihrem Motivbestand weisen diese Frauenlieder manche Parallelen mit denen des deutschen Minnesangs auf. Sie haben jedoch einen eigenständigen, von dem spezifischen Erfahrungshorizont der Frau geprägten Charakter.
Dies gilt vor allem für die Kompositionen der Comtessa de Dia, der bedeutendsten unter den *trobairitz*. Die Comtessa de Dia stellt, ähnlich wie die Minnesänger, die Frau als Liebende dar; jedoch fordert sie dabei für sie eine aktive, dem Mann gleichwertige Rolle in der Liebe, hält aber zugleich an der Vorstellung fest, daß der Mann den Willen der Frau wie den einer ‹Herrin› zu respektieren habe. Aufschlußreich ist, daß sie zu diesem Zweck Elemente der trobadoresken Männerrolle auf die Frau überträgt. Die Comtessa de Dia korrigiert aber nicht nur das trobadoreske Bild der Frau, sondern auch das des Mannes. In ihren Liedern erscheint dieser durchaus nicht als der unverbrüchlich treue, der Sublimierung seiner Sexualität fähige Mann, zu dem ihn die Trobadors in ihren Liedern stilisieren. Infolgedessen lesen sich die Lieder der Comtessa de Dia wie eine kritische Stellungnahme zum Frauendienst der Trobadors.
Deutschsprachige Minnelieder, die ohne jeden Zweifel von Frauen verfaßt wurden, sind nicht überliefert. Der Minnesang ist hier eine von Männern getragene Kunst gewesen.

Vermutlich haben Frauen als Gönnerinnen Einfluß auf die literarische Diskussion über die Liebe genommen, aber dieser Einfluß ist kaum zu fassen. Deshalb bleibt die Frage offen, wie Frauen in der höfischen Gesellschaft über die Hohe Minne und über den Frauendienst gedacht haben.

Ulrich Müller
Sangspruchdichtung

Die von Karl Simrock (1833) mit gewisser Vorsicht vorgeschlagene, dann aber von Wilhelm Wackernagel (1851/53) lehrbuchmäßig verfestigte Unterteilung der mittelhochdeutschen Lyrik in ‹Lied› (gesungene Liebeslyrik, ‹Minnelyrik›) und ‹Spruch› (eher ‹sprechweise› vorgetragene Einzelstrophen) wurde heftig diskutiert, erwies sich in vielem als irrig beziehungsweise irreführend, hat sich aber doch aus vorwiegend praktischen Gründen gehalten. Heute definiert man den nach wie vor gebräuchlichen Begriff ‹Spruchdichtung› etwas anders, nämlich (1) formal: gesungene Lieddichtung in mittelhochdeutscher Sprache (also Sangverslyrik, daher auch die Bezeichnungen: ‹Spruchlied›, ‹Sangspruch› und ‹Spruch-Lied›), deren einzelne Strophen sehr oft in sich abgeschlossen sind, welche dann aber offenbar situationsbedingt zu liedähnlichen Strophenketten verbunden wurden; (2) inhaltlich: Sangverslyrik, die nicht von dem Themenbereich Liebe/‹Minne› handelt, sondern von Fragen der richtigen und falschen Lebensführung (Moral/Ethik), von der Problematik der Sängerexistenz, von Politik und Religion.

Die sogenannte ‹Sangspruchdichtung› ist ein wesentlicher und quantitativ wichtiger Teil der gesamten mittelhochdeutschen Lyrik. Ihre herausragenden Merkmale sind, daß sie zum größeren Teil einen deutlicheren Bezug zur Alltagsrealität und Lebenswirklichkeit des Publikums und der Sänger hat, das heißt mehr ‹Tagesaktualität› besitzt als die oft stark stilisierte Liebeslyrik (bei der ein solcher, natürlich gleichfalls vorliegender Bezug nicht immer sofort erkenntlich ist), des weiteren, daß ihre dominierende Aussagetendenz diejenige der Belehrung und Kritik ist. Allerdings gibt es vielerlei Mischformen: einerseits Liebeslieder mit stark didaktischem und/oder zeitkritischem Inhalt, andererseits ‹Sangsprüche› mit Minne-Thematik.

‹Aktuelle› und ‹engagierte› Lyrik ist keine Erfindung der mittelhochdeutschen Lyrik, sondern Vergleichbares gibt es in der gesamten Weltliteratur bis auf den heutigen Tag. Aus der unmittelbaren Umgebung des Mittelhochdeutschen wären zu nennen: die zeitbezogene und zeitkritische Lyrik der lateinischen Antike (z. B. Horaz), die daran sich anschließende mittellateinische Lyrik sowie die okzitanische (‹provenzalische›) Lyrik-Gattung des *Sirventes*. Ähnliches findet sich auch in den nordischen Literaturen (zumeist in Form von Einzelstrophen – *vísur*) sowie – außerhalb des lateinisch-katholischen Teils von Europa – in der griechischen Literatur von Ostrom, also im Byzantinischen. Von besonderer Wichtigkeit sind davon das Mittellateinische und das *Sirventes*, wenn auch die genauen Beeinflussungen und/oder Beziehungen nicht mehr zu klären sind.

Lyrik in lateinischer Sprache, zuerst orientiert an antiken Vorbildern, dann aber sich hiervon emanzipierend und Anregungen aus den Volkssprachen aufnehmend, hat es auch nach dem Ende des Weströmischen Reiches (476) ohne dauernde Unterbrechung gegeben: kirchlich-religiöse Lyrik, Preisgedichte (Panegyrik), Epigraphisches (Grabgedichte, Aufschriften, Beischriften), zeitbezogene und politische Lyrik. Parallel zu den Gedichten in antiken Versmaßen, die nach dem Prinzip der Silbenlänge strukturiert waren (*versus*), entwickelten sich schon früh Gedichtformen, deren Verse auf dem Wechsel von Hebungen und Senkungen aufbauten (*rhythmi*). Das 11. und vor allem das 12. Jahrhundert wurden zur Blütezeit einer stark weltlichen Lyrik, deren Hauptthemen Zeitkritik, Persönliches, Liebe, Spiel und Wein waren und deren Verfasser und Publikum in einem weltlich orientierten Klerus zu suchen sind (Studenten, pfründesuchende Wanderakademiker: ‹Vaganten›, Universitätslehrer, geistlich ausgebildete Beamte, aber sicherlich auch Angehörige des hohen Klerus). Die bekanntesten Sammlungen solcher Gedichte sind die nach ihrem Aufbewahrungsort (Cambridge) benannte Handschrift der *Carmina Cantabrigiensia* (Mitte 11. Jahrhundert) sowie der heute in der Bayerischen Staatsbibliothek München befindliche und nach seinem Fundort Benediktbeuren benannte Codex der *Carmina Burana* (einschließlich der *Fragmenta Burana*, um 1230). Viele Texte sind anonym überliefert. Von den namentlich bekannten Autoren sind die wichtigsten: Hugo von Orléans, wegen seines Ansehens ‹Primas› genannt (um 1093 bis 1160); Walther von Chatillon (um 1135 bis 1200); Philipp von Grève (vielleicht identisch mit dem gleichnamigen Kanzler der Pariser Universität, gest. um 1220); Petrus von Blois (um 1135 bis nach 1204) sowie der mit dem Ehrennamen Archipoeta (Erzpoet) ausgezeichnete Hofdichter des Kölner Erzbischofs Reinald von Dassel (um 1120 bis 1167). Speziell bei den Themen Zeitkritik und Kirchenkritik gibt es viele Entsprechungen zur ‹Sangspruchdichtung›.

Eine volkssprachliche Entsprechung zur ‹Sangspruchdichtung› ist das okzitanische *Sirventes* (Lied eines *sirven*, das heißt eines ‹Dienenden›), eine seit dem frühen 12. Jahrhundert neben dem *canso* (Liebeslied) stehende

Lyrikgattung der Trobadors. Von der ‹Sangspruchdichtung› hinsichtlich Metrik und Musik nicht verschieden, handelt diese Gattung von Lob und Kritik gegenüber den Herrschenden, von Politischem (unter anderem den Kreuzzügen nach Palästina und gegen die südfranzösischen Albigenser) und von Persönlichem. Wichtige Vertreter dieser vor allem durch Kritik und satirischen Angriff gekennzeichneten Form sind unter anderem: Marcabru, Bertran de Born, Peire Vidal (auf den vielleicht Walther von der Vogelweide reagiert hat), Peire Cardenal, Folquet de Marselha und Guilhem Figueira.

‹Sangspruchdichtung› ist teilweise in denselben melodielosen Sammelhandschriften überliefert wie die mittelhochdeutsche Liebeslyrik, vor allem in der *Großen Heidelberger ‹Manessischen› Handschrift* (Sigle: C), aber auch in den Lyrikhandschriften A und B, also in der *Kleinen Heidelberger* und der *Weingartner-Stuttgarter Liederhandschrift*, alle im alemannischen Raum in der Zeit um bzw. nach 1300 geschrieben. Ferner auch in Sammelhandschriften, die sich auf diese Gattung bzw. sogar einen bestimmten ‹Sangspruch›-Autor konzentrieren: in der norddeutsch-mitteldeutschen *Jenaer Liederhandschrift* (J), einer Pergament-Prachthandschrift aus der Mitte des 14. Jahrhunderts, die zu den meisten Texten auch die zugehörigen Melodien enthält; in der *Heidelberger Handschrift* cpg 350 (= D/H) aus dem Ende des 13. Jahrhunderts sowie in der *Weimarer Papierhandschrift* F (zweite Hälfte des 15. Jahrhunderts). Hs.D überliefert vor allem Texte von Reimar von Zweter, F vor allem von Frauenlob (beide Male leider ohne Melodien). Texte und Melodien vieler ‹Sangsprüche› enthält auch die in der frühen Meistersinger-Zeit geschriebene *Kolmarer Liederhandschrift* (heute aufbewahrt in der Bayerischen Staatsbibliothek, München), die umfangreichste Sammlung mhd. Lyrik überhaupt. Dazu kommt eine größere Anzahl weiterer vollständiger und fragmentarisch erhaltener Pergament- und Papierhandschriften. Wiewohl viele dieser Handschriften, wie im Falle der mhd. Liebeslyrik, nur die Texte, nicht aber die Melodien enthalten, ist die Gesamtsituation bei der ‹Sangspruchlyrik› in dieser Hinsicht besser. Laut Horst Brunner [295; *S. 189*] sind die Melodien zu insgesamt 100 ‹Sangspruch›-Reihen erhalten (zu weiteren 88 fehlen sie). Der Grund liegt im Sonderfall der *Jenaer Liederhandschrift*; dazu kommt die Tatsache, daß die späteren Meistersinger viele ‹Sangspruch›-Töne übernommen und mit neuen Texten versehen (kontrafaziert) haben [vgl. 295]. Die aus dieser Melodie-Überlieferung sich ergebende Chance, mhd. ‹Sangsprüche› heute wieder in größerer Zahl aufführen zu können, wurde leider nur unzulänglich genutzt, wie überhaupt die musikalische Hälfte der mhd. Lyrik lange ein Stiefkind der Forschung war und teilweise immer noch ist.

Auf dem Gebiet der Textedition hat sich in den letzten Jahren die Lage verbessert: Verschiedene Autoren (der Meißner, Friedrich von Sonnenburg, Frauenlob) wurden durch neue Editionen erschlossen; für andere, vor allem Bruder Werner (vorbereitet durch Franz V. Spechtler), aber auch den Marner, Rumelant oder Regenbogen, sind moderne Editionen dringlich; manche ‹Sangspruch›-Sänger sind nach wie vor nur durch die monumentale Gesamtausgabe der mhd. Lyrik durch Friedrich Heinrich von der Hagen (1838) zugänglich, die im übrigen um einiges besser ist als ihr Ruf und die, wie ihr Herausgeber, einer Ehrenrettung wert wäre.

‹Sangsprüche› waren, wie die Liebeslieder und die ungleichstrophigen Leichs, gesungene Dichtung, die dem Publikum durch musikalischen Vortrag vermittelt wurde. Das Publikum war weitgehend das gleiche wie bei der Liebeslyrik, ist also an den verschiedenen großen und kleinen Höfen, daneben sicherlich in Klöstern und zunehmend auch in den Städten zu suchen. Vortragsorte wie Wirtshäuser, städtische Plätze und dörfliche Anger sind nicht auszuschließen; über die genauen Umstände solcher Vorführungen ist man aber insgesamt nur sehr unzureichend informiert. Aus den Texten erfährt man, daß die Verfasser der sozial nicht besonders geachteten Gruppe der fahrenden Berufskünstler angehörten, dort aber eine Sonderstellung beanspruchten. Anders als die Schausteller und bloßen Vortragskünstler verfaßten sie die Texte und oft auch die Melodien ihrer Lieder und Strophen selbst. Manchmal haben sich die Autoren redende Künstlernamen zugelegt (z. B.: Rumelant; der Unverzagte; Höllefeuer; Spervogel). Den in der Liebeslyrik häufigen Typ des finanziell unabhängigen adligen Liebhaber-Sängers findet man bei der ‹Sangspruchlyrik› nicht; die aktuelle und engagierte Lyrik galt bei den hohen Herren offenkundig als nicht standesgemäß. Allerdings ist festzuhalten, daß die Bereiche nicht streng geschieden waren. Nicht wenige ‹Sangspruch›-Autoren verfaßten auch Liebeslieder (insbesondere Walther von der Vogelweide, aber auch Tanhûser, der Marner, Friedrich von Sonnenburg, der Wilde Alexander), oder sie verfaßten ‹Sangsprüche› nur nebenbei und gelegentlich (Gottfried von Straßburg, Konrad von Würzburg). Ausnahmsweise finden sich ‹Sangsprüche› auch im Werk eines adligen Sängers wie des Ministerialen Ulrich von Singenberg oder des Wizlaw von Rügen, sofern sich hinter diesem Namen tatsächlich der gleichnamige Fürst Wizlaw III. (gest. 1325) verbirgt.

Die Lebenswirklichkeit der ‹Sangspruch›-Sänger war bestimmt durch existentielle Abhängigkeit von ihrem wechselnden Publikum, von Gönnern und Auftraggebern – sowie von Konkurrenz untereinander. Über ihre soziale Herkunft weiß man so gut wie nichts, doch stammten sie offenkundig nicht aus der weltlichen oder geistlichen Führungsschicht. Alle wollten durch ihre publizistische Tätigkeit zu Besitz und Ansehen gelangen, und die meisten strebten wohl den Status eines finanziell gesicherten Hofsängers an; aber nur bei wenigen, wie etwa Walther von der Vogelweide oder Frauenlob, können wir vermuten, daß sie diese Ziele wenigstens zeitweise erreichten.

Die Abhängigkeit von Publikum und Gönnern hatte Auswirkungen auf Form und Inhalt: Herrscher- und Gönnerlob war lebensnotwendig, das Publikum mußte immer wieder an die Bezahlung (‹milte›) gemahnt werden; und sicherlich mußten die Sänger auf die Wünsche und Empfindlichkeiten der Hörer Rücksicht nehmen bzw. sich dem wechselnden Publikum anpassen. Texte konnten oder mußten geändert werden, Strophen wurden anders ausgewählt und zusammengefügt. Manche Eigenarten der Überlieferung, wie etwa Unterschiede bei den Textfassungen (besonders bei Bruder Werner), bei der Anzahl und der Reihenfolge der Strophen, können möglicherweise auf diese Weise erklärt werden. Allerdings waren diese wandernden Dichtersänger und Liedpublizisten dem Publikum und ihren Herren nicht gänzlich wehrlos ausgeliefert; denn sie besaßen andererseits die damals (wie heute) wichtige publizistische Macht. Immer wieder betonen sie drohend in ihren Texten, daß Ansehen und Image (‹ere›) eines hohen Herrn oder eines Hofs maßgeblich von ihren Liedern abhinge, und gelegentlich wird, wie man dann aus dem Spätmittelalter, etwa durch Muskatblüt oder Michel Beheim, ausdrücklich weiß, der eine oder andere Autor mit kritischen Äußerungen größere oder kleinere Risiken eingegangen sein. Das Verhältnis zwischen Publikum und Gönnern einerseits sowie den Autoren andererseits war also durchaus kompliziert und durch gegenseitige Abhängigkeiten bestimmt, etwa durch die bekannte Dialektik von ‹Herr› und ‹Knecht›.

Der existentielle Außendruck führte notgedrungen zu harter Konkurrenz untereinander. Die Autoren mußten sich nicht nur nach unten, also gegenüber den bloßen Sängern, abgrenzen, sondern sie standen auch untereinander in einer starken Konkurrenzsituation. Dies zeigt sich an der reichlichen Polemik, welche die Texte in dieser Hinsicht aufweisen, in boshaften Äußerungen über und gegen Kollegen, die sich bis zu ganzen Ketten von gegenseitigen Streitgedichten auswachsen konnten. Sicherlich ist der sogenannte *Wartburgkrieg* (zweite Hälfte des 13. Jhs.), jener in Richard Wagners *Tannhäuser*-Oper der Neuzeit vermittelte *Sängerkrieg auf der Wartburg* (1845), ein Reflex dieser Lebenswirklichkeit. Allerdings weiß man nicht, ob diese Geschichte auf dichterischer Fiktion, also auf Wunsch- (oder Angst-)Projektionen, oder aber auf historischer Realität beruht; doch die dort vorgeführte Mischung von Herrscherlob und Sängerwettkampf verweist in jedem Fall auf wesentliche, vielleicht sogar die wichtigsten Momente damaliger Autoren-Existenz. Die Entwirrung und Interpretation der verwickelten Überlieferung der *Wartburgkrieg*-Dichtung ist allerdings außerordentlich schwierig [vgl. 396].

Metrisch und musikalisch unterscheiden sich die Sangsprüche nicht grundsätzlich, wohl aber graduell von der Liebeslyrik. Unverkennbar ist die Tendenz zu längeren Versen und zu größeren Strophen, die möglichst viel Raum zum Argumentieren innerhalb einer abgerundeten Einzelstrophe bieten. Die Überlieferungsverhältnisse (etwa bei Reimar von Zweter) deuten an bzw. zeigen eindeutig, daß die musikalisch zusammengehörigen, also die in Metrik und Melodie identischen Strophen (mhd. der «dôn», also der Ton), nicht stets gemeinsam, in gleicher Auswahl und Anordnung vorgetragen wurden. Es konnte bzw. mußte variiert werden, sicherlich – wie bereits erwähnt – abhängig vom jeweiligen Publikum bzw. den jeweiligen Absichten des Sängers. Die Strophen wurden ja nicht nur einmal (bei ihrer Uraufführung) vom Autor vorgetragen, sondern es gab immer wieder Reprisen, vielleicht Übernahmen in das Repertoire anderer Autoren. Außerdem darf man die bloßen Vortragskünstler (okzitanisch «joglars», mhd. «spilman» bzw. «spilwîp») nicht vergessen, die davon lebten, die Werke anderer vorzutragen.

Die erhaltenen Melodien von ‹Sangsprüchen› legen nahe, daß diese in höherem Maße zum Rezitativischen, zum Ausschmücken durch Koloraturen (*Melismen*) neigten als die Musik der Liebeslieder, bei denen gelegentlich eine Affinität zur getanzten Musik festzustellen oder zu vermuten ist. Auch war es bei Sangsprüchen immer wieder möglich, dieselbe Melodie mehrfach zu verwenden, ja es wurden sogar Melodien von Kollegen übernommen. Die für die Liebeslyrik zwar nirgendwo aufgestellte, aber gut erkennbare Regel, daß jedes Lied eine neue und eigene Melodie aufweisen müsse, galt hier also nicht in dieser Strenge. Ein Extremfall ist Reimar von Zweter (erste Hälfte des 13. Jhs.), der fast alle seine Strophen (über 300 sind unter seinem Namen überliefert, wenn auch in ihrer Authentizität teilweise umstritten) für ein und dieselbe Melodie, also eine Art mittelalterliche ‹signature tune›, verfaßt hat. Dieser im späten Mittelalter bereits so genannte ‹Frau-Ehren-Ton› muß für ihn ein Markenzeichen gewesen sein.

Der Gesamtbereich der ‹Sangspruch-Texte›, der zu einem beträchtlichen Teil ins 13. Jahrhundert fällt, stand lange Zeit im Abseits des Forschungsinteresses. Dieses konzentrierte sich bei der mhd. Lyrik auf die Liebeslyrik, auf *Minnesangs Frühling* und auf Walther von der Vogelweide; sie vernachlässigte sowohl das Spätere als auch die Nicht-Liebeslieder. Erst in den letzten zwei bis drei Jahrzehnten hat hier ein Wandel eingesetzt.

Vor allem Gustav Roethe [446], Helmut de Boor [227, *Bd. 3,1*] und Hugo Moser (in verschiedenen Arbeiten) haben versucht, den Gesamtbereich der ‹Sangspruchlyrik› thematisch aufzugliedern und zu systematisieren. Helmut de Boor hat etwa die folgenden wichtigen Themenkreise für die späte ‹Sangspruchdichtung› (1250 bis 1350) ausgegrenzt, die insgesamt eine gute Vorstellung des Ganzen ergeben: «Lob- und Scheltsprüche, Politische Sprüche, Sozialkritische Sprüche, Minnesprüche, Sittenlehre, Lebenserfahrung, Vom Glück, Religiöse Sprüche, Gelehrsamkeit, Rätsel.» –

Die vielen Strophen, die auf die Politik der Zeit eingehen oder einen hohen Herrn und Gönner preisen, erlauben es oft, das Œuvre eines ‹Sangspruch›-Autors hinlänglich genau zu datieren.
Am Anfang der mhd. ‹Sangspruchlyrik› stehen, neben einigen zeitkritischen Einzelstrophen, zwei ‹Töne›, die unter dem Namen *Spervogel* bzw. *Jüngerer Spervogel* überliefert sind und moralisch-didaktische, religiöse sowie auf die Sängerexistenz bezogene Strophen enthalten. Man datiert sie in die zweite Hälfte des 12. Jahrhunderts. Die heute übliche Aufteilung auf zwei Autoren, Spervogel und Herger, steht allerdings im Widerspruch zur Überlieferung und geht von modernen Vorstellungen hinsichtlich der angeblichen Einheitlichkeit eines solchen Werkes aus. Erster und gleichzeitig unbestrittener Höhepunkt der Sangspruchlyrik ist dann Walther von der Vogelweide (um 1170 bis um 1230), der alle damals bekannten Arten der mhd. Lyrik in seinem Werk vereinigte, aber gleichzeitig deutlich formulierte (in der Bittstrophe an Kaiser Friedrich II.: L 28,1; vgl. auch 28,31), daß er die Liebeslieder gegenüber der – dem alltäglichen Existenzkampf verhafteten – ‹Sangspruchlyrik› höher einschätzte.
Im Verlauf des 13. Jahrhunderts und zu Beginn des 14. Jahrhunderts, also der Zeit zwischen Walther und den großen Sammelhandschriften (A, B, C, J), blieb der ‹Sangspruch› ein wichtiger Teil der Lyrik, quantitativ und auch qualitativ durchaus gleichwertig der Liebeslyrik. Denn die Qualität dieser engagierten Lyrik ist (nach meiner Meinung) erheblich besser, als gemeinhin behauptet wird. Bei der Beurteilung wird nämlich fast immer vergessen, in welchem sozialen Kontext diese Lyrik stand, das heißt, in welchem Ausmaß sie von der Lebenswirklichkeit der Autoren geprägt wird.
Es ist wenig sinnvoll, die fast 60 namentlich bekannten Verfasser von ‹Sangsprüchen› neben und nach Walther von der Vogelweide hier aufzuzählen. Viele von ihnen haben nur wenige Strophen hinterlassen, die keinen konturierten Eindruck vermitteln. Von einigen aber gibt es ein größeres Œuvre, das einen deutlichen Stil und auch Individualität besitzt. Zu nennen sind hier die oberdeutschen Autoren Ulrich von Singenberg, Bruder Werner, Reimar von Zweter, Friedrich von Sonnenburg, Tanhûser, der Marner und Sigeher, dann die aus Mitteldeutschland stammenden Lyriker Rumelant von Sachsen, der Meißner und vor allem Frauenlob, schließlich der norddeutsche Autor Hermann Damen (mutmaßlich ein Rostocker Bürger). Wie in der Liebeslyrik (und in der sonstigen mhd. Literatur) läßt sich auch bei den ‹Sangsprüchen› feststellen, daß Mitteldeutschland, Böhmen und zuletzt der Norden immer wichtiger werden und daß sich das Schwergewicht aus dem früher dominierenden alemannisch-bayrisch-österreichischen Süden verlagert. Es ist insofern kein Zufall, daß die wichtigste Handschrift, nämlich die *Jenaer Liederhandschrift*, aus dem Norden stammt.

Stellvertretend für die vielen ‹Sangspruch›-Autoren des 13. und frühen 14. Jahrhunderts sei der für das späte Mittelalter wichtige Heinrich von Meißen (geb. um 1250/60) herausgegriffen: Wegen seines Eintretens für die Frauen, besonders für die höchste der Frauen, nämlich Maria, erhielt er den ehrenden Beinamen «Frauenlob» – oder legte ihn sich selbst zu. Er stammt, wie der Name und seine Reimsprache zeigen, aus Mitteldeutschland. Aus seinen Texten, einer Rechnungsurkunde und weiteren Erwähnungen kann man erschließen, daß er im gesamten deutschsprachigen Raum wirkte (von Kärnten, Österreich und Böhmen bis nach Schlesien, Brandenburg und Rügen). Sein Gönner war offenbar Peter von Aspelt (Protonotar und Kanzler von König Wenzel II., seit 1306 Erzbischof von Mainz). Dieser ermöglichte es wohl auch, daß der mittlerweile hochangesehene Dichter nach seinem Tod (29. 11. 1318) im Kreuzgang des Mainzer Domes bestattet wurde, und zwar mit hohen Ehren und unter großer Anteilnahme der Mainzer Bürgerinnen. Unter seinem Namen sind drei Leichs, einige Liebeslieder sowie etwa 450 Spruchstrophen überliefert; letztere haben Geistliches und Religiöses, Minne-Thematik in geradezu scholastischer Darstellungstechnik, Probleme einer adlig-ritterlichen Lebensart, Lobpreis von Fürsten und/oder Gönnern, politische Ereignisse sowie die eigene Stellung als Künstler zum Thema. Was von ihm stammt bzw. was später unter seinem Namen hinzugedichtet wurde, ist bis heute umstritten (der angeblich ‹echte› Teil ist in der großen Ausgabe von Karl Stackmann und Karl Bertau 1981 neu ediert worden). Alle Texte zeichnen sich durch einen extrem geblümten Stil aus, durch ausgefallene Wörter und Metaphern, gesuchte Bilder sowie komplizierte syntaktische Konstruktionen. Diese raffinierte Dunkelheit und manierierte Gelehrsamkeit wirkten stilbildend, bis hin zu den Meistersingern, deren wichtigster ‹Alter Meister› er war; seine Texte wurden nachgeahmt, seine Melodien weiterverwendet. Der Germanistik galt er lange Zeit als Ausgeburt von Schwulst, leerer Rhetorik, ja sogar des Irrsinns; doch beginnt man allmählich, sein Werk unvoreingenommener und unter dem Blickwinkel seiner exzeptionellen Wirkung zu betrachten und zu bewerten.

Joachim Bumke

Walther von der Vogelweide

Über Walther von der Vogelweide (um 1170 bis um 1230) ist mehr bekannt als über die meisten mittelalterlichen Dichter; dennoch bleibt seine Biographie in vielen Punkten unklar. Deswegen sind den Bemühungen, von der Lebensgeschichte her einen Zugang zum Verständnis seiner Lyrik zu finden, enge Grenzen gesetzt. Über Walthers Heimat ist früher verbissen gestritten worden. Er wurde für die Schweiz, für Niederösterreich, Südtirol und Franken reklamiert. Der Name Vogelweide bezeichnet einen Ort, wo Vögel gejagt wurden. Ländliche Höfe dieses Namens sind (später) in verschiedenen Gegenden bezeugt. Wichtiger ist die Frage nach seinem Stand. Zweifel an Walthers adliger Herkunft galten lange Zeit geradezu als ein Sakrileg. Noch heute denkt man ihn sich gern als Sohn einer kleinen Adelsfamilie und beruft sich darauf, daß zeitgenössische Dichter ihn als ‹Herrn› tituliert haben und daß er in der *Manessischen Handschrift* ein Wappen führt. Tatsache ist jedoch, daß eine adlige Familie von der Vogelweide zu Walthers Zeit nicht nachgewiesen ist und Walther das Leben eines fahrenden Sängers führte, der auf die Gnade der großen Herren angewiesen war. Das bestätigt das einzige historische Zeugnis über Walther; im Reiserechnungsbuch des Passauer Bischofs Wolfger von Erla (gest. 1218) ist zum 12. November 1203 vermerkt: «Bei Zeiselmauer dem *cantor* Walther von der Vogelweide fünf große Schillinge für einen Pelzrock» (*apud Zei[zenmurum] Walthero cantori de Vogelweide pro pellicio .v. sol. longos*). Der Titel *cantor* ist am besten als ‹fahrender Sänger› zu verstehen. Walther war ein fahrender Berufsdichter unbekannter Herkunft; mehr läßt sich nicht sagen. Die ungewöhnliche Höhe des für ihn ausgesetzten Betrags spiegelt das hohe Ansehen, das er genoß. Theologische Kenntnisse, biblische und antike Namen und vor allem die formalen und thematischen Beziehungen zur Vagantendichtung lassen vermuten, daß Walther lateinisch gebildet war. Die rationale Durchgestaltung seiner Gedichte weist auf eine Ausbildung in Rhetorik und Dialektik.

Wahrscheinlich hat Walther seine dichterische Laufbahn in Österreich, am Wiener Hof, begonnen («in Österreich habe ich singen und sagen gelernt» / *ze Ôsterrîche lernt ich singen unde sagen*). Man nimmt an, daß er nach dem Tod Herzog Friedrichs I. im Jahr 1198 Wien verließ (oder verlassen mußte) und seitdem das unstete Leben eines Fahrenden führte. Das stützt sich auf eine Strophe (19,29), in der Walther den Tod Friedrichs von Österreich beklagt und seine Freude darüber äußert, daß der König ihm einen Platz in seinem Haus gegeben habe. Dem Weggang aus Wien wird eine epochale Bedeutung für Walthers Dichterlaufbahn zugeschrieben. Am Hof König Philipps ist er zum politischen Spruchdichter geworden. Tatsächlich stammen die ersten sicher datierbaren Sprüche aus dem Jahr 1198. Der weitere Weg wird an seinem Reichsdienst festgemacht: Walther hat zuerst für König Philipp von Schwaben gedichtet, später für Kaiser Otto IV., zuletzt für Kaiser Friedrich II. Wie lange er sich in der Umgebung dieser Herrscher aufgehalten hat und in welchem Verhältnis er zu ihnen stand, ist ungewiß. Genauso wichtig waren für Walther die Fürstenhöfe, die er in einer nicht genau festzulegenden Folge besucht hat: den Thüringer Hof unter Landgraf Hermann I., den Meißner Hof unter Markgraf Dietrich, den Kärntner Hof unter Herzog Bernhard II. Walther stand außerdem mit Erzbischof Engelbert von Köln, Bischof Wolfger von Passau, dem Grafen von Katzenelnbogen und wahrscheinlich auch mit Herzog Ludwig I. von Bayern in Verbindung. Zahlreiche Sprüche auf Herzog Leopold VI. von Österreich bezeugen Walthers Interesse an einer Rückkehr nach Wien; diese Hoffnung hat sich jedoch offenbar nicht erfüllt. Der letzte sicher datierbare Spruch bezieht sich auf die Ermordung Engelberts von Köln am 7. November 1225. Meistens werden einige Strophen im *Kaiser Friedrichs-Ton* und die sogenannte *Elegie* noch später angesetzt, weil sie auf den Kreuzzug Friedrichs II. im Jahr 1227/28 Bezug zu nehmen scheinen; aber das bleibt unsicher.

In Walthers Spätzeit fällt ein Ereignis, dem eine ähnlich große Bedeutung zugeschrieben wird wie dem Weggang aus Wien: die «Belehnung» durch Friedrich II. (1194 bis 1250). Mit der Strophe «Ich habe mein Lehen, alle Welt, ich habe mein Lehen!» (*Ich hân mîn lêhen, al die werlt, ich hân mîn lêhen*) dankt Walther dem «König» dafür, daß er nicht mehr auf die Gnade geiziger Herren angewiesen ist, sondern nun ein respektables Leben führen kann. Die Strophe ist vor dem 22. November 1220 (Kaiserkrönung Friedrichs II.) gedichtet. Man stellt sich das «Reichslehen» als ein Landgut vor (obwohl die Strophe 27,7 darauf hinweist, daß es sich eher um einen Geldbetrag gehandelt hat) und glaubt sogar zu wissen, wo es lag: bei Würzburg, wo im 14. Jahrhundert ein Vogelweidehof bezeugt ist. In Würzburg soll Walther auch begraben sein, und zwar im Kreuzgang des Neumünsterstifts. Das berichtet der Würzburger Protonotar Michael de Leone (um 1300 bis 1355) in seinem *Hausbuch* und zitiert auch die lateinische Grabinschrift. Um das Grab im «Lusamgärtlein» ranken sich viele Legenden. Die Gräber der berühmten Dichter (Wolframs Grab in Eschenbach, Neidharts Grab in Wien, Walthers Grab in Würzburg) sind alle erst im 14. oder 15. Jahrhundert bezeugt; das weckt Zweifel an ihrer Authentizität.

Walther hat ein lyrisches Werk von ungewöhnlichem Umfang hinterlassen: über 500 Strophen in mehr als 110 Tönen. Nach Gattungen geordnet zählt man etwa 90 Lieder, 140 bis 150 Sprüche und einen Leich. Genauere Angaben über den Textbestand sind nicht möglich, weil bei Doppelzuschreibungen häufig nicht zu entscheiden ist, welchem Dichter der Text zugehört. Echtheitsfragen haben bei Walther von der Vogelweide nicht dieselbe Bedeutung wie für andere Minnesänger. Immerhin sind jedoch in der maßgebenden wissenschaftlichen Edition von Lachmann-Kraus-Kuhn fast fünfzig Lieder und Sprüche als unecht markiert, und eine Anzahl weiterer Texte ist nur in den Anmerkungen zitiert. Die Waltherforschung leidet darunter, daß Lachmanns kritische Ausgabe seit über fünfzig Jahren keine wissenschaftliche Bearbeitung mehr erfahren hat. Die Prinzipien, nach denen Carl von Kraus 1936 die Texte gestaltet hat, gelten inzwischen als überholt.

Walthers literarhistorische Bedeutung ist nicht nur an der überragenden künstlerischen Qualität einzelner Gedichte abzulesen, sondern auch an der Breite und Vielgestaltigkeit seines lyrischen Werks. Wie es kommt, daß Walther als einziger Dichter zugleich Minnesänger und Spruchdichter war, während die beiden lyrischen Gattungen vor ihm und nach ihm getrennt waren, ist bis heute ungeklärt. Biographische Umstände – der Verlust der Hofstellung in Wien – reichen zur Erklärung nicht aus. Darin liegt Walthers Größe: daß er Grenzen gesprengt hat, die für andere unüberwindbar waren. Das gilt auch für die lyrischen Ausdrucksmittel.

Lieder

Die Forschung hat sich lange mit der Frage beschäftigt, wie Walthers Lieder zu ordnen sind. Im 19. Jahrhundert ging man vom Erlebnisgehalt aus und glaubte, daß Walther zuerst ein Mädchen niederen Standes geliebt und besungen habe und später in den Dienst einer vornehmen Dame getreten sei. Das Haltlose dieser Konstruktion hat Konrad Burdach aufgedeckt und gefordert, daß die Lieder nicht nach biographischen, sondern nach künstlerischen Gesichtspunkten gereiht werden müßten. So rückten die traditionellen Minnelieder an den Anfang und die Mädchenlieder als reife Leistungen nach hinten. Auf dieser Grundlage hat dann Carl von Kraus eine stilistisch-chronologische Gruppierung vorgenommen, die lange Zeit als maßgebend angesehen wurde. Er unterschied (1) Frühe Lieder, (2) Die Lieder der Reinmar-Fehde, (3) Mädchenlieder, (4) Lieder der neuen hohen Minne, (5) Alterslieder. Daß sich eine künstlerische

Entwicklung von den Anfängen bis zu den spätesten Stücken aufzeigen ließ, wurde als ein besonderes Qualitätsmerkmal betrachtet. Die Auseinandersetzung mit dieser Auffassung bestimmt die neuere Forschung. Alle wichtigen Punkte werden heute in Frage gestellt, und es setzt sich die Auffassung durch, daß die Anhaltspunkte für eine chronologische Gruppierung nicht ausreichen. Als Alternative bietet sich eine Einteilung nach thematischen Gruppen an.

Vielfach wird angenommen, daß das Verhältnis zu Reinmar dem Alten (um 1160 bis nach 1203) von entscheidender Bedeutung für das Verständnis von Walthers Liedern sei. Walther habe in Wien als Schüler Reinmars begonnen und zunächst Lieder in Reinmars Art gedichtet. Später habe er sich von dessen Einfluß freigemacht und sich immer weiter von der Haltung der hohen Minne, die Reinmar vertrat, entfernt. Dieser Prozeß habe sich in Form einer langen ‹Fehde› mit Reinmar vollzogen, die in ihrer gemeinsamen Wiener Zeit begonnen und sich bis weit in Walthers Wanderzeit hingezogen habe. Als künstlerische Antwort auf den Minnesang Reinmarscher Prägung habe Walther seine Mädchenlieder gedichtet. Schließlich sei er in den Liedern der neuen hohen Minne zu einer Synthese aus hoher und niederer Minne gelangt.

Dagegen ist zu sagen, daß ein Schülerverhältnis zu Reinmar so nicht nachweisbar ist. Walther hat – wie Goethe – eine Reihe überraschend banaler Gedichte gemacht, die nur die bekannten Motive des Minnesangs variieren. Daß es sich dabei um lauter frühe Lieder handelt, ist nur evident, wenn man unterstellt, daß alles Unbedeutende von einem Anfänger stammen muß. Walther und Reinmar haben wahrscheinlich bis 1198 beide am Wiener Hof gedichtet. Verbindungen zwischen ihren Liedern und eine gewisse Konkurrenz mußten sich dabei fast von selbst ergeben. Die Nachweise höchst subtiler Textbeziehungen haben zwar das Verständnis der Lieder im einzelnen gefördert; aber die Interpretation dieser Beziehungen im Sinne einer Dichterfehde wirkt vielfach überzogen. Eine polemische Bezugnahme ist nur an einer Stelle sicher. Walther hat in seinem Lied *Ein man verbiutet âne pfliht* die Strophenform von Reinmars Lied *Ich wirbe umb allez daz ein man* benutzt und darüber gespottet, daß Reinmar seine Dame auf Kosten anderer Frauen in den Himmel gehoben habe. Reinmar hat offenbar in einem anderen Lied auf diesen Angriff geantwortet, und es wird noch weitere Plänkeleien gegeben haben. In seinem Nachruf auf Reinmar (83,1) hat Walther aus seiner persönlichen Abneigung keinen Hehl gemacht, bei aller Hochachtung vor Reinmars Kunst.

Viele Lieder Walthers sind von der Auseinandersetzung mit dem Minnebegriff geprägt. Seine Kritik richtete sich gegen den Dienstgedanken und die Einseitigkeit der Liebesbindung. Damit wird das gesellschaftliche Modell des Minneverhaltens in Frage gestellt. Die Ansicht, daß Walther das traditionelle Minnekonzept überwunden habe und zu einer neuen, ‹natürlichen› Auffassung der Liebe gelangt sei, trifft aber nicht den Punkt. Walther hat sich selber nicht als Überwinder, sondern als Verteidiger der höfischen Werteordnung gesehen. Dem höfischen Charakter der Minne wollte er durch hohe Moralforderungen an die Liebenden genügen.

Einen ganz anderen Charakter als die Lieder der Minneauseinandersetzung haben die *Mädchenlieder*. Der Titel ‹Mädchenlieder› hat sich eingebürgert, obwohl er schlecht ist, weil es nicht nur um das Frauenbild geht und schon gar nicht um Mädchen. Man kann zu dieser Gruppe alle Lieder zählen, die sich durch ihren beschwingten Rhythmus und ihre witzigen oder frechen Pointen von den übrigen Minneliedern unterscheiden. Der Preis der körperlichen Schönheit gehört hierher, Liebesfreude, Traumerlebnisse, viele Naturmotive und Einzelstücke wie das Halmorakel und das Vokalspiel. Den beiden pastourellenhaften Liedern der Liebeserfüllung, *Under der linden* und *Nemt, frowe, disen kranz*, wird ein besonderer Rang zuerkannt; es gibt nur wenige Gedichte des Mittelalters, die so unmittelbar zu uns sprechen. Was wie ein Naturlaut wirkt, ist jedoch in Wirklichkeit kunstvoll gestaltete Form. – Wann die *Mädchenlieder* entstanden sind, wissen wir nicht. Ihr neuer Ton und teilweise auch ihre Thematik können durch die lateinische Vagantenlyrik angeregt sein, mit der Walther vielleicht nicht erst als fahrender Dichter, sondern bereits auf dem Weg über seine lateinische Schulbildung bekannt geworden ist.

Die *Alterslieder* (seit etwa 1218) können am ehesten als eine chronologische Gruppe begriffen werden, obwohl nicht auszuschließen ist, daß Walther in der Rolle des Alten mit dem Krückstock und den grauen Haaren auch schon früher aufgetreten ist. Die Altersthematik verbindet sich bei ihm mit einer ätzenden Gesellschaftskritik und vor allem mit religiösen Motiven. In den großartigen Frau-Welt-Liedern hat Walther von den höfischen Wertvorstellungen, auf die sein Dichten so lange ausgerichtet war, feierlich Abschied genommen, um künftig nur noch in der Sorge um sein Seelenheil zu leben. Walther war der erste Dichter, der die Gestalt der Frau Welt mit ihrer schönen Vorderansicht und ihrem gräßlich zerfressenen Rücken als Allegorie für die adlige Diesseitskultur der weltlichen Fürstenhöfe verwendet hat. Lebensrückblick, Weltabkehr und Bekenntnis zum religiösen Leben sind auch die Themen der sogenannten *Elegie* (*Owê war sint verswunden alliu mîniu jâr!*), deren eigentümliche Langzeilen an das Versmaß des *Nibelungenlieds* (um 1200) erinnern. Dazu kommt hier die Kreuzzugsthematik: Walther sieht sich zuletzt in der Rolle des *nôtic man*, des «dürftigen Menschen», dem die Standesqualität fehlt, um selber als Kreuzritter im Heiligen Land ewigen Ruhm zu erstreiten.

Sprüche

Walther von der Vogelweide hat der Spruchdichtung ihre hochhöfische Form gegeben, indem er den Strophenbau der Sprüche nach dem Vorbild der Minnelieder umgestaltete. Seine Spruchtöne zeigen teilweise Kanzonenform und sind auch da, wo sie sich von den Liedformen unterscheiden, nach denselben Kunstprinzipien gebaut. Ob Walther davon gewußt hat, daß Heinrich von Veldeke (gest. um 1190) bereits ähnliche Spruchstrophen gedichtet hat, ist nicht sicher. Es gibt etwa dreißig Spruchtöne von Walther. Einige hat er nur einmal benutzt, die meisten mehrmals: Im *Ersten Philipps-Ton* sind fünf Sprüche gedichtet, im *Unmutston* achtzehn. Für die mehrfach benutzten Spruchtöne haben sich bestimmte Namen eingebürgert. Walther hat offenbar die einzelnen Spruchtöne nur eine gewisse Zeit lang benutzt – was nicht ausschließt, daß er gleichzeitig in verschiedenen Tönen gedichtet hat –, so daß man eine ungefähre chronologische Abfolge der Spruchtöne angeben kann; im einzelnen bestehen allerdings hinsichtlich der Datierung große Schwierigkeiten. In den Handschriften sind die Sprüche nach Tönen geordnet; Spruchtöne und Liedtöne sind selten deutlich voneinander getrennt. In einigen Fällen ist nicht leicht zu entscheiden, ob es sich um Sprüche oder um Strophen eines Liedes handelt. Die drei Strophen im *Reichston* werden als Sprüche angesehen, während die drei Strophen der *Elegie* als Teile eines Liedes betrachtet werden. Hier verfließen die Grenzen zwischen Spruch und Lied. Es kommt jedoch selten vor, daß mehrere Sprüche so deutlich aufeinander hin komponiert sind wie die im *Reichston*. Die These von Friedrich Maurer, daß alle Spruchtöne künstlerisch durchgeformte Einheiten darstellten und als vielstrophige «politische Lieder» zu betrachten seien, hat mit Recht keine Zustimmung gefunden. Grundsätzlich sind Walthers Sprüche einstrophig. Das schließt nicht aus, daß mehrere Sprüche zusammen vorgetragen worden sind.

Die Sprüche, die im Interesse Philipps von Schwaben (vor 1178 bis 1208), Ottos IV. (1175/82 bis 1218) und Kaiser Friedrichs II. (1194 bis 1250) gedichtet sind, bilden nicht nur das Rückgrat der Chronologie, sie sind auch thematisch von größter Bedeutung. Sie stellen das Zentrum von Walthers politischer Dichtung dar. Während die ältere Spruchdichtung nur im Gönnerlob und im Tadel gesellschaftlicher Mißstände politische Akzente besaß, hat Walther der Gattung neue Dimensionen eröffnet, indem er aktuelle Fragen der großen Politik zum Thema seiner Spruchdichtung gemacht hat. Ob Walther die politische Lyrik in lateinischer Sprache aus dem Hofkreis um Kaiser Friedrich I. (um 1125 bis 1190) kannte und ob er mit der politischen Lyrik Bertrans de Born (um 1140 bis vor 1215) und anderer Trobadors vertraut war, ist nicht bekannt. Seine politische Spruchdichtung hat einen ganz eigenen Charakter. Die romantische Vorstellung, daß die Sorge um das Wohl des Reiches, angesichts der chaotischen politischen Verhältnisse nach dem Tod Kaiser Heinrichs VI. und nach der Doppelwahl des Jahres 1198, Walther zum politischen Dichter gemacht habe, wirkt bis heute nach. Sie verkennt jedoch die Bedingungen, unter denen politische Dichtung im Mittelalter möglich war. Für die persönlichen politischen Überzeugungen eines fahrenden Sängers dürfte sich kaum ein Publikum gefunden haben; er konnte nur Erfolg haben, wenn er sich zum Sprecher der Interessen von denjenigen machte, die ihm erlaubten zu singen. Daher geht auch der Vorwurf der Charakterlosigkeit ins Leere, der der Waltherforschung so viel zu schaffen gemacht hat, solange man nach Entschuldigungen dafür suchte, daß Walther im Bürgerkrieg zwischen Staufern und Welfen mehrfach die Seiten gewechselt hat und von Philipp zu Otto und von Otto zu Friedrich übergegangen ist. In Walthers Verhalten spiegelt sich jedoch nur der rasche Wechsel der Fürstenkoalitionen, von denen die Bewerber um die Krone damals unterstützt wurden.

Thematisch steht im Mittelpunkt von Walthers politischer Spruchdichtung das *rîche*, das als ein religiös fundiertes Herrschaftsgebilde in einer von Gott gelenkten Weltordnung dargestellt ist. Politisch aktualisiert wird die Reichsthematik hauptsächlich durch die Frage, wer der richtige Herrscher ist, und durch die Akzentuierung des Gegensatzes zwischen weltlicher und kirchlicher Gewalt, zwischen Kaiser und Papst. Wie Walther die politischen Interessen seiner Auftraggeber wahrgenommen hat, ist daran abzulesen, daß er Motive lyrisch verarbeitet hat, die auch in der aktuellen politischen Argumentation eine Rolle gespielt haben. Walthers Spruch *Diu krône ist elter danne der künec Philippes sî*, der den jungen König Philipp im Glanz seiner alten Krone feiert, enthält seine politische Aussage erst im Zusammenhang mit dem von der staufischen Partei benutzten Argument, daß die Legitimität von Philipps Königsherrschaft unter anderem durch die Echtheit der Kroninsignien garantiert sei. So hat Philipp selbst in einem Schreiben an den Papst aus dem Jahr 1206 argumentiert. Man hat vermutet, daß Walther geradezu von der Reichskanzlei mit Themen und Begriffen für seine politische Lyrik beliefert worden sei und hat insbesondere den Begriff *arme künege* («armselige Könige, Kleinkönige») im Zweiten Reichsspruch mit dem Begriff *reguli* («kleine Könige»), der in politischen Schriftstücken aus der Zeit Kaiser Friedrichs I. vorkommt, in Verbindung gebracht. Ein direkter Zusammenhang ist jedoch nicht erweislich.

Ein ‹Sänger des Reiches› ist Walther eigentlich nur gewesen, als er für Philipp von Schwaben gedichtet hat. Wie lange er an Philipps Hof gewesen ist, ist nicht sicher. Der Spruch auf die feierliche Prozession des Herrscherpaares am Weihnachtstag 1199 in Magdeburg (*Ez gienc, eins tages als unser hêrre wart geborn*) scheint bereits eher im Interesse der thüringischen und sächsischen Fürsten gedichtet zu sein, deren Rolle am Schluß so auffallend betont wird. Die Sprüche gegen Philipp, die seine mangelnde Freigebigkeit tadeln, sind gewiß nicht mehr am Königshof gesungen worden, wahrscheinlich auch nicht am Hof seines welfischen Gegners Otto IV. Walthers poetische Verbindung mit diesem Herrscher beschränkt sich auf die drei Strophen im *Ottenton*, in denen er den Kaiser – wahrscheinlich bei seiner Rückkehr nach Deutschland im Frühjahr 1212 – feierlich begrüßte (*Hêr keiser, sît ir willekomen*). Diese Strophen sind jedoch dem Anschein nach im Dienst Dietrichs von Meißen gedichtet. Offenbar hat Walther sich zwar die Hoffnung auf eine festere Verbindung mit dem Kaiserhof gemacht; aber die Hoffnung ging nicht in Erfüllung. Davon zeugen zwei Strophen im *König Friedrichs-Ton*, in denen er «Herrn Ottos» Knausrigkeit verspottet und ihm das leuchtende Beispiel des jungen «Königs Friedrich» entgegenhält. Diese Strophen sind wahrscheinlich 1213 oder 1214 gedichtet worden, als die meisten Fürsten zu Friedrich II. übergingen. Die Sprüche, die an Friedrich II. gerichtet sind, sind Appelle an dessen Freigebigkeit. Der König hat den Dichter reich beschenkt; aber ein längerer Aufenthalt am Hof Friedrichs II. läßt sich nicht nachweisen. Der historische Bezugspunkt von Walthers politischer Spruchdichtung war offenbar nicht in erster Linie der Königs- oder Kaiserhof, sondern der Fürstenhof. Ein großer Teil von Walthers Reichsdichtung kann von den politischen Interessen der Fürsten her interpretiert werden; und die große Zahl fürstlicher Gönner, die Walther namentlich genannt hat, bezeugen seine Verbindung zu den verschiedenen Höfen. Von größter Bedeutung scheint für ihn der Thüringer Landgrafenhof gewesen zu sein. In dem Spruch *Ich bin des milten lantgrâven ingesinde* hat er sich selbst zur landgräflichen *familia* gezählt. Daß die politischen Eigeninteressen der Fürsten in Walthers Spruchdichtung nicht deutlicher artikuliert worden sind, hängt sicherlich damit zusammen, daß der neue Herrschaftsanspruch der Fürsten, der sich im Ausbau ihrer Landesherrschaft manifestierte, damals nur als Teilhabe an der Reichsgewalt formulierbar war.

Das Große an Walthers politischer Spruchdichtung ist nicht die Originalität der politischen Gedanken, auch nicht die Überzeugungskraft der politischen Argumentation, sondern die Art, wie Politik in Dichtung umgesetzt ist, wie mit poetischen Mitteln politische Wirkung erreicht wird. Ein solches Mittel ist die Ausgestaltung der Ich-Rolle. Der Sänger tritt in Walthers Sprüchen als Dichter, als Naturkundiger, als Lehrer der Jugend, als Ankläger, als Ratgeber des Königs, als Erblasser und sogar als Engel auf. Die Rollenstilisierung drückt Betroffenheit und persönliche Beteiligung aus und dient somit der Intensivierung der Aussagen. Wo der Weitgereiste, der Wanderer, der Spielmann spricht, wird die Rolle transparent und daraus tritt der Dichter selber hervor mit seiner sozialen Empfindlichkeit, seinem ausgeprägten künstlerischen Selbstbewußtsein und seinem Wissen um die Macht des Wortes, die es ihm erlaubt, mit Kaisern und Königen auf du und du zu verkehren.

Ebenso charakteristisch für Walthers Stil ist die Bildhaftigkeit, die Umsetzung des Abstrakten und Gedanklichen in Anschauung. Die sakrale Würde des Reiches wird im feierlichen Schreiten des Herrscherpaars sichtbar gemacht; die Mücken mit ihrem König repräsentieren die richtige Ordnung; die Legitimität von Philipps Königtum zeigt sich, wenn die alte Krone und der junge König sich gegenseitig anlachen; die Knausrigkeit des Königs ist an dem Braten zu sehen, von dem er zu dünne Scheiben schneidet. Ein besonders wirksames Mittel der Konkretisierung ist die Personifikation: Frau Welt, Frau Maze, Frau Bohne, Herr Stock, Herr Mai bevölkern Walthers Dichtung. Unfriede und Unrecht treten als Wegelagerer auf; der Herzog ist eine blühende Heide, der Teufel ein Kneipwirt; das Recht hinkt, die Zucht trauert, der Neid schielt. Überall ist eine Tendenz zum Dramatisch-Mimischen bei Walther wirksam. Alles ist auf Eindringlichkeit, Lebendigkeit, Witz und Effekt ausgerichtet. Ein agonales Prinzip scheint in allen Erscheinungen wirksam zu sein, in der Konkurrenz der Thronprätendenten ebenso wie in dem komischen Streit zwischen Blumen und Klee, wer kürzer und wer länger ist. – Witz und Effekt bestimmen auch die Bauform vieler Sprüche. Die meisten Strophen sind auf den Schluß hin komponiert, auf eine Pointe, eine überraschende Wende, in der sich häufig die konkrete politische Beziehung offenbart.

Walthers politische Dichtung ist auf Wirkung abgestellt; sie will beeinflussen und Stimmung machen; sie soll Emotionen wecken, positive und negative. Wo Walther tadelt und angreift – das sind seine Stärken –, sind ihm alle Mittel recht: Spott, Invektive, Verunglimpfung; der Gegner soll herabgesetzt und lächerlich gemacht, in seinem Ansehen vernichtet werden. Walther konnte sehr scharf und ungerecht sein. Das bezeugen die maßlosen Angriffe auf den Papst, den Walther als einen geldgierigen Unheilstifter und Prasser darstellt. Es ist ein seltener Glücksumstand, daß wir ein zeitgenössisches Zeugnis über die tatsächliche Wirkung dieser antipäpstlichen Propagandastrophen besitzen. «Er hat damit tausend Menschen verwirrt» (*er hât tûsent man betoeret*), schreibt Thomasin von Zerklaere (nach 1185 bis 1259?) aus der Perspektive der Geistlichen. Man darf dabei nicht an politische Breitenwirkung im modernen Sinn denken. Gemeint ist eher, daß Walthers Dichtung in den deutschen Hofkreisen viel Resonanz gefunden hat.

Überlieferung, Wirkung

Die große Zahl von mehr als 25 Handschriften, in denen Gedichte von Walther von der Vogelweide überliefert sind, ist ein Zeugnis für den ungewöhnlichen Nachruhm des Dichters. Mit knapp 450 Strophen (und dem

Leich) ist die *Große Heidelberger Liederhandschrift* (um 1310ff) der mit Abstand wichtigste Überlieferungsträger. Trotz dieses Reichtums stand die Walther-Überlieferung unter keinem guten Stern. Die ältesten Sammlungen seiner Gedichte, die noch aus dem 13. Jahrhundert stammen, sind alle nur fragmentarisch überliefert (*Heiligenstädter Fragmente, Berliner Fragmente, Wolfenbütteler Fragmente*). Dadurch ist ein großer Teil des wichtigen mitteldeutschen Überlieferungszweigs verloren. Ganz schlecht ist die Melodieüberlieferung. Nur die Bruchstücke aus Münster (14. Jh.), die die Melodie zum *Palästinalied* und zu Teilen von zwei Spruchtönen bewahren, haben Anspruch auf Authentizität. (Die linienlosen Neumen in den Handschriften M und N geben nicht viel her.) Was die Meistersinger-Handschriften des 15. bis 17. Jahrhunderts unter Walthers Namen überliefern, ist zum größten Teil jüngere Erfindung. Die *Kolmarer Liederhandschrift* aus dem 15. Jahrhundert enthält jedoch einige echte Strophen.

Walther hatte einen großen Einfluß auf die höfische Lyrik im 13. Jahrhundert, auf den Minnesang und noch mehr auf die Spruchdichtung, die von ihm die entscheidenden Impulse empfing. Es ist jedoch bezeichnend, daß gerade das, was wir an Walther am meisten schätzen, am wenigsten gewirkt hat: Seine Kritik am höfischen Dienstgedanken hat kaum Resonanz gefunden; seine *Mädchenlieder* blieben weithin ohne Nachfolge, und in der Spruchdichtung nach ihm wurde die Reichsthematik ganz zurückgedrängt.

Von Walthers Dichterruhm zeugen die zahlreichen Nennungen bei späteren Autoren. Gottfried von Straßburg hat ihn im Literaturexkurs des *Tristan* (zwischen 1200 und 1220) als den größten lyrischen Dichter seiner Zeit gefeiert. Ulrich von Singenberg hat eine Totenklage auf ihn gedichtet («Der Meister unserer Kunst ist von uns gegangen» / *Uns ist unsers sanges meister an die vart*). Von Hugo von Trimberg stammt das Wort: «Herr Walther von der Vogelweide, wer den vergäße, der täte mir leid» (*Her Walther von der Vogelweide: Swer des vergêze, der tête mir leide*). Vor allem die späteren Spruchdichter haben Walther als ihren *meister* gerühmt. Zitate aus Gedichten Walthers findet man bei Wolfram von Eschenbach, Rudolf von Ems und im *Jüngeren Titurel* (um 1270). Ulrich von Singenberg hat den Spruch 28,1 parodiert. Im *Frauendienst* von Ulrich von Liechtenstein (um 1255) wird die erste Strophe von Walthers Lied 56,14 gesungen. Im *Wartburgkrieg* (1250/60) ist Walther selber zu einer poetischen Gestalt geworden. Später haben vor allem die Meistersinger, die ihn zu den zwölf alten Meistern zählten, sein Andenken bewahrt. Zu Anfang des 17. Jahrhunderts wurde von dem Juristen Melchior Goldast (gest. 1635) zum erstenmal eine Auswahl aus Walthers Sprüchen gedruckt. Die Ausgaben von Johann J. Bodmer von 1748 und 1758/59 haben die Textkenntnis erweitert. In der zweiten Hälfte des 18. Jahrhunderts begann mit Johann W. L. Gleims *Gedichten nach Walther von der Vogelweide* (1779) auch die produktive künstlerische Rezeption. Zu Beginn des 19. Jahrhunderts wurde Walther zum Gegenstand wissenschaftlicher Forschung. 1822 erschien das Buch von Ludwig Uhland: *Walther von der Vogelweide, ein altdeutscher Dichter*; 1826 hat Karl Lachmann die grundlegende kritische Ausgabe vorgelegt. Im 19. Jahrhundert ist Walther vor allem als vaterländischer Dichter gesehen worden. Um die Jahrhundertwende hat Konrad Burdach ihn als Sänger des Reiches interpretiert, und dieses Bild hat lange nachgewirkt. Heute fragt man in erster Linie nach der künstlerischen Individualität des abhängigen Berufspoeten.

Horst Brunner
Antikenromane

Am Anfang der Geschichte des volkssprachlichen Romans im 12. Jahrhundert stehen in Frankreich wie in Deutschland Adaptationen epischer Vorlagen aus der römischen Antike für nicht lateinkundiges, ja vielfach analphabetes weltliches Oberschichtspublikum. Diese sogenannten Antikenromane waren in zweifacher Hinsicht von Interesse. Zum einen boten sie die Möglichkeit, auf vorgegebener epischer Grundlage zwei neue, für Leser und Hörer überaus anziehende Themenbereiche breit zu entfalten: die Thematik der ‹höfischen› Liebe zwischen adligem Mann und adliger Dame, zu der die im 12. Jahrhundert – einer *aetas Ovidiana* – neu und intensiv rezipierte Liebeskasuistik des römischen Dichters Ovid Anleitung bot und die im provenzalischen, nordfranzösischen und deutschen Minnesang auf vielfältige Weise behandelt wurde; ferner die Thematik des Kampfes im Rahmen des neuen ritterlichen Ehrenkodex, der sich im Zusammenhang mit der Kreuzzugsdiskussion herausgebildet hatte – sie konnte an die Stelle der vorgegebenen antiken Kampfdarstellung treten. Die Gestaltung beider Themenbereiche war von großer Bedeutung für die wenig später erscheinenden ‹eigentlichen› höfischen Romane, worunter man Liebesromane (zum Beispiel den Roman von *Tristan und Isolde*) und Artusromane (zum Beispiel Chrestiens de Troyes *Erec et Enide*) versteht. Die Autoren der höfischen Romane konnten hinsichtlich der Darstellung der genannten Themen, aber auch in rhetorisch-stilistischer Hinsicht gleichsam in die Schule der Antikenromane gehen.

Ein zweiter Gesichtspunkt kommt hinzu – durch ihn unterscheiden die Antikenromane sich übrigens von den ‹eigentlichen› höfischen Romanen. Die Romane auf antiker Stoffgrundlage waren nicht nur interessant, weil in ihnen ‹Geschichten› erzählt wurden, sondern auch deshalb, weil sie ‹Geschichte›, das heißt Geschichtskenntnis, vermittelten. Man geht nicht zu weit, wenn man feststellt: Was das adlige Publikum seit dem 12. Jahrhundert an antiker Geschichte kannte, war so gut wie identisch mit dem, was die Antikenromane boten. Die Romane lieferten den historischen Stoff freilich nicht um seiner selbst willen. Vielmehr ging es darum, etwa über genealogische Herleitungen rechtliche Legitimation, über moralische Exempla Orientierung für das eigene Handeln, über die Darstellung höfischer Minne und ritterlichen Kampfes adlige Standesideologie zu vermitteln; ferner wurde die geographische Kenntnis entfernter Länder gefördert.

In der Reihenfolge ihres Auftretens sind im romanischen Sprachbereich des 12. Jahrhunderts folgende Antikenromane zu verzeichnen:

- der *Roman d'Alexandre*. Der älteste in einer romanischen Sprache abgefaßte Roman entstand um 1120/40 auf franko-provenzalisch. Sein Autor ist Alberic[h] von Bisinzo (Besançon?). Vom Original des Werks, das in achtsilbigen Versen gedichtet ist, die zu ungleich langen ‹Strophen› (Laissen) mit assonierendem Reim zusammengeschlossen sind, haben sich nur 105 Verse erhalten; doch existieren jüngere Bearbeitungen.

Der *Alexanderroman* ist eine Art Vorläufer. Die drei ‹klassischen› antikisierenden Romane in französischer Sprache entstanden zwischen 1155 und 1165. Alle drei wurden von Autoren, die mit geistlicher und antiker Bildung vertraut waren, am Hof Heinrichs II. Plantagenet, Graf von Anjou, Maine, Touraine, Herzog der Normandie und von Aquitanien, seit 1154 König von England, und seiner Gemahlin Eleonore von Poitou, der berühmtesten Literaturmäzenin des 12. Jahrhunderts, die bis 1152 mit König Ludwig VII. von Frankreich verheiratet gewesen war, in gereimten Achtsilblern gedichtet. Es handelt sich um folgende Werke:

- den *Roman de Thèbes* (um 1150 bis 1155) eines unbekannten Verfassers. Der Thebenroman erzählt von Ödipus, vor allem aber vom Kampf seiner Söhne Eteokles und Polyneikes gegeneinander (Sieben gegen Theben). Quelle ist das Epos *Thebais* des römischen Dichters Statius, daneben hat der Autor Ovids *Metamorphosen* und die *Ilias latina* herangezogen;
- den *Roman d'Eneas* (um 1160) eines gleichfalls unbekannten Dichters;
- den *Roman de Troie* (um 1165) des Benoît de Sainte-Maure.

Mit Ausnahme des Thebenromans, der nach unserer Kenntnis im deutschen Bereich völlig unbeachtet blieb, wurden die genannten Romane relativ bald auf deutsch nachgedichtet.

Alexanderroman

Alexander der Große, der von 336 bis 323 v. Chr. regierte, Sohn König Philipps II. von Makedonien, erzogen von Aristoteles, sicherte sich zunächst die Vormachtstellung in Griechenland und führte dann 334 bis 330 Krieg gegen die Perser, deren König Darius III. er besiegte. Nach der

Eroberung des Perserreichs überschritt er den Hindukusch und zog nach Indien. Die Absicht, die Welteroberung durch die Unterwerfung des Westens zu vollenden, wurde durch den Tod des noch nicht 33jährigen in Babylon verhindert. Das Reich Alexanders zerfiel in die Diadochenstaaten.

Das Leben dieses zu vielerlei Phantastereien anregenden Herrschers wurde in der Antike einer ganzen Reihe von Darstellungen gewürdigt. Ihrer Bedeutung für das Mittelalter wegen sind die romanhaften *Gesta Alexandri Magni* (um 41 bis 54 n. Chr.) des Curtius Rufus hervorzuheben, ferner der gegen 300 n. Chr. von einem unbekannten Autor nach verschiedenen Quellen in griechischer Sprache verfaßte Roman, als dessen Verfasser man fälschlich den Hofgeschichtsschreiber Alexanders selbst, Kallisthenes, ansah und der deswegen als der *Alexanderroman* des Pseudo-Kallisthenes bezeichnet wird. Auf der Basis dieses Romans erlangte der Stoff unerhörte Verbreitung in wenigstens 35 Sprachen. Grundlage der westeuropäischen Fassungen wurden verschiedene lateinische Bearbeitungen. Zu nennen ist die Übersetzung des Julius Valerius (um 320 n. Chr.), die insbesondere in einer gekürzten Fassung, der *Zacher-Epitome*, gewirkt hat; ferner die Übersetzung des Archipresbyters Leo aus Neapel (um 968/69), die hauptsächlich in erweiternden Bearbeitungen – in der Forschung unter dem Titel *Historia de preliis* geläufig (drei Fassungen: I^1 11. Jh.; I^2 12. Jh.; I^3 um 1200) – von Bedeutung war.

Der *Alexanderroman* des Alberich von Bisinzo basiert vorwiegend auf Julius Valerius, daneben auf der *Historia de preliis* (I^1) und auf Curtius Rufus. Um 1155/60 wurde das franko-provenzalische Gedicht von einem Geistlichen, dem Pfaffen Lambrecht, vermutlich in Regensburg ins Deutsche übertragen – es ist dies die früheste uns bekannte deutsche Bearbeitung einer romanischen Vorlage. Allerdings ist Lambrechts *Alexanderlied* nicht im Original, sondern nur in drei unterschiedlichen Bearbeitungen erhalten, deren Verhältnis zum Ausgangstext nicht zweifelsfrei geklärt werden kann. Es handelt sich: (a) um den *Vorauer Alexander* (um 1160, 1533 Reimpaarverse; einzige Handschrift aus dem 12. Jh.), (b) den *Straßburger Alexander* (7302 Verse; einzige Handschrift vor 1187), (c) den *Basler Alexander* (4734 Verse; einzige Handschrift aus dem 15. Jh.). Freilich war keiner Textfassung des *Alexanderromans* des 12. Jahrhunderts größerer Erfolg beschieden. Dies ergibt sich nicht nur aus der sehr schmalen Überlieferung, sondern auch daraus, daß Alexander im 13. und 14. Jahrhundert in wenigstens sechs weiteren Versromanen behandelt wurde. Zwei dieser Romane sind verloren, die Namen ihrer Autoren, Berthold von Herbolzheim und Biterolf, werden jedoch durch Rudolf von Ems bezeugt; erhalten haben sich:

– der unvollendete *Alexander* des in der ersten Hälfte des 13. Jahrhunderts wirkenden vielseitigen Romandichters Rudolf von Ems (um 1200 bis 1254). Das in sechs Büchern 21643 Verse umfassende, stilistisch am *Tristan* (um 1210) Gottfrieds von Straßburg orientierte Fragment wurde wohl um 1230 begonnen und in den vierziger Jahren vermutlich am Hof des jungen Stauferkönigs Konrad IV. fortgesetzt. Quelle war anfangs die *Historia de preliis* (I^2), dann vor allem Curtius Rufus (daneben andere lateinische Autoren);

- der *Alexander* des am Hof der Könige von Böhmen Ottokar II. und Wenzel II. tätigen Ulrich von Etzenbach (geb. um 1250), von dem außerdem der Roman *Wilhelm von Wenden* (um 1290) stammt. Ulrichs Werk, fertiggestellt wohl noch vor 1290, umfaßt in zehn Büchern genau 28000 Verse (der folgende ‹Anhang›, 2100 Verse, gilt in der Regel als nicht von Ulrich verfaßt). Wesentliche Quelle war die *Alexandreis* des Walther von Chatillon (1135 bis 1200), ein lateinisches Hexameterepos nach Curtius Rufus, das um 1184 für Erzbischof Wilhelm von Reims gedichtet worden war;
- der *Alexander* des österreichischen Dichters Seifrit (9081 Verse), vollendet 1352, der sich eng an die *Historia de preliis* (I^2) hält;
- der *Große* (auch: *Wernigeroder*) *Alexander* eines unbekannten alemannischen Autors (6456 Verse), der in einer 1397 vollendeten Handschrift überliefert ist. Quelle ist die 1236 entstandene Bearbeitung der *Historia de preliis* (I^3) in lateinischen Distichen von Quilichinus von Spoleto.

Der Blick auf den *Straßburger Alexander* kann zeigen, welche Elemente des Stoffs das zeitgenössische Publikum interessierten. Vergleicht man diese um 1180 vorgenommene Bearbeitung von Lambrechts Werk mit dem Vorauer Text, so zeigt sich in erster Linie, daß die Verse metrisch regelmäßiger gestaltet sind und daß Reimreinheit angestrebt wurde – der Bearbeiter suchte damit Standards des aufkommenden höfischen Romans gerecht zu werden. Als Publikum kann man sich wohl dieselben Kreise der weltlichen Oberschicht vorstellen, die an etwas früheren oder gleichzeitigen Werken wie dem *König Rother*, dem *Herzog Ernst* oder dem *Rolandslied* Gefallen fanden. Der *Straßburger Alexander* läßt sich in zwei Teile gliedern. Im ersten Teil (bis V. 4761) werden Alexanders Herkunft, seine Erziehung und seine Kriegszüge berichtet. Im Mittelpunkt stehen dabei die Kämpfe gegen die Perser und ihren König Darius und gegen den Inderkönig Porus. Erzählt wird die Erstürmung von Städten, werden Schlachten, Einzelkämpfe; von List, Verrat und Großmut ist die Rede. Am Ende dieses Teils ist Alexander der Herr der Welt. Der zweite Teil (V. 4762–7302) berichtet von seinen Reisen im Fernen Osten. Er kommt zuerst zu den Weisen in Occidratis, die völlig bedürfnislos leben, dann berichtet er selbst – in Form eines Briefes an seine Mutter Olympias und an Aristoteles – über die Wunder Indiens, unter anderem über die Blumen- oder Waldschattenmädchen, die im Sommer aus Blumenkelchen entspringen, bei Herbstbeginn aber sterben; über die Königin Candacis am Weltende, mit der ihn ein Liebesverhältnis verbindet; über die Amazonen. Es schließt sich der Zug zum Paradies an, durch den Alexander schließlich zur inneren Umkehr bewegt wird. Er hütet sich fortan vor Hoffart und Habgier, ehrt jedermann und herrscht vorbildlich und als gerechter Richter. Nach zwölf Jahren wird er vergiftet, und nun besitzt der Weltherrscher nur mehr «erden siben vôze lanc,/ alse der armiste man,/ der in die werlt ie bequam» (V. 7276–7278: Erde sieben Fuß lang wie der ärmste Mensch, der je in die Welt kam). Mit einem geistlichen Fabula docet, jedermann solle an sein Seelenheil denken, schließt der Text ab. Der Alexanderstoff bot den Lesern Weltgeschichte mit allen «Elementen des Wunderbaren, Sensationellen, Intimen» [374, Bd. 1; *S. 34*], dazu ein Bild der Geographie des Nahen und Fernen Ostens mit ihren Wundern – ein Thema, das für die Leser überaus interessant war, wie auch der zweite Teil des etwa gleichzeitigen *Herzog Ernst* zeigt. Die Alexanderfigur war nicht eindeutig festgelegt, sondern bot eine ganze Reihe bedenkenswerter Züge. Der König erscheint im *Straßburger Alexander* bald als großmütig, bald als listig, er erweist sich mehrfach als Produkt guter Erziehung – darin mag man einen Hinweis an das Publikum sehen, daß es auch Söhnen aus dem Adel nichts schaden konnte, wenn sie sich um Bildung bemühten –, aber auch als wilder Draufgänger, dessen *übermuot* (Hybris) gerügt wird. Sein ruhmloses Ende, vor dem er sich freilich als Musterbild eines Herrschers erweist, gab Anlaß, über die Dürftigkeit innerweltlichen Lebens grundsätzlich nachzudenken.

Eneasroman

Der altfranzösische *Roman d'Eneas* ist eine ziemlich freie Bearbeitung der *Aeneis* (um 31 bis 19 v. Chr.) des Vergil. Der Dichter hat die ersten sechs Bücher seiner Vorlage stark verkürzt, dagegen die zweite Sechsergruppe erweitert. Der Inhalt läßt sich folgendermaßen zusammenfassen: Eneas, Sohn des trojanischen Fürsten Anchises und der Göttin Venus, entkommt mit seinem Vater, seinem Sohn Ascanius und einer Anzahl Gefährten dem Untergang Trojas. Die Götter haben ihm befohlen, in der Heimat seines Stammvaters Dardanus, der ‹Lombardei›, ein neues Troja zu gründen; dieses werde dereinst die Weltherrschaft erringen. Nach siebenjähriger, von Widrigkeiten begleiteter Schiffsreise kommt Eneas in die von der Königin Dido regierte Stadt Karthago. Dido und Eneas verlieben sich leidenschaftlich ineinander. Nach einiger Zeit veranlassen die Götter Eneas' Weiterfahrt. Dido begeht Selbstmord. Vor der Ankunft im vorhergesagten Land, Latium, steigt Eneas in die Unterwelt, wo sein mittlerweile verstorbener Vater ihm die einstige Größe Roms und seine Nachfahren bis auf Augustus zeigt (bis hierher entspricht der Handlungsverlauf den Büchern 1 bis 6 von Vergils Epos). In Latium herrscht König Latinus. Er ist alt

und hat die Hand seiner Tochter Lavinia und die Nachfolge dem Rutulerkönig Turnus versprochen. Bei der Ankunft des Eneas macht Latinus sein Versprechen rückgängig, da er die Erwähltheit des Trojaners erkennt, und verspricht diesem Tochter und Nachfolge. Daraufhin beginnt ein großer Krieg zwischen Turnus sowie den einheimischen Herrschern und Eneas, der sofort nach seiner Ankunft die Burg Montalban erbaut hatte. Das kriegerische Geschehen wird mit vielen Einzelheiten erzählt. Hervorzuheben ist daraus, daß auf trojanischer Seite der jugendliche Pallas, einziger Sohn des mit Eneas verbündeten Königs Euander, durch Turnus getötet wird; auf der Seite des Turnus kämpft mit wunderbarer Tapferkeit die Königin Camilla, die ein Trojaner hinterlistig tötet. Beide, Pallas und Camilla, erhalten prächtige, detailliert geschilderte Gräber. Vor der entscheidenden Auseinandersetzung zwischen Eneas und Turnus ist der Minneroman zwischen Lavinia und Eneas eingeschaltet. Lavinia erblickt Eneas von einem Turm aus und verliebt sich heftig in ihn. In einem Liebesbrief teilt sie ihm ihre Liebe mit. Auch Eneas verliebt sich nun in die Prinzessin. Im Zweikampf tötet er schließlich Turnus aus Rache für den Tod des Pallas. Er erhält die Hand Lavinias und die Herrschaft und gründet mit seiner Gemahlin das Geschlecht, aus dem Romulus und Remus hervorgehen (entspricht den Büchern 7 bis 12 von Vergils *Aeneis*).
Obwohl er dessen Handlungsverlauf ziemlich getreu folgt, unterscheidet sich der *Roman d'Eneas* doch erheblich vom antiken Epos des Vergil. Der christliche Autor hat nicht nur die Rolle der antiken Götter, soweit es irgend ging, reduziert, er hat auch Vergils Darstellungsstruktur erheblich vereinfacht. Bei Vergil werden Vergangenheit – der Untergang Trojas, die Herkunft des Eneas –, Erzählgegenwart und Zukunft – die einstige Größe Roms und der römischen Geschlechter – durch komplizierte Verschachtelungen im Bewußtsein des Lesers und Hörers immer gleichzeitig gehalten. Im *Roman d'Eneas* tritt an die Stelle dieser gleichsam ‹hypotaktischen› Struktur eine schlicht reihende, gleichsam ‹parataktische› Erzählweise. Zugleich ist an die Stelle des Vergilschen Pathos ein eleganter, bisweilen geradezu plaudernder Erzählstil getreten. Stofflich unterscheiden sich die Werke durch die Hervorhebung und breite Ausgestaltung der beiden Liebesgeschichten im jüngeren Werk. Gegenüber der Didogeschichte erscheinen beim mittelalterlichen Autor alle sonstigen Ereignisse des ersten Teils des Vergilschen Epos nahezu zweitrangig, zum Teil sind sie auch weggelassen. Die Laviniageschichte findet sich bei Vergil, der lediglich den Namen der Prinzessin nennt, gar nicht. Beide Liebesgeschichten schildern die Liebe zwischen Mann und Frau als alles überwältigende Raserei (*rage d'amour* heißt es in V. 814f):

«Liebe ist schlimmer als ein heftiges Fieber, es bedeutet keine Heilung, wenn man davon schwitzt. Von der Liebe muß man oft schwitzen und erkalten, erschauern, zittern und seufzen und gähnen und gänzlich Durst und Hunger einbüßen und sich erregen und erbeben, die Farbe wechseln und erblassen, stöhnen, klagen, erbleichen, nachdenken und schluchzen, wachen, weinen: das muß derjenige häufig tun, der recht liebt und es empfindet» (V. 7919–7930, übersetzt von M. Schöler-Beinhauer).

Gewährsmann dieser Liebesdarstellung ist Ovid, dessen Dichtungen der altfranzösische Dichter intensiv benutzt hat.
Die strukturelle Stellung des *Roman d'Eneas* zwischen Heldenepos und höfischem Roman hängt mit der herausragenden Bedeutung der Minnethematik zusammen. Seiner Herkunft aus Vergils Epos nach ist Eneas der Heros eines Heldenepos. Seine Taten sind von welthistorischer Relevanz. Er kämpft nicht vereinzelt wie die Ritter des Artusromans, sondern an der Spitze eines Heeres, und er hat als Heros keine Entwicklung. Zum unheroischen, ‹romanhaften› ‹Privatmann› wird er – jeweils vorübergehend – durch die Liebe, insbesondere in der Laviniaepisode, die ja als ganze eine mittelalterliche Schöpfung ist. Die Szene, in der der liebeskranke Eneas sich schlaflos im Bett wälzt und über die Liebe monologisiert, entheroisiert ihn gründlich, wenn auch nicht endgültig. Denn insgesamt bleiben die Handlungen des Eneas doch heroisch – er ist ‹Privatmann› nur in der Liebe und auch diese führt schließlich zu welthistorisch bedeutsamen Ereignissen. Als Raserei muß die Liebe dargestellt werden, weil nur auf diese Weise begründet und verständlich wird, weshalb der Held sich temporär aus den objektiven Bindungen herauslösen kann: Er kann es, weil ihm gar keine andere Wahl bleibt.
Der *Roman d'Eneas* wurde nach 1170 von Heinrich von Veldeke (geb. vor 1150, gest. um 1190) auf deutsch bearbeitet. Veldeke wurde durch die großen Epiker der nachfolgenden Generation, Gottfried von Straßburg und Wolfram von Eschenbach, zu einer Art Gründerheros der deutschen Dichtung. In seinem *Tristan* (um 1210) schrieb Gottfried über ihn: «er inpfete daz erste rîs/in tiutscher zungen» (V. 4738f: Er pfropfte das erste Reis in deutscher Sprache), er rühmte Veldekes vollkommenen Kunstverstand, die rhetorische Gezügeltheit seines Ausdrucks, seine Weisheit, auch den Umstand, daß seine Dichtung für jüngere Autoren vorbildlich wurde. Dazu paßt die Feststellung Karl Bertaus, Veldekes Hauptwerk, der *Eneasroman*, stelle so etwas wie ein rhetorisches Musterbuch dar mit vorbildlichen Beschreibungen von Personen, Tieren, Waffen und Grabmälern, Zweikämpfen, Festveranstaltungen, Totenklagen, Dialogen – hier sind auffällig die kunstvollen Stichomythien, das heißt der schlagartige Wechsel in den Reden von Vers zu Vers oder sogar innerhalb einzelner Verse –, mit Briefen, Liebesszenen, feudalen Beratungsszenen und Heldenkatalogen [223, Bd. 1; *S. 549*]. Dies alles sind wesentliche Gestaltungselemente des höfischen Romans, die nachfolgende Autoren hier lernen konnten, dazu eine bewegliche Darstellungsweise, regelmäßige Verse und reine Reime.

Heinrich von Veldeke stammte wahrscheinlich aus einer Ministerialenfamilie der Grafen von Loon im Limburgischen bei Maastricht. Sein erstes Werk, die gereimte Legende des Maastrichter Stadtheiligen St. Servatius, dichtete er im Auftrag der Gräfin Agnes von Loon vermutlich um 1170. Die Datierung seiner interessanten Minnelieder ist unklar. Die Entstehungsgeschichte des *Eneasromans* ergibt sich aus dem Epilog (V. 13429–13490). Demnach war das Werk bis V. 10935 gediehen, als es Veldeke anläßlich der Hochzeit der Gräfin Margareta von Kleve mit Landgraf Ludwig III. von Thüringen, die wahrscheinlich 1174 stattfand, vom jüngeren Bruder des Landgrafen, Heinrich III. Raspe, gestohlen wurde. Erst neun Jahre später kam der Dichter nach Thüringen, wo ihm zwei weitere Landgrafenbrüder, Friedrich von Ziegenhain und insbesondere Pfalzgraf Hermann – der, als er später selbst Landgraf geworden war, zum berühmtesten Literaturmäzen seiner Zeit avancierte –, die Vollendung der Dichtung ermöglichten. Durch diese Passage, die in der mittelhochdeutschen Literatur kaum ihresgleichen hat, erhalten wir einmal konkreten Einblick in Adelskreise, die sich für deutschsprachige Literatur interessierten. Eine andere Stelle des *Eneasromans*, der ausführliche Hinweis auf das berühmte Mainzer Hoffest Kaiser Friedrichs I. Barbarossa von 1184 (V. 13221–13252), erlaubt den Schluß, daß der Roman erst 1184 oder gar erst 1185 vollendet wurde.

Der Vergleich zwischen Veldekes Dichtung und der altfranzösischen Vorlage ergibt weitgehende Übereinstimmung in Inhalt und Konzeption. Zwar hat der *Roman d'Eneas* nur 10156 Verse, wohingegen der *Eneasroman* 13528 Verse umfaßt; doch resultiert der Unterschied weitgehend aus der größeren Ausführlichkeit in vielen Beschreibungen. Veldeke ist hier sozusagen musterhafter als sein Vorgänger. Daß der deutsche Dichter damit hinter der erzählerischen Lebendigkeit seines Vorbildes eher zurückbleibt, gereichte der historischen Bedeutung seines Werks freilich nicht zum Nachteil. Mit ihm bekam man in Deutschland erstmals eine genauere Vorstellung vom höfischen Roman. Sein Hauptthema ist die höfische Minne, ist höfisches Benehmen in Kampf und Fest; in rhetorischer und sprachlicher Hinsicht übertrifft er alles, was vor ihm in weltlicher Epik auf deutsch geboten worden war. Mit diesem Roman war dem adligen Publikum eine moderne Orientierung in feinem Benehmen, in vornehmer Kleidung, in edler Sprache gegeben – und das alles in einem Zusammenhang, der für die Bewohner des mittelalterlichen Imperium Romanum von großer historischer Wichtigkeit war: wird doch die Vorgeschichte des Römischen Reichs erzählt, in dem man nach eigener Anschauung noch immer lebte. Die im Vergleich zum französischsprachigen Publikum größere Relevanz des historisch-politischen Aspekts für seine Leser und Hörer zeigt sich daran, daß Veldeke am Ende einen ausführlichen histori-

schen Ausblick auf die Geschichte Roms bis zu Kaiser Augustus und zur Geburt Christi hinzufügte (V. 12321–13428), sowie aus der Einfügung der beiden Partien, in denen Kaiser Friedrich Barbarossa erscheint (V. 8374–8408; 13221–13252).
Anders als beim Alexander- und Trojastoff gab es nach der ersten deutschen Fassung keine weiteren Bearbeitungen des Eneasstoffs mehr. Bis zum Ende des Mittelalters blieb der *Eneasroman* als ältestes episches Großwerk im gültigen ‹Kanon› mittelhochdeutscher Literatur.

Trojaroman

Troja war im Bewußtsein nichtgelehrter mittelalterlicher Leser, insbesondere solcher aus der weltlichen Oberschicht, ein besonders wichtiger Punkt der Geschichtsentwicklung. Die Erzählung *Moriz von Craûn* eines unbekannten mittelhochdeutschen Autors, entstanden wohl im ersten Drittel des 13. Jahrhunderts nach einer verlorenen französischen Vorlage, formuliert den entscheidenden Punkt:

«Kriechen heizet man daz lant,
dâ man den list alrêrste vant,
der ze ritterschefte hoeret;
dâ wart sî sît zerstoeret.
ze Kriechen huop sich ritterschaft,
dô sie Troie mit kraft
besâzen durch ein vrouwen» (V. 9–15).

(Das Land, in dem man erstmals Kunde von der Ritterschaft gewann, heißt Griechenland; später ist sie dort verlorengegangen. Die Ritterschaft entstand in Griechenland, als sie mit Macht um einer Dame willen Troja belagerten.)

Zentraler Quellentext der europäischen Trojaliteratur des Mittelalters in den Volkssprachen war der *Roman de Troie* (um 1165) des Benoît de Sainte-Maure. Dessen Grundlage ist freilich nicht Homer – man kannte die *Odyssee* im Mittelalter gar nicht, die *Ilias* nur in einem schlechten lateinischen Auszug, der *Ilias latina* (vor 68 n. Chr.). Benoît stützte sich vielmehr in erster Linie auf den spätantiken lateinischen Prosabericht *De excidio Troiae historia* (Ende des 5. Jhs.), der einem Augenzeugen der Ereignisse, dem Trojaner Dares, zugeschrieben wurde; daneben auf einen weiteren angeblichen Augenzeugenbericht, das Tagebuch des Kreters Dictys (*Ephemeris belli Troiani*, 3. Jh. n. Chr.), das ebenfalls in lateinischer Fassung bekannt war. Benoît erzählt die Vorgeschichte des Trojanischen Kriegs (die Argonautensage), den Raub Helenas und den Krieg selbst, schließlich den Untergang der Stadt und als Nachgeschichte (nach Dictys) die Schicksale der heimkehrenden Griechen. Eingeflochten sind Liebeshandlungen: Jason und Medea, Paris und Helena, Achill und Polixene, Troilus und Briseida.

Der altfranzösische Roman wurde, wahrscheinlich bald nach 1190, im Auftrag Landgraf Hermanns von Thüringen durch den Kleriker Herbort von Fritzlar in durchaus eigenständiger, stark kürzender Weise auf deutsch bearbeitet (*Liet von Troye*; 18458 Verse): Herbort wertet den bei Benoît bedingt durch die antigriechische Dares-Tradition herabgewürdigten Achill zum ebenbürtigen Gegner Hectors auf und beschreibt illusionslos, ja drastisch das Leid des Krieges. Die Entstehung des Werks dürfte sich dem Umstand verdanken, daß der Landgraf die Vorgeschichte zu Veldekes *Eneasroman* besitzen wollte. In der einzigen vollständigen Handschrift, die 1333 für einen Würzburger Deutschordensritter geschrieben wurde, geht Herborts Text folgerichtig dem *Eneasroman* voraus.

Übrigens war Hermann von Thüringen vielleicht auch Auftraggeber einer weiteren deutschen Bearbeitung eines antiken Erzähltextes, zumindest scheint er der Adressat dieses Werks gewesen zu sein. Wohl um 1190, also etwa gleichzeitig mit Herbort, möglicherweise aber auch erst 1210, schuf der nach seinem Geburtsort benannte Geistliche Albrecht von Halberstadt im thüringischen Chorherrenstift Jechaburg bei Sondershausen unter direktem Rückgriff auf das Original eine gereimte Verdeutschung von Ovids *Metamorphosen* (etwa 20000 Verse). Größere Wirkung scheint dem Text nicht beschieden gewesen zu sein. Außer durch spärliche Fragmente einer Handschrift des 13. Jahrhunderts ist er lediglich in der Bearbeitung erhalten, die der Kolmarer Dichter und Meistersinger Georg Wickram (1505 bis vor 1562) ihm im 16. Jahrhundert angedeihen ließ. In Wickrams Fassung, die auf eine völlig veränderte Rezeptionssituation traf, war das Werk sehr erfolgreich: Es erschien zwischen 1545 und 1631 fünfmal im Druck.

Auch die erste deutsche Version des Trojastoffs von Herbort von Fritzlar blieb ohne große Resonanz. Der ‹klassische› deutsche Trojaroman des Mittelalters mit vielfältiger Wirkung entstand erst viel später: Um 1280 begann der Berufsdichter Konrad von Würzburg (um 1235 bis 1287) im Auftrag des aus einer freiherrlichen Familie stammenden Basler Domkantors Dietrich an dem Orte seinen umfangreichen *Trojanerkrieg*. Er war beim Tod des Autors 1287 schon auf 40424 Verse gediehen, blieb aber doch Fragment.

Im Prolog spricht Konrad davon, er wolle eine Geschichte erzählen, die über allen Geschichten stehe:

> «als in daz wilde tobende mer
> vil manic wazzer diuzet,
> sus rinnet unde fliuzet
> vil maere in diz getihte groz» (V. 236–239).

(So wie in den wilden Ozean viele Gewässer rauschen, so rinnen und fließen viele Geschichten in dieses große Dichtwerk.)

Demgemäß zieht Konrad neben Benoîts Roman, den auch er zugrunde legt, alle möglichen weiteren Quellen heran: Ovids *Heroides, Metamorphosen, Amores*, die *Achilleis* des Statius, die *Ilias latina* und anderes. Der Autor berichtet von der Geburt des Paris, seiner Aussetzung, der Hochzeit der Thetis, dem Parisurteil, der Wiederaufnahme des Paris am trojanischen Hof; dann von der Erziehung des Achill durch Schyron; es folgt die Argonautenfahrt mit der vollständigen Geschichte Jasons und Medeas (Benoît hatte hier nur einen Ausschnitt geboten) und die erste Zerstörung Trojas durch Hercules samt dem Wiederaufbau; anschließend erzählt Konrad die Entführung Helenas durch Paris, die Rüstung und Versammlung des griechischen Heers und die Iphigenie-Geschichte; im letzten Abschnitt folgen die ersten Schlachten vor Troja, Achill wird herbeigeholt, Patroclus fällt, Philoctet berichtet über den Tod des Hercules. Mit der dritten Schlacht bricht der Torso ab.

Konrad ist offensichtlich erfüllt von dem Bewußtsein, einen ‹großen› Roman, ein Werk unerhörter Dimensionen zu schaffen. Er versammelt die Fülle der Geschichten, die mit den Ereignissen von Troja in bezug stehen, verknüpft sie sorgfältig und ‹erneuert› (vgl. V. 274) Beschreibungen, Szenen und Reden durch glanzvolle Amplifikation, die sich kaum je durch Zwang zur Kürze beeinträchtigt sieht. Anders als die Quellen gestaltet Konrad den Stoff weder mit protrojanischer noch mit progriechischer Tendenz, sondern er bemüht sich erfolgreich um größtmögliche Objektivität. Der Leser wird veranlaßt, an den Hauptgestalten beider Parteien gleichermaßen Anteil zu nehmen: «Alle namhaften Akteure werden konstant nur mit positiven Attributen belegt... Konrad macht bei keiner Zentralfigur Abstriche zugunsten der anderen» [434; *S. 316*]. Auch die Szenenregie dient der Absicht der Ausgewogenheit: Wann immer der Leser versucht sein könnte, sich einseitig zu engagieren, wechselt der Autor den Standpunkt und erzählt aus dem Blickwinkel der Gegenpartei. Der Dichter gewinnt durch diese Erzähltechnik «die Perspektive einer übermächtigen Realität, der das Einzelschicksal unterliegt» [434; *S. 318*].

Konrads Fragment, das ein Unbekannter, der sich vorwiegend auf Dictys stützte, durch eine etwas niveaulose Fortsetzung zu komplettieren suchte (9412 Verse), ist nicht die einzige deutsche Trojadichtung aus der zweiten Hälfte des 13. Jahrhunderts. Zu erwähnen sind außerdem:

– der Trojateil (V. 13507–16932) der vermutlich um 1270 entstandenen *Weltchronik* des Wiener Bürgers Jans Enikel (gest. um 1280), von dem außerdem das Fragment einer österreichischen Herrscherchronik, das *Fürstenbuch*, erhalten ist. Der teilweise burlesk-schwankhafte Trojateil, der am Ende des vierten Weltalters hinter der Erzählung von Hiob eingeordnet ist, geht vielleicht auf eine sonst verlorene (österreichische?) Trojadichtung zurück, die auch der Lieddichter Tannhäuser und vielleicht Wernher der Gartenaere, der Autor der Erzählung *Helmbrecht* (zwischen 1250 und 1282), gekannt haben könnten;

- der *Göttweiger Trojanerkrieg* eines sonst unbekannten Wolfram, der wahrscheinlich zwischen 1270 und 1300 in der Nordschweiz entstanden ist (25156 Verse). In dem in seiner Art für sich stehenden Text sind Personen und Ereignisse des Trojastoffs in ein abenteuerliches Geschehen nach dem Muster später Artusromane umgebildet. Im Mittelpunkt steht der Minneritter Paris, die Massenkämpfe um Troja fehlen fast ganz.

Die Kenntnis des Trojastoffs bei volkssprachlichen Lesern und Hörern stützte sich in Deutschland bis zum Ende des Mittelalters, ja noch darüber hinaus maßgeblich auf das Werk Konrads von Würzburg. Der *Trojanerkrieg* fand in Auszügen Aufnahme in zwei vor allem im Hochadel verbreitete Weltchronik-Kompilationen des späten 13. und des frühen 14. Jahrhunderts, die sogenannte *Erweiterte Christherre-Chronik* und die *Weltchronik* Heinrichs von München; teilweise wurde der Text dabei mit dem Trojateil der *Weltchronik* des Jans Enikel kompiliert. Schließlich wurde Konrads Text zwei Prosabearbeitungen, dem *Buch von Troja I* (spätes 14. Jh.) und dem *Buch von Troja II* (frühes 15. Jh.), zugrunde gelegt. Über das *Buch von Troja I* fand er dann auch Verbreitung durch die gedruckten Trojabücher des späten 15. und des frühen 16. Jahrhunderts. Konkurrenz erhielt Konrad seit dem ausgehenden 14. Jahrhundert durch die Verdeutschung der lateinischen Prosabearbeitung von Benoîts de Sainte-Maure Roman *Historia destructionis Troiae*, die der in Messina lebende Jurist Guido de Columnis (um 1210 bis nach 1287) etwa gleichzeitig mit Konrad hergestellt hatte (abgeschlossen 1287) und die ein gesamteuropäischer Erfolg wurde. Guidos Text wurde mindestens achtmal ins Deutsche übersetzt, zuerst 1391 durch den Nördlinger Bürger Hans Mair. Erst im 16. Jahrhundert endete die mittelalterliche Trojatradition. Nun griff man unmittelbar auf die antiken Quellen zurück und übersetzte sie ins Deutsche, zuerst Dares und Dictys, schließlich auch die wiederentdeckten Epen Homers.

Klaus Grubmüller
Artus- und Gralromane

Die *Welt* des Artusromans: Riesen, Zwerge, Feen, ein bauchloses Ungeheuer, ein Löwe, der sich aus Trauer in das Schwert seines Herrn zu stürzen wünscht, Automaten mit raffiniert ausgedachten Kampfvorrichtungen, ebenso unempfindlich wie unbezwingbar; zauberische Wälder, magische Sümpfe, geheimnisvolle Burgen.
Die *Helden* des Artusromans: Ritter von besonderer, ihnen selbst oder ihrer Umgebung oft unbekannter Abkunft; auf der Suche nach Identität ihre ungewöhnliche Ausstattung mit Kampfeskraft, Mut, Sensibilität und Leidensfähigkeit entdeckend; eine geliebte Frau als Lohn vor Augen, kühn alle Herausforderungen einer bedrohlichen Welt auf sich nehmend und – oft angefochten von Zweifeln, häufig am Rande des Todes, immer nur beinahe am Ziel – die Schäden der Welt beharrlich behebend und die Harmonie friedlichen Zusammenlebens zuletzt wiederherstellend; sie sichernd durch den Einsatz der Person, die Tat des einzelnen für alle.
Der *Herr* des Artusromans: der König, Artus, unbewegter Mittelpunkt seines Hofes; ausgezeichnet durch die schönste aller Damen, Ginover; Garant eines nach den Regeln gegenseitiger Achtung geordneten Zusammenlebens Gleichgearteter und Gleichrangiger; Ausgangs- und auch Zielpunkt aller ritterlichen Unternehmungen; Urteilsinstanz und Maßstab für das Gelingen ritterlicher Taten; Symbol einer ort- und zeitlosen Utopie ritterlicher Idealität.
Der Artusroman, in seinen Werten ganz eng an einen historischen Zeitpunkt von kaum 70 Jahren gebunden, gewinnt seinen eigentümlichen Reiz aus der Einbettung dieser zeitgebundenen, historisch symptomatischen und auch wirksamen Botschaft in eine märchenhaft unbestimmte, scheinbar ganz realitätsferne Erzählwelt. In ihr bewegen sich die Helden freilich wie an ihren Höfen: Der ernsthaft-tödliche Gerichtszweikampf und die Begegnung mit der Fee sind Bestandteile ein und derselben Welt. Es ist diese Spannung, die alle Begrenzungen aufhebt und die Transposi-

tion ins jederzeit neu Gültige zuläßt: über ein Erzählmodell, das die Suche des einzelnen nach seiner Identität im Kampf mit den Gefahren der Welt in bildkräftige Handlungsabläufe umsetzt. So hat der Artusroman als eine Art Urbild vom immerwährenden Kampf des Helden gegen das Böse seine Attraktivität über den Augenblick seiner historischen Notwendigkeit hinaus das ganze Mittelalter hindurch bewahrt. Seine Kenntnis ist auch in den späteren Jahrhunderten nie wirklich verlorengegangen, auch nicht in Deutschland, wo ihm nicht am Ende des Mittelalters die populäre Zusammenfassung all der vielen Einzelzweige gegönnt war wie in Malorys englischer Summe (gedruckt im Jahre 1485) und wo Artus nicht – wie dort – der eigenen politischen Geschichte als Legitimationsfigur dienen oder zumindest – wie in Frankreich – als verklärte Figur der eigenen Vergangenheit einverleibt werden kann. Als ‹welscher› Stoff war die Artusepik in den nationalen Jahrhunderten der Deutschen und ihrer Germanisten den germanischen Sagenstoffen allemal unterlegen: Richard Wagner ist in der mythenschaffenden Kraft seiner Nibelungen-Dramen und der zur asketischen Entsagungsmystik enthistorisierten Parzival-Geschichte (die Artus und seinen Hof völlig übergeht) das beste Beispiel.

Die neue Anziehungskraft, die der Artusstoff in den letzten Jahrzehnten bis hinein in die Massenkultur des Kinos entfaltet, hat gewiß mit Eskapismus zu tun, mit der Flucht in eine Märchenwelt, in der sich Stellvertreter finden, die das Böse überwältigen; aber sie hat auch zu tun mit einer unbegreiflicher gewordenen Welt, die Mythen neuen Raum gibt und über Geschichten zu begreifen sucht [zu Tankred Dorsts *Merlin oder das wüste Land* vgl. 497]. Auf eine merkwürdige Weise nähert sich so das Ende des Rationalismus im 20. Jahrhundert seinem (mitteleuropäischen) Beginn im 12. an: der Geburtsstunde des Artusromans.

Die Erfindung des Artusromans durch Chrestien von Troyes

«Für das 12. Jahrhundert im umfassenden Sinn gilt im höchsten Grade..., daß die höchste Spannung auch die größte Intensität des Bemühens und... auch große Ereignisse zur Folge hat. Ein solches... ist der höfische Roman Chrestiens» [348; *S. 98*]. Mit vollem Recht gelten Chrestien von Troyes als der Schöpfer des Artusromans und sein *Erec et Enide* (um 1165/70) als das erste Exemplar der neuen Gattung. «Crestiiens de Troies» nennt sich als Verfasser selbst im Prolog des *Erec* (V. 9). Er hat – wohl als gebildeter Kleriker – spätestens seit 1164 und bis etwa 1181 am Hof des Grafen Heinrich von Champagne und seiner Gemahlin Marie, der Tochter des französischen Königs Ludwigs VII. und der berühmten Eleonore von Poitou, gewirkt. In diesem literarische Interessen bezeugenden und mit dem englischen Hof des Angevinen Heinrich II. eng verbundenen Kreis sind wohl *Erec, Cligès* (um 1170/76), der *Karrenritter* (*Chevalier de la Charrète = Lancelot*, um 1177/81) und *Yvain* (um 1177/81) entstanden. Sein letztes Werk, die die Artuswelt überschreitende Gralsgeschichte von *Perceval* (um 1181 bis 88), widmet Chrestien dem Grafen Philipp von Flandern, auch er verheiratet mit einer kulturell ambitionierten Frau, Elisabeth von Vermandois, und als Vormund des Königs, Philipp August, von politischem Einfluß. Der Prolog des *Perceval* scheint vor 1188 beendet (Kreuznahme Philipps von Flandern); jüngere Daten lassen sich mit Chrestiens Werk nicht mehr in Verbindung bringen.

Erich Köhler hat darauf hingewiesen, daß «der Schöpfer des Artusromans... von seinem ersten Werk... bis zu seinem Tod... in enger Beziehung, möglicherweise im Verhältnis direkter Abhängigkeit zu den... drei Fürstenhäusern stand, in denen sich die Kräfte des [antimonarchischen, K. G.] Feudalismus sammelten», nämlich der «drei großen politischen Hauptlager der Hochfeudalität..., die für die Capetinger ständige Unruheherde darstellten: die Kronvasallen-Geschlechter Blois-Champagne, Flandern und Anjou-Plantagenet» [348; *S. 60*]. Politische Deutungen des Artusromans gehen von dieser Beobachtung aus: Sie sehen vor allem im Typus des Königs, in dessen Verzicht auf die Durchsetzung monarchischer Gewalt, in der Übertragung der Handlungsaktivität auf die Großen des Hofes und überhaupt in einem auf Zusammenwirken und Konsens gegründeten politischen Wirken ein im Interesse der großen Feudalherren gegen die Capetinger gerichtetes Modell von Herrschaft [348; *S. 266*; Gegenstimmen ebd.].

Chrestien hat den Artusroman geschaffen – dies gilt ganz unabhängig von der Antwort auf die Frage, ob er sich allein auf die sogenannte historische Artusüberlieferung stützt oder umlaufende, mündliche Geschichten über Artus und die Ritter der Tafelrunde aus keltischer Tradition kennt. Wahrscheinlich ist ohnehin beides, denn die Kenntnis der Werke Geoffreys von Monmouth (um 1100 bis 1154) und des Anglonormannen Wace (um 1100 bis nach 1174) ist gar nicht zu bezweifeln, und für die Benutzung keltischer Märchenmotivik hat die Forschung der letzten Jahrzehnte [zusammenfassend: 464; 283; 660] eine Fülle von Beispielen beigebracht. Daß es bei den ‹Bretonen› mündliche Erzählungen von Artus und Artushelden (*nugae Bretonum*) gegeben habe, bezeugt neben den *Annales Cambriae* und Wilhelm von Malmesbury auch Chrestien selbst (*Erec*, V. 20–22).

Chrestiens Leistung demgegenüber ist die Entwicklung einer umfassenden Erzählkonzeption, die in der Lage ist, Welt zu deuten und ein Idealbild vom Menschen und von menschlichem Zusammenleben zu entwerfen, das den geistes- und sozialgeschichtlichen Herausforderungen seines Zeitalters, des 12. Jahrhunderts, standhält: der Konfrontation von Verbindlichkeitsanspruch der institutionalisierten Ordnungen (der Kirche, des feudalen Personenverbandstaates etc.) und personaler Verantwortung, die den Heilsweg auf persönliche Leistung gründet und für diese beansprucht. Wie sich im religiösen Bereich Formen persönlicher Frömmigkeit und personaler Unio zwischen dem Menschen und Gott herausbilden, wie im emotionalen die Erfahrung von Liebe die personale Bindung fordert, wie im intellektuellen der Erkenntnisanspruch des einzelnen systemgefährdende Qualitäten freisetzt (Abälard), so fordert die zu Macht und Einfluß gekommene, in sich vielfältig differenzierte Kriegerkaste – die einzige Laiengruppierung, die ein Fundament für die Formulierung von Ansprüchen haben kann – ihre eigenständige, nicht nur aus kirchlicher Indienstnahme abgeleitete Legitimation. Sie findet sie in einer kriegerischen Leistung auf sittliche Qualitäten gründenden Befriedung der Welt, einer Ethisierung von Voraussetzungen und Zielen von ‹Rittertum› und zugleich in einer empfindlichen Balance von – immer heraushebender, auszeichnender, individualisierender – heldenhafter Tat und Einordnung in das Ganze einer harmonischen Gemeinschaft.

Das Erzählmodell und sein Sinn

Ins Erzählen umgesetzt begegnen sich (das ist Chrestiens Modell im Kern) die um Artus gruppierte, im Bild der *Table ronde* und ihrer gleichrangigen Sitzordnung versinnbildlichte höfische Idealgesellschaft und die bedrohliche Außenwelt in einer Herausforderung, die die Harmonie stört, die Idealität antastet, die Vorbildlichkeit bedroht: Ein Artusritter wird besiegt (*Yvain*) oder beleidigt (*Erec*), Ansprüche auf die Königin werden geltend gemacht (*Karrenritter*). Die Bedrohung ist nicht nur Gefahr, sondern auch Bestätigung für die Einzigartigkeit des in der Artusgesellschaft erreichten Zustandes und für die Leistung derer, die ihn errungen haben und beschützen. Nur durch stete Bereitschaft zum Kampf vermag er aufrechterhalten zu werden. Die Herausforderung ist aber zugleich Chance zur Bewährung, die die Artusgesellschaft ebenso braucht wie jedes einzelne ihrer Mitglieder: als Gelegenheit, sich als die Besten immer wieder neu zu bestätigen. So ist es immer ein einzelner, nie ein Hof oder ein Heer, der sich der Herausforderung stellt, sie notfalls auch heimlich an sich zieht (*Yvain*, Keu im *Karrenritter*). Er braucht die *aventure* zur Bewährung seiner selbst, die zumeist ihre erste Erfüllung in der fortan befeuernden Liebe einer Frau findet, zur Bestätigung seines personalen Werts, der ihn dieser Gemeinschaft würdig sein läßt. Daß auch die Gemeinschaft diesen Anspruch stellt, zeigt die Einführung eines der Herausforderung parallelen Anlasses: der *costume*, eines (Rechts-)Brauchs. Dieser muß als Signum der die Legitimität der Herrschaft verbürgenden Traditionsbindung um seiner selbst willen erfüllt werden und hält den Rittern, dem je ausersehenen einzelnen Ritter, seine *aventure* bereit: In bezeichnender Weise soll die Jagd nach dem weißen Hirsch, mit dem der

König im *Erec* eine *costume* erneuert (V. 38) und Gelegenheit für ritterliche Taten bietet, im Wald der Abenteuer (V. 65: *forest avantureuse*) vor sich gehen.

Der Ritter stellt sich der *aventure*, oder er sucht nach ihr. So kann Calogrenant im *Yvain* (V. 362f) auf die Frage nach seinem Ziel antworten, er suche *avantures*, um seine Tüchtigkeit (*proesce*) und seine Kühnheit (*hardemant*) zu prüfen; und er kann darum bitten, daß ihm eine *aventure* oder auch irgend etwas Unbegreifliches (*mervoille*) genannt werde (V. 365). *Aventure* (aus lat. *ad-ventura*: ‹was auf jemanden zukommt›), ursprünglich ‹Zufall, Ereignis, Geschick›, dann: ‹was jemandem zukommt, für ihn vorgesehen ist›, institutionalisiert so den ritterlichen Kampf zur fortwährenden und existenznotwendigen Bewährungsprobe.

Immer haftet ihrer spezifischen Erscheinungsform das Moment des Providentiellen an, mit dem die Tat als Teil eines übergeordneten Heilsplans erscheint, immer aber auch etwas Beliebiges, Unerklärbares: das Element des Zufälligen, das den Ritter stets bereit und für jegliche Tat zuständig, dazu die Welt auch in extremen, unberechenbaren Situationen als beherrschbar zu zeigen hat. Immer aber hat die *aventure* auch Gelegenheit zur Auszeichnung zu sein: im besonderen, das heißt besonders tüchtigen, besonders bösen, besonders unbegreiflichen Gegner.

Rechtsbruch und magische Gegenwelten bieten Steigerungsformen der *aventure*; sie eignen sich als Schlußsteine des Stationenwegs. An ihnen erweist der Held, daß seine im Weg durch die Abenteuer von Kampf und Minne gewonnene Auszeichnung zuletzt nicht nur im gesteigerten Prestige der Gemeinschaft des Hofes zugute kommt (zu diesem Zweck schickt er schon ‹unterwegs› die besiegten Gegner an den Artushof), sondern sehr konkret in der Beseitigung von Gefahr und Bedrohung, in der Wiederherstellung der rechten Ordnung, angezeigt in der Wiedergewinnung der für die ideale Harmonie stehenden Freude (*joie*). Individuelle Perfektionierung, als Erwerb von Selbst-Bewußtsein überdies im Weg durch eine krisenhafte Situation des drohenden Selbst-Verlustes (Bewußtlosigkeit, Wahnsinn) akzentuiert, wird so gemessen an ihrem Beitrag zum Wohle der Gemeinschaft und wird – soweit diese ihre Idealität nur als Abbild göttlichen Ordnungswillens verstehen kann – Beitrag zur Wiederherstellung der Weltordnung überhaupt. Chrestiens – im Einzelfall stets modifiziertes und durch die Reihe seiner Romane in eminent rascher Entwicklung an seine Grenzen getriebenes – Modell des Artusromans stellt so einen in seiner geistigen Spannung faszinierenden Versuch dar, die ‹objektive› Verbindlichkeit überindividueller Ordnungen mit dem individuellen Begründungsanspruch für die sinnhafte Existenz des einzelnen in eine stets neu zu bewährende Balance zu bringen.

Es ist gewiß so, daß die Entstehung eines Bedürfnisses nach solchem Ausgleich nicht zu lösen ist von der Existenzform des Kriegers und den daraus abgeleiteten gesellschaftlichen Privilegien; und es sollte auch außer Zweifel stehen, daß die Entwicklung eines alle Ränge von Adel und Ministerialität übergreifenden gemeinsamen Lebensprogramms in seiner integrativen Kraft politischen Interessen nützlich sein kann. Der «Bruch zwischen Individuum und Gemeinschaft», den der Artusroman zu verhindern oder aufzuheben bestimmt sei [249; *S. 91*], wird aber doch nicht aufgehen in einem Grundwiderspruch des Feudalismus, sondern auf eine Konstante der abendländischen Geschichte zu beziehen sein: die fortschreitende Entdeckung des Ich, das sich hier zuerst in der Welt und den ihr in dieser Gesellschaft zugeordneten Erfahrungsbereichen, Kampf und Liebe, entdeckt.

Die Vorformen und ihre Verarbeitung

Die konzeptionelle Leistung läßt den Abstand zu den Materialien, derer sich Chrestien bediente, leicht erkennen: zur historischen Artussage (1), zu keltischen Märchen- und Mythenstoffen (2), mögen sie nun die Artusgestalt bereits enthalten haben oder nicht, zu antikisierender oder nationaler Geschichtsdichtung als Vorbild von heilsgeschichtlich verankerter Weltdeutung (3):

1. Artus, als Kriegsheld im Abwehrkampf der Briten gegen die eindringenden Angelsachsen für das 6. Jahrhundert gelegentlich in Geschichtswerken und in Heiligenlegenden erwähnt (Nennius, *Historia Brittonum*, frühes 9. Jh.; *Annales Cambriae*, Mitte 10. Jh.; William von Malmesbury, *Gesta regum Anglorum*, 1125; Caradoc von Llancarfan, *Vita Gildae*, um 1130), wird mit der monumentalen, propagandistisch ausgeschmückten und mit großem Erfolg verbreiteten *Historia Regum Britanniae* des Geoffrey von Monmouth (1130 bis 1136) zum großen nationalen Helden, der als König und Feldherr das britische Reich zu höchstem Glanze führt, sogar das römische Imperium herausfordert und nur durch Verrat besiegt werden kann. Als Kriegsheld, der auch schon Zauber beherrscht und mit Riesen kämpft, fasziniert Artus in Geoffreys Darstellung als «einer der größten Könige der europäischen Geschichte» [293; *S. 33*] und liefert dem neuen normannischen Königshaus der Plantagenets, für das Geoffrey wohl geschrieben hat, einen Vorfahren, der Karl dem Großen an die Seite zu stellen ist. Wace, Anglonormanne am Londoner Literatenhof Heinrichs II. und der vom französischen König Ludwig VII. geschiedenen Eleonore von Poitou, verbreitet dieses Bild im *Roman de Brut* (1155 bis 1160) weiter, einer Eleonore gewidmeten altfranzösischen Versbearbeitung von Geoffreys Geschichtswerk, die die ritterlich höfischen Elemente zusätzlich herausstreicht.

Wie weit Chrestien sich davon entfernt, zeigt schon die Ablösung vom unabdingbaren Anspruch historischer Glaubwürdigkeit, dem die Wunderwelt des Märchens als Schauplatz fast programmatisch die neue Qualität utopischer Idealität entgegensetzt. Das «unmerkliche Gleiten zwischen Wirklichkeit und Traum- bzw. Märchenwelt» [374; *S. 96*] löst Artus aus der faktischen Realität der Geschichte und transponiert ihn in eine Wirklichkeit von Haltungen und Werten: Artus wird ihr Repräsentant. Was an ethischen Qualitäten erstrebenswert ist – Gerechtigkeit, (Wort-) Treue, Hilfsbereitschaft, Großmut –, besitzt er fraglos; er braucht es weder zu bewähren noch auch zu demonstrieren, er verkörpert es durch seine bloße Existenz. Die Statik und Passivität, die an Chrestiens Artus-Figur irritieren können, sind nicht Zeichen von Schwäche, sie zeigen ‹absolute› Unangefochtenheit an. Die Bewährungsleistungen haben die Ritter der Tafelrunde zu vollbringen.

2. Die «im rechten Augenblick ... durch den regen Verkehr mit England nahegerückte keltische Legende» [348; *S. 102*] vermittelt jene «phantastische Sagenwelt, von magischen Kräften, Zauberern, Feen und Schreckgestalten» [ebd.], die diese Ent-Realisierung ins Modellhafte möglich macht.

Keltische Erzählmotivik ist dabei wohl nur zum geringeren Teil, etwa in der walisischen *Vita Carantoci* aus dem späten 11. Jahrhundert (Artus als Drachenkämpfer), in der Bindung an die Artusfigur weitergegeben worden [293; *S. 26–30*], am deutlichsten noch in den – in ihrem Zeugniswert freilich umstrittenen – kymrischen Mabinogion (besonders: *Kulhwch ac Olwen*, Ende 12. Jh. [vgl. 283; *S. 31–43*]). Wichtiger sind wohl die auch in lateinische Überlieferung eingegangenen Unterweltsfahrten (Tundalus- und Brandanlegende) und die eher sekundär mit Artus verknüpften Feenliebesgeschichten der bretonischen Lais [283; *S. 112–121*] geworden, die zur Zeit Chrestiens durch die gleichfalls am anglonormannischen Hof Heinrichs II. und Eleonores von Poitou tätige Marie de France (um 1130 bis 1200) ihre erste französische Gestaltung erfuhren.

Die Verschmelzung dieser Materialien mit dem historischen Stoff läßt sie selbst an dessen Verbindlichkeit partizipieren, und sie verschafft gleichzeitig diesem eine allgemeinere, ‹zeitlose› Gültigkeit (dies spricht gegen Köhlers Versuch einer Ableitung aus unmittelbaren politischen Interessen der Plantagenets und der französischen Großvasallen).

Die Wunderlichkeit der Ereignisse legt sie zudem nicht mehr auf eine bestimmte Stelle im historischen Ablauf fest: Sie werden zu frei komponierbaren Bausteinen, die es erlauben, daß das Arrangement der Szenen, ihre Abfolge und ihre Querbezüge, zum Sinnelement werden [für Chrestien zuerst 522; für die deutschen Romane 543]. So muß der Artusroman Chrestiens aus seiner charakteristischen Struktur verstanden werden, einem «Doppelkreis», bei dem «der zweite Handlungszyklus in gewisser Weise den ersten» wiederholt, «indem er den Helden unter veränderten Vorzeichen und neuen Bedingungen über einen parallelen Weg führt» [495; *S. 669*]. Der so gegliederte Stationenweg eignet sich vorzüglich dazu, Verhaltenskorrekturen und Bewußtseinswandlungen abzubilden.

Die Verschmelzung des Historischen mit der Wunderwelt von Mythos und Märchen bringt schließlich auch noch die stets gegenwärtige Dualität von Gut und Böse in die Abläufe des Romans und pointiert die Taten der Ritter zu Beiträgen im heilsgeschichtlichen Kampf gegen eine feindliche ‹andere Welt›.

3. Mit diesem Anspruch tritt der Artusroman in eine Aufgabe ein, die bisher vom Antikenroman (*Roman d'Eneas*, *Roman de Troie*, *Roman d'Alexandre*) und von der nationalen französischen Geschichtsepik (*Chanson de geste*) wahrgenommen worden war: die Manifestation des Willens Gottes in den Ereignissen der Welt zu deuten. Dieser Anspruch ist neu und riskant; denn er behauptet die Möglichkeit einer konsequent laikalen Verwirklichung des göttlichen Heilsplanes, und er überträgt sie aus der beobachtbaren Realität in Gestaltungskraft und Phantasie des Dichters. «Mit der *mout bele conjointure* (dem wohlgeordneten Zusammenhang: *Erec*, V. 14) tritt die künstlerische Fiktion, tritt der sich aus der Vormundschaft der klerikal gebildeten Intellektuellen emanzipierende Roman mit dem Anspruch auf die höhere sittliche Wahrheit des Erfundenen auf» [249; *S. 87*].

Daraus entstehen Spannungen, die die Geschichte des Artusromans im weiteren Verlauf und schon bei Chrestien bestimmen: Schon im *Cligès*, Chrestiens Gegenentwurf zum elitären Individualitätsanspruch des Tristan-Romans, wird die Fiktivität der Artuswelt durch das Realitätsprestige der (historischen) Orientromane gestützt. ‹Historisierung› des Artusromans wird auch im Deutschen eine seiner Entwicklungstendenzen bestimmen (z. B. Wirnt von Grafenbergs *Wigalois*).

Im *Perceval* läßt Chrestien das Rittertum seines Helden erst im Weg durch eine religiös durchlittene Glaubenskrise und in einer sakral begründeten Erlöserrolle erfüllt sein (soweit läßt sich auch das unvollendete Werk deuten). Über die Rezeption in Wolframs von Eschenbach *Parzival* (um 1200/10) und in der Verknüpfung mit den in dessen *Titurel* (Anfang des 13. Jhs.) angelegten Handlungsfäden wird der *Jüngere Titurel* (um 1270) die Sakralisierung des Rittertums in einer mächtigen Anspannung aller konzeptionellen Kräfte zu einem Höhepunkt führen.

Chrestiens *Karrenritter* schließlich nimmt in der Liebesbegegnung der Königin Guenièvre mit dem Artusritter Lancelot die Liebe in ihrer gesellschaftsfeindlichen und zerstörerischen Kraft auf: ein Thema, das im französischen Vulgata-Zyklus und mehr noch im deutschen Prosa-Lanzelot die Welt wiederum in den Schauplatz eines gigantischen Kampfes zwischen dem Satanischen und einem prädestinierten Vertreter Christi (Galaad) verwandelt, bei dem der Untergang der Artuswelt nur in eschatologischen Visionen aufgehoben werden kann.

Die Übernahme ins Deutsche

Von Chrestiens Artusromanen sind *Erec* und *Yvain* sehr bald ins Deutsche übersetzt worden (Hartmann von Aue); das *Perceval*-Fragment diente Wolfram von Eschenbach als Grundlage seines *Parzival*; den *Cligès* hat im frühen 13. Jahrhundert (nach dem Zeugnis des Rudolf von Ems) Konrad Fleck übersetzt (nicht erhalten), wenig später auch Ulrich von Türheim (nur in einem kurzen Fragment erhalten); der *Karrenritter* blieb unübersetzt.

Die Geschichte des Artusromans und damit des höfischen Romans in deutscher Sprache überhaupt beginnt mit Hartmanns *Erec* (um 1185); der erste Artusroman Chrestiens führt so auch in Deutschland die neue Gattung ein. Sein Erzählmodell und seine Sinnkonzeption bestimmen von Anfang an ihr Bild.

Spuren eines Gegenmodells

Ohne Konkurrenz war Chrestien allerdings nicht: Der zu Beginn des 13. Jahrhunderts im Thurgau bezeugte Leutpriester Ulrich von Zatzikhoven übersetzt (wohl bald nach 1195) ein *welsches buoch* ins Deutsche, das Hugo von Morville nach Deutschland gebracht habe, eine der von Richard Löwenherz aufgebotenen Geiseln. Es vertritt einen ganz anderen Typus von Artusroman, der noch um vieles näher an den Quellen bleibt: am keltischen Feenmärchen und seinen Lokalitäten, vor allem der zauberischen Insel im Meer, im ersten Teil; an einer robusteren, kriegerische Kampfeskraft noch unmittelbar zur Schau stellenden Legitimierung der Artusgesellschaft im zweiten.

Die erste Hälfte ist nach dem Typus der Jugendgeschichte (*Enfance*) organisiert [366, T. 2; *S. 82–88*] und zeigt Lanzelet im Dienste einer Meerfee, für die er in einer Folge von drei Abenteuern die Rache an ihrem Erbfeind Iweret vollzieht. Das Bestehen der Kämpfe wird stets auch von Minneversuchungen begleitet und jeweils mit dem Gewinn einer Frau belohnt (der *wîpsaelege Lanzelet* wird zum zitierbaren Typus). Am Ende dieses Weges, der ihn zu einzigartiger Herrschaft und zu einer einzigartigen Frau, Iblis, führt, erfährt er Namen und Herkunft und wird des Artushofes würdig: «Der Weg zu Artus ist ein Stationenweg, der als Ganzes Sinn erkennen läßt – Selbstfindung durch Minne und ritterliche Tat» [374; *S. 41*].

Der zweite Teil gruppiert sich um eine Herausforderung des Artushofes: ein fremder Ritter, Valerin von dem Verworrenen Tan, hat die Königin für sich gefordert und sie – obgleich er im Entscheidungszweikampf Lanzelet unterlegen war – schließlich geraubt. Lanzelet, der sich inzwischen als bester Ritter und als treuer Liebender bewährt hat (Pluris-Episode), bildet zusammen mit Tristan und Karjet die Mannschaft, die Artus zur Befreiung der Ginover aufgeboten hat und an deren Spitze er sich stellt (von der seit Chrestien für den ‹Lanzelot›-Stoff charakteristischen verhängnisvollen Liebe zwischen Lanzelot und Ginover findet sich noch keine Spur). Gemeinsam (wie vorher schon Walwein, Tristan, Erec und Karjet gemeinsam Lanzelet befreit haben) ziehen sie aus, überwinden das Schreiende Moos und den von Ungeheuern gesicherten «Verworrenen Tan»; Artus selbst befreit schließlich die Königin. Die Drachenkuß-Episode bestätigt Lanzelets Rittertüchtigkeit in ihrer nach außen gerichteten helfenden Kraft; Krönung und Fest installieren das in Minneprüfungen und Kampfgefahr erprobte Paar als Herrscher. Artus als tatkräftiger, an den Qualifikationsleistungen seines Hofes in vorderster Linie beteiligter Herrscher, ganz unberührt von der für Chrestien beobachteten antimonarchischen Konzeption; ein Hof, der das gemeinsame Handeln an die Stelle des Gegeneinanders von programmatischer Trennung und späterer Reintegration von einzelnem und Gemeinschaft setzt; der Held in ungebrochen aufsteigender Lebens- und Bewährungslinie, ohne das für den Prozeß der (Selbst-)Bewußtwerdung zentrale Element der Krise; der Stationenweg in fortschreitender Reihe ohne die Querbeziehungen und Doppelungen, die den Sinn in die Struktur verlegen: Ulrichs *Lanzelet* erweist sich sehr deutlich als Artusroman neben Chrestien, als ein Werk, das entweder von Chrestiens Formwillen noch nicht erreicht wurde – oder als eines, das sich seinem Einfluß verweigert.

Hartmann von Aue und das Rittertum

Hartmann von Aue (um 1168 bis um 1210) folgt Chrestiens Romanen sehr genau, im *Erec* etwas freier, im *Iwein* bis zur zeilengenauen Entsprechung [366; T. 1, bes. *S. 176–203*]. Die Umstellungen und Akzentuierungen [435; *S. 169–175*], mit denen Hartmann dabei im *Erec* die strukturellen Korrespondenzen noch deutlicher herausarbeitet und die Sinnkonstitution über die Handlungsstruktur [vgl. 495: Symbolstruktur] freilegt, begründen das Musterhafte dieses Werks auch (trotz schmaler Überlieferung) für die deutsche Tradition und seinen selbständigen Geltungsanspruch neben Chrestien. Die Geschichte, deren Anfang mitsamt dem Prolog verloren ist, beginnt wohl wie bei Chrestien mit dem Entschluß des Königs, die *costume* der Jagd auf den weißen Hirsch wiederzubeleben. Die Hofgesellschaft reitet aus, Erec, ein junger Ritter von glänzenden Anlagen, im Gefolge der Königin. Ein fremder Ritter begegnet ihnen, sein Zwerg verweigert die Namensnennung und schlägt ein Hoffräulein aus dem Gefolge Ginovers. Erec unternimmt es, die Beleidigung zu rächen (Handlungsauslösung: Provokation und Vereinzelung).

Die Verfolgung führt Erec in die Fremde, nach Tulmein, wo sein Gegner, der sich erst spät als Iders zu erkennen gibt, sich anschickt, zum dritten Male im Turnierkampf den Sperberpreis für die schönste Dame zu gewinnen. Erec, ohne Waffen und ohne Partnerin, ist nur durch die Hilfe des verarmten Grafen Koralus und seiner noch in ihrer ärmlichen Kleidung strahlend schönen Tochter Enite in der Lage, sich dem Wettstreit zu stellen. Er besiegt Iders und gewinnt den Preis für Enite. Damit ist die Beleidigung gerächt (Iders muß selbst die Nachricht von seiner Niederlage an den Artushof bringen), zugleich aber die Gelegenheit genutzt, Profil als Ritter von besonderer Tüchtigkeit zu gewinnen. Der Besitz und die Liebe des schönsten aller Mädchen (ihm erkennt Artus mit seinem Kuß den an die Hirschjagd geknüpften Schönheitspreis zu) bestätigt und erhöht die Einzigartigkeit des Ritters. Mit seiner Bindung im Paar vollendet sich sein Weg zur Gewinnung einer eigenständigen Position: Erec kehrt als künftiger Herrscher in das Land seines Vaters, nach Karnant, zurück (1. Aventiuresequenz).

Daß dieses Glück nicht vollständig ist, daß seine Voraussetzungen noch scheinhaft und unvollkommen sind, zeigt sich in der Krise: Erec und Enite geben sich nur ihrer Liebe hin, schließen sich ab, versäumen ihre öffentlichen Pflichten als Herrscher (sie «verligen» sich). Der Hof übt Kritik, die Erec durch Enite unfreiwillig zugetragen wird.

Unverzüglich bricht Erec auf: der Verfehlung bewußt und mit dem Ziel, sich selbst, seinen Rang, seine Minnebeziehung und damit seine Personalität zur Disposition zu stellen (2. Aventiuresequenz).

Die Fahrt hat kein Ziel, sie geht auf *aventiure*, auf riskante und gefährliche Bewährungsproben, und sie verläuft unter der erschwerenden und erniedrigenden Bedingung der aufgehobenen Minnegemeinschaft (Trennung von Tisch und Bett, Sprechverbot für Enite).

Sechs Aventiuren sind zu bestehen; sie sind, getrennt durch die Zwischeneinkehr bei Artus als Ruhepause, in zwei Sequenzen spiegelbildlich angeordnet [543: «doppelter Kursus». 374; *S. 131*]:

1. Räuberkämpfe (Kampf gegen rohe Gewalt)
2. Der treulose Burggraf (Frauenverführer)
3. Erster Kampf gegen den Zwergenkönig Guivreiz (ritterlicher Kampf)

   Zwischeneinkehr bei Artus
4. Riesenkämpfe (Kampf gegen rohe Gewalt)
5. Graf Oringles (Frauenverführer)
6. Zweiter Guivreiz-Kampf (ritterlicher Kampf)

«Diese Doppelung bringt keine Dubletten, sondern steht in der Ordnung der Steigerung und des Kontrastes. Steigerung: Die Räuber werden im Handumdrehen abgestochen, der Riesenkampf endet mit todähnlicher Ohnmacht; der Burggraf wird von Erec verwundet, Oringles erschlagen. Kontrast: Im ersten Guivreiz-Kampf verhält sich der Zwergenkönig als perfekter Ritter, Erec mit Absicht unhöfisch; in der zweiten Begegnung ist Guivreiz ‹zwîvelhaft› und ‹unvrô› (6857), Erec kampfbegierig. Das eine Mal siegt Erec, das andere Mal Guivreiz. Die beiden Triaden von Aventiuren stehen aber auch unter anderem Vorzeichen: In der ersten

Reihe wird Erec angegriffen, verhält sich in den Bewährungen unwillig, ja beinahe passiv; in der zweiten sucht Erec das Abenteuer, ist voller Kampf- und Einsatzbereitschaft. Dort wehrt er sich seiner Haut, hier kämpft er für andere» [374; *S. 131*].

Die formale Zweiteiligkeit ist «absichtlich spiegelbildliche Kontrastierung zweier Daseinsstufen» [543; *S. 134*]. Das Programm der ersten Reihe (1–3) ist «ungemach»: Es führt «das Paar in bewußt antihöfische Situationen» [543; *ebd.*] und setzt sich – auch durch Passivität und willkürlich gewählte erschwerende Bedingungen – äußerster Gefährdung aus. Sie zu überstehen legitimiert den Ritter und das Paar in ihrer Unantastbarkeit und Stabilität.
Das Programm der zweiten Reihe (4–6) heißt: «vreude». Sie «bewährt eine neuerworbene höfische Lebensform (die Zwischeneinkehr am Artushof zeigt das an, K. G.) in den gleichen Abenteuern, nun aber mit umgekehrtem Vorzeichen» [543; *ebd.*]: helfend und im Einsatz für andere.
Die Aventiurenreihe des zweiten Handlungszyklus schließt mit einer Episode, die als einzige ohne unmittelbares Gegenstück ist: *Joie de la Court*, die ‹Freude des Hofes›. Sie spiegelt freilich – als Schlußepisode – den Schluß des ersten Zyklus insgesamt.
Die Abgeschlossenheit des Minne-Paares wird in ihr auf makabre Weise ins Bild gesetzt: Mabonagrin und seine *amîe* leben in einem abgeschlossenen Wundergarten; 80 Ritter haben bereits versucht, den Bann zu brechen, und dabei ihr Leben gelassen. Erst Erec, der genau diesen Zustand auf seinem Aventiureweg für sich überwunden hat, kann Mabonagrin besiegen, die 80 Witwen befreien und die Freude des Hofes wiederherstellen. Der Empfang am Artushof bestätigt Erecs neu errungene Position; sie setzt sich im Fest unmittelbar um in gesellschaftliche Harmonie. Seine Rückkehr nach Karnant besiegelt in der Endgültigkeit der Königskrönung den Erwerb neuer, weil in der Preisgabe erworbener und in ihrer Fragilität bewußt gemachter Würde.

Zur Funktion des Artusromans bei Hartmann
Hartmann erfüllt im *Erec* Chrestiens Programm; er akzentuiert es in der Darstellung durch Verschärfung der Kontraste und durch Hervorhebung der sinntragenden Struktur.
Das gilt auch für Hartmanns zweiten Artusroman, den *Iwein* (um 1203 oder schon bald nach 1191?), mit dem er Chrestiens Modifikation der Bauform (zwei konkurrierende Zentren: Artushof und eigener Herrschaftsbereich) ins Deutsche überführt und die darin enthaltene thematische Erweiterung ins Grundsätzlichere verschiebt: Herrschaftswürdigkeit entsteht nicht mehr einfach aus der Bewährung als Artusritter, auch nicht nur aus dem die soziale Leistungsfähigkeit von Rittertum demon-

strierenden «Programm der Hilfeleistung» [435; *S. 200*] der 2. Aventiuresequenz. Sie hat auch eine angemessene Ausfüllung der Beziehung zwischen Mann und Frau (Herrscher und Herrscherin: Iwein und Laudine) zur Voraussetzung. Die Relation von Rittertum, Minne, Selbstfindung und Herrschaft ist – bei Chrestien ironischer, bei Hartmann grundsätzlicher und auch subtiler in der schwierigen Minnebeziehung zwischen Laudine und dem Mörder ihres Mannes – in ein Geflecht gegenseitiger Abhängigkeiten übersetzt [620; 721; 680; 367; 487].
Hartmanns Bearbeitungen sind Zeichen für den raschen und überragenden Erfolg von Chrestiens Artusromanen und Glied einer das ganze hohe Mittelalter kennzeichnenden kulturellen und literarischen Anlehnung an Frankreich; sein Bearbeitungswillen richtet sich auf Verdeutlichung, nicht etwa auf Anpassung an spezifisch deutsche Verhältnisse [anders 603]. Das setzt für alle Interpretationen schwierige Voraussetzungen, die Hartmanns Werk sozialgeschichtlich interpretieren wollen. Man hat versucht, diesen Schwierigkeiten durch die Annahme einer ministerialischen Kommunikationsgemeinschaft zu entgehen und eine aus ihren Interessen geleitete Lektüre zu rekonstruieren [518]: Aus der Sicht des Aufsteigers werde Legitimierung durch Leistung eingefordert. Problematisch bleibt dabei nicht nur die Existenz einer solchen Kommunikationsgemeinschaft [604], sondern auch das rezeptionstheoretisch heikle Verhältnis von Sinnpotential und Konkretisierung.
Hartmann, der gebildete Ritter, Ministeriale derer zu Aue (der Zähringer? [574]), wird nicht auf eine ständische Perspektive festzulegen sein; sein Werk präsentiert in der Fortsetzung Chrestiens ein Programm ritterlicher Selbstverwirklichung, das zumindest integrierend gemeint und gewiß für den Weg zu einem Bewußtsein von verantworteter Individualität grundlegend war.

Drei Entwicklungstendenzen

Wie wenig selbstverständlich, wie empfindlich das sorgfältig ausbalancierte Gleichgewicht zwischen den konkurrierenden Wertansprüchen war, das Hartmann erreicht hatte, zeigt sich an der weiteren Geschichte des Artusromans: schon bei Chrestien selbst, der im *Perceval* eine andere, zuverlässiger geistlich gestützte Lösung versucht (s. u.), im Deutschen beispielhaft in drei Epen, die sich jeweils für sich und jeweils mit ganz anderem Ergebnis in die Nachfolge Hartmanns stellen: die *Krone* des Heinrich von dem Türlin (gegen 1230), der *Daniel von dem Blühenden Tal* des Strickers (vor 1235/40) und der *Wigalois* des Wirnt von Grafenberg (zwischen 1210 und 1215?).
Scheinbar ohne übergeordneten Sinn durchläuft Gawein, der Held der *Krone*, eine Fülle von Abenteuern. Äußerlich durch fünf Feste am Artushof in vier Sequenzen gegliedert, entsteht eine Ansammlung von Helden-

taten des Gawein, die in erster Linie zum Ziele haben, «seine vorbildhafte Rolle im Artuskreis in einer konsistenten Fabel aus allen denkbaren Aventiuren zu entfalten» [436; *Sp. 898*]: eine ‹innerliterarische› Aufgabe, die sich der Herausforderung des Erzählens aus dem Erzählten verdankt. Heinrich kennt und benutzt zu diesem Zweck eine Vielzahl von Quellen; er benutzt die Gaweinbücher Chrestiens und Wolframs, vielleicht alle drei Fortsetzungen des *Perceval*, Chrestiens und Ulrichs von Zatzikhoven *Lanzelot*-Romane, Hartmann von Aue und auch eine Reihe weiterer französischer Quellen. Im Zitat und im Spiel mit der literarischen Tradition zeigt sich die Haltung des Literaten. Die Sinnhaftigkeit des Aventiurewegs gerät – sichtbar gerade an der beliebigen Einordnung traditionsgemäß sinnhaltiger Szenen (Schlichtung eines Erbstreites, Entführung der Ginover) – aus dem Blick. Zurück meldet sich aber – die Kehrseite der vorausgesetzten Erledigung des Programms – der Mythos: In einer Reihe von ‹Abenteuerketten› (z. B. V. 13979–14406, 15998–16294 [686]) begegnet Gawein das Schreckenerregend-Unbegreifliche, dem er – nicht mehr der aktive Held – tatenlos gegenübersteht: passiv und wie gelähmt durch die Mächte des Bösen, deren Beherrschung doch einmal das Thema des Artusromans war.

Strickers *Daniel* hält an dessen Programm fest. Seine Lösung aber ist nicht mehr allein ritterliche Kraft [486]; sie wird in Massenkämpfen, die den Historizitäts- und Realitätsanspruch der *Chanson de geste* in den Artusroman hineinzitieren, zu grausiger Absurdität geführt. Der Held des *Daniel* beherrscht seine Gegner, auch die Ungeheuer und Riesen, weil er seine Kampfestüchtigkeit mit Klugheit zu verbinden weiß. Überlegung und Vertrauen auf die Vernunft («kündekeit», auch in seinen übrigen Werken ein Programmwort des Strickers [609]), kluges Abschätzen der Möglichkeiten begründen die Beherrschung der Welt. Es liegt in der Konsequenz dieser Entdeckung der Rationalität für die Begründung von Rittertum (die weiterhin ein Ziel bleibt), daß die heroische Tat des einzelnen der größeren Effektivität gemeinsamen Handelns zu weichen beginnt, und auch: daß der Held in die Gefahr gerät, komisch zu werden (Artus wird durch den ‹Riesenvater› wie ein Strohwisch auf die Spitze eines Berges gesetzt).

Der Pleier, der dem *Daniel vom Blühenden Tal* mit seinem *Garel vom Blühenden Tal* (um 1250) einen Musterroman entgegensetzt, mit dem das traditionelle heldische Verhaltensmuster wieder in Kraft gesetzt werden soll, hat wohl die Gefahr erkannt, die in der Freisetzung der Vernunft durch den Stricker lag.

Wirnts von Grafenberg *Wigalois*, der älteste Roman dieser Reihe, bleibt Hartmann im programmatischen Anspruch am nächsten: Sein Protagonist, auserwählt durch Herkunft – er ist Gaweins Sohn –, geht den Weg der Namens- als Wesenssuche und sucht die Bewährung in der Aventiure. Wie in der *Krone* stellt sich freilich auch hier die Schwierigkeit eines in der literarischen Tradition bereits zur Genüge abgehandelten, vielleicht erledigten Problems: Die Vorbildlichkeit des Gawein-Sohnes braucht nicht mehr in ihrer Ausbildung bewiesen, sie kann nur noch demonstriert werden («statische Idealität» [300; *S. 67f*]). Dennoch hat auch sie sich zu bewähren: in Anfechtungen und Gefahren, die jedes menschliche Maß übersteigen und die nur noch im Vertrauen auf Gottes Hilfe, im Gebet, bestanden werden können. Die Aufgaben, die Wigalois zu bewältigen hat: die Erlösung eines dem Satan anheimgefallenen Reichs, brauchen die Grundlage solchen selbstgewissen Gottvertrauens. Die Erlösungsleistung schließlich qualifiziert am Ende zur Übernahme der Herrschaft im Lande Korntin.

Ein Herrscherbild wird hier aufgebaut, dem die im Glauben fundierte Erlösungstat und zugleich ein sakral begründetes Charisma eingeschrieben sind: ein Begründungsweg, wie ihn sonst die Gralromane gehen, deren deutscher Erstling, Wolframs von Eschenbach *Parzival*, Wirnts *Wigalois* in manchem nahesteht [478].

Der Gral und die Grenzen der Artusidealität

«In der progressiven Spiritualisierung der Aventürensuche spiegelt sich als Reflex wie als Antwort die Undurchschaubarkeit der ökonomischen und politischen Verhältnisse wider, die zu der Krise um 1200 führen. Der Umschlag der profanen Quête in eine prädestinatorisch-heilsgeschichtliche, den Chrétien mit dem *Conte du Graal* folgerichtig und doch noch zögernd einleitet, vermag den Einbruch der puren Willkür des Schicksals zu bannen» [249; *S. 91*]. Die «eschatologische Sublimierung des feudalritterlichen Führungsanspruches» [ebd.] wählt sich im Gral und dem unter seinem Zeichen stehenden Reich eines sakralen Rittertums ihren symbolischen Ort.

Die Undeutlichkeit des ‹Gegenstandes› Gral gehört zur numinosen Aura, die ihn umfängt und die er evoziert:

«Wie sie nun so von diesem und jenem sprachen, trat aus einem Zimmer ein Knappe, der eine blanke Lanze trug, die er mitten am Schaft gefaßt hielt. Er schritt vorüber zwischen dem Feuer und denen, die auf dem Bette saßen. Und alle, die da drin waren, erblicken die blanke Lanze und das blanke Eisen. Es quoll ein Blutstropfen aus dem Eisen der Lanze an der Spitze, und dieser rote Tropfen floß bis auf die Hand des Knappen. Der Junker, der diese Nacht neu dorthin gekommen war, sah dieses Wunder, jedoch enthielt er sich der Frage, wie dieses geschah; denn er war eingedenk der Warnung dessen, der ihn zum Ritter schlug, der ihn lehrte und unterwies, er solle sich hüten, zu viel zu reden. Er fürchtet daher, wenn er danach fragte, würde man es ihm als Schande auslegen; deshalb fragte er nicht.

Siehe, darauf kamen zwei andere Knappen herein, die in den Händen Leuchter aus feinem Schmelzgolde trugen. Die Knappen, die die Leuchter brachten, waren überaus schön. An jedem Leuchter brannten wenigstens zehn Kerzen. Eine schöne, edle und wohlgeschmückte Jungfrau, die mit den Knappen hereintrat, hielt einen Gral zwischen beiden Händen. Als sie mit dem Grale, den sie trug, eingetreten war, da kam damit ein so großer Glanz herein, daß die Kerzen ihre Helligkeit ebenso verloren wie die Sterne, wenn die Sonne oder der Mond aufgeht. Hinter dieser Jungfrau kam eine andere, die einen silbernen Teller trug. Der Gral, der vorausging, war aus reinem, feinem Golde. Kostbare Steine der verschiedensten Art waren an dem Grale, die reichsten und teuersten und kostbarsten, die es im Meer oder in der Erde gibt: die Steine am Gral übertrafen ohne Zweifel alle anderen Steine. So wie die Lanze an dem Bett vorüberging, zogen auch diese daran vorbei und traten von einem Zimmer in ein anderes» (*Perceval*, V. 3190–3242, in der Übersetzung Sandkühlers).

Kultisch-Liturgisches und Profanes vermischen sich in dieser Szene, die in der Schwebe gehalten wird «zwischen Weltlichem und Christlichem, Hofzeremoniell und Liturgie» [374; *S. 65*]. Wolfram verrätselt noch weiter: der Gral ist ein «dinc» (235,23), ein «stein» (469,3), er trägt den unerklärbaren Namen *lapsit exilis* (469,7) [zu den Deutungsversuchen vgl. 429; *S. 84*]. Werden so die Eucharistie-Anklänge gedämpft, so sind sie andererseits wieder eingemischt durch die Bedingung der Jungfräulichkeit für seine Hüterin (235,28f). Durch seine Fähigkeit zur kultischen Speisung (239,28f; 469,3f; 470,10–18) erhält er wunderbare Eigenschaften wie die Gabe, ewige Jugend zu verbreiten (469,20) und nur dem Reinen leicht zu sein (477,16). Nicht auf die Frage nach Herkunft und Vorgeschichte des Motivs [umfassend: 430; resümierend: 466 und 465; *S. 163–212*; Übersicht in 429; *S. 79–84*] kommt es in diesem Zusammenhang an, sondern auf die Funktion: Es wird ein Bereich geschaffen, der unmittelbar unter der Einwirkung überirdischer Kräfte steht und die Begründung seiner irdischen, durchaus auch ritterlich-politischen Aufgaben daraus bezieht. Der Zugang zu ihm steht dementsprechend in gesteigerter Form unter der Bedingung providentieller Auserwähltheit: Nur wer dazu vorbestimmt ist, kann den Zugang zur Gralsburg überhaupt finden. War schon die Aventüre des Artusritters davon abhängig, daß sie für ihn ausersehen war (erste Stufe einer Bewältigung der Kontingenz der Welt), so gilt dies für den Gralsritter in noch spezielleren, persönlichem Sinn: Vorbestimmtheit durch den in der Kraft des Blutes («art») wirkenden Willen Gottes. Im Weg Parzivals, besonders wie Wolfram ihn über Chrestiens Fragment (bis V. 9234: Gawan und Orgeluse) hinaus gestaltet, lösen sich die beiden Stufen programmatisch ab. Unbezwingbar ist die Anlage zu ritterlicher Aventüre, wie sie Wolframs Vorgeschichte (Buch I und II) vorbereitet; aber als der ritterliche Weg ans Ende gekommen scheint, bricht – bei Chrétien unvermutet, bei Wolfram bis hin zur Auflösung des Strukturschemas vorbereitet [333 und 495] – in der Verfluchung durch die Gralsbotin Kundrie die Krise auf: jetzt die religiöse Krise, die aus dem Versagen vor der eigenen Vorbestimmtheit zum Zweifel an Gott wird. Religiöse Einsicht, Demut, Ergebung in die Führung Gottes erweisen sich als notwendige Voraussetzung zum vorbestimmten Ziel: einer weltumspannenden Herrschaft der Gralsfamilie, wie sie bei Wolfram angedeutet, in der Auszeichnung dieser Andeutungen dann im *Jüngeren Titurel* zu monumentaler Größe geführt wird.

Überwindung und Untergang der Artuswelt

Albrecht, der Dichter des *Jüngeren Titurel* (begonnen um 1260 für den Wettiner Hof des Markgrafen Heinrich des Erlauchten von Meißen und seiner beiden Söhne, nach 1272 wohl in Bayern abgeschlossen), setzt sich ein scheinbar bescheidenes Ziel: Er will den Fragment gebliebenen *Titurel* Wolframs, die Geschichte der verhängnisvollen Liebe zwischen Parzivals Cousine Sigune und Schionatulander, einem Edelknappen seines Vaters Gahmuret, zu Ende führen. Daß er dabei allerdings als Wolfram selbst spricht (erst Strophe 5883 gibt er die Wolfram-Maske auf) und Wolframs renommierten dunklen Stil nachahmend in die Kunst der ‹geblümten Rede› hinein steigert [116], verrät höhere Ambitionen. Die Wolfram-Ergänzung wird zu einem Panorama höfischen Rittertums, grundiert durch die sakrale Tönung der Gralsgeschichte und ihre Erfüllung in einem ins ferne Indien verlegten irdischen Paradies, verdunkelt durch die in tödlicher Resignation endende Liebesgeschichte.

Schionatulander, in Sigunes Dienst auf der Jagd nach dem Minnesymbol des Brackenseiles, durchmißt die Länder des Westens und des Orients. Er ist gefeierter Ritter am Artushof, kämpft für Artus gegen den römischen Kaiser Lucius (vgl. Geoffrey von Monmouth), verwaltet die Länder Parzivals (Waleis und Norgals) und besiegt als Freund und Verbündeter des Baruc Akerin von Baldac die Babylonier und später auch die Nachkommen Alexanders des Großen. Die Erringung des Brackenseils unter den ritterlichen Bedingungen des Kampfes aber wird immer wieder vereitelt, bis schließlich – als Sigune ihre Ansprüche aufgibt und ohne Erfüllung ihrer Bedingungen mit Schionatulander zieht – der endlich herbeigeführte, aber kaum noch begehrte Zweikampf den Tod bringt. Die Vertauschung der Kampfrequisiten, die dazu führt, nimmt Schionatulander bewußt in Kauf.

Entschieden wird der Rechtsstreit um das Brackenseil durch Ekunat, den Onkel Tschionatulanders, mit Hilfe des Gralsschwertes; das Brackenseil wird dabei zerstört. Wie im Aufbau des Werks der Gral mit den Anfangs- und Schlußpartien Minnehandlung und ritterliche Kampfbewährung überwölbt, so siegt er auch in direkter Aktion.

Der Gral ist von Gott gegeben, er ist jetzt in aller Deutlichkeit sakraler Gegenstand: der eucharistische Kelch. Titurel baut ihm einen Tempel – über mehr als 100 Strophen reicht die berühmteste Architekturbeschreibung des Mittelalters –, der als Abbild des himmlischen Jerusalem gedeutet werden kann. Die Welt allerdings, auch die im Roman beschriebene, ist des Grals nicht wert. Ihre Sündhaftigkeit treibt ihn ins ferne, sagenhafte, ‹utopische› Indien, wo Parzivals Sohn Feirefiz eine gewaltige Herrschaft gegründet, vor allem aber Zugang zum Reich des Priesterkönigs Johannes hat. Mit ihm verschmilzt das Gralsreich zum irdischen Paradies:

«Dieses Land mit seiner alles spendenden, vielfältigen Natur, seinem Überfluß an Kostbarkeiten, Edelsteinen und Pfeffer, seinen Bewohnern, die das Böse und die Armut nicht kennen, nimmt den Graltempel auf, und hier erlischt sinnvollerweise auch diejenige Funktion des Grals, welche einmal die Keimzelle des Mythos war. Er braucht jetzt niemanden mehr zu speisen; denn im paradiesischen Ostreich mangelt es niemandem an *rîcheit*. Das Reich des Johannes ist auch Sozialutopie, Albrechts während des Interregnums geträumter Traum von einem Reich, das nicht mehr mit Lehensvergabe und schwächender Teilung der Gewalt dem Untergang entgegengeht» [469; *S. 32f*].

Albrecht wird Kleriker gewesen sein [469; *S. 16–20*]; er glaubt immer wieder, sein Vorbild, Wolfram, «theologisch zurechtrücken zu müssen». «Der Dualismus von Weiß und Schwarz bestimmt sein theologisch-ethisches Denken» [469; *S. 24*]. Das wirkt hinein in die Grundintention seines Werks: der geistlichen Fundierung, eher noch der Relativierung von Rittertum und Minne, und es bestimmt seine Grundanlage: ihre Überwölbung durch unmittelbar in Gott gegründete Herrschaft. Seine utopische Kraft liegt in deren entschlossener Konkretisierung: «Albrecht hat die zugleich neue und alte mythische Vorstellung von der Wiedererreichung des Paradieses hinzustellen gewagt» [469; *S. 33*].

Im Bestreben, «in der geistlichen Deutung ritterlicher Aventiuren dem Rittertum den rechten Weg zu himmlischer Ritterschaft zu weisen», treffe sich Albrecht mit der französischen Lancelot-Gral-Tradition, «die ritterliches Wesen in eine von mönchischen Idealen bestimmten Denkwelt eingebunden hatte», hat Hans Fromm festgestellt [469; *S. 15f*], und es läßt sich auch beobachten, daß der *Titurel*-Dichter diesen französischen Romanzyklus gekannt hat. Er wird zwischen 1215 und 1230 entstanden sein [466], wohl in seinen drei Teilen – *Lancelot propre, Queste del Saint Graal, Mort le Roi Artu* – einheitlich konzipiert, aber vielleicht von mehreren Verfassern gemeinsam ausgearbeitet [466]. Ins Deutsche (recht genau) übertragen wurde dieses schon durch seine Prosaform (erster deutscher Prosaroman), dann durch die umgreifende Stoffkompilation, schließlich vor allem durch seine gedankliche Konzeption neuartige Werk in mindestens zwei Schritten: der erste Teil – *Lancelot propre* – vor 1250, der zweite und dritte um 1300.

Wie Albrechts *Jüngeren Titurel* kennzeichnet den *Prosa-Lanzelot* schon im Äußeren sein Anspruch auf Totalität, nur ist er noch sehr viel extensiver verfolgt (aufs Dreifache gesteigerter Umfang). Er verbindet die Lebensgeschichte Lancelots, seiner Eltern und seines Sohns mit der Geschichte der Artusgesellschaft und des Artusreichs von ihren Anfängen (Merlin) bis zum Untergang durch Minnebetrug und Verrat und mit der Selbsterfüllung der Gralsgeschichte in der Entrückung des neuen erlösergleichen Galaad. Das geschieht in verborgener, nur Auserwählten (Galaad, Perceval, Bohort) zugänglicher Ferne, weil das Artusreich durch seine Sündhaftigkeit seine Zuständigkeit verspielt hatte. Im Tod, den die beiden Widersacher, Artus und Mordret, sich gegenseitig zufügen, setzt sich dessen Selbstvernichtung in die Szene um. Der Vernichtung widersteht nur die Evasion aus der Welt, der Rückzug in die Kontemplation: Zuerst Parzival, dann Bohort und Hestor ziehen sich in die Askese des Eremitendaseins zurück, Ginover büßt im Kloster, Lancelot als Eremit. Nach vierjähriger asketischer Vorbereitung wird seine Seele – so erscheint es in einer Traumvision – von Engeln in den Himmel geleitet; sein Körper aber wird in dem Grab bestattet, in dem auch sein Sohn Galaad zur Ruhe gebettet ist: Lancelot, der die weltliche Glanzzeit des Rittertums auf ihre letzte Höhe geführt und zugleich auch schon ins Verderben gestürzt, und Galaad, der sie als ein neuer Messias überwunden hat.

Angelegt ist die Zerstörung des Artusreichs schon in der sündhaften Liebesbeziehung des Artusritters Lancelot zur Ehefrau seines Herrn, Artus. Sie wird mehrfach vorbereitet, so vor allem zu Beginn der ‹Queste›, als die Artusritter ausziehen nach dem höchsten Ziel, dem «heiligen gral», und Hof und König in tiefer Trauer zurücklassen: «Nach dießem gespreche hub der konig zu gedencken hart sere, und in dem gedanck gingen im die trehen zu den augen uß» (III,21). Das Ziel dieser «suchung» (*queste*), so teilt Nascius der Einsiedel mit, unterscheidet sich von weltlicher Aventüre: «diese suchung sol nit sin von wunderlichen sachen, sůnder sol sin von inniglicher lieb unsers hern» (III,24).

Der Einsiedler gibt den wegweisenden Rat; Einsiedler säumen den Weg der Helden, «sie sind der Weg selbst... Die Metanoia ist des Ritters eigentliche Aufgabe» [471; *S. 207*]. Eremitische Spiritualität führt nicht mehr nur – wie noch im Trevrizent des *Parzival* – zu korrigierender Einsicht, eremitische Lebensform ist der Durchgang zur unmittelbaren Erfahrung Gottes in seiner «stimme». «Der Weg zu den tiefsten Geheimnissen Gottes, die im Gral konkretisiert sind, ... (ist) ein mystischer Weg... Die biblische Wegstruktur... mündet in der Queste in die Tradition der via mystica» [471; *S. 207*]: bezeichnendes Ende nicht nur für ein Bauelement des Romans.

Die Entdeckung des Anspruchs auf Individualität stand am Beginn der Geschichte des Artusromans. Seine Faszination und seine Ausdeutung, zugleich seine Beherrschung und Integration sind Gegenstand fortwährender erzählerischer Anstrengung: dennoch einer episodischen, weil auf eine gruppenspezifische Lebensform beschränkten Anstrengung. Viel mächtiger, vor allem umfassender wirkt der gleiche Antrieb im religiösen Leben: zisterziensische Mystik und franziskanische Armutsbewegung verdanken sich ihm, und sie haben den gleichen Widerspruch in sich auszutragen in einer mächtigen, das ganze 13. Jahrhundert erschütternden Bewegung. Es erfüllt sich der Sinn der Geschichte, wenn die Fragen, die der Artusroman stellt, in ihr aufgehoben werden.

Ulrich Müller
Wolfram von Eschenbach

Wolfram von Eschenbach ist unbestreitbar einer der herausragenden Dichter der Weltliteratur. Sein umfangreiches Werk ist uns gut faßbar, doch nur wenig sichere Informationen gibt es über seine Person: Bis heute ist es nicht gelungen, ihn auch nur in einer einzigen Urkunde nachzuweisen. Diese Tatsache ist nicht ungewöhnlich; Wolfram teilt sie mit vielen Autoren jener Zeit, unter anderem so bedeutenden wie Reimar dem Alten, Hartmann von Aue oder Gottfried von Straßburg. Darin zeigt sich, daß er offenkundig nicht zur Gruppe der politisch und sozial Mächtigen und Wichtigen gehörte. Wolfram ist auch nicht wie Walther von der Vogelweide in Rechnungsbüchern als Empfänger einer Bezahlung oder Gabe erwähnt.

Eine besondere Eigenart der epischen Dichtungen Wolframs ist es, daß er als Erzähler dort in starkem Maße präsent ist und immer wieder den Anschein erweckt, wenigstens splitterhafte Informationen über sich und seine Lebensumstände zu geben, ganz im Gegensatz zu Gottfried von Straßburg und in der damaligen Zeit nur vergleichbar mit Walther von der Vogelweide. Wenn man von der nicht unbestrittenen Voraussetzung ausgeht, der Erzähler in Wolframs Epen sei mit der historischen Person des Dichters völlig oder weitgehend identisch, dann lassen sich aus den Selbstaussagen und aus verschiedenen Anspielungen folgende biographische Vermutungen anstellen: «Wolfram von Eschenbach» (so nennt er sich selbst) stand in einem Nahverhältnis zum Thüringer Hof; Landgraf Hermann I. von Thüringen (um 1155 bis 1217) und zumindest anfänglich dessen Nachfolger Ludwig IV. gehörten zu seinen Gönnern. Inwieweit die Nennung weiterer Namen auf Dienstverhältnisse schließen läßt, ist unsicher. Wolfram zeigt außerdem mehrfach gute Kenntnisse des fränkisch-bayerischen Raums, und diese Anspielungen ergeben nur dann einen Sinn, wenn er zeitweilig für ein dortiges Publikum dichtete. Ferner verweist er darauf, daß er verheiratet ist, (mindestens) eine Tochter besitzt und in ärmlichen Verhältnissen leben müsse – letzteres eventuell mit bestimmter Absicht stark stilisiert. Er bezeichnet sich möglicherweise selbst als «Bayer» (*Parzival* 121,7: «wir Beier», was aber auch als Einbeziehung eines bayerischen Publikums gedeutet werden kann) und verweist darauf, daß er mit dem Waffenhandwerk zu tun habe (*Parzival* 115,12: «schildes ambet ist min art»). Dennoch sind, bei sorgfältiger Interpretation dieser Stellen, seine genaue Herkunft und seine ständische Zugehörigkeit nicht gesichert. Das spätere Mittelalter sah in ihm einen fränkischen Adligen, der aus der Familie der Herren von Eschenbach (früher: Ober-Eschenbach, heute: Wolframs-Eschenbach) stammte, und dort wurde dann auch sein Grab gezeigt. Der Wahrheitsgehalt dieser Zuweisungen ist allerdings umstritten.

Nach Ausweis seines Werks war Wolfram in der Literatur seiner Zeit gut bewandert; ob und wieweit er das Französische beherrschte, ist nicht genau geklärt. Allgemein nimmt man heute an, daß er keine geistliche Ausbildung besaß, also – im Gegensatz zu Hartmann und Gottfried – nicht Latein konnte. In diese Richtung ist wahrscheinlich seine vieldiskutierte Aussage zu interpretieren, «ine kan decheinen buochstap» (ich verstehe nichts von den Buchstaben; vgl. *Willehalm* 2,19 ff); daß er Analphabet gewesen sei, läßt sich daraus nicht mit Sicherheit herauslesen. Möglicherweise arbeitete er mit einem oder mehreren Schreibern zusammen, denen er diktierte und die ihm auch vorlasen, und vielleicht erhielt er viele Informationen mündlich. Ob die Tatsache, daß der *Parzival* (ab Buch V) und der *Willehalm* zu einer Gliederung in Abschnitte von jeweils 30 Versen (die sog. Dreißiger) tendieren, mit Besonderheiten der Arbeitsweise zusammenhängt, ist unklar.

Stil

Wolfram erweist sich in allen seinen Werken als ein Vertreter des sogenannten geblümten und dunklen Stils, und mit Sicherheit ist er es, gegen den sich die diesbezügliche Polemik Gottfrieds (*Tristan*, V. 4638 ff) richtet, welcher ein entgegengesetztes poetisches Ideal vertrat. Wolfram bevorzugt ungewöhnliche Wörter, Wortspiele, gesuchte Bilder und schwierige Vergleiche. Seine Verse sind abwechslungsreich, sie können elegant oder ganz im Gegenteil von gewalttätiger Stachligkeit sein. Auffällig sind die häufigen Enjambements, die immer wieder zu interessanten Spannungen zwischen Syntax und Versmaß führen. Eine weitere Besonderheit ist die schon erwähnte ständige Einbeziehung seiner eigenen Person als Erzähler.

Datierung

Da Wolfram nirgendwo urkundlich erwähnt ist, müssen seine mutmaßliche Lebenszeit sowie die Datierung seiner Werke aus den Texten erschlossen werden. Der *Parzival* enthält Anspielungen auf Ereignisse der Jahre 1203 und 1204, der *Willehalm* auf solche von 1209 und 1217; keinerlei solche Hinweise finden sich in den Liedern und im *Titurel*. Man vermutet, daß der *Parzival* im ersten Jahrzehnt des 13. Jahrhunderts, der *Willehalm* im folgenden Jahrzehnt entstanden ist; der *Titurel* setzt den *Parzival* voraus, ist aber sonst – wie die Lieder – nicht genauer datierbar. Die Lebenszeit Wolframs läßt sich aus diesen spärlichen Hinweisen nur vermutungsweise erschließen, wobei folgenreich ist, ob man ihn sich als ‹frühberufenen› oder ‹späten› Autor vorstellt beziehungsweise ob man den Fragmentcharakter des *Titurel* und *Willehalm* mit dem Tod des Dichters erklärt.

Lieder

Neun Liedtexte sind unter Wolframs Namen beziehungsweise im Anhang zum *Parzival* überliefert; Melodien sind nicht erhalten und ließen sich bis heute (z. B. mit den Mitteln der Kontrafaktur-Forschung) auch nicht erschließen. In welchem zeitlichen Verhältnis sie untereinander und zu seinen Epen stehen, darüber kann man nur spekulieren; zu warnen ist in jedem Fall vor einem allzu platten Entwicklungsdenken.

Vier Texte sind Tagelieder; sie gehören nicht nur zu den ältesten überlieferten im Mittelhochdeutschen, sondern sie stellen auch qualitativ herausragende Beispiele dieses Genres dar (nur Oswald von Wolkenstein, 1376/78 bis 1445, kann im Deutschen mit Wolfram als Tagelied-Autor noch verglichen werden). Es handelt sich hierbei um erzählende Lieder, die in Bericht und direkter Rede den frühmorgendlichen Abschied eines Liebespaares (Ritter und Dame) nach einer heimlich verbrachten Liebesnacht darstellen; als dritte Person erscheint die Figur des morgenkündenden und warnenden Wächters. Lieder gleichen Inhaltes gibt es auch im Okzitanischen (*alba* = ‹Morgengrauen›, so bereits im Mittelalter benannt nach einem häufigen Refrainwort dieser Lieder), ferner im Nordfranzösischen; doch ist das genaue zeitliche Verhältnis dieser romanischen Gattung zu Wolfram nicht genau geklärt. Auch ist unsicher, ob es vor Wolfram im Mittelhochdeutschen außer den beiden Tageliedern des Dietmar von Aist (Mitte 12. Jh.) und des Heinrich von Morungen (gest. wohl 1222) noch mehr gegeben hat (worauf verschiedene Tagelied-Anspielungen hindeuten könnten).

Wolframs Tagelieder sind von höchster Anschaulichkeit und Bildhaftigkeit, und sie stellen den Abschied der beiden Liebenden geradezu als existentielle Grenzsituation dar: Das durch Trauer und Klage geprägte Scheiden, erzwungen durch die lebensbedrohende Gefahr des Entdecktwerdens, ist gleichzeitig der Moment höchster erotischer Erfüllung. In verschiedenen Variationen stellt Wolfram dabei die Rolle des Wächters dar, und in einem fünften *Tagelied* kontrastiert er die Heimlichkeit solcher illegitimer Verhältnisse offenbar parodistisch mit der demgegenüber gefahrlosen Erotik innerhalb der Ehe.

Parzival

«*Parzival* is the retelling and ending by one genius, Wolfram von Eschenbach, of the unfinished romance of another, the *Perceval* of Chrétien de Troyes»: So charakterisiert der hinsichtlich nationaler Voreingenommenheit gewiß unverdächtige britische Germanist Arthur T. Hatto im Vorwort zu seiner englischen Übersetzung (1980) Wolframs Roman. Und wenn die Anzahl der erhaltenen Handschriften etwas über damalige Beliebtheit und Erfolg aussagt, dann war der *Parzival* mit fast 90 Manuskripten das erfolgreichste höfische Epos des deutschen Mittelalters.

Vorlage für Wolfram war das wahrscheinlich letzte Werk Chrétiens de Troyes (vor 1150 bis um 1190), *Perceval* beziehungsweise *Li contes del graal* (um 1180), verfaßt im Auftrag des Grafen Philipp von Flandern (gest. 1191). Der aus welchen Gründen auch immer unvollendet gebliebene Roman umfaßt etwas mehr als 9200 Verse. Er erzählt die Geschichte der beiden Helden Perceval und Gauvain (= Gawan) bis zum Gespräch mit dem Einsiedler (bei Wolfram: Trevrizent) beziehungsweise bis zum Kampf mit Guiromelant (= Gramoflanz), das heißt, der bis dahin erfolgte Gang der Handlung entspricht Wolframs «Büchern» III–XIII/ Mitte. Chrétiens offenbar erfolgreiches Werk, das keine deutlichen Hinweise über den weiteren Verlauf der Geschichte enthält, erfuhr während des 13. Jahrhunderts im Französischen vier Fortsetzungen und wurde mehrfach in anderen Sprachen nacherzählt. Es zeichnet sich aus durch eine meisterhafte Erzählweise, die hohe Anschaulichkeit mit strenger Funktionalität verbindet, und es ist daher kein Zufall, daß es möglich war, diesen Text als Drehbuch für einen eindrucksvollen Film (Eric Rohmer: *Perceval le Gallois*, Frankreich 1979) zu verwenden, also Chrétiens Text wortwörtlich zu verfilmen.

Als um etwa 1200 ein heute unbekannter Mäzen den Auftrag erteilte und wohl auch die materiellen Voraussetzungen für eine so große Aufgabe bereitstellte, Chrétiens Romanfragment auf deutsch nachzuerzählen und zu vollenden, konnte er/sie nicht ahnen, daß dieses Werk einmal alles bis dahin Bekannte hinsichtlich Umfang, Gehalt und Bedeutung in den Schatten stellen sollte. Wolframs Roman, der im Verlauf vieler Jahre in einem sicherlich komplizierten Schöpfungsprozeß entstand, machte aus den circa 9200 Versen Chrétiens fast 18000 (wobei den paargereimten französischen Acht-/Neunsilblern im Deutschen paargereimte Vierheber entsprechen). Er erzählte die Geschichte ausführlich zu Ende und fügte eine umfangreiche Vorgeschichte sowie abschließend sogar einen Ausblick auf die nächstfolgende Generation hinzu. Mit fast 25000 Versen war der fertige Roman der bei weitem längste, den man bis dahin auf deutsch kannte. Als Hauptquelle nennt Wolfram allerdings nicht Chrétien (den er als ‹unrechten› Erzähler der Geschichte tadelt), sondern einen gewissen Kyot aus der Provence; bis heute ist heftig umstritten, ob Wolfram hier das Opfer einer Verwechslung geworden ist oder ob er – mir wahrscheinlicher – ein bewußtes Verwirrspiel mit dem mittelalterlichen Topos der Quellenberufung durchführt. Neben dem *Contes del graal* hatte Wolfram sicher verschiedene Nebenquellen, die er schöpferisch verarbeitete und in so vielfältigen Transformationen in seinen Roman einfügte, daß auch hier die Forschung bis heute zu keinen endgültigen Ergebnissen kommen konnte.

In der groben Handlungsführung folgt Wolfram seiner Vorlage Chrétien; doch verändert er im Großen und Kleinen so vieles, daß sein *Parzival* ein neues und eigenständiges Werk geworden ist und weder eine Nachdichtung im engeren Sinne noch gar eine Übersetzung bildet. Auch bei der Darstellung und Deutung des Grales, der bei Chrétien eine Goldschale ist, ging Wolfram eigene Wege: Sein Gral ist ein geheimnisvoller, wirkungsmächtiger Stein mit göttlicher Herkunft. Bezüge zur Schale des letzten Abendmahles sowie zum Blut Christi, die in der späteren Gralstradition so wichtig wurden, fehlen bei Wolfram. Entweder kannte er sie nicht, oder er lehnte diese Verbindungen (so erstmals in der etwa gleichzeitigen *Estoire dou Graal* des Robert de Boron, gest. um 1212) ab.

Wolframs Roman hat, wie auch seine Vorlage und anders als die sonstigen höfischen Romane, zwei Haupthelden, die bei ihm Parzival (gemäß der Schreibung in den Handschriften mit z/c und v/f wohl auszusprechen als /Parzifal/) und Gawan heißen. Es gibt zwei räumliche Zentren (den Hof des Königs Artus und die Welt des Grals); als dritten Handlungsraum fügt Wolfram die kulturell gleichberechtigte, wenn nicht sogar überlegene Welt des Orients ein. Insgesamt spielt der Roman in einer märchenhaften Fantasy-Welt, in welche die geographische und gelegentlich auch politische Realität Europas und des Orients in vielfachen Brechungen hineingespiegelt ist; von ebenso raffinierter Unbestimmtheit und Mischung ist die Zeit, in der die Handlung abrollt.

Im Gegensatz zu Chrétien, dessen Geschichte auf sehr sinnhafte und bedeutungsvolle Weise von Einzelpersonen handelt, die oft stark typisiert sind und dementsprechend keinen individuellen Namen haben, stellt Wolfram einen riesigen Kosmos, eine ganze Welt dar: Sein Roman umfaßt drei Generationen (und geht in erläuternden Rückblicken weit in die erzählte Vergangenheit zurück). Er erzählt von zahlreichen Personen, deren viele eine mehr oder minder ausgeprägte Individualität, zumindest aber ihre eigene ‹Geschichte› haben. Ein Großteil von ihnen ist auf komplizierteste Weise durch Blutsverwandtschaft, Verschwägerung oder ‹politische› Beziehungen miteinander verbunden. Der genealogischen Strukturierung entspricht ein bis ins letzte durchdachter Zeitplan, in dessen Rahmen sich die Erzählung entwickelt und den man, wie vor allem Wolfgang Mohr herausgearbeitet hat, tatsächlich bis auf Jahr und Tag nachrechnen kann [579].

Von vergleichbarer Kompliziertheit und Raffiniertheit ist die Erzählweise: Der Erzähler (also wahrscheinlich Wolfram selbst) berichtet nicht direkt und ohne Distanzierung, sondern er mischt sich ständig kommentierend, reflektierend und ironisierend in die Geschichte ein und unterhält sich mit dem Publikum über das Erzählte. Außerdem zwingt er dieses zum ständigen Mitdenken, und zwar durch eine Erzählweise, die man als ‹Technik der allmählichen Enthüllung› bezeichnen kann. Die Vorgehensweise ist mitunter durchaus einem modernen Kriminalroman vergleichbar. In den gleichen Zusammenhang gehören auch die vielen gesuchten Metaphern und Gleichnisse, die oft ans Groteske und Bizarre grenzen und immer wieder den Charakter von Ratespielen annehmen, bei denen das Publikum mitmachen muß, wenn es der Erzählung in allen Einzelheiten folgen will.

Auf welche Weise Wolframs Text dem Publikum vermittelt wurde, ist umstritten: Anfangs, so wohl auch durch Wolfram selbst, vermittels mündlichen Vortrags und/oder Vorlesens, daneben sehr bald aber wohl auch durch ‹private› Lektüre aus einem Manuskript. Die gelegentlich angestellte Vermutung, daß auch ein Versepos wie der *Parzival* mit Gesangsstimme vorgetragen wurde (wie die strophische Sangvers-Epik, also vorwiegend die Heldenepen), ist höchstwahrscheinlich unrichtig. Doch sind die genauen Umstände der Vermittlung nicht bekannt.

Wolfram selbst hat sein Werk deutlich in größere Abschnitte gegliedert, welche möglicherweise Vortragseinheiten oder Leseabschnitte darstellen (entfernt vergleichbar den allerdings zumeist kürzeren ‹Aventiuren› der Heldenepik). Karl Lachmann, der Herausgeber der bis heute maßgeblichen Edition (1833), teilte den Gesamttext, an diesen Gliederungssignalen und an der Initialensetzung der St.Galler Handschrift 857 sich orientierend, in 16 «Bücher». Inwieweit dies Wolframs Intentionen entspricht, ist umstritten, doch hat sich Lachmanns Bucheinteilung im Sinne einer modernen Lesehilfe durchaus bewährt.

Auch eine ausführliche Nacherzählung des *Parzival* würde einen nur ungenügenden Eindruck seiner Vielfalt und Mehrschichtigkeit geben. Das Skelett der Handlung ist folgendes: Buch 1/2 erzählen von Gahmuret, seinen beiden Ehen (mit der Mohrenkönigin Belacane und mit Herzeloyde) und den beiden Söhnen (dem ‹gescheckten› Feirefiz und Parzival). Nach dem frühen Tod Gahmurets läßt die aus ihren Ländern verdrängte Witwe Herzeloyde ihren Sohn Parzival fern von der Welt erziehen. Doch dieser erzwingt von ihr den Ausritt auf Ritterschaft und verursacht dadurch unwissentlich ihren Tod. Vor dem Lager des Königs Artus, wo man ihn nicht für voll nimmt, tötet Parzival auf unritterliche Weise, nämlich mit einem Jagdspieß, den roten Ritter Ither (einen Verwandten, wie sich später herausstellt). Durch Gurnemanz bekommt er eine ritterliche Ausbildung (3). Er befreit die belagerte Fürstin Condwiramurs, verläßt sie aber nach der Heirat (und – wie sein Vater – vor der Geburt des ersten Kindes), um seine Mutter zu suchen (4). Auf einer geheimnisvollen Burg sieht er seltsame Zeremonien und die Leiden des Burgherren (d. h. des Gralskönigs Anfortas), unterläßt aber die von ihm erwartete Mitleidsfrage (5). Nachdem er ehrenvoll in König Artus Tafelrunde aufgenommen wurde, verflucht ihn dort die Gralsbotin Cundrie wegen der unterlassenen Frage und fordert außerdem die Artusritter auf, die gefangenen Damen auf Schastel Marveile zu befreien; gleichzeitig beschuldigt Landgraf Kingrimursel den edelsten Artusritter Gawan einer Untat. Parzival sagt Gott zürnend den Dienst auf; beide Ritter brechen vom Hof auf (6). Jetzt spaltet sich die Erzählung: Gawan bewährt sich bei zwei Minne-Affären als Ritter und Gentleman erster Güte; sein Zweikampf mit Kingrimursel wird verschoben (7, 8). Parzival, auf seiner Gralssuche sozusagen außer Raum und Zeit, trifft an einem Karfreitag den Einsiedler Trevrizent: Dieser (wie man dann erfährt: der Bruder des Anfortas und Onkel Parzivals) klärt ihn in einem langen Gespräch, dem Höhe- und Mittelpunkt des Romans, über alle Verfehlungen und Zusammenhänge auf, tröstet ihn, gibt ihm aber wenig Hoffnung auf eine zweite Chance beim Gral (9). Gawan verfällt der scheinbar launischen Herzogin Orgeluse, befreit die gefangenen Damen von Schastel Marveile (darunter seine Mutter und Schwester sowie die Mutter von Artus) und gewinnt durch den Kampf gegen Orgeluses Feind, den Superritter Gramoflanz, deren Liebe (10, 11, 12). Die geheimnisvolle Geschichte des Zauberschlosses wird geklärt; Gawan ruft König Artus und dessen Hof herbei und bereitet insgeheim ein großes Versöhnungsfest vor (13). Vor dem Lager kämpfen Gawan und Parzival versehentlich miteinander, und nur ein Zufall verhindert, daß Parzival den nicht erkannten Freund erschlägt. Parzival wird feierlich wieder am Artushof aufgenommen, und die diplomatische Lösung aller Konflikte wird durch eine Reihe von Hochzeiten besiegelt (14). Nochmals trifft Parzival auf einen unbekannten Gegner, von dem er aber durch Gottes Einwirken besiegt wird: Es ist sein gescheckter Halbbruder Feirefiz, auf der Suche nach seinem Vater. Cundrie erscheint am Artushof und verkündet die Berufung Parzivals zum Gralskönig (15). Dieser reitet zusammen mit Feirefiz auf die Gralsburg und stellt die erlösende Frage. Dorthin kommt jetzt auch seine Frau Condwiramurs, und er sieht erstmals seine Zwillingssöhne Kardeiz und Loherangrin. Es gibt ein großes Fest. Feirefiz läßt sich (in einer recht unernsten Szene) taufen, um die Gralsträgerin Repanse de Schoye heiraten zu können, und er kehrt mit ihr nach Indien zurück. Ihr Sohn ist der Priesterkönig Johannes. Parzivals zweitgeborener Sohn Loherangrin wird Gralsritter, befreit die unschuldig verklagte Fürstin von Antwerpen aus großer Not, muß sie aber, wieder wegen eines Verstoßes gegen eine Frageregel (jetzt eines Frageverbots), verlassen. Und mit diesem Ausblick auf die dritte Generation endet der Roman (16).

Wiewohl der *Parzival* noch heute eine spannende Lektüre darstellt und obwohl sein damaliger Unterhaltungsfaktor nicht unterschätzt werden darf, hat die Forschung intensiv danach gefragt, welche Bedeutungen und Anliegen unter der Oberfläche der abenteuerreichen und märchenhaften Erzählung liegen. Wie andere große Werke der Weltliteratur hat sich aber auch der *Parzival* einer einsinnigen, monokausalen Deutung entzogen und hat so seine Polyvalenz und Vielschichtigkeit, die Merkmale höchster künstlerischer Qualität, überzeugend unter Beweis gestellt.

Für die Zeitgenossen Wolframs, unter den bürgerkriegsähnlichen Auseinandersetzungen zwischen den Gegenkönigen Philipp von Schwaben und Otto IV. leidend, hatte das ritterlich-höfische Riesenmärchen einerseits utopischen Charakter, enthielt aber auch viele kleine Anspielungen auf damals aktuelle Probleme. Es verlor, wie die reiche handschriftliche Überlieferung, lobende Erwähnungen bei anderen Autoren, bearbeitende Weiterverwendungen (*Lohengrin*, um 1283/89; *Der Nüwe Parzifal*; Ulrich Füetrer) sowie verschiedenartige Anspielungen deutlich beweisen, seine Anziehungskraft auch im späteren Mittelalter nicht. Neben dem *Jüngeren Titurel* ist der *Parzival* das einzige höfische Epos, das in seiner originalen Versform den Sprung in die neue Zeit des Buchdrucks schaffte (Straßburg 1477: Johannes Mentelin).

Die moderne Wiederentdeckung begann mit Bodmers Hexameter-Übersetzung einzelner Passagen (1753) sowie Christian Heinrich Myllers Textabdruck von 1784. Durch Karl Lachmanns Ausgabe von 1833 sowie insbesondere die Übersetzungen von San-Marte (1836) und Karl Simrock (1842) erhielt zumindest der Parzival- und Gralsstoff wieder einen gewissen Bekanntheitsgrad. Die spätere schöpferische Rezeption konzentrierte sich weitgehend auf die Bereiche Gral und Parzivals Gottessuche und vernachlässigte das arthurische Element sowie den zweiten Haupthelden (Gawan) fast gänzlich. Dies gilt auch für Richard Wagners «Bühnenweihfestspiel» *Parsifal* (1882), in dem Wolframs großer Roman zu einem pseudoreligiösen Lehrstück mit völlig anderer Bedeutung uminterpretiert wurde; Wagner hat damit die Rezeption des Wolframschen *Parzival* in dominierender Weise verändert. Verschiedene spätere Übersetzungen und einige Fälle intensiver schöpferischer Rezeption bezeugen die ungebrochene Faszination von Wolframs Roman und dies speziell in letzter Zeit; als Beispiele seien genannt die Übersetzungen von Wolfgang Mohr (1976) und Wolfgang Spiewok (1977), die TV-Verfilmung durch Richard

Blank (1980), die theatralischen Neufassungen durch das «Werkhaus Moosach» (*Der Fall Partzifall*, 1978), durch Nathalie Harder (Puppentheater: 1982) und insbesondere durch Tankred Dorst (*Merlin*, 1980), schließlich die eindrucksvolle *Queste* (Suche) von Dieter Kühn nach Wolfram und seinem Werk (1986), die eine weitgehend vollständige Übersetzung des *Parzival* sowie zahlreiche Proben aus den anderen Werken enthält.

Die im Verlauf des 19. und 20. Jahrhunderts entstandene Forschungsliteratur zum *Parzival* ist kaum überschaubar. Intensiv untersucht und diskutiert wurden: Wolframs Quellen; seine besondere Darstellung des Grals; biographische Bezüge; grammatische, metrische und stilistische Einzelfragen sowie der geistesgeschichtliche und weltanschauliche Gehalt. Nach dem Zweiten Weltkrieg konzentrierte sich vor allem die deutsche Germanistik, aus im nachhinein leicht einsichtigen Gründen, auf das Problem von Parzivals Schuld und auf den religiösen Gehalt, ohne daß man aber zu eindeutigen Lösungen gelangt wäre. Später standen Fragen der Struktur und der Erzähltechnik im Mittelpunkt. Auch auf den archetypischen Gehalt des Werks, die vielfältigen Darstellungen von Individuen und deren Schicksalen sowie die fast kompendienhafte Vorführung aller Varianten von Partnerbeziehungen wurde hingewiesen. Für eine Gesamtdeutung des Werks gibt es nach meiner Auffassung keinen anderen Weg, als die Erkenntnisse aller dieser Diskussionen zu bündeln und als Interpretationsangebote für ein letztlich inkommensurables Werk zu betrachten. Innerhalb der deutschsprachigen Literatur ist der *Parzival* hinsichtlich seiner Kombination von Einzelschicksalen und Welthaltigkeit, von ereignisreicher Bilderfülle und Symbolgehalt, von märchenhafter Utopie und zeitgeschichtlichem Gehalt nur mit Goethes *Faust* vergleichbar.

Titurel

Die beiden *Titurel*-Fragmente, gemäß mittelalterlichem Brauch heute so benannt nach dem ersten dort vorkommenden Personennamen, sind in drei Handschriften separat (d. h. als Fragmente), in zahlreichen weiteren Handschriften als Teil des sogenannten *Jüngeren Titurel* (vor 1300) überliefert. Die von Lachmann (1833), mit unberechtigter Polemik gegen A. W. Schlegel (1811) formulierte Meinung, daß nur die beiden Fragmente von Wolfram stammen, nicht aber der *Jüngere Titurel* (und seien es auch nur Teile davon bzw. der Bauplan), besitzt bis heute kanonische Gültigkeit. Gemäß den Überlegungen von Rüdiger Krüger (1986) wäre dieser gesamte Komplex aber noch einmal einer Überprüfung wert.

Die *Titurel*-Fragmente setzen den *Parzival* voraus (weitere Quellen sind bis heute nicht bekannt): In den zwei nicht zusammenhängenden Stücken wird, unter vielfältigen Hinweisen auf Ereignisse der *Parzival*-Handlung, von der Liebe zwischen Sigune und Schionatulander erzählt. Der tragische Ausgang, nämlich der Tod Schionatulanders in Erfüllung einer sinnlos-launenhaften Aufgabe, die ihm Sigune stellt, die Trauer Sigunes und ihr Tod als ‹Minne-Heilige› waren aus dem *Parzival* bekannt. Akzeptiert man Lachmanns Feststellung, dann erhebt sich die Frage, warum Wolfram den *Titurel* nicht weitergedichtet hat. Mögliche Antworten sind, daß dies durch äußere Ereignisse (Tod des Autors?) erzwungen wurde oder aber daß es mit den formalen und inhaltlichen Eigenarten des Werks zusammenhängt. Wolfram verwendet für den *Titurel* nämlich nicht den üblichen, paargereimten Vierheber-Vers der höfischen Epik, sondern sangbare Strophen (mit einer von ihm selbst geschaffenen, sehr variationsfähigen metrisch-musikalischen Form), wie sie in der Heldenepik üblich waren. (Zur Sangbarkeit und Musik vgl. S. 160–163.) Dies führte zu einer anderen, durch die unterschiedlich langen Verse und durch die ständig wiederkehrenden Strophengrenzen bedingten Art des Erzählens. Viele aus dem *Parzival* bekannte Stileigenheiten Wolframs wiederholen sich hier, teilweise noch verstärkt, doch fehlt die dort so auffällige subjektive Erzählweise weitgehend. Es gibt die Vermutungen, Wolfram habe das Formexperiment als unbefriedigend abgebrochen, oder aber die «vom Tod her erzählte» [496] Liebesgeschichte, die geprägt ist durch eine geradezu zwanghafte Entwicklung in den Untergang, habe sich für ihn oder seinen Gönner als zu düster, als zu wenig tragfähig erwiesen. Allerdings zeigt die mittelalterliche Rezeptionsgeschichte etwas durchaus Gegenteiliges: Unter bis heute nicht geklärten Umständen entstand eine riesenhafte Ergänzung und Vollendung, die in der überlieferten Version anfangs als Werk Wolframs deklariert ist, als deren Verfasser sich dann aber ein mutmaßlich bayrischer Autor namens Albrecht nennt [vgl. 534a]. Dieser vor 1300 fertiggestellte sogenannte *Jüngere Titurel*, der mehr als 6000 Strophen (ca. 50000 Verse!) umfaßt, wurde einer der großen literarischen Erfolge des späten Mittelalters («Das haubt ab teutschen puechen»: so der Literaturkenner Püterich von Reichertshausen im 15. Jahrhundert). Der Text wurde 1477, ebenso wie der *Parzival*, sogar gedruckt (beides durch Johannes Mentelin, Straßburg). Auch die Form, nämlich die komplizierte Titurel-Strophe, erlangte beträchtliche Beliebtheit. Wolframs Autorschaft am *Jüngeren Titurel* wurde damals nicht bezweifelt, ja sie trug sogar zu seinem Ruf im späten Mittelalter bei. Erst das frühe 19. Jahrhundert, insbesondere Lachmann, brachten hier, wie bereits erwähnt, eine andere Einschätzung. Auf die von der Forschung völlig vernachlässigte musikalische Komponente verwies der vielbeachtete Aufführungsversuch von Reinhold Wiedenmann / Osvaldo Parisi (1986).

Willehalm

Wie der *Parzival* und der *Titurel* gehörte der *Willehalm* (zur Datierung vgl. S. 238), nach Ausweis der Überlieferung (12 vollständige, 58 fragmentarische Handschriften), zu den erfolgreichsten und beliebtesten

Romanen des deutschen Mittelalters. Demgegenüber hat er, trotz seines leicht aktualisierbaren Inhalts, in der Neuzeit keinerlei schöpferische Rezeption erfahren. Auch in der Forschung stand er lange Zeit und steht er auch jetzt wieder im Schatten des *Parzival*.

Die stoffliche Vorlage stammt wieder aus Frankreich. Es ist das Epos *Aliscans* (zweite Hälfte 12. Jh.), Teil des großen Zyklus von Heldenepen (*chansons de geste*) um Graf Guillaume d'Orange und dessen Familie. Zugrunde lagen dort die historische Figur des Grafen Wilhelm von Toulouse (gest. 812/813) und dessen Kämpfe gegen die aus Spanien vordringenden Araber, allerdings, wie bei Heldenepen durchaus üblich, in vielfältiger Brechung und Umformung. Die Bekanntschaft mit dem französischen Werk und den Auftrag zu seiner eigenen Dichtung erhielt Wolfram nach eigener Aussage von Landgraf Hermann I. (gest. 1217).

Obwohl die genaue Version von *Aliscans*, die Wolfram verwendete, offenkundig nicht überliefert ist, kann man doch eindeutig feststellen, daß er der Vorlage im Handlungsverlauf weitgehend folgt, die beiden Hauptfiguren Willehalm und Gyburg auf Kosten anderer Personen aber stark herausstellt und insgesamt die Aussage der Geschichte in so hohem Maße anders akzentuiert, daß auch hier wiederum keine bloße Nachdichtung, sondern ein eigenständiges Werk entstanden ist. Wie im Falle der *Chanson de Roland* (um 1100), die vom Pfaffen Konrad (um 1170) auf deutsch neugestaltet worden war, übernahm Wolfram die metrische Form der Vorlage nicht (assonierende Laissen-Strophen, sangbar), sondern er verwendete statt dessen den für die höfische Epik üblichen paargereimten Vierheber-Vers.

Wie den *Parzival*, so hat der erste Herausgeber Karl Lachmann (1833) auch den *Willehalm*, der sehr viel weniger deutliche Abschnittssignale enthält, in Bücher eingeteilt, wobei er sich wiederum an den Initialen der St. Galler Handschrift orientierte. Nach dieser Einteilung rahmen die Bücher 1/2 und 7 bis 9, die jeweils große Schlachten darstellen, einen hinsichtlich der Handlungsorte symmetrisch strukturierten mittleren Teil. Die nur ganz kurz angedeutete Vorgeschichte setzt voraus, daß Markgraf Willehalm von Orange, erfolgreicher Kämpfer gegen die spanischen Araber, Arabel, die Gattin des Araberkönigs Tybalt, entführt und geheiratet hatte. Arabel, getauft auf den Namen Gyburg, bildet sowohl den ersten Anlaß für den folgenden Krieg als auch die Klammer zwischen den beiden kämpfenden Parteien: Auf der einen Seite stehen ihr ehemaliger, muslimischer Ehemann Tybalt sowie ihr Vater Terramer, der oberste Herrscher der Araber (mhd. «die heiden», d. h. diejenigen, die weder Christen noch Juden sind, und was mit nhd. ‹Heiden› nicht zutreffend übersetzt ist), auf der anderen Seite ihr christlicher Gatte Willehalm.

Buch 1/2 erzählen vom Kampf zwischen dem in die Provence eingefallenen muslimischen Heer auf dem Feld Alischanz, der totalen Niederlage der Christen, dem märtyrerähnlichen Tod von Vivianz, Willehalms Neffen. Als einziger entkommt Willehalm in seine Residenz Orange; er läßt Gyburg als Verteidigerin der Stadt zurück und sucht Hilfe beim französischen König. Über Orlens (Orléans) kommt Willehalm nach Munleun (Laon) an den königlichen Hof. Der schwache und zögernde König Loys, verheiratet mit Willehalms Schwester, entschließt sich nur nach einem Zornausbruch Willehalms und unter massivem Druck von dessen Familie zur Hilfe. Zum Reichsheer gehört auch der riesenhafte Rennewart, ein als Koch verwendeter junger Muslim, in Wirklichkeit (wie sich später herausstellt) ein Sohn Terramers und damit Gyburgs Bruder (3/4). Willehalm gelingt es, das belagerte Orange und Gyburg aus höchster Bedrängnis zu retten. Zur Hilfe eilen jetzt auch Willehalms Verwandte (5). Im ausführlichen Kriegsrat zu Orange erklärt Willehalm den Gegnern den Kreuzzug; Gyburg appelliert in einer großen Rede an die christlichen Fürsten, im Falle eines Sieges die Gegner als «gotes hantgetat» (‹Gottes Geschöpfe›) zu schonen (6). Die beiden riesigen Heere marschieren auf; Rennewart prügelt dabei das widerstrebende französische Reichsheer aufs Schlachtfeld zurück (7). In der gewaltigen zweiten Schlacht auf Alischanz haben zuerst die Muslime die Oberhand (8), doch dann sorgt Rennewart mit seiner mächtigen Waffe, einer Stange, für den Umschwung. Die Christen siegen, aber Rennewart ist in der Schlacht verschollen. Willehalm setzt eine versöhnliche Geste, indem er die toten Araberfürsten aufbahren und einbalsamieren läßt. Er übergibt sie dem Araberkönig Matribleiz und sendet ihn mit einer Botschaft zu dem übers Meer entkommenden Terramer. Mit der Abreise des Matribleiz endet der Roman (9). Die Vorlage hatte anschließend von der Taufe des siegreichen Rennewart und seiner Verheiratung mit der französischen Königstocher Alyze berichtet und die Voraussetzung für eine ganze Kette weiterer Kämpfe zwischen Christen und Muslimen gelegt (diese wurden in den inhaltlich folgenden Teilen des Epen-Zyklus erzählt).

Die *Aliscans*-Geste und der gesamte Guillaume-Zyklus stellen, ebenso wie die *Chanson de Roland*, den Kampf zwischen Franzosen und Christen einerseits sowie Arabern und Muslimen andererseits in starker Schwarzweißmanier als eine fast endlose Reihe von nationalen Kämpfen gegen Eindringlinge und moralisch-religiös eindeutig unterlegene, ja minderwertige Andersgläubige dar. Das entsprach der gängigen Kreuzzugsideologie der Zeit. Das mittelhochdeutsche *Rolandslied* hatte den Charakter des Glaubenskriegs noch verstärkt und an Stelle des nationalfranzösischen Elementes (des Kampfs für die «douce France») den Krieg des übernationalen Reichs Karls des Großen gesetzt. Bei alledem akzentuiert Wolfram deutlich anders. Auch er geht von der religiösen Überlegenheit des Christentums aus; doch betont er gleichzeitig, daß die Gegenseite durchaus ihre gerechten Ansprüche hat und aus menschlichen Brüdern («gotes hantgetat») besteht. Ihr höchster Wert ist nicht der christliche Gott, sondern die ‹Minne›, ein auch von den christlichen Rittern akzeptiertes Prinzip. Das bereits im *Parzival* wichtige Motiv des Kriegs zwischen Verwandten, Freunden und (Halb)brüdern wird im *Willehalm* dominierend: Gyburg, durch welche die gegnerischen Parteien ja tatsächlich verwandtschaftlich verbunden sind und mit der Wolfram eine schlechterdings faszinierende Frauengestalt geschaffen hat, erinnert in ihrer eindringlichen Rede an die Gotteskindschaft aller Menschen. In einer kurzen Zwischenrede (450,15ff), nach der zweiten Schlacht, sagt der Erzähler ausdrücklich, daß es eine große Sünde sei, die Andersgläubigen («die nie toufes künde/empfiengen») wie ‹Vieh› abzuschlachten; auch sie seien Gottes Geschöpfe, ebenso wie die Getauften! Das ist nicht gleichzusetzen mit der Toleranz, ja der religiösen Indifferenz der Aufklärung (etwa in Lessings *Nathan der Weise*, gleichfalls ein Stück mit Kreuzzugsthematik), sondern hier äußert sich eine radikal und grundsätzlich verstandene christliche Nächstenliebe, zu Wolframs Zeiten nur mit den Gedanken des Franz von Assisi vergleichbar. Der Verlauf der Erzählung zeigt aber mit grausamer Deutlichkeit, daß solche christlichen Überzeugungen in der Realität kaum realisierbar sind, daß das christliche Tötungsverbot und das Recht auf Notwehr, daß Nächstenliebe und ‹gerechter Krieg› (Augustins «bellum Deo auctore») in schroffer Unvereinbarkeit gegeneinanderstehen. Unter einem – zugegeben sehr modernen – Gesichtspunkt läßt sich Wolframs *Willehalm* als christliche Problemdichtung zum Thema ‹Krieg› verstehen und aktualisieren.

Die neue Einschätzung des andersgläubigen Gegners hat bei Wolfram auch darstellerische Konsequenzen: Er erzählt sowohl aus der Perspektive der Christen wie der Muslime, und als erstem Erzähler der Weltliteratur gelingt ihm das schwierige Kunststück, gleichzeitige, zum Beispiel auf den beiden Gegenseiten abrollende Ereignisse erzähltechnisch adäquat darzustellen. (In Ansätzen hatte Wolfram das bereits im verschachtelten Ineinander der Gawan- und Parzival-Handlung vorgeführt, mit Gawan im Vordergrund, Parzival im stets gegenwärtigen Hintergrund.) Insbesondere der als Massenschlacht dargestellte zweite Kampf auf Alischanz ist ein Meisterstück (dem erst Stendhal und Tolstoi Gleichrangiges an die Seite stellen werden).

Gattungsmäßig kombiniert Wolfram Elemente des Heldenepos, des höfischen Romans und der Heiligenlegende. Die Gesamtdeutung hängt wesentlich davon ab, wie man sich zu der wohl unlösbaren Frage nach dem ‹Schluß› von Wolframs Werk stellt. War dieser Schluß durch äußere Umstände erzwungen und damit zufällig? Oder war er ein bewußtes ‹Notdach› für ein Werk, das der Erzähler nicht mehr gemäß der Stofftradition weiter erzählen wollte oder konnte? Oder war von vornherein ein offener Schluß geplant – für ein Werk, dem man dann massive ideologiekritische

Tendenzen zusprechen müßte? In jedem Falle liegt Wolframs *Willehalm* in irritierender Weise verquer zu christlichen Grundüberzeugungen des Mittelalters. Was er im *Parzival* am Beispiel der von ihm erfundenen Figuren der Belacane und vor allem des Feirefiz eher indirekt und bei Feirefiz' Taufe mit hintersinnigem Spott dargestellt hatte, formulierte er im *Willehalm* mit sozusagen ‹heiligem Ernst›.
Die mittelalterliche Rezeption gab auf die Frage nach dem Schluß und dem ‹abweichenden› Gedankengut des *Willehalm* eine eindeutige Antwort. Die Fortsetzung durch Ulrich von Türheim (*Rennewart*, 1240/50) und die von Ulrich von dem Türlin nachgelieferte Vorgeschichte (etwa zwischen 1250 und 1269) deklarierten den *Willehalm* eindeutig als (zufälliges) Fragment. Sie fügten ihn, seinen geistigen Sprengstoff entschärfend, wieder in den festen Rahmen der althergebrachten Schwarzweißideologie ein (was auch durch den sonstigen Überlieferungskontext erhärtet wird). Eine geistige Fortsetzung hat Wolframs *Willehalm* nicht gefunden.

Horst Wenzel
Gottfried von Straßburg

Urkundlich ist Gottfried von Straßburg (spätes 12./frühes 13. Jh.) nicht bezeugt; aber zahlreiche Autoren des 13. Jahrhunderts nennen seinen Namen und lassen keinen Zweifel daran, daß ihn bereits die Zeitgenossen zu den großen Meistern zählten und seinen Roman von Tristan und Isolde zu den großen Erzählungen des Mittelalters. Die Forschung geht davon aus, daß Gottfried *clericus* gewesen ist, nicht unbedingt Geistlicher also, aber doch versehen mit entsprechender Schulbildung, und daß er in Straßburg, im Einflußbereich von Bischofshof, Stadtbürgerschaft und lokalem Adel, für ein Publikum geschrieben hat, das vertraut war mit der Literaturproduktion der großen Höfe. Gottfried selbst nennt im Literaturexkurs (4589ff) Hartmann von Aue (um 1168 bis um 1210), Bligger von Steinach (vor 1152 bis um 1210), Heinrich von Veldeke (vor 1150 bis um 1190), Reinmar den Alten (um 1160 bis nach 1203) und Walther von der Vogelweide (gest. um 1230), er bezieht sich dazu indirekt auf Wolfram von Eschenbach (um 1200) [vgl. 653; 654; 673]. Diese Angaben ermöglichen es, die Entstehungszeit des *Tristan* auf etwa 1200/10 festzulegen.

Das anhaltende Bemühen, die Sonderstellung Gottfrieds, die intellektuelle Komplexität und die formale Sprachkunst seines Werks zu erklären, hat in der jüngsten Forschungsgeschichte vor allem drei Thesen favorisiert: die Adelsthese, die Bürgerthese und die Klerikerthese [643; 548; 607; 516]. Alle diese Thesen sind jedoch nicht zwingend als Versuch, die soziale Situierung von Autor und Werk in der Interpretation des Textes selbst abzubilden. Der *Tristan* ist weder als Bestätigung für einen avancierten aristokratischen Sozialisationstypus noch als Beispiel früher bürgerlicher Rationalität noch als Produkt klerikaler Intellektualität widerspruchsfrei und ganzheitlich zu deuten. Demgegenüber erscheint es aussichtsreicher, im engeren Sinne kommunikationsgeschichtlich zu argumentieren: Durch eine besondere Komplexität der Sprache, der Personenschilderung, der Raum- und Zeitdarstellung ist Gottfrieds Roman abzugrenzen gegen die ältere Literatur, aber auch abzuheben von der Literatur des 19. und 20. Jahrhunderts, die unseren Blick zu stark ausrichtet auf Intentionalität, Kausalität, Ganzheit und Entwicklung.

Vorgeschichte und Hauptgeschichte

In der Feudalgesellschaft ist der einzelne definiert über den Familienzusammenhang. Die Fragen nach dem ‹Wer bin ich› und nach dem ‹Was bin ich› werden mit der Benennung des Vaters und seines gesellschaftlichen Status gleichzeitig beantwortet («Êrec, fil de roi Lac»). Aber auch das ‹Wie bin ich›, das sich der Idee nach aus dem Status zwangsläufig ergibt, ist öffentlich zu demonstrieren und wird gemessen an gesellschaftlich vorformulierten Mustern. Deshalb ist der Status des Vaters auschlaggebend für die gesellschaftlichen Möglichkeiten der Söhne, erzählt der höfische Roman vor der Geschichte seines Helden häufig die Geschichte seiner Eltern und bisweilen auch noch die der Kinder (vgl. *Parzival*). Bei Gottfried geht die Geschichte von Riwalin und Blanscheflur der Erzählung von Tristan und Isolde deutend und spiegelnd voraus. Blanscheflur läßt Riwalin «in ir herze komen» (726) und läßt damit zu, was von den anderen Damen «ir dekeiniu taete» (723). So vereinzelt sie sich allen anderen Mitgliedern des Hofes gegenüber in der Liebe. Die kollektive und die individuelle Reaktion auf Riwalin spalten sich auf. Die besondere Reaktion der Blanscheflur, der Schwester des mächtigen Königs Marke, muß sie notwendig isolieren und zwingt sie zugleich, weil Riwalin nicht ebenbürtig ist, den Schein der Übereinstimmung mit der öffentlichen Meinung so aufrechtzuerhalten, daß ihr kein Nachteil daraus entsteht. So trägt Riwalin im Herzen Blanscheflurs zwar «gewalteclîche ... den cepter und die crône» (722ff); gleichzeitig aber heißt es, daß sie diesen Sachverhalt allen gegenüber zu verbergen wußte (730ff). Die Dimension der Heimlichkeit, die hier einbricht in die Hochstimmung von Markes Maifest, das Mensch und Natur harmonisch vereinigt, gewinnt im weiteren Verlauf der Erzählung zunehmend an Raum und wird zur eigentlichen Dimension des Geschehens zwischen Riwalin und Blanscheflur. Was sie heraushebt aus allen anderen, ist ihre gemeinsame Liebe, ist die «vröude» einer Liebe, die ihnen gleichzeitig das Leid aufnötigt, getrennt zu sein von der Zustimmung aller.

Riwalin wird schwer verwundet; in Angst und Sorge um sein Leben erlistet sich die junge Königin den Zugang zu seinem Krankenlager. In einer Situation der Heimlichkeit, die mit der Negation des gesellschaftlichen Status auch die leibliche Existenz Blanscheflurs zu vernichten droht, wird Tristan gezeugt (1307ff). In Blanscheflurs Empfängnis manifestiert sich augenfällig ihr Versagen vor den Ansprüchen des Hofes und des Königtums: Die Heimlichkeit gewährt ihr zwar ein individuelles, aber doch gesellschaftlich negiertes Glück. Das Todesmotiv im *Tristan* ist deshalb auch ambivalent, ist Negation der Liebenden vor den übermächtigen Ansprüchen der Gesellschaft, doch immer zugleich eine Aussage über die tödliche Gefährdung feudaler Ordnungsprinzipien durch die Liebe. Es ist eine Gefährdung, die in Tristan leibhaftig Gestalt annimmt, denn schon durch die Vorgeschichte seiner Eltern ist Tristans Doppelcharakter angelegt: die Aufspaltung in einen Nahbereich der Heimlichkeit, der sich den fraglos gültigen Normen der höfischen Gesellschaft entgegensetzt, und die Demonstration höfischer Vorbildlichkeit, die sich im Raum der Öffentlichkeit behauptet.

Tod und Wiedergeburt

Gottfrieds *Tristan* ist kein psychologisierender Entwicklungsroman, sondern konstruiert als eine Abfolge von Episoden, die verschiedene Prinzipien der Gliederung erkennen läßt; eines davon ist der Durchgang durch den Tod. Schon Tristans Geburt steht im Zeichen des Todes. Als Kind von Riwalin und Blanscheflur stirbt er, so wird öffentlich verbreitet, zusammen mit seinen Eltern (1827 ff). Die gesellschaftliche Wiedergeburt zeigt ihn neu definiert als Kind des Marschalls Rual und seiner Frau Floraete (1930 ff). Tristan lebt diese Identität, bis sie ihm gegen seinen Willen von Rual wieder genommen wird.

Im Zweikampf mit Morold, der präfiguriert ist durch den Zweikampf zwischen David und Goliath, empfängt Tristan eine tödliche Wunde, die sein bisheriges Leben zerstört, aber zugleich Voraussetzung wird für einen Neubeginn. Nach seiner Heilung heißt es: «im was ein ander leben gegeben: / er was ein niuborner man» (8312 f).

Die Negation ermöglicht eine Doppelung der handlungstragenden Figur, ihren Neuaufbau als veränderten Typus. Die Annäherung an den Tod zeigt sich derart als Möglichkeit, personalen Wandel zwar nicht als psychologischen Prozeß, aber als Austauschvorgang oder Steigerung von personalen Möglichkeiten darzustellen, die den Helden jeweils auf neue Weise definieren.

Dieses Prinzip von Negation und Steigerung, von Tod und Wiedergeburt, hat den Vorzug, daß es von einer langen Tradition legitimiert ist, bereits in der Antike einige Bedeutung hat und im Mittelalter durch die Christus-Adam-Figur vorgeprägt erscheint (*novus Adam*). Adam ist Präfiguration Christi, Christus der wiedergeborene Adam, der den Tod überwunden hat.

In Heiligenviten ist das Konversionsschema, das Prinzip der Wiedergeburt in Christo, strukturbildendes Prinzip. Viele bedeutende Heiligenleben zeigen derart eine Doppelstruktur, wie wir sie ähnlich auch in vielen höfischen Romanen zu erkennen meinen: Dem erfolgreichen Heldenleben folgt die Krise – der Durchgang durch den wie auch immer definierten

Tod – und die Neukonstituierung in höfischer Vorbildlichkeit als steigernde Reprise.

Öffentlichkeit und Heimlichkeit

Als Tristan und Isolde sich ‹erkennen›, sich durch einen neuen Sündenfall von dem Gesetz entfernen, wird ihr gesellschaftliches Sein erneut beschrieben durch das Todesmotiv: «ouwê Tristan unde Îsôt,/ diz tranc ist iuwer beider tôt!» (11705f). Die personale Liebe birgt das Risiko eines gesellschaftlichen Todes, bietet aber auch die Chance eines gesteigerten Lebens. Noch in Hartmanns *Erec* (um 1185) wird der Gegensatz von Liebe und Gesellschaft überwunden durch die Unterordnung der konfliktträchtigen Zweierbeziehung unter den Primat der ständischen Interessen. Im *Tristan* findet eine derartige Hierarchisierung nicht mehr statt, die Wertung bleibt ambivalent, die Gleichzeitigkeit von öffentlicher Rollenerfüllung und heimlicher Liebe schafft eine zweite Handlungsebene und wird konstitutiv für ein doppeltes Leben der Liebenden, nicht im Sinne einer Sukzession, als Abfolge von Negation und Steigerung, von Tod und höherem Leben, sondern als simultanes In- und Miteinander der verlebendigenden Liebe und des gesellschaftlichen Todes.
Bezeichnenderweise trifft sich Tristan mit Isolde bevorzugt in der Dunkelheit der Nacht. Er gewinnt damit einen Handlungsraum, der dem Licht des Tages und dem offen überprüfbaren Aktionsraum der legitimen Herrschaft sich entgegensetzt. Ist der Bereich des öffentlichen Handelns durch «êre» – Status und Prestige – gekennzeichnet, werden im Bereich der Heimlichkeit Statussymbole sekundär. Statusdemonstrierende Insignien und Kleider werden abgelegt oder getarnt, Sprache, Habitus und Gestik bewußt oder unbewußt verändert. Derart zeigt sich in der Tristanliebe eine Preisgabe des öffentlichen Status, die zugleich als eine drohende Infragestellung der Gesellschaft insgesamt erscheint.
Die Gleichzeitigkeit der heimlichen und öffentlichen Handlungsebenen, die sich wechselseitig ausschließen, spaltet die *Sprache* der Protagonisten auf in eine öffentliche Sprache und eine Arkansprache der Liebe, die sich in Form von ‹clebeworten› als sprachliche Konterbande etabliert in der öffentlich-zulässigen Rede und – ergänzt um andere geheime Zeichen – eine eigene Semantik der Heimlichkeit konstituiert:

> «ir offenlîchiu maere,
> mit den si wunder kunden,
> diu begunden s'under stunden
> mit clebeworten underweben.
> man sach dicke in ir maeren cleben
> der minnen werc von worten
> als golt in dem borten»
> (12990ff).

Die konspirative Sprache der Liebe schildert Gottfried derart als ein kostbares Gewebe mit öffentlicher Schauseite und nichtöffentlichen Symbolen für die Verständigung der Liebenden. Alle Informationen der öffentlichen Rede werden dupliziert im Hinblick auf das, was sie in der allgemeinen, höfisch konstituierten Welt, und das, was sie für die Welt der Liebenden bedeuten. Konsequenz der Doppeldeutigkeit ist die Sicherung von Nähe für die Liebenden, aber zugleich die Zersetzung und Zerstörung der öffentlichen Rede: *res* und *nomen*, Sache und Begriff, sind nicht mehr eindeutig einander zuzuordnen. Für den liebenden Riwalin wird die Eindimensionalität der allgemeinen Rede zum Ursprung der selbständigen Reflexion, für Tristan zur Bedingung dafür, daß er «sinnesam» und «vorbedaehtic» einen Raum nichtöffentlichen Handelns sich erschließt, und für Marke, den glücklosen Inquisitor, wird die Dissoziation von Schein und Sein zur Ursache des «zwîvels».
Der häufige Wechsel der Handlungsebenen, die sich gegenseitig relativieren, erzwingt eine Dynamisierung der *Perspektive*, eine permanente Umpolung von Einstellung und Wertung. Die Eindeutigkeit der wertenden Begriffe geht damit unter im Glissando der Oxymora: «diz leit ist liebes alse voll, / daz übel daz tuot sô herzewol» (115f). Die Verschränkung von Leid und Freude ist in der Ambivalenz von Öffentlichkeit und Heimlichkeit notwendig fundiert: die «vröude» der heimlichen Liebe ist immer schon belastet durch den Mangel öffentlicher Anerkennung; dem öffentlichen Schein der «êre» mangelt umgekehrt die innige Vertrautheit der heimlichen Liebe. Es sind die «edelen herzen», die um dieses Spannungsverhältnis wissen und deshalb in der Lage sind, die Koinzidenz der Gegensätze von öffentlichem und heimlichem Anspruch zu verstehen, die Dynamisierung einstmals statischer Oppositionen durch den ständigen Blickwechsel zwischen öffentlicher und heimlicher Handlungssphäre nachzuvollziehen. Mit der Ausweitung und Aufwertung der heimlichen Sphäre bei Gottfried deutet sich eine partielle Aufwertung gesellschaftlich negierter Möglichkeiten offenbar schon an – zumindest auf der Verständigungsebene einer gebildeten Oberschicht, die sich über eine zunehmend differenziertere und raffiniertere Kommunikation ihrer Vorrangstellung vergewissert. Indem die Literatur das öffentliche Sprachhandeln selbst thematisiert und zum Problem macht, wird höfische Kommunikation selbstreflexiv, wird sie zur Kommunikation über die Kommunikation.

Verlust und Vervielfachung des Vaterbildes

Tristan hat drei verschiedene Väter, und damit ist er verpflichtet auf drei verschiedene Identitäten, auf drei verschiedene Manifestationen aristokratischen «rehts», denen er Kontinuität verleihen soll. Gezeugt wird er von Riwalin, der «ein hêrre in Parmenîe was» (245), aufgezogen wird er von Rual, dem «marschalc» seines Vaters, und an Sohnesstelle eingesetzt wird er von Marke, der als König «haete dô ze sîner hant / Curnewal und Engelant» (425f). Alle drei sind Angehörige des Adels, aber von sehr unterschiedlichem Status, unterschiedlichen Verpflichtungen und Zielen. Tristan ist nicht mehr eindeutig definiert durch einen einzigen gesellschaftlichen Ort; er ist im herkömmlichen Sinne nicht mehr fraglos einzuordnen. Der Name, den er in der Taufe erhält, ist deshalb auch nicht der Name seines Vaters, sondern der Name seiner *âventiure*: «von der âventiure / sô wart daz kint Tristan genant» (2000f). Tristan ist der Sohn seiner Geschichte, das Kind der *âventiure*, und nur die *âventiure* faßt seine Geschichte ganz. Vatersuche und -verlust kennzeichnen diese *âventiure*, Negation und Neubeginn.

Für sich selbst und für das Land Parmenien ist Tristan zunächst nur das Kind von Rual und Floraete. Die schließliche Enthüllung seiner leiblichen Herkunft macht ihm die Vaterlosigkeit bewußt: «â vater unde vaterwân, / wie sît ir mir alsus benomen!» (4372f).

Tristan muß ein dreifaches Erbe antreten: das Erbe Riwalins, das die Rache an Morgan von ihm fordert, das Erbe Ruals, dem er nach der Rückeroberung Parmeniens das Land als Erblehen überläßt, und das Erbe Markes, das ihm angetragen wird (4301). Die Ansprüche aus diesen Verpflichtungen lassen sich nicht endgültig harmonisieren. Aufschlußreich dafür ist die Überlegung Tristans, wie er nach der Überwindung Morgans mit der Doppelbindung an Rual und Marke fertig werden soll. Er löst das Problem durch Teilung, gibt das Land an Rual und sich selbst an Marke. Gottfried kommentiert diese Entscheidung als Zerstörung der Person, als Aufspaltung einer organischen Einheit, die naturhaft vorgegeben sei:

«sich selben teilet er inzwei
gelîche und ebene alse ein ei
und gab ir ietwederem daz,
daz er wiste, daz im baz
an allen sînen dingen kam»
(5687ff).

Der Herrscher ist erst Herrscher durch das Land, und mit der Preisgabe Parmeniens entzieht Tristan seinem Land die *virtus* des zum Herrscheramt Berufenen (5657ff). Er selbst schwächt mit der Aufgabe des Landes seinen Namen (5703), seinen definierten Ort in der Gesellschaft, so daß er am Hof in Tintajol, abhängig von der Gunst des Königs, ohne den Rückhalt seiner Landesherrschaft, der «lantlôse» Tristan sein wird (5868). Nur mit List und Einfallsreichtum, im Wechsel zwischen heimlichem und öffentlichem Handeln, wird er sich behaupten können. Die Beurteilung dieser Entscheidung durch Gottfried ist eindeutig negativ (5707ff). Die Zunahme an Komplexität, die Häufung von Rollenaspek-

ten und Rollenfiktionen, die Gottfrieds Tristanbild auszeichnet, manifestiert sich zwar als ein Zuwachs an Handlungsmächtigkeit, aber auch als ein Verlust an Legitimität.
Die Konkurrenz der mächtigen Barone macht Tristan an Markes Hof das Privileg des designierten Erben streitig. Tristan gibt das Erbe Markes auf und findet nun, endgültig vaterlos, in der Liebe zu Isolde eine öffentlich nicht anerkennungsfähige Identität, die ihm die Selbstbehauptung nur noch in der Heimlichkeit ermöglicht, in der dunklen Sphäre des gesellschaftlich Negierten. Die öffentlich nicht zulässige Liebe zwischen des Königs Neffen und der Königin ist jedoch keine private Beziehung, sie ist das Negativ des öffentlichen Herrschaftshandelns und bleibt in diesem Sinne ‹Staatsaktion›. Liebe ist noch nicht privatisiert, sondern der Idee nach Ausdruck und Erscheinungsform des adligen Hofes, der sich in Übereinstimmung oder aber in Konflikt befindet mit dem göttlichen Ordo. Die Geschichte Tristans und Isoldes im Spannungsfeld von öffentlicher und heimlicher Handlungssphäre zeigt deshalb die Zersetzung der Königsherrschaft durch den Anspruch der illegitimen Liebe, und es ist der Keim der Zerstörung, der sich zugleich als Vorschein einer problematischen Identität erweist. Die Beziehung zu Isolde gibt Tristan deshalb auch kein endgültiges Ziel; er bleibt zwanghaft gebunden an eine negierte Daseinsform, die nur als Vorschein und als «wunschleben» in der Allegorie der Minnegrotte positiv zu deuten ist. Er verbildlicht jedoch gleichzeitig die Steigerung aristokratischer Möglichkeiten, die uns zum einen demonstriert, daß die spezifische Mobilität des späten 12. und des frühen 13. Jahrhunderts einen größeren Handlungsspielraum und neue Orientierungsmöglichkeiten für die aristokratische Oberschicht verlangt, zum anderen, daß die Komplexität der öffentlichen Sphäre den Nahraum der Intimität aufwertet. Diese Aufwertung wird allerdings bezahlt mit dem Eingeständnis der Unvernunft, der Wahnhaftigkeit und Instabilität.

Vergangenheit und Zukunft

Die Pluralität der dargestellten Rollen und Rollenfiktionen wirft die Frage auf, ob die Suche Tristans sich zusammenfügt zu einer Biographie, über die auch der Held selbst verfügt. Das ist zunächst zu verneinen. Tristan findet keinen Lebensentwurf, kein Vatermodell, das institutionalisierbar wäre, also auch keine individuelle Sinnhaftigkeit, die sich gesellschaftlich vermitteln ließe: Er wird genausowenig Vater wie Isolde Mutter. Andererseits zeigt Tristan in der Wahl zwischen verschiedenen Handlungsalternativen eine Fähigkeit zur Reflexion und Selbstdeutung, die konstitutiv erscheint für die Vergegenwärtigung seiner eigenen Geschichte. Es ist nicht nur die Wahl zwischen verschiedenen gesellschaftlichen Möglichkeiten, die den zeitgenössischen Individualitätstypus aus-

macht, sondern auch die Ordnung dieser Möglichkeiten im Sinne einer reflexiven biographischen Vergegenwärtigung potentieller und realisierter Abläufe.
Tristan verliert den vermeintlich gesicherten Ort seiner Kindheit durch eine Entführung: er verliert «sin liut al gemeine» und ist «Tristan al eine» (2257f). Ausgesetzt an einer fremden Küste, eignet er sich an, was er verloren hat in der distanzierten Reflexion seines Verlustes (2487ff). Das isolierte Individuum versichert sich seiner Identität im Rückbezug auf Gott, der mit der allgemeinen Ordnung auch den Ort des einzelnen bestimmt. In der Vergegenwärtigung seiner Entführung aus den vertrauten Kindheitsbezügen erkennt Tristan seine Distanzlosigkeit und zieht daraus den Schluß, die Begegnung mit fremden Menschen zukünftig so zu gestalten, daß sie ihn nicht wieder «vâhen» sollen (2659). Er entwirft eine Herkunftslegende («vremediu maere», 2694) und setzt sie den Pilgern gegenüber ein, damit als Subjekt des Geschehens sich behauptend durch bewußte Rollenfiktion. Ähnlich verhält er sich den Jägern gegenüber und am Hof des Königs. Die Vergegenwärtigung seines Verlustes strukturiert also die Antizipation seines weiteren Verhaltens, und so entwirft sich Tristan in der Gegenwart auf Grund seiner vergangenen Erfahrung für eine mögliche Zukunft.
Gleichzeitig bewahrt der Text die Figuralperspektive (Bedeutungsperspektive), die sich auf die Allgegenwärtigkeit der Heilsgeschichte gründet und die flüchtigen Bilder der Gegenwart in der Ewigkeit Gottes aufhebt. Tristan bleibt erkennbar als Postfiguration bedeutender Protagonisten der Heilsgeschichte: an Jona wäre zu denken (Entführung), an David und Goliath (Moroldkampf), an David und Saul (Harfenspiel vor Marke) und an Adam und Eva (Waldleben, Baumgarten) [374, II; *S. 248ff*]. Eine zusätzliche Dimension historischer Diaphanie signalisiert das Aufscheinen der Antike: Isolde als die neue Helena, die «gottinne Minne» als Abbild der Venus, Apollo als der Gott der Dichtkunst und Herrscher des Helikon, den Gottfried in Gebetform zur Unterstützung seiner Dichtung anruft (4862ff) [653, I; *S. 53f*; 653, II; *S. 48*]. Die Linearität der Handlung ist mit der Figuralperspektive ebenso vermittelt wie mit dem ständigen Blickwechsel zwischen öffentlicher und heimlicher Sphäre und verbindet sich überdies mit dem Prinzip der Episodenreihung, das in vieler Hinsicht konstitutiv bleibt für den Aufbau des Textes. Charakteristisch dafür ist die gliedernde Funktion der Seefahrten.

Seefahrten
Tristans Abenteuer führen ihn in viele Länder. Aber nicht das Land, «sondern das Meer als Brücke und Übergang ist das Element, dem Tristan sich verhaftet weiß. Immer wieder bricht er auf; er muß das Vertraute stets von neuem verlassen» [488; *S. 89*]. Er bleibt nie dauerhaft an einem

Ort, obwohl man ihn ständig zu binden sucht, und er überschreitet mit den Grenzen des festen Landes auch immer wieder Statusgrenzen: Er tut den Schritt ins Ungeordnete und Maßlose der Elemente, um anders wiederzukehren, als er gegangen ist.

Die Metaphorik von Seefahrt und Schiffbruch kennt seit der Antike zwei Ausprägungen: «einmal das Meer als naturgegebene Grenze des Raumes menschlicher Unternehmungen und zum anderen seine Dämonisierung als Sphäre der Unberechenbarkeit, Gesetzlosigkeit, Orientierungswidrigkeit» [692; *S. 10*]. Auch in der christlichen Ikonographie bleibt das Meer die Sphäre, in der die gestörte Ordnung sich abbildet im Kampf der Elemente. Die Beruhigung und Befriedung des Meeres zeigt die Restituierung der alten oder die Begründung einer neuen Ordnung an. Der Sturm nach Tristans Entführung legt sich bei seiner Freisetzung (2462 ff), das Meer wird jedoch zu einem «tobenden wilden sê» (11695), als der Minnetrank die Liebe zwischen Tristan und Isolde und den Konflikt mit dem König als unvermeidbares Geschick des Hofes auslöst.

Im *Tristan* verbildlichen die Seefahrten die Übergangssituationen des Helden, der sich auf das Meer begeben muß, weil ihm die Eindeutigkeit und Endgültigkeit seines Status fehlt. So werden die Seefahrten zum symbolischen Verweis auf seine unsichere Position, wird Tristan immer wieder neu «der swebende». Mit dem, was er von seinen Reisen mitbringt, fügt sich sein Leben jeweils einer neuen Ordnung; die Seefahrten skandieren den Takt seiner Identitätssuche.

Tristans *erste* Seefahrt, die unmittelbar von dem gesteuert wird, der «elliu dinc beslihtet» (2407), reißt ihn aus seiner behüteten Kindheit und zwingt ihm die *âventiure* auf. Aus der vertrauten Wirklichkeit herausgerissen durch seine Entführung, wird die Sicherheit einfältigen Handelns in Unsicherheit verkehrt. Tristan erlebt, daß das, was seine erste Welt war, nicht die Welt schlechthin ist. Die Isolation erfährt er als Zwang zur Reflexion, zur Selbstdeutung, das heißt zur individuellen Neubestimmung seiner Situation in der Welt. Was er aus der Entführung rettet, ist das in der Erziehung Ruals ihm zugeordnete und von ihm angeeignete Selbst, das er nicht mehr einfältig riskieren will. An Markes Hof gibt er sich deshalb aus als Kaufmannssohn, bis ihn Rual wiederfindet und identifiziert. Doch mit dieser Identifikation geht Tristan das verloren, was er bisher geschützt hat: Er ist gar nicht der Sohn Ruals, sondern der Sohn Riwalins. Für Tristan ist bezeichnend, daß das, was er aus den Seefahrten rettet, ihm an Land wieder verlorengeht; damit wird der Zustand der Instabilität und die Grundsituation des Übergangs aufrechterhalten.

Von seinem «vaterwân» (Rual) befreit, wird Tristans *zweite* Seefahrt zur Realisierung seines Vatererbes (Riwalin). Die Uneindeutigkeit seiner Geburt korrigiert er durch die Aneignung der Landesherrschaft in Parmenien. Doch er will der Sohn Markes werden, der sich als «erbevater» angeboten hat (4301), und so kehrt er als der «lantlôse» Tristan über das Meer an Markes Hof zurück. Ohne Land und Leute, ohne «mâge unde man», ist er definiert durch seine Königsnähe, durch die Favoritenstellung an Markes Hof. Stellvertretend für den König führt er den Kampf um die Souveränität des Landes, und er gewinnt den Kampf gegen den starken Morold um den Preis der tödlichen Verwundung. Mit anderen Worten, er verliert erneut, was er gewonnen hat.

Zur Heilung begibt er sich auf die *dritte* Seefahrt nach Irland zu seinen ärgsten Feinden. «Swebende ûf dem wilden sê» (7493), setzt er alles aufs Spiel, um sich neu zu gewinnen. Angesichts des festen Landes schützt er sich durch eine neuerliche Tarnung. Als elender Sänger Tantris wird er geheilt und am irischen Hof aufgenommen als Erzieher der jungen Isolde. Mit fortschreitender Genesung und Wiederherstellung seiner körperlichen Makellosigkeit wird er sich seiner «ungewisheit» (8158) immer mehr bewußt. Er beendet sein Gastspiel in Irland, kehrt mit dem Schiff zurück und nimmt sein Leben an Markes Hof wieder auf als ein «niuborner man» (8313). Der wunderbare Mann, als der er über das Meer gekommen ist, wird für die Wahrnehmung der heimischen Barone aber auch das «merwunder», der Ungeheure, der der Magie und Zauberkunst verdächtigt wird. Derart isoliert, gibt Tristan seinen Anspruch preis, das Erbe des Königs anzutreten.

Für den König übernimmt er selbst die Werbungsfahrt nach Irland, seine *vierte* Meerfahrt, die ihn wiederum neu definieren wird. Primär dient diese Reise allerdings der Friedensstiftung und der Friedenssicherung: Tristans eigener Wunsch nach einer Befriedung der Konflikte an Markes Hof, nach einem Ausgleich mit den Baronen verbindet sich mit der Absicht, zwei feindliche Länder durch den Bund der Ehe für immer zu verbinden. Die Siege über den alle bedrohenden Drachen und über den intriganten Truchseß sichern den Erfolg seiner Mission. Indem die Werbung gelingt, verliert Tristan endgültig die Anwartschaft auf Markes Erbe. Doch als er über das Meer zurückkehrt an den Hof des Königs, steht er mit Isolde im Bann des Minnetranks, ist er neu definiert durch seine Liebe und seinen gesellschaftlichen Tod: «der wille waere der geschehen,/ sine haeten niemer lant gesehen» (12419f). Die Ehe zwischen Marke und Isolde wird geschlossen, und mit dem Austausch von Isolde und Brangäne in der Hochzeitsnacht beginnt die Kette der Listen, der heimlichen und öffentlichen Gefährdungen von Macht und Liebe, die Markes Hof erschüttern. Der öffentlich gewahrte Schein der «êre» behauptet sich zwar noch im Gottesurteil, die Verbannung der Liebenden gewährt ihre metaphysisch überhöhte Vereinigung in der Minnegrotte. Doch die Rückkehr erneuert die alten Konflikte, und der Entdeckung der Liebenden durch Marke folgt die schließliche Trennung.

Die *fünfte* und letzte von Gottfried beschriebene Seefahrt ist wieder eine

Fahrt ins Ungewisse. Tristan versucht, mit dem Ortswechsel neue Sicherheit zu finden; aber die Begegnung mit Isolde Weißhand bringt ihm neue Konflikte durch die Erfahrung, daß auch die Liebe zu Isolde ihn nicht endgültig bindet. Tristan bleibt der Landlose und Ungesicherte, die Integration bleibt aus, soweit uns Gottfried den Roman erzählt. Kurz nach dem Beginn der Isolde-Weißhand-Handlung bricht die Erzählung ab (19547).

Die Stadien auf Tristans Weg fügen sich also nicht zusammen im Sinne einer Integration, sondern folgen aufeinander in Formen der Addition und Reihung. Seine Situation ist die des Übergangs, der Metamorphose, und selbst auf der Schattenseite der Gesellschaft, in der Sphäre der Heimlichkeit, findet er nur übergangsweise zu einer (negierten) Identität, die sich auf Dauer nicht behaupten läßt. Der Roman zeigt die Suche im Durchgang durch die Möglichkeiten aristokratischer Statusmodifikationen und zeigt zugleich, daß diese Suche selbst jeden Ordnungsentwurf in Frage stellt.

Autonomer Text und impliziter Autor

Die Anfangsbuchstaben der vierzeiligen Eingangsstrophen des *Tristan* bilden ein Akrostichon mit der Buchstabenfolge G DIETERICH T I. DIETERICH wird gedeutet als der Name des Gönners, das G könnte auf Gottfried selbst verweisen, aber auch einen Titel Dietrichs andeuten (grâve); T und I sind aufzulösen als die Initialen von Tristan und Isolde. Vor sehr viel größere Probleme stellt uns die Beobachtung, daß die Verwendung von Vierreimstrophen und das Akrostichon der Initialen durch die gesamte Dichtung fortgeführt wird. Dabei sind die Namen Gottfried (GOTE), Tristan (TRIS) und Isolde (ISOL) auf kunstvolle Weise miteinander verflochten; aber das ‹Umarmungsspiel› der Buchstaben bricht unvollendet ab, und es ist nicht restlos aufzulösen, weil ein Plus-Bestand an ungeklärten Initialen bleibt.

Nach Bertau ist mit dem Initialenkryptogramm zugleich die vom Autor gewollte Struktur des Gedichtes bezeichnet: «Nicht von einem modernen Verständnis des epischen Vorgangs und seiner Einheiten her wäre der *Tristan* gliedernd aufzufassen, sondern von diesem geheimen Muster aus» [223, II; *S. 934*]. Die Strophen mit den Initialen würden sich demnach als strukturierendes, theoretisierendes und kommentierendes Band durch die gesamte Dichtung ziehen, als Metaebene der Reflexion und Deutung. Ruh hat diesen Befund abgelehnt und reduziert auf einen Preis der großen Liebenden durch den Dichter [374; *S. 225*]. Die Frage bleibt jedoch, ob Gottfrieds Initialenkonstruktion nicht mehr ist als das artifizielle Spiel eines genialen Autors und eine Huldigung an seine Helden.

Das Akrostichon ist in der Antike ein mnemotechnisches Hilfsmittel, das hauptsächlich dazu diente, das Behalten der Reihenfolgen von Zeilen und Strophen zu erleichtern. Die Verwendung des Akrostichons im Übergang vom 12. zum 13. Jahrhundert, seine strukturgebende und -sichernde Funktion, die allerdings durch den fragmentarischen Charakter des Werks und die korrumpierende Überlieferung gestört ist, könnte darauf hindeuten, daß die Geschlossenheit des Textes, seine Ganzheitlichkeit, von den Zeitgenossen nicht mit derselben Selbstverständlichkeit vorausgesetzt wurde wie von uns. Auch die Bibel wird sukzessive erzählt und kann dennoch – je nach dem Stand des Kirchenjahres und dem Anlaß einer kirchlichen Feier – in einzelnen Episoden rezipiert werden. Manches deutet darauf hin, daß die geschlossene, die ganzheitliche Rezeption epischer Großtexte an den mittelalterlichen Höfen kaum die Regel gewesen sein kann. Von Heinrich von Veldeke wissen wir, daß die *Eneit* (zwischen 1170 und 1190) schon als Bruchstück vorgetragen wurde, von Hartmanns *Iwein* (um 1205) nehmen wir es an, das *Nibelungenlied* (um 1200) ist in verschiedenen Teilversionen überliefert. Unter der Voraussetzung, daß höfische Texte wie ein Erbauungsbuch rezipiert werden konnten, also ausschnitthaft, den besonderen Interessen und Bedürfnissen des Publikums entsprechend, könnte ein Akrostichon, das den gesamten handschriftlichen Text durchstrukturiert, ein nachhaltiges Beharren auf dem inneren Sinn und Zusammenhang eines Werks demonstrieren. Es wäre eine Form der Binnenstrukturierung und -sicherung, die dem Text, auch nach der Trennung von seinem Autor, die gewollte Gestalt bewahrt. Unter dieser Perspektive wäre der *Tristan* aber auch ein Text, der sich erst dem Lesenden im Angesicht der Handschrift voll erschließt, beim bloßen Hören aber fragmentarisch und in seiner intellektuellen Dimension partiell Arkanum bleiben muß.

Publikum

Der bisherige Befund scheint darauf hinzudeuten, daß die Komplexität des höfischen Lebens um 1200 einen Grad erreicht hat, in dem das traditionelle Ordnungssystem eine verbindliche Welt- und Lebensdeutung nicht mehr und noch nicht wieder gewährleistet. Der literarisierte Held ist nicht mehr ausschließlich beschreibbar nach den überzeitlichen Typen, wie sie die Zeit der Kirche und der Lebensrhythmus der Agrargesellschaft nahelegen. Er wird zunehmend definiert durch seine Partizipation an verschiedenen Lebensbereichen und seine Behauptung gegenüber verschiedenen Partialansprüchen. Die Vervielfältigung der Betrachterstandpunkte, die damit möglich wird, manifestiert sich literarisch in einer Auffächerung und Ausdifferenzierung des dargestellten Aktionsraumes.

Gottfried selbst setzt mit dem Thema der «edelen herzen» (45 ff) ein gespaltenes Publikum voraus – eine angemessene und eine weniger angemessene Rezeption. Er nimmt damit zwar primär eine Wertung vor, geht jedoch aus von einer inhomogenen, in sich differenzierten Adressatengruppe.

> «ine meine ir aller werlde niht
> als die, von der ich hoere sagen,
> diu keine swaere enmüge getragen
> und niwan in vröuden welle sweben.
> ...
> ein ander werlt die meine ich,
> diu samet in eime herzen treit
> ir süeze sûr, ir liebez leit»
> (50 ff).

Dem Wechsel und der Simultanität verschiedener Betrachterstandpunkte, die wir im poetischen Aufbau des Textes haben konstatieren können, würde damit auf der Adressatenseite die Möglichkeit heterogener Sinndeutung entsprechen. Das scheint darauf hinzudeuten, daß die Rezeption des höfischen Romans nicht mehr erfolgt wie die eines geistlichen Textes. Sie ist nicht mehr die Vergegenwärtigung einer kanonisch gesicherten Wahrheit, sondern seine differenzierte Aneignung, die die Pluralität der Deutungsmöglichkeiten im Grenzfall gar nicht wahrnimmt oder sie – im anderen Grenzfall – verhandelt im Sinne eines *sic et non*. Der Leser/Hörer wäre noch nicht aufgerufen als Instanz der individuellen Sinnbildung, aber doch zur ‹richtigen› Entscheidung im Spektrum verschiedener Möglichkeiten.

Überlieferung und Erneuerung

Gottfried hat den *Tristan* nicht neu erschaffen, ihn aber neu erzählt. Erneuerung ist kein Wert im Mittelalter und wird deshalb nicht programmatisch formuliert. Erneuerung findet jedoch ständig statt, weil die Überzeugung davon, daß es nichts Neues geben kann, die grundsätzliche Übereinstimmung von Gegenwart und Vergangenheit erfordert. Die Distanz zwischen Überlieferung und Gegenwartsdeutung muß deshalb ständig korrigiert werden durch Berichtigung und Anpassung der ‹falschen› Überlieferung, durch die Entdeckung der verbindlichen gegenüber der vermeintlichen Autorität, der besseren Quelle gegenüber der schlechteren. So verbindet sich die Überzeugung von der Kontinuität des Wissens mit einem permanenten Prozeß der faktischen Korrektur und Erneuerung. Das gilt im Bereich des Rechtes ähnlich wie in dem Bereich der Literatur und stellt den Literarhistoriker vor das Problem, daß auch die originelle und artistische Verarbeitung eines Textes – nach der Selbstdarstellung seines Autors – nichts anderes ist als eine Wiederholung, eine Vergegenwärtigung und Aufhellung einer verblaßten oder auch verfälschten Tradition.

Die Quelle, an der Gottfried seine eigene Dichtung ausrichtet, ist der

Tristan-Roman des Thomas d'Angleterre (um 1170). Von Thomas sind ausschließlich Bruchstücke aus mehreren Handschriften überliefert, insgesamt 3146 Verse, die überwiegend dem Schlußteil des Gedichts zugehören, den Gottfried nicht mehr fertiggestellt hat. Für einen Vergleich sind ein Stück der Baumgartenszene und Tristans Schlußmonolog heranzuziehen [671; 231; 374, I; *S. 43 ff*; 374, II; *S. 208 ff*; 730]. Gottfried weiß auch um andere Tristanbearbeitungen, lehnt sie aber ab: denn «sîne sprâchen in der rihte niht, als Thômas von Britanje giht» (149 f). Es könnte sich dabei um *Tristrant und Isalde* von Eilhart von Oberge (um 1180) handeln, einen der frühesten und bedeutendsten volkssprachigen Romane, der immer noch zu sehr im Schatten Gottfrieds steht. Eilharts Roman orientiert sich an der altfranzösischen Dichtung des Béroul (um 1170), die auch von Ulrich von Türheim (um 1230/35) und Heinrich von Freiberg (um 1290) benutzt wurde, literarische Erben Gottfrieds, die den Tristan fortgesetzt und abgeschlossen haben. Der tschechische *Tristram* (14. Jh.) und der deutsche Prosaroman (1484) führen diese Traditionslinie fort.

An Thomas orientiert sich demgegenüber die nordische *Tristramsaga* (1226), der englische *Sir Tristrem* (um 1300) und partiell auch der italienische Prosaroman *La tavola ritonda* (um 1300). In der Forschung wird die spezifische Differenz zwischen diesen beiden Traditionssträngen als Opposition einer «version commune» (Béroul) und einer «version courtoise» (Thomas) gekennzeichnet; jedoch sind diese Kategorien umstritten. Die lediglich erschließbare gemeinsame Vorstufe beider Linien wäre die sogenannte *Estoire* (um 1150), die von Béroul zweimal erwähnt wird. Der Stoff selbst weist antike Einflüsse und viele Übereinstimmungen mit dem persischen Epos *Wîs und Râmîn* (um 1050) auf, scheint aber primär keltischer Herkunft.

Gottfrieds *Tristan* ist in elf vollständigen Handschriften und 15 Fragmenten relativ reich und gut überliefert. Die größte Breitenwirkung hat der Tristanstoff allerdings durch den französischen *Tristan en prose* (1225/35) und den deutschen «Prosaroman» erreicht, der bereits im 15. und noch im 17. Jahrhundert gedruckt wurde. 1553 hat Hans Sachs den Tristanstoff zu einer «Tragedia mit 23 personen» ausgearbeitet und schon 1551 mehrere Meisterlieder zum Tristanthema verfaßt. Im 18. Jahrhundert wurde der Stoff wiederaufgenommen, und im 19. Jahrhundert hat Wagners *Tristan und Isolde* (Uraufführung 1865) eine solche Breitenwirkung gewonnen [732], daß der mittelalterliche Text bis heute außerhalb der Wissenschaft vor allem im Licht von Wagners Rezeption gesehen wird. Der mittelalterliche *Tristan*, der eine Erzählung des Übergangs ist, des Paradigmenwechsels, der Suche, der Aufhebung von alten Wertstrukturen ohne die Verbindlichkeit von neuen Sicherheiten, wäre neu zu erzählen.

Ursula Schulze

Nibelungenlied

Das *Nibelungenlied* gilt als Repräsentant der mittelhochdeutschen Heldendichtung, aber es repräsentiert im Grunde nur sich selbst und die ihm vorausgehende mündliche Tradition; es ist als literarischer Typ einzigartig, ein erratischer Block im Rahmen der höfischen Epik.
Was «alte mæren» von ruhmreichen Helden Außerordentliches berichten, ist Gegenstand des *Nibelungenlieds*, das sich in Stoff und Form, Herkunft und Tradition von anderer erzählender Dichtung des Hochmittelalters unterscheidet. Das Bewußtsein solcher Eigenart ist nicht erst Ergebnis neuzeitlicher Literaturbetrachtung, sondern läßt sich für Autor und Publikum aus den Texten erkennen. So weisen am Anfang des Liedes Signalwörter, «helden» und «recken», programmatisch auf das Personal der Heldensage, die über Jahrhunderte nur mündlich weitergegeben und um 1200 im *Nibelungenlied* erstmals in schriftlich geprägte Form überführt wurde. Zu den expliziten Gattungshinweisen kommt ein bestimmtes Erzählschema, mit dem die Hauptfiguren eingeführt werden [vgl. 492; *S. 37f*] («Ez wuohs in Burgonden ein vil edel magedîn ... Kriemhild geheizen», Str. 2). Exakte geographische und soziale Angaben markieren dabei, daß es nicht um raumlose Fiktion geht, sondern um identifizierbares Geschehen vergangener Zeit von besonders herausragendem Charakter. Literaturwissenschaftlich werden die Wesensmerkmale des *Nibelungenlieds* wie der Heldendichtung verschiedener Zeiten und Sprachen oft als heroisch bezeichnet, doch diese Qualität ist nur schwer zu fassen. Man kann sie auf keinen Fall als Bewährung positiver ethischer Normen verstehen; denn die Lieder führen eher negativ zu bewertende Handlungen (Treuebruch und Hinterlist) vor, und das besungene Exorbitante ist bewunderungswürdig, aber nicht nachahmenswert [vgl. 382; *S. 166f*]. Für das *Nibelungenlied* definiert sich das Heroische über die erzählte Geschichte und ihren Stil im Kontrast zu den höfischen Elementen, die als ideale Lebensform und literarische Muster im *Nibelungenlied* adaptiert und zitiert werden.

Wie die vorliterarische Nibelungendichtung, für deren Existenz es eine Reihe von Zeugnissen gibt [vgl. 325; *S. 37, 56* u. ö.], bleiben auch die schriftlichen Fassungen anonym. In der Forschung bedeutete die Frage nach dem Dichter nicht bloß Suche nach einem Namen und einer Person; seit den Anfängen der Nibelungen-Philologie wurde auch überlegt, ob es überhaupt einen Dichter im Sinne eines prägenden Durchgestalters gegeben habe. Karl Lachmann plädierte für mehrere Dichter, weil er die innere Einheit und durchgängige Individualität des *Nibelungenlieds* vermißte, und hielt den Text – in Übertragung einer für die Homerischen Epen entwickelten Theorie – für eine Addition von 20 episodischen Liedern verschiedener Sänger [545]. Lachmanns Verfahren, ästhetische Kriterien seiner Zeit zur Beurteilung eines mittelalterlichen Werks heranzuziehen, erscheint heute indiskutabel; doch sind nach mehr als 100 Jahren für eine Vielzahl oder Mehrzahl von Dichtern neue, ernst zu nehmende Gesichtspunkte zur Geltung gebracht worden, einerseits von einer Revision der Handschriftenverhältnisse [vgl. 419], andererseits von der *oral poetry*-Forschung aus [vgl. 407]. Durchgesetzt haben sich diese Argumente nicht. Die verschiedenen Handschriften, die das *Nibelungenlied* überliefern, besitzen trotz zahlreicher Divergenzen ein so hohes Maß an Übereinstimmung, daß diese nur auf einer durchgestalteten, schriftlich formulierten Komposition beruhen können. Gleichwohl sollte man die besonderen Bedingungen berücksichtigen, unter denen das *Nibelungenlied* erstmals fixiert wurde; sie liegen in der Symbiose mündlich konkurrierender Nibelungendichtungen bei der Schaffung einer schriftlichen Fassung [vgl. 470].

Geht man von einer verantwortlichen Gestalterpersönlichkeit für das überlieferte *Nibelungenlied* aus, so ist es als gattungstypische Geste der Heldendichtung zu werten, daß zu einer Zeit, in der die Autoren der höfischen Epik selbstbewußt hervortreten, im *Nibelungenlied* wie auch sonst – vom *Hildebrandslied* (9. Jh.) bis zum *Hürnen Seyfrid* (16. Jh.) – kein Verfassername genannt wird. Literarische Erwähnungen und Bezugnahmen bezeugen die Bekanntheit des *Nibelungenlieds* in der höfischen Gesellschaft, über 30 Handschriften von der ersten Hälfte des 13. Jahrhunderts bis ins 16. Jahrhundert lassen seine Verbreitung erkennen. Wenn dennoch nirgends ein Dichtername auftaucht und wenn Gottfried von Straßburg in dem Überblick, den er im *Tristan* über die zeitgenössische Literatur gibt, das *Nibelungenlied* gar nicht erwähnt, ist das ein weiteres Zeichen für das Bewußtsein seiner Andersartigkeit.

Trotz der konsequenten Anonymität gibt es Indizien, die eine Umrißskizze des *Nibelungenlied*-Verfassers erlauben; sie weisen auf eine literarisch gebildete, mit den höfischen Lebensformen vertraute Persönlichkeit im österreichischen Donauraum, vielleicht auf einen Kleriker im Dienst des Passauer Bischofs Wolfger von Erla (1191 bis 1204). Im *Nibelungen-*

lied kommt nämlich der enge Kontakt mit der höfischen Kultur, auch der Literatur, zum Ausdruck. Außerdem kannte sich der Verfasser zwischen Passau und Wien geographisch besser aus als in anderen Gegenden, die im Lied eine Rolle spielen; Passau unter Bischof Pilgrim ist einer der besonderen Schauplätze des Liedes; die meisten Handschriften konzentrieren sich im bairisch-österreichischen Raum; die *Klage*, eine zusammen mit dem *Nibelungenlied* überlieferte Nibelungendichtung, nennt Passau als Entstehungsort; und nicht zuletzt sind für die Verschriftlichung eines so umfangreichen Werks ein Mäzen und sein Hof vorauszusetzen. Der literaturinteressierte, diplomatisch aktive Bischof Wolfger von Passau, späterer Patriarch von Aquileja, Förderer Walthers von der Vogelweide, erscheint in diesem Zusammenhang als ansprechende Hypothese. Die Datierung des *Nibelungenlieds* um 1200 läßt sich mit der erwogenen Lokalisierung gut vereinbaren; aber auch sie beruht nur auf Indizien, die eine relative Chronologie ergeben [613].

Zu den gattungstypischen beziehungsweise gattungsbildenden Stilmerkmalen des *Nibelungenlieds* gehören seine besondere formale Gestaltung aus kleinen Bausteinen von fast 2500 Strophen und großen Erzählblöcken von 39 Aventiuren. Die Nibelungenstrophe umfaßt vier paarweis gereimte Langzeilen, durch eine Zäsur in An- und Abvers gegliedert. Der Strophenschluß ist durch eine zusätzliche Hebung markiert. Im Vergleich zu den fortlaufenden, syntaktisch variabel unterbrechbaren Reimpaarversen der höfischen Epik gliedern die Strophen den Erzählstrom in kleine Sinneinheiten mit oft pointierten Zusammenfassungen und reflektierenden Bemerkungen in der Schlußzeile, die einen Wechsel der Erzählrichtung bringt und perspektivische Bewegung neben rhythmischer Monotonie bewirkt.

Die Aventiureneinteilung, die mit Überschriften versehen («Von Sîfriden»; «Wie Gunther Prünhilde gewan»; «Wie Sîfrit erslagen wart») früh in den Handschriften auftaucht, organisiert den Stoff zu relativ abgegrenzten Episoden, in denen Schauplatz und Person wechseln. Vielleicht leben darin Vortragseinheiten der mündlichen Existenzform des Stoffes fort.

Geschichtshaltige Geschichten

Die Geschichte von Siegfrieds Ermordung und vom Untergang der Burgunden im Hunnenland haben die Angehörigen der höfischen Gesellschaft um 1200 als historische Überlieferung genommen. Dieses Verständnis verdient heute in doppelter Hinsicht Beachtung: Wir wissen, daß die dichterisch geformte Heldensage in der Regel einen historischen Kern birgt und daß sie für den Historiker als eine «Anschauungsweise über die Vergangenheit» die Erkenntnis von Geschichte über die faktische Wahrheit hinaus erweitert [vgl. 37; *S. 15f*], daß ihre Strukturmuster für den

Literaturwissenschaftler Sinngebung historischer Erfahrung vermitteln [vgl. 491; *S. 215*].

Zu dem im zweiten Teil des *Nibelungenlieds* dargestellten Burgundenuntergang läßt sich ein Ereignis der Völkerwanderungszeit als historischer Ausgangspunkt erkennen: Im 5. Jahrhundert existierte ein germanisches Burgundenreich am Mittelrhein, das im Jahre 436 bei dem Versuch, die Herrschaft nach Westen auszudehnen, mit seinem König Gundahar, dessen Sippe und dem größten Teil des Volks von hunnischen Truppen auf Veranlassung des römischen Feldherrn Aëtius vernichtet wurde. Allerdings war der Führer der Hunnen nicht Attila. Der berühmte Hunnenherrscher wurde erst später in den Burgundenuntergang hineingezogen – vielleicht ein erster Akt von Niederlagenbewältigung. Attila starb – laut Jordanes – 453 an einem Blutsturz in der Hochzeitsnacht mit einer «puella Ildico». Die Vorstellung von der Ermordung des Hunnen durch seine Frau, eine in der altnordischen *Edda* vorkommende Sagenversion, scheint eine vom Burgundenuntergang zunächst unabhängige sagenhafte Aufbereitung.

Für die Siegfried-Geschichte ließ sich kein eindeutiger historischer Anstoß ermitteln; doch sind aus der merowingischen Geschichte des 6. Jahrhunderts Königsmord und Rachetat in Verbindung mit Namen wie Brunihild und Sigibert bekannt, so daß ein Bezug zu der nibelungischen Mordgeschichte denkbar wäre [vgl. 417]. Allerdings kann man die Siegfried-Sage auch in struktureller Sicht als kontrastives Präludium der Untergangsthematik des Schlusses interpretieren [vgl. 491; *S. 218*].

Man findet in den beiden Teilen des *Nibelungenlieds* die Sagenkreise vom Burgundenuntergang (20. bis 39. Aventiure) und von Siegfrieds Tod (1. bis 19. Aventiure) repräsentiert. Erzählerisch nur minimal eingebracht (als Bericht Hagens über den unbekannten Siegfried, Str. 87 bis 100) sind dagegen die märchenhaften Jungsiegfried-Abenteuer, die in den nordischen Texten ausgebreitet werden und zweifellos zu dem mündlich tradierten nibelungischen Stoff gehörten. Der Nibelungenschatz und das Nibelungenschwert, der Tarnmantel und die unverwundbar machende, im Drachenkampf gewonnene Hornhaut prägten wohl in einem solchen Maße Siegfrieds Gestalt, daß auch der Nibelungendichter nicht ganz auf sie verzichten konnte, selbst wenn sie in seinen Motivierungszusammenhängen nicht mehr unbedingt notwendig scheinen.

Kriemhild-Buch

Werktitel im neuzeitlichen Sinne sucht man in den Handschriften mittelalterlicher Epik in der Regel vergeblich. Wie der Vortrag vor den Zuhörern am Hof angekündigt wurde, wissen wir nicht. Erst spätere Editoren und Literarhistoriker haben Hauptgestalten zum Etikett der Geschichte gemacht (Erec, Iwein, Tristan, Parzival usw.). Die eingeführte Bezeichnung *Nibelungenlied* nimmt die Schlußmarkierung der Erzählung auf: «daz ist der Nibelunge liet» lautet die letzte Halbzeile in einer Reihe von Handschriften, andere enden «daz ist der Nibelunge nôt». Gemeint ist die Geschichte der Burgunden, denn sie werden im zweiten Teil des Liedes als «die Nibelunge» bezeichnet, während der Name im ersten Teil in den Bereich von Siegfrieds märchenhaften Taten gehört. Wo im Mittelalter eine Hauptgestalt für das *Nibelungenlied* in den Blick gerückt wird – das geschieht in zwei von drei überhaupt nur vorhandenen Überschriften –, ist es Kriemhild: «Daz ist daz buch Chrimhilden» (Ende 14. Jh., Handschrift D), «Ditz Puech heysset Chrimhilt» (1504/15, Handschrift d = *Ambraser Heldenbuch*). Dem entspricht die explizite Darstellung des Liedes. Kriemhild wird in der Eingangsaventiure als erste Person vorgestellt und erscheint sogleich als eine Frau, die Geschichte macht, indem in die Exposition des burgundischen Königshofs Ausblicke auf den weiteren Handlungsverlauf eingeblendet sind, die von Kriemhild aus die Linie der Gesamtgeschichte ausziehen, die über Liebe, Haß, Mord und Rache zu einem tödlichen Massenkampf am Schluß führt.

Durch die Kriemhild-Gestalt wird die kausale Verknüpfung der beiden Teile des *Nibelungenlieds* geschaffen. Gleichwohl ist sie zunächst eher Objekt als Subjekt der Handlung: Der niederländische Königssohn Siegfried zieht nach Worms, um die burgundische Königstochter Kriemhild zur Frau zu gewinnen. Er verpflichtet ihre Brüder König Gunther, Gernot und Giselher zur Annahme seiner Werbung, indem er ihnen Kriegsdienste leistet und vor allem indem er Gunthers Werbung um die isländische Königin Brünhild durch Betrug ermöglicht. Er gibt sich auf Isenstein als Untergebener Gunthers aus und bewältigt, unter seinem Tarnmantel verborgen, an Gunthers Stelle die von Brünhild geforderten Freierproben. In Worms findet dann die Doppelhochzeit zwischen Siegfried und Kriemhild, Gunther und Brünhild statt. Brünhild reagiert befremdet auf die vermeintliche Mesalliance zwischen Siegfried und der Königsschwester; sie versagt sich Gunther in der Hochzeitsnacht, und Siegfried muß noch einmal als unsichtbarer Helfer eintreten. Dann ziehen Siegfried und Kriemhild in die Niederlande. Zehn Jahre später veranlaßt Brünhild eine Einladung an das niederländische Königspaar. In Worms kommt es zum Streit der Frauen, sie beschimpfen sich öffentlich mit ständisch und persönlich degradierenden Behauptungen (Brünhild nennt Kriemhild ‹unfreie Dienerin›, Kriemhild nennt Brünhild ‹Nebenfrau eines unfreien Mannes›). Aus dem Königinnenstreit resultiert der Plan, Siegfried zu ermorden. Hagen von Tronege, der mächtigste der burgundischen Vasallen, führt ihn im Einverständnis mit den Königen hinterlistig durch und raubt Kriemhild später auch noch Siegfrieds Nibelungenschatz. Kriemhild erkennt in Hagen den Mörder; doch sie bleibt trauernd in Worms.

Im zweiten Teil lenkt Kriemhild dann die Handlung: Als nach dreizehn

Jahren der Hunnenkönig Etzel um sie wirbt, sieht sie die Chance zur Rache für den Mord an Siegfried. Sie wird Etzels Frau und lädt dreizehn Jahre später ihre Brüder und Hagen nach Etzelnburg ein. Die Burgunder ziehen ins Hunnenland, obwohl Hagen die Reise als Weg ohne Wiederkehr erkennt. Es gelingt Kriemhild, durch sich steigernde Provokationen einen Vernichtungskampf zu entfachen, in dem alle Burgunden, unzählige Hunnen, Markgraf Rüdiger mit seinen Leuten und die Amelungen umkommen. In einer letzten Konfrontation enthauptet die wütende Rächerin eigenhändig mit Siegfrieds Schwert ihren Gegenspieler Hagen und wird dann selbst von Hildebrand, dem Waffenmeister Dietrichs von Bern, getötet. Etzel, Dietrich und Hildebrand überleben das grauenvolle Gemetzel.

Mehrere Sinnebenen

Wie dieser in großen Zügen überschaubare Zusammenhang ausgestaltet und durchgestaltet ist, bestimmt die literarische Eigenart des Nibelungenepos. Einzelne Szenen werden in außerordentlich dramatischer Spannung entfaltet, wie etwa der Frauenstreit, die Saalbrand- und die Rüdigeraventiure und überhaupt die sich steigernden Kämpfe des zweiten Teils bis zu Hagens und Kriemhilds Tod. Es gibt Episoden von faszinierender Bildkraft und symbolhafter Gestik, etwa wenn Hagen das Schiff am Ufer der Donau zerschlägt, weil er weiß, daß niemand zurückkehren wird; wenn Kriemhild Hagen an Etzels Hof die Begrüßung verweigert, wenn sich Hagen und Volker vor der Königin Kriemhild nicht erheben; wenn Hagen Rüdiger um seinen Schild bittet; wenn er angesichts der Todesbedrohung den Schatz verweigert; wenn Kriemhild mit Siegfrieds Schwert in der Hand, um Hagen zu erschlagen, sich erinnert: «daz truoc mîn holder friedel, dô ich in jungest sach» (Str. 2372,4).
Doch nicht alle Teile fügen sich einsichtig zusammen. Die Konsistenz der Einzelszenen hat deutlich Vorrang gegenüber durchgehender Verknüpfung. Es finden sich eine Reihe sperriger Details, unvereinbare Darstellungsmomente, widersprüchliche Motivierungen, ein über längere Erzählstrecken undeutlicher Kausalnexus. (So wird Siegfried in der zweiten Aventiure als vollkommener Ritter vorgestellt, der eine minnebestimmte Werbungsfahrt unternimmt; doch am Wormser Hof tritt er als zornig herausfordernder, mit übernatürlichen Kräften ausgestatteter Kämpfer auf.) Solche Widersprüchlichkeiten lassen sich aus der besonderen Entstehungsgeschichte des *Nibelungenlieds* einleuchtend ableiten – neue Motive und Aufbereitungsformen kamen hinzu, ohne daß alte signifikante Momente aufgegeben wurden. Handlungsbegründungen und Handlungszusammenhänge werden öfter auf zwei verschiedenen Ebenen formuliert: einmal im Bereich des ‹heroischen› Stoffes mit traditionellen Erzählmotiven, außerdem in einer politischen und gesellschaftlichen

Vorstellungsdimension. Besonders deutlich ist die zusätzlich sozialbezogene Verständnisvermittlung bei der Werbung auf Isenstein und im Frauenstreit. Brünhild wird von Siegfried und Gunther in zweifacher Hinsicht getäuscht: Zu dem Märchenmotiv, daß Siegfried im Kampf unsichtbar für Gunther eintritt, kommt ein wahrscheinlich der Geschichte später hinzugefügter Standesbetrug. Siegfried gibt vor, Gunthers «man» zu sein, und das heißt eigentlich, indem er den Steigbügel des Königs hält, dessen «lêhenman» (Vasall). Brünhild interpretiert allerdings später die Bezeichnung «man» degradierend als «dienestman» (unfreier Ministeriale) und sogar als «eigenman» (Leibeigener). Mit diesen Bezeichnungen wird im Frauenstreit operiert, und die Frage nach dem Vorrang von Siegfried und Gunther, Kriemhild und Brünhild wird primär über die ständischen Motive artikuliert, der Gestaltentausch im Wettkampf wie in der Brautnacht (mithin der Krafterweis) treten dahinter zurück.
Auch der Mordrat wird doppelt verankert. Hagen drängt zu der Tat, zunächst um die beleidigte Königin Brünhild zu rächen, weil Siegfried sich rühmte, sie besessen zu haben. Dann folgen die politischen Gründe: Er zeigt die potentielle Gefahr, die von Siegfried für die Burgundenkönige ausgeht, und weist auf den Besitz- und Machtzuwachs hin, den sie nach Siegfrieds Tod erführen.
Auf die politische Verständigungsebene rückten in der Rezeption des *Nibelungenlieds* sicher auch Gunther als schwacher König und der ihn an Entschlußkraft und Aktivitäten überragende Vasall Hagen, obwohl beide in dieser Relation nicht unbedingt negativ konzipiert sein müssen. Daß der König nicht selbst den Mord und den Hortraub plant und ausführt, könnte durchaus Entlastung bedeuten. Auf jeden Fall erscheint Gunther nicht als vorbildlicher und machtvoller Herrscher; er ist auf Siegfrieds Unterstützung im Kampf angewiesen, unfähig, mißbilligte Ratschläge zurückzuweisen und Täuschungsmanöver zu durchschauen. Im 13. Jahrhundert mußten sich von diesem Königsbild Analogien anbieten zu der geschwächten Zentralgewalt des Deutschen Reiches und dem Machtgewinn der Fürsten – Vorgänge, die sich unter Friedrich II. im Verzicht auf wichtige königliche Rechte manifestierten. Nimmt man die Entstehung des *Nibelungenlieds* zur Zeit Philipps von Schwaben (1198 bis 1208) an, dann fällt sie in die Doppelherrschaft des Staufers und des Welfen Otto IV., die beide um Unterstützung der Reichsfürsten rangen.
Die berühmteste Nebenfigur des *Nibelungenlieds*, der Markgraf Rüdiger von Bechelarn, wird in der 37. Aventiure im Konflikt konkurrierender Verpflichtungen vorgeführt: Einerseits ist er an seinen Lehensherren Etzel und an Kriemhild gebunden, andererseits ist er mit den Burgunden befreundet und verschwägert. Da er in der Kriegssituation das Lehnsverhältnis nicht aufkündigen kann und nicht in Neutralität entlassen wird, kämpft er gegen seine Freunde und fällt durch Freundeshand. Hagen, der

Protagonist der Gegenseite, entzieht sich dem Kampf und erkennt damit Rüdigers Dilemma verstehend an [vgl. 670]. Diese in die Haupthandlung eingelassene Episode nimmt ein Problem der Feudalstruktur mit ihren oft zahlreichen einander überkreuzenden Lehnsverhältnissen auf, doch hier – wie im Gesamtverlauf des Geschehens – deutet sich trotz Hagens Versöhnungsgeste keine positive Lösung an.

Abgesehen von dem bewundernden Bewahren alter Geschichten war das Interesse der adeligen Höfe um 1200 an der mündlichen Nibelungentradition und ihrer Verschriftlichung zweifellos davon getragen, daß eigene Erfahrungen zu dem Erzählten in Beziehung gesetzt und die eigene Geschichte in alten Bewältigungsmustern erkannt werden konnte. Konkretisieren läßt sich diese Geschichtshaltigkeit kaum. Versuche, die Sinnangebote des *Nibelungenlieds* aus der sozialgeschichtlichen Situation um 1200 abzuleiten, beziehen sich auf einen durch den Territorialisierungsprozeß in seiner Existenz bedrohten Adel [vgl. 584 u. 432]. Es wird angenommen, daß im Rahmen einer solchen Kommunikationsgemeinschaft die Argumente des Frauenstreits (Degradierung durch Dienstforderung) besondere Brisanz erhielten und die Auflehnung gegen den Zusammenbruch der Treuebindung im Kampf der Burgunden einen Rekurs auf die alte Ordnung darstellte. Abgesehen von der Schwierigkeit, derartige Akzentsetzungen auf der immanenten Handlungsebene zu erkennen, ist die Hypothese gegenüber neueren historischen Forschungen schwer aufrechtzuerhalten: Der Territorialisierungsprozeß setzte in Österreich erst Ende, allenfalls im Laufe des 13. Jahrhunderts ein, so daß er als Voraussetzung für die Entstehung und primäre Rezeption des *Nibelungenlieds* nicht zur Geltung kommen konnte [vgl. 347].

Die Deutung des Liedes als Apotheose der Treue wurde ebenfalls sozialgeschichtlich zu begründen versucht [vgl. 342; *S. 197ff*]. «triuwe» wird dabei als gegenseitige Rechtsbindung von Herr und Lehnsmann verstanden, die für den feudalen Personenverbandsstaat konstitutiv gewesen ist. Stützen ließe sich diese Deutung allenfalls mit einer Szene der Saalbrand-Aventiure, in der die burgundischen Könige sich weigern, Hagen an Kriemhild auszuliefern. In Handlungsführung und Konfliktentwicklung dominiert allerdings implizit und explizit das Gegenteil: «untriuwe». «triuwe» ist im *Nibelungenlied* wie in der mittelhochdeutschen Dichtung allgemein nicht allein und nicht einmal vorrangig ein Rechtsterminus, sondern faßt als Oberbegriff religiöse und ethische Qualitäten sowie menschliche Bindungen überhaupt zusammen [vgl. 726]. Daß Untreue und Verrat im Mittelalter als Signum des Burgundenuntergangs galten, zeigt Saxo Grammaticus, indem er die Geschichte als «Kriemhilds weitbekannte Treulosigkeit gegen ihre Brüder» und als «Beispiel des berüchtigten Betrugs» apostrophiert. Der *Nibelungen*-Dichter hat wenig getan, diesen Eindruck einer Kette von Betrug, Mord, erneutem Betrug, erzwungenem und schließlich von beiden Seiten gesteigertem Kampf auch nur partiell zu mildern. Treue als Sinnangebot des *Nibelungenlieds* wie der Heldendichtung ist eine Fiktion des 19. Jahrhunderts [vgl. 382; *S. 168ff* und 701].

Einer übergreifenden Sinngebung und Ableitung des schrecklichen Geschehens scheint sich das *Nibelungenlied* für Dichter und Publikum zu entziehen. Es als Exempel der sich fortzeugenden bösen Tat zu verstehen, wirkt simplifizierend; dennoch geht die Sinnführung, die der Dichter selbst gesetzt hat, in diese Richtung. Ein ostinater Hinweis auf Leid und Vergänglichkeit durchzieht explizit das Lied. Von der ersten bis zur letzten Aventiure wird immer wieder hervorgehoben, daß alle Freude unausweichlich in Leid umschlägt, daß es sich dabei aber nicht um einen Spezialfall der Geschichte, sondern gleichsam um ein allgemeines Verhängnis handelt (Str. 2378,3f):

«mit leide was verendet des küneges hôchgezît:
als ie diu liebe leide ze aller jungeste gît»

(In Leid war das Fest des Königs zu Ende gegangen,/ wie schließlich immer Freude in Leid ausgeht.) Im Erzählvorgang wird diese Perspektive durch ein Netz gestufter Vorausdeutungen bewußt gemacht, die auf den näheren und weiteren Handlungsverlauf, insbesondere auf den Tod vieler Helden hinweisen. Dadurch wird die Untergangsprognose zum roten – oder besser: schwarzen Faden des Geschehens. Die pessimistische Grundhaltung verbindet die Handlung über Unvereinbarkeiten hinweg und hebt diese gleichsam in einem übergreifenden Zusammenhang auf. Wenn etwa Voraussetzung und Erfolg, Absicht und Wirkung nicht zueinander passen (Siegfried, der stärkste Held, fällt durch hinterlistigen Mord; Kriemhild will Siegfried schützen und verrät ihn an Hagen; Hagen will die burgundische Königsherrschaft stärken, doch seine Pläne und Taten führen letztlich zum Untergang), so wird deutlich, daß der Lauf der Dinge auf weite Sicht nicht steuerbar ist.

Diese resignative Perspektive, die historische Erfahrungen – ungerechtfertigt erscheinende Siege und Niederlagen, Glücks- und Unglücksfälle – zu umfassen vermochte, steht im Gegensatz zu dem Erfolgs- und Heilsoptimismus des Artusromans. Dessen Helden wird «sælde» und «êre» verheißen und auch gewährt, wenn sie bestimmte Voraussetzungen erfüllen. Die gegenläufige Finalität gründet sich aber wohl nicht auf eine generelle Infragestellung der höfischen Werte im *Nibelungenlied* [vgl. 672 und 420 a; *S. 271f*]; denn höfische Tugenden und Lebensformen, vor allem die Minne werden als wesentlich für eine glückliche persönliche und gesellschaftliche Existenz verstanden. Freilich besitzen sie in der erzählten Geschichte keine durchgreifende ethisierende Kraft und werden von konträren Motiven (Betrug, Haß, Rache als persönlicher Antrieb) zerstört.

Nibelungenlied und Artusroman reagieren – wie Legende und Antilegende – im gleichen gesellschaftlichen Rahmen mit komplementären literarischen Modellen. Der Artusroman zeigt in einem idealen Entwurf den Weg zu Glück und Heil, das *Nibelungenlied* veranschaulicht in einer historisch bezogenen Geschichte den Weg menschlicher Vergänglichkeit.

Die Klage

Was im *Nibelungenlied* kommentarlos in einem schrecklichen Bild endet (Massen von Toten, Kriemhild in Stücke gehauen, Etzel und Dietrich weinen), wird in einem anderen Gedicht, *Die Klage*, kommentierend weitergeführt. Es handelt sich um eine Reimpaardichtung von über 4000 Versen, die in allen vollständigen Handschriften des *Nibelungenlieds* überliefert ist und den gleichen Stoff anders aufbereitet darbietet. Mit dem nibelungischen Stil hat sie nichts gemeinsam. Von einem Prolog und Epilog umrahmt, beginnt die *Klage* mit einem Vorspann, der im Zeitrafferstil von Kriemhilds Verbindung mit Siegfried und dessen Tod zu der zweiten Heirat mit Etzel gleitet und den Burgundenuntergang referiert; dann geht sie über den Schluß des *Nibelungenlieds* hinaus, bemüht, die Vorgänge zu erklären, Schuldige und Unschuldige zu bestimmen und zu zeigen, wie das Leben weiterläuft. Am Hunnenhof beklagen Etzel, Dietrich und Hildebrand zusammen mit den Frauen die Toten, die sie aufbahren und bestatten. Dann werden Boten nach Bechelarn, Passau und Worms gesandt, um die Ereignisse dort kundzutun. Gotelint, Rüdigers Gattin, und die alte burgundische Königin Ute sterben vor Leid; doch Brünhilds Sohn wird zum König gekrönt, so daß sich die Herrschaft fortsetzt. Dietrich von Bern zieht mit seiner Braut Herrat und Hildebrand in sein Land zurück. Der Bischof Pilgrim von Passau läßt «das größte Ereignis, das jemals in der Welt geschah» in Latein aufschreiben (Anlaß zu Spekulationen in der Forschung über eine verlorene lateinische Nibelungendichtung).

Lange Zeit war die Entstehung der Klage nach dem *Nibelungenlied* (1. bis 3. Jahrzehnt des 13. Jahrhunderts) unumstritten; neuerdings wird auch für möglich gehalten, daß sie dessen Verschriftlichung voranging [vgl. 440 und 662]. Die Diskussion bewegt sich in dem Spannungsfeld von Mündlichkeit und Schriftlichkeit und behandelt *Nibelungenlied* und *Klage* als unabhängige, verschiedene «literarisch-ästhetische Antworten auf ein und dieselbe Situation» [vgl. 440; *S. 86*]. Als Literaturtyp steht die *Klage* christlicher Geschichtsdichtung nahe [vgl. 662; *S. 277* und 645; *S. 60f*], und sie bildete vielleicht einen Katalysator für die Aufnahme des *Nibelungenlieds* in die buchliterarische Tradition [vgl. 664]. Auf jeden Fall bietet sich die Überlieferungsverbindung als Rezeptionseinheit an, und in dieser erscheint die *Klage* als fortsetzende Interpretation des *Nibelungenlieds*, die das Geschehen auf einen christlich-religiösen Werthorizont projiziert. Kriemhild wird von aller Schuld freigesprochen; denn sie handelte aus «triuwe» (Treue ist hier eine emotional verstandene Bindung), die gegenüber allem anderen zum höchsten Wert deklariert wird und ihr die ewige Seligkeit garantiert. Hagen, der Initiator von Mord und Hortraub, handelte dagegen bewegt von der Ursünde »übermuot», durch die sich der Mensch gegen Gott erhebt. Ihm ist die Verdammnis gewiß. Entsprechend nennt der *Klage*-Dichter Hagen als Urheber alles Bösen «vâlant», während in der Schlußszene des *Nibelungenlieds* die unmenschliche Kriemhild von Hagen als «vâlandinne» bezeichnet werden konnte. Die gleiche Umwertung der Gestalten Kriemhild und Hagen findet sich in der wahrscheinlich unter dem Einfluß der *Klage* entstandenen *Nibelungenlied*-Redaktion C. Das heillose Geschehen des *Nibelungenlieds* wird in der *Klage* domestiziert und – bei allem ästhetischen Abstand – an den höfischen Roman herangerückt.

Aneignung des *Nibelungenlieds*

Urteilt man nach der Zahl der erhaltenen Handschriften, so nahm das Interesse am *Nibelungenlied* im 15. Jahrhundert allmählich ab. Kaiser Maximilians berühmtes Heldenbuch (1504 bis 1515/16) bewahrt es als Schatz mittelalterlicher Epik, doch gehört es nicht zu den volksbuchmäßig für den Druck umgearbeiteten alten Stoffen. Erst im 18. Jahrhundert wurde es quasi wiederentdeckt, als Jacob Hermann Obereit 1755 die Handschrift C fand und Johann Jacob Bodmer 1757 daraus den Schlußteil und die *Klage* als Zeugnis deutscher literarischer Geschichte veröffentlichte. Die Handschriften B und A wurden 1769 und 1779 bekannt.
Breitere Bedeutung erlangte das *Nibelungenlied* in der ersten Hälfte des 19. Jahrhunderts, und zwar im Zusammenhang von nationaler Literaturgeschichtsschreibung mit dem deutschen Einheitsstreben und der Ausbildung eines deutschen Nationalbewußtseins. In dieser Zeit avancierte es zum deutschen Nationalepos, zur ‹deutschen Ilias›. Diese Wertschätzung war jeweils abhängig von der politischen Situation, in der, abgehoben von der *Nibelungenlied*-Handlung, wichtige Wertbegriffe auf das Epos projiziert wurden. Nacheinander wurde es in den Dienst nationaler Identitätsfindung, absoluter Königstreue, Kampfbereitschaft und Durchhalteverpflichtung in den beiden Weltkriegen gestellt [vgl. 421 und 455].
Mehr als alle anderen mittelalterlichen literarischen Werke und Stoffe wurde das *Nibelungenlied* ediert, übersetzt, nachgedichtet und in Bilder umgesetzt (bis 1981 wurden 28 Editionen und 96 verschiedene Übersetzungen ermittelt [vgl. 477; *S. 314f*]). Die im Epos erzählte Geschichte verschmolz in der zweiten Hälfte des 19. Jahrhunderts mit der aus anderen Quellen gespeisten Mythisierung des Stoffs durch Richard Wagners *Der Ring des Nibelungen* (zwischen 1869 und 1876 uraufgeführt). Wagners Oper hat das Bild von Siegfried und anderen Gestalten in der Folge-

zeit stärker geprägt als das *Nibelungenlied* selbst. Doch bis in die Gegenwart wird es als Denkmal ‹deutscher Treue› in Anspruch genommen. Treue als germanisch-deutsche Nationaltugend, vor und außerhalb der Beschäftigung mit dem *Nibelungenlied* ‹entdeckt›, wurde auf das Nationalepos appliziert. Von Uhlands Vorlesungen zur *Geschichte der altdeutschen Poesie* (1830/31 gehalten, 1865 gedruckt) über Vilmars *Geschichte der deutschen Nationalliteratur* (von 1845 bis ins 20. Jahrhundert in über 25 Auflagen erschienen) führt dieses deutende Schlagwort über viele Zwischenstationen zu der vielberufenen ‹Nibelungentreue›, die der Reichskanzler Freiherr von Bülow 1909 beschwor, um die deutsch-österreichische Bündnispolitik zu sanktionieren. Im Zuge solcher Funktionalisierung von den Freiheitskriegen bis zum Zweiten Weltkrieg wurden mit wenigen Ausnahmen Betrug, Mord und der katastrophale Ausgang in positiver Begrifflichkeit aufgehoben.

Kudrun

Anschließend an des *Chrimhilt*-Buch und *Die Klage* enthält die Ambraser Sammelhandschrift das Buch *Chautrun* (um 1240), ein episches Werk von 1705 Strophen in 32 Aventiuren gegliedert, das nur in dieser späten Überlieferung vom Anfang des 16. Jahrhunderts erhalten ist. Die literaturgeschichtliche Einordnung bleibt in vielen Punkten (Verfasser, Entstehungszeit, Herkunft des Stoffs, mögliche Vorstufen der existierenden Geschichte) unbestimmt [vgl. 651]. Infolgedessen besteht die Gefahr, offene Fragen in Analogie zum *Nibelungenlied* zu beantworten. Doch die Nachbarschaft, die der Konzeptor der Ambraser Sammlung hergestellt hat, leuchtet in mehrfacher Hinsicht ein: Die *Kudrun* setzt für den Verfasser wie für das Publikum das *Nibelungenlied* voraus. Ihre Strophenform ist eine Abwandlung der Nibelungenstrophe, die zum Teil auch unverändert vorkommt. Das Werk beginnt mit dem nibelungischen Einführungsmuster, «Ez wuohs in Irlande ein rîcher künic hêr», und enthält darüber hinaus zahlreiche Reminiszenzen. Der Stoff stammt wie beim *Nibelungenlied* nicht aus romanischer Literaturtradition, doch ist er wohl kaum historisch fundiert; er besteht aus der Reihung eines mehrfach abgewandelten Entführungs- und Rückgewinnungsmodells, dominierend als Brautwerbung gefaßt. Fragwürdig erscheint demgegenüber die traditionelle Zuordnung der *Kudrun* zur Heldendichtung. Die erzählte Geschichte bzw. die Geschichten umfassen mehrere Generationen, die in drei ungleichgewichtigen Teilen, jeweils auf eine Hauptfigur konzentriert, dargestellt werden. Kudrun, die Tochter König Hetels und seiner Frau Hilde, steht im Zentrum des letzten, gewichtigsten Teils (9.–32. Aventiure). Mehrere Bewerber bemühen sich vergeblich um sie. Herwig von Sêlant hat schließlich Erfolg; doch es gelingt dem abgewiesenen Hartmut von Ormanîe (eigentlich Normandie, aber wohl als das sizilisch-süditalische Normannenreich gedeutet), Kudrun und ihr Gefolge auf seinen Schiffen zu entführen. König Hetel und Herwig verfolgen die Entführer, und es kommt zu einer großen Schlacht auf dem Wülpensant, in der Kudruns Vater von Ludwig, Hartmuts Vater, getötet wird. Hartmut und Ludwig entkommen mit den Frauen nach Ormanîe. Kudrun weigert sich konstant, Hartmuts Frau zu werden, und erträgt deshalb körperliche Züchtigung und größte Erniedrigung. Sie muß mit ihrer Gefährtin am Meeresstrand Wäsche waschen. Ihre Peinigerin und teuflische Gegnerin ist Gerlind, Hartmuts Mutter. Nach dreizehn Jahren landen Herwig und Kudruns Bruder Ortwin mit einer Flotte, um die Entführte zu befreien. In blutigen Kämpfen wird die normannische Burg erobert; Ludwig und Gerlind werden getötet, Hartmut und seine Schwester gefangengenommen. Die Befreier siegen und kehren mit den Geretteten und Gefangenen zu Hilde nach Hegelingen zurück.

Die Erzählung endet nun nicht mit der Krönung Kudruns an Herwigs Seite, sondern es folgt noch, in drei Aventiuren ausgebreitet, ein Akt außerordentlicher Versöhnungspolitik: Kudrun stiftet drei Ehen, die bisher verfeindete Familien verbinden. Nach anfänglichem Widerstreben fügen sich die Paare dem Ziel der Friedenssicherung. Kudruns Antwort auf das erlittene Unrecht ist also nicht gnadenloser Kampf, sondern Versöhnung, und dadurch erscheint sie als Gegenbild zu der Rächerin Kriemhild.

Auch in der *Kudrun* ist eine politische und gesellschaftsbezogene Verständigungsebene in die erzählte Brautwerbungsmotivik eingefügt: Bei der Abweisung der Bewerber spielt die Frage der Ebenbürtigkeit eine Rolle. Das schwerste, Kudrun zugefügte Leid betrifft ihre Standesehre, indem sie zur Magd erniedrigt wird. Versöhnungspolitik durch Eheschließungen war für das zeitgenössische Adelspublikum ein wirklichkeitsnahes Verfahren. Die abschließende Sinnsetzung ist aber nicht mehr durch die Entführungs- und Rückgewinnungsgeschichte strukturell verankert, sondern angehängt. Dabei bleibt die in der höfischen Literatur – und auch im *Nibelungenlied* – für menschliche Beziehungen als wesentlich erachtete persönliche und emotionale Dimension außer acht. Vielleicht liegen darin die Gründe für die geringe Resonanz der *Kudrun* im Mittelalter. Der Antityp vermochte sich gegenüber der liebenden, trauernden und rächenden Kriemhild nicht zu behaupten.

Dietrich von Bern

Dietrich erscheint im *Nibelungenlied* als bedeutende Randfigur. Seine eigene Geschichte wird nicht erzählt, sondern nur alludiert und damit als bekannt vorausgesetzt: Aus seinem Reich vertrieben, lebt er mit seiner Verlobten Herrat und seinen Gefolgsleuten an Etzels Hof. Er versucht, dem Ausbruch des Kampfes und dem allgemeinen Untergang entgegenzuwirken, indem er die Burgunden vor Kriemhilds Rache warnt und sich nicht zu ihrem Werkzeug machen läßt. Doch wie Rüdiger kann er seine Neutralität nicht bewahren und den Kampf nicht aufhalten. Bis auf Hildebrand werden alle seine Gefolgsleute erschlagen. Indem er schließlich Gunther und Hagen überwindet und fesselt, erweist er seine überragende Kampfkraft; aber er ist kein glücklicher Sieger. Sein Friedensbemühen scheitert im Rahmen der allgemeinen Untergangsdetermination, er selbst bleibt am Leben, um – wie *Die Klage* erzählt – in sein Reich zurückzukehren.

In der Dietrichepik [vgl. 503; 337 und 338] tritt der zuvor mündlich tradierte Stoff seit dem 13. Jahrhundert literarisch zutage. Sie bezieht sich im Kern auf den historischen Theoderich den Großen, der im 5. Jahrhundert nach seinem Sieg über Odoaker das Ostgotenreich in Italien begründet hat (Bern = altdeutscher Name für Verona). Allerdings wurde in der sagenhaften Umgestaltung der Eroberer zum Vertriebenen, und der Ostgotenkönig Ermanarich, der rund hundert Jahre früher im Kampf gegen die Hunnen gefallen war, wurde als Ermenrich zu Dietrichs Onkel und Gegenspieler. Geschichtsmächtige Interessen haben hier – wie beim Burgundenuntergang – die Sagen geformt [vgl. 494] und historische Gestalten verschiedener Zeiten aneinandergerückt (auch Etzel, der zwischen den beiden Gotenkönigen herrschte, wurde einbezogen). Die Gründe für die frappierende Inversion und die Schritte des Wandlungsprozesses lassen sich nicht aufklären. Ende des 13. Jahrhunderts werden *Dietrichs Flucht* (auch *Buch von Bern* genannt) und die *Rabenschlacht* (Schlacht bei Ravenna) als «historische Dietrichepik» greifbar [vgl. 694]. Stets gemeinsam überliefert variieren sie das Thema des glücklosen Sieges: Dietrich besiegt den Angreifer Ermenrich in einer Abwehrschlacht, gibt aber sein Reich auf, um sieben seiner Gefolgsleute vor dem Tod in Gefangenschaft zu retten, dann zieht er in die Verbannung und wird an Etzels Hof aufgenommen. Letztlich entscheiden hier also nicht Kampf und Sieg den Lauf der Ereignisse, sondern personale Bindungen, Treue und Verrat. Zwei Rückgewinnungsversuche scheitern auf ähnliche Weise. In der *Rabenschlacht* überwindet Dietrich erneut seinen Gegner Ermenrich; aber er zieht wiederum zu Etzel zurück, weil dessen ihm anvertraute junge Söhne zusammen mit seinem eigenen Bruder abseits vom Schlachtfeld von dem Verräter Witege getötet worden sind. Er will Etzel die Nachricht selbst überbringen, erlangt Verzeihung und bleibt am Hunnenhof. (In der deutschsprachigen Literatur werden Dietrichs Heimkehr und Tod nirgends erzählt.) Verbunden ist dieses gebrochene Herrscherbild in *Dietrichs Flucht* mit einem kritischen Blick auf die politische Gegenwart des Bearbeiters: Sie ist von Spannungen zwischen Landesherrn und Adel – wohl in Österreich am Ende des 13. Jahrhunderts – geprägt.

Vielleicht stammt auch *Alpharts Tod* [687] aus dem 13. Jahrhundert

(handschriftliche Aufzeichnung im 15. Jh.): Es ist die Geschichte eines von Dietrichs Mannen, der durch Verräterhand stirbt.
Liebling der das ganze Spätmittelalter über anhaltenden Publikumsgunst wurde Dietrich in einer Reihe formal unterschiedlicher Epen, die ihn in Abenteuern mit Riesen, Zwergen, Drachen und anderen Gegnern darstellen und die in zahlreichen Handschriften und Drucken erhalten sind: *Goldemar* von Albrecht von Kemnaten, *Eckenlied, Sigenot, Virginal, Laurin, Rosengarten, Biterolf und Dietleib* [vgl. 337; *S. 155f* und 290; *S. 180–186*]. Motive der höfischen Literatur sind darin abgewandelt aufgenommen und mit Volkserzählungen aus Südtirol kombiniert. Die Freude an den unterhaltenden Aventiuren, für die der historische Name nur noch ein Markenzeichen ist, hat das Interesse an der geschichtshaltigen Epik überrundet.

Vom Geld ist die Rede, von wem noch?

Ich bin zu lange unfreiwillig arm gewesen...

... schrieb er, von dem hier die Rede ist. Und so freute er sich, dem 50. Lebensjahr nahe, überschwenglich, als man ihm ein Grundstück gab, das ihn endlich wirtschaftlich unabhängig machte, unabhängig auch von der oft erniedrigenden Entlöhnung, der «Miete», wie er's nannte.
Seine erste Anstellung hatte er in Österreich bei einem Herzog gefunden; doch als der starb, mußte der junge Künstler Wien verlassen. Verärgert über den erzwungenen Abschied verteilte er an die Zurückbleibenden seine «bewegliche Habe» und seinen «Grundbesitz»: sein Unglück, seine Unseligkeit, seine Schwermut. In jahrelanger Wanderschaft schlug er sich nun durchs Leben und durch Europa, «von der Seine bis an die Mur, vom Po bis zur Trave». Er lebte von Geschenken, aber stolz lehnte er allzu billigen Lohn ab: Wer ihm getragene Kleider schenke, sei seiner Kunst nicht wert. Einmal, zu Winterbeginn, erhielt er von einem Bischof 5 Schillinge, eine Summe, für die er sich damals immerhin einen Pelzmantel machen lassen konnte, außen mit Fuchs, innen mit Feh. Aber es demütigte ihn doch, wenn man ihm den erbetenen Lohn widerwillig gab: Lieber 1000 Pfund freiwillig als 30000 Pfund widerwillig. Geld und Gut sei angenehm, schrieb er, aber er wolle lieber arm sein, als sich, wie er's oft bei anderen gesehen habe, unehrenhaft zu bereichern.
Noch etwa 10 Jahre hatte er zu leben, als er sein eigenes kleines Gut erhielt. Nun, so jubelte er, würden ihn die Nachbarn nicht mehr wie eine Vogelscheuche ansehen. Müde vom Umherziehen, aber auch müde von dem jahrelangen politischen Kampf, den er auf wechselnden Seiten gefochten hatte, widmete er sich nun vor allem der Erziehung der Jugend.
Von wem war die Rede?
(Alphabetische Lösung: 23–1–12–20–8–5–18 22–15–14 4–5–18 22–15–7–5–12–23–5–9–4–5)

Alfred Ebenbauer
Andere Großepen

Aus dem deutschen Mittelalter ist uns eine Anzahl von Großerzählungen erhalten, die sich nicht in die kompakten Gattungs- und Traditionszusammenhänge von Antikenroman, Artus-Gral-Roman oder deutscher Heldendichtung einordnen lassen. Es handelt sich um eine Gruppe von Erzählungen verschiedener Anlage, Herkunft und Intention, ein disparates Corpus, dessen Konstituierung nicht zuletzt einer literarhistorischen Verlegenheit entspringt. Entsprechend schwierig ist eine gemeinsame Erfassung.

Brautgewinnung in der ‹Spielmannsepik›

Wie in der mittelalterlichen Erzählliteratur generell steht das Verhältnis von Mann und Frau im Zentrum auch dieser ‹Gruppe› von Erzählungen. Freilich in mehreren Formen. Da wird zunächst im 12. Jahrhundert die Frage aufgeworfen: Wie kommt der (adelige) Mann zu einer Frau – eine Frage, die vor allem auch die deutsche Heldendichtung (*Nibelungenlied* [um 1200], *Kudrun* [um 1240] usw.) maßgeblich beschäftigt. Im feudalen Kontext geht es bei dem Problem der Brautgewinnung allerdings nicht um Gefühle, um Liebe oder um Zuneigung, sondern es geht um Macht, Herrschaft, Ebenbürtigkeit, um die Echtheit des Geblüts. Die richtige Frau gewinnen, heißt für einen legitimen Erben sorgen, die Stabilität der Genealogie und somit die Herrschaft sichern.

Im *König Rother* (nach der Mitte des 12. Jhs.; ca. 5000 Verse) wirbt der Held um die Tochter des byzantinischen Kaisers, der seine Tochter lieber den islamischen Feinden als dem süditalienischen König geben möchte. Das (verdoppelte) Brautwerbungsmotiv ist mit dem feudalen Thema der Dienstmannensage (Treue des Herrn zu seinen Gefolgsleuten) verknüpft. Besonders aber geht es bei Rothers Werbung um die Frage nach dem Verhältnis von westlichem und byzantinischem Kaisertum. Rother, der König von Bari, erscheint als Typus des christlichen römischen Kaisers; er wird in Rom gekrönt und hält am Schluß des Werkes einen Reichstag in der Karlsstadt Aachen, wo er die Länder des christlichen Abendlandes (außer den Reichslehen und Schwaben) an seine Vasallen verteilt. Es scheint, als sei durch die Hochzeit Rothers mit der byzantinischen Kaiserstochter das Kaisertum in den Westen zurückgekehrt (*translatio per nuptias*). Da kann Rother (der Langobardenkönig Rothari und/oder der Normannenherrscher Roger II.?) dann auch zum Stammvater Karls des Großen werden. – Einen Erben und eine gleichwertige Partnerin wünscht sich auch der heilige König Oswald (Oswald von Northumbria, 604 bis 642) in dem nach ihm benannten Epos *Sanct Oswald* (um 1170 bis 1180) Er findet sie in der Pamige, der Tochter eines fernen Heidenkönigs. Oswalds abenteuerliche Brautfahrt gerät zugleich zum Kampf gegen Heiden und visiert in der Taufe und Tötung des heidnischen Schwiegervaters ein spezifisches Kreuzzugsthema an. – Mit dem Kreuzzugs- und Heidenthema hat auch die Brautfahrt des trierischen Königssohns Orendel (*Orendel* bzw. *Der graue Rock*, wohl um 1190/96; ca. 3800 Verse) zu tun, der ins Heilige Land reist und Bride, die Königin von Jerusalem, erringt. Die Verteidigung des Heiligen Grabes tritt bei dieser Werbungsfahrt in den Vordergrund, darüber aber legt sich als eigentlich zentrales Motiv eine Reliquiengeschichte: Orendel gewinnt und transferiert den heiligen Rock Christi nach Trier – wo er noch heute aufbewahrt ist. – Das Epos von *Salman und Morolf* (um 1160; 784 Strophen) geht auf jüdisch-talmudische Tradition von König Salomon zurück. Salman, dem christlichen König von Jerusalem, wird zweimal seine Frau (mit deren Einwilligung) entführt. Salmans listiger Bruder Morolf muß sie wieder zurückgewinnen. Eine Umkehrung also des traditionellen Brautwerbungsmotivs. Die untreue Gattin Salmans findet durch Morolf den Tod.

Im *Rother* wird der politisch-herrschaftliche Aspekt der Brautgewinnung voll ausgespielt: Rothers Gattin gebiert einen Sohn Pippin, den zukünftigen Vater Karls des Großen – um freilich anschließend mit ihrem Gemahl ins Kloster zu gehen. Im *Orendel* und im *Oswald* wird zwar auch von Brautwerbung erzählt, aber die Brautwerbung ist – und das ist ein hervorstechender Zug – um ihren eigentlichen Effekt gebracht: Dem glücklichen Paar wird am Ende des mühevollen und kampfreichen Lebens jeweils vom Himmel Keuschheit verordnet. Heiligen- und Reliquienpropaganda dominiert das feudale Werbungsanliegen. Die Gewinnung eines Erben und Nachfolgers ist nur der Anstoß für die Handlung, aber nicht ihr Ergebnis.

Im Brautwerbungsgeschehen erscheint die Frau als Objekt männlich-adeligen Handelns. Die Bride des *Orendel* gewinnt nur dadurch ein Gesicht, daß sie Königin ist und in den Heidenkämpfen selbst zu den Waffen greift. Der Pamige des *Oswald* verhilft ihr heimliches Christentum in heidnischer Umwelt zu einem gewissen epischen Charakter. Die Gattin

Rothers bleibt namenlos und ohne jedes Profil. Im *Salman* spielt die Frau eine größere Rolle, doch diese epische Gerechtigkeit ist teuer bezahlt, denn Salmanns Gattin ist eine negative, fast dämonische Ehebrecherin, die nach dem zweimaligen Treuebruch der gerechte Tod durch Morolfs Hand ereilt.

Liebe und Ehe in den Romanen des 13. Jahrhunderts

Von Mann und Frau handeln auch zahlreiche Großerzählungen des 13. Jahrhunderts. Diese Werke entstanden in einer Zeit, als die «klassischen Romane» der *matière de Bretagne* (*Iwein*, *Parzival* usw.) über Fragen der Ehe/Liebe und auch der Herrschaft bereits umfassend diskutiert hatten. Diese Diskussion hatten die späteren Autoren vor Augen, doch die Akzente mußten nun anders gesetzt werden.

Ein Thema der oft unter dem Sammeltitel «Minne- und Aventiureromane» gehenden Erzählungen des 13. Jahrhunderts ist zunächst die Frage: Wie kommen zwei – in der Regel junge – Liebende zusammen? Nicht mehr die tatkräftige Einholung einer fernen Gattin aus dynastischen Gründen wird behandelt. Die Liebenden müssen vielmehr den Widrigkeiten einer feindlichen Umwelt standhalten. Dabei geht es in der Regel darum, gesellschaftliche Barrieren zu überwinden. Der (männliche) Held muß geduldig ausharren, um diejenige zu bekommen, die er liebt und die ihn liebt.

Der junge heidnische Königssohn Flore des weitverbreiteten sentimentalen Flore- und Blanscheflur-Sujets etwa verliebt sich in die Tochter einer christlichen Sklavin seines Vaters, eine Mesalliance, der erst nach vielen Schwierigkeiten Erfolg beschieden ist. Konrad Fleck hat den Stoff in mittelhochdeutsche Verse gebracht (*Flore und Blanscheflur*; ca. 8000 Verse). – Im *Wilhelm von Orlens* (um 1240; 15689 V.) des Rudolf von Ems (um 1200 bis 1254) muß der junge Graf Wilhelm fast übermenschliche Leiden auf sich nehmen, bis ein gnädiges Schicksal ihn endlich mit seiner geliebten Amelye, der Tochter des englischen Königs, zusammenführt. Deren Vater hatte sie aus politischen Gründen einem anderen Werber versprochen. In der Stellungnahme zu Gottfrieds *Tristan und Isolt* (um 1210) wird hier die Minne in vorbildhafter Weise an die gesellschaftliche Norm zurückgebunden. – Im *Demantin* (ca. 11700 V.) des Berthold von Holle (Mitte 13. Jh.) wird eine Menge erzählt, bis der Held seine Sirgamot gewinnt und griechischer König wird; und im *Crane* Bertholds (um 1250; ca. 4900 V.) hat es der ungarische Königssohn auch nicht eben leicht, bis er die Tochter des deutschen Kaisers heimführen kann.

Die Zusammenführung eines jungen Paares ist auch im *Engelhard* (um 1275) Konrads von Würzburg als «Nebenthema» gestaltet. In der Darstellung des exemplarischen Ablaufs der Minne steht dieser Text dem *Wilhelm von Orlens* nahe, zeigt aber insofern eine Besonderheit, als ein Konkurrent um die Liebe der Engeltrud auftritt, der in einem (manipulierten) Gerichtskampf unterliegt. Die *triuwe* der Liebenden triumphiert über sachliche Wahrheit und setzt eine höhere Wahrheit der Liebe in ihr Recht. Auch im (ersten Teil des) *Reinfried von Braunschweig* (nach 1291; ca. 27600 V.) gibt es einige Probleme – vor allem die Verleumdung durch einen neidischen Rivalen –, bis Reinfried, der Herzog von Braunschweig, und die dänische Königstochter Yrkane sich in glücklicher Ehe finden. Dabei ist viel von Minne und Minnepsychologie die Rede, die Doppelbödigkeit des Wahrheit-Minne-Themas des nahverwandten *Engelhard* wird allerdings beseitigt. – Johanns von Würzburg *Wilhelm von Österreich* (1314; fast 20000 V.) erzählt von einem österreichischen Königssohn und Babenbergersproß, der in zarter Liebe zur heidnischen Königstochter Aglye entbrennt, von ihr getrennt wird – Anlaß für eine Reihe von sentimentalen Liebesbriefen – und sie nach vielen Abenteuern zur Gattin gewinnt. Auffällig ist der traurige Ausgang der Geschichte: Der Held wird erschlagen, Aglye stirbt den Liebestod.

Das Zusammenkommen der Liebenden wird dann erschwert, wenn die Frau feenhafte Züge hat, wenn magische Tabus zwischen den Liebenden stehen. So würde es bei Konrad von Würzburg sehr lange dauern, bis in *Partonopier und Meliur* (um 1277; 21784 V.) der Neffe des französischen Königs und die (mehr zauberkundige als feenhafte) byzantinische Kaisertochter zusammenkommen, wenn Konrad sein Werk (nach französischer Vorlage) hätte fertigstellen können. Auch im anonymen *Friedrich von Schwaben* (nach 1314; 8068 V.) geht es um feenhafte Liebe. Der Held dieses Werkes muß eine Reihe von Abenteuern bestehen, ehe er seine verzauberte Geliebte Angelburg, die er durch Übertretung eines Verbots verloren hat, ganz gewinnt. Nach dem Tod Angelburgs ehelicht der Held eine verlassene Geliebte.

Eine andere Variante des Mann-Frau-Themas handelt nicht vom Weg zur Ehe, sondern von der Ehe selbst. Das Ehethema der ‹klassischen› Ritterromane als Diskussion richtigen, partnerschaftlichen Verhaltens wird freilich kaum fortgeführt. Vielmehr tritt das Trennungsthema mit großer Deutlichkeit hervor, und zwar in unterschiedlichen Ausgestaltungen.

Da kann einmal das Schicksal zuschlagen und ein glücklich vereintes Paar auseinanderreißen und den Prüfungen des Lebens aussetzen. Das (üblicherweise) glückliche Ende verdankt sich dann dem Durchstehvermögen der Partner. Klassische Ausprägung dieses Sujets ist die aus dem alten Rom (3. Jh.) stammende *Historia Apollonii Tyri*, die (um 1300) der österreichische Dichter Heinrich von Neustadt zu einem umfangreichen Opus (*Apollonius von Tyrland*; 20640 V.) ausbaute. Er füllte die Zeit der Trennung des Ehepaares mit einer ungeheuren Menge von Stoff auf. Daß Apollonius dabei durch seine Taten mehrere Ehefrauen gewinnt, die – um die glückliche Vereinigung mit der ersten Gattin zu ermöglichen – dann

wieder verschwinden müssen, sei nur am Rande erwähnt. Eine Trennungsgeschichte dieser Art taucht auch im Hintergrund des *Guten Gerhard* (um 1220/25) auf, wo ein Seesturm den englischen König Wilhelm von seiner norwegischen Verlobten trennt.
Im *Wilhelm von Wenden* (zwischen 1287 und 1297; ca. 8300 V.) des Ulrich von Etzenbach folgt der Dichter dem Grundschema des hellenistischen Trennungsromans, wie ihn der französische *Guillaume d'Angleterre* (um 1175) auf der Basis der Eustachiuslegende ausgestaltet: Der heidnische Wendenkönig Wilhelm begibt sich auf die Suche nach Christus. Von seiner Familie getrennt, kommt er ins Heilige Land, wo er zum Vorkämpfer der Christenheit avanciert, ehe er wieder in die Heimat zurückkehrt und mit seiner Frau und seinen beiden Söhnen glücklich vereint wird. Eng verwandt mit dem *Wilhelm* ist die *Gute Frau* (wohl um 1230), eine kurze Erzählung (3058 V.), die mit einer ritterlichen Minnegeschichte beginnt: Die Tochter des Grafen von Berry und der Sohn eines Vasallen kommen glücklich zusammen. Die freiwillige Weltentsagung der Eheleute führt dann zu ihrer Trennung. Erzählt wird vom Schicksal der Frau, ihrer Treue bis zur Zusammenführung mit dem Gatten. Das wiedervereinte Paar begründet das karolingische Herrschergeschlecht.
Auch im zweiten Teil des Doppelromans von *Reinfried von Braunschweig* wird (nach der Minnehandlung des ersten Teils) das glückliche Paar getrennt: Der Titelheld muß auf Kreuzfahrt. Sein Weg führt ihn nach Indien und zum Magnetberg, und es wird lange dauern, bis er zu seiner Frau zurückkehren kann. (Der Dichter des Fragments ist nicht so weit gekommen.)
In anderen Texten geschieht die Trennung der Liebenden durch Verrat oder Verleumdung. Verleumdet und verstoßen wird dabei (natürlich) die Frau, sei es, daß die Mutter des Gatten die Konkurrentin um die Liebe des Sohnes nicht duldet, sei es, daß die Frau zum Objekt der Begierde eines anderen wird, der als abgewiesener Freier zur Rache der Anklage oder der Verleumdung greift, wie es im *Engelhard* und im ersten Teil des *Reinfried* der Fall ist. Der Möglichkeiten gibt es hier viele. Es ist ein altes Thema, das schon die Crescentialegende der Kaiserchronik abgehandelt hat. Im 13. Jahrhundert wird es in besonderem Maße thematisiert in der europaweiten Erzählung *La belle Helene de Constantinople*. In Deutschland lebt die Geschichte unter anderem in der Erzählung von *Mai und Beaflor* (vermutlich um 1270/80; ca. 9600 V.) In Texten dieses Sujets tritt die Frau ganz in den epischen Vordergrund. Emanzipation? Wohl kaum. Eher wohl die forcierte Einübung der weiblichen Dulderrolle.
In zwei Erzählungen des 13. Jahrhunderts tritt das Mann-Frau-Thema in je verschiedener Weise in den Hintergrund und wird von anderen Fragestellungen überlagert: im *Guten Gerhard* und im *Engelhard*. Im *Guten Gerhard* des Rudolf von Ems (6928 V.) wird eine exemplarische Ge-

schichte von Demut und Bescheidenheit erzählt. Kaiser Otto wird wegen seiner *superbia* genötigt, sich am Verhalten des Kölner Kaufmanns Gerhard ein Vorbild zu nehmen, der unter anderem so demütig ist, die angebotene englische Königskrone auszuschlagen. Im *Engelhard* des Konrad von Würzburg (6504 V.) wird die bekannte Freundschaftsgeschichte von Amicus und Amelius nachgeformt. Zwei junge Männer von unterschiedlicher sozialer Herkunft und völlig gleichem Aussehen bewähren ihre Freundestreue. (Von Freundestreue erzählen auch die Fragmente eines *Athis und Prophilias*, der um 1215 in Thüringen verfaßt wurde.)

Reichsfehde und Orientreise: Herzog Ernst

Ganz aus dem Rahmen der Mann-Frau-Problematik heraus fällt ein Erzählsujet, in dem auf das Minnethema und auf das Werbungsmotiv verzichtet wird, das nur einen männlichen Helden ohne weibliches Pendant kennt. Es ist die Herzog Ernst-Geschichte, in der von der Feindschaft zwischen dem bairischen Herzog Ernst und seinem Stiefvater, dem deutschen Kaiser Otto, gehandelt wird. Der Stoff stellt zentral auf das Dauerthema mittelalterlicher Politik, das prekäre Verhältnis zwischen Fürsten und Reich, ab. Mit dieser Thematik wird der *Herzog Ernst* (um 1180) zu einer Geschichte, die wie kaum eine Erzählung des Mittelalters lebendig war und die vom 12. bis zum 15. Jahrhundert immer wieder bearbeitet wurde. Ausschlaggebend für das große Interesse an dem Stoff mag auch der ‹Reiseteil› der Geschichte sein, in dem die Orientabenteuer des Helden erzählt werden.

Abgesehen vom Herzog Ernst bleibt aber die Mann-Frau-Thematik (Ehethema, Minnethema) der kleinste gemeinsame Nenner der hier zu erörternden Erzählungen – wenn man nicht das Thema der Reise in den Vordergrund stellen will: Die Reise in die Ferne verbindet den *Herzog Ernst* mit vielen Minne-Ehe-Erzählungen. Ernsts Trennung ‹vom Reich› hat dabei keine andere Funktion als die Gewinnung einer fernen Braut (*Oswald* usw.) oder als die Trennung eines (Ehe-)Paars (*Flore*, *Wilhelm von Wenden*, *Wilhelm von Österreich* usw.): Der Held muß hinaus und eine unbekannte Welt ‹erfahren›.

Lehre und Propaganda: Zur Intention der Texte

Was man auch als das Gemeinsame der hier behandelten Texte ansehen möchte, bei der Ausfüllung der Grundstrukturen beginnt die Variabilität. Die Art der Hindernisse, die sich zwischen ein Paar stellen, sind ebenso vielfältig wie die Möglichkeiten und Arten ihrer Bewältigung. Die Einbettung des Geschehens in raumzeitlich unterschiedene Zusammenhänge divergiert ebenso wie die unterschiedliche Ausformung der Reisewege und Reiseerfahrungen.

Unterschiedlich sind natürlich auch die Werkintentionen. Es ist zwar keine Frage, daß die genannten Erzählungen – wie jedes Erzählen im Mittelalter – didaktische Zwecke verfolgen. Sie handeln von Tugend und Vorbildhaftigkeit. Aber welche Qualität eingeübt werden soll, was der Held/die Heldin demonstrieren soll, das schwankt von Text zu Text.

Was das Verhältnis der Minne-Ehe-Partner betrifft, geht es in der Regel um vorbildhafte Minne und um eine Treue, die sich in der Tat oder im Dulden bewähren muß. Aber ebenso werden herrschaftliche Tugenden abgehandelt. Es ist wohl kein Werk, in dem nicht die fürstliche Freigebigkeit gepriesen wird, keines – mit Ausnahme des *Flore*-Romans –, in dem der Held nicht ein mehr oder weniger guter Kämpfer wäre, keines auch, in dem die Protagonistin nicht schön und tugendhaft erscheint.

Die Tugendhaftigkeit und Vorbildlichkeit der Helden lassen sich politisch-funktional verschieden einsetzen, ohne daß die einzelnen Gesichtspunkte immer deutlich zu trennen wären. Einige Texte stellen besonders auf die Fürsten- und Herrschertugenden ab und bekommen dadurch nachgerade den Charakter eines Fürstenspiegels. So werden im *Rother* die *triuwe* und die *milte* des Königs exemplarisch dargestellt. Der *Wilhelm von Orlens* läßt sich als Lehrbuch höfischen Verhaltens und adeliger Lebensführung lesen; man kann daraus unter anderem die Herrscherpflicht der Friedenswahrung lernen. Der *Wilhelm von Wenden* zeichnet in der idealtypischen Darstellung des jungen, königlichen Protagonistenpaares ein eindrucksvolles Gemälde landesfürstlicher Staatsverwaltung und der *Wilhelm von Österreich* ist eine vorbildhafte höfische Sitten- und Minnelehre.

In anderen Erzählungen dominiert die religiöse Unterweisung, die Bewährung christlicher Tugenden; Legendenhaftes steht im Hintergrund. Da ist die asketische Keuschheit der Ehepaare im *Orendel* und im *Oswald*, da ist aber vor allem die gottergebene Leidensfähigkeit der Beaflor, weiters auch die Askese (verbunden mit der Nächsten- und Gottesliebe) der Fürstenpaare im *Wilhelm von Wenden* und in der *Guten Frau*, die wohl mit den Armutsbewegungen des 13. Jahrhunderts in Zusammenhang stehen wird. Die Frömmigkeit der adeligen Helden mag etwas mit Herrschaftssicherung zu tun haben (Selbstheiligung des Adels), wenn im freiwilligen – allerdings nur vorübergehenden – Verzicht auf Herrschaft die christlich-ethische Vorbildhaftigkeit der Herrschaftsträger legitimierend eingesetzt wird. Das scheint besonders beim *Wilhelm von Wenden* und in der *Guten Frau* der Fall zu sein.

Mit adeliger Herrschaft und Fürstenverherrlichung könnte auch das Auftreten genealogischer Fiktionen in mehreren Texten zusammenhängen. Rother erscheint ebenso als Stammvater der Karolinger wie Flore oder der Gatte der *Guten Frau*. Der Held des *Wilhelm von Orlens* ist ein Ahne des Gottfried von Bouillon. Fraglich ist allerdings, was solche Genealogien eigentlich sollen. Als Verherrlichung Karls des Großen sind sie wohl nicht zu verstehen und eine genealogische Beziehung zwischen Karolingern und irgendwelchen Gönnern/Adressaten der betreffenden Texte läßt sich nicht feststellen. Handelt es sich um genealogische ‹Spielereien›?

Deutlich und unbezweifelbar ist die politisch-panegyrische Absicht dann, wenn die Romanhelden als Vorfahren der (vermutlichen) Widmungsträger der Erzählungen anzusehen sind oder mit diesen in sonst einer Verbindung stehen, wie es im *Wilhelm von Wenden* oder im *Wilhelm von Österreich* der Fall zu sein scheint. Solche genealogischen und historischen ‹Geschichtsklitterungen› stehen in einem Zusammenhang mit der bekannten Tatsache, daß die hier behandelten Erzählungen viel stärker in einen konkreten historischen und geographischen Raum eingeordnet sind, als dies etwa bei den Artusromanen mit ihrer mythisch-märchenhaften Umwelt der Fall ist. Bei den Erzählungen des 12. Jahrhunderts mag noch die Geschichtsschreibung unmittelbar Pate stehen. Aber wie ist das bei den Romanen des 13. Jahrhunderts? Sie haben sich mit der «Emanzipation des Fiktionalen» auseinanderzusetzen, wie sie der Artusroman geleistet hat. Bedeutet die Rückkehr in eine ‹historische Welt› den Sieg der geschichtlichen Wahrheit über die ‹arthurische Lüge›? Oder wurde für wahr angesehen, was man im Sinne eines lehrhaften oder panegyrischen Anspruchs als ‹höhere Wahrheit› ausgeben konnte? Oder müssen wir mit einem ‹Spiel› mit der Geschichte rechnen? – Jedenfalls ist es merkwürdig, wie weit die Veränderung von Tatsachengeschichte gehen kann, wenn etwa im *Apollonius von Tyrland* der Titelheld zum Vater des Aeneas, zum ersten christlichen Kaiser oder zum Gründer der Tafelrunde wird. Auch die Erfindung eines Babenbergersprosses und Vaters Friedrichs (des Streitbaren) im *Wilhelm von Österreich* oder die pseudorömische Geschichte in *Mai und Beaflor* können das Problem demonstrieren.

Neben ihrer je verschiedenen und mitunter mehrschichtigen funktionalen Zielrichtung enthalten die einzelnen Erzählungen einige Stellen, in denen konkrete politisch-soziale Probleme aufgeworfen werden. So ist es von einigem Interesse, daß im *Wilhelm von Wenden* eine landfremde Unbekannte (es ist die Heldin des Romans) auf Vorschlag eines Stadtbürgers zur Landesherrin gewählt wird, oder daß im *Reinfried von Braunschweig* realistisch und unverblümt von handfesten materiellen Beweggründen der Kreuzfahrer gesprochen wird. Im *Partonopier* wird gegen soziale Aufsteiger polemisiert und im *Apollonius* zeigt sich an vielen Stellen, wie Geld und Sachwerte an die Stelle ‹idealer› Beweggründe treten.

Die Autoren und ihr Umfeld

Bisher wurden die Texte als solche betrachtet. Vielschichtiger und komplexer wird das Konglomerat der hier behandelten Werkgruppe, wenn man die Autorschaft und den Entstehungsraum der einzelnen Werke in Betracht zieht.

Das war schon immer ein Problem bei den sogenannten Spielmannsepen (*Rother, Oswald, Orendel, Salman, Herzog Ernst*), deren bunte Erzählfreude auf einen ‹volkstümlichen› Produzenten, eben den Spielmann, zu deuten schien. Bei der literarsoziologischen Erörterung ging es dabei neben der Frage nach der sozialen Stellung des mittelalterlichen *spilman* vor allem um ‹stilistische› Begriffe wie: grell, burlesk, Freude am Stofflichen usw. Das Problem, inwieweit der mittelalterliche Spielmann (*spilman*) (nur) Gaukler war oder auch Instrumentalist oder Vortragender, oder ob der Spielmann auch (Epen) dichtete, sei hier dahingestellt. Dem angenommenen Typus des Erzählens scheint jedenfalls am ehesten der *Salman* zu entsprechen. Für den *Rother* konnte Herkunft aus dem Umkreis des bairisch-salzburgischen Grafengeschlechts der Tengelinger wahrscheinlich gemacht werden. Freilich hat man auch an Welfen, Wittelsbacher, Babenberger oder Dachauer gedacht. Der welt- und reichspolitische Aspekt des *Rother* wird dadurch nicht erhellt. Er wird auch nicht deutlicher, wenn man die Auseinandersetzung zwischen Welfen und Staufern in die Betrachtung mit einbezieht, denn es ist nicht klar, wie sich die staufische Karlsideologie des *Rother* mit den welfischen (bairischen) Belangen vertragen soll. Die Erzählung vom heiligen Oswald ist in zwei stark voneinander abweichenden Fassungen (*Münchener* und *Wiener Oswald*) überliefert, die wohl beide mit dem Kult dieses populären Heiligen zu tun haben. Man wird bei der Gestaltung und den Umgestaltungen der Erzählung an geistliche Verfasser denken müssen. Religiöse Propaganda und somit wohl auch geistliche Urheberschaft ist evident beim *Orendel*, dessen Entstehung wahrscheinlich mit der Niederlegung des Rockes Christi in Trier (1196) zu tun hat und dessen Drucke von 1512 wohl mit der Ausstellung des heiligen Rockes in diesem Jahr zusammenhängen.

Eine Brücke zwischen den als Spielmannsepen bezeichneten Erzählungen des 12. Jahrhunderts und den Großerzählungen des 13. Jahrhunderts schlägt der *Herzog Ernst*, dessen kontinuierliche Stoffgeschichte mit mittelfränkischen Bruchstücken des 12. Jahrhunderts beginnt; dann folgen eine rheinfränkische Bearbeitung B (um 1210) und das lateinische Epos eines Odo von Magdeburg (1205 bis 1218). Eine höfisierte Fassung (D) Ende des 13. Jahrhunderts gehört nach Böhmen. Ferner gibt es noch verschiedene lateinische und deutsche Prosafassungen. Historisch geht der Ernst-Stoff wohl auf Ereignisse des 10. und 11. Jahrhunderts zurück. Im 12. Jahrhundert dürften auch Elemente der Geschichte Heinrichs des Löwen eingeflossen sein, das heißt der Herzog Ernst geriet in den Umkreis des Staufer-Welfen-Streits. So sind denn auch die Helden der späteren (Anf. 14. Jh.) strophischen Fassung Friedrich Barbarossa und der (welfische) Herr von Braunschweig, also wohl Heinrich der Löwe. Vor 1230 entstand auch eine eigene Sage von Heinrich dem Löwen, eine Trennungs- und Heimkehrergeschichte, die nichts von einem Konflikt des Herzogs von Bayern und Sachsen mit dem Kaiser weiß, die aber ihren Reiseteil mit Anleihen aus dem Reiseteil des *Herzog Ernst* ausgestaltete. Sie liegt dem zweiten Teil des *Reinfried von Braunschweig* zugrunde. Was den nichtritterlichen, schweizerischen Autor dieses Romans veranlaßt haben könnte, von einem norddeutschen (braunschweigischen) Fürsten zu erzählen, bleibt unklar. Ein Gönner oder Auftraggeber läßt sich jedenfalls nicht ausmachen. In den braunschweigischen Raum gehört jedoch Berthold von Holle, ein Ministeriale aus der Gegend von Hildesheim, der zwischen 1250 und 1260 wirkte. Als sein Gönner erscheint Johann von Braunschweig (welfischer Herzog von 1252 bis 1277).

Wie bei den ‹Spielmannsepen› macht die Unbekanntheit des Autors auch die sozialgeschichtliche Erörterung einer Reihe von Texten des 13. Jahrhunderts äußerst schwierig. Nichts Näheres wissen wir von dem Alemannen Konrad Fleck (*Flore*-Roman), dessen Name nur durch Hinweise bei Rudolf von Ems bezeugt ist. Unbekannt sind auch die Umstände der Entstehung von *Mai und Beaflor* (österr.). Die niederalemannische *Gute Frau* entstand im Auftrag eines Markgrafen, hinter dem man Hermann V. von Baden (gest. 1243) vermutet hat. Vom Verfasser des *Friedrich von Schwaben* wissen wir nichts; sein Gönner dürfte ein Herr von Teck, sein Ziel die Verherrlichung des schwäbischen Herzogshauses gewesen sein.

Bei anderen Werken sind wir etwas besser informiert. Da ist zunächst eine Zahl von Autoren, die sich bestimmten Fürstenhöfen zuordnen lassen, wie Rudolf von (Hohen-)Ems. Er war Ministeriale der Herren von Montfort und gehört zur sogenannten spätstaufischen (schwäbischen) Dichterschule um den mächtigen Reichsministerialen Konrad von Winterstetten (gest. 1243), in dessen Auftrag der *Wilhelm von Orlens* entstand. Die ausgeprägten Fürstenspiegelelemente des *Wilhelm* lassen an den jungen Konrad IV. als Adressaten des Werkes denken.

Eine Art Hofdichter, und zwar am böhmischen Přemyslidenhof, war Ulrich von Etzenbach (zweite Hälfte 13. Jh.), ein nichtritterbürtiger Autor mit gelehrter, geistlicher Bildung. Die Quelle des *Wilhelm* kam von Henricus Italicus, dem böhmisch-königlichen Protonotar. Das zentrale Anliegen des Werkes ist deutlich: Mit Wilhelm und Bene verherrlicht Ulrich das böhmische Herrscherpaar Wenzel II. und Guta und propagiert dabei wohl auch die přemyslidische Großmachtpolitik. Der *Wilhelm von Wenden* ist ein historisch-politischer Roman im eigentlichen Sinn.

In ein anderes soziales Umfeld gehören jene Autoren, die mit der Stadt zu tun haben (ohne daß man sie deshalb als ‹bürgerliche› Dichter bezeichnen sollte). Der fruchtbarste Autor des 13. Jahrhunderts ist wohl Konrad von Würzburg, der sein Wirkungsfeld in Basel fand, wo er sozusagen auf Bestellung arbeitete. Im Auftrag des mehrfachen Bürgermeisters Peter Schaler schrieb er dort den *Partonopier*. Der *Engelhard* dürfte hingegen schon vor Konrads Basler Zeit entstanden sein. Heinrich von Neustadt war Arzt in Wien. Die Quelle vermittelte ihm der Pfarrer von Stadlau. Er schrieb den *Apollonius* wohl sicher zur Unterhaltung eines städtischen Publikums. Ob er in seinem Werk an eine Verherrlichung der Habsburger dachte und ob er mit dem Wiener Hof in Verbindung stand, ist ungewiß. Für die Habsburger schrieb jedenfalls der Ostfranke Johann von Würzburg (um 1300) im schwäbischen Esslingen. Obwohl seine Gönner ein schwäbischer Graf von Hohenberg-Haigerloch und der Esslinger Bürger Dieprecht waren, ist sein Werk den Herzögen Leopold und Friedrich von Österreich gewidmet. Die Abneigung Johanns gegen die Bayern muß wohl im Zusammenhang mit der Doppelwahl von 1314 (Friedrich und Ludwig von Bayern) gesehen werden.

Das nichtarthurische, nichtheroische, nichtantikisierende Erzählen des 12. und 13. Jahrhunderts zeigt naturgemäß ein komplexes Gesicht: einige konstante Grundthemen (Minne/Ehe, Reisen, ‹Vergeschichtlichung› u. a.) in verschiedener, zum Teil bunter und spannender, zum Teil trivialer Ausgestaltung; vielfältige Intentionen, die sich irgendwo zwischen Didaxe, Panegyrik, Herrschaftslegitimation, Erbauung und Unterhaltung ansiedeln lassen; (meist nicht greifbare) Autoren aus verschiedenen Gegenden mit verschiedenem Bildungsstand, verschiedenen Fähigkeiten und verschiedenen Gönnern, die aber doch vor allem an Fürstenhöfen oder in die Stadt gehören; einige populäre Stoffe, die immer wieder bearbeitet wurden, daneben Sujets, die völlig vereinzelt dastehen. Es ist ein Erzählen, das uns in seiner (nicht zuletzt literarsoziologischen) Komplexität eine Menge von Fragen aufgibt, und es ist zugleich eine Literatur, die sich letztendlich selbst erschöpft, in der das höfische Erzählen des Mittelalters zu seinem Ende kommt. Ob nicht die Bedingungen des Absterbens höfischen Erzählens nach 1300 in besonderem Maße helfen könnten, die Entstehung und den Charakter dieser Werke zu erhellen?

Erika Kartschoke
Kleinepik

Neben den epischen Großformen der höfischen Literatur entsteht am Ende des 12., besonders aber im 13. Jahrhundert eine Fülle von volkssprachlichen Verserzählungen kleineren Umfangs, die eine neue Art didaktischen und exemplarischen Erzählens darstellen. Ihre thematische und formale Vielfalt erschwert die literaturwissenschaftliche Systematisierung nach literarischen ‹Familien› [245] oder gar Gattungen, schon ihre Bezeichnung – als Maere oder Versnovelle – ist kontrovers. Doch hat sich Maere (mhd. «maere» = Bericht, Erzählung) als eine Bezeichnung, die in den Texten selbst tradiert wird, weitgehend durchgesetzt, auch wenn damit keine festumrissenen Gattungsvorstellungen verbunden sind. Vor allem auf die Maeren wird sich der folgende Überblick konzentrieren, während Legende und Bîspel, die ebenfalls unter ‹Kleinepik› zu subsumieren wären, aus ganz unterschiedlichen Gründen nur kurz vorgestellt werden sollen: Unter ‹Bîspel› (mhd. «bî-spel» = Bei-Erzählung) versteht man zweiteilige lehrhafte Texte, deren Erzählteil das Illustrationsmaterial für die lehrhafte Ausdeutung vorführt. Bîspel sind also nur mit Einschränkungen als epische Texte zu verstehen.
Die Legendendichtung dagegen bedient sich aller nur denkbaren epischen Formen in Vers und Prosa und bedürfte einer eigenen Darstellung. Die Proportionen dieses Abschnitts spiegeln also nicht die Bedeutung dieser zentralen Erzähltradition des christlichen Mittelalters.

Legende

Legende bezeichnet vor allem eine Gebrauchsform: das für den Christenmenschen ‹zu Lesende›, und ist Erzählung des heiligmäßigen Lebens und Sterbens eines Menschen, das die Wirksamkeit der Gnade Gottes in der Welt beispielhaft sichtbar macht. Die Wurzeln der Legende reichen bis zur vorbildlichen vita Christi, zu den apokryphen Marien- und Apostelgeschichten und Märtyrererzählungen der ersten christlichen Jahrhunderte.

Die Legende ist gebunden an den kirchlichen Heiligenkult: Legenden entstehen etwa zur Feier des heiligen Kirchenpatrons, zur Vorbereitung und Erinnerung der Kanonisierung heiligmäßiger Personen oder aus Anlaß der Überführung der Gebeine oder Reliquien eines approbierten Heiligen (Translation). Die lateinischen Legendensammlungen des Mittelalters von den *Passiones et vitae Sanctorum* aus dem 7. Jahrhundert bis zur *Legenda aurea* des Jacobus de Voragine vom Ende des 13. Jahrhunderts, dem weitest verbreiteten Buch des ganzen Mittelalters, enthalten kurze Prosalegenden, die in ihrer Anordnung nach den Feiertagen der Heiligen im Kirchenjahr die Funktion als kirchlich-klösterliche Lesetexte erkennen lassen. Volkssprachliche Legendenerzählungen sind seit dem *Annolied* (um 1080) überliefert. Im Kontext der höfischen Literatur dokumentieren sie die Teilhabe von Laien an geistlicher Dichtung – sei es als Autoren oder als Auftraggeber.

Unter den Autoren überwiegt freilich der Anteil der Geistlichen. Vorrang hat die Bindung an die kirchliche Heiligenverehrung, die mehr als nur Frömmigkeitshaltung zum Ausdruck brachte. Es lag also nahe, die einzelne Legende auch für kirchlich-politische Zwecke zu funktionalisieren. So vergegenwärtigt das *Annolied* nicht nur das heilsträchtige Leben und Wirken des Kölner Bischofs und Reichskanzlers Anno aus Anlaß seiner Heiligsprechung, sondern bestätigt die Kirche als Machtinstanz und Heilsvermittlerin dadurch, daß es die Heiligenvita mit einem Abriß der Heils- und Weltgeschichte von der Erschaffung der Welt bis zu den Bischöfen von Köln verbindet. Ähnlich legitimieren die in der *Kaiserchronik* (um 1150) eingefügten Legenden (*Veronica, Silvester, Crescentia* u. a.) die Deutung der Weltgeschichte bis zum deutschen Kaiserreich als Heilsgeschichte und die *Georgslegende* des Reinbot von Durne (um 1231) das Konzept des ‹miles christianus›.

Die volkssprachlichen Legendendichtungen des Mittelalters folgen nicht einer festen Gattungskonvention. Zwar läßt sich aus den kurzen Prosaerzählungen der lateinischen, im Spätmittelalter auch deutschen Legendensammlungen ein relativ festes Grundmuster ablesen, das Leben, (Märtyrer-)Tod und Wundertaten der Heiligen enthält und die Nichtigkeit der Welt aus der Priorität von Glaube und Gnade ableitet. Dieses Grundmuster legt jedoch die religiöse Interpretation der geistlichen Vorbildlichkeit nicht fest. So prägt etwa die neue, der Amtskirche durchaus widersprechende franziskanische Spiritualität die kurz nach 1300 entstandene Legende der heiligen Elisabeth. Und es läßt die unterschiedlichsten Literarisierungsweisen zu, weil der Sinn den Legenden immer schon vorausgesetzt ist und nicht wie in der weltlichen Dichtung durch die Handlungsstruktur konstruiert werden muß. So tendieren die volkssprachlichen Legendenerzählungen des 13. Jahrhunderts in ihrer Mehrzahl zur epischen Großform, können Elemente des hellenistischen Abenteuerromans

ebenso Eingang finden wie die Kampfbeschreibungen der Kreuzzugsepik oder das lehrhafte Glaubensgespräch. Es lassen sich aber auch novellistische Verknappungen erkennen, die dieses feste Muster geistlicher Vorbildlichkeit immer schon voraussetzen: Im *Gregorius* inszeniert Hartmann von Aue (um 1168 bis um 1210), einer französischen Vorlage folgend, in der Geschichte eines fiktiven Papstes das Prinzip des Extremen, das den Lebensweg eines Heiligen immer kennzeichnet.
Konrad von Würzburg (um 1225 bis 1287), nichtadeliger Laie und Berufsdichter, ist der einzige Autor, von dem mehrere Legenden bekannt sind, die er für geistliche Auftraggeber in Basel schreibt. Seine Legenden (um 1275: *Silvester, Alexius, Pantaleon*) lassen in der Verknappung des Geschehens Prinzipien kleinepischen Erzählens erkennen, die hier freilich nicht wie im Maere aus der Konzentration auf einen Konflikt, sondern aus der prinzipiellen Unendlichkeit des Heilswirkens, der Bekanntheit der Heiligenvita, der Typik ihrer Stationen, resultieren.

Maere

Das Maere erscheint im 13. Jahrhundert als ein neuer Typus volkssprachlichen Erzählens. Seit der grundlegenden Arbeit Hanns Fischers [316] versteht die Literaturwissenschaft unter Maere eine selbständige Verserzählung mittleren Umfangs, die mit vorwiegend menschlichem Personal eine fiktive, diesseitig-profane Handlung vorführt, deren didaktische Absicht auf das Diesseits gerichtet ist – vor allem dadurch unterscheidet sich das Maere als exemplarische Erzählung von der Legende. Die Autoren sind adelige Dilettanten und Hofdichter, vor allem aber fahrende, geistlich gebildete Berufsdichter. Nur von wenigen Autoren sind mehrere Erzählungen überliefert, viele Maeren bleiben ohne Autorsignatur. Als Publikum der Maerendichtung ist im 13. Jahrhundert vor allem der Adel zu erschließen, allerdings wohl nicht mehr ausschließlich der Hochadel, daneben auch schon Teile der patrizischen Oberschicht in den Städten. In Zitat und Anspielung setzen die Autoren die Kenntnis der höfischen Literatur voraus, durch direkte Adresse oder implizite Einbeziehung des Publikums verweisen die Maeren auf ihre Aufführungsform.
Hanns Fischers Versuch, diese thematisch und formal höchst unterschiedlichen Kleinerzählungen in drei Gruppen zu ordnen (höfisch-galantes, moralisch-exemplarisches, schwankhaftes Maere), gilt als nicht eben glücklich, weil er thematische, stilistische und wirkungsästhetische Kriterien vermischt und die Bedeutung der Komik für die Didaxe vernachlässigt. Die großen Sammelhandschriften des Spätmittelalters überliefern ab dem späten 13. Jahrhundert Maeren aller dieser Gruppen zusammen mit anderen kleineren didaktisch-erbaulichen Texten.
Im folgenden sollen die Maeren des 13. Jahrhunderts nach Thematik, Problemstellung, literarischen Einflüssen und Erzähltechnik vor allem in

zwei Gruppen unterschieden werden: zum einen Erzählungen, die standesspezifisch argumentieren, also Zeugnisse adeliger Selbstinterpretation darstellen; zum andern Erzählungen, die – zumeist am negativen Exempel – ständeübergreifende Moraldidaxe vermitteln.

Standesspezifische Maeren

Die standesspezifisch argumentierenden Maeren thematisieren das richtige Verhältnis des Ritters zu Gott, rechte Minne und wahren Adel. Ihr höheres Interesse ist Selbstreflexion und Selbstvergewisserung des Adels, Sicherung oder Wiederherstellung der gefährdeten ständischen Ordnung. Den realhistorischen Beweggrund dafür liefern die Differenzierung und der Machtverlust großer Teile des Adels im Prozeß der Territorialisierung, das Erstarken der Städte, die damit erweiterte soziale Mobilität und die partielle Besserstellung der Bauern. Die Autoren bedienen sich der sinntragenden Handlungsmodelle und Stilisierungsmittel der höfischen Epik; in Thematik und Struktur sind diese Erzählungen aber so verschieden, daß generalisierende Aussagen wenig aufschlußreich sind und selbst die im folgenden ausführlicher vorgestellten Beispiele nur einen ausschnitthaften Eindruck ermöglichen.

Gleich am Beginn der deutschen Maerendichtung steht eines ihrer schönsten Beispiele: *Der arme Heinrich* (um 1195) Hartmanns von Aue. Erzählt wird die Geschichte des Herrn Heinrich von Aue, eines vorbildlichen Ritters und Feudalherren, der plötzlich vom Aussatz befallen wird. Nur das Blutopfer eines Mädchens könnte ihn retten. Verzweifelt und von seinen Standesgenossen verlassen, zieht er sich auf den Hof eines seiner freien Bauern zurück, dem er immer ein beispielhaft großzügiger und gerechter Grundherr war. Der vergilt dies durch Dienst und Pflege. Zwischen seiner Tochter und Heinrich entwickelt sich herzliche Zuneigung. Als das Mädchen von der Bedingung für die Heilung des armen Heinrich hört, ist es zum Opfer entschlossen, mit dem es seinem Herrn die Gesundheit, seiner Familie den Erhalt dieses Grundherrn und für sich selbst die Märtyrerkrone zu gewinnen hofft. Vom Anblick des schönen, nackten, schon vom Messer bedrohten Mädchenkörpers zu «niuwer güete» bewegt, verzichtet Heinrich auf das Opfer und nimmt sein Schicksal als gottgewollt an. Er kehrt mit dem Mädchen, das sich um die ewige Seligkeit gebracht glaubt, nach Hause zurück. Gott aber, der beide genug geprüft hat, gibt Heinrich Gesundheit und Jugend wieder und macht ihn reicher, angesehener und gottesfürchtiger als zuvor. Heinrich aber gibt dem Bauern das Stück Land zu eigen und heiratet das Mädchen.

Die Herkunft des Stoffes ist ungeklärt, unschwer jedoch sind Legendenmotive zu erkennen (die extreme Prüfung durch Gott, die Heilung eines Aussätzigen durch das nicht angenommene Opfer, Umkehr [*conversio*] und Erhöhung). Aber der *Arme Heinrich* ist keine religiös-kirchliche Legende, allenfalls eine ‹höfische Legende›, höfische Kontrafaktur des Legendenmusters. Die Fragilität des Weltglücks, das wunderbare Eingreifen Gottes und die *conversio* der Protagonisten zielen nicht auf Abwertung und Überwindung der Diesseitigkeit, die Legendenstruktur des Textes legitimiert sie vielmehr: Der Jenseitssehnsucht und Weltverachtung des Mädchens wird die bewegende Wirkung des schönen Körpers entgegengesetzt, und Gott selbst stellt die adelige Existenz Heinrichs wieder her. Höfisch auch insofern, als Hartmann das allgemeinmenschliche und überzeitlich gültige Exempel ständisch konkretisiert und im Verhältnis von Herr und Bauer die ständische Ordnung und das Grundprinzip der Feudalgesellschaft, die Gegenseitigkeit von Verpflichtungen, von Dienst und Lohn, verklärt.

Mit Legendenmotiven arbeitet auch Rudolf von Ems (um 1200 bis 1254) in seinem *Guten Gerhard*, der mit seinen knapp 7000 Versen zwar den Rahmen der Kleinepik sprengt und mit seinen ausladenden Beschreibungen und idealisierender Personenzeichnung dem Erzählgestus der höfischen Romane noch nähersteht als der *Arme Heinrich*, von ihnen aber unterschieden ist durch die Verbindung von legendarischem Exempel und ständischer Argumentation. Das Ergebnis ist hier die weltliche Kontrafaktur des Legendenromans.

In der Rahmenhandlung werden – nach geläufigem Exempelmuster – Hybris und Ruhmsucht eines in der gesellschaftlichen Hierarchie hoch Stehenden mit der Demut eines niedriger Stehenden konfrontiert: Kaiser Otto, der bei Lebzeiten den himmlischen Lohn zu sehen begehrt, der ihm für segensreiche Herrschertätigkeit und die Gründung des Erzbistums Magdeburg zusteht, wird von einem Engel auf den Kaufmann Gerhard von Köln verwiesen, der Gnade vor Gott gefunden habe, weil er seine guten Taten ohne Ruhmsucht und Kalkül vollbracht habe. Der Kaiser sucht zur Buße den reichen und angesehenen Kaufmann auf, der nur nach langem Zögern dem Kaiser seine Geschichte zu erzählen bereit ist: Am Ende einer gewinnträchtigen Handelsfahrt in den Orient habe er sein ganzes Handelsgut hingegeben, um eine Prinzessin, Braut des verschollenen englischen Königs, und ihr Gefolge aus heidnischer Gefangenschaft zu lösen. Auf der Heimfahrt habe er die englischen Ritter in ihre Heimat entlassen, ohne sie zur Erstattung seiner Auslagen zu verpflichten. Als einzigen, aber edelsten Gewinn habe er die Prinzessin mit sich nach Köln geführt. Nach zwei Jahren habe er mit Zustimmung des Erzbischofs und Stadtherrn von Köln seinen Sohn mit der Prinzessin vermählen wollen. Während der mit großem Pomp ausgelegten Hochzeitsfeier sei ein Pilger erschienen, in dem er den verschollenen englischen König erkannt habe. Darauf habe er auf die Ehre, die diese Heirat seiner Familie gebracht hätte, verzichtet, seinen Sohn zum Verzicht gezwungen und so der ‹wahren Minne› zum Sieg verholfen. Nach der Hochzeit habe er das Königspaar mit seinem Schiff nach England gebracht, wo während der Abwesenheit des Königs Thronkämpfe ausgebrochen waren. Er selbst sei in London von den Adeligen, die er einst gerettet habe, erkannt und zum König vorgeschlagen worden. Doch unter Hinweis auf seinen Stand habe er diese Ehre abgewehrt und statt dessen Adel und Volk ihrem rechtmäßigen Herrscher zugeführt. Weder die Belehnung mit dem Herzogtum Kent noch mit der Stadt London habe er akzeptiert, ein Schmuckstück aus der Hand der Königin und die Dankbarkeit der Edlen seien ihm Lohn genug gewesen. Der Kaiser preist Gerhard für seine Taten und bittet ihn um Fürsprache bei Gott, bedankt sich bei den Stadtbürgern für die Treue, die sie ihm immer erwiesen haben, und ist durch Gerhards Geschichte so zur Besserung bewegt, daß er sie als Beispiel für andere aufschreiben läßt.

Rudolf von Ems verfaßte den *Guten Gerhard* ohne nachweisbare Vorlage um 1220/25 für einen Ministerialen des Bischofs und Stadtherrn von Konstanz. Dieser befand sich in heftigen Auseinandersetzungen mit der auf Selbstverwaltung drängenden Bürgerschaft. Die Aktualität der Thematik ist offensichtlich, die Wahl des Protagonisten trägt der Bedeutung der Stadt und des Fernhandels Rechnung. Freilich ist der *Gute Gerhard* kein ‹Kaufmannsroman›, vielmehr geht es in ihm um die Bestätigung der adeligen Suprematie. Rudolf von Ems zeichnet eine patriarchale Idylle, deren Harmonie Appellcharakter trägt. Die adelig-ständische Argumentation durchzieht den ganzen Roman, bestimmt Handlungsführung, Personencharakterisierung und Motivik. Die drei Handlungsschritte: Befreiung der Adeligen, Hochzeit und Wiederherstellung der rechtmäßigen Herrschaft, führen vor, wie Gerhard dadurch zum guten Gerhard wird, daß er sein Vermögen vorbehaltlos zum Wohle des Adels einsetzt, sein Eigeninteresse zugunsten des Adels zurückstellt. Der Text exponiert nicht die Abhängigkeit des Adels von der Unterstützung durch den reichen Kaufmann, sondern das Verdienstvolle dieser Unterstützung. Beispielhaft sind aber nicht nur die Taten, die der Kaiser zum Schluß noch einmal bewundernd resümiert, sondern ist die Gesinnung Gerhards, der «guote muot», den schon der programmatische Prolog in Anspielung auf Gottfried von Straßburg ausstellt. Den Weg zur richtigen Gesinnung weist ein Engel; abgeschritten wird dieser Weg in Gesprächen, Selbstreflexionen, Klagen und Gebeten – einer religiösen Introspektion, die freilich noch keinen Raum läßt für eine individualisierende Innensicht der Person. Die richtige Gesinnung, die «triuwe», die der Engel an Gerhard und der Kaiser an der Kölner Bürgerschaft loben, ist die Bereitschaft zum Dienst für den Adel, dessen Lohn Gott anheimgestellt wird.

In der *Gerhard*-Erzählung wird diese Treue konkretisiert als Harmonisierung ständischer Interessengegensätze zugunsten des Adels; die Rahmenhandlung aber verallgemeinert durch die religiöse Argumentation die Forderung nach Aufgabe des Dienst-Lohn-Kalküls.

Diese «triuwe», die eigene Interessen hintanstellt und dient, ohne Lohn zu erwarten, stellen einige Maeren als prinzipielle, über das Vasallitätsverhältnis hinausgehende Standessolidarität und eigentliche Tugend des Adels aus.

Extrem illustriert sie die *Rittertreue* (zwischen 1250 und 1270). An ihr bewährt sich auf beispielhafte Weise ein Ritter, dessen ökonomische Ressourcen den Anforderungen adeliger Selbstdarstellung und Verausgabung nicht gewachsen sind. Mit seinem letzten Geld macht er sich auf, um in einem Turnier die Königstochter und ihr Reich zu gewinnen. Unterwegs jedoch gibt er alles hin, um in der Stadt den Leichnam eines völlig verschuldeten Standesgenossen von einem reichen Stadtbürger auszulösen und durch ein standesgemäßes Begräbnis dessen Ehre wiederherzustellen. Letztlich wird der selbstlose Einsatz belohnt, der Ritter gewinnt Frau und Land. Die Stadt und der berechnende Stadtbürger werden in der *Rittertreue* beschrieben als das adeligen Denk- und Verhaltensweisen ganz Entgegengesetzte, werden aber nicht abgewertet. Die personalen feudalen Beziehungen stehen neben den sachlich-monetären, die Differenz wird markiert, aus ihr ergibt sich kein Konflikt, nur Anlaß für die Bewährung wahrer Adelsgesinnung. Die extreme «triuwe» richtet sich auf den Stand insgesamt, in dem der einzelne Adelige seine Identität nur wahren kann, wenn er seine Eigeninteressen aufzugeben bereit ist. Kein Wunder, daß der Autor der *Rittertreue* mehrfach beklagt, daß die zeitgenössische Realität hinter dieser wahren Treue zurückbleibt.

Die exemplarischen Adelsmaeren sprechen damit Interessengegensätze an, die sich im Prozeß landesherrlicher Machtkonzentration zuspitzen. Daß sich diese Gegensätze gerade in der Konfrontation mit anderen Ständen verschärfen, zeigt Wernher der Gartenaere 13. Jh.) im *Helmbrecht*, einer Erzählung von Aufstieg und Fall eines Bauernjungen, der nicht Bauer bleiben, sondern Ritter werden will. Wernher schrieb dieses Negativexempel um 1170 wohl für den Hof des bairischen Herzogs in Burghausen. Es ist eine rhetorisch kunstvolle, bildmächtige Schreckensvision zerfallender Ordnung.

Helmbrecht trägt, was einem Bauern nicht zusteht: eine seidene Haube, die eine ihrem Orden entlaufene Nonne mit Szenen höfischer Literatur bestickt hat – Sinnbild der Hybris, der Usurpation adeliger Insignien. Wernher greift damit eine Bauernfigur Neidharts von Reuental auf, jenen Hildemar mit der seidenen Haube, der «wil ebenhiuzen sich ze werdem ingesinde» (WL 29,8), also den Edlen gleichstellen will. Doch anders als Neidharts Hildemar, dessen zottelig-störrische Bauernhaare sich kaum unter der Haube bändigen lassen, ist Helmbrecht der Bauer nicht anzusehen; blonde Locken fallen über seine Schultern und begründen seinen Anspruch auf Zugehörigkeit zum Adel. Seine Eltern sorgen für die rittergemäße Ausstattung und ein Burggraf nimmt den Sohn in Dienst – als

Raubritter. Mit seiner Bande schädigt Helmbrecht das Land. Er gibt sich als weltläufiger Ritter, doch seine Schilderung zügellosen Hoflebens zeigt den Verfall höfischer Zucht und Gesinnung. Während der Hochzeit seiner Schwester mit einem der Kumpanen wird die Bande von den Schergen des Landesherrn verhaftet. Die Kumpane werden zum Tode verurteilt, Helmbrecht wird verstümmelt. Vogelfrei, rechtlos zieht er durchs Land. Sein Vater, dessen Rat er nicht befolgt hat, weist ihn ab. Von den Bauern, die er geschädigt hat, wird er gefangengenommen und an einem Baum gehenkt, seine blonden Locken werden ausgerissen, seine seidene Haube wird zerfetzt. Friede herrscht wieder im Land. Doch die Ordnung ist nur noch im literarischen Entwurf wiederherstellbar. Denn der Ungehorsam, der Ausbruch aus der patriarchalen und ständischen Ordnung wird zwar mit beklemmender Konsequenz und Unerbittlichkeit bestraft, nicht aber seine Bedingungen beseitigt: das Interesse des Burggrafen an Bauern im ‹Ritterdienst› und die ökonomischen Möglichkeiten der Bauern, sich rittergemäß auszustatten.

Der *Helmbrecht* beschwört ex negativo die wahren Werte und Tugenden des Adels, die sich durch Zitat und Anspielung auf den Artusroman als dem Adelsprogramm schlechthin erschließen. Helmbrechts Einkleidung, sein Ritterweg und die (Raubritter-)Hochzeit verweisen auf zentrale Szenen adeliger Selbstinszenierung und Selbstinterpretation, die das falsche Personal in ihr Gegenteil verkehren muß: groteske Kleidung, Raub und Mord sowie zucht- und maßloses Verhalten der unechten Ritter. Daß der Landesherr mit Hilfe der Bauern sein Recht gegen das Interesse des Burgherrn durchsetzt, hat eine Parallele in den *Gäuhühnern* (zwischen 1220 und 1250) des Stricker und verweist darauf, daß das literarische Postulat der Standessolidarität, das Hintanstellen adeliger Eigeninteressen hinter die Interessen des Landesherrn, an reale Grenzen stößt.

Standesübergreifende Maeren

Die standesübergreifend argumentierenden Maeren, und das ist die weitaus überwiegende Zahl der Maeren, thematisieren jedoch nicht die Wertvorstellungen eines Standes, sondern allgemeinere moralische Normen (die im Einzelfall freilich auch wieder auf Bedingungen eines Standes hin konkretisiert werden können). Diese Maeren stellen die eigentliche literarische Neuerung in der volkssprachlichen Literatur des 13. Jahrhunderts dar. Sie sind überliefert in Sammelhandschriften ab dem Ende des 13. Jahrhunderts und behalten ihre Attraktivität über drei Jahrhunderte, wie die anhaltende Überlieferung und die vielfachen Neubearbeitungen eindrücklich dokumentieren. Die thematische und formal-strukturale Vielfalt dieser Maeren ist beachtlich. Sie thematisieren unter anderem das eheliche Herrschaftsverhältnis, eheliche Treue, das vierte Gebot, sexuelle Naivität, Leichtgläubigkeit und Betrug und verhandeln sie am positiven oder negativen Beispiel ernst oder schwankhaft.

Die Forschung sieht die Wurzeln solchen exemplarischen Erzählens zum einen in der mittelalterlichen Vaganten- und Comediendichtung, zum andern in den altfranzösischen Fabliaux, deren Rezeption durch einige mittelhochdeutsche Adaptationen im 13. Jahrhundert belegt ist. Beides ist ohne die kirchlichen Bildungsinstitutionen nicht denkbar; deshalb scheint es am plausibelsten, die Entstehung dieser literarisch selbständigen Erzählungen mit dem zunehmenden Gebrauch von Predigtmärlein in Zusammenhang zu bringen, mit der homiletischen Technik also, die Predigt durch Exempelerzählungen zu bereichern und zu veranschaulichen. Solche Predigtmärlein werden seit dem 13. Jahrhundert in zunächst lateinischen Exempelsammlungen zusammengefaßt, deren europaweit bekannteste die sogenannten *Gesta Romanorum* aus dem frühen 14. Jahrhundert sind, eine auf älteren Quellen beruhende Sammlung erbaulicher und moralischer Erzählungen. Diese Exempelsammlungen leben auch in volkssprachlichen Versionen bis ins 18. Jahrhundert weiter und vermitteln antikes und orientalisches Erzählgut in die Volkssprachen. Das plötzliche Erscheinen dieser neuen Art didaktischer Literatur im ersten Drittel des 13. Jahrhunderts aber scheint zusammenzuhängen mit den katechetischen Bemühungen der neuen Predigerorden. Das Interesse an einer alle Bereiche des Lebens und alle Glieder der ständischen Hierarchie umfassenden Didaxe und die Bedeutung, die der volkssprachlichen Predigt darin zukommt, läßt sich besonders eindrucksvoll am Beispiel Bertholds von Regensburg dokumentieren. Gerade die nicht mehr vornehmlich mit dem Adel sympathisierenden Angehörigen der ‹minderen› oder ‹Bettelorden› waren in der Lage, eine allgemeine Moraldidaxe zu formulieren. Sie postulierte als allgemein verbindlich, was dennoch die traditionelle Ordnung sichern sollte, der einschneidende Veränderungen drohten.

Dieser neuen didaktischen Ambition entsprechen neue literarische Ausdrucksmittel: das negative Exempel, das Handlungsmodell des Schwanks, List und Lachen als Mittel der Didaxe. Vorgeformt sind sie in der lateinischen Komödien- und Schwankliteratur, die im mittelalterlichen Schulunterricht ihren Ort hatte. Sie ermöglichen die Literarisierung neuer, offenbar bedrängender Erfahrungen, die sich konkret als ökonomische Bedrängnis, als Einschränkung der Autarkie des Adeligen und auch als Einschränkung patriarchaler Herrschaft darstellen. Im Unterschied zu den standesspezifisch argumentierenden Maeren stellt sich das Problem in den moraldidaktischen Erzählungen prinzipieller dar als Störung traditionaler Ordnungssysteme und als Auseinandertreten von Sein und Schein.

Diese moraldidaktischen Maeren erzählen handlungs- und pointenzentriert, schmucklos, aber nicht ohne rhetorisches Raffinement und enthalten im Epimythion die didaktische Deutung und Nutzanwendung. Kennzeichen ihrer lebenspraktischen Didaxe ist auch die Bevorzugung der agonalen Struktur, der Gegenüberstellung von richtigem und falschem Handeln.

In den komischen Konflikten der negativen Exempel, vor allem in den Geschichten von sexueller Naivität (*Das Häslein, Das Rädlein, Der Mönch mit dem Gänslein*) und ihren moralisch falschen, aber lustvollen Konsequenzen, ist allerdings eine Ambivalenz angelegt, die den Erfolg dieses Typus über Jahrhunderte ausmacht und schon zur Zeit ihrer Entstehung das didaktische Resümee erschwert. Die Personen sind typisiert als Träger bestimmter Verhaltensweisen; sie können ebenso wie das Milieu, in dem sie agieren, ständisch konkretisiert werden, ohne daß davon die übergreifende Geltung der Didaxe tangiert wäre.

Deutlich wird dies an den verschiedenen Varianten der Vergehen gegen das vierte Gebot, wie sie in der weitverbreiteten Geschichte von der halben Decke, dem *Kotzemaere*, vorliegen. Das *Kotzemaere* (um 1400) erzählt von der Vernachlässigung eines alten Mannes durch dessen Sohn, dem er seinen ganzen Besitz übergeben hat. Als er in der Winterkälte um eine Decke bittet, schneidet der Sohn sie entzwei, da er eine halbe Decke für ausreichend hält. Der Enkel erbittet daraufhin vom Vater die andere Hälfte, um sie für ihn im Alter aufzuheben. Der Sohn erkennt die Sünde gegen das vierte Gebot und ehrt fortan den Vater. Diese Geschichte ist in ihren verschiedenen Fassungen im ritterlichen, stadtbürgerlichen und bäuerlichen Milieu angesiedelt. Die Didaxe gilt aber dem Verstoß gegen eine ethische Norm, die im vierten Gebot religiös legitimiert und allgemein verbindlich formuliert ist.

Diese neue Form exemplarischen Erzählens wird in der deutschen Literatur zuerst greifbar im Werk eines fahrenden Berufsdichters, der sich der Stricker nennt und in der ersten Hälfte des 13. Jahrhunderts im bairisch-österreichischen Raum wohl für verschiedene Adelige, Geistliche und Nonnenklöster gedichtet hat. Neben Konrad von Würzburg ist der Stricker sicher der vielseitigste und produktivste Autor des 13. Jahrhunderts. Unter seinem Namen ist neben dem *Karl* (um 1220), einer umfangreichen, breit überlieferten Bearbeitung des deutschen *Rolandsliedes*, und dem Artusroman *Daniel vom blühenden Tal* (um 1215) eine Fülle didaktischer Texte überliefert, die seinen Ruhm begründen: exemplarische Erzählungen, Tierbîspel, geistliche Bîspel und Zeitklagen. Über alle interpretatorischen Kontroversen hinweg herrscht in der Forschung Konsens darüber, daß besonders die Kleinepik des Stricker geprägt ist von der neuen didaktischen Ambition, sein Publikum in Weltklugheit, *prudentia*, zu unterweisen und sowohl zu ordogemäßem wie realitätsadäquatem Verhalten und Handeln anzuleiten.

Richtig zu handeln heißt für den Stricker, das Handeln zu bedenken, Wunsch, Norm und Tat richtig zu vermitteln, sich des adäquaten Verständnisses der Realität zu versichern. Als «gevüege kündekeit» bezeichnet der Stricker die Fähigkeit, situationsadäquat und ordogemäß zu handeln. Diese Fähigkeit beziehungsweise die Konflikte, die sich aus ihrem Fehlen ergeben, explizieren der Stricker und die Maerendichtung generell an Grundmodellen sozialer Ordnung und Herrschaftsbeziehung, vor allem an der Beziehung zwischen Mann und Frau in der Ehe. Die Ehe ist die Institution der vorgegebenen Rollen- und Verhaltensweisen, in der sich das gesellschaftliche Herrschaftsverhältnis *in nuce* abbildet. Daß sie beherrschendes Thema der didaktischen Bemühungen wird, zeigt an, daß das hierarchische Verhältnis nicht mehr voraussetzungslos funktioniert, daß die Herrschaftsordnung Veränderungen ausgesetzt ist, die eine Neudefinition des Rollengefüges und des Handlungsspielraums nötig machen. Dies kann metaphorisch genommen werden als Ausdruck sich verändernder Herrschaftsbeziehungen überhaupt, oder auch konkret als Auswirkung eines veränderten Eherechts. Die Beschränkung eheherrlicher Macht durch das kanonische Eherecht, aber auch die erweiterten Handlungsmöglichkeiten für Frauen in der Stadt werden literarisch reflektiert als Verunsicherung des traditionalen ehelichen Rollenverhältnisses. Auf die Verallgemeinerbarkeit der Konflikte und der daraus abgeleiteten Didaxe deutet die verallgemeinernde Darstellung – in der Regel stellen «ein man» und «ein wîp» exemplarisch die als Herrschaftsverhältnis definierte Rollenbeziehung dar.

In den Ehemaeren des Stricker entsteht der Konflikt aus der Unfähigkeit eines Ehepartners, seine Handlungsmöglichkeiten richtig einzuschätzen. Diese Unfähigkeit realisiert sich geschlechts- und rollenspezifisch. Der Ehemann wird seiner Rolle als *meister* seiner Frau nicht gerecht, entweder weil er sich ihr in übergroßer Minne ausliefert, sich ihr immer mehr unterwirft und sich im Extremfall lebendig begraben läßt (*Der begrabene Ehemann*); oder weil er seine Machtstellung überschätzt, Forderungen erhebt, die ihm nicht zustehen, seine Frau ohne Grund bedroht und mißhandelt und ihr damit Anlaß zur Gegenwehr gibt. Beispiel ist etwa die Forderung ehelicher Treue über den Tod hinaus im *Erzwungenen Gelübde* oder die Mißhandlung aus ‹Widerwillen› in *Der Gevatterin Rat*. Mit «kündekeit» rettet die Frau die Ehe – einer List, die der Situation und dem Anlaß des Konflikts adäquat ist. Sie macht den «meister» zum «tôren» und demütigt ihn, indem sein Vergehen öffentlich wird. Die Bedingungen der Aussöhnung und der neuen Harmonie werden dann von der Frau diktiert – eine Warnung an alle Ehemänner: «er tet allez, daz si wolde, dô tet sie swaz si solde.» Löst jedoch die Frau den Konflikt aus, so wird sie nach dem Muster des *übelen wîbes* charakterisiert, ist ungehorsam und verstockt, ihr Egoismus äußert sich in Ehebruch und Putzsucht.

Bezeichnet «kündekeit» die intellektuelle Fähigkeit, situationsadäquat zu handeln, so bezeichnet «gevüege kündekeit» die Fähigkeit, auch statusgemäß zu handeln. Das tut der Knecht in dem Maere *Der kluge Knecht*, indem er seinem Herrn den Ehebruch seiner Frau nicht verrät, sondern ihn vielmehr in die Lage versetzt, selbst zu sehen.

Die richtige Wahrnehmung der Realität ist das Generalthema der Schwankmaeren. Aus der Unfähigkeit, den Augenschein richtig zu deuten, ergeben sich ihre Konflikte. Ein Bauer sieht den üppig gedeckten Tisch, erkennt ihn aber nicht als Teil des Ehebruchs seiner Frau (*Der kluge Knecht*). Ein Ehemann glaubt, einer schönen Frau ihren Wert und ihre Tugend anzusehen, erkennt in ihr aber nicht seine eigene Frau, die ihm so verhaßt war, daß er sie fast erschlagen hätte (*Der Gevatterin Rat*). In der *Martinsnacht* sieht ein Bauer mit eigenen Augen Sankt Martin – zu spät erkennt er den Betrug eines Diebes, der ihm sein ganzes Vieh gestohlen hat. Im Maere *Der nackte Bote* verketten sich diese Wahrnehmungsfehler zu einem grotesken Alptraum: Ein Knappe wird von seinem Herrn vorausgeschickt zu einem Hof, um ihn für die Nacht anzukündigen. Dort erfährt er, daß sich die ganze Familie im Badehaus aufhält. Ohne nähere Erkundigungen zieht er sich in Vorfreude eines Bades aus und betritt nackt die Badestube, die jedoch von der Familie und dem Gesinde als Arbeitsraum genutzt wird. Schockiert von solcher Ungehörigkeit, treibt der Hausherr den Knappen hinaus, der sich auf seinem Pferd zurück zu seinem Herrn rettet, verfolgt von dem in seiner Ehre Gekränkten. Als der Herr die Anschuldigung gegen seinen Knappen hört, wird er sogleich handgreiflich. Da bittet der Knappe darum, die Geschichte erzählen zu dürfen – und in dieser Wiederholung werden alle Mißverständnisse ausgeräumt. Auch hier generalisiert das Epimythion die Notwendigkeit, das Gehörte und Gesehene zu bedenken, bevor handelnd Konsequenzen gezogen werden.

In Situationen zu geraten, für die adäquate Verhaltensnormen nicht vorgegeben sind; einem Menschen seinen Wert nicht mehr ansehen zu können; damit rechnen zu müssen, daß die Welt nicht ist, wie man sie ordnungsgemäß erwarten darf – das sind neue Erfahrungen, das ist eine literarische Thematik, die mit jener der höfischen Literatur nicht mehr viel gemein hat, auch wenn diese als literarisches Modell standesspezifischer Weltdeutung in den Maeren immer präsent ist.

Ein Paradebeispiel dafür ist der *Pfaffe Âmîs* des Stricker, der erste deutsche ‹Schwankroman›, zu dessen Deutung die Forschung in den letzten Jahrzehnten immer neue Anstrengungen unternommen hat. Der Text entzieht sich eindeutigem Verständnis, da Widerspruch sein Strukturprinzip ist. Der Prolog stellt in Form einer *laudatio temporis acti* der idealen Vergangenheit eine Gegenwart gegenüber, in der «sorge» und «armuot», «liegen» und «triegen» herrschen. Der Mann jedoch, mit dem das Zeitalter des Lugs und Trugs begann, der Pfaffe Âmîs, kommt der ständischen Verpflichtung zur «milte» in beispielhafter Weise nach. Im Konflikt mit seinem Lehnsherrn, dem Bischof, erweist Âmîs sich überlegen durch seine listige Verwendung geistlicher Gelehrsamkeit. Doch der Ruhm des Pfaffen zieht immer mehr Gäste an seinen Hof. Um seiner Verpflichtung zur «milte» in gewohnter Weise nachkommen zu können, muß Âmîs in die Welt ziehen und «guot» erwerben. Spätestens hier wird deutlich, daß der *Pfaffe Âmîs* auf das Modell des Artusromans anspielt; doch wird der Unerschöpflichkeit adeliger Ressourcen, wie sie die höfische Dichtung vom *Erec* (um 1185) bis zum *Nibelungenlied* (um 1200) vorführt, die Begrenztheit des Besitzes entgegengestellt. Der Aventiure-Fahrt des höfischen Ritters entspricht eine Reihe von Schwankmaeren, mit deren Hilfe Âmîs durch alle Stände der Gesellschaft und quer durch Europa geführt wird. Statt Ehre in der Aventiure erwirbt er «guot» durch Betrug, und es bezeichnet den Zustand der Gesellschaft, «daz er niht widersatzes vant» (V. 43) – daß ihm der Betrug leichtgemacht wird. Den Bedingungen für den Erfolg von *liegen* und *triegen* gehört nun die Aufmerksamkeit des Autors; diese Bedingungen sind die Defekte der Opfer. Der König von Frankreich und sein Hof sehen ein Wandgemälde, das es nicht gibt, weil ihre Ehre davon abhängt, daß sie es sehen; am Hof von Lothringen werden Kranke gesund, weil keiner der letzte Kranke sein möchte, der vom falschen Arzt Âmîs geopfert wird; die Stadtbürger fallen auf die Taschenspielertricks des gelehrten Pfaffen, die Geistlichen auf einen angeblich erleuchteten Bauern Âmîs herein. Zuletzt macht der aventiurende Pfaffe, der das erworbene «guot» immer zur Versorgung seiner Haushaltung und seiner Gäste heimbefördert hat, besonders reiche Beute bei Kaufleuten in Konstantinopel. Danach kehrt er endgültig nach Hause zurück und tritt mit dem durch Betrug erworbenen Reichtum in den als besonders geschäftstüchtig angesehenen Zisterzienserorden ein. Er saniert das Kloster, wird Abt und geht einem seligen Tod entgegen. Auch die endliche Heimkehr des Pfaffen in die eigene Herrschaft ist deutliche Travestie des Ritterromans. Zum Schwankhelden qualifizieren den Pfaffen die seinem Stande zukommende Gelehrsamkeit und all die ambivalenten Fähigkeiten: «kündekeit», Planungsfähigkeit, Situations- und Menschenkenntnis. Seine ständische Identität aber variiert in den vielen Rollen, die er annimmt.

Bîspel

Das Bîspel stellt wie das Maere eine neue Form volkssprachlichen Erzählens dar, der Stricker gilt als ihr erster Meister. Bîspel bezeichnet jedoch nicht eine literarische Gattung, sondern ein poetisch-didaktisches Prinzip, das auf jede Thematik Anwendung finden kann. Im Werk des Stricker lassen sich die Bîspel inhaltlich in etwa in drei Gruppen gliedern:

geistliche Bîspel, die Glaubenssätze und religiöse Praxis lehren wollen; weltliche Bîspel, die – zumeist adelige – Verhaltensnormen thematisieren; Tierbîspel, die volkssprachliche Form der mittelalterlichen Fabel. In den geistlichen und weltlichen Bîspeln ist das poetische Bild oder die Erzählung Gleichnis, das entsprechend der mittelalterlichen Bibelexegese auf seine *significatio* hin ausgelegt wird. Erst aus der Auslegung ergibt sich die Handlungsanweisung. Der Bild- oder Erzählteil ist für sich genommen nicht eindeutig. Der Fresser, der sich endgültig überfrißt und daraufhin nie wieder essen will, ist ohne die Interpretation des Autors nicht als Gleichnis der falschen «milte»-Praxis des Hochadels (*Die Herren von Österreich*) verständlich. Den Hasen, der auch nach dreißigjähriger Gefangenschaft sogleich in Ungezähmtheit zurückfällt, wenn er sein Halteseil abstreift, wird niemand spontan als Beispiel für die Ehre verstehen können, die verlorengeht, wenn man die ‹Zügel schießen läßt› (*Der Hase*). Eindeutiger illustrieren die Tierbîspel allgemeine Regeln für kluges/richtiges und törichtes/falsches Verhalten. Die angefügte ‹Moral› bestätigt und bestärkt nur das, was die Erzählung schon klargemacht hat. Handelndes Personal sind vor allem anthropomorphisierte Tiere, aber auch Pflanzen und Dinge nach dem Muster der antiken Fabel, deren lateinische Tradition im Mittelalter durch Schule und Predigt sehr lebendig ist. Die erste volkssprachliche Fabelsammlung, Ulrich Boners *Der Edelstein* (1349/50), gehört erst dem 14. Jahrhundert an.

Von der klassischen Fabel unterscheidet sich das Strickersche Tierbîspel durch die Auslegungspraxis und durch die Tendenz, aus der hierarchischen Struktur des Tierreichs die Natürlichkeit sozialer Ungleichheit abzuleiten. Das geschieht durch die Interpretation der Artnatur der Tiere (der Esel als Arbeitstier) oder dadurch, daß Tiere der gleichen Gattung aber unterschiedlicher hierarchischer Positionen einander konfrontiert werden (Hofhund und Jagdhund, Eule und Habicht, Rabe und Pfau). In solcher Tendenz, die auf Bewahrung der hierarchischen Ordnung zielt und Abweichungen von ihren Normen als unklug und unnatürlich kritisiert, schließen sich die Tierbîspel den Maeren an, mit denen zusammen sie auch überliefert werden. Die sichere Herleitung des Bîspel aus der literarischen Tradition ist jedoch nicht möglich. Die Methode der symbolischen Interpretation, die Thematik der geistlichen Bîspel und die fabelartigen Tierbîspel verweisen jedoch auf den Einfluß kirchlich-theologischer Denkformen und Bildungstraditionen.

Anna-Dorothee von den Brincken
Geschichtsschreibung

Geschichtsschreibung hält das Geschehen – wie der Name sagt – schriftlich fest [40; *S. 18ff*]. Bis ins 13. Jahrhundert bedient man sich hierbei mit wenigen Ausnahmen der lateinischen Sprache, da diese in ihrer Präzision grundsätzlich auch das Medium der Dokumente des frühen und hohen Mittelalters ist. In den Urkunden breitet sich langsam das Deutsche aus – in einer Bewegung, die sowohl von Westen nach Osten als auch von Süden nach Norden fortschreitet. Das geschieht nicht so sehr unter der Einwirkung der Aussteller als vielmehr mit Rücksicht auf die Bedürfnisse der Empfänger, «die disen brief ansehent oder hoerent lesen». Hierbei handelt es sich zunächst um den niederen Adel, dann zunehmend um bürgerliche Laienkreise [390].
Zweifellos hat die Volkssprache den oralen Bereich der Geschichtserzählung und insbesondere die Geschichtsdichtung ursprünglich beherrscht, wie die bei Tacitus im zweiten Kapitel der *Germania* bezeugten *carmina antiqua* belegen [329]. Da aber die Geschichtsschreibung keinen eigenen Platz im Lehrgebäude des frühen Mittelalters, unter den Sieben Freien Künsten, innehatte, sondern der Rhetorik zugeordnet war, wurde sie im Rahmen des Triviums zwecks Verbesserung der Ausdrucksfähigkeit im Lateinischen gepflegt. Altes Schriftgut hat im Mittelalter gewöhnlich Vorrang vor ‹neuem Gerücht›; daher bleibt dem Lateinischen die dominierende Stellung in der Historiographie auffällig lange erhalten. Diese Erscheinung macht es notwendig, lateinische Texte im Rahmen der deutschen Literatur in den Mittelpunkt zu stellen.

Der Geschichtsschreiber
im engeren Sinne ist an die Schriftlichkeitskultur seiner Zeit gebunden [40; *S. 44ff*]. Er ist vielfach im Umkreis derjenigen Personen zu suchen, die auch die Dokumente verfertigen. Im Frühmittelalter sind dies in romanischer Tradition häufig noch Kreise gebildeter Laien; seit der Karo-

lingerzeit aber werden diese Funktionen zunehmend und danach ausnahmslos von Geistlichen wahrgenommen, wie auch die Kanzlei der Herrscher ganz in die Hände des Klerus übergeht. Wipo und Otto von Freising hatten durch ihre politische Tätigkeit intime Kenntnisse des Geschehens. Daneben spielen Klöster und Stifte eine bedeutsame Rolle. Der Benediktinerorden betätigte sich früh als Hüter des Bildungsguts; im 13. Jahrhundert etwa werden auch die Bettelorden, besonders die Dominikaner, hier aktiv. Hingegen ist die Mitwirkung bürgerlicher Personen im 13. Jahrhundert in Deutschland erst in Anfängen auszumachen (Gottfried Hagen, um 1270, in Köln etwa).
Als Auftraggeber wirken Herrscher, weltliche wie geistliche Große – man denke an die Fränkischen Reichsannalen –, Kreuzzugsinteressenten, die zur Tatkraft anregen wollen, Förderer von Studien und Schulen. Häufig sind sie bei der Beschaffung der Vorlagen persönlich behilflich (die Staufer bei Otto von Freising, die Kapetinger bei Vincenz von Beauvais). Selbstverständlich ist ein entsprechender Einfluß in Urteil und Tendenz des geförderten Geschichtswerks dann nicht zu übersehen (besondere Würdigung der Zisterzienser bei dem Dominikaner Vincenz von Beauvais, der an dem Zisterzienserkonvent Royaumont wirkte).

Der Gegenstand des Geschichtsschreibers
ist von dem Geschichtstheoretiker Hugo von St. Viktor (um 1096 bis 1141), einem sächsischen Grafen und namhaften Lehrer am Stift St. Viktor vor Paris, besonders knapp, schlicht und treffend umschrieben worden: es sei der Mensch in seinen Beziehungen zu Raum und Zeit [454]. Hugo hat diese drei Kategorien in seinem Lehrbüchlein *De tribus maximis circumstantiis gestorum* aus der Rhetorik übernommen; es sind «personae a quibus res gestae sunt et loca in quibus gestae sunt et tempora quando gestae sunt» [vgl. 476]. Der Mensch wird historisch erfaßt als in einem begrenzten, das heißt endlichen Raum lebend, desgleichen in einem begrenzten, endlichen, linear verstandenen Zeitabschnitt ebenso, wie sich die Geschichte insgesamt endlich darstellt. Geschichte wird betrieben zwecks Standortbestimmung im Heilsablauf, selbstverständlich aber auch in naiver Freude an der Erzählkunst. Sie ist ein wichtiges Bildungsgut und wird daher vielfach lehrbuchartig angeboten. Als im 13. Jahrhundert der Kreis der Interessenten breiter wird, nimmt auch der Tenor der Historien volkstümlicheren Charakter an; sie werden vielfach zur Sammlung von Exempla, die sich für Predigten eignen; und sie dienen wegen ihrer eindeutigen Chronologie als deren gesichertes Fundament. Wie die Predigt, so benötigt auch das kanonische Schrifttum jener Zeit eine unumstößliche chronikalische Basis. Daher bedürfen etwa die Universitäten im Zeitalter der Scholastik chronographischer Nachschlagewerke, deren besonderes Ideal Kürze und gegebenenfalls ein Tafelwerk-

charakter ist, der seinerseits eine spezielle schriftliche und graphische Formung erfordert (Martin von Troppau).
Der französische Dominikaner Vincenz von Beauvais (um 1190 bis 1264), Verfasser der umfangreichsten historischen Summa schlechthin (des *Speculum Historiale*), hat in seiner Einleitung hierzu, der *Apologia Actoris*, eine Reihe von Grundregeln niedergelegt, die auch für deutsche Historiker verbindlich werden [425]. Er schreibt sein Kompendium zur Sicherung des Glaubens, zur sittlichen Unterweisung, zur Anregung der Liebe und für die mystische Auslegung der Heiligen Schrift beziehungsweise zwecks Erweises ihres Wahrheitsgehalts (c. 1). Weltliche Geschichte dient der Heilsgeschichte zur Sicherung und chronologischen Fixierung (c. 5); sie läßt das Heilsgeschehen deutlicher hervortreten. Die Schöpfung selbst aber und ihre Geschichte ahmt mit der Weiträumigkeit ihrer Plätze die Unendlichkeit, mit der Mannigfaltigkeit ihrer Arten die Schönheit und mit der Dauer ihrer Zeiten die Ewigkeit ihres Schöpfers nach: Geschichte steht hier gewissermaßen im Dienst der Verherrlichung Gottes.

Leser

der Geschichtswerke sind bis ins Spätmittelalter vornehmlich *litterati*, allerdings wird man in ihrem Gefolge auch interessierte Hörer annehmen dürfen. Man kann die Rezeption historischen Schrifttums daher an der Verbreitung der Handschriften, soweit diese erkundet ist, ablesen [40; *S. 248ff*]. Die Spitze wird zwangsläufig hier von räumlich nicht gebundenen, theologisch orientierten Universalhistorien wie der *Historia Scholastica* des Petrus Comestor (um 1100 bis 1179) oder der Papst-Kaiser-Chronik des Martin von Troppau OP (gest. 1278) neben Facta- und Dicta-Sammlungen eingenommen, gefolgt von des Orosius Historien (417/18), Unheilsgeschichte, gesammelt im Auftrag Augustins. Der wundersamen Erzählweise eines Pseudo-Turpin (12. Jh.) über Karl den Großen gab man weitaus den Vorzug vor Einhards (um 770 bis 840) sachlicher Berichterstattung; von dem jüngeren Werk sind mehr als doppelt so viele Handschriften erhalten. Bedas (um 672 bis 737) Kirchengeschichte Englands erfreute sich ebenso wie Cassiodors (um 490 bis um 580) Kirchengeschichte im ganzen Abendland großer Verbreitung.
Unter den Chronisten des Reichsgebiets im hohen Mittelalter steht Sigebert von Gembloux (um 1030 bis 1112) mit seiner chronologischen Exaktheit und weiträumigen stofflichen Ausgeglichenheit an der Spitze. Er geht einem Otto von Freising, der eine Generation nach ihm in der Mitte des 12. Jahrhunderts wirkte, weit voran, desgleichen dem nur wenig jüngeren Hugo von St. Viktor. Sigeberts Bamberger Zeitgenosse Frutolf von Michelsberg (gest. 1103), Stofflieferant für Otto von Freising, brachte es nur auf die Hälfte der Handschriftenzahl Sigeberts, noch wesentlich be-

scheidener ist die Zahl der Textzeugen von Ottos *Gesta Fridericii* (mit Fortsetzungen, um 1160), die als Monographie doch einen beschränkteren Leserkreis ansprachen.

Die regionale Verbreitung hängt meist eng zusammen mit der Wirkungsstätte des Geschichtsschreibers. So ist Hugo von St. Viktor am meisten in Frankreich, seinem Arbeitsplatz als Lehrer, abgeschrieben worden, Einfluß nahm er auf Deutschland als Land seiner und vieler seiner Schüler Herkunft, vereinzelt ist er in Oberitalien bekannt. Die Chronik Ottos von Freising hat trotz ihres universalen Charakters nicht einmal den süddeutsch-österreichischen Raum überschritten, denn hier sprachen seine Gedanken am meisten an. Daneben spielen natürlich ordensgemäße und schulische Filiationen zwischen den einzelnen geistlichen Instituten eine maßgebliche Rolle.

Zudem sind zu bestimmten Zeiten Sonderinteressen auszumachen. So erlebt die Frankengeschichte Gregors von Tours (538 bis 594) im Reich Karls des Großen eine Renaissance. Die Kreuzzugszeit belebt die weltweiten Interessen der Chronisten, insbesondere die Berücksichtigung des außerlateinischen Raums in der Geschichte. Der Niedergang der Kreuzzugsbewegung zu Ende des 13. und am Beginn des 14. Jahrhunderts animiert zu besonderer Rückbesinnung auf das Geschehen, auch in der ersten Phase der Nachkreuzzugszeit. Zu Ende des Mittelalters bei der Suche nach einem neuen Reichsverständnis wendet man sich den *Gesta Friderici* Ottos von Freising engagierter zu als zuvor.

Während die Erfassung der handschriftlichen Textzeugen erst in den Anfängen steckt, erlauben die Frühdrucke exaktere Rückschlüsse. Die höchste Auflagenzahl aller mittelalterlichen Geschichtswerke erreicht hier vor 1500 die *Legenda Aurea* (1263 bis 1273), sowohl in lateinischen als auch in volkssprachlichen Versionen [187].

Die Gattungen der Historiographie

seien in der Abfolge von der vielschichtigen Sammlung bis zum Spezialwerk oder zur Monographie vorgestellt [329].

Häufig ist ein allgemeiner Geschichtsabriß nur Teil einer umfassenderen Enzyklopädie, etwa vom fünften Buch der *Etymologiae* Isidors von Sevilla (um 570 bis 636). Ein zu Beginn des 12. Jahrhunderts in Regensburg entstandenes vergleichbares Werk mit außerordentlicher Wirkung ist die *Imago Mundi* des Honorius Augustodunensis (um 1080 bis um 1150). Der Titel dieses beliebten Schulbuches, das im ersten Teil Geographie, Meteorologie und Astronomie, im zweiten Teil die Zeit schlechthin und im dritten Teil die Geschichte abhandelt, ist zum Symbol dieser Form von Geschichtsschreibung geworden. «Hic nihil autem in eo pono, nisi quod maiorum commendat traditio», versichert Honorius dem Adressaten der

Vorrede, Abt Christian, vermutlich am Schottenkloster zu Regensburg («Ich habe aber nichts darinnen aufgenommen, was nicht schon die Tradition der Väter empfiehlt»).

‹Chronicon› oder ‹Chronica› meint eine streng zeitlich orientierte Berichterstattung. Ihre für das Mittelalter besonders charakteristische Form, die Weltchronik, erstrebt Erfassung des gesamten Raums der bekannten Welt und aller Zeiten von der Schöpfung an oder wenigstens seit Christi Geburt. Bisweilen bezieht sie auch die Eschatologie mit ein, versucht gar, die Dauer der Erde zu bestimmen. Diese im Mittelmeerraum bereits in der Spätantike blühende Gattung der Historiographie nimmt zu Ende des 11. und im 12. Jahrhundert im deutschen Raum ihren Aufschwung. Berühmtester, weil nachdenklichster Vertreter ist Otto von Freising (nach 1111 bis 1158), der als Enkel Kaiser Heinrichs IV. selbst ein Babenberger und den Staufern nah verwandt ist. Als Zisterzienser ist er den religiösen Formen seiner Zeit eng verbunden und vom Symbolismus des 12. Jahrhunderts geprägt; durch seine politischen Verbindungen aber sieht er die Gegensätze zwischen *regnum* und *sacerdotium* in aller Deutlichkeit aufbrechen. Mit dem Gedankengut des heiligen Augustinus sucht er die Geschichte zu deuten. Die Weltherrschaft in Form der vier Weltreiche nach dem Propheten Daniel, die Wissenschaft und endlich das Mönchtum wandern von Osten nach Westen. *Mutatio* ist für Otto Kennzeichen alles Irdischen, er selbst glaubt sich am Ende der Zeiten, steht aber in lebendiger Hoffnung auf die Vollendung.

Wie die beiden Staaten des Augustinus, die *civitas Dei* und die *civitas diaboli*, nicht zu trennen sind, so kennt das Mittelalter im Grunde keine Aussonderung der Kirchengeschichte aus der allgemeinen Geschichte. Daher ist die Kirchengeschichtsschreibung weitgehend mit der Heilsgeschichte und mit der Weltchronistik identisch; auch die entsprechenden Titel werden alternativ verwendet.

Bei der Annalistik handelt es sich um eine eingegrenztere, zeitlich orientierte Geschichtsschreibung, indem die Berichterstattung jahrweise erfolgt. Die Anregung hierfür lieferten die Tafeln für die Osterfestberechnung, die auf dem Kontinent durch Beda Eingang fanden und im voraus den Termin des Osterfestes vermeldeten, aber zu weiteren Eintragungen Raum boten. Die Annalistik wurde bis ins 13. Jahrhundert vielfältig betrieben, allerdings ausnahmslos in lateinischer Sprache, während die Chronistik auch im Spätmittelalter Vertreter hatte und daher dann in der Volkssprache stattfand.

Auch die Volksgeschichte, die *origo gentis*, ist im Grunde ein Ausschnitt aus der Universalgeschichte. Sie hat sich zur Aufgabe gesetzt, einen einzelnen Personenverband im Weltbild einzuordnen, etwa durch den Nachweis der Abstammung von biblischen Stammvätern oder antiken Völkern. So werden die Franken den Trojanern (sog. *Fredegar-Chronik*,

7. Jh.), die Sachsen dem Heere Alexanders des Großen (Widukind von Corvey, *Res gestae Saxonicae*, um 960) und die Bayern den Armeniern (*Annolied*, um 1080) zugeordnet. Diese Herkunftsideologien sind bedeutsames Zeugnis des Selbstverständnisses der Völker, die sich im *mare historiarum*, in der Vielfalt der Geschichte, zu konturieren suchen. Die Volksgeschichte ist gleichfalls lateinisch gehalten, weil es sie nur bis ins Hochmittelalter gab; später wurde sie von der Territorialgeschichte abgelöst, die nicht an eine Personengruppe, sondern an ein begrenztes Gebiet gebunden war [324].

Die Monographie (*gesta* u. ä.) schildert die Einzelentwicklung, das Tun einer einzelnen Person oder ganzer Personengruppen: der Äbte eines Klosters, der Bischöfe einer Diözese, der Päpste, der Kreuzzugsteilnehmer, der Missionare, der Bürger einer Stadt. Auch hier sind Details zu beobachten, bei den Volksgeschichten etwa Abstammungstheorien. So reklamieren die Trierer um 1100 in den *Gesta Treverorum* altbabylonische Abkunft.

Bei den Biographien (*vitae*) steht die Einzelperson als Mensch und als Charakter im Mittelpunkt. Einhard schildert nicht nur die Taten Karls des Großen, sondern seine Herkunft, sein Privatleben, seine Wesensart. Häufig dient die Heiligenvita dem Lobpreis und dem Zeugnis, um den heiligmäßigen Wandel ihres Helden zu bezeugen. Das Ziel ist gewöhnlich, die Heiligsprechung zu veranlassen. Ein derartiges literarisches Werk aber hat auch eine wichtige moralische Funktion, denn es soll den Leser zum Nachahmen der gepriesenen Tugenden des Geschilderten anregen.

Deutsches Geschichtsdenken zur Blütezeit des Reiches
findet sich vor allem vorgeformt bei Frutolf von Michelsberg, in der sogenannten anonymen *Kaiserchronik* (bis 1114) und bei Ekkehard von Aura (gest. nach 1125). Ohne ihre Arbeit wäre die Universalgeschichte Ottos von Freising nicht denkbar. Sie haben die Zeugnisse zusammengetragen, die Ottos Nachdenken veranlaßten und deren er sich bedienen konnte. Hier ist sowohl die Lehre von den sechs Weltaltern, die seit Augustinus und Isidor von Sevilla Allgemeingut der Geschichtsinterpreten war, zugrunde gelegt als auch die Lehre von den vier Weltreichen (nach Daniel) und die Lehre von der *Translatio Imperii Romani* auf Karl den Großen. Infolge dieser Lehre verstand sich das Deutsche Reich als kontinuierliche Fortsetzung des Reichs des Kaisers Augustus, ein Gedanke, der in den Jahrhunderten zuvor nur vereinzelt angesprochen worden war. Das Zusammentreffen dieser Interpretationsschemata der Weltgeschichte erlaubte den Geschichtsschreibern des Reichs die hochrangige Einordnung des eigenen politischen Verbandes im 12. und 13. Jahrhundert.

Gleichzeitig mit Frutolf wirkt weiter im westlichen Teil des Reichs der Mönch Sigebert von Gembloux, der das Tafelwerk des Hieronymus bis in seine Zeit fortsetzt, die verschiedenen Reiche in eigenen Strängen synchronistisch nebeneinanderstellt und Byzanz besondere Beachtung zollt. Er nimmt im Jahre 800 eine Teilung des Römischen Reiches an und verficht nicht die Vorstellung der Translatio. Auch diese Meinung fand viele Anhänger; denn Sigebert wurde in Westeuropa eifrig benutzt und ausgeschrieben, gerade weil er neben dem Römischen Reich auch andere Herrschaften gelten ließ.

Beide Chronisten sind treue Anhänger der salischen Kaiser. Obwohl von Frutolfs Werk nicht allzu viele Handschriften nachgewiesen sind, wurde sein Werk in Süd- wie in Norddeutschland allenthalben benutzt und hat unter anderem die *Sächsische Weltchronik* (13. Jh.) maßgeblich mitgestaltet. Gerade diese schlichte Kompilation erwies sich als leicht benutzbar, während Ottos von Freising anspruchsvolle geschichtstheologische Deutung sich den breiteren Kreisen entzog.

Eine positive Einstellung zum Reich läßt weitgespannte Darstellungen entstehen. Desgleichen hat die Erfahrung des Orients, insbesondere des östlichen Mittelmeerraums, in der Kreuzzugszeit zur Erweiterung des Horizonts geführt und die zuvor räumlich beschränkte Sicht gesprengt.

Zeitgeschichtsschreibung

mit weitreichender Wirkung liefert Oliver, seit 1196 Domscholaster zu Paderborn, 1200 bis 1223 im gleichen Amt zu Köln bezeugt, danach zum Bischof von Paderborn erwählt und 1227 verstorben als Kardinalbischof von Santa Sabina. Oliver war Missionar, nahm am Fünften Kreuzzug teil und hatte als offenbar fähiger Ingenieur maßgeblichen Anteil an der Einnahme von Damiette (1219). Sein Geschichtswerk will der Kreuzzugsidee dienen; es bietet in vier Teilen eine Beschreibung des Heiligen Landes, eine Geschichte Jerusalems bis zu seinem Untergang unter Titus (nach dem Alten und dem Neuen Testament), eine Geschichte der Kreuzzüge ab 1096 und die *Historia Damiatina*, die Berichterstattung über den Fünften Kreuzzug, an dem Oliver selbst teilnahm [426]. Olivers Schriften, besonders ihr letzter Teil, ist von der deutschen Chronistik, aber auch in England und Frankreich eifrig ausgeschrieben worden.

Aus dem Jubelruf (c. 34) «Letare, provincia Coloniensis, exulta et lauda, quoniam in navibus, instrumentis bellicis, bellatoribus et armis, victualibus et pecunia maius auxilium tulisti quam residuum totius regni Teutonici» klingt der Stolz des Siegers, aber auch der Dank an die Kölner Kirchenprovinz für ihre Unterstützung. («Freue Dich, Erzbistum Köln, frohlocke und lobsinge, denn Du hast an Schiffen, Kriegsgerät, Kriegern und Waffen, Lebensmitteln und Geld mehr Hilfe geleistet als das ganze Deutsche Reich.») Oliver gehört der älteren Kreuzfahrergeneration an, die noch mit Waffen und nicht mit Predigt das Heilige Land den Christen zurückgewinnen will. Aber er hat durchaus offene Augen für die Ostchristen und weiß auch bei den Moslems die edlen Heiden zu schätzen. Erfüllt von den Andeutungen mannigfacher Endzeitprophetien im Zeitalter nach Joachim von Fiore (um 1135 bis 1202), erhofft er den christlichen Retter, den sein Zeitgenosse Jakob von Vitry (1160/70 bis 1240/54) bereits unter den hereinbrechenden Mongolen vermutet. Oliver erwartet ihn aus Nubien, so daß es dem Retter leicht sein wird, Mekka zu zerstören: ein Motiv, das sich in der spätmittelalterlichen deutschen Chronistik häufiger findet und im aufstrebenden christlichen Äthiopien seinen realen Hintergrund hat. Die Moslems sucht Oliver als christliche Häretiker zu begreifen. Nach dem negativen Ausgang des Kreuzzugs von Damiette wendet Oliver sich gar an Sultan al-Kāmil, um ihn zu Christus zu bekehren, desgleichen an die Gelehrten Ägyptens. Bei Oliver findet sich eine Haltung in Ansätzen vorgebildet, die den heiligen Franziskus prägte, der zur gleichen Zeit die Moslems durch Predigt zu bekehren trachtete. Gerade das Motiv vom edlen Heiden hat in breite Kreise der deutschen Literatur Eingang gefunden.

Die Summenliteratur
ist im 13. Jahrhundert vorrangig in den Bildungszentren der Zeit beheimatet, insbesondere in Frankreich und Italien. Vincenz von Beauvais erstellte als Predigermönch, aber auch als Lehrer am königlichen Zisterzienserkloster Royaumont sein enzyklopädisches *Speculum*, vor allem dessen historischen Part. Wenig später gibt sein Mitbruder mährischer Herkunft, Martin von Troppau, ein knappes, übersichtliches Tafelwerk der Universalgeschichte heraus, das er ausdrücklich den Theologie- und Kanonistikstudenten zudenkt. Es soll die *Historia Scholastica* des Petrus Comestor, das Handbuch der biblischen Geschichte, fortsetzen und zugleich das *Decretum Gratiani* (um 1142) ergänzen. Martin greift die übrigens schon bei Hugo von St. Viktor verwendete Papst-Kaiser-Chronistik auf, bei der die Jahre nach Päpsten und nach Kaisern parallel abgehandelt sind, um die Geschehnisse durch eine doppelsträngige Datierung chronologisch abzusichern. Vincenz hatte dieses System der Zeitrechnung bereits als besonders sicher empfohlen. Martin aber hat das Verdienst, eine stimmige Tabelle konstruiert zu haben, die auch graphisch eine Leistung darstellt: Er notiert auf großen Bogen eines Bandes jeweils auf der linken Seite 50 Jahre, ein halbes Jahrhundert, gemäß den regierenden Päpsten, auf der rechten Seite parallel dazu gemäß den Kaisern. So vermag er es, die Geschichte von Christi Geburt an bis auf die eigene Zeit – er starb 1278 – auf 26 Blättern übersichtlich unterzubringen. Sofern diese Tafelform von den Kopisten verstanden und korrekt beibehalten wurde, stand hier ein vorzügliches didaktisches Hilfsmittel zur Verfügung. Allerdings

wurde es mannigfaltig von Kopisten verderbt und liegt oft nur als wirres Konglomerat sehr knapper Faktenangaben vor, dessen Kompendiencharakter nicht mehr kenntlich ist, weil die Datierung zerstört wurde.
Ein uns namentlich nicht bekannter schwäbischer Minorit nahm um 1292 nochmals den Chronikentyp auf und holte im Papst-Kaiser-Schema breit erzählend aus. Wegen seiner Nachahmung belegte man ihn irrtümlich mit dem Namen Martin, so daß man allenthalben im Mittelalter von *chronicae Martinianae* spricht. Diese als *Flores Temporum* betitelte Chronik hat es in Deutschland – allerdings nur dort – zu außergewöhnlicher Popularität gebracht. Sie ist das volkstümliche Gegenstück zum strengen Tafelwerk Martins, steckt voller wundersamer Legenden und entpuppt sich bei genauem Hinsehen als die chronographische Umgestaltung der zyklisch, oder besser, anniversaristisch aufgebauten *Legenda Aurea* des Dominikaners Jacobus de Voragine (um 1230 bis 1298), späteren Erzbischofs von Genua (verfaßt 1263/73). Die *Legenda Aurea*, wegen eines größeren, in der Langobardenzeit einsetzenden chronikalischen Teils auch *Historia Lombardica* genannt, wollte dem Gottesdienst dienen [291]. Sie bietet dem Festkalender entsprechend die wichtigsten Heiligen in der Darstellung ihrer Legenden, geordnet nach den Festen des Kirchenjahrs. Dem wunderseligen Spätmittelalter diente diese Sammlung zur steten Erbauung; sie nimmt eine Spitzenposition ein hinsichtlich der Zahl der erhaltenen Textzeugen. Hier stellt sich jedoch die Frage, ob es sich bei den Legenden noch um Historiographie handelt. Dies wußte auch der schwäbische Minorit; er gestaltete die *Legenda* daher zu einer Chronik mit linearer Berichterstattung nach Art der Papst-Kaiser-Chroniken um und fügte größere Erzählpartien ein. In der Vorrede begründet er sein Vorgehen damit, daß er immer wieder seinen Predigthörern mitteilen könne: «Heute sind es soundso viele Jahre, daß dieser oder jener Heiliger in den Himmel ging.» Er werde sodann von Mitbrüdern und Klerikern bewundert und befragt, woher er diese Kenntnisse habe und ob er ihnen einen Abriß mit diesen zeitlichen Angaben erstellen und überlassen könne [96]. Der Minorit berichtet, er habe sein Kompendium nur in kindlicher Manier und mit arabischen Zahlen erstellt, und bezieht sich auf die Datierung nach Päpsten und Kaisern. Allerdings zählt er, anders als Martin, an erster Stelle die Kaiser und rechts die Päpste auf. Von beiden sagt er, daß er sie nicht zu ihrem eigenen Lob, sondern zum Ruhm und zur Ehre der gleichzeitig lebenden Heiligen herausstelle, damit zwischen den Dornen (*spinae*) weltlicher Herren die himmlischen Rosen und Paradieslilien der Seligen um so herrlicher erblühten. Aus diesem Grunde habe er das vorgelegte Werk Zeitblumen genannt. Der Minorit begründet die Einbeziehung weltlicher Herren damit, daß deren Abfolge das Rückgrat – so übersetzt man *spinae* wohl passender – abgegeben hätte für die erbaulichen Berichte über die Heiligen. Mit dem Titel deutet der Verfasser zugleich

an, daß er mit seinem Werk eine Auswahl aus der Fülle getroffen hat [720]. Ein Geschichtswerk wird so zum Fundament für die Glaubwürdigkeit von Predigten und Erbauungsbelletristik [128]. Zugleich zeigt sich das für die Medikanten typische Geschichtsverständnis: Geschichte als Hilfswissenschaft der Seelsorge. In dieser Papst-Kaiser-Chronik ist aber auch die vorchristliche Zeit behandelt; der Autor rechnet zurück vom Beginn der Papst-Kaiser-Chronologie und bedient sich mehrfach der Formulierung «vor Christi Geburt». Die Großen der Geschichte werden in diesem Werk dem Leser in alltäglichen Dingen nahegebracht, beispielsweise Karl der Große in seiner Mäßigkeit im Essen. Aus Pseudo-Turpin – Einhard wußte hier längst nicht so gut Bescheid – erfährt er, daß Karl je Mahlzeit nur einen Hasen, zwei Hühner oder nur eine Gans zu verspeisen pflegte, ein offenbar nachahmenswertes Exempel. Und die Nachricht von der Niederkunft einer Dame mit einem Löwen stieß gewiß auf mehr Interesse, wenn ein Ort in der Diözese Konstanz genannt und das Ereignis ins Jahr 1280 datiert war. Das Geschehen erschien auf diese Weise nachprüfbar.

Etwa in die gleiche Zeit fällt die Entstehung der *Ebstorfer Weltkarte*. Sie erzählt die Weltgeschichte gewissermaßen räumlich von oben nach unten, und das meint in der Kartographie von Osten nach Westen unter Zurückstellung der Komponente Zeit: eine *summa historica*, die am Raum orientiert ist. Die mittelalterliche Karte wird von Osten her gelesen, deutet mithin einen Rest des zeitlichen Ablaufs räumlich an, da auch in der christlichen Geschichtsschreibung die Vorstellung einer Ost-West-Bewegung dominiert. Auf der *mappa mundi* als einer Form der *imago mundi* steht biblische Geschichte und Kirchengeschichte neben der Antike wie der eigenen Zeit, und alle sind noch im Bilde umgeben von Monstren und Fabelwesen sowie von Naturwundern [89]. Zugleich ist die runde, geostete christliche Ökumene-Karte ein Signum für die Schöpfung, für die Welt als Ganzes [92]. Auch gibt sie Raum für künstlerische Ausgestaltung durch den Maler. Mit der *Ebstorfer Weltkarte* entstand eine *summa historica* im deutschen Raum. Die Hervorhebung Ebstorfs auf der Karte beweist, daß die Karte ursprünglich für ihren späteren Fundort konzipiert war – für ein Benediktinerinnenkloster und offenbar im Auftrag der wissensdurstigen und kunstsinnigen Nonnen. Ob die Schwestern selbst daran beteiligt waren, erwähnt keine Quelle. Im Mittelalter geht es um das Werk, nicht um seinen Ausfertiger. Dieser tritt hinter dem Werk und dessen Funktion (etwa als Schmuck in einem Gotteshaus) zurück.

Ursula Liebertz-Grün

Erzählte Zeitgeschichte um 1300

Ottokars historiographisches Meisterwerk ist nicht aus dem Nichts entsprungen. Die *Steirische Reimchronik* (etwa 1300 bis 1320) steht in einer bereits hochentwickelten literarischen Tradition. Die beiden wichtigsten Wegbereiter Ottokars im österreichisch-steirischen Kulturraum sind der niederösterreichische *Helbling*-Satiriker und der Wiener Bürger Jans Enikel, dessen Geschichtsschreibung dort endet, wo Ottokar beginnt: mit Herzog Friedrichs II. (1246) und Kaiser Friedrichs II. Tod (1250).

Jans Enikel

Jans Enikel hat seine beiden Geschichtswerke im letzten Drittel des 13. Jahrhunderts in erster Linie für die ritterbürgerliche Wiener Oberschicht geschrieben, der er allem Anschein nach selbst zugehörte. Das *Fürstenbuch* (4258 Reimpaarverse) vergegenwärtigt in einer lockeren Folge von Erzählungen und Anekdoten die Geschichte Wiens und der Babenberger von der Stadtgründung in heidnischer Vorzeit und dem ersten christlichen Markgraf Albrecht bis zu Herzog Friedrich II. In den Erzählungen über die beiden letzten Babenberger treten auch die Wiener Bürger in den Vordergrund. Als die Wiener vom Tod Herzog Leopolds VI. (1230) hören, brechen sie in heftige Klagen aus und preisen den Verstorbenen als schlechthin vorbildlichen Fürsten. Neben traditionell christlichen Herrschertugenden und spezifisch höfischen Qualitäten (Veranstaltung ritterlicher Kampfspiele, höfischer Unterhaltung und Geselligkeit) heben sie seine Fürsorge für die Städte hervor. Der Herzog habe die Städte privilegiert, den Wiener Bürgern Gold und Silber geliehen, er habe sie vor den Dienstherren geschützt und auf deren Kosten bereichert.

Indem Enikel Fürst und Fürstenhof ins Zentrum rückt und die höfische Kultur in panegyrischem Stil beschreibt, bestätigt er den politischen und kulturellen Führungsanspruch des Fürstentums. Aber seine despektierlichen Anekdoten, Geschichten und schwankhaften Erzählungen lassen den Anspruch der traditionellen höfischen Literatur, die politische und kulturelle Führungsschicht sei zugleich auch die ethische Elite, beiläufig und ohne moralische Entrüstung als Illusion erscheinen: Der im Text hochgelobte Herzog Friedrich II. verliert durch ein Notzuchtverbrechen sein Ansehen und wird von den empörten Wienern schmachvoll aus der Stadt vertrieben. Einer seiner Vorfahren, der legendäre Markgraf Albrecht von Pernegg, findet die frisch vermählte Frau seines Bruders so attraktiv, daß er sie kurzerhand vergewaltigt. Der Bruder wiederum, der überaus vollkommene Markgraf von Gors, weiß sich zu rächen; er vergewaltigt beim Hochzeitsfest die Frau seines Bruders. Kaiser Friedrich II. schädigt die Kirche, gilt in klerikalen Kreisen als Ketzer und hält Meuchelmörder, die ihm – wie Herzog Friedrich II. mit Bewunderung beobachtet – bedingungslos gehorchen.

Die *Weltchronik* (28958 Reimpaarverse) vergegenwärtigt die Universalhistorie von der Erschaffung der Welt bis zum Tod Kaiser Friedrichs II. Breiten Raum nehmen die alttestamentliche und antike Geschichte ein, unter anderem mit Erzählungen vom Trojanischen Krieg, von Alexander, von Focas und Eraclius, dem römischen Schellenpalast, Cäsar und den Deutschen. Die ‹Neuere Geschichte› nach Christi Geburt wird knapper dargestellt. Über die Päpste unterrichten ein Prosakatalog und einige meist anrüchige Anekdoten. Von Nero, dem Zauberer Vergil, dem gerechten Trajan, dem Emporkömmling Takprecht, Kaiser Konstantin und König Karl ist ausführlicher die Rede. Ein Sprachenspiegel charakterisiert die Völker und Sprachen der damaligen Gegenwart. Über die Ereignisse zwischen Karl dem Großen und Kaiser Friedrich II. berichten zwei Prosaexkurse zur Reichs- und zur österreichisch-steirischen Landesgeschichte, die vermutlich als Nachschlagewerk benutzt und beim Lesen oder Vorlesen schnell überblättert wurden. Der letzte Abschnitt ist der Zeitgeschichte gewidmet, in der die Gestalt Kaiser Friedrichs II. im Mittelpunkt steht.

Volkssprachige Geschichtsschreibung und Geschichtsdichtung waren zumindest bis zum Ende des 16. Jahrhunderts eng verwandt. Die interessierten, aber lateinunkundigen Laien bezogen ihre ‹historische Allgemeinbildung› aus Geschichtsdichtungen, historischen Predigtmärlein, der Bibel und den volkssprachigen Chroniken, die den historischen Stoff untrennbar vermischt mit legendären und sagenhaften Erzählungen darboten. Enikel hat die schwankhafte Erzählung und die Anekdote in die deutschsprachige Geschichtsschreibung eingeführt. Im Gegensatz zum Verfasser der *Kaiserchronik* (um 1150), der alle Begebenheiten gleichsam mit erhobenem Zeigefinger moralisch klassifiziert, überläßt es Enikel meist seinem Zuhörer, ob und wie er eine Handlung beurteilen will. Bei der Lektüre gewinnt man den Eindruck, daß Enikel nicht aus moralpädagogischen Absichten, sondern auf Grund seines Wirklichkeitssinns und aus Freude an grellen Effekten auch von schlimmen Begebenheiten berichtet. Und falls er durch seine Erzählungen überhaupt eine allgemeine Lehre vermitteln wollte, so scheint es die Einsicht zu sein, daß unter den ‹Großkopfigen› genauso wie unter den ‹kleinen Leuten› ‹Gute›, ‹Schlechte› und ‹Zwielichtige› zu finden sind.

Auffallend heftig wendet Enikel sich gegen die Vorstellung, alle Päpste hätten ein heiligmäßiges Leben geführt oder sich doch zumindest die ewige Seligkeit verdient. Um diesen Irrtum zu widerlegen, läßt er neben einigen guten Päpsten auch eine Reihe negativ gezeichneter Figuren auftreten: die Päpstin, den Teufelsbündner, den Papst, den der Teufel in die Hölle führt, den Hochmütigen, der einen herrlichen Palast baut, und den bestechlichen Papst, der dem Russenkönig gegen Bezahlung sogar die Heirat mit seiner Tochter erlaubt.

Auch unter den Königen und Kaisern dominieren die zwielichtigen und düsteren Gestalten. Selbst Karl der Große ist von sündhaftem Hochmut nicht frei und kann sich nur mit fremder Hilfe von einem teuflischen Zauber befreien, der ihn zwingt, mit seiner toten Frau zu schlafen. Es fällt auf, daß sich auch einige Aufsteiger aus kleinen Verhältnissen, wie Romulus und der ehemalige Eierhändler Takprecht, als fähige Herrscher erweisen. Das deutet darauf hin, daß Enikel soziale Mobilität positiv bewertete und daß er die ideologische Zementierung der sozialen Hierarchie nicht billigte. Dem entspricht, daß er die sozial restriktive Auslegung der biblischen Erzählung von Noahs Söhnen, welche die soziale Rolle an die Geburt bindet, in Zweifel zieht. Er zerpflückt das beliebte Legitimationsschema ideologiekritisch. Die Frage, ob Herrschaft und Knechtschaft durch Chams Schuld entstanden seien, lasse sich nicht zuverlässig beantworten. Denn einige behaupteten, alle Knechte seien Nachkommen Chams, der seinen nackten und betrunkenen Vater Noah verspottet habe und deshalb von ihm verflucht worden sei; alle Herren dagegen stammten von Sem und Japhet ab, die ihren Vater beschützt hätten und von Noah gesegnet worden seien. Aber andere betonten, Gott habe mit der Entstehung von Herrschaft und Knechtschaft nichts zu tun; Herren und Knechte seien gleichermaßen Nachkommen Adams und Evas.

Seifried Helbling

Als *Seifried Helbling* oder *Kleiner Lucidarius* wird eine anonyme Sammlung von fünfzehn überwiegend zeitsatirischen Gedichten bezeichnet, die die gesellschaftlichen Verhältnisse in Österreich zur Zeit der ersten Habsburger (letztes Viertel des 13., erstes Jahrzehnt des 14. Jahrhunderts) kritisieren. Mit ungewöhnlicher Schärfe und hinterlistigem Humor nimmt der *Helbling*-Autor seine angeblich verrottete Gegenwart aufs Korn: Das goldene babenbergische Zeitalter ist nur noch Erinnerung. Die Habsbur-

ger und ihre Helfershelfer beuten das Land aus Verderbliche fremde Einflüsse verdrängen die vorbildliche alte Landessitte. Die Rechtsprechung ist korrupt, der Landfriede eine Fiktion. Die Bevölkerung wird schutzlos dem Angriff fremder Heere preisgegeben. Alle Laster haben Hochkonjunktur. Pseudodienstherren und bäuerliche Parvenüs machen sich breit, die ständische Ordnung zerfällt. Sinistre Kräfte sinnen auf Umsturz.
Während Enikel auf moralische Wertungen verzichtet, tritt der Satiriker als engagierter Moralist auf. Einige seiner Urteile, wie sein mörderischer Judenhaß, sind allerdings unerträglich repressiv. Und selbst seine berechtigten Klagen sind mit polemischen Mystifikationen versetzt. Unverhüllter und aggressiver als in den übrigen Texten werden die Habsburger und ihre Parteigänger in der *Klage des Landes Österreich* (1285) attackiert. Das personifizierte ‹arme Land Österreich› erhebt als Geschädigter gerichtliche Klage vor König Rudolf von Habsburg (1218 bis 1291), der Richter und Angeklagter zugleich ist. Wenn man die vehemente Polemik der *Klage* richtig einschätzen will, muß man sich vor Augen halten: Der Protest gegen die finanzielle Ausbeutung des Landes wurde nicht im Interesse der wirtschaftlich Ausgebeuteten formuliert. Daß die Arbeit der Bauern den Reichtum der Herren zu vermehren habe oder daß Gott, um die Bauern vor Hochmut zu bewahren, dafür gesorgt habe, daß die Herren ihnen nur das Existenzminimum übrigließen – über diese Essentials der feudalen Ideologie dürften Habsburgeranhänger und Habsburgerkritiker sich einig gewesen sein. Das *arme lant Ôsterrîch*, das mit derben Flüchen und fäkalischen Ausdrücken die Habsburger und ihre Anhänger als korrupte Ausbeuter attackiert, repräsentiert nicht die ‹notleidende Bevölkerung›. Es mystifiziert vielmehr die Interessen einiger Landherren, die mitansehen mußten, daß ihnen landfremde Ausbeuter erfolgreich Konkurrenz machten. Die Gesellschaftskritik anderer Texte geht dagegen weit über das hinaus, was antihabsburgische Polemik erfordert hätte. Man wird deshalb dem *Helbling*-Autor das Verdienst, mit ungewöhnlicher Wachheit auf Schwachstellen im gesellschaftlichen System seiner Zeit aufmerksam gemacht zu haben, nicht absprechen können.
Sympathisch berührt seine Abneigung gegen Panegyrisches. Seine raren Lobsprüche haben einen ironischen Unterton, und er verbindet die wenigen Schmeicheleien mit gezielten Respektlosigkeiten. Seine wichtigste formale Neuerung ist die Desillusionierungstechnik. Gelegentlich warnt er die Hörer durch gezielte Verfremdungseffekte vor den inhaltlichen Verschleierungen seines Textes; oder er benutzt überkommene mystifizierende Darstellungstechniken, um sie ironisch zu entlarven. Wenn er seine Version vom Kampf der personifizierten Tugenden und Laster zum besten gibt und in einer fingierten Gerichtssitzung die Tugenden persönlich als Urteilende auftreten läßt, dann scheint er durch diese formale Suggestion autoritär Affirmation zu fordern. Aber in beiden Texten un-

terläuft er den Dogmatismus der Form durch relativierende perspektivische Darstellung, indem er den ritterlichen Ich-Erzähler in seiner kleinkarierten Alltäglichkeit mitporträtiert. Das satirische Meisterstück des *Helbling*-Autors ist der fingierte Brief des Hofpossenreißers *Seifried Helbling*. Panegyrische Kunstübung und die hochgelobten Herren der guten alten Zeit geraten in ein merkwürdiges Licht, wenn deutlich wird, wie der einstige *hofgumpelman* mit Lobhudelei und beuteträchtigen Tips unter Strauchdieben sein Leben fristet.

Ottokar von Steiermark

Ottokar hat seine *Steirische Reimchronik* wahrscheinlich in den ersten beiden Jahrzehnten des 14. Jahrhunderts niedergeschrieben. Er vergegenwärtigt die Weltgeschichte vom Tod Kaiser Friedrichs II. (1250) bis zur niederösterreichischen Revolte gegen den habsburgischen Landesfürsten Herzog Friedrich I. (1309), bei deren Schilderung der Text abbricht. Besonders ausführlich werden die österreichisch-steirische und die salzburgische Landesgeschichte, die Ereignisse in den Nachbarländern, vor allem in Böhmen und Ungarn, Reichsangelegenheiten in den deutschen Ländern, Italien und Sizilien, der Verlust Akkons und die französisch-flandrischen Kriege dargestellt. Aber der Autor blickt auch nach Triest und Ferrara, nach Spanien, Afrika, Armenien und ins Tatarenreich. Er hat anscheinend alles aus seiner Sicht historisch Wissenswerte, das ihm zu Ohren oder vor Augen gekommen ist, verarbeitet. Die einzelnen Ereigniszusammenhänge ordnet er, von einigen Rückblenden abgesehen, chronologisch. Um zu verdeutlichen, daß er von zeitgleichen Ereignissen berichtet, die sich an verschiedenen historischen Schauplätzen abspielten, führt er die einzelnen Handlungsstränge jedoch nicht vom Anfang bis zum Ende durch, sondern teilt sie in mehrere Etappen, die er zwar im zeitlichen Nacheinander, aber unterbrochen von den entsprechenden Abschnitten der anderen Ereignisketten darbietet.

Ottokar von Steiermark ist wahrscheinlich, wie Maja Loehr nachgewiesen hat, mit *Otacher ouz der Geul* (um 1260/65 bis um 1320) identisch, der aus der Familie der Stretwicher stammte. Die Stretwicher gehörten der landesfürstlichen österreichisch-steirischen Ritterschaft an, waren zugleich die größten Lehenträger des Bistums Seckau und standen mit einigen mächtigen steirischen Herren in Verbindung, vor allem mit den Lichtensteinern. Wenn der Reimchronist ein Stretwicher war, dann hat er vermutlich nicht nur seine überragende historiographische Begabung, sondern auch einige Gelder in sein Werk investiert. Aber eine Ritterfamilie allein hätte die hohen Kosten wohl nicht aufbringen können, und ein Rittersitz bot auch kaum das geeignete Forum für den Vortrag. Ottokar hat den Landherrn beziehungsweise Ministerialen Otto II. (gest. 1311), den Sohn des Dichters Ulrich von Lichtenstein, als seinen Herrn gepriesen; und er hat jene zeitgeschichtlichen Ereignisse, die gleichermaßen die machtpolitischen Interessen der habsburgischen Landesfürsten, der Salzburger Erzbischöfe und der steirischen Landherren betrafen, aus dem Blickwinkel einiger steirischer Herren um Otto II. von Lichtenstein dargestellt. Offensichtlich standen die Lichtensteiner im Zentrum jener Gruppe Wißbegieriger und historisch Neugieriger, die den Chronisten anregten und ungeduldig zur Arbeit drängten.

Zeitgeschehen und Heilsgeschichte

Im Gegensatz zu den Universalchronisten, die, gestützt auf das *Alte Testament*, die Historie seit Erschaffung der Welt präsentierten, hätte Ottokar in der *Steirischen Reimchronik* auf heilsgeschichtliche Aspekte verzichten können. Doch er hat es vorgezogen, seine weitgehend realistische Erzählweise mit orthodox christlichen Geschichtsvorstellungen zu kombinieren. Der universalhistorische Charakter seiner Darstellung der Zeitgeschichte spiegelt die außergewöhnliche Wißbegier seines Publikums, aber er entspricht auch einer spezifisch christlichen Betrachtungsweise. Weil die Schöpfung am Anfang steht, zerfällt die Historie nicht in eine Vielzahl isolierter, gesetzmäßig oder zufällig wiederkehrender Geschichten, sondern wird als die eine, zielgerichtete Heilsgeschichte des einen Menschengeschlechts begriffen. Deshalb sind auch die Begebenheiten im fernen Orient für die steirischen Zuhörer bemerkenswert. Während die Darstellung der steirisch-österreichischen Landesgeschichte den politischen Interessen der steirischen Landherren dient und der Blick auf die Nachbarn von ‹nationalen› Voreingenommenheiten beeinflußt ist, wird die Ferne aus christlicher Sicht betrachtet. Die Unterschiede zwischen den Völkern reduzieren sich auf den Gegensatz zwischen Christen und Heiden, und als darstellungswürdig gelten Vorgänge wie Heidenkampf und Missionsgeschichte, deren heilsgeschichtlicher Charakter besonders deutlich ist. Da Ottokar Zeitgeschichte schreibt, hat er Schöpfung und Jüngstes Gericht nicht eigens erwähnt; aber er setzt sie als Ereignisse der Geschichte voraus. So spricht er vom Seelenheil; nimmt die Datierung nach Christi Geburt zum Anlaß, um an die Erlösung zu erinnern; berichtet vom Teufelsbündner und einer Exkursion in die Hölle; erwähnt Luzifers Sturz und läßt Gott und Teufel in die Historie eingreifen. Neben der vielzitierten Hilfe im Heidenkampf werden die Außerirdischen vor allem dann erwähnt, wenn es gilt, besonders spektakuläre Ereignisse einzuordnen. Die Zerstörung Akkons, die verpaßte Rechristianisierung des Heiligen Landes, die Ermordung König Albrechts I. (1308) sind des Teufels Werk. Die Wahl König Rudolfs von Habsburg, der Sieg Flanderns über die Franzosen, der Unfalltod des Papstes Johannes dagegen sind Gottes Wille. Während Ottokar eine Vorliebe für dogmatische, moralische Urteile zeigt und es ihm anscheinend leichtfällt, Gottes strafende Gerechtigkeit, die schon auf Erden wirksam werde, in der Geschichte nachzuweisen, hält er sich mit allegorischen Auslegungen ungewöhnlicher Naturereignisse zurück. So berichtet er zum Beispiel, die Verständigen hätten überlegt, welche übernatürliche Bedeutung der Heuschreckenplage und dem Auftauchen von Pelikanen in der Steiermark zukäme, aber er überliefert keine Deutung des Phänomens. Diese Zurückhaltung hängt wohl mit seiner Neigung zu weitgehend pragmatischer Geschichtsschreibung zusammen. Dem scheint es auch zu entsprechen, daß er auf eschatologische Vorstellungen nicht näher eingeht und die tradierte Zeitalter- und Weltreichslehre, die die Historie in ein starres Schema preßt, nicht aufgreift, obwohl er das Kaisertum ebenso wie das Papsttum als eine göttliche Institution von universalhistorischer Relevanz beschreibt.

Imperium

Ottokars Aussagen über das Reich, die seinen Geschichtserzählungen, seinen raren programmatischen Äußerungen und den fingierten Reden seiner historischen Figuren entnommen werden können, sind für den heutigen Betrachter vor allem unter zwei Gesichtspunkten aufschlußreich: Sie verraten, was seine Zuhörer über die Funktion des Reichsregenten in dem aus den deutschen Ländern bestehenden Staatswesen dachten; und sie lassen erkennen, inwieweit sein Publikum bereit war, den Reichsgedanken als – im heutigen Sprachgebrauch formuliert – potentielle ideologische Absicherung hegemonialer Bestrebungen gutzuheißen. Der römische König sei «der Vogt und das höchste Haupt der Christenheit», betont Ottokar. Auch den vorbildlichen Papst Gregor X. (1271 bis 1276) läßt er feststellen, daß «alle Könige dem Kaiser rechtmäßig untertan sein sollen». Das Reich umfaßt also in gewisser Hinsicht die gesamte christliche Welt, doch gehören einige Regionen nach Darstellung des Chronisten in besonderer Weise zum Reich: Reichsitalien, Sizilien, das Arelat, die nach Frankreich orientierten Territorien an der Westgrenze (die faktisch vom deutschen König nicht mehr kontrolliert wurden) und als Zentrum die deutschen Länder.

Das Amt des römischen Königs bringt seinem Träger Macht, Ansehen und Reichtum. Das Reich ist dem Regenten untertan. Andererseits ist auch er dem Reich verpflichtet. Er hat seine Kraft dem Dienst des Reichs zu widmen und seine Lebensführung den Erfordernissen seines Amtes anzupassen. Zusammen mit den Fürsten ist er für das Wohl des Reichs verantwortlich. Er muß das Reich in jeder Hinsicht dem Zustand der Vollkommenheit näherbringen, die Reichsfeinde unterwerfen, die tradierten Rechte und Besitzungen des Reichs wahren und entfremdete zurückgewinnen, Streitigkeiten unter den Herren und in den Städten schlichten, die Städte vor den Übergriffen gewalttätiger Feudalherren schützen, Bürgern und Kaufleuten Sicherheit der Straßen und Schutz vor

ungerechten Zöllen bieten, die Armen und Bedürftigen aus ihrer Not befreien, jedem zu seinem Recht verhelfen, kurzum er muß, wie es dem Ideal des christlichen Herrschers entspricht, Frieden und Gerechtigkeit sichern. Wenn die Zentralgewalt ausfällt, plündern die Herren das Reichsgut und bereichern sich durch ungerechte Zölle, ist die öffentliche Ordnung bedroht, wie damals in der Zeit nach Kaiser Friedrichs II. Tod. Der Chronist verdeutlicht die fatalen Folgen des Interregnums am Beispiel Österreichs und der Steiermark, die wenige Jahre zuvor schon ihren Landesfürsten verloren hatten. Die Herren handelten dort nur nach ihrem eigenen Gutdünken, die sozial Schwächeren in den Städten wurden unterdrückt, jeder versuchte, sich auf Kosten des anderen zu bereichern, kein Geschädigter konnte mehr auf fremde Hilfe hoffen.
Der Reimchronist beschreibt das Interregnum als eine Zeit der Anarchie. Zahlreiche zeitgenössische Dokumente, Briefe, Sprüche und Chroniken, die soziale Mißstände mit dem Fehlen eines starken Königs erklären, scheinen seine Darstellung zu bestätigen. Aber diese Auskünfte verraten möglicherweise mehr über die gesellschaftlichen Wertvorstellungen der Zeitgenossen und ihr Vertrauen in die heilsamen Wirkungen einer starken Reichsgewalt als über die realen Verhältnisse. Inwieweit die Schwäche der Zentralgewalt in den Jahren 1250 bis 1273 das Alltagsleben des Durchschnittsmenschen belastet hat, läßt sich nur schwer überprüfen. In gefestigten Landesherrschaften und in den Grenzgebieten des *regnum Teutonicum*, wo auch ein starker König seine Herrschaft nicht mehr durchsetzen konnte, hat der vorübergehende Ausfall der Reichsgewalt die allgemeinen Lebensbedingungen wohl nicht beeinträchtigt. Mit gravierenden Auswirkungen wäre allenfalls in der Krondomäne und in herrenlosen Territorien zu rechnen. Ein sicheres Urteil darüber verbietet die Ungunst der Überlieferung. Auch eine überzeugend begründete, die Grenzen des uns Wißbaren zuverlässig auslotende Hypothese läßt sich noch nicht formulieren; denn bisher sind die gesellschaftlichen Auswirkungen des Interregnums nicht hinreichend differenziert untersucht worden.
Eine positive Voreingenommenheit für die Reichsgewalt zeigt Ottokar auch, wenn er Konflikte zwischen König und Feudalherren schildert oder wenn er auf das Verhältnis ‹Reichsinteresse und königliches beziehungsweise fürstliches Sonderinteresse› zu sprechen kommt. Von der sprachlich vorgegebenen Möglichkeit, Herrscher und Staat miteinander zu identifizieren und den König als *daz rîch* anzusprechen, macht er nur sparsamen Gebrauch. Der König verkörpert in der Regel nicht das Reich. Wenn er seinem hohen Amt nicht gerecht wird, ist er im Interesse des Reichs absetzbar, wie das Beispiel König Adolfs zeigt. Aber sehr häufig scheint zwischen Reichswohl und königlichem Partikularinteresse eine Art prästabilierter Harmonie zu bestehen. Wenn der König Macht und Ansehen

des Reichs mehrt, erhöht er zugleich seinen eigenen Ruhm. Er dient dem Reich, wenn er die eigene Position stärkt, indem er erfolgreich Hausmachtpolitik betreibt. Wie aus anderen Quellen hervorgeht, haben die Reichsfürsten ihre Politik mit ähnlichen Argumenten legitimiert. Der Kölner Erzbischof etwa ließ sich von seinem Thronkandidaten Adolf von Nassau (1291 bis 1298) vor der Wahl unter anderem 25000 Silbermark für Auslagen im Dienst des Reichs und das Versprechen verbriefen, der König werde der schwer geschädigten Kölner Kirche aufhelfen, weil sonst das Reich nicht gedeihen könne. Der Reimchronist dagegen mißt mit zweierlei Maß. Während er die königliche Politik pauschal als reichsfreundlich charakterisiert, von der Schmälerung der Krondomäne durch Pfandsetzungen und Vergabe von Reichsrechten und Reichsbesitzungen kein Aufhebens macht und zufrieden konstatiert, die römische Krone sei nicht nur das höchste, sondern auch ein überaus lukratives Amt, wirft er den Landesherren, vor allem den Kurfürsten, Profitgier und Usurpation von Reichsgut vor. In jenen Auseinandersetzungen zwischen Territorialherren und Zentralgewalt, in denen seine Position nicht durch die Interessen seiner steirischen Zuhörer bestimmt wird, ergreift er Partei für den König, ohne im einzelnen auf den jeweiligen Fall überhaupt einzugehen.

Der heutige Interpret sieht klarer, wenn er die beiden Komponenten, die in Ottokars Reichsbegriff miteinander verbunden sind, isoliert betrachtet. Der Chronist dagegen kannte den Terminus ‹Staat› nicht. Und er hat das aus den deutschen Ländern bestehende Staatsgebilde auch nicht konsequent durch einen eigenen, von universalen Konnotationen freien Namen charakterisiert. Er benutzt zwar die Formulierung «hie ze tiutschem rîch» und den Ausdruck «tiutschiu lant» ähnlich wie die Termini «Francrîch, kunicrîch Cecil» als geographisch-politische Benennung. Aber mit besonderer Vorliebe bezeichnet er den ‹deutschen Staat› als «rîch», gelegentlich auch als «rômischez rîch» oder «heiligez rîch». Den noch nicht als Kaiser gekrönten Reichsregenten nennt er nicht ‹König der Deutschen› (*rex Teutonicorum*, diesen Titel hatten im Investiturstreit vor allem die Parteigänger Gregors VII. benutzt), sondern «kunic, rîches vogt, rômischen vogt, rômischen kunic». Einer entsprechenden Terminologie bediente sich auch die staufische Reichskanzlei (*imperium, imperium Romanum, sacrum imperium, rex Romanorum*). Mit diesem Sprachgebrauch hat Ottokar wesentliche Elemente der unter den Staufern besonders sorgfältig ausgefeilten Reichsideologie übernommen.

Der Topos vom Vorrang des Kaisers vor allen christlichen Königen war für den Reimchronisten keine leere Floskel. In zwei Geschichten stellt er die vermeintliche Hegemonie des Reichs als historische Realität dar. Dem Herzog von Tischau legt er die Worte in den Mund, gemäß göttlichem Willen sei jeder christliche König Lehnsmann des Papstes oder des Kaisers. Bekanntlich habe König Ludwig der Heilige seinen Sohn Philipp auf dem Sterbebett ermahnt, Frankreich als Lehen vom Reich anzunehmen. Der entsetzte Sohn habe seine Juristen befragt, und die hätten die Rechtsinterpretation seines Vaters bestätigt. Schließlich hätten Philipp und die betrübten Landherren den alten König zu der Abmilderung bewegt, der römische König werde erst durch die Kaiserwürde, die allein ihm vorbehalten sei, zum Lehnsherrn Frankreichs. An anderer Stelle berichtet der Chronist, Albrecht I. habe von Philipp IV. von Frankreich das Königreich Arelat und mit Billigung des Papstes den französischen Kreuzzugszehnten eingefordert, weil der Franzose sein Kreuzzugsversprechen nicht eingelöst habe. Ferner habe er ihn gemahnt, alle französischen Juden zu ihm zu schicken. Daraufhin habe Philipp, nachdem seine Juristen die Rechtmäßigkeit dieser Forderungen bestätigt hätten, den jüdischen Besitz konfisziert und alle Juden des Landes verwiesen. – Das übersteigerte Machtbewußtsein, das sich in diesen beiden realitätsfernen Erzählungen dokumentiert, wirkt fast schon komisch, wenn man sich die historische Wirklichkeit vor Augen hält. Frankreich war damals die führende politische Macht in Europa, und die französischen Kronjuristen formulierten ihrerseits – vielleicht als Reaktion auf den deutschen ‹Imperialismus› – französische Hegemonieansprüche. Möglicherweise wird man den beiden Anekdoten am ehesten gerecht, wenn man sie als phantasievolle Abwehrgesten interpretiert, die, vielleicht zur Zeit der langjährigen Schwäche der Reichsgewalt, aus dem mühsam verdrängten Bewußtsein eigener politischer Inferiorität entstanden sind.

Während der Chronist verschiedentlich den göttlichen Ursprung des ‹Heiligen Reiches› hervorhebt, hat er die Idee, das *sacrum imperium* werde der christlichen Welt endlich den ersehnten Frieden und soziale Gerechtigkeit bringen, nicht aufgegriffen. Andere Autoren, wie Jordanus von Osnabrück, Alexander von Roes, Engelbert von Admont und Dante, hat vor allem dieser Gedanke der staufischen Reichsideologie inspiriert. Der Traum vom ‹starken Mann› und der ‹heilen Welt› im universalen Kaiserreich war auch unter der Bevölkerung verbreitet, vor allem bei den städtischen Unter- und Mittelschichten, wie der Erfolg der Betrüger, die nach 1250 als wiedergekehrter Kaiser Friedrich II. auftraten, bezeugt. Der Reimchronist dagegen hat sich auf das Bild einer besseren Welt nicht eingelassen; er war damit beschäftigt, die gegebene historische Realität wahrzunehmen und zu beschreiben.

Sacerdotium

Der Papst hat nach Auskunft des Chronisten denselben Rang wie der Kaiser. Beide sind das höchste Haupt der Christenheit. Jeder christliche König muß Land, Zepter und Krone entweder vom Kaiser oder vom Papst als Lehen empfangen. Sofern die päpstliche Politik den Interessen seiner Zuhörer entspricht, bewertet Ottokar die päpstliche Machtfülle positiv. Betrachtet man aber die *Steirische Reimchronik* im ganzen, dann überwiegen bei weitem die Partien, in denen das politische Engagement der Kurie verurteilt wird. Die päpstliche Politik in Sizilien und Italien nach dem Tod Kaiser Friedrichs II. wird aus staufischer Sicht getadelt. Die Päpste werden ins Unrecht gesetzt. Sie wollen die Nachkommen des letzten Kaisers aus Profitgier mit allerlei dunklen Machenschaften um ihr angestammtes Erbe prellen; sie übertragen diese Reichsgebiete widerrechtlich an Karl von Anjou und führen Krieg gegen die rechtmäßigen Herren; sie entbinden die Reichsangehörigen von ihren Treueiden, bannen Konradin und alle seine Anhänger, sanktionieren den Meineid, durch den Karl von Anjou den König von Aragon in eine tödliche Falle locken will, predigen den Kreuzzug gegen Aragon, lassen Konradin und sein Gefolge hinrichten und haben auch den Giftmord an König Konrad angeordnet. Noch schonungsloser werden Papst und Kardinäle in der Kreuzzugsgeschichte von der Zerstörung Akkons angegriffen. ‹Papst und Geistliche als Werkzeuge und Diener des Teufels›, dieses Thema läßt der Chronist mehrfach anklingen: Der Kardinal, der während des Kriegs zwischen dem Papst und Venedig unter den Venezianern ein Blutbad anrichten läßt, ist vom Teufel besessen. Der Abt von Admont ist des Teufels Gefolgsmann. In einer satirischen Szene von geschliffener Boshaftigkeit beschimpft Luzifer seine Unterteufel und droht ihnen, er werde den Mainzer Erzbischof Peter Aspelt (1306 bis 1320) über sie setzen, denn der arbeite erfolgreicher für die Hölle als alle Teufel.

Heidentum und Kreuzzüge

Fast zehntausend Verse widmet Ottokar der Eroberung der Kreuzfahrerstadt Akkon durch die Mamelucken (1291). Über die historischen Hintergründe des Kriegs konnte der Chronist nur wenig in Erfahrung bringen; aber es ist aufschlußreich, daß er nicht die Heiden, sondern die Christen für den Ausbruch der Feindseligkeiten verantwortlich macht.

Christen und Heiden leben in Eintracht und Frieden miteinander in einer Welt ohne Konflikte und ohne Verbrechen: Ein Mann, der sein Gold draußen liegen läßt, kann sicher sein, daß er es wiederfindet. Der Überseehandel macht die italienischen Kaufleute reich und bringt den heidnischen Fürsten hohe Gewinne an Zoll- und Geleiteinnahmen. Aber der Teufel will den Christen das Heilige Grab wieder entreißen; und der Papst beschließt, das für beide Seiten nützliche Einvernehmen zwischen Christen und Heiden zu stören. Sein Kardinallegat befiehlt den Christen in Akkon, den Frieden mit den Heiden aufzugeben. Als er nur auf Ablehnung stößt, läßt er heidnische Kaufleute von seinen eigenen Söldnern berauben und gefangennehmen. Der Sultan fordert maßvoll Wiedergutmachung, aber der Kardinal läßt die heidnischen Gesandten mißhandeln oder töten. Darauf weist der Sultan alle christlichen Kaufleute aus dem

Land, ohne sie ansonsten zu schädigen. Diese Erfahrung der Vollkommenheit von Heiden und der Perfidie von Christen läßt viele Christen vom Glauben abfallen. Auch die Akkoner sind betrübt; sie wollen nicht weniger treu sein als die Heiden und drängen auf Frieden. Der Sultan schlägt vor, um seine rachedurstigen Heiden zu besänftigen, sollten ihm die Christen einige Geiseln stellen, Verbrecher oder arme Leute, für deren Sicherheit zwölf vornehme Heiden als Geiseln bürgen sollen. Der Stadtrat von Akkon, die drei Ritterorden und die Könige von Zypern und Armenien sind zur Versöhnung bereit: Wer das Angebot des Sultans nicht annehmen will, soll als Ketzer verbrannt werden. Als der Kardinal sie nicht aufhetzen kann, bannt er alle Friedensbereiten bis ins dritte Glied und entflieht nach Rom. Die Könige von Zypern und Armenien und der Stadtrat von Akkon bitten darauf die Ritterorden, dem Sultan Genugtuung zu leisten. Aber vom Bann eingeschüchtert und aus Furcht um ihre Privilegien wollen die Ritterorden nun dem Kardinal gehorsam sein. Als der Sultan das erfährt, wird er vor Zorn unheilbar krank; die Heiden beschließen, nach seinem Tod unter dem Oberbefehl seines Sohns Akkon zu zerstören.

Nach dem Ausbruch des Kriegs erweisen sich viele Christen als Schurken und handeln feige und niederträchtig. Als die Niederlage nahe ist, stehlen die Venezianer, obwohl auf Flucht Todesstrafe steht, einige Schiffe, retten ihren Besitz, locken die reichen Akkoner zur Flucht, verstauen auch deren Kostbarkeiten auf den Schiffen, verwehren den Besitzern dann aber gewaltsam den Zutritt, töten die Hartnäckigen und machen sich mit ihrer Beute heimlich auf und davon. Die restlichen Boote teilen die drei Ritterorden unter sich, zum Jammer der Bevölkerung, die keine Fluchtchancen hat. Papst und Kardinäle versuchen nicht, die Niederlage zu verhindern; sie überlegen nur, wie sie den Venezianern einen Teil der reichen Beute als Buße abnehmen können. Als der König von Äthiopien den Sultan zum Wiederaufbau Akkons und aller christlichen Städte zwingen will und den Papst auffordert, das zurückeroberte Heilige Land in Empfang zu nehmen, ist dieser nicht einmal bereit, zwei Kardinäle übers Meer zu schicken. Denn aus Gewinnsucht will er alle seine Kräfte auf die Eroberung Siziliens konzentrieren, das reichere Beute verspricht als das Heilige Land. Auch dieses päpstliche Fehlverhalten ist des Teufels Werk.

Wenn Ottokar die Christen solcherart kritisiert und die Heiden idealisiert, dann – so könnte der heutige ‹naive› Leser meinen – konnte er den Fall Akkons nur als Sieg der gerechten heidnischen Sache darstellen. Weit gefehlt. Sobald der Chronist vom Kriegsbeschluß der Heiden berichtet, wird die tradierte Schablone ‹Krieg gegen die Ungläubigen› mit ihrer stereotypen Diffamierung der Heiden wirksam. Von Wolfram von Eschenbach, auf den er sich programmatisch beruft, hat Ottokar die Gestalt des edlen Heiden übernommen. Aber auch Wolfram hat die Heiden nur im *Parzival* bruchlos auf ideales Format gebracht; in seiner Kreuzzugsdichtung, im *Willehalm*, erscheinen die Heiden wie bei Ottokar, sobald sie gegen die Christen kämpfen, als zwielichtig. Die merkwürdige Mischung aus Christenkritik, Heidenidealisierung und Heidendiffamierung in der *Steirischen Reimchronik* bezeichnet wohl das Maß an Toleranz, das damals in den europäischen Ländern möglich war.

Landesherrschaft

Gemessen an unserem heutigen Wissen über das Machtgefüge der österreichisch-steirischen Landesherrschaft und vergleichbarer Territorien um 1300 ist das Bild, das ein aufmerksamer Leser aus Ottokars Geschichten rekonstruieren kann, weitgehend realitätsnah. Die *Steirische Reimchronik* vermittelt zudem anschaulichere Vorstellungen, als es die heutige Geschichtswissenschaft vermag, die die Lücken des Wissens nicht mehr, wie es die älteren Historiographen getan haben, durch Vermutungen ersetzen darf. Ottokars häufig fiktive Erzählungen bieten prägnante Fallstudien typischer Konstellationen und Konflikte. Er informiert über die spannungsgeladene Beziehung ‹Landesfürst, Herren, Städte, Prälaten›, das konfliktreiche Verhältnis ‹Landesherrschaft – Zentralgewalt›, die Verquickung interner Rivalitäten in den einzelnen Territorien mit externen Auseinandersetzungen zwischen Papst, Reichsgewalt, Landesherrschern und Metropoliten. Er gibt Einblick in städtische Machtkämpfe und in das Konkurrenzgerangel um Einfluß und Ämter am Fürstenhof.

Ottokar hat einzelne Landesfürsten als Schurken dargestellt und auch die Habsburger mit seiner Kritik nicht verschont. Auf diese Weise legt er seinem Publikum eine skeptische Haltung gegenüber dem Landesfürsten nahe. Das erbliche Landesfürstentum als Institution hat er dagegen vorbehaltlos verherrlicht. Er zeichnet die Fürsten nicht als omnipotente Alleinherrscher. Er macht vielmehr deutlich, daß sie angewiesen sind auf die loyale Mitarbeit der partikularen Machteliten und die Fähigkeiten ihrer Amtleute, Spezialisten und Ratgeber, die verschiedentlich als die eigentlichen Drahtzieher erscheinen. Vielleicht hätte er als landesfürstlicher Hofhistoriograph kollektive Leistungen weniger aufmerksam notiert. Ob die ministerialische Position seiner Auftraggeber und Zuhörer seinen Blick in diesem Fall geschärft hat, mag offenbleiben. Jedenfalls hat sie seine Sicht nicht beeinträchtigt. Er übertreibt die Macht der Dienstherren nicht, betont das Gefälle zwischen freiem Adel und Ministerialität, macht auf die inferiore Stellung der salzburgischen Ministerialen aufmerksam und hebt auch den Einfluß der Städte und Prälaten angemessen hervor. Auch seine Aussagen über die gesellschaftlichen Verdienste der Herrschaftseliten verraten keine ministerialische Voreingenommenheit. Er verteidigt die Privilegien der steirischen Herrenschicht nachdrücklich, aber er preist die Landherren nicht als Garanten von Frieden und Recht. Seine Auskunft verrät Skepsis: Manchmal sind die Mächtigen, die Fürsten, Herren und Prälaten, bestrebt, die Aufgaben und Pflichten eines christlichen Regenten zu erfüllen, aber nicht selten denken sie zum Schaden des Landes nur an ihren eigenen Vorteil.

Machtchancen der adeligen Frau

Ottokar läßt mit Ausnahme der Scharfenbergerin nur Fürstinnen und Königinnen in den Vordergrund treten. Besonders häufig erwähnt er dynastische Eheschließungen, die eine Auseinandersetzung beenden, eine Allianz besiegeln oder das Familienerbe der Frau an den Ehegatten bringen sollen. Besitzrecht und Erbrecht der Frau geben zu vielfältigen politischen Querelen Anlaß, wobei häufig offenbleibt, ob die Frauen noch eine gewichtigere Funktion wahrnehmen als nur die, Rechtstitel von dem einen auf den anderen Mann zu übertragen. Einer Reihe von Frauen billigt der Chronist eine einflußreichere Rolle zu. Und in einigen dieser Fälle sind auch Besitz und Erbrecht von Bedeutung. Das Schicksal der Babenbergerinnen Gertrud und Margarete zeigt freilich, daß das Prinzip der weiblichen Erbfolge den Frauen selbst im Erbfall noch keine Machtposition garantiert. Die Königin von Aragon dagegen weiß ihre Chancen zu nutzen. Als Tochter Manfreds beansprucht sie Sizilien als Erbe für ihre Söhne; mit dem vom Vater ererbten Schatz bezahlt sie den Krieg gegen die Päpste und gegen Karl von Anjou; sie versteht es, Mann und Söhne auf ihre Linie zu bringen; von klugen Ratgebern unterstützt, wehrt sie in Abwesenheit der Söhne den Angriff des jungen Anjou erfolgreich ab, befreit ihre Schwester, läßt den jungen Anjou hinrichten und bringt durch diese unerbittliche – vom Chronisten keineswegs getadelte – Härte den ungerechten Kreuzzug gegen Aragon zum Scheitern. Ähnlich einflußreich, aber zwielichtig ist die Mutter des Königs Andreas III. von Ungarn, die in seinem Interesse eigenständig Politik betreibt, selber Krieg führt, auch vor einem Giftmord nicht zurückschreckt, bei dem sie schließlich selbst ums Leben kommt. Ihre Funktion läßt sich daran ablesen, daß ihr Sohn nach ihrem Tod jeden Halt verliert und fortan als König versagt. Problematische Figuren sind auch die zweite Frau Ottokars II., die ihren Mann zum unheilvollen Bruch mit dem Reich aufhetzt und ihren Sohn Wenzel II. am liebsten vergiften möchte, um dem geliebten Zawisch die Herrschaft zu sichern, die ungarische Königstochter, die ihrem böhmischen Schwiegersohn Ottokar II. einen Teil der ungarischen Kroninsignien in die Hände spielt und so einen ungarisch-böhmischen Krieg provoziert, und die Favoritin Wenzels II. von Böhmen, die als Spielfrau, Hure, Kupplerin, Diplomatin und Spionin am Hof Karriere macht, bis sie, wie man ihr nachsagt, den König auf makabre Weise vergiftet.
Eine Politik, in der Erotik und Sexualität eine Rolle spielen, pflegt der

Chronist keineswegs pauschal zu verurteilen, auch der überaus heilsame politische Einfluß der von ihm gepriesenen Königin Guta auf Wenzel II. fällt in diese Rubrik. Am ausführlichsten geht Ottokar auf die politischen Aktivitäten der von ihm hochgelobten Elisabeth, der Gattin des Habsburgers Albrecht I., ein. Sie wird zur positiven Gegenspielerin des verteufelten Abts von Admont stilisiert. Sie versucht, die habsburgisch-salzburgische Fehde zu beenden und das Einvernehmen zwischen ihrem Bruder und ihrem Mann beziehungsweise ihren Söhnen wiederherzustellen. Nach dem Scheitern des Wiener beziehungsweise des österreichischen Aufstands bitten die Aufständischen um ihre Vermittlung. Bei König Albrechts Visitation der Steiermark und Österreichs klagt man ihr die Bedrückungen, die man sonst nicht zu äußern wagt. Sie vermittelt dem aufständischen Heunburger einen erträglichen Frieden und treibt Albrecht an, den ihm ausgelieferten Andreas von Este, den späteren ungarischen König, auf das beste zu behandeln. Sie sorgt für höfische Geselligkeit. Sie verfügt über eigenen Besitz, hält eigene Kaufleute. Nach Albrechts I. Ermordung stellt sie ein Heer auf und sorgt für die grausame Abrechnung mit den Mördern und ihren Helfershelfern.

Ottokars Frauenbild ist keine genuine Leistung, es läßt sich Punkt für Punkt im höfischen Roman nachweisen. Nur für die vielseitige Favoritin Wenzels II. wüßte ich keine Parallele zu nennen. Der Chronist hat die tradierten Darstellungsmuster freilich nicht blind rezipiert, sondern hat aus dem reichen Repertoire der höfischen Dichtung, der lateinischen Historiographie, der Schwänke und der explizit frauenfeindlichen Texte eine wohlüberlegte Auswahl getroffen. Er bringt den politischen Aktivitäten von adeligen Frauen so viel wohlwollende Aufmerksamkeit entgegen, daß man fast meinen könnte, er habe am Lichtensteiner Hof auch mit der historischen Neugier der Damen rechnen müssen.

Die Stadt in der feudalen Gesellschaft

Ottokar hebt die politische Bedeutung der Städte in Österreich-Steiermark und im Reich angemessen hervor. Bemerkenswert ist sein Blick für soziale Auseinandersetzungen in den Städten beziehungsweise für latente Spannungen, die sich in Konfliktsituationen entladen, und seine wohlwollende Schilderung der ‹einfachen Leute›. Der Parteigänger König Ottokars II. von Böhmen, der mächtige Herr Paltram, muß die Stadt Wien gegen seinen Willen an Rudolf von Habsburg ausliefern, weil der «povel», das einfache Volk, fürchtet, bei der Belagerung zu verhungern. Die Wiener Revolte gegen Albrecht I. scheitert nicht zuletzt an den ‹armen Leuten›, die durch den Mangel an Holz und Kohle an der Ausübung ihrer Handwerke gehindert werden und die nicht einsehen, warum sie zum Nutzen der satten Reichen, die allein über genügend Vorräte verfügen, die Stadt räumen oder verhungern sollen. Beim Aufstand gegen Herzog

Friedrich I. erweist sich der «povel» von Wien als fürstentreu und will die Drahtzieher der Verschwörung lynchen. Als König Rudolf Neuß belagert und die Auslieferung des Betrügers, der sich als Kaiser Friedrich II. ausgibt, fordert, widerstreben das einfache Volk und die Gemeindevertretung, weil sie den ‹Kaiser› höher als den König schätzen. Und der Chronist will nicht so gänzlich ausschließen, wenn er sich auch sehr gewunden äußert, daß der Hochstapler doch der echte Kaiser Friedrich II. gewesen sein könnte.

Ottokars Wohlwollen gegenüber den nichtadeligen Schichten, insbesondere gegenüber den Bürgern, zeigt sich besonders deutlich bei seiner Darstellung der französisch-flandrischen Kriege. Dreimal werden die Franzosen von den Flandern geschlagen, die zumindest beim zweiten Feldzug von einem überaus tapferen und klugen Mann, einem Weber, angeführt werden. In den ersten beiden Kriegen wird die erfahrene und wohlbewährte französische Ritterschaft von den Bürgern vernichtet, so daß der französische König für den dritten Kampf auch auf unritterliche Leute zurückgreifen muß. Der Chronist steht ganz auf der Seite der flandrischen Bürger, die ihrem rechtmäßigen Herrscherhaus freilich auch, wie es den Wertmaßstäben des Chronisten entspricht, treu ergeben sind. Seine Parteinahme ist dennoch erstaunlich, wenn man berücksichtigt, daß er ansonsten den Wertvorstellungen des höfischen Romans verpflichtet ist, in dem Städte und Bürger meist negativ oder verächtlich dargestellt werden. Mit welchen Diskriminierungen hier zu rechnen wäre, demonstriert die einzige Ausnahme in Ottokars in der Regel nicht bürgerfeindlichem Geschichtsbuch, die möglicherweise unechte Passage über den mißlungenen Überfall auf Aachen. König Rudolf, so heißt es, habe dem Grafen von Jülich aus Geldnöten die Stadt Aachen verpfändet. Doch die empörten Bürger hätten dem Grafen den Dienst verweigert. Der habe die Stadt schließlich mit List und Gewalt erobern wollen. Doch der «povel» habe sich zu wehren gewußt. Zwar seien viele Bürger getötet worden, aber auch der Graf und alle seine Leute seien zu Tode gekommen. Erzählerkommentar: «Weh und Ach über dieses Unglück! Es ist bitter zu hören, daß so viele Ritter und Rittersöhne in diesen Stunden durch solche Hunde sterben mußten» (StR, S. 342, V. 84–88).

«... des volkes, des man niht enaht...»

Wenn der Chronist wohlwollend registriert, daß flandrische Bürger unter dem Oberbefehl eines Webers französische Ritterheere besiegen, dann, so könnte man meinen, muß er auch den Aufstieg von Handwerkern oder Bauern zu Rittern bereitwillig akzeptiert haben. Aber Ottokar nennt nur einen bäuerlichen Aufsteiger ohne Ressentiments, den habsburgischen Amtmann in Freiburg. Die beiden anderen Paradebeispiele sozialer Mobilität, der Abt von Admont und Berthold, der Anführer der Wiener Revolte von 1309, Schützenmeister und Wiener Richter, der ursprünglich einmal ein armer Schneider war, werden beide als Schurken charakterisiert. Zu den schlimmsten Verbrechen des Admonters zählt der Chronist die Protektion aufstiegswilliger Bauern, die der Abt zum ritterlichen Kriegsdienst herangezogen habe, die sich aber als untauglich erwiesen hätten. Die französischen Handwerker, die Philipp IV. gegen die flandrischen Heere antreten läßt, versagen freilich weniger aus Mangel an Begabung als vielmehr aus Mangel an militärischer Ausbildung. Aber der Chronist zeigt sich empört, daß Philipp IV. viele der Handwerker zu Rittern gemacht habe. Gekämpft hätten sie allemal, so gut sie konnten; aber wer nicht ritterlicher Abstammung sei, der tauge nun einmal nicht zum Ritter.

Diese aus heutiger Sicht eigentümliche Widersprüchlichkeit – Ottokars Fähigkeit nämlich, an Vorurteilen festzuhalten und doch die Realität, die diese Vorurteile widerlegt, weitgehend unvoreingenommen zu registrieren – charakterisiert auch seine übrigen Aussagen über die ‹einfachen Leute›. Im Sinne traditioneller adeliger Überheblichkeitsgefühle spricht er einmal von der Masse «des Volkes, das man nicht beachtet». Aber er nimmt nicht nur die Handwerker in den Städten, sondern auch die Schildknechte und Troßbuben im Heer und die Bauern auf dem Land genauer in den Blick, als es in der Geschichtsschreibung und im höfischen Roman bisher üblich war. Eine herausragende Rolle darf jener kärntische Bauer spielen, dem der neue Landesfürst im Beisein aller Herren bei der traditionellen kärntischen Herzogseinsetzung schwören muß, Frieden und Gerechtigkeit zu wahren und am christlichen Glauben festzuhalten. Die gewöhnlichen Leistungen der Bauern sind weniger spektakulär. Sie erweisen dem Landesfürsten, der sein Territorium visitiert, ihre Reverenz. Sie begleiten als Troß den Kriegszug nach Triest. Sie werden zum Burgenbau und zur Zerstörung von Burgen herangezogen. Nach Schlachten eilen sie herbei, machen die Niederlage der schon Besiegten vollkommen, verfolgen und töten die Fliehenden. Nach der Schlacht auf dem Marchfeld fischen sie die Toten aus der March, um die Rüstungen an sich zu nehmen und sich so zu bereichern, und zwar zum Nutzen des Landes, das also in diesem Fall nicht durch die Herrschenden, sondern durch die Bevölkerung repräsentiert wird. Auch schildert der Chronist kaum eine Fehde oder einen Kriegszug, ohne die Leiden und grausamen Bedrükkungen der Landbevölkerung hervorzuheben.

Ottokar hat die ‹armen Leute› nicht als erster in die Literatur eingeführt. In den schwankhaften Verserzählungen und in den Neidhartschen Liedern sind die Hauptfiguren in der Mehrzahl Handwerker und Bauern. Und in Predigten und in gesellschaftskritischen Texten wie dem *Seifried Helbling* wurden die Leiden der ‹Armen› angesprochen. Aber im höfischen Roman und in den Geschichtsdarstellungen, die wie die *Steirische*

Reimchronik die ‹großen Weltereignisse› vergegenwärtigen, kamen die Unterschichten bisher zu kurz. Es war Ottokars originäre Leistung, universalhistorische Neugier mit einem Blick für die ‹einfachen Leute› zu verbinden.

Wirtschaft

Ottokar hat seine Hörer und Leser eingehend über das Verhältnis von Politik, Wirtschaft, Finanzen und Handel informiert. Die neuerschlossenen Silbergruben von Kuttenberg ermöglichen Wenzel II. seine kostspielige Expansionspolitik. Albrechts Eröffnung einer neuen Saline bringt den Salzburgern hohe Verluste und führt zum Krieg. Die rebellischen steirischen Landherren fordern von Albrecht I. unter anderem, er möge die Münze nur alle fünf Jahre widerrufen. Aber der Fürst lehnt diese Bitte ab, denn der jährliche Münzverruf sichert ihm jedes Jahr rund sechstausend Silbermark. Verschlechterung der Münze ist auch der Anlaß für den Aufstand der Pariser Bürger gegen König Philipp IV. Bedrükkung durch zu hohe Zölle läßt die Städte auf seiten Albrechts I. gegen die rheinischen Kurfürsten kämpfen. Die Kurie zeichnet sich durch ihre Gewinnsucht aus. Mit Gold kann man in Rom fast alles erreichen. Ulrich von Salzburg dagegen muß sein erzbischöfliches Amt quittieren, weil er die bei seinem Amtsantritt in Rom eingegangenen finanziellen Verpflichtungen nicht einlösen kann. Mit Gold sind die Stimmen der Kurfürsten käuflich und die Parteinahme verschiedener Herren. Mit Gold wollen sich Heinrich von Breslau und Heinrich von Admont den römischen König geneigt machen. König Adolf verärgert die Fürsten, weil er sich von dem englischen König zum Kampf für Flandern in Sold nehmen läßt. Gegen Geld wechseln selbst Territorien den ‹Besitzer›, so hat zum Beispiel Markgraf Otaker seine Steiermark an den Babenberger Leopold verkauft. Mit Geld kann man die Machtelite eines Landes zur Unterwerfung unter die eigene Herrschaft bewegen. Ohne Geld oder bewegliche Habe läßt sich dagegen kein Krieg führen. Die Fürsten kennen die Macht des Geldes, sie sind deshalb daran interessiert, zu einer vollen Kasse zu kommen. Mehrfach leihen sie bei reichen Bürgern Geld. Lukrative Gewinne versprechen auch die geschäftstüchtigen Juden, deshalb will Albrecht I. alle französischen Juden ins Reich holen. Eine weitere Einnahmequelle sind die Kaufleute, die unter besonderen Schutz gestellt werden, von ihnen sind hohe Geleitgebühren und Zölle zu erheben.

Traditionsgebundenheit und Aufgeklärtheit

Ottokar von Steiermark hat die Weltgeschichte seiner Zeit anschaulich und lebendig dargestellt. Seine wichtigste formale Leistung besteht in der kunstvollen Mischung von Erzählung und dramatisierten Szenen, in denen die handelnden geschichtlichen Figuren selbst zu Wort kommen.

Diese Art der Vermittlung erweckt in dem Leser oder Hörer den Eindruck, er sei Augen- oder Ohrenzeuge des historischen Geschehens und könne sich selbst ein Urteil bilden, während doch in Wahrheit der Autor seine Figuren so reden und handeln läßt, wie es seinem Bild der historischen Realität entspricht. Im Unterschied zu dem *Helbling*-Autor hat Ottokar die Relativität und Subjektivität seiner Darstellung nicht transparent gemacht; er war weit davon entfernt, wie einige der lateinisch schreibenden Historiographen auf die Schwierigkeiten beim Schreiben der historischen Wahrheit hinzuweisen.

Ottokars methodisch-kritisches Bewußtsein war, wenn man die nach heutigen Kriterien in dieser Hinsicht herausragenden älteren Historiographen wie etwa Adam von Bremen (11. Jh.) zum Maßstab nimmt, noch nicht in dem Maße ausgebildet. Ottokars Realitätssinn dagegen erscheint, wiederum im Vergleich zu einem Großteil seiner Zeitgenossen, erstaunlich ausgeprägt. Zwar hat der Reimchronist Fiktionen und Fakten nicht säuberlich voneinander getrennt und einige Begebenheiten im Sinne der politischen Interessen seiner steirischen Landherren dargestellt; aber nur wenige ältere Geschichtsschreiber unterrichten so kenntnisreich wie er über die Herrschaftsstruktur eines Territoriums, über Krieg und Recht, über soziale Spannungen in den Städten und die Situation der ‹einfachen Leute›. Einige seiner Zeitgenossen zeigen sich über Teilaspekte, zum Beispiel über Wirtschaft und Handel, noch detaillierter, noch sachkundiger unterrichtet. Es dürfte indes schwerfallen, Autoren des 12. bis 14. Jahrhunderts ausfindig zu machen, die aufs ganze gesehen realitätsnähere Abbildungen der zeitgeschichtlichen Wirklichkeit erarbeitet haben als Ottokar von Steiermark.

Ottokars gesellschaftliche Wertvorstellungen haben einen für seine Epoche hohen Grad an Aufgeklärtheit erreicht; so sind seine Auskünfte über die politische Machtausübung adeliger Frauen nicht mit Negativklischees verquickt; er übernimmt hier, auch darin zeigt sich seine Fortgeschrittenheit, die positiven Bewertungsmuster aus Gottfrieds *Tristan* und Wolframs *Willehalm*. Die Unvoreingenommenheit des Wiener Bürgers Jans Enikel gegenüber sozialen Aufsteigern mochte Ottokar allerdings nicht teilen. Aber in dieser Hinsicht war Enikel auch seiner Zeit voraus, und das eben, die Überwindung traditioneller ideologischer Fixierungen, war Ottokars Sache nicht. Aber trotz der Gebundenheit seines Denkens an die Wertvorstellungen der Herrenschicht besaß er die Fähigkeit, Erscheinungen der Realität, die bestimmten Voreingenommenheiten widersprachen, unbefangen zur Kenntnis zu nehmen und darzustellen. Seine Chronik enthält deshalb viele unfrisierte und ungeschönte Informationen, die die Leser hätten anregen können, aufmerksamer zu beobachten und unbefangener nachzudenken.

Ingrid Bennewitz
Moraldidaktische Literatur

Die Literatur des Mittelalters scheint all jene Schwierigkeiten nicht gekannt zu haben, die der neuzeitlichen, aber auch schon der antiken Diskussion um das Thema einer ‹lehrhaften› Dichtung anhaften. Als Vorläufer jener zeitgenössischen Einstellung, die im ‹Lehrgedicht› ein Grenzphänomen zugleich in poetologischer und ästhetischer Hinsicht zu erkennen glaubt [315], gilt etwa das Goethesche Diktum, wonach es «nicht zulässig (sei), den drei Dichtarten: der lyrischen, epischen und dramatischen, noch die didaktische hinzu(zu)füge(n)». Eben diese Trennung (in ‹richtige› fiktionale Literatur auf der einen und das ‹Zwittergeschöpf› didaktische Literatur auf der anderen Seite) besitzt jedoch für die literarische Kommunikationssituation des Mittelalters keinerlei Gültigkeit. Wo Literatur in erhöhtem Maße auch Mittel zur Verbreitung zeitaktuellen Geschehens ist, ebenso wie Medium zur erstmaligen volkssprachlichen Formulierung theologischer oder wissenschaftlicher Inhalte; wo Literatur der Ausbildung eines feudaladeligen Gemeinschaftsideals sowie der Formulierung, Etablierung und Internalisierung sozialethischer und zivilisatorischer Normen dient; wo Fiktionalität ‹Wahrheit› zu verbürgen hat und ihr Rang nicht am Gradmesser der ‹Neuheit›, sondern der (handwerklichen) Perfektion in der Art der Vermittlung und Darstellung gemessen wird: hier stellt die (moral)didaktisch intendierte Äußerung eine nicht nur erlaubte, sondern sogar erwünschte Komponente der literarischen Aussage dar. Sie kann grundsätzlich als Bestandteil jeder Gattung auftreten, bringt daneben aber auch ausschließlich von diesem Inhalt geprägte Werke hervor.

Als Hauptformen der didaktischen Dichtung verwendet die Literatur des 12. und 13. Jahrhunderts Spruch und Traktat, letzteren in der typischen Ausprägung der höfischen Epik im (vierhebigen) Reimpaar. Dabei läßt sich die Tradition des didaktischen Spruchs von den Anfängen der volkssprachlichen Sangverslyrik bis hinein ins Spätmittelalter und die frühe

Neuzeit kontinuierlich verfolgen. Während die Spruchdichtung letztlich auf einheimischen, nichtkirchlichen Traditionen fußt, sind die Wurzeln aller moraldidaktischen Großformen in der Nähe lateinisch-klerikaler Prägungen (theologisch-philosophische Abhandlung, Predigt, Tischlesung etc.) zu suchen. Dabei lassen sich erste Vertreter dieser Gattung schon um 1150 bis 1170 registrieren, wobei die älteste uns überlieferte Erziehungslehre für den weltlichen Adel, die sogenannte *Rittersitte*, nur aus wenigen Fragmenten bekannt ist.

Um 1170/80 entsteht das Lehrgedicht des Geistlichen Wernher von Elmendorf, von dem sich eigentlich nur der Auftraggeber (Dietrich von Elmendorf, Propst von Heiligenstadt) mit Sicherheit ausmachen läßt. Auch hier ist die Überlieferung recht spärlich; zudem gibt es kein späteres Werk, das auf diesen Text Bezug nehmen würde. Als Vorlage diente Wernher eine Handschrift des *Moralium dogma philosophorum* des Wilhelm von Conches (1080 bis 1154), also einer der meistverbreiteten Traktate des Mittelalters überhaupt (mehr als 100 Handschriften und Fragmente). Er behandelt in Form eines Florilegiums aus antiken Schriftstellern und Exempeln aus der antiken Historie das Verhältnis von «honestum» und «bonum».

Eine besondere Stellung innerhalb der didaktischen Literatur des Mittelalters nehmen jene Werke ein, die sich der Unterweisung in Minnelehre verschrieben haben. Wohl im letzten Drittel des 12. Jahrhunderts dürfte der *Heimliche Bote* entstanden sein, der in zwei Teilen Minne- und Tugendregeln für Frauen bzw. Männer vermittelt. Der Hinweis auf eine lateinische Quelle («phase[t]... ein bůh»; nach Ehrisman der *Facetus moribus et vita*) sowie die Betonung der «tougen minne» läßt den *Heimlichen Boten* als Exponenten der «deutsche(n) Liebeslehre mit lateinischem Hintergrund» [321] erscheinen. – Analog erteilt ein ebenfalls anonymes Gedicht mit dem Titel *Diu mâze* (nach seiner hohen Wertschätzung dieser Eigenschaft) Tugend- und Minnelehre für Männer und Frauen (Datierung: um 1300?); auffallend ist auch hier die Betonung der «tougen minne». – Die rhetorische Gattung der Disputation wählte Hartmann von Aue (um 1168 bis um 1210) in seinem minnetheoretischen Traktat, dem sogenannten *Büchlein*, zur Darstellung des Konflikts zwischen Körper und Herz (bezeichnenderweise nicht der Seele!) des Liebenden. In dieser ersten bewußten Rezeption französischer Minnedoktrin behält das Herz, das die positive ethische Wirkung der «minne» betont, die Oberhand über den Körper, der sich bitter über die Ergebnislosigkeit seines «dienstes» beklagt. Dagegen setzt das Herz auf «milte, zuht, diemuot», aber auch «triuwe und staete» und «gewîslîchiu manheit» (V. 1303ff), die allein Gott verleihen kann. Damit gelingt Hartmann zugleich die Einbindung der Minnedoktrin in die Hierarchie des christlichen Weltbildes. – Auch die *Frauenehre* des Strickers (gest. um 1250) beginnt mit einem Dialog zwischen Erzähler und Herzen. Die Formulierung und der Inhalt des Frauenpreises sind zu diesem Zeitpunkt freilich schon standardisiert, zu literarischen Topoi verfestigt. Die Perfektion aber, mit der hier ein «varender» ein ihm eigentlich fremdes Genre benutzt und diese literarische ‹Verirrung› zugleich spielerisch miteinbringt, ist nichtsdestoweniger erstaunlich. Doch lassen sich deutliche Veränderungen gegenüber der Hartmannschen Tradition registrieren, etwa die große Minneallegorie oder die stets präsente Klage über den Niedergang des höfischen Frauendienstes. – Die gleiche Situation bildet den Ausgangspunkt für das *Frauenbuch* Ulrichs von Lichtenstein (um 1200 bis 1275). Hier verhandeln Ritter und Dame in einem Dialog die Ursachen für die Preisgabe der höfischen Minne – unter anderem verweist die «frouwe» auf das Problem (männlicher) Homosexualität – und entwerfen schließlich das Idealbild des perfekten Minneritters.

Der Wälsche Gast

Denkwürdige Entstehungsbedingungen kennzeichnen den *Wälschen Gast*, das erste der drei umfangreichen didaktischen Hauptwerke des 13. Jahrhunderts: geschrieben von einem italienischen Kleriker am Hofe des Patriarchen von Aquileja und von Anfang an bestimmt zur Belehrung und Bildung des deutschsprachigen Adels. Das Amt des Patriarchen bekleidete zur Entstehungszeit (1215/16) eben jener Wolfger von Ellenbrechtskirchen, der schon 1203 als Gönner Walthers von der Vogelweide hervorgetreten war. Der Autor Thomasin von Zerclaere (nach 1185 bis 1259?) selbst stammt aus Friaul, und zwar aus dem Stadtpatriziat von Cividale; er dürfte neben einer lateinisch-klerikalen auch eine höfische Ausbildung genossen haben. Über die Entstehungsbedingungen des *Wälschen Gastes* sind wir dank der Anspielungen auf aktuelles Zeitgeschehen sowie einem amüsanten Dialog zwischen Erzähler und Schreibfeder gut informiert. Thomasin verfaßte die mehr als 14700 Verse innerhalb von nur zehn Monaten im Jahre 1215/16, eine gewaltige Leistung für jemand, der «die sprache niht wol kan» (V. 60). Die geringere sprachliche Kompetenz läßt sich in erster Linie an der Reimarmut, dem häufigen Gebrauch unreiner Reime und dem zum Teil stockenden Fluß der Verspaare beobachten. Immer wieder betont Thomasin den Charakter des Zu-Gast-Seins, sowohl seines eigenen in der ihm eigentlich fremden Sprache als auch dem seines Werks im deutschen Sprach- und Kulturgebiet («Tiusche lant, enphâhe wol,/ als ein guot hûsvrouwe sol,/ disen dînen welhschen gast»; V. 87ff). Zu den Besonderheiten der Überlieferung des *Wälschen Gastes* zählen ein von den meisten Handschriften überliefertes Inhaltsverzeichnis in Prosa sowie die zahlreichen Illuminationen, die trotz gewisser Unterschiede auf ein gemeinsames Original schließen lassen [542].

Der *Wälsche Gast* ist kein Werk, das sich dem Leser bereits bei der ersten

Lektüre erschließt. Es erscheint an seiner Oberfläche vielmehr als «gestaltlose Kompilation» verschiedener Ermahnungen zum ethisch richtigen Verhalten aller Stände, von Klagen über den sittlichen Verfall der Welt, von theologischen Erörterungen, von relativ geschlossenen Entwürfen zur Tugendlehre im allgemeinen und einer Herrschaftslehre des Adels im besonderen und schließlich auch von Ansätzen zu einer höfischen Verhaltenslehre» [612]. Die zehn Teile lassen sich wie folgt charakterisieren: Buch I gibt Anleitung zu höfischem Benehmen im engeren Sinne, wobei als Publikum stets an die «edeln kint ze hove» appelliert wird, obgleich Thomasin höfisches Verhalten auch fernab vom Hof, «ze holze», propagiert. Im Grunde handelt es sich hier um nichts anderes als um erste Manifestationen jener kulturellen Entwicklung, die Norbert Elias als den «Prozeß der Zivilisation» beschrieben hat. Daß damit auch ein Prozeß der Domestizierung und der fortschreitenden Verfestigung von Geschlechterverhältnissen und Rollenstereotypen beginnt, läßt sich deutlich an jenen Passagen aufzeigen, die Anstandsregeln für den weiblichen Teil des Adels kodifizieren. Demnach sollen (junge) Damen «senfticlîch und niht lût» sprechen (V. 405f), die Beine nicht übereinanderschlagen, nie ohne Mantel ausgehen und keine Stelle ihres Körpers unbekleidet sehen lassen, wenig sprechen und beim Essen am besten ganz schweigen. Überhaupt soll das Lesen, Hören oder Sehen von schlechten Beispielen nur dazu dienen, die bereits bestehenden Formen gesellschaftlicher Kontrolle («huote») verstärkt zu internalisieren. Darüber hinaus ist weibliche Klugheit und Verstand jedoch nicht gefragt («einvalt stêt den vrouwen wol»; V. 849). Die weibliche Kardinaltugend schlechthin ist aber die «staete», wenn Thomasin auch die Notwendigkeit gegenseitiger sexueller Treue betont und fordert, Männer sollten «sich nicht kêren an/ ander wîp; swer eine hât,/ der mac der andern haben rât» (V. 1369ff). – Eine eigentliche Minnelehre fehlt; Relikte davon verbergen sich jedoch noch in der Forderung, Frauen sollten standesgemäß lieben. Thomasin verweist in diesem Zusammenhang auf ein «buoch über hüfscheit», das er «welhschen», also wohl provenzalisch, zu diesem Thema verfaßt habe. Als literarische Idealfiguren nennt der *Wälsche Gast* unter anderem Enîte, Pênelopê, Blanscheflôr beziehungsweise Gâwein, Erec oder Iwein. Trotz des Themenwechsels von der Hofzucht hin zur Fürstenlehre läßt sich der Tenor dieses ersten Teils auch in den folgenden neun Büchern wiederfinden: nämlich den Adel durch Belehrung aus seinem gegenwärtigen desolaten Zustand heraus einem neuen positiven Miteinanderleben zuzuführen. Tugend ist für Thomasin auf Grund von Einsicht, also auf rationalem Wege, vermittelbar; eine Möglichkeit, diese Einsicht zu erlangen, soll der *Wälsche Gast* nach dem Willen seines Autors darstellen. Im Mittelpunkt stehen dabei nur zwei Stände, Adel und Geistlichkeit, die wegen ihrer gesellschaftlichen Führungsposition in besonderer

Weise zu vorbildlichem Lebenswandel verpflichtet sind. Doch allen Menschen fehlt es an der notwendigen «staete», die nach Thomasins Definition gleichzusetzen ist mit der «staete an guoten dingen» (V. 4347); nur der Mensch sei nicht dazu bereit, den ihm von Gott zugewiesenen Ort im Kosmos zu akzeptieren. Hieraus leitet Thomasin in letzter Instanz auch die Existenz des Bösen in der Welt ab. Immer wieder beharrt er auf der unverzichtbaren Kontinuität sozialer Verhältnisse, betont die «Wider-Natürlichkeit» jedes Aufsteigerverhaltens (vgl. Buch II–IV). Das V. Buch will zeigen, «wie die tugende vüegent daz, / daz man ze himel komen sol» (V. 5700f). – Buch VI geißelt nach einer Unterweisung im Erkennen von Tugend und einer Allegorie vom ritterlichen Tugendkampf nochmals die Verfehlungen der weltlichen und geistlichen Herren. Das VII. Buch handelt «von der sele, und von dem libe», der Priorität der Seele und schließlich von den «vier kreften», nämlich «Imaginâtiô, Râtiô, Memorjâ, Intellectus» (V. 8789ff), also den Erkenntnismitteln und den Erkenntnisarten (den Sieben Freien Künsten, V. 8900ff). Sie werden von «Divînitas» und «Physica» regiert, zu denen sich «Decrête» und «Lêges» gesellen (V. 9070ff). – Das VIII. Buch gilt der «mâze» respektive der «unmâze», für die Otto IV. als Beispiel herangezogen wird, auch wenn sich Thomasin im nachhinein von der eigenen Kritik distanziert. Ottos Wappen (drei Löwen, ein halber Adler) gilt ihm als Symbol von «übermuot» (ein Löwe = «hoher muot», drei Löwen = «übermuot»; ein Adler = «êre»; ein halber Adler = «unêre»). Er selbst gibt an, immerhin «ahte wochen und mêre» an seinem Hof verbracht zu haben. Mit Vers 10569ff folgt ein Preis für den Aufstieg des *puer Apulliae* («unser kint») Friedrich II. – Doch «unmâze» haben auch jener «guote kneht» bewiesen, der den Papst (für Thomasin als Führer der Christenheit sakrosankt, vgl. V. 11091ff) so übel angegriffen und behauptet habe, «daz der bâbest wolt mit tiuschem guot/ vüllen sîn welhischez schrîn» (V. 11194f). Das fast wörtliche Zitat verdeutlicht den Adressaten dieser Polemik: Walther von der Vogelweide. Thomasin leitet von dieser literarischen Auseinandersetzung dann direkt über zu einem Kreuzzugsappell an die «tiuschiu rîterschaft» und Friedrich II. (V. 11347ff). Buch IX behandelt das «reht» beziehungsweise «Rechtsprechen» (Notwendigkeit des Neben- und Miteinanders von weltlichem und geistlichem Gericht, Verpflichtung der Landesherren zur Rechtspflege usw.). Das abschließende Buch X handelt von der «milte» als Mittel adeliger Selbstrepräsentation, aber auch als Mittel des sozialen Ausgleichs zwischen den Angehörigen des Feudaladels. «milte» wird hier «zum Ausweis adeligen Verhaltens überhaupt; sie... kennzeichnet das Selbstverständnis des Adels gegenüber der Äquivalenz von Geben und Nehmen» [612].

Der Winsbecke

Dem ersten Drittel des 13. Jahrhunderts dürfte auch ein Lehrgedicht von insgesamt circa 80 Strophen zuzurechnen sein, über dessen genaue Entstehungsumstände und ursprüngliche Konzeption nach wie vor Unklarheit herrscht. Die *Manessische Liederhandschrift*, die den Text unter anderem tradiert, nennt als Autornamen «der winsbeke» (213r). Auf Grund zahlreicher Übereinstimmungen mit Wolframschen Formulierungen werden die Jahre 1210 bis 1220 als Entstehungszeitraum genannt. Formal gesehen, verwendet der «Winsbecke» strophische Einheiten von je zehn viertaktigen Verszeilen (Reimschema: abab axbcxc). Fingiert wird die Situation eines Lehrgesprächs zwischen Vater und Sohn, wobei der erste Teil den väterlichen Unterweisungen gilt. Diese führen über ein anfängliches *memento mori*, der Ermahnung zur Gottesliebe und zum Respekt vor dem geistlichen Stand, hin zum Thema ‹Ehe und Minne›. Ganz im Sinne der höfischen Minnelehre ruft der «Winsbecke» zur Verehrung und zum «dienst» an allen Frauen auf. Eine durchaus kritische und realistische Einschätzung des Ritterberufes lassen die Verse 20,9f erkennen: «guot ritterschaft» sei ein Glücksspiel («topelspil»), allein die «saelde» könne den Sieg verleihen und entscheide damit letztlich über Leben oder Tod. Das ist ein merkwürdiger Kontrast zum Inhalt der darauffolgenden Strophe, die genaue Unterweisung im ritterlichen Turnierkampf erteilt. Die praktisch-ethischen Anweisungen für den jungen Ritter bleiben im erwarteten Rahmen: Es findet sich die Warnung vor zu vielem zornigen Reden, vor Verstellung und ungerechtem Spott, vor Untreue, «hochvart» und «gîtikeit», vor zu lockerem Lebenswandel oder dem «verligen» (V. 42f). Nichtsdestoweniger propagieren die Strophen 47ff mit Engagement die «hûsêre», das heißt ritterlich-höfische Hausführung auf der Basis von «guot», «milte» und «zuht».

Auch der «Winsbecke» entwirft also das Bild einer Adelsgesellschaft, «die interne soziale Unterschiede nicht kennt oder sie zugunsten eines virtuellen gemeinsamen Standesideals ganz einfach verdrängt» [409]. In politischer Hinsicht läßt sich ähnlich abwägende Vorsicht beobachten, wie sie Thomasin von Zerclaere walten läßt. – Der (umstrittene) zweite Teil des «Winsbecke» stellt das Rittertum als mögliche und gültige Lebensform niemals in Frage, sondern konfrontiert es mit einer an Gott und dem Gedanken an ein Jenseits orientierten Existenz, so daß innerhalb eines Lehrgesprächs weltliche und geistliche Lebensform als Möglichkeit adeliger Lebensform diskutiert werden [409]. Eine Ergänzung findet dieses Vater-Sohn-Gespräch durch die «Winsbeckin», einen Dialog zwischen Mutter und Tochter, der in erster Linie den Fragen der «rehten» Minnepraxis gilt. Diese entpuppt sich auch hier als ambivalente Gratwanderung zwischen Weltflucht des jungen Mädchens aus Angst um ihren guten Ruf (vgl. Str. 4) und der Notwendigkeit ihrer gesellschaftlichen Prä-

senz andererseits; denn erst durch das Begehren der Männer steigert sie zugleich ihren Wert als zukünftiges Heiratsobjekt. – Im 14. Jahrhundert erfuhr der Text des «Winsbecke» im übrigen eine satirische Umkehrung: Statt tugendhafter Lebensführung empfiehlt hier der Sprecher dem «kint» das schlimmste Lotterleben.
Ebenfalls in der *Manessischen Handschrift* findet sich ein Lehrgedicht, das dort den Titel «Kuͥnig Tyro (!) vō Schotten v̄n fridebrant sin sun» (8r) trägt. Das Werk zerfällt in zwei Teile: ein geistliches Rätselgedicht und eine weltliche Herren- und Fürstenlehre. Letztere betont in erster Hinsicht die Pflichten des Feudalherrn: persönliches Engagement, Ersatz für jeden in seinem Dienst erlittenen Schaden, Rechtspflege, «milte» usw. Lebensnahe Pragmatik kennzeichnet selbst noch jene Passagen, die dem Verhalten gegenüber Frauen gewidmet sind. Sie raten etwa zur Hochschätzung der eigenen Ehefrau – und warnen gleichzeitig davor, Frauen und Töchter der eigenen (!) Gefolgsleute zu verführen und damit das Besitzrecht ihrer Männer und Väter zu verletzen. Das ist eine Randbemerkung, die uns letztlich aber wohl näher an feudaladelige Lebensrealität heranbringt als die eigentliche höfische Minnedoktrin.

Freidank

Ob der Autorname «Freidank» tatsächlich auf einen Personennamen zurückgeht oder aber das sprechende Pseudonym eines Fahrenden ist, läßt sich nicht mit Sicherheit nachweisen. Die Annalen des bayrischen Klosters Kaisheim verzeichnen jedenfalls den Tod eines «magister Fridancus» im Jahre 1233. Da ein eigener Abschnitt seines Werkes den Ereignissen vor Akkon 1228/29 gewidmet ist, werden die Jahre zwischen 1215 und 1230 als Entstehungszeit der *Bescheidenheit* postuliert. Als Charakteristikum der Rezeptionsgeschichte darf es gelten, daß das sentenzhafte vierhebige Reimpaar zum literarischen Typus wurde, mit dem man den Namen dieses Autors verknüpfte. Die umfangreiche handschriftliche Überlieferung reicht vom 13. bis zum 16. Jahrhundert (1508 in Sebastian Brants Bearbeitung im Druck erschienen; letzte Auflage 1583). – Daß Freidank Ende des 13. Jahrhunderts für einen geistlich gebildeten, lateinisch und deutsch schreibenden Autor wie Hugo von Trimberg zur meistzitierten Autorität aufsteigen konnte, kennzeichnet seinen unvergleichlichen Stellenwert in der moraldidaktischen Literatur dieser Zeit, und noch W. Grimm hielt den Namen «Freidank» für ein Pseudonym Walthers von der Vogelweide.
Schon die Interpretation des Titels *Bescheidenheit* bereitet Schwierigkeiten; allgemein wird man den Begriff am besten mit De Boor als «Unterscheidungsvermögen und daraus fließende Einsicht» wiedergeben. Die Besonderheit der Freidank-Sammlung liegt zweifelsohne in den fließenden Übergängen vom epigrammatischen Zweizeiler bis zu längeren sen-

tenzhaften Abschnitten bei ebenso raschen Themenwechseln beziehungsweise -modifikationen. Eine Inhaltsangabe ist aus diesem Grund so gut wie unmöglich, zumal Freidank keinerlei Tugend- oder Lasterkataloge in programmatischer Absicht zugrunde legt. Dennoch lassen sich bei genauerer Lektüre hinter der scheinbar regellosen Spontaneität Spuren planender Komposition erkennen, ebenso wie sich hinter der vielgerühmten ‹Volkstümlichkeit› seiner Sprüche die genaue (und wohl nur auf dem Wege lateinisch-klerikaler Bildung erwerbbare) Kenntnis etwa von Augustin, Gregor I., Isidor von Sevilla, der *Vulgata* und des (spät)antiken lateinischen Sprichwortschatzes offenbart.

Den Rahmen jeder sinnhaften menschlichen Existenz bildet auch für Freidank das christliche Glaubensbekenntnis und die Hinwendung des Menschen zu Gott. Die zweite, mindestens gleich bedeutende Komponente seiner Weltsicht besteht in der eigenen sinnlich-rationalen Erfahrung als Basis gesicherten Wissens. Die Kompromißlosigkeit dieses Wahrheitsbegriffs offenbart sich in der expliziten Betonung seiner Unabhängigkeit von der Ansicht weltlicher und kirchlicher Autoritäten. Allein vor den Geheimnissen des Glaubens, der Frage nach dem Wesen und der Existenz Gottes müsse das menschliche Erkenntnisvermögen versagen.

In scharfem Kontrast dazu stehen Sprüche, die Wissenschaft und Obrigkeit in entlarvend parodistischer Absicht mit Alltäglichkeiten konfrontieren. Ständisch gesehen vertritt Freidank die «driu leben: gebûre, ritter und pfaffen» (27,1f) und wendet sich scharf gegen diejenigen, die vom Zins leben. Eine ausführlichere Behandlung der ritterlichen Ideologie im engeren Sinne gibt es nicht. Sozialkritisch geißelt Freidank die Besitzgier der Reichen. Grundsätzlich wird die Achtung vor dem geistlichen Stand als notwendigem Helfer und Führer der christlichen Laien gefordert. Auf der Basis der Zweischwerter-Theorie übt Freidank im Gefolge Walthers von der Vogelweide scharfe Kritik an der weltlich orientierten Herrschsucht des Papstes, seiner Habgier und dem leichtfertigen Umgang mit dem Kirchenbann. Vollends entzündet sich Freidanks Papstkritik in den Akkon-Sprüchen, die schonungslos und erbittert die Situation aus der Sicht eines Betroffenen schildern.

Freidanks unbestechliche und schonungslose Weltsicht zeigt sich auch in jenen Passagen, die der moralischen Beurteilung von Frauen beziehungsweise der Mann-Frau-Beziehung gelten. Nachdrücklich wendet er sich gegen ungleiche Maßstäbe bei der moralischen Beurteilung von Frauen und Männern. – Freidank zeichnet das Bild einer Welt, in der schließlich jeder auf sich selbst zurückverwiesen wird, jeder sich selbst der Nächste ist. Mißtrauen ist angesagt, den anderen, aber auch der politischen und kirchlichen Obrigkeit gegenüber, nicht zuletzt aber gegenüber den eigenen Schwächen und Sünden. Es erstaunt in diesem Zusammenhang, daß

Freidank nicht das Bild einer besseren Vergangenheit entwirft, in der es diese Probleme nicht gegeben habe. Doch schließt auch er sein Werk mit der nachhaltigen Erinnerung an die Möglichkeit eines zukünftig besseren Lebens, das auf dieses irdische folgen könnte.

Hugo von Trimberg

Den Abschluß und zugleich den Höhepunkt der Lehrdichtung des 13. Jahrhunderts bildet ein Riesenkompendium von mehr als 24000 Versen, geschrieben von dem Bamberger Schulmeister Hugo von Trimberg (um 1230 bis um 1310): *Der Renner*, so genannt von dem spätmittelalterlichen Literaturfreund und -sammler Michael de Leone, der dem Werk auch eine erste editorische Betreuung angedeihen ließ. Der Titel erklärt sich aus dem assoziativen Wechsel von einem Thema zum anderen, der iterierenden Wiederholung des lange vorher Gesagten, dem suggestiven Eifer des Erzählers, der – nach seinen eigenen Worten – von seinem Pegasus stets weiter getragen wird, als er es selbst gewollt hatte. Hugo selbst verwendet als Metapher für seine dichterische Tätigkeit primär das Verbum «rennen», verstanden allerdings im Sinne eines Strebens nach religiöser Einsicht («nu sül wir aber vürbaz rennen/ und unsern herren baz erkennen»; V. 9430). 1290 bis 1300 gelten als die eigentlichen Entstehungsjahre seines volkssprachlichen Hauptwerks mit der Möglichkeit späterer Nachträge. Die leitmotivisch verwendete Eingangsallegorie basiert auf dem Topos des *locus amoenus*: «In einer zwischen hohen Bergen (irdische Mühen) gelegenen Heide (Welt) steht auf einem Hügel (Adam) ein Baum (Eva), der Blüten und Birnen trägt (heranwachsende und erwachsene Menschen) und unter dem sich Gras (Reue), ein Dorn (hôhfart), ein Brunnen (gîtikeit) und eine aus diesem fließende Lache (übrige Sünden) finden. Die Winde Virwiz und Selphart (Egoismus) schütteln die Mädchen bzw. Jungen vom Baum in die verschiedenen Örter» [640]. In den sechs «distinctiones» werden daraufhin die sieben Todsünden behandelt, der Abschluß gilt den Möglichkeiten positiver, das heißt christlicher Lebensführung. Der *Renner* brachte es auf eine Überlieferung von mehr als 64 Handschriften und Fragmenten sowie auf eine Drucklegung noch im Jahre 1549.

Mit Sicherheit waren diese mehr als 24000 Verse nicht zur privaten, womöglich durchgehenden Lektüre, sondern vielmehr zum (lauten) Vorlesen einzelner Abschnitte gedacht, so daß durch variierende Wiederholung eine möglichst breite Information (in Hinblick auf den ‹Wissenstransfer›) und eine möglichst tiefgehende Sensibilisierung (in Hinblick auf den moralischen Gehalt) selbst bei nur partieller Kenntnis des Gesamtwerks erreicht werden konnte. Hugos Quellen sind neben den Schriften des Alten und Neuen Testaments in erster Linie die Werke der Kirchenväter, der griechisch-römischen beziehungsweise spätantiken

Philosophie-, Geistes- und Literaturgeschichte, die Tradition der *septem artes liberales*, aber auch die deutschsprachige Literatur des 13. Jahrhunderts. Sprachlich und stilistisch gleichermaßen virtuos verwendet der *Renner* alle Möglichkeiten der lateinischen Rhetorik und schwankt dabei stets zwischen der Klage über den Niedergang von Bildung und Gelehrsamkeit und der Polemik gegenüber jenen, die – offenbar im Gegensatz zu Hugo – im Ausland studiert und doch nur das Gift des religiösen Zweifels in sich aufgenommen haben. Vielleicht erklärt sich aus dem Bemühen, für die Laien das Bild einer in sich geeinten Kirche zu entwerfen, der theologische Konservativismus des *Renner*, der zwar häufig Bernhard von Clairvaux, nicht aber Thomas von Aquin oder Abélard zitiert. Hugos eigene Position, soweit sie über das Streben nach allgemeiner Verständlichkeit hinausgeht, läßt sich am schärfsten mit dem Begriff der Theodizee umreißen [621].

Obwohl Hugo von Trimberg auf Grund seiner beruflichen Stellung zweifelsohne als Vertreter eines städtischen Bürgertums gelten kann und in Kreisen des Stadtpatriziats wohl auch ein Gutteil seines Publikums zu vermuten sein wird, taugt der vielstrapazierte Begriff ‹bürgerlich› kaum zur Kennzeichnung von Inhalt und Intention des *Renner*. Für den Autor gilt nach wie vor die gesellschaftliche Trias von Geistlichkeit, Rittertum und Bauernschaft. Er verlangt von geistlichen und weltlichen Führungskräften Vorbildlichkeit über das normale Maß hinaus, so daß die harte Kritik nicht verwundert, die insbesondere die Geistlichkeit trifft: Ämtermißbrauch und -käuflichkeit, protzigen Lebenswandel, Ungebildetheit, Uneinigkeit der höchsten Autoritäten, falsches Klosterleben, Habgier des Papstes geißelt der *Renner* unbarmherzig. In Hinblick auf die sozialen Zwischen- und Unterschichten überraschen sensible Beobachtung und soziale Kritikfähigkeit.

Der mittelalterlichen Einstellung gegenüber Frauen entspricht es, wenn die vierte «distinctio», die der «unkiusche» gewidmet ist, fast nur mit dem Fehlverhalten des weiblichen Geschlechts abrechnet. Ablehnung und Diskriminierung trifft in ganz besonderem Maße die Angehörigen des jüdischen Glaubens. – Kaum je wurde das Stilmittel der *laudatio temporis acti* mit gleicher Verve vertreten wie im *Renner*. Es geht Hugo von Trimberg nicht um die Erinnerung an andere historische, das heißt politisch-soziale Bedingtheiten, die es als Voraussetzung für eine Verbesserung der gegenwärtig herrschenden Zustände wiederherzustellen gilt, sondern er gibt den vagen Gegenentwurf irgendeiner vergangenen Zeit, insofern jeder geschichtliche Moment besser beurteilt wird als die eigene Gegenwart. Daß die Lektüre des *Renner* nicht den Eindruck verbissener Gegenwarts- und Menschenfeindlichkeit und oberlehrerhaften Beckmessertums hinterläßt, liegt letzten Endes allein an der spürbaren Grundeinstellung seines Autors, die man mit dem Schlagwort eines «christliche(n) Bildungshumanismus» [621] gekennzeichnet hat. Es ist ein Autor, dem es nicht um die Verurteilung der Sünder, sondern um das Bewußtmachen von Sünden geht; der sich selbst nicht freispricht von den Vergehen, die er anprangert und der das Recht zur Verurteilung eines Mitmenschen Gott allein zugesteht. Im Sinne dieses Weltverständnisses sind auch die beiden bekannten Literaturexkurse des *Renner* zu interpretieren, in denen die höfischen Epen als ‹Lügen› gebrandmarkt und abgelehnt, Minnesang und Spruchdichtung dagegen auf Grund ihrer pädagogischen Verwertbarkeit gelobt werden. Daß Hugo dabei den Marner (dichtete zwischen 1230 und 1267) über alle anderen Autoren stellt, ist wohl eher eine Frage persönlicher Affinität als ein literarisches Qualitätsurteil. So gesehen, müßte für den *Renner* ein anderer Name an erster Stelle stehen, den Hugo von Trimberg im Zusammenhang mit fiktionaler Literatur aber nicht nennt, obwohl er als Quelle und meistzitierte Autorität im *Renner* erscheint: gemeint ist «meister frîdanc», ohne dessen *Bescheidenheit* Hugos Œuvre nicht denkbar wäre.

Volker Mertens

Alte und neue Prosa

Als in den Jahren zwischen 1190 und 1195 der alte Herzog Heinrich der Löwe (1129 bis 1195) nach seiner Rückkehr aus dem Exil seinen Capellanen den Auftrag gab, den *Lucidarius*, eine geistliche Weltkunde, abzufassen, machte er die Auflage, den Inhalt lateinischen Schriften zu entnehmen und das deutsche Werk nicht in Reimen abzufassen; denn sie «ensolden niht schriben wan die warheit, alz ez ze latine steit». Das Mißtrauen gegen den schönen Klang der Versdichtung ist alt, und das Bedürfnis nach der Prosa, das sich hier äußert, dient einerseits der Vergewisserung, daß die lateinischen Vorlagen ohne versbedingte Erweiterung und Veränderung wiedergegeben werden, andererseits der Abgrenzung der geistlichen Lehre von der höfischen Dichtung mit ihrem auf die Erzählung bezogenen Wahrheitsanspruch.

Prosa ist auch die Sprachform des am ehesten vergleichbaren Werkes, des sogenannten *Physiologus*, der Übersetzung einer lateinischen ‹theologischen Tierkunde›, der *Dicta Chrysostomi*. Die tatsächlichen und fabulösen Eigenschaften der Tiere werden durch allegorische Ausdeutung auf die christliche Heilslehre bezogen: Das Einhorn läßt sich nur im Schoß einer Jungfrau fangen, und das bedeutet, daß Christus in der Jungfrau Maria Mensch wurde. Die älteste Übersetzung, um 1070 entstanden, übersetzt die lateinische Vorlage gekürzt und im Auszug; in den ersten Jahrzehnten des 12. Jahrhunderts entstand eine ungekürzte Verdeutschung, die zwischen der *Wiener Genesis* und *Exodus* als ein Anhang zur Schöpfungsgeschichte überliefert ist: Diese Stellung kennzeichnet den theologischen Anspruch der Naturlehre, der dem des *Lucidarius* vergleichbar ist. Der *Physiologus*, vornehmlich in seinen lateinischen Fassungen (die deutschen waren wenig verbreitet), lieferte später ein in Morallehre und Predigt sowie in weltlicher Dichtung vielgenutztes Vorbild für die exemplarische Auslegung von Tierdarstellungen. In der späteren Millstätter Handschrift paßt dann ein Bearbeiter nicht nur die *Wiener*

Genesis stilistisch an die *Exodus* an, sondern setzt auch den *Physiologus* in Verse um: Die Prosa erschien ihm zwischen den beiden Versdichtungen unpassend, die höherrangige Form der Präsentation christlicher Heilslehre für die Laien blieb der Vers. Der bewußte Entscheid für die Prosa im *Lucidarius* war zwar nicht singulär, sondern knüpfte an die Tradition an, Weltkunde von der Dichtung abzugrenzen; er war aber doch programmatisch.

Die wichtigste Vorlage ist wohl eine in der ersten Hälfte des 12. Jahrhunderts in Regensburg entstandene moderne systematische Heilslehre in Dialogform, das *Elucidarium* des Honorius Augustodunensis (um 1080 bis um 1150). Gott, die Erschaffung des Menschen, Sündenfall, Menschwerdung und Erlösung enthält das erste Buch, das zweite die Kirche als Heilsinstitut mit der Sakramentenlehre, das dritte die Eschatologie. Eine derart systematisierte Darstellung, die vornehmlich pastoraler Wissensvermittlung dient, gab es in deutscher Sprache nicht, ebensowenig die didaktische Vermittlungsform des Dialogs. Herzog Heinrich schloß sich mit der Wahl der Prosa der Tradition der deutschen Predigt an, und die Gebrauchsfunktion des *Lucidarius* mag in der Tischlesung bei der herzoglichen Tafel nach klösterlichem Muster bestanden haben – nicht jedenfalls in festlich repräsentativem Vortrag wie dem der von Heinrich in Auftrag gegebenen Epen (*Rolandslied*, nach 1172; wohl auch *Herzog Ernst*, um 1180). Wir kennen aus der Chronik Gerhards von Steteburg die Gewohnheit des Herzogs, sich nachts aus Geschichtswerken vorlesen zu lassen – auch diese Form der ‹Privatlektüre› ist für den *Lucidarius* vorstellbar: eine Existenzform zwischen der gemeinschaftsstiftenden weltlichen Versdichtung und der theologischen und fachlich-programmatischen ‹Gebrauchsliteratur›.

Heilkundliche Fachprosa

Die älteste deutschsprachige ‹Fachprosa› im weltlichen Bereich gehört zur Heilkunde. Diese wurde einerseits in den Klöstern praktiziert, wo die lateinischen Fachschriften ihre Grundlage bildeten; andererseits waren handwerksmäßig ausgebildete Laien medizinisch tätig, vor allem im Bereich der Chirurgie und Geburtshilfe. Daneben gab es die Universitätsmedizin, die vor allem für innere Krankheiten zuständig war; ihr Schrifttum war lateinisch. Aus dem Bereich der Volksmedizin stammen die früh aufgezeichneten Zauber- und Segensformeln (teils in Versen, meist in Prosa) als Beispiele einer magischen Therapie. Demgegenüber hat die heilkundliche Fachprosa durchaus naturwissenschaftlichen Charakter. In ihr mischen sich zunächst antike gelehrte Traditionen mit praktischem Wissen. Die Bedürfnisse der deutschen Wundärzte nach der Bewahrung und Überlieferung von Fachwissen schlug sich in der Fixierung deutschsprachiger Rezepte nieder, sei es für Medikamente, sei es für Prozeduren.

Nachdem schon aus dem 8. Jahrhundert mit den beiden *Basler Rezepten* deutsche Texte als Übersetzungen lateinischer Vorlagen überliefert sind, kennen wir aus den folgenden drei Jahrhunderten allenfalls interlinear glossierte lateinische Rezeptbücher. Im späten 11. Jahrhundert entstanden dann im deutschen Süden mehrere deutsche Rezeptare, darunter das *Arzenîbuoch Ipocratis* mit über sechzig Heilanweisungen auf der Basis der frühmittelalterlichen lateinischen Rezeptliteratur. Die Sammlung verbreitete sich rasch im ober- und mitteldeutschen Raum. Etwa zur gleichen Zeit entstand das *Innsbrucker Arzneibuch*, das der lateinischen Herkunft der Rezepte noch stärker verpflichtet ist, denn es mischt Deutsch und Latein in unsystematischer Weise. Es scheint von einem Klerikerarzt für den Gebrauch der Patientenberatung an der Klosterpforte geschrieben zu sein. Wie das *Arzenîbuoch* ist es nach dem alten Schema der Krankheiten ‹vom Scheitel bis zur Sohle› angeordnet. Dem gleichen Zweck diente das in den ältesten Handschriften mit dem *Innsbrucker Arzneibuch* verbundene *Innsbrucker (Prüler) Kräuterbuch*, in dem die Anwendung und Wirkungsweise von achtzehn Drogen, beginnend mit einheimischen Pflanzen, genannt wird. Wegen der Anordnung nach Pflanzen zählt man dieses Werk nicht zu den Rezeptaren, obwohl in der späten Überlieferung der Text darin aufgeht. Noch ins 12. Jahrhundert gehört das *Benediktbeurer Rezeptar*, das sich in einzelnen Rezepten bis in die Drucküberlieferung erhält, die bis ins 17. Jahrhundert reicht.

Wichtiger und wirkungsträchtiger ist der zeitgleich entstandene sogenannte *Bartholomäus* aus dem mitteldeutschen Raum, nach Aussage des Autors eine wörtliche Übersetzung eines lateinischen Buchs des *Bartholomäus*. Das ist jedoch eine Fiktion; der Text ist kompiliert aus älteren und jüngeren lateinischen Fachbüchern, darunter dem salernitanischen *Kurzen Harntraktat* (zwischen 1160 und 1170), und verdankt seinen Erfolg seinem kompilatorischen Charakter: Er enthält die diagnostisch wichtige Harnbeschau, Rezepte nach Heilanzeigen anatomisch geordnet, sowie pharmazeutische Traktate. Der *Bartholomäus* wurde das wichtigste medizinische Handbuch des 13. und 14. Jahrhunderts; die Überlieferung ist entsprechend gebrauchsbezogen und bewahrt in keiner Handschrift die ursprüngliche Gestalt, vor allem die Rezepte werden in Gruppen oder auch einzeln herausgelöst und in andere Rezepte integriert. Während dieses Werk noch stark auf der alten Klostermedizin beruht, entsteht zu Beginn des 13. Jahrhunderts das *Deutsche salernitanische Arzneibuch* auf der Basis der akademischen Fachliteratur der Schule von Salerno, die nicht nur den deutschen gelehrten Ärzten, sondern auch den handwerklichen Laienärzten zugänglich gemacht werden soll. Daher ist die Auswahl auf Diagnose (Harntraktat) und Therapie (Diätetik, Drogenkunde) ausgerichtet. Zur gleichen Zeit wurde auch der lateinische *Macer floridus*, eine Heilkräuterkunde in Hexametern, in deutsche Prosa übertragen, wahrscheinlich im thüringisch-meißnischen Raum, wo das Apothekenwesen ein frühes Zentrum hatte. Als Benutzer kommen neben den Apothekern auch Kloster- und Laienärzte in Frage. Der Text hatte eine große Wirkung vor allem im 15. Jahrhundert und ging in andere medizinische Werke ein, so in das vor 1348 entstandene Arzneibuch Ortolfs von Baierland und in den *Gart der Gesundheit*. Die frühen heilkundlichen Texte wurden so in vielfach wechselnder Gestalt bis in die Neuzeit tradiert; diese Form der Bewahrung entspricht dem Status der Medizin als praktischer Erfahrungswissenschaft.

Rechtsschriften

Auch das Bedürfnis nach Rechtsschriftlichkeit in der Volkssprache ist schon in althochdeutscher Zeit bezeugt, auch hier finden wir Möglichkeiten, die erst Jahrhunderte später wieder neu realisiert werden. In die Anfangszeit Karls des Großen (742/43 bis 814) führen drei Urkunden, in denen die Grenzen von Gebieten festgehalten werden: die *Hammelburger* und die beiden *Würzburger Markbeschreibungen*. Erst im 13. Jahrhundert gibt es seit dem Mainzer Reichslandfrieden von 1235 eine zunehmend deutschsprachige Urkundenfähigkeit. Auch ein deutsches Rechtsbuch entsteht unter Karl dem Großen als Übersetzung der lateinischen *Lex Salica* wohl im ersten Jahrzehnt des 9. Jahrhunderts, die Sprache greift auf Stilelemente der germanischen Rechtssprache (Stabbindung) zurück. Die Übersetzung, von der nur ein Doppelblatt erhalten ist, geht auf Karls Bestrebungen zurück, die Volkssprache zur Verbreitung rechtlicher und religiöser Kenntnisse einzusetzen.

Erst 1225/35 entstand wieder ein Rechtsbuch in deutscher Sprache: der *Sachsenspiegel* des Eike von Repgow (1180/90 bis nach 1233). In der zweiten gereimten Vorrede (vgl. *Lucidarius*) nennt er die Absicht seiner Arbeit: Er will das überkommene Recht zusammenstellen und bewahren, auf Anregung seines Lehnsherrn, Graf Hoyer von Valkenstein, habe er die ursprünglich lateinisch niedergeschriebene Fassung ins Deutsche übertragen, das heißt in die Sprache seiner Heimat, des Elbe-Saale-Gebiets, ins mitteldeutsch beeinflußte Niederdeutsch. Er war lateinisch gebildet, kannte das kanonische Recht und besaß Erfahrung in der heimischen Rechtspraxis, für die er das Werk auch geschrieben hat. Er zeichnet jedoch nicht nur geltende Rechtsgrundsätze auf, sondern reflektiert auch über das Wesen des Rechts, das er in Gott gegründet sieht, über das Verhältnis von geistlicher und weltlicher Macht (Zweischwertertheorie), über die Freiheit aller Menschen (Landrecht III, 42). Obwohl er keine normativen Absichten hatte, beeinflußte der *Sachsenspiegel* dank seiner Verbreitung (270 Handschriften) in Nord-, Mittel- und Ostdeutschland die Rechtsentwicklung erheblich; er galt in einzelnen Gebieten bis zum Beginn des 20. Jahrhunderts als zusätzliche Rechtsquelle.

Das älteste große deutschsprachige Prosawerk, das nicht auf lateinischer Grundlage beruhte, wurde für Süddeutschland die Basis eigener Rechtsbücher, des *Deutschenspiegels* (Augsburg 1274/75) und des *Schwabenspiegels* (ebenda 1275/76), des mit über 400 Handschriften verbreitetsten Textes des deutschen Mittelalters. Dort werden dann Elemente des römischen Rechts integriert, und man vermutet die Redaktion im Umkreis der Augsburger Franziskaner, die auch die Überlieferungsfassungen der Predigten Bertholds von Regensburg (um 1210 bis 1272) erstellten. Berthold selbst wurde wiederholt zur Schlichtung von Rechtsstreitigkeiten geholt, und man darf annehmen, daß der Impuls, alle Belange des Lebens zu regeln, christliche Grundsätze in Alltagssituationen ebenso wie in grundsätzlichen Entscheidungen der Lebensführung wirksam werden zu lassen, wie es Berthold in seinen Predigten immer wieder forderte, aus dem umfassenden Anspruch franziskanischer Lebenslehre kommt. Diesem entspricht dann auch die rechtsschriftstellerische Tätigkeit der Minoriten.

Prosachroniken und Prosaromane

Wohl in Anlehnung an das *Lucidarius*-Modell und in Nähe zum *Sachsenspiegel* unternimmt der Autor der *Sächsischen Weltchronik* (um 1230/40) den Schritt zur Prosa – vielleicht war es ebenfalls Eike von Repgow. Jedenfalls sind der Bildungshintergrund und die politische Einstellung ähnlich, und auch die Sprache weist enge Beziehungen auf, so daß zumindest eine enge Bindung des Autors an das maßstäbliche rechtsgeschichtliche Denken und Schreiben des *Sachsenspiegel*-Verfassers sicher ist. Prosa ist hier Ausdruck heilsgeschichtlicher und faktischer Wahrheit, sie hat sich am lateinischen chronistischen Stil, aber auch an deutscher geistlicher Prosa gebildet. Einen Auftraggeber der Weltchronik hat man nicht mit Sicherheit ermitteln können, vielleicht war es einer der beiden askanischen Brüder, Heinrich I. von Anhalt oder Albrecht I. von Wittenberg; auch welfische Gönnerschaft kann nicht ausgeschlossen werden, wenn die welfenfreundliche Fassung C der Chronik tatsächlich dem Original am nächsten steht. In diese wurde, zunächst in Versen, dann aufgelöst in Prosa, novellistisches Material aus der *Kaiserchronik* integriert. Im oberdeutschen Raum wurde der Schritt zur Prosa erst ein Jahrhundert später getan, vielleicht fiel er im niederdeutschen Sprachgebiet deshalb leichter, weil es keine erzählende Epik von Rang gab, die ein zwingendes Vorbild abgegeben hätte, so daß die genealogisch-höfische Repräsentation, die Chronistik auch immer bedeutet, in Reimen stattfinden mußte. Auch niederdeutsch steht jedoch mit der *Braunschweiger Reimchronik* (von 1272/92) neben der Prosa der Vers.

Im Unterschied zu Frankreich erfolgte in Deutschland der Übergang zur Prosa, vor allem zur erzählenden, sehr spät. Im Nachbarland entstehen die ersten Prosaromane etwa parallel zur Prosachronistik (Villehardouin, Robert de Clari, *Faits des Romains*) schon um die Wende vom 12. zum 13. Jahrhundert. Der Grund dafür dürfte in den anderen Bildungsverhältnissen zu suchen sein: Das Vorbild der lateinischen Prosa war stärker gegenwärtig im Bewußtsein auch des Laienadels (etwa Geoffreys *Historia Regum Britanniae*, 1139), und die höhere Literarizität erlaubte einen früheren Übergang zur Privatlektüre – denn deren Kennmarke ist ja die Prosa. Daneben steht die heilsgeschichtliche Konnotation der Prosa: Die ersten Prosaromane machen diese Dimension des Gralsstoffes zu ihrem Thema in der Pseudo-Robert-Trilogie *Joseph von Arimathia*, *Merlin* und *Prosa-Perceval* (um 1180). In ihrer Folge entsteht um 1220 der *Lancelot-Graal-Zyklus*, und für ihre Übertragung ins Deutsche (um 1250) wählt der Bearbeiter ebenfalls die Prosa, bedingt durch die Sprachform der Vorlage und durch den Wunsch, den altfranzösischen Prosaroman als ‹heilige Wahrheit› möglichst genau wiederzugeben, genauer als das die Adaptationen der Versromane etwa Chrétiens de Troyes (vor 1150 bis um 1190) taten. Der Verzicht auf den höfischen Reimpaarvers ist also programmatisch: Der Lancelot-Graal-Roman hat eine dominierend heilsgeschichtliche Dimension, und dieser war, ähnlich wie dem *Lucidarius*, die Prosa gemäß.

Geistliche Prosa

Lüge versus Wahrheit, erbauliche Lesung versus öffentlichem, der aristokratischen Selbstdarstellung dienenden Vortrag, schmucklose Prosa versus ornamentale Verskunst, die hohen Dingen angemessen ist – dieses Nebeneinander finden wir schon im geistlichen Schrifttum der althochdeutschen Zeit. Es ist wesentlich von der unterschiedlichen Gebrauchsfunktion bestimmt: Neben Otfrieds (um 800 bis 875) aristokratisch-repräsentativer Versdichtung (863/71) steht die althochdeutsche Prosa der Tatian-Übersetzung (um 830), die am ehesten als Handbuch für die religiöse Unterweisung in der Volkssprache und in der Predigt, wie sie von Karl dem Großen gefordert wurde, verstanden werden kann. Der Leutpriester sollte eine verbindliche Übertragung der Heilslehre in deutscher Sprache in der Hand haben, um die immer wieder mühevolle Umsetzung lateinischer Terminologie nicht jedesmal neu leisten zu müssen. In den Bereich der pastoralen Gebrauchsliteratur gehören auch die Übersetzung des Isidor-Traktats *De fide catholica* (790/800) und, deutlicher, die *Mondsee-Wiener Fragmente* mit Teilen des Matthäusevangeliums, einer Augustinuspredigt und einem unbekannten Predigttext. Im Rahmen des Gottesdienstes hatte die volkssprachliche Prosa ihren Platz in der Predigt – die Versdichtung dagegen konkurrierte mit dem repräsentativen Vortrag der heimischen Dichtung, vor allem des Heldenliedes. Otfried spricht es im Brief an Erzbischof Liutbert von Mainz deutlich aus: Den frivolen Gesang der Laien wolle er verdrängen.

Die Sprachform der geistlichen Prosa steht in nicht leicht zu erhellender Wechselwirkung mit dem mündlichen Vortrag. Schon für den Isidor-Übersetzer hat man in der freien rhythmischen Sprachbehandlung einen Reflex der Predigtsituation gesehen; obwohl alle volkssprachlichen Predigtbücher schriftlich konzipiert sind (und nicht Protokolle mündlichen Vortrags), nehmen sie Momente des mündlichen Stils auf, meist wohl mit exemplarischem Ziel, in Ausnahmefällen auch als literarische Rekreation eines mündlichen Personalstils wie bei Berthold von Regensburg. Die Übersetzungen gaben Formulierungshilfen für die weniger gewandten Geistlichen, denen es am Vokabular, an der Formulierungsfähigkeit oder an den geeigneten Vorlagen für die theologische Ausdeutung der Schrift fehlte, wie es der Priester Konrad in der Vorrede zu seinem Predigtbuch (vor 1200) formuliert.

Die Überlieferung altdeutscher Predigten aus dem 10. und 11. Jahrhundert ist spärlich – wir besitzen nur Fragmente einer Sammlung der sogenannten Wessobrunner Predigten, die auf lateinische Vorlagen von Augustin, Gregor dem Großen und Beda zurückgehen. Sie waren vermutlich für ein Frauenkloster bestimmt; dort erfolgte die Unterweisung in deutscher Sprache (Mönche dagegen sollten Latein können), und die weiblichen Orden blieben für lange Zeit eine der wichtigsten Zielgruppen deutscher geistlicher Prosa. Weiterhin predigten die Mönche für die Kloster-Familia, die aus Conversen und weltlichen Eigenleuten bestand, in deutscher Sprache. Wie ein Bibliotheksverzeichnis des 10. Jahrhunderts aus St. Emmeram in Regensburg bezeugt, hat es dort deutsche Volkspredigten vermutlich für ebendiesen Zweck gegeben – das dürfte keine Ausnahme gewesen sein. Erst im 12. Jahrhundert wird die Tradierung breiter. Mit dem sogenannten *Speculum Ecclesiae* aus der Mitte dieses Zeitraums liegt die älteste umfangreiche Sammlung (70 Predigten) vor, die zum Teil noch auf althochdeutsche Predigten zurückgreift, eine Kollektion von Musterpredigten für die Sonn- und Feiertage des Jahres mit Predigten unterschiedlichen Anspruchsniveaus, in denen die Wiedergabe der Perikope mit allegorischer Auslegung dominiert. Ähnliches gilt für die umfangreichen Sammlungen um 1200: die *Oberaltaicher Predigten* und das Predigtbuch des Priesters Konrad, in denen oft die einzelnen Predigten größere Länge und Komplexität erreichen.

Adressatenspezifische Elemente fehlen all diesen Predigtbüchern, sie bleiben für die Verwendung in einer nicht näher definierbaren Laiengemeinschaft bestimmt, vornehmlich wohl der Pfarrei. Der unterschiedliche Komplexitätsgrad der Predigten erlaubte dem Prediger, die Auswahl nach dem Niveau seiner Zuhörerschaft zu treffen. Ob das Aufblühen der Predigt seit der Mitte des 12. Jahrhunderts, wie es die Überlieferung suggeriert, mit steigender Sorge um das Seelenheil der Laien, mit religiöser Beunruhigung (wie wir sie in anderen Zeugnissen zu erkennen meinen), erklärt werden darf, muß offenbleiben. Die Sammlungen sind durch vielfältige überlieferungsgeschichtliche Bezüge miteinander verflochten, ganze Teile oder auch nur Einzelstücke gehen in andere Predigtbücher ein: Auf der Ebene der ‹einfachen› Pfarrpredigt gibt es eine weitgehende Kontinuität bis zum Ende des 14. Jahrhunderts. Auch die bedeutende Sammlung der *Schwarzwälder Predigten* (vor 1300) folgt im Prinzip noch dem alten Modell; es sind Musterpredigten auf Grund lateinischer Vorlagen (Predigten des Franziskaners Konrad von Sachsen), aber von deutlich höherem theologischen Anspruch. Das der Schrift entnommene Thema wird systematisch (im Sinn der scholastischen Theologie) entfaltet, nicht – wie in den einfacher strukturierten Predigten – im Zusammenhang des Evangeliums in schlichter Abfolge erklärt. Das angesprochene Publikum muß einen höheren Bildungsgrad gehabt haben; es wären am ehesten sowohl weibliche Klostergemeinschaften wie ein städtisches Publikum vorstellbar, für die der mündliche Vortrag ‹eingerichtet› wurde – als Lesende kommen (neben den Predigern) vornehmlich Nonnen in Frage.

Um die Mitte des 13. Jahrhunderts beginnt eine neue Phase der volkssprachlichen Predigt. Die Texte, die uns aus dem Zeitraum von etwa 1250 bis 1350 überliefert sind, bleiben nicht mehr im Bannkreis der lateinischen Prediger von der Väterzeit bis zum 12. Jahrhundert wie die Sammlungen der Jahrhundertwende, stehen auch nicht mehr als Muster in lediglich exemplarischem Verhältnis zur real gehaltenen Predigt, sondern stellen vom Prediger selbst konzipierte und niedergeschriebene oder von fremder Hand in seinem Sinne notierte Predigten dar. Die Lösung von den lateinischen Vorlagen nimmt Rücksicht auf die als individueller empfundene homiletische Situation, der eine spezifische Äußerung, nicht mehr eine Applikation vorgegebener Muster angemessen war. Diese Verschriftlichungen haben auch eine weniger ‹öffentliche›, neue Gebrauchsfunktion; sie dienten als Lesepredigten zur erbaulichen Lektüre – als Kollation im (Frauen-)Konvent zu Tisch oder in der Klosterzelle, vielleicht auch in der adligen Kemenate und der bürgerlichen Stube. Die ältere Hauptfunktion, die Handreichung für die Pfarrpredigt, erfüllten die neuen Sammlungen allenfalls in Ausnahmefällen – daneben werden die alten für die alten Zwecke weiter überliefert. Die ‹neue› Predigt hat als Zentren das westliche Oberdeutschland, vor allem den Oberrhein, und den mitteldeutschen Raum. Die ‹alten› Predigten werden in umgeschriebener, erweiterter, ergänzter Form vor allem aus dem bairisch-österreichischen Sprachraum überliefert.

Die größte Volkspredigergestalt des 13. Jahrhunderts ist der Franziskaner Berthold von Regensburg, ein untypischer Fall sowohl in der Gestaltung seiner Predigten wie in der Überlieferung derselben. Um 1210 wahrscheinlich in Regensburg geboren, ausgebildet aber wohl in Augsburg, ist er seit 1240 als Prediger bezeugt: zunächst eben in Augsburg, dann im ganzen deutschsprachigen Süden, so in Böhmen, in Landshut (1253), Speyer (1254/55), Colmar (1255), Konstanz (1256), in der Schweiz und in der Steiermark. Er predigte den städtischen Mittel- und Unterschichten, aber auch die Landbevölkerung strömte zu seinen Predigten, die er häufig im Freien hielt. Die Zeitgenossen übertrieben seine Anziehungskraft auf die Zuhörer gewiß um mindestens das Zehnfache, wenn sie von zweihunderttausend sprechen. Seine Predigten sind vornehmlich in drei deutschen Sammlungen erhalten, deren älteste noch zu seinen Lebzeiten, die beiden anderen jedoch erst nach seinem Tod im Jahre 1272 angelegt wurden, sämtlich Bearbeitungen von Augsburger Franziskanern, die auf der Basis von lateinischen Predigten Bertholds unter dem Eindruck seiner Predigtweise seinen individuellen Stil nachgebildet haben. Im Unterschied zur gewaltigen Wirkung seiner mündlichen Rede blieb die Wirkung der Verschriftlichung gering. Die Differenz erklärt sich leicht daraus, daß die Adressaten der Reden, auf deren Situation sie in einer so spezifischen Weise ausgerichtet waren, nicht lesen konnten, und die lektürefähigen Schichten, vor allem die lesenden Nonnen und gebildeten weiblichen Laien, nicht angesprochen wurden. Das war ganz anders im Fall der mystischen Predigt. Die verschriftlichten Berthold-Predigten waren eine exemplarische Dokumentation seiner Tätigkeit, nicht geeignet für erbauliche Lektüre. Sie vermitteln einen Eindruck von der persönlichen Redeweise des Franziskaners: Berthold war ein wortmächtiger Buß- und Sittenprediger und kein Theologe. Er konzentrierte sich auf allgemeine und standesspezifische ethische Kritik, er mahnt zur Verwirklichung der christlichen Tugenden im Alltag und tut dies in konkreter Weise, indem er das jeweilige Fehlverhalten der Stände geißelt, zum Beispiel die betrügerischen Praktiken der Markthändler, oder indem er die Putzsucht der Männer und Frauen karikiert. Oft spricht er seine Adressaten direkt an, bezieht einzelne Gruppen aus der Zuhörerschaft ein, grenzt andere aus und bringt sich auch selbst, mitunter ironisch, ins Spiel. Seine neuartige Predigtweise, die mit inhaltlich-erzählerischen Mitteln, volkstümlichem Sprachgebrauch und einer stark rhetorischen Syntax arbeitet, erlaubt darüber hinaus einen Blick auf die Realität, in der die angesprochenen und kritisierten Sünder leben – eine Realität, die in der zeitgenössischen Literatur weniger deutlich sichtbar wird. An theologischem Gehalt sind Bertholds Predigten denen des zeitgenössischen Schwarzwälder Predigers durchaus unterlegen. Die Warnung aber, nicht zuviel über Glaubensdinge nachzudenken, sondern in christlicher Einfalt tugendhaft zu handeln, gilt nur für seine Zuhörer, nicht für ihn selbst: In seinen lateinischen Predigten zeigt er sich durchaus als systematisch disponierender Exeget der Heiligen Schrift. Diese Predigten wurden auch entsprechend häufig abgeschrieben, wir kennen 263 Handschriften, die die ‹alte› Funk-

tion des Predigtmusters hatten. Eine Sammlung seiner deutschen Predigten (Sammlung Z) wurde speziell für den klösterlichen Gebrauch geschaffen: Der Franziskaner war nicht nur ‹Volksprediger›, seine Wirkung erstreckte sich auch auf den Konvent, vornehmlich auf Clarissinnen oder Tertiarierinnen; denn Aufgabe der Franziskaner war auch die Seelsorge für die Frauengemeinschaften. Die acht Predigten repräsentieren vielleicht die ältesten deutschen Nonnenpredigten; daß auch sie gegenüber der mystischen Predigt weniger beliebt waren, wird an Bertholds moralisch-rigoristischem Eifer liegen, den er auch hier nicht ablegt. Der mystische Weg der Vollkommenheit durch Vereinigung mit dem Göttlichen entsprach besser den Bedürfnissen der geistlichen Frauen.
Sein Gefährte David von Augsburg (bezeugt von 1246 bis 1272) ist nicht als Prediger hervorgetreten, sondern als Theologe in lateinischen und deutschen Werken. Mit seinem Namen verbindet sich der Beginn eines franziskanischen Schrifttums in deutscher Sprache, vornehmlich bestimmt für die «cura monialium», die Nonnenseelsorge. In den *Sieben Staffeln des Gebets*, die es in einer deutschen und einer lateinischen Parallelfassung gibt, wird der Weg zur Einheit von Gott und Seele in aufsteigender Ordnung der geistlichen Übungen gelehrt. Seine franziskanische Lebenslehre ist weniger vom mystischen Erleben als von der asketischen Disziplin bewegt. Hier zeigt sich erstmals das Deutsche als theologische Sprache, die zwar noch vom Lateinischen geprägt, aber nicht mehr eng an es gebunden ist. Im ersten ‹aszetisch-mystischen› Erbauungsbuch in deutscher Sprache, dem um 1280 in Augsburg entstandenen Sammelwerk *Baumgarten geistlicher Herzen*, stehen Texte und Exzerpte aus Schriften Davids und Predigten Bertholds nebeneinander. Das eher praktisch-aszetische als mystische Kompendium ist wiederum im Rahmen der Betreuung franziskanischer Frauenklöster zu denken; doch wie den anderen Schriften dieses Kreises lief die dominikanische Mystik ihm bald Rang und Wirkung ab. Darüber hinaus wirkt das ‹franziskanische Schrifttum› auch auf die stadtpatrizischen Schichten: Der *Schwabenspiegel*, das Rechtsbuch und das dazugehörige Prosa-Geschichtsbuch, das *Buch der Könige* (mit der Prosaauflösung der *Kaiserchronik*), um 1275 in Augsburg entstanden, visieren diese Kreise an.
Während die Predigten des Schwarzwälder Predigers sich an ein Klosterpublikum, vielleicht auch an ein städtisches richten (eine gewisse Mehrfunktionalität ist dem Typus inhärent), ist der Rahmen für den St. Georgener Prediger (zweite Hälfte des 13. Jahrhunderts) mit Sicherheit die Klostergemeinschaft. Die Predigten waren ursprünglich bestimmt zur erbaulichen Tischlektüre in einem Zisterzienserkloster, eher in einem Frauen- als in einem Männerkloster, denn dort war die Kollation noch lateinisch: Lesepredigt war in erster Linie ‹Frauenliteratur›. Der Prediger stellt das Klosterleben als die höchste christliche Lebensform

dar; denn die Regeln der Welt sind die Sünden der Unkeuschheit, der Augenlust und der Überheblichkeit, die des Klosters aber Armut, Keuschheit und Gehorsam. In dieser Bindung besitzen Klostermann und -frau die Freiheit der Kinder Gottes, die Weltleute hingegen sind unfreie Knechte der Sünde. Der Vorgang der Heiligung im Kloster wird mit Begriffen beschrieben, die, in der Nachfolge Bernhards von Clairvaux (um 1090 bis 1153), mystische Momente umfassen: der Durchbruch der menschlichen Erkenntnismöglichkeiten zur Schau von Gottes Gewalt, Weisheit und Güte und seiner Schönheit, seiner Freude und Ewigkeit. Weiterhin kommen Aspekte der Hohe-Lied-Mystik hinein in der Vorstellung der hochzeitlichen Vereinigung der Seele mit dem himmlischen Bräutigam. Hier hat der Prediger (oder ein späterer Redaktor) auf das *St. Trudperter Hohe Lied* zurückgegriffen, in der Fassung des sogenannten *Palmbaumtraktats* (Nr. 60).

Das *St. Trudperter Hohe Lied* ist ein Werk der Mitte des 12. Jahrhunderts, etwa hundert Jahre jünger als das Werk Willirams von Ebersberg (um 1010 bis 1085), das für die Übersetzung des Bibeltextes benutzt wurde, während der Kommentar die modernen Theologen der Zeit – Rupert von Deutz, Hugo von St. Viktor und Bernhard von Clairvaux – heranzieht. Es handelt sich, wie bei den gut einhundert Jahre jüngeren *St. Georgener Predigten*, um einen Text zur Tischlektüre für Nonnen, hier eines Benediktinerklosters, mit dem sie zur «minnichlichen gotes erkennusse» gelangen sollen. Diese Erkenntnis wird über die Abwendung von den weltlichen Dingen erreicht. Der poetisch-hymnische Gestus des lateinischen Bibeltextes schlägt in der deutschen Übertragung und auch gelegentlich im Kommentar durch. Damit erreicht das *St. Trudperter Hohe Lied* eine sprachliche Dichte und Ausdrucksfülle, die in der geistlichen Prosa des 12. Jahrhunderts noch selten ist und vorausweist auf die vom gleichen Schrifttext inspirierte Brautmystik der Mechthild von Magdeburg (um 1207 bis um 1282). Die Nonnen- und Beginenspiritualität der Folgezeit wird sich immer wieder an diesem Text und seiner Auslegung durch Bernhard (meist sekundär vermittelt) entzünden. Neben den kühnen sprachlichen Formulierungen Mechthilds und der Vermischung brautmystischer Motive mit Legenden- und Mirakeltopik in den Schwesternviten des 14. Jahrhunderts ist dieser Text ein weiteres Zeugnis der Kontinuität. Er greift einerseits auf Williram zurück und wird andererseits vom *Palmbaumtraktat* benutzt, der noch bis in den Buchdruck gelangte. Die Kontinuität der geistlichen Prosa ist eine Kontinuität des Gebrauchs, der (oft gemeinsamen) erbaulichen Lektüre bibelexegetischer Schriften, die Zentralanliegen des christlichen Glaubens und Lebens thematisieren.

In einfacher Form geschieht das in den *Evangelienharmonien*, deren älteste, die Übersetzung der lateinischen Harmonie des Tatian, zu den wichtigen Taten der althochdeutschen Übersetzungsliteratur (um 830) gehört. In der Mitte des 13. Jahrhunderts wird der lateinische Text neu ins Mittelniederländische übertragen und erscheint seit Ende des Jahrhunderts auch im Deutschen, zuerst in Köln, und wandert dann den Rhein aufwärts. Das Bedürfnis, den Evangelienbericht und die Heilstatsachen in zusammengefaßter Form für die erbauliche Gruppen- und Einzellektüre zur Verfügung zu haben, läßt seit 1300 eine größere Anzahl vornehmlich von Passionsharmonien entstehen. Der Exegese ist – im Unterschied zur Predigt – in diesen Texten kein Raum gegeben. Die Betrachtung des Leidens Christi, ganz auf den biblischen Bericht bezogen, sprach wiederum in erster Linie fromme Frauen an.

Von ganz anderem Anspruch ist das Anliegen, christlichen Glauben und christliches Leben zu vermitteln, wie es Eckhart (um 1260 bis um 1327/28), der wohl größte Meister deutscher Prosa in unserem Zeitraum, verwirklicht. Er ist hochbedeutender Theologe und als solcher lateinischer Autor von Rang, aber seine Verkündigung von der Gottesgeburt in der Seele des Menschen, seine mystische Theologie formuliert er in der Volkssprache. Denn die Traktate und Predigten zielten auf Unterweisung der des Lateinischen nicht mächtigen Dominikanerinnen und der Laien schlechthin, wie auch Latein als systematische Wissenschaftssprache mit langer, bestimmender Tradition nicht in dem Maße neuen Erfahrungen offen war wie die Volkssprache [441; *S. 29f*]. Diese Sprachwerdung der mystischen Theologie ist die Leistung Eckharts. – Die Übersetzungen früher mystischer lateinischer Schriften wie der *Epistola ad fratres de Monte Dei* des Wilhelm von St. Thierry (um 1085 bis 1148/49) aus dem späten 13. Jahrhundert unterscheiden sich in ihrem sachlich-bescheidenen Anspruch nicht von den Übersetzungen der ‹deutschen Scholastik›, etwa der mittelhochdeutschen *Summa theologica* aus der ersten Hälfte des 14. Jahrhunderts. Die mystische und scholastische Übersetzungsprosa gehört insbesondere dem 14. und 15. Jahrhundert an und folgt der älteren deutschsprachigen Mystik, ohne an ihrer sprachlichen Emanzipation teilzuhaben.

Die Einbindung der deutschen Mystik in die herkömmlichen Gebrauchsfunktionen der geistlichen Prosa verdeutlicht die Predigtsammlung *Paradisus animae intelligentis* aus der Zeit um 1340 aus dem Erfurter Dominikanerkloster: 64 Predigten von zwölf mystischen Predigern, darunter 31 von Meister Eckhart. Die Sammlung ist – wie schon das *Speculum ecclesiae* (fast 200 Jahre älter) – nach dem Kirchenjahr in Temporale (Sonntagspredigten) und Sanctorale (Heiligenpredigten) geordnet, aber dieses traditionelle Schema zeigt nicht mehr die intendierte Nutzung auf: Lektüre an einem bestimmten Tag. Das ausführliche Register verzeichnet die Thematik der Predigten ziemlich detailliert und weist damit auf eine spezifische Auswahl: die Dokumentation der dominikanischen Erkenntnismystik (*anima intelligens*) mit der Lehre Eckharts im Zentrum – womöglich in der Abwehr des Häresieverdachts gegen den Meister [441; *S. 25*]. Gleichzeitig ist die Sammlung als Lese- und Lehrbuch der spekulativen Mystik rezipierbar und gehört damit in den Kreis weniger thematisch streng konzipierter Corpora aus der zweiten Jahrhunderthälfte. Die Verbindung dieser Sammlung zu anderen Predigtbüchern wie dem des Hartwig von Erfurt, das etwa zur gleichen Zeit entstanden ist, zeigt den weiteren Gebrauchshorizont: Hier steht spekulative Mystik in der Nachfolge Eckharts neben einfacher theologischer und ethischer Unterweisung im Stil der Predigten vom Anfang des 13. Jahrhunderts. Die Gleichzeitigkeit des scheinbar Ungleichzeitigen erklärt sich wiederum aus dem so breit entwickelten Bedürfnis immer weiterer Kreise unterschiedlichen Bildungsniveaus nach geistlicher Erbauung und Lehre. Das Stadtbürgertum tritt mehr und mehr neben die traditionellen Rezipienten deutschsprachiger geistlicher Texte (die lesenden weiblichen Religiosen); dazu gewinnt gerade die deutschsprachige Mystik als eigenständige deutschsprachige Theologie einen großen Teil des bisher vornehmlich Latein lesenden Klerus.

Neben Predigt und Traktat (die Übergänge sind fließend) wird im 15. Jahrhundert dann die Legende zur wichtigsten Gattung geistlicher Prosa.

Die geistliche Prosa unseres Zeitraums ist sowohl traditionell wie neu: traditionell in der Bindung an sich nur langsam verändernde Gebrauchsfunktionen, die sich in der Überlieferungsgeschichte spiegeln; neu in der Rhetorik und Anschaulichkeit Bertholds von Regensburg, neu in der aus höfischer Sprache hochgetriebenen erotischen Bildlichkeit Mechthilds von Magdeburg und neu in der Begrifflichkeit Meister Eckharts. Daß seine ‹Verantwortung› mystischer Erfahrung vor allem durch den Bedarf an mystischer Erbauung formelhaft vererbt und zersetzt wurde, gehört zum vielfältigen und bunten Bild der geistlichen Prosa.

Alois M. Haas

Schreibweisen der Frauenmystik

Die Frauenmystik des 13. und 14. Jahrhunderts ist von dem gleichzeitigen, von Männern getragenen mystisch geprägten Schrifttum oft als praktisch orientierte Erlebnismystik abgehoben worden, deren Zentrum häufig die bräutlich-ekstatische Begegnung zwischen Gott und der Seele abgegeben hätte. In dieser Verallgemeinerung trifft diese Bestimmung den Sachverhalt indessen nicht. Gerade in den Anfängen der Frauenmystik im brabantischen Raum fehlen spekulativ-theoretische Überlegungen keineswegs, sondern treten zum Visionären und Brautschaftlichen wesentlich hinzu, so daß von einer reinlichen Scheidung zwischen männlich und weiblich orientiertem Schrifttum nicht die Rede sein kann. Trotzdem lassen sich – bei vorsichtiger Abwägung der Quellen – von den überlieferten Texten und ihren Verfasserinnen wie von deren sozialem Umfeld und den literarischen Gattungen, letztlich aber auch von der inneren Struktur dieser Texte her Eigenarten eines spezifisch weiblich geprägten Schrifttums ausmachen. Dessen literarischer Zuschnitt darf allerdings nicht leichthin in biologisch ‹natürlichen› Begründungszusammenhängen verankert werden, sondern muß auf konkrete religiös bedingte soziale Umstände zurückgeführt werden.

Orte und Personen

Im Deutschland des 12. und 13. Jahrhunderts sind fünf Frauen zu nennen, die von ihrer Wirksamkeit und Ausstrahlung her einen außergewöhnlichen Einfluß auf ihre Umwelt ausübten: die beiden Benediktinerinnen Hildegard von Bingen (1098 bis 1179), Elisabeth von Schönau (um 1129 bis 1164) und im folgenden Jahrhundert die Mystikerinnen des dem Zisterzienserorden unterstellten, wenn ihm auch nie inkorporierten Klosters Helfta: Mechthild von Hackeborn (1241 bis um 1297/98), Mechthild von Magdeburg (um 1207 bis 1282) und Gertrud die Große (1256 bis 1301/02). Im belgischen und nordfranzösischen Raum entspricht dieser weiblichen Selbstartikulation im Rahmen religiöser Glaubensvorgaben schon früher eine eigentliche religiöse Frauenbewegung, der der Bischof Jakob von Vitry (1160/70 bis 1240) im Jahre 1216 von Papst Honorius III. die Erlaubnis einholte, in «Gemeinschaftshäusern zusammenzuwohnen und einander durch gegenseitige Ermahnungen im rechten Tun zu bestärken» [513; *S. 74, 79–81*]. Damit war den sogenannten Beginen (die sich dann häufig in zisterziensische Lebensordnungen begaben) vorerst ein freier Lebensraum zugestanden, in dem sich mystische Begabungen wie Maria von Oignies, Christina Admirabilis von St. Trond, Yvette von Huy, Ida von Nivelles, Margareta von Ypres, Luitgard von Aywières, Hadewijch von Antwerpen, Alice von Schaarbeek, Juliana von Cornillon, Ida von Leeuw, Eva von St. Martin, Beatrijs von Nazareth, Ida von Löwen, Christine von Stommeln, Elisabeth von Spalbeek und Gertrud von Oosten als heiligmäßig lebende Frauen zu artikulieren vermochten.

Im 14. Jahrhundert kamen zahlreiche Dominikanerinnen im süddeutsch-schweizerischen Raum und in den Rheinlanden hinzu, darunter Elsbeth von Oye, Margaretha Ebner, Christine Ebner, Adelheid Langmann und Elisabeth von Kirchberg.

Nicht unerwähnt bleiben dürfen sogenannte Schwesternleben, die sich in einer Art Klosterchronik erhalten haben. Solche Sammlungen haben sich aus acht Klöstern vor allem Oberdeutschlands erhalten: aus Unterlinden (Colmar), Adelhausen (Freiburg i. Br.), Töss (bei Winterthur), Ötenbach (Zürich), St. Katharinental (bei Diessenhofen), Kirchberg (bei Sulz in Württemberg), Weiler (bei Esslingen) und Engeltal (östlich von Nürnberg).

Soziale Aspekte

Dieser kurze Überblick über Personal und geographische Verteilung des frauenmystischen Schrifttums zeigt mit aller Deutlichkeit schon folgendes: Mystik ist so oder so an ‹soziale› Orte und Zeiten gebunden. Wie immer die Zeugnisse mystischer Erfahrung zu deuten und zu klassifizieren sind, sie sind in jedem Fall ein Beleg dafür, «daß selbst die scheinbar ausschließlich mystische Seele, gerade für die Fülle und die Gesundheit der rein mystischen Akte und Zustände, von ihren vergangenen und gegenwärtigen Berührungen mit dem Zufälligen, Zeitlichen und Räumlichen, mit sozialen Tatsachen und Elementen ebenso wirklich abhängt wie von ihrer Gesammeltheit und von der Erfahrung des Unendlichen in diesen Endlichkeiten und in ihr selbst» [149]. Mystik mag ‹rein› wie immer sein, das heißt tendenziell auf eine Aufhebung der Kategorien von Raum und Zeit hinauslaufen, sie hat ein inkarnatorisches Moment in ihrem sozialen Bezug und ihrer sozialen Herkunft. Noch Meister Eckharts (um 1260 bis 1327/28) ganz auf die ‹Ewigkeit› hin ausgerichtete Mystik – nach Johannes Tauler spricht der Meister «aus der Ewigkeit» – ist auf Zeit und

Raum hin ausgerichtet. So gibt es für ihn immer – gleichzeitig zum lebendigsten Gottesbezug im «vünkelîn» der Seele – jederzeit ein «wider kumen» in die Zeit mit all ihren Bezügen zu Welt und sozialem Umfeld. Ernst Troeltschs idealtypische Abhebung der Mystik vom Kirchen- und Sektentypus als soziologisch benennbaren Größen hat wenigstens darin recht, daß es eine ‹eskapistische› Mystik im Sinn einer geschichts- und antlitzlosen Aufhebung von Zeit und Raum im christlichen Bereich nicht gibt und nicht geben kann; sie widerspräche fundamentalen Grundüberzeugungen des christlichen Glaubens, insbesondere dem Glauben an die Menschwerdung Gottes in Jesus Christus. Dem Christen ist damit so oder so ein inkarnatorisches Modell der mystischen Erfahrung abverlangt.
Sozialer Ort der Frauenmystik ist im Mittelalter das Kloster oder ein klosterähnlicher Bereich wie die Beginensamenung. Für die ältere deutsche Frauenmystik der Hildegard von Bingen oder der Helftaerinnen ist es die Geborgenheit alter Orden wie der Benediktinerinnen oder Zisterzienserinnen. Seit dem Beginn des 13. Jahrhunderts sind es dann vor allem die Beginenhöfe und -samenungen, in denen sozial nicht immer leicht integrierte Frauen (Jungfrauen und Witwen) in einer klosterähnlichen Gemeinschaft ohne dauerndes Gelübde und approbierte Regel ein geistliches Leben führten, das sich mit Bettel, Handarbeit und mannigfacher karitativer Tätigkeit kombinierte. Wie schon die Zisterzienserinnen suchten die Beginen vor allem bei den neuen Bettelorden in einer anspruchsvollen *cura monialium* Unterstützung und Schutz. Die kirchliche Tendenz im Laufe des 14. Jahrhunderts war, die Beginensamenungen sich dem Dritten Orden der Medikanten anschließen zu lassen und ihnen durch die Augustinerregel den Status regulierter Gemeinschaften aufzuerlegen. So sind die meisten Dominikanerinnenklöster des 14. Jahrhunderts in irgendeiner Form aus einer Beginensamenung entstanden. Der Eintritt von Frauen, die sich im Zuge der spätmittelalterlichen Armutsbewegung in zunächst relativ freien und daher ungeschützten Gruppierungen geistlich organisierten, in die regulierten, von Angehörigen des männlichen Ordenszweiges betreuten und kontrollierten, zum Teil recht streng klausurierten Klostergemeinschaften, war problematisch. Einerseits bedeutete es sicherlich eine Zurückbindung der geistlichen und auch wirtschaftlichen Energien der Frauen, andererseits erlangten sie Schutz und Sicherheit vor mannigfachen Verleumdungen und Verfolgungen. Daß ein Leben als Begine nicht ungefährlich war, zeigt das Schicksal der 1310 in Paris als Ketzerin verbrannten Marguerite Porete, nicht weniger aber auch das der Mechthild von Magdeburg, die nach Anfeindungen und Kritik, ja sogar Bedrohungen 1270 als über 60jährige in dem Kloster Helfta und bei dessen Äbtissin Gertrud von Hackeborn eine schützende Zuflucht fand.
Das klausurierte Kloster ist gerade in seiner relativen Abgeschlossenheit

gegenüber der Außenwelt für die Ausformung von mystischer Lehre die ideale Voraussetzung. Infolge der Unterweisung der Frauen durch Dominikaner – seit 1267 besteht eine päpstlich verordnete Pflicht der *cura monialium* für die Dominikaner – bekommen diese Zugang zu den Ordensquellen, den sogenannten Altväterleben sowohl der jüngsten Ordensvergangenheit (Gerard von Frachetos *Vitae Fratrum Ordinis Praedicatorum*; 1259/60) wie auch des altchristlichen Mönchtums. An diesen legendären Lebensgeschichten gestalten sie eine Viten- und Offenbarungsliteratur aus, deren Inhalt die Biographien der eigenen Klostermitglieder sind. Das Kloster erweist sich in solcher idealliterarischen Einbindung als Ort eines heroischen Tugendlebens, in dem soziale Integration, aber auch Entfremdung (man vergleiche die Vita der Elisabeth von Ofen in den Tösser Nonnenviten) und eine Fülle körperlicher und seelischer Ereignisse (Visionen aller Art, Freuden- und Schmerzausbrüche, Krankheiten usw.) einen entscheidenden Anteil hatten. Das aufoktroyiert Soziale eines engen Zusammenlebens ist in diesem religiösen Kontext immer mitartikuliert, so daß gerade Entzückungen, Freuden- und Schmerzausbrüche aller Art zu bemerkenswerten Sozialgesten werden, an denen die Klostergemeinschaft einen regen Anteil nimmt. Das war schon in Helfta so, wo die Verfasserschaft an den verschiedenen mystischen Texten sich auf ein geheimnisvoll verschleiertes, wie in einem Gesellschaftsspiel kaschiertes Inkognito zurückbeziehen lassen mußte. Das gilt natürlich nicht von Mechthilds von Magdeburg *Fließendem Licht der Gottheit*, in dem sich eine außerordentlich starke Verfasserin in ihrer Einheit mit dem göttlichen Mitverfasser zu erkennen gab. Zu erinnern ist auch an die Zusammenarbeit zwischen Elsbeth Stagel und Heinrich Seuse (um 1295 bis 1362), in der sich der Partner von der Frau auf vielfältige Weise zu seiner mystischen Autorschaft anregen ließ. So zeigt sich das Kloster als Ort einer intensiv gepflegten Mitmenschlichkeit, mit vielen Spannungen, aber auch mit vielen, das gemeinsame Schicksal verbürgenden Ereignissen. Man denke an die gemeinschaftliche Anteilnahme am Tod einer Mitschwester, an die fundamentale Neugier an den seelischen Erfahrungen (Visionen, Auditionen, Entrückungen usw.) der Schwestern untereinander. Ein Beziehungsnetz ergibt sich daraus, das enger und dichter – also gruppen- und gemeinschaftsbildend – nicht gedacht werden kann.

Man wird sich allerdings davor hüten müssen, die in den Nonnenviten geschilderten seelischen Ereignisse in einem platten Sinn als Wiedergabe tatsächlicher Geschehnisse zu nehmen: Wie in Heinrich Seuses *Vita* «mit bildgebender wise» das Leben eines Heiligen von ihm selber erzählt wird, um ein Vorbild hinzustellen, so wird auch in den Nonnenviten vor allem ein erbaulicher Wunsch nach vorbildlichem Leben sichtbar.

Wenn es wahr ist, daß die Frauenmystik in eine soziale Ordnung eingebettet ist, so ist es dagegen nicht weniger wahr, daß sich in ihr auch inneres

Distanziertsein zu den sozial bindenden Lebensbezügen abzeichnet. Faktisch dokumentiert sich diese Zwiespältigkeit als eine innerhalb der Gemeinschaft wahrnehmbare Tendenz zur menschlichen Extremsituation: Die Auserwählung durch Gott bezeugt sich im Hang nach Einsamkeit (die Abgesonderte widmet sich im Gebet ihrem einzigen Gott), nach Schweigen, nach dem demütig wahrgenommenen ‹letzten Platz›, nach Krankheit als einer Form der Theopathie. Dabei bleibt es aber kaum, denn Gott sendet über die Auserwählte faßbare Signale seiner Gnade. Mag sich die Gnade an den auserwählten Töchtern Gottes im Dunkel der Nacht, überhaupt in der Heimlichkeit ereignen, sie wird öffentlich insofern, als die Betroffene davon Vertrauten erzählt oder als die Begnadung durch Krankheit oder überraschendes Wohlergehen faßbar wird. So ergibt sich ein Kreis, in dem die von Gott einzelnen gewährten Gnaden wieder in die Gemeinschaft eintreten. Absonderung von der Gemeinschaft und Rückbezug zu ihr entsprechen dabei einem christlichen Sozialmodell, wonach charismatische Begabungen von Gott immer nur – und mögen sie noch so ‹esoterisch› zunächst scheinen – zugunsten der Gemeinschaft verliehen werden.

Das soziale Modell der Vermittlung solcher Begnadungen an jene, die sich daran bilden sollen, kompliziert sich weiterhin dadurch, daß die Nonnenviten wohl Gegenstand öffentlicher Darbietungen (bei Tischlesungen etwa) gewesen sein dürften und daß die individuellen Viten mindestens bei privater Lektüre zur Erbauung dienten. Durch diese Hör- und Lesevorgänge bekommt der Text nochmals – und diesmal geradezu eine offizielle – Öffentlichkeit, ja Verbindlichkeit, indem eine Leitfigur heiligen Lebens aufgestellt wird. Man wird also Nonnenviten – gerade im Blick auf deren soziale Signatur – nicht zu einem autonomen ‹mystischen Diskurs› steigern dürfen, in dem das ‹Mysterische› als das ‹Hysterische› eine auf «wunderbare Weise wiedergefundene (Auto-) Erotik» ist [704]. Es ist bei aller Anerkennung der dieser Literatur eigenen Tendenz «weg von der spekulativen Matrix» [704] sorglich auf die sozialen Einbettungen zu achten, die «Spiegelungen» zunächst nicht in der isolierten Seele einer Betroffenen, sondern im Gemeinschaftsraum eines Klosters darstellen.

Formen und Gattungen

Noch die Helftaer Nonnen – mit Ausnahme der Mechthild von Magdeburg, die selber Begine war – schreiben (oder lassen schreiben) ihre Werke auf latein: Gertrud die Große ihren *Legatus divinae pietatis* (Gesandter der göttlichen Liebe; 1281/1300) und Mechthild von Hackeborn ihren *Liber specialis gratiae* (Buch der besonderen Gnade; um 1370). Sie partizipieren noch an der benediktinisch am liturgischen *Opus Dei* orientierten Frömmigkeit eines herrschaftlich organisierten Klosterlebens.

Späterhin verdrängt die Volkssprache das Latein als Sprache der Mystik. Grund ist, daß die Beginen zunächst des Lateins nicht mächtige Frauen sind, die doch auf die Niederschrift ihrer mystischen Offenbarungen und Erfahrungen nicht verzichten wollten. Dieser äußerliche Grund wird aber wohl – wie Kurt Ruh kürzlich insinuiert hat – nicht der einzige für die Anwendung der Volkssprache gewesen sein. Ein innerer Grund muß hinzugekommen sein: Es ist zu vermuten,

> «daß das Gelehrten-Latein, für einen Lektor oder Magister die Sprache des Alltags, nicht mehr oder zu wenig in der Lage war, das Spezifische mystischer Aussagen, die vielfach an die Grenzen der Sprache führen, unmittelbar ins Wort zu bringen. Die Wörter, aber auch die Möglichkeiten der Wortbildung und der Syntax waren durch Gebrauch und lange Schrifttradition sehr fest geworden, unveränderlich auch die Wortinhalte. Demgegenüber waren die Volkssprachen noch verhältnismäßig jung, weniger die Dichtersprache als die Prosa, ja die Grenzen des schlichten Gebrauchs waren in dieser kaum je überschritten worden. Hier nun bestand die Chance der Erweiterung, der Neubildung, des Transzendierens über den Gebrauch hinaus und damit die Möglichkeit, Innovatorisches, Charismatisches, jenseits der üblichen Erfahrungswelt Liegendes anzusprechen ... Ich möchte vom potentiellen spirituellen Mehrwert der Volkssprache sprechen, um dessentwillen sich die Mystiker der Muttersprache auch dort bedienten, wo keine praktische Nötigung dazu bestand, und den sie zu aktualisieren verstanden» [167].

Dem kam die Tendenz der Beginen entgegen, nicht lehrmäßig über die Bedingungen der Möglichkeit von Gotteserfahrung sprechen zu wollen, sondern deren Ereignis im konkreten, Gott geweihten Leben zu schildern. Das natürlich nicht ohne Ausnahmen. So hat Marguerite Porete (gest. 1310) in ihrem *Miroir des simples âmes* einen lehrbuchmäßig aufgezogenen Traktat, eine Art Streitgespräch zwischen den allegorischen Gestalten von Seele, Liebe und Vernunft, vorgelegt, in dem der Weg zur mystischen Unio als eine wachsende Demontage aller Vermögen – damit die Liebe allein herrsche – ausgelegt wird. Die frühe Beginenmystik und -spiritualität kennt eine Freiheit der Ausdrucksformen und Schreibweisen, die – bei wachsender Integration der Frauenbewegung in die Existenzformen klausurierter Klöster – zum Teil wieder verlorengeht. Die historisch und biographisch kaum identifizierbare Hadewijch – zwischen 1220 und 1240 literarisch wirksam – verfügte souverän über die lyrischen Möglichkeiten der Trobadorlyrik (vgl. ihre *Strophische Gedichten* und *Mengelgedichten*), deren Liebesthematik sie ins Geistlich-Mystische umsetzte.

Es hebt sich allerdings eine Gedichtgruppe ab, deren Thematik – eine von Eckhart beeinflußte Wesensmystik – auf eine hypothetische Hadewijch II schließen läßt. Auch in den Prosaschriften Hadewijchs dominiert das Thema der Liebe, deren aufs Äußerste gesteigerte Form die vereinigende

Ekstase in die göttliche Liebe hinein meint. Darüber handelt sie in ausführlichen *Visionen* und *Brieven*. Hadewijch, die von sich behauptet: «Nochtan dat ic alle redene can van sinne alsoe mensche connen mach» (Obschon ich mich auf des Denkens verborgensten Sinn verstehe, wie nur ein Mensch es verstehen kann; 17. Br.), verfügt über eine Kompetenz und ein Selbstbewußtsein, in deren Regie sie Lehren Meister Eckharts problemlos vorwegnimmt. So seine Ansicht von der Gottheit, in der sich der dreifaltige Gott unter dem Aspekt seiner unverbrüchlichen Einheit zu erkennen gibt. Hadewijch: «Sich nicht im Einzelnen und im Gespaltenen zu verlieren, das ist die Wesensnatur des Vaters: in ihr ist er Vater in der Einheit. Dies Ausströmen und Ansichhalten ist die reine Gottheit und die Ganzheit der Minne» (17. Br.). Ebenso nimmt sie Eckharts Exemplarismus vorweg, seine Ansicht vom doppelten Sein der Dinge in Gott und in sich selbst, so daß ihnen aufgetragen ist zu werden, was sie sind: Gott in Gott. Die Wesensvereinigung von Gott und Mensch faßt sie durchaus in Worte, welche die menschliche Erotik nicht ausklammern: «...einander genießen sie beide Mund in Mund, Herz in Herz, Leib in Leib und Seele in Seele, indem eine göttliche Natur in Wonnen beide durchflutet, und beide ganz Eins in sich selbst: und Eins werden sie bleiben, ja bleiben» (9. Br.). Solche Einigung geht aber nicht ab ohne die Begleitmusik der Entbehrung: «Ende dat ghebreken van dien ghebrukene dat es dat suetste ghebruken» (Das verlangende Entbehren des Genusses aber ist der süßeste Genuß; 16. Br.). Dominant aber bleibt der «Sturm der Seele», die *orewoet*, die alles Überflüssige abwirft: «Wo zwei Dinge eins werden sollen, da darf nichts zwischen ihnen sein als der Leim, mit dem man sie zusammenfügt. Des Leimes Band ist die Minne, mit der Gott und die selige Seele zusammengefügt sind» (16. Br.).

Ähnlich wie Hadewijch, die «kein Deutsch (*dietsch*, ihren brabantischen Dialekt) und keinen Begriff» mehr findet, auszusagen, was sie bewegt, geht es Mechthild von Magdeburg. Sie ist Begine, wie jene wohl auch gewesen ist; sie ist ihr in der Kombination vielfältiger schriftstellerischer Techniken vergleichbar. M. Wehrli hat mit Recht in ihrem *Fließenden Licht der Gottheit* «das wohl großartigste Dokument des Mündigwerdens einer oft oppositionellen Laienfrömmigkeit aus der Unruhe und Unsicherheit des beginnenden Spätmittelalters» gesehen. Schon Hadewijch ist in ihren Werken als frei sich religiös verantwortendes Subjekt hervorgetreten. Ebenso tut es Mechthild, indem sie noch den Topos der Demutsformel (den einer ungebildeten Frau) zum Vehikel einer sehr selbstbewußten Autorschaft macht: «Eia, herre got, wer hat dis buoch gemachet. Ich han es gemachet an miner vnmaht, wan ich mich an miner gabe nút enthalten mag... Nu gebristet mir túsches, das latines kan ich nit» (I,1). Wenn sie kurz darauf die Autorschaft an ihrem Buch Gott selber zuschreibt, dann ergibt sich eine Konzeption der Einheit zwischen Verfasserin und Gott, die das literarische Produkt aufs engste an die Erfahrung dieser Einheit bindet. Literarisch schlägt sich das als freies Verfügen über alle denkbaren Genres und Techniken nieder: Ist Prosa auch das tragende Medium von Mechthilds Selbsteröffnungen, so eskaliert diese nur zu oft in die Inständigkeit lyrischer Konfrontation zwischen ihr und Gott. Es mischt sich Narratives, Legendarisches, Eingebungsrede, Offenbarung, Vision, Gebet, Hymne, Liturgisches, Biblisches in einer Freiheit und Lebendigkeit, die keine Fessel literarischer Formzwänge verträgt. Wenn man nach Dominantem Ausschau hält, so ist es der Dialog, in dem die disparatesten Formen und Techniken ihren Ort und ihren Sinn bekommen. Mechthild verhält sich zu ihrem Gott dialogisch, selbst dann, wenn sie – als *ein vollewahsen brut* – sich mit Gott ekstatisch vereint:

«Herre, nu bin ich ein nakent sele,
Und du in dir selber ein wolgezieret got.
Unser zweiger gemeinschaft
ist der ewige lip ane tot.
So geschihet da ein selig stilli
Nach ir beider willen.
Er gibet sich ir und si git sich ime.
Was ir nun geschehe, das weis si,
Und des getroest ich mich» (I,44).

Was schon bei Hadewijch feststellbar war – eine Verleiblichung des geistigen Vorgangs der Unio – ist hier als Prinzip des Schreibens zu fassen. Mechthild benennt es so: «Ich enkan noch mag nit schriben, ich sehe es mit den ougen miner sele und hoere es mit den oren mines ewigen geistes und bevinde [erfahre] in allen liden mines lichamen die kraft des heiligen geistes» (IV,13).
Die Einheitserfahrung mit Gott als leibhaft-sinnliche Erschütterung der ganzen Physis des Menschen ist nicht bloß metaphorische Synästhesie, sondern real gedachte Erfahrung: *bevinden* und *schriben* sind zwei Seiten einer und derselben Sache, der Einheit mit Gott.

Das Eintauchen Mechthilds in dieses Ereignis bedeutet aber auch – neben ekstatischer Freude und Lust – Verlorenheit, Enteignung, Verlust. Sie nennt es *gotzvroemdunge*, Entfremdung von Gott. Man wird darin zweifellos einen Bezug zu der sozial entfremdeten Existenz als Begine sehen dürfen, die sie freiwillig auf sich genommen hat. Diese Entfremdung von Gott als eine Art Höllenerfahrung prägt ihre Liebe: Sie ist im selben Maße, wie sie Aufschwung ist, auch Abstieg, Sinken. Leib und Seele werden im *minnesturm* in die Hölle abgesenkt. Ihr Eintauchen in Gott – dialogisch und lyrisch in einem – bringt der Liebe, die sie im Fallen und Sinken noch trägt, eine Sicherheit ein, der die Selbstpreisgabe spiegelbildlich entspricht: «Du bist min spiegelberg, ein ougenweide, ein verlust min selbes, ein sturm mines hertzen, ein val und ein verzihunge miner gewalt, min hoehste sicherheit» (I,20). Wenn sich im Sinne von Kurt Goldammer tatsächlich eine Typologie christlicher Mystik als eine Doppelung von «Wegen aufwärts» und «Wegen abwärts» benennen läßt, dann ist Mechthild – anders als Eckhart – ein Beleg für abyssale Mystik, weil ihre Erfahrung nicht auf ein *vünkelîn* im Seelengrund sich fokussiert, sondern absteigt in die ganze Leiblichkeit der Erfahrenden.

Die in den Dominikanerinnenklöstern des 14. Jahrhunderts gepflegte literarische Aktivität unterscheidet sich nun allerdings von derjenigen Hadewijchs und Mechthilds durch ihren aufs Kloster und dessen engen Lebensbereich eingeengten Charakter. Es handelt sich eigentlich um Literatur aus dem Kloster fürs Kloster. Exemplarische Lebensläufe vorbildlicher Klosterinsassinnen, sogenannte Nonnenleben, oder dann Offenbarungsliteratur in Form von individuellen Viten geistlich erweckter Nonnen finden sich in diesen Sammlungen. Wegen ihres legendenartigen Charakters wird man sie keinesfalls als Reflex eines (als ‹verirrt› zu diagnostizierenden) Seelenlebens nehmen dürfen. Auch Begriffe wie ‹Materialisierung›, ‹Verdinglichung›, ‹Veräußerlichung› und ‹Privatisierung› – als Verdikte über ihre literarische Qualität gemeint – können diese legendenhaft strukturierten Lebensentwürfe nicht diskreditieren. Sie haben in den Altväterleben des Mönchtums und den dominikanischen *Vitae fratrum* ihre literarische Vorgeschichte. Gemeinsam ist allen diesen Texten die Sicht auf das Spektakuläre und Wunderbare eines heiligmäßigen Lebens, in dem sich die Gegenwart Gottes auf charismatische Art bezeugt. Mit eckhartschen Kategorien reiner Geistigkeit ist hier nichts auszurichten. Es geht immer in einem handfesten und direkten Sinn um asketische Tugenden und Fertigkeiten im Rahmen eines klösterlichen Lebens: Gehorsam, Demut, Ernst, Andacht, Gebet, Entsagungen bei Schlaf, Essen und Trinken, Selbstkasteiung und *venjen* in beängstigendem Ausmaß. Es sind Grundmuster eines Verhaltens, das den Nonnen als heroische *militia Christi* abverlangt und gepriesen wird. Das Leibliche gehört durchaus dazu: Absonderung von Blut, Schweiß und Tränen, Krankheit und todesartige Erstarrung, Schweigen und hektische Redeausbrüche. Beim Empfang der göttlichen Gnadenerweise kommt es zu Verzückungen, und die mystische Ekstase ereignet sich in Form von Küssen, Umarmungen und Vereinigungen aller Art. Jesus Christus, die Gottesmutter, die Heiligen usw. materialisieren sich auf diese Weise. Dies krankhaft zu schelten, entspringt kleinkarierter Prüderie des 19. Jahrhunderts. Es geht positiv um eine Zeichenwelt, in der das theopathische Moment die Hingabe dieser Frauen an Gott zu reflektieren hat.

Diese Mystik bleibt nicht im isolierten Bereich des Klosters. Der Kreis um den Weltpriester Heinrich von Nördlingen (gest. nach 1356 oder 1379) und dann später jener um Rulman Merswin (1307 bis 1382) in Straßburg beweist, daß vielfältige, über Briefe gepflegte Beziehungen zwischen den verschiedenen Klöstern und Mystikerinnen bestanden.

Innere Struktur

Modell dieser Schreibweise, wie sie sowohl bei den großen Beginen als auch ihren Nachfolgerinnen in den Dominikanerinnenklöstern gefunden werden kann, war die Inkarnation. Sie war ihnen glaubensmäßig in der Menschwerdung Gottes vorgegeben. Die Frauen setzten der neuplatonisch bestimmten Aufstiegsmystik der Männer eine konsequent durchgehaltene Abstiegsmystik inkarnatorischen Charakters entgegen. Selbst wenn manche Leser diese Verleiblichung mystischer Gehalte heute seltsam und wunderlich berühren möchte: Was da legendenhaft wunderbar, manchmal schamlos offen auf der Ebene praktischer Frömmigkeit dargeboten wird, ist seiner Intention nach christlicher als jede Abstraktionsmystik. Letztere ist häufig genug von der Tendenz geprägt, den christlichen Menschwerdungsvorgang als einen kruden und verachtenswerten Vorgang hinter sich zu lassen. Mag die Imagination der Dominikanerinnen als linkisch, ungehobelt oder gar als eine schiefe Projektion der Heilsereignisse in den seelischen Kleinraum empfunden werden: Sie ist eine richtige Ausdrucksmöglichkeit für den Nachvollzug der Inkarnation und infolgedessen von tiefer Christlichkeit.

Ursula Liebertz-Grün

Epoche in der Literaturgeschichtsschreibung

Die ältere deutschsprachige Literatur bis 1320 war der Öffentlichkeit noch nie so leicht zugänglich wie heute. In dem Zeitraum ihrer Entstehung und Wirkung waren die Texte nur in wenigen kostbaren Handschriften greifbar, die in späteren Jahrhunderten in einigen Kloster- und Privatbibliotheken unbeachtet verstaubten.

15. bis 17. Jahrhundert

Im 15. und frühen 16. Jahrhundert wurden die Texte noch gelesen und vervielfältigt. Ein Bücherliebhaber wie Jakob Püterich von Reichertshausen (um 1400 bis 1469) hat sich eine ganze Bibliothek älterer Texte zusammengekauft, -geliehen und -gestohlen. Dies jedenfalls teilte er der Pfalzgräfin Mechthild von Rottenburg (um 1419 bis 1482) mit, die, ähnlich wie Herzog Albrecht IV. von Bayern (1465 bis 1508) und Kaiser Maximilian I. (1459 bis 1519), nicht nur die neue von Italien inspirierte Literatur förderte, sondern auch die älteren Texte sammeln ließ. Die städtischen Meistersinger haben im 15. und 16. Jahrhundert an die Sangspruchdichtung angeknüpft und diese Tradition in Einzelfällen bis ins 18. Jahrhundert hinein fortgesetzt. Im späten 16. und 17. Jahrhundert war die ältere Literatur ansonsten nur noch einigen Experten bekannt. Der Jurist Melchior Goldast hat sich in Notker, Wolfram von Eschenbach, Wirnt von Grafenberg, den Stricker, die Dietrichepik und den Minnesang eingelesen und Anfang des 17. Jahrhunderts zahlreiche mittelhochdeutsche Texte mit lateinischen Kommentaren ediert. Martin Opitz hat 1639 das *Annolied* (um 1080 entstanden) lateinisch kommentiert und herausgegeben. Die Pegnitzschäfer, die Mitglieder des Nürnberger Dichterkreises (gegründet um 1645), haben sich unter anderem von der Minnelyrik inspirieren lassen.

Im 17. und noch im frühen 18. Jahrhundert wurden vor allem die von

Goldast edierten *Winsbeckischen Gedichte* (1210 bis 1220) geschätzt. Sie werden bereits in Karl Ortlobs Darstellung der alten deutschen Literatur (1657) gelobt. Der Breslauer Lateinprofessor und Gymnasiallehrer Christian Gryphius, der die Entwicklung der deutschen Sprache, Literatur und Kultur in acht deutschsprachigen Schulactus dargestellt hat, preist im ersten Stück (1690) die Winsbeckin als eine vorbildliche Frau, die es verstanden habe, Hausfrau und Mutter und eine Gelehrte zu sein. «Mein Weib weiß schon / was Ehr und Tugend erfordert / und wird sich unterdessen zu Hause mit Unterweisung unserer Kinder und Aufsetzung lehrreicher Gedichte unterhalten», urteilt der Winsbecke. Bischof Otto von Freising (nach 1111 bis 1158) ist zunächst skeptisch, «gelehrte Weiber» seien «nichts nütze», da sie ihre weiblichen Pflichten vernachlässigten und «närrische Liebes-Grillen» anfingen. Aber das Beispiel der Winsbeckin überzeugt ihn: «Diß heißt die Nadel mit der Feder / die Gelehrsamkeit mit der Wirthschafft vereinigen.» Selbst Johann Jakob Bodmer stellt die Jahrhunderte vor der Reformation in seiner gereimten Literaturgeschichte von 1734 als finsteres Zeitalter dar, das nur unter der Herrschaft der Staufer ein wenig erhellt worden sei, vor allem durch das Lehrgedicht der Winsbeckin: «Weinsbecks Frau» habe «die Laute angestimmet, / Mit zärtlichem Affect, worinn der Geist noch glimmet» [332].

18. Jahrhundert

Als Wilhelm Heinrich Wackenroder und Ludwig Tieck sich 1792 zum erstenmal für die ältere deutsche Literatur begeisterten, glaubten sie beide in jugendlichem Überschwang – sie waren damals erst 19 Jahre alt –, völlig unbekannten Boden zu betreten. Heute wissen wir, daß es schon vor 1792 ähnliche und auch systematischere Annäherungen an die ältere Literatur gegeben hatte. Bereits in den siebziger Jahren des 18. Jahrhunderts haben Freunde und Mitglieder des Göttinger Hains die mittelhochdeutsche Lyrik mit persönlicher Betroffenheit gelesen und als vorbildliches Muster nachgeahmt. Zwischen 1760 und 1800 wurden insgesamt 70 ältere Texte ganz oder teilweise ediert und zahlreiche andere übersetzt, bearbeitet, referiert oder zumindest kurz beschrieben. Gottsched, Bodmer, Breitinger, Schoepflin und Oberlin – um hier nur die wichtigsten Namen zu nennen – hatten die Erforschung der älteren Literatur schon ein gutes Stück vorangetrieben, bevor die Romantiker die Vergangenheit für sich entdeckten.

Johann Christoph Gottscheds germanistische Studien waren der Absicht untergeordnet, eine Geschichte der deutschen Sprache und Poesie zu schreiben. Das Projekt einer Geschichte der deutschen Literatur von den Anfängen bis zur Gegenwart wurde Anfang des 18. Jahrhunderts auch im Kreis der Leipziger ‹deutschübenden poetischen Gesellschaft› erörtert, der Gottsched angehörte. Um das Projekt zu fördern, sammelte und sich-

tete man seltene deutschsprachige Publikationen; 1721 konnte man ein ‹Verzeichnis alter deutschen Poetischen Schriften› vorlegen. Eine Sektion der Gesellschaft edierte von 1732 bis 1744 unter Gottscheds Leitung eine der ersten germanistischen Zeitschriften, die *Beyträge zur critischen Historie der deutschen Sprache, Poesie und Beredsamkeit*, in denen Probleme der älteren Literatur allerdings nur am Rande erörtert wurden. Gottscheds geplante Literaturgeschichte, die er mehrfach angekündigt, aber nie verfaßt hat, sollte den Nachweis erbringen, daß die deutsche Literatur jeder ausländischen, auch der französischen, ebenbürtig sei. Den hohen Rang und die Eigenständigkeit der deutschen Kultur hat Gottsched in seinen germanistischen Arbeiten immer wieder hervorgehoben. Er wandte sich damit gegen den vor allem von französischer Seite erhobenen Vorwurf, die deutsche Dichtung sei minderwertig und epigonal, die Deutschen hätten, wie Eleazar de Mauvillon in seinen *Lettres françaises et germaniques* betonte, keine einzige Dichtung von Rang hervorgebracht, die nicht nach ausländischen Mustern gearbeitet sei.
Gottsched hat sich intensiv mit der älteren deutschen Literatur beschäftigt, wie nicht nur seine Publikationen, sondern auch die zahlreichen alten Handschriften, Handschriftenkopien und Handschriftenexzerpte in seinem Nachlaß dokumentieren. Ein derartiges Interesse konnte damals noch Befremden erregen. Dem hat er Rechnung getragen, indem er die Wahl seines Themas in einigen Untersuchungen durch die Berufung auf ältere Vorbilder eigens rechtfertigte. Gottsched hat ein zweifaches Ziel verfolgt. Er wollte die literarisch Gebildeten für das deutsche Altertum interessieren, und er wollte die Beschäftigung mit der älteren deutschen Sprache und Literatur in den Rang einer Wissenschaft erheben. Für die breitere Öffentlichkeit bestimmt waren die kommentierte und mit einer neuhochdeutschen Übersetzung versehene Edition (1752) des niederdeutschen *Reynke de Vos* (1498) und die deutschsprachigen Untersuchungen, wie die Abhandlung über die Karlsepen. Für die Zunft der Wissenschaftler hat Gottsched in lateinischer Sprache geschrieben, so über den Eneasroman Heinrichs von Veldeke, den *Renner* Hugos von Trimberg und über Kirchenkritik in der Literatur des 13. bis 15. Jahrhunderts. Da Gottsched das Studium der älteren deutschen Literatur im Universitätsbereich etablieren wollte, konnte er unter den damaligen Bedingungen auf die lateinische Sprache nicht verzichten. Aber es entbehrt doch nicht der Ironie, daß Gottsched die Schätze der deutschsprachigen Literatur, die er mühsam zutage förderte, um Einheimische und Fremde vom Reichtum der deutschen Kultur zu überzeugen, für die Mehrzahl der literarisch Interessierten wieder unsichtbar machte, indem er sich des Lateinischen als Vermittlungssprache bediente.
Wissenschaftsgeschichtlich besonders interessant sind die lateinischsprachigen Abhandlungen und Dissertationen, die im Rahmen einer Kultur-

geschichte des Elsaß unter der Leitung von Johann Daniel Schoepflin und Jeremias Jakob Oberlin in der zweiten Hälfte des 18. Jahrhunderts in Straßburg verfaßt wurden. Fertiggestellt wurden unter anderem Arbeiten über Konrad von Würzburg, die elsässischen Minnesänger und ein Wörterbuch zu Johannes Tauler.
Im Gegensatz zu den Straßburgern schrieben die Schweizer Johann Jakob Bodmer und Johann Jakob Breitinger nicht für ein Fachpublikum, sondern für die literarisch interessierte Öffentlichkeit. Bodmer hat zahlreiche literaturhistorische und sprachgeschichtliche Probleme erörtert. Noch größere Verdienste hat er sich als Herausgeber erworben. Seine Editionen sind zwar unzuverlässig, wie bereits die Zeitgenossen kritisierten, aber er hat zum erstenmal die *Große Heidelberger Liederhandschrift* herausgegeben und Johann Christoph Myller bei der Edition der wichtigsten mittelhochdeutschen Epen unterstützt.

Romantik
Die Romantiker waren nicht die ersten, die sich für die Vergangenheit interessierten, aber sie haben die Vergangenheit mit neuen Augen gesehen und neu interpretiert. Wenn man die Schriften und Briefe von Wackenroder und Tieck liest, kann man Zeuge ihrer Entdeckungen und der neuen Begeisterung für die Vergangenheit werden. Die ältere Literatur ist erst durch die Romantik in breiteren Kreisen bekanntgeworden. Dabei ist allerdings zu beachten, daß die ersten Textausgaben der Romantiker, allen voran Tiecks *Minnelieder aus dem Schwäbischen Zeitalter* (1803), buchhändlerisch betrachtet krasse Mißerfolge waren und daß die Vorliebe für die Vergangenheit längere Zeit auf eine kleine Gruppe Gleichgesinnter beschränkt blieb. Das änderte sich erst nach der Niederlage Preußens im Jahre 1806, als Napoleon mit seinen Truppen einen großen Teil Deutschlands besetzte und als Sieger in Berlin Einzug hielt. Diese historische Konstellation verursachte eine nationale Bewegung von einer bis dahin unbekannten Intensität. Erst die nationale Begeisterung hat den mittelhochdeutschen Texten, vor allem der politischen Spruchdichtung Walthers von der Vogelweide und dem *Nibelungenlied*, eine Popularität verschafft, die ihnen die romantischen Dichter allein nicht zu geben vermochten. Vor diesem Hintergrund sind auch die Anfänge der Universitätsgermanistik zu sehen: 1810 wurde die erste germanistische Professur eingerichtet, die Friedrich Heinrich von der Hagen erhielt.

Das imaginierte Mittelalter
«Es Waren Schöne Glänzende Zeiten, wo Europa ein christliches Land war, wo Eine Christenheit diesen menschlich gestalteten Weltteil bewohnte» (Novalis, *Die Christenheit oder Europa*, 1799). Das Jahrtausend europäischer Geschichte zwischen Völkerwanderung und Reformation,

das man als Mittelalter zu bezeichnen pflegt, galt den Romantikern als versunkene heile Welt. Die romantische Mittelaltersehnsucht und Mittelalterverklärung haben die Mediävistik fast eineinhalb Jahrhunderte lang inspiriert und ganz wesentlich zur Konstruktion und Entdeckung des sogenannten europäischen Mittelalters, seiner Geschichte, seiner Kultur und seiner vielfältigen Lebensformen beigetragen. Die Gelehrten haben lange darüber nachgedacht, wo denn jene imaginäre Scheidewand, jener Traditionsbruch, der die europäische Geschichte in zwei Hälften spaltet, zu finden sei. Beginnt die Neuzeit mit der französischen Renaissance des 12. Jahrhunderts, mit der italienischen Renaissance des 14. und 15. Jahrhunderts, mit der Reformation oder erst mit der Französischen Revolution? Heute halten viele Mediävisten den Begriff ‹Medium aevum – Mittelalter› für einen irreführenden Begriff, der das Denken behindert, weil er dazu verleitet, Kontinuitäten zwischen den Jahrhunderten zu übersehen und Konflikte, Brüche und Umbrüche in den Jahrhunderten unterzubewerten.

Der Mittelalterbegriff der Romantik, der zunächst die Beschäftigung mit der älteren deutschen Literatur geprägt hat, war ein Amalgam aus mehreren, auch heterogenen Elementen. Die romantische Idolisierung der Vergangenheit richtete sich gegen eine naive Fortschrittsgläubigkeit, eine selbstzufriedene Idolisierung der eigenen Gegenwart, die sich zum Beispiel in Christoph Meiners dreibändigem Werk findet: *Historische Vergleichung der Sitten, und Verfassungen, der Gesetze, und Gewerbe, des Handels, und der Religion, der Wissenschaften, und Lehranstalten des Mittelalters mit denen unseres Jahrhunderts in Rücksicht auf die Vortheile, und Nachtheile der Aufklärung* (1793/94).

Friedrich Schlegel, der wohl wichtigste und einflußreichste Theoretiker der literarischen Romantik, setzte der Fortschrittsgläubigkeit in seiner Vorlesung über die *Geschichte der europäischen Literatur* (1803/04) den Glauben an die Poesie, an die alte Kaiserherrlichkeit und an ein versunkenes goldenes Zeitalter individueller Vollkommenheit und sozialer Harmonie entgegen:

«Die blühendste Zeit der deutschen Dichtkunst war auch die glorreichste des deutschen Kaisertums. Da war am mächtigsten und glücklichsten der Ruhm seines Namens durch alle Weltgegenden verbreitet, der hochstrebende Heldenmut seiner tapferen Krieger, ihr kühner Rittergeist von allen Völkern gefürchtet und bewundert, so wie ihr hohes Ehrgefühl, ihre unerschütterliche Treue und Rechtlichkeit geliebt und beachtet. Da nahm die Nation unter den weltbeherrschenden die ihrer Größe angemessene Stelle ein, und alles berechtigte zu der schönen Hoffnung, daß sie diese zum Heile der Welt bis in die spätesten Zeiten behaupten ... würde ... Und in dieser glücklichen Zeit, wo alle Künste im Verein blühten, das Leben selbst so schön und poetisch war, strahlte denn auch die Dichtkunst im hellsten, reinsten Glanze» [267; *S. 183*].

Nach dem Sieg Napoleons schöpfte Friedrich Heinrich von der Hagen aus der deutschen Dichtung neue politische Hoffnung – kurioserweise aus dem *Nibelungenlied*, das in einer Katastrophe endet. In der Einleitung seiner *Nibelungenlied*-Ausgabe (1807) und in öffentlichen *Nibelungenlied*-Vorlesungen an der Berliner Universität, die von Hunderten von Zuhörern besucht wurden, verkündete er:

«Wie man zu des Tacitus Zeiten die Altrömische Sprache der Republik wieder hervor zu rufen strebte: so ist auch jetzt, mitten unter den zerreißendsten Stürmen, in Deutschland die Liebe zu der Sprache und den Werken unserer ehrenfesten Altvordern rege und thätig, und es scheint, als suche man in der Vergangenheit und Dichtung, was in der Gegenwart schmerzlich untergeht. ... Kein anderes Lied mag ein vaterländisches Herz so rühren und ergreifen ... als dieses, ... und uns zwar trauernd und klagend, doch auch getröstet und gestärkt zurücklassen, uns mit Ergebung in das Unabwendliche, doch zugleich mit Muth zu Wort und That, mit Stolz und Vertrauen auf Vaterland und Volk, mit Hoffnung auf dereinstige Wiederkehr Deutscher Glorie und Weltherrlichkeit erfüllen» [243 a; *S. 3,2*].

Germanistik

Von der Hagen und viele der patriotisch Begeisterten in den Jahren der Befreiungskriege träumten, wenn sie von der Wiedergeburt des Reichs und der nationalen Einheit aus dem Geist des Mittelalters sprachen, von der freiheitlichen Verfassung einer Republik. Nach dem Wiener Kongreß und der Wiener Schlußakte (1820), in der Zeit der Restauration, waren solche Hoffnungen verpönt. Die neue Wissenschaft konzentrierte sich auf wissenschaftliche Spezialprobleme. Die Ideologeme des Mittelalterbildes der Romantik wurden beiseite gedrängt, aber sie blieben verfügbar. Die Disziplin etablierte sich bezeichnenderweise nicht als Vergleichende Literaturwissenschaft – wie es der ursprünglichen Intention der beiden Schlegels entsprochen hätte –, sondern als Germanistik bzw. als Wissenschaft von der deutschen Sprache und Literatur.

Die neuen Fachwissenschaftler wurden vom Staat finanziert, sie waren deshalb auf gesellschaftliche Zustimmung angewiesen. Eines der wichtigsten Mittel, sich der Gesellschaft vorzustellen, das neugewonnene Wissen in die Öffentlichkeit hineinzutragen und dem Publikum die eigenen wissenschaftlichen Ergebnisse als wissenswert zu präsentieren, war die Publikation von Literaturgeschichten. Ob die Literaturgeschichtsschreibung bereits vor 1933 eher Nebel verbreitet als Nebel zerstreut hat, läßt sich nicht pauschal beantworten. Das Thema ist noch nicht mit der Differenziertheit erforscht, die seiner Wichtigkeit angemessen wäre [120 a; 121].

Koberstein

August Koberstein, Schüler von der Hagens und Gymnasiallehrer, veröffentlichte 1827 einen *Grundriß der Geschichte der deutschen National-*

Litteratur, der aus seiner Unterrichtspraxis hervorgegangen und als Lehrbuch und Nachschlagewerk für Lehrer und Schüler der gymnasialen Oberstufe konzipiert war. Das nützliche Kompendium wurde mehrfach aufgelegt; die vierte Auflage (1845 bis 1866) erschien in drei Bänden; Karl Bartsch, der die fünfte und die sechste und letzte Ausgabe (1884) bearbeitete, erweiterte das Werk auf fünf Bände.

Koberstein schrieb methodisch besonnen. Er machte auf die Vorläufigkeit, Lückenhaftigkeit und den häufig hypothetischen Charakter seiner Darstellung aufmerksam. Er schätzte die Offenheit gegenüber den Literaturen aller Völker und Zeiten. Er idolisierte das Mittelalter nicht, sondern rühmte die kritische Wachheit, die «geistige Freiheit und Selbständigkeit» eines Lessing, «die erforderlich war, um alte eingerostete Vorurtheile und hochmüthige Anmaßung, nicht nur in der Poesie und Kunst, sondern auch in der Wissenschaft, über den Haufen zu werfen» [248; *S. 440, 439*].

Sein Buch ist frei von jeder Deutschtümelei. Allerdings übernahm er von Herder den fatalen Glauben, daß sich in der Dichtung der Nationalcharakter eines Volkes artikuliere, der sich stets durch Ursprünglichkeit und Reinheit auszeichne. Zu der deutschen *National-Litteratur* zählte Koberstein deshalb, von künstlerisch besonders herausragenden Ausnahmen abgesehen, nicht die «Denkmäler der deutschen Beredsamkeit», Sachprosa und Wissenschaftsprosa, sondern nur die poetischen Werke, die, «ihren Zweck in sich selbst tragend, auf eine freiere, deutsches Gemüth und deutschen Geist entschiedener aussprechende Weise entstanden sind» [248; *S. 1–2*]. Vor diesem Hintergrund erklärt sich sein gegen deutschtümelnden Mißbrauch nicht geschütztes Urteil über *Nibelungenlied* und *Kudrun*:

> «ihr durchaus deutscher Charakter erhebt sie aber zugleich zu den kostbarsten Überbleibseln unseres poetischen Alterthums überhaupt, aus dem uns der Geist, die Gesinnung, die Sitten, das ganze innere und äußere Leben des deutschen Mittelalters viel reiner und unmittelbarer entgegentreten, als selbst aus den vortrefflichsten Werken der höfischen erzählenden Poesie» [248; *S. 174–175*].

Gervinus

Georg Gottfried Gervinus, Professor in Göttingen, wurde 1837 zusammen mit Jacob Grimm als einer der ‹Göttinger Sieben› des Landes verwiesen und 1853 in einem Hochverratsprozeß verurteilt, weil seine *Einleitung in die Geschichte des 19. Jahrhunderts* angeblich die öffentliche Ruhe und Ordnung gefährdete. Seine fünfbändige *Geschichte der poetischen National-Litteratur der Deutschen* (1835 bis 1842) ist auf Grund ihrer literarischen Qualitäten noch heute lesenswert. Am Ende fordert er die Deutschen auf, sie sollten ihre Energien eine Zeitlang auf die Politik und die Reform des Staates konzentrieren:

«Nur das Staatsleben beugt die freie Entwickelung noch nieder; und ehe dieses reformirt ist, werden wir vergebens auf eine große Zeit in irgend einer Richtung warten dürfen. ... wir wollen nicht glauben, daß diese Nation in Kunst, Religion und Wissenschaft das Größte vermocht habe, und im Staate gar nichts vermöge... Der Wettkampf der Kunst ist vollendet; jetzt sollten wir uns das andere Ziel stekken, das noch kein Schütze bei uns getroffen hat, ob uns auch da Apollon den Ruhm gewährt, den er uns dort nicht versagte» [239, Bd. 5, *S. 734–735*].

Gervinus hat die ältere Literatur bis 1500 in zwei Bänden sachkundig dargestellt. Die Schwärmerei für das Mittelalter und die mittelalterliche Literatur, vor allem für das *Nibelungenlied*, hat er als gefährlichen Irrtum kritisiert:

«Wenn man uns doch nicht mit dem schönen Gedanken einer Nationalerziehung ködern und fangen wollte! Eine Nation, die die Bibel und den Homer zu ihren Erziehungsbüchern gemacht hat, die sich am besten Mark der ganzen Menschheit nähren will, eine solche Nation kann einem solchen Werke, wie die Nibelungen, keinen so bevorzugenden Rang unter ihren Bildungs- und Unterrichtsmitteln gönnen... Wie auch Nationalsinn durch dies Gedicht geweckt werden soll, wäre mir ein Räthsel, und die Hoffnungen, die man darauf in dieser Hinsicht baute, konnten nur... in einer so begeisterten Zeit wie 1813 aufkommen. Wir fühlen uns schwerlich diesen Burgundern verwandter als den Achäern des Homer... Wenn man vollends den poetischen Werth im vaterländischen Dünkel dem Homer entgegenzustellen kühn genug war, so muß man bedauern, daß so wenig Kunstsinn unter uns herrscht, daß Aussprüche der Art nur eine Möglichkeit sind» [239, Bd. 1; *S. 272–273*].

Vilmar

August Friedrich Christian Vilmar, Gymnasialdirektor, seit 1855 Professor der Theologie in Marburg, veröffentlichte 1845 *Vorlesungen über die Geschichte der deutschen National-Literatur*. Sie erwiesen sich als Bestseller; 1913 erschien die 27. Auflage, 1936 eine letzte Ausgabe, herausgegeben von J. Rohr.

Vilmar hat die bereits zu seiner Zeit bekannten literarhistorischen Fakten verfälscht und aus völkisch-nationalen Ideologemen, die christlich verbrämt wurden, ein Gebräu zusammengestellt, das eher geeignet war, Erkenntnis zu verhindern. Im Vorwort zur vierten Auflage (1850) betonte er:

«der Beruf des deutschen Volkes in der Zukunft wird kein anderer sein als der er seit fast zwei Jartausenden gewesen ist: ein Hüter zu sein unter den Völkern für Zucht und für Sitte, für Gerechtigkeit und für Hingebung, für Dichtung und Wißenschaft in ihrer stillen Innerlichkeit und für den Glauben der christlichen Kirche in seiner weltüberwindenden Herrlichkeit» [245; *S. VII*].

Auf welche Weise die analphabetischen und heidnischen Volksstämme, die man später als deutsche bezeichnete, rund tausend Jahre vor ihrer

Christianisierung das Christentum hätten hüten können, hat Vilmar nicht verraten. Er ließ die französische Literatur des 12. und 13. Jahrhunderts unter den Tisch fallen und kam statt dessen mit dem Märchen, die deutsche Nationalliteratur zeichne sich vor den Literaturen anderer Völker dadurch aus, daß sie statt einer zwei klassische Perioden gehabt habe. Vilmar steigerte die literarischen Überreste der Vergangenheit ins Monumentalische, indem er zum Beispiel die gotische Bibelübersetzung (gemäß der verbreiteten Gleichsetzung der Deutschen mit den Germanen) für die deutsche Literatur vereinnahmte:

«Einsam, und von den übrigen späteren literärischen Erzeugnissen durch wenigstens drei Jarhunderte getrennt, steht das älteste Denkmal unserer Literatur da, einer Riesenburg ähnlich, an welcher das Zwerggeschlecht späterer Jarhunderte mit ehrerbietiger Scheu vorübergeht: die Uebersetzung der Bibel durch den gothischen Bischof Ulfilas» [245; *S. 11*].

Das *Nibelungenlied*, das von Machtkämpfen, Habgier, Betrug, Mord und blutigen Gemetzeln berichtet, wird in seiner Literaturgeschichtsklitterung zu einer Apotheose deutscher Treue:

«Es ist die Treue des deutschen Volkes, die sich in diesen Liedern ein unvergängliches Denkmal gesetzt hat. Mit unauslöschlicher Anhänglichkeit ist das Stammeshaupt seinen Gliedern, mit gleich unauslöschlicher Anhänglichkeit sind die Stammesglieder dem Stammesoberhaupt zugethan... Für den lieben König und Herren wird alles gethan, wird treulich gekämpft, wird willig geblutet, wird freudig in den Tod gegangen, für ihn wird mehr gethan als gestorben: für ihn werden starken Herzens auch die Kinder geopfert» [245; *S. 64*].

Koenig

Robert Koenig, Leiter einer Erzieherinnenanstalt, hat seine *Deutsche Literaturgeschichte* 1878 «dem deutschen Hause» gewidmet: «Dem deutschen Hause wünscht es vor allem zu erzählen, was die Altvordern gesagt und gesungen haben, und im Bilde zu zeigen, wie sie Bücher geschrieben, gedruckt, geschmückt haben» [250; *Vorwort zur ersten Auflage*]. Die reichillustrierte Literaturgeschichte war ihrer Intention entsprechend etwas betulich und verharmlost die ältere Literatur gelegentlich. Sie war aber frei von völkisch-nationalen Untertönen. Koenigs vielfach überarbeitete und verbesserte Literaturgeschichte war äußerst erfolgreich: 1894 wurde die 25. Auflage und das 100000. Exemplar gedruckt; 1919 erschien die von Kinzel bearbeitete 34. Auflage

Scherer

Am 3. Juli 1872 forderte der Berliner Professor für Deutsche Philologie Karl Müllenhoff seinen ehemaligen Schüler Wilhelm Scherer auf, Vilmars schlechtes Buch durch eine ebenso populäre und ebenso preiswerte, aber bessere Literaturgeschichte vom Markt zu verdrängen. Scherers *Ge-*

schichte der Deutschen Litteratur erschien zuerst 1883, fünf Jahre nach Koenigs Buch; 1927 wurde die 16. Auflage gedruckt. In seinen *Skizzen aus der älteren deutschen Litteraturgeschichte* (1879) hat Scherer Vilmar vorgeworfen, «auf die altdeutsche Dichtung einen unerlaubten Accent» zu legen. Doch der Straßburger Professor hatte selbst nicht den Mut, in seiner Literaturgeschichte der Vorliebe des Publikums für die altdeutsche Literatur zu widersprechen. Er äußerte seine Kritik an der Mittelalterbegeisterung nur sehr verhalten, indem er sich hinter Goethes Unbehagen versteckte: Goethe «konnte es nicht ruhig mit ansehen, daß das Mittelalter über die historischen Interessen hinaus in Kunst, Religion und Leben eine bedrohlich wachsende Macht erhielt. Sein treuer Meyer mußte 1817 unter der gemeinsamen Firma der Weimarischen Kunstfreunde wider die neudeutsche religiös-patriotische Kunst schreiben und der ‹falschen Frömmelei› den Krieg erklären» [266; *S. 640*].

Scherers Geschichte der älteren deutschen Literatur ist intelligent geschrieben, ohne sich durch neue Einsichten auszuzeichnen. In einem wichtigen Punkt hat er den literarischen Kanon allerdings korrigiert: durch seine Neubewertung Ottokars von Steiermark:

> «Die Palme gebürt dem Meister Ottokar von Steiermark... Er steht hoch als eingeweihter Berichterstatter: er steht höher als historischer Künstler. Er ist unter diesem Gesichtspuncte gewiß einer der größten deutschen Historiker. Er wendet die Technik der Erzählung, wie sie sich im höfischen Epos herausgebildet hatte, auf die Geschichtschreibung an. Er versteht es wie wenige, seinen Stoff zu beleben und zu dramatisiren. Er hat ihn phantasievoll aufgenommen und weiß auf die Phantasie damit zu wirken. Echt dichterisch schaut er Personen, Scenen und Ereignisse an. Der Blick ins Innere der Menschen, den die psychologisirende Dichtung der Blütezeit gewonnen, die Fähigkeit, Männer und Frauen direct zu characterisiren oder characteristisch reden und handeln zu lassen, kommt hier – und wohl nur hier in größerem Maße – der mittelalterlichen Historiographie zu gute. Der realistische Sinn dieser späteren Zeit gewährt uns überall willkommene Blicke auf Sitte, Tracht und Leben, welche dem Gemälde bunte Farbe leihen» [266; *S. 187–188*].

Ehrismann

Gustav Ehrismann, Professor an der Universität Greifswald, hat seine vierbändige *Geschichte der deutschen Literatur bis zum Ausgang des Mittelalters* (1918 bis 1935) als Handbuch und Nachschlagewerk in erster Linie für Gymnasiallehrer konzipiert. Das ehrgeizige Projekt, das nicht nur die Dichtung, sondern das gesamte ältere deutschsprachige Schrifttum erfassen sollte, konnte Ehrismann nur partiell verwirklichen. Ab der Mitte des 13. Jahrhunderts berichtet sein nützliches Kompendium sehr lückenhaft. Auf völkisch-nationale Parolen, die damals von vielen seiner jüngeren Kollegen verbreitet wurden, hat Ehrismann sich nicht eingelassen. Er hebt den Einfluß der französischen Adelsliteratur und -kultur auf die deutsche hervor. Seine Vergleiche der deutschsprachigen und französischen Epen sind unvoreingenommen und sachkundig. Im übrigen stellt er klar, daß die mittelhochdeutschen Epen nicht vom Volk rezipiert wurden, sondern von der kleinen Oberschicht an den Fürstenhöfen.

Völkisch-nationale Literaturgeschichtsschreibung

Schon vor 1933 haben Germanisten wie Adolf Bartels, Josef Nadler und die Vertreter der sogenannten Deutschkundebewegung Ideologeme bereitgestellt, die der Nationalsozialismus in seine Rassenideologie einbauen konnte. Die Mitglieder des 1912 gegründeten Germanistenverbandes, seit 1920 «Gesellschaft für deutsche Bildung», konnten bereits dem ersten Heft der *Zeitschrift für deutsche Bildung* (1925) entnehmen, was «Ziel und Aufgabe aller deutschen Bildung» sei:

«Es ist die Bildung des Deutschen zum Deutschen, die Verwurzelung der deutschen Einzelseele in der deutschen Volksseele. Es handelt sich heute nicht nur um die Erziehung zum Gemeinschaftsmenschen, es geht um die Erziehung zum bewußten deutschen Staatsbürger. Und der Weg der Erziehung zum deutschen Staatsbewußtsein führt über die Erziehung zum deutschen Volksbewußtsein, und die Erziehung zum deutschen Volksbewußtsein geht über die Erziehung zum deutschen Heimatbewußtsein. In der Heimat liegt das Geheimnis aller Urkräfte völkischen Staatslebens beschlossen. Von der engeren Heimat zum deutschen Volk und vom deutschen Volk zum deutschen Staat, das ist der Weg, den unsere Jugend gehen soll» [103; *S. 73–74*].

Nach 1945 haben Fachvertreter die Geschichte ihrer Disziplin kritisch durchleuchtet:

«Das Jahr 1945 hat freilich der offiziell propagierten völkischen Deutschwissenschaft äußerlich ein Ende mit Schrecken bereitet, aber da die Prämissen zu jener Germanistik, die, ‹durch völkische Schlagworte vergiftet, zur Komplizin der Verbrechen wurde›, in ihrer eigenen Geschichte liegen, kann kein Weg an einer Grundlagenbesinnung und -bestimmung vorbeiführen» [103; *S. 89–90*].

Eine der Mystifikationen, von denen jüngere Germanisten sich zu befreien suchten, war die «Mystifikation der Dichtung und des Dichters» [98; *S. 97*]; heilsames Gegenmittel war die sozialgeschichtliche Textanalyse.

Aktuelle Probleme der Literaturgeschichtsschreibung

Sozialgeschichtliche Fragestellungen und Methoden sind mittlerweile neben vielen anderen Fragestellungen und Methoden im Wissenschaftsbetrieb etabliert. Die Erfahrung hat gelehrt, daß ein methodologischer Purismus der Erkenntnis nicht förderlich ist. Komplexe literarhistorische Probleme können eher gelöst werden, wenn unterschiedliche Methoden und mehrere theoretische Ansätze miteinander kombiniert werden. Ein Interpret muß nicht nur den Text, den gattungsgeschichtlichen und den weiteren literarhistorischen Kontext kennen, er muß auch wissen, für welchen Gebrauch der Text bestimmt war, für wen und in wessen Interesse er verfaßt wurde, welche kollektiven Denk- und Verhaltensmuster den Autor geprägt haben, welche Herrschaftsstrukturen den literarischen Diskurs eingeengt und kanalisiert haben, welche Denk-, Sprech- und Schreibverbote den Autor oder die Autorin behindert haben [252; *S. 56–66*].

Texte sind vieldeutig, je nachdem von welcher Perspektive aus und mit welchen Methoden sie befragt werden. Poetische Texte sind zudem ihrem Wesen nach vieldeutig. Auf der Suche nach wissenschaftlichen Aussagen über Texte der Vergangenheit, also nach Aussagen, die miteinander vielleicht konkurrieren, aber alle mit wissenschaftlichen Verfahrensregeln kompatibel sind, können oder besser müssen die erkennenden Individuen sich so weit mit ins Spiel bringen, wie es der Wahrheitsfindung nützlich ist. Eine in einzigartiger Weise verbindliche Literaturgeschichte, die alle anderen möglichen Geschichten der Literatur überflüssig machte, kann es deshalb nicht geben.

Bibliographie

Die nachstehende Bibliographie ist eine Zusammenfassung der wissenschaftlichen Literatur, auf die sich die Autoren in ihren Artikeln beziehen bzw. auf die sie hinweisen. Sie erhebt keinen Anspruch, einen Überblick über die gesamte wissenschaftliche Literatur zu bieten. Nicht geschlossen werden sollte aus der Bibliographie, daß alle aufgeführten Titel zur weiterführenden Lektüre empfohlen werden. Zitate im Text werden durch die in Klammern gesetzten Ziffern nachgewiesen. Hierbei bezieht sich die erste Ziffer auf die Titelnummer der Bibliographie, während die zweite, *kursiv* gesetzte Ziffer die Seite im zitierten Titel angibt.

1. Zur allgemeinen Geschichte (insbesondere politische, Sozial-, Kultur- und Rechtsgeschichte)

1 Baldwin, John W.: Masters, Princes and Merchants. The Social Views of Peter the Chanter and his Circle. 2 Bde. Princeton 1970.

2 Bautier, Robert Henri: The Economic Development of Medieval Europe. London 1971.

3 Bloch, Marc: Die Feudalgesellschaft. (Übersetzt von Eberhard Bohm in Zusammenarbeit mit Hugo Böse). Frankfurt (Main), Berlin, Wien 1982.

4 Borst, Arno: Lebensformen im Mittelalter. Berlin (West) 1973.

5 Bosl, Karl: Die Grundlagen der modernen Gesellschaft im Mittelalter. Eine deutsche Gesellschaftsgeschichte des Mittelalters. 2 Bde. Stuttgart 1972. (Monographie zur Geschichte des Mittelalters 4).

6 Bosl, Karl: Die karolingische *Staatsideologie* als Funktion von Geistlichkeit und Kirche. In: Würzburger Diözesan-Geschichtsblätter. Würzburg 37/38 (1975). S. 283–293.

7 Bosl, Karl: Armut, Arbeit, Emanzipation. Zu den Hintergründen der geistigen und literarischen Bewegung vom 11. bis zum 13. Jahrhundert. In: Beiträge zur Wirtschafts- und Sozialgeschichte des Mittelalters. Festschrift für Herbert Helbig zum 65. Geburtstag Hrsg. von Knut Schulz. Köln, Wien 1976. S. 128–146.

8 Bosl, Karl: Gesellschaftswandel, Religion und Kunst im hohen Mittelalter. München 1976. (Sitzungsberichte / Bayerische Akademie der Wissenschaften. Philosophisch-historische Klasse. Heft 2).

9 Bosl, Karl: Die Reichsministerialität der Salier und Staufer. Ein Beitrag zur Geschichte des hochmittelalterlichen deutschen Volkes, Staates und Reiches. 2 Bde. Stuttgart 1950–1951. (Schriften der Monumenta Germaniae historica 10).

10 Brunner, Otto: Bürgertum und Adel in Nieder- und Oberösterreich. In: Anzeiger der philosophisch-historischen Klasse der österreichischen Akademie der Wissenschaften 86 (1949). S. 495–517.

11 Brunner, Otto: Das Wiener Bürgertum in Jans Enikels Fürstenbuch. In: Mitteilungen des Instituts für österreichische Geschichtsforschung 58 (1950). Wiederum in: Brunner, Otto: Neue Wege der Verfassungs- und Sozialgeschichte. 2. Aufl. Göttingen 1968. S. 242–280.

12 Bumke, Joachim: Studien zum Ritterbegriff im 12. und 13. Jahrhundert. 2. Aufl. mit einem Anhang: Zum Stand der Ritterforschung (1976). Heidelberg 1977. (Beihefte zum Euphorion 1).

13 Coing, Helmut: Römisches Recht in Deutschland. Mailand 1964. (Ius Romanum Medii aevi pars V, 6).

14 Curschmann, Fritz: Hungersnöte im Mittelalter. Ein Beitrag zur deutschen Wirtschaftsgeschichte des 8.–13. Jahrhunderts. Leipzig 1900. (Neudruck: Aalen 1970).

15 Das Rittertum im Mittelalter. Hrsg. von Arno Borst. Darmstadt 1976. (Wege der Forschung 349).

16 Dinzelbacher, Peter: Über die Entdeckung der Liebe im Hochmitttelalter. In: Saeculum 32 (1981). S. 185–208.

17 Doehaerd, Renée: Le Haut Moyen âge occidental. Économies et sociétés. Paris 1971.

18 Dollinger, Phillippe: Der bayerische Bauernstand vom 9. bis zum 13. Jahrhundert. Hrsg. von Franz Irsigler. München 1982.

19 Duby, Georges: Krieger und Bauern. Die Entwicklung von Wirtschaft und Gesellschaft im frühen Mittelalter. Frankfurt (Main) 1977. Zuerst: Guerriers et paysans. VII–XIIe siècle Premier essor de l'économie européenne. London 1973.

20 Duby, Georges: Les trois ordres au l'imaginaire du féodalisme. Paris 1978. (Dt.: Die drei Ordnungen. Das Weltbild des Feudalismus. Übersetzt von Grete Osterwald. Frankfurt [Main] 1986).

21 Duby, Georges: Wirklichkeit und höfischer Traum. Zur Kultur des Mittelalters. Berlin (West) 1985.

22 Elias, Norbert: Die höfische Gesellschaft. Untersuchungen zur Soziologie des Königtums und der höfischen Aristokratie mit einer Einleitung: Soziologie und Geschichtswissenschaft. 4. Aufl. Darmstadt, Neuwied 1979. (Soziologische Texte. Bd. 54).

23 Ennen, Edith: Die europäische Stadt des Mittelalters. 4. Aufl. Göttingen 1987.

24 Ennen, Edith: Frauen im Mittelalter. 3. überarb. Aufl. München 1987.

25 Ennen, Edith: Frühgeschichte der europäischen Stadt. Bonn 1953.

26 Ennen, Edith: Geschichte der europäischen Stadt. München 1979.

27 Entretiens sur la Renaissance du 12e siecle. [Du 21 au 30 juillet 1965.] Hrsg. von Maurice Gandillac und Edouard Jeauneau. Paris, Den Haag 1968. (Décade du Centre culturel international de Cerisy-la-Salle Nouvelle série. No. 9).

28 Ferruolo, Stephen C.: The Twelfth-Century Renaissance. In: Renaissances Before the Renaissance. Cultural Revivals of Late Antiquity and the Middle Ages. Hrsg. von Warren Treadgold. Stanford 1984. S. 114–143.
29 Fleckenstein, Josef: Die Bildungsreform Karls des Großen als Verwirklichung der norma rectitudinis. Bigge-Ruhr 1953. (Zugl. Diss. Freiburg [Breisgau] 1952).
30 Frey, Winfried: Ständelehre und Ständekritik In: Einführung in die deutsche Literatur des 12. bis 16. Jahrhunderts. Von den Autoren Frey, Winfried; Raitz, Walter; Seitz, Dieter. Bd. 2: Patriziat und Landesherrschaft. Opladen 1982. S. 184–215.
31 Fuchs, Eduard: Illustrierte Sittengeschichte vom Mittelalter bis zur Gegenwart. Bd. 2: Die galante Zeit. München 1910.
32 Fuhrmann, Horst: Einladung ins Mittelalter. München 1987.
33 Ganshof, Francois Louis: Was waren die Kapitularien? Weimar 1961.
34 Gentry, Francis G.: Arbeit in der mittelalterlichen Gesellschaft. Die Entwicklung einer mittelalterlichen Theorie der Arbeit vom 11. bis zum 14. Jahrhundert. In: Arbeit als Thema in der deutschen Literatur vom Mittelalter bis zur Gegenwart. Hrsg. von Reinhold Grimm und Jost Hermand. Königstein (Taunus) 1979. S. 3–28.
35 Gernentz, Hans Joachim: Soziale Anschauungen und Forderungen einiger frühmittelhochdeutscher geistlicher Dichter. In: Weimarer Beiträge (1957). S. 402–428.
36 Geschichtsdenken und Geschichtsbild im Mittelalter. Ausgewählte Aufsätze und Arbeiten aus den Jahren 1933 bis 1959. Hrsg. von Walther Lammers. Darmstadt 1961. (Wege der Forschung 21).
37 Graus, Frantisek: Lebendige Vergangenheit. Überlieferung im Mittelalter und in den Vorstellungen vom Mittelalter Köln, Wien 1975.
38 Grundmann, Herbert: Die Frauen und die Literatur des Mittelalters. Ein Beitrag zur Frage nach der Entstehung des Schrifttums in der Volkssprache. In: Grundmann, Herbert: Ausgewählte Aufsätze. Teil 3: Bildung und Sprache. Stuttgart 1978. S. 67–95. (Schriften der Monumenta Historica Bd. 25).
39 Grundmann, Herbert: Litterarus – illitteratus. Der Wandel einer Bildungsnorm vom Altertum zum Mittelalter. In: Ders., Ausgewählte Aufsätze, Teil 3: Bildung und Sprache. Stuttgart 1978, S. 1 ff.
40 Guenée, Bernard: Histoire et Culture Historique dans l'Occident médiéval Paris 1980. (Collection historique).
41 Halter, Annemarie: Geschichte des Dominikanerinnen-Klosters Oetenbach in Zürich 1234 bis 1525. Winterthur 1956.
42 Haskins, Charles Homer: The Renaissance of the 12th Century. Harvard 1927.
43 Haverkamp, Alfred: Aufbruch und Gestaltung. Deutschland 1056 bis 1273. München 1984. (Neue deutsche Geschichte 2).
44 Hodgett, Gerald Augustus John: A Social and Economic History of Medieval Europe. London 1972.
45 Holmes, Urban T., Jr.: The Idea of a Twelfth Century Renaissance. In: Speculum 26 (1951). S. 643–651.
46 Ideologie und Herrschaft im Mittelalter. Hrsg. von Max Kerner. Darmstadt 1982. (Wege der Forschung 530).

47 Irsigler, Franz: Freiheit und Unfreiheit im Mittelalter. Formen und Wege sozialer Mobilität. In: Westfälische Forschungen 28 (1976/1977). S. 1–15.
48 Irsigler, Franz: Stadt und Umland in der historischen Forschung. Theorien und Konzepte. In: Bevölkerung, Wirtschaft und Gesellschaft. Stadt-Land-Beziehungen in Deutschland und Frankreich vom 14. bis 19. Jahrhundert. Hrsg. von Neithard Bulst. Trier 1983. S. 13–38.
49 Irsigler, Franz: Stadtwirtschaft im Spätmittelalter: Struktur – Funktion – Leistung. In: Jahrbuch der Wittheit zu Bremen 27 (1983). S. 81–100.
50 Irsigler, Franz: Untersuchungen zur Geschichte des frühfränkischen Adels. 2. um einen Nachtrag erw. Aufl. Bonn 1981.
51 Jaeger, Charles Stephen: The Origins of Courtliness. Civilizing Trends and the Formation of Courtly Ideals 939–1210. Philadelphia 1985.
52 Ketsch, Peter: Frauen im Mittelalter. Band 2: Frauenbild und Frauenrechte in Kirche und Gesellschaft. Quellen und Materialien. Hrsg. von Annette Kuhn. Düsseldorf 1984.
53 Lechner, Karl: Die Babenberger, Markgrafen und Herzöge von Österreich 976 bis 1246. Wien, Köln, Graz 1976. (Veröffentlichungen des Instituts für österreichische Geschichtsforschung 23).
54 Le Goff, Jacques: Die Intellektuellen im Mittelalter. Stuttgart 1986.
55 Lehmann, Paul: Die Vielgestalt des zwölften Jahrhunderts. In: Historische Zeitschrift 178 (1954). S. 225–250.
56 Leyser, Karl J.: Rule and Conflict in an Early Medieval Society. Ottonian Saxony. Bloomington, London 1979.
56a Lhotsy, Alphons: Geschichte Österreichs seit der Mitte des 13. Jahrhunderts (1281 bis 1358). Wien 1967. (Österreichische Akademie der Wissenschaften. Veröffentlichungen der Kommission für Geschichte Österreichs 1).
57 Liebertz-Grün, Ursula: Zur Soziologie des *amour courtois*. Umrisse der Forschung. Heidelberg 1977. (Beiheft zum Euphorion 10).
58 Liebeschütz, Hans: Das zwölfte Jahrhundert und die Antike. In: Archiv für Kulturgeschichte 35 (1953). S. 247–271.
59 Limmer, Rudolf: Bildungszustände und Bildungsideen des 13. Jahrhunderts. Dargestellt unter besonderer Berücksichtigung der lateinischen Quellen. München, Berlin 1928.
60 McKitterick, Rosamond: The Frankish Kingdoms under the Carolingians, 751 bis 987. London 1977.
61 Moser, Hans-Joachim: Geschichte der deutschen Musik von den Anfängen bis zum Beginn des Dreißigjährigen Krieges. Stuttgart 1920. (Geschichte der deutschen Musik Bd. 1).
62 Oestreich, Gerhard: Verfassungsgeschichte vom Ende des Mittelalters bis zum Ende des alten Reiches. 9. neu bearb. Aufl. München 1974. (= Handbuch der deutschen Geschichte. Hrsg. von Bruno Gebhardt. Bd. 11).
63 Opll, Ferdinand: Stadt und Reich im 12. Jahrhundert (1125 bis 1190). Wien, Köln 1986. (Forschungen zur Kaiser- und Papstgeschichte des Mittelalters. Beiheft 6).
64 Patze, Hans: Adel und Stifterchronik. Frühformen territorialer Geschichtsschreibung im hochmittelalterlichen Reich. In: Blätter für deutsche Landesgeschichte 100 (1964) S. 8–81 und 101 (1965) S. 67–128. Wieder abgedruckt in: Bumke, J.: Literarisches Mäzenatentum. Darmstadt 1982. S. 248 ff.

65 Peters, Ursula: Höfische Liebe – ein Forschungsproblem der Mentalitätsgeschichte. In: Liebe in der deutschen Literatur des Mittelalters. St-Andrews-Colloquium 1985. Hrsg. von Jeffrey Ashcroft, Dietrich Huschenbett, William H. Jackson. Tübingen 1987. S. 1–15.
66 Prinz, Friedrich: Grundlagen und Anfänge. Deutschland bis 1056. München 1985. (Neue deutsche Geschichte 1).
67 Renaissance and Renewal in the Twelfth Century. Hrsg. von Robert L. Benson und Giles Constable, Oxford 1982.
68 Repertorium Fontium Historiae Medii Aevi (bisher 5 Bde., A–H, 1962 ff).
69 Ritterliches Tugendsystem. Hrsg. von Günter Eifler. Darmstadt 1970. (Wege der Forschung 56).
70 Rösener, Werner: Bauern im Mittelalter. Sozialgeschichtliche Untersuchung zum Wandel bäuerlicher Lebensverhältnisse. München 1985.
71 Ross, J. B.: Rise and Fall of a Twelfth-Century Clan: the Erembalds and the Murder of Count Charles of Flanders. 1127–1128. In: Speculum 34 (1959). S. 367–390.
72 Sanford, Eva M.: The Twelfth Century – Renaissance or Proto-Renaissance? In: Speculum 26 (1951). S. 635–642.
73 Schieffer, Rudolf: Über soziale und kulturelle Voraussetzungen der frühmittelalterlichen Literatur. In: Europäisches Frühmittelalter. Hrsg. von Klaus von See. Wiesbaden 1985. (Neues Handbuch der Literaturwissenschaft. Bd. 6). S. 71–90.
74 Schneider, Christian: Prophetisches Sacerdotium und Heilsgeschichtliches Regnum im Dialog 1073 bis 1077. Zur Geschichte Gregors VII. und Heinrichs IV. München 1972. (Münstersche Mittelalter-Schriften. Bd. 9).
75 Southern, Richard W.: Geistes- und Sozialgeschichte des Mittelalters. Das Abendland im 11. und 12. Jahrhundert. 2. Aufl. Stuttgart 1980.
76 Specht, Franz Anton: Geschichte des Unterrichtswesens in Deutschland von den ältesten Zeiten bis zur Mitte des dreizehnten Jahrhunderts. Stuttgart 1885. (Neudruck Wiesbaden 1967).
77 Sprandel, Ralf: Gesellschaft und Literatur im Mittelalter. Paderborn, München, Wien, Zürich 1982.
78 Stein, Walter: Handels- und Verkehrsgeschichte der deutschen Kaiserzeit. Berlin 1922 (unveränd. Nachdruck: Darmstadt 1977). (Abhandlungen zur Verkehrs- und Seegeschichte Bd. 10).
79 Stiefel, Tina: The Intellectual Revolution in Twelfth-Century Europe. New York 1985.
80 Stock, Brian: The Implications of Literacy. Written Language and Models of Interpretation in the Eleventh and Twelfth Centuries. Princeton 1983.
81 Ullmann, Walter: The Carolingian Renaissance and the Idea of Kingship. The Birkbeck Lectures 1968–1969. London 1969.
82 Ven, Frans van der: Sozialgeschichte der Arbeit. Bd. 2: Hochmittelalter und Neuzeit. (Aus dem Holländ. übertr. von Marga E. Baumer-Thierfelder). München 1972.
83 Voss, Jürgen: Das Mittelalter im historischen Denken Frankreichs. Untersuchungen zur Geschichte des Mittelalterbegriffes und der Mittelalterbewertung von der zweiten Hälfte des 16. bis zur Mitte des 19. Jahrhunderts. München 1972. (Veröffentlichungen des hist. Inst. der Universität Mannheim 3).

84 Weinhold, Karl: Die deutschen Frauen im Mittelalter. Erster Band. 2. Aufl. Wien 1882.
85 Wechssler, Eduard: Frauendienst und Vassallität. In: Zeitschrift für französische Sprache und Literatur 24 (1902). S. 159–190.
86 White, Lynn Jr.: Medieval Technology and Social Change. Oxford 1962.
87 Wolf, Alois: Deutsche Kultur im Hochmittelalter. Essen 1986. (Handbuch der Kulturgeschichte. Erste Abteilung).
88 Wolf, Alois: Die *adaption courtoise*. Kritische Anmerkungen zu einem neuen Dogma. In: Germanisch-Romanische Monatsschrift NF 27 (1977). S. 257–283.
89 Wolf, Armin: Die Ebstorfer Weltkarte als Denkmal eines mittelalterlichen Welt- und Geschichtsbildes. In: Geschichte in Wissenschaft und Unterricht 8 (1957). S. 204–215.
90 Worstbrock, Franz Josef: Translatio artium. Über die Herkunft und Entwicklung einer kulturhistorischen Theorie. In: Archiv für Kulturgeschichte 47 (1965). S. 1–22.
91 Żak, Sabine: Musik als «Ehr und Zier» im mittelalterlichen Reich. Studien zur Musik im höfischen Leben, Recht und Zeremoniell. Neuss 1979.

2. Zur Philosophie, Ästhetik, Literaturtheorie, Wissenschaftsgeschichte und -theorie

92 Arentzen, Jörg-Geerd: Imago Mundi Cartographica. Studien zur Bildlichkeit mittelalterlicher Welt- und Ökumenekarten unter besonderer Berücksichtigung des Zusammenwirkens von Text und Bild. München 1984. (Münstersche Mittelalter-Schriften 53) Zugl. Diss. Univ. Münster (Westfalen) 1983.
93 Artes liberales. Von der antiken Bildung zur Wissenschaft des Mittelalters. Hrsg. von Josef Koch. Leiden, Köln 1959.
94 Boesch, Bruno: Die Kunstanschauung in der mittelhochdeutschen Dichtung von der Blütezeit bis zum Meistergesang. Leipzig, Bern 1936. (Nachdruck: Hildesheim, New York 1976).
95 Brincken, Dorothee von den: Mappa mundi und Chronographia. Studien zur *imago mundi* des abendländischen Mittelalters. In: Deutsches Archiv für Erforschung des Mittelalters 24 (1968). S. 118–186.
96 Brincken, Anna-Dorothee von den: «Hodie tot anni sunt». Große Zeiträume im Geschichtsdenken der frühen und hohen Scholastik. In: Mensura. Maß, Zahl, Zahlensymbolik im Mittelalter. Miscellanea Mediaevalia 16,1 (1983). S. 192–211.
97 Classen, Peter: Studium und Gesellschaft im Mittelalter. Hrsg. von Johannes Fried. Stuttgart 1983. (Schriften der Monumenta Germaniae Historica 29).
98 Conrady, Karl Otto: Gegen die Mystifikation der Dichtung und des Dichters. In: Conrady, Karl-Otto: Literatur und Germanistik als Herausforderung. Skizzen und Stellungnahmen. Frankfurt (Main) 1974. S. 97–124.
99 Die Renaissance der Wissenschaften im 12. Jahrhundert. Hrsg. von Peter Weimar. Zürich, München 1981. (Zürcher Hochschulforum Bd. 2. Schriften der Univ. Zürich).
100 Eine Wissenschaft etabliert sich. 1810 bis 1870. Mit einer Einführung hrsg.

von Johannes Janota. Tübingen 1980. (Texte zur Wissenschaftsgeschichte der Germanistik 3 = Deutsche Texte 53).

101 Flasch, Kurt: Das philosophische Denken im Mittelalter. Von Augustin bis Macchiavelli. Stuttgart 1986.

102 Fromm, Hans: Doppelweg. In: Werk – Typ – Situation. Studien zu poetologischen Bedingungen in der älteren deutschen Literatur. Hrsg. von Ingeborg Glier; Gerhard Hahn; Walter Haug; Burghart Wachinger. Stuttgart 1969. S. 64–79.

103 Germanistik - eine deutsche Wissenschaft. Beiträge von Eberhard Lämmert, Walther Killy, Karl Otto Conrady und Peter Polenz. Frankfurt (Main) 1967.

104 Germanistik und deutsche Nation. 1806 bis 1848. Zur Konstitution bürgerlichen Bewußtseins. Hrsg. von Jörg Jochen Müller. Stuttgart 1974. (Literaturwissenschaft und Sozialwissenschaften 2).

105 Grabmann, Martin: Die Geschichte der scholastischen Methode. 2 Bde. Darmstadt 1961. (Nachdruck der Ausg. Freiburg 1909 u. 1911).

106 Grundmann, Herbert: Vom Ursprung der Universität im Mittelalter. Berlin (West) 1957.

107 Haug, Walter: Literaturtheorie im deutschen Mittelalter. Von den Anfängen bis zum Ende des 13. Jahrhunderts. Eine Einführung. Darmstadt 1985.

108 Hess, Günter: Siegfrieds Wiederkehr. Zur Geschichte einer deutschen Mythologie in der Weimarer Republik. In: Internationales Archiv für Sozialgeschichte der deutschen Literatur 6 (1981). S 112–144.

109 Hödl, Ludwig: Die dialektische Theorie des 12. Jahrhunderts. In: Arts libéraux et Philosophie au Moyen-Age. Montréal, Paris 1969.

110 Jeauneau, Edouard: Lectio philosophorum. Recherches sur l'Ecole de Chartres. Amsterdam 1973.

111 Lempicki, Sigmund von: Geschichte der deutschen Literaturwissenschaft bis zum Ende des 18. Jahrhunderts. 2. durchges. Aufl. Göttingen 1968.

112 Maurmann, Barbara: Die Himmelsrichtungen im Weltbild des Mittelalters. Hildegard von Bingen, Honorius Augustodunensis und andere Autoren. München 1976. (Münstersche Mittelalter-Schriften 33).

113 Mittelalter-Rezeption. Ein Symposion. Hrsg. von Peter Wapnewski. Stuttgart 1986. (Germanistische Symposien-Berichtsbände 6).

114 Morris, Colin M.: The Discovery of the Individual, 1050–1200. London 1972.

115 Müller-Heuser, Franz: Vox humana. Ein Beitrag zur Untersuchung der Stimmästhetik des Mittelalters. Regensburg 1963. (Kölner Beiträge zur Musikforschung 26).

116 Nyholm, Kurt: Studien zum sogenannten geblümten Stil. Åbo 1971. (Acta Academiae Aboensis. Ser. A. Humaniora. Bd. 39,4).

117 Ohly, Friedrich: Vom geistigen Sinn des Wortes im Mittelalter (1958). In: Ders., Schriften zur mittelalterlichen Bedeutungsforschung. Darmstadt 1977. S. 1–31.

118 Piltz, Anders: Die gelehrte Welt des Mittelalters. Köln, Wien 1982.

119 Schipperges, Heinrich: Die Assimilation der arabischen Medizin durch das lateinische Mittelalter. Wiesbaden 1964. (Sudhoffs Archiv, Beiheft 3).

120 Tschirch, Fritz: Das Selbstverständnis des mittelalterlichen deutschen Dich-

ters (1964). In: Ders., Spiegelungen. Untersuchungen vom Grenzrain zwischen Germanistik und Theologie. Berlin 1966. S. 123 ff.

120a Von der gelehrten zur disziplinären Gemeinschaft. Hrsg. v. Jürgen Fohrmann u. Wilhelm Voßkamp. Sonderheft. Deutsche Vierteljahresschrift 61. Stuttgart 1987.

121 Voßkamp, Wilhelm: Kontinuität und Diskontinuität. Zur deutschen Literaturwissenschaft im Dritten Reich. In: Wissenschaft im Dritten Reich. Hrsg. von Peter Lundgreen. Frankfurt (Main) 1985. S. 140–162.

122 Wetherbee, Winthrop: Platonism and Poetry in the 12th Century. The Literary Influence of the School of Chartres. Princeton 1972.

3. Zur Theologie, Mystik, Kirchen- und Religionsgeschichte

123 Aker, Gudrun: Die *Gute Frau*. Höfische Bewährung und asketische Selbstheiligung in einer Verserzählung der späten Stauferzeit. Frankfurt, Bern 1983. (Europäische Hochschulschriften. Bd. I, 603). Zugl. Diss. Univ. Karlsruhe 1982.

124 Ancelet-Hustache, Jeanne: La vie mystique d'un monatère de Dominicaines au moyen âge d'après la chronique de Töss. 2. Aufl. Paris 1928.

125 Ancelet-Hustache, Jeanne: Mechthild de Magdeburg. Etude de psychologie religieuse. Paris 1926.

126 Axters, Stephanus: Geschiedenis van de vroomheid in de Nederlanden. 4 Bde. Antwerpen 1950–1960.

127 Axters, Stephanus: La spiritualité des Pays-Bas. L'évolution d'une doctrine mystique avec une liste des traductions françaises des auteurs néerlandais. Louvain, Paris 1948.

128 Baethgen, Friedrich: Franziskanische Studien. In: Historische Zeitschrift 131 (1925). S. 421–471.

129 Blank, Walter: Die Nonnenviten des 14. Jahrhunderts. Eine Studie zur hagiographischen Literatur des Mittelalters unter besonderer Berücksichtigung der Visionen und ihrer Lichtphänomene. Diss. Univ. Freiburg (Breisgau) 1962.

130 Bosl, Karl: Armut Christi. Ideal der Mönche und Ketzer. Ideologie der aufsteigenden Gesellschaftsschichten vom 11. bis zum 13. Jahrhundert. München 1981. (Sitzungsberichte/Bayerische Akademie der Wissenschaften. Philosophisch-historische Klasse. Heft 1).

131 Chenu, Marie-Dominique: La Théologie au douzième siècle. Paris 1957. (Collection: Etudes de philosophie mediévale 45).

132 Däniker-Gysin, Marie-Claire: Geschichte des Dominikanerinnenklosters Töss 1233 bis 1525. Diss. Univ. Zürich 1958.

133 Deutsche Mystiker des vierzehnten Jahrhunderts. Hrsg. von Franz Pfeiffer. Neudruck der Ausg. Leipzig 1845–1857. 1. Bd.: Hermann von Fritzlar. – Nikolaus von Strassburg. – David von Augsburg. Aalen 1962.

134 Die Nonnen von Kirchberg bei Haigerloch. Hrsg. von Anton Birlinger. In: Alemannia 11 (1883). S. 1–20.

135 Die Stiftung des Klosters Ötenbach und das Leben der seligen Schwestern daselbst. Hrsg. von H. Zeller-Werdmüller und Jakob Bächtold. In: Zürcher Taschenbuch Neue Folge 12 (1889). S. 213–276.

136 Dinzelbacher, Peter: Vision und Visionsliteratur im Mittelalter. Stuttgart 1981. (Monographien zur Geschichte des Mittelalters 23).

137 Eckenstein, Lina: Women under Monasticism. Chapters on Saint-Lore and Convent Life between A. D. 500 and A. D. 1500. New York 1963. (Reprint der Ausgabe von 1896).

138 Fontette, Micheline de: Les religieuses à l'âge classique du droit canon. Recherches sur les structures juridiques des branches féminines des ordres. Paris 1967.

139 Frauenmystik im Mittelalter. Hrsg. von Peter Dinzelbacher und Dieter R. Bauer. Ostfildern bei Stuttgart 1985.

140 Freytag, Hartmut: Die Theorie der allegorischen Schriftdeutung und die Allegorie in deutschen Texten besonders des 11. und 12. Jahrhunderts. Bern, München 1982. (Bibliotheca Germanica. Bd. 24).

141 Gehring, Hester McNeal Reed: The Language of Mysticism in South German Dominian Convent Chronicles of the Fourteenth Century. Diss. Univ. of Michigan 1957.

142 Gentry, Francis G. H.: «Ex oriente lux». *Translatio*-theory in Early Middle High German Literature. In: Spectrum Medii Aevi. Essays in Early German Literature in Honor of George Fenwick Jones. Hrsg. von W. C. McDonald. Göppingen 1983. S. 119–137. (Göppinger Arbeiten zur Germanistik 362).

143 Gentry, Francis G.: «Vruot... verdamnot!» *Memento mori,* vv. 61–62. In: Zeitschrift für deutsches Altertum und deutsche Literatur 108 (1979). S. 299–306.

144 Goldammer, Kurt: *Wege aufwärts* und *Wege abwärts*. Östliche und westliche Mystik. In: Eine heilige Kirche 22 (1940). S. 25–57.

145 Grundmann, Herbert: Religiöse Bewegungen im Mittelalter. Untersuchungen über die geschichtlichen Zusammenhänge zwischen der Ketzerei, den Bettelorden und der religiösen Frauenbewegung im 12. und 13. Jahrhundert und die geschichtlichen Grundlagen der deutschen Mystik. 2. Aufl. Darmstadt 1961.

146 Haas, Alois Maria: Sermo mysticus. Studien zur Theologie und Sprache der deutschen Mystik. Fribourg 1979.

147 Haas, Alois Maria: Traum und Traumvision in der Deutschen Mystik. In: Spätmittelalterliche geistliche Literatur in der Nationalsprache. Hrsg. von James Hogg. 1983. S. 22–55.

148 Hilpisch, P. Stephanus: Die Doppelklöster. Entstehung und Organisation. Münster (Westfalen) 1928. (Beiträge zur Geschichte des alten Mönchtums und des Benediktinerordens 15).

149 Hügel, Friedrich von: The Mystical Element of Religion. 2 Bde. 4. Aufl. London 1960.

150 Kaiser, Gert: Das *Memento mori*. Ein Beitrag zum sozialgeschichtlichen Verständnis der Gleichheitsforderung im frühen Mittelalter. In: Euphorion 68 (1974). S. 337–370.

151 Kemper, Hans Georg: Allegorische Allegorese. Zur Bildlichkeit und Struktur mystischer Literatur. In: Formen und Funktionen der Allegorie. Symposion Wolfenbüttel 1978. Hrsg. von Walter Haug. Stuttgart 1979. S. 90–125.

152 Kieckhefer, Richard: Unquiet Souls. Fourteenth-Century Saints and Their Religious Milieu. Chicago 1984.

153 Köhn, Rolf: Monastisches Bildungsideal und weltgeistliches Wissenschaftsdenken. Zur Vorgeschichte des Mendikantenstreites an der Universität Paris. In: Die Auseinandersetzungen an der Pariser Universität im XIII. Jahrhundert. Hrsg. von Albert Zimmermann. Berlin, New York 1976. S. 1–37. (Miscellanea mediaevalia Bd. 10).

154 Krebs, Engelbert: Die Mystik in Adelhausen. Eine vergleichende Studie über die ‹Chronik› der Anna von Munzingen und die thaumatographische Literatur des 13. und 14. Jahrhunderts als Beitrag zur Geschichte der Mystik im Predigerorden. In: Festgabe: Heinrich Finke zum 7. 8. 1904 gewidmet von seinen Schülern. Münster 1904. S. 43–105.

155 Lagorio, Valerie M.: The Medieval Continental Women Mystics. An Introduction. In: Szarmach, Paul: An Introduction to the Medieval Mystics of Europe. Albany 1984. S. 161–193.

156 Landgraf, Arthur M.: Einführung in die Geschichte der theologischen Literatur der Frühscholastik. Regensburg 1948.

157 Langen, Elvira: Eine neue Quelle für die Kenntnis des mystischen Lebens im Kloster Pillenreuth. Untersuchungen und Texte. Diss. Univ. Heidelberg 1961.

158 Margaretha Ebner und Heinrich von Nördlingen. Ein Beitrag zur Geschichte der deutschen Mystik. Hrsg. von Phillipp Strauch. Freiburg (Breisgau) 1882 (Nachdruck: Amsterdam 1966).

159 McKitterick, Rosamond: The Frankish Church and the Carolingian Reforms, 789–895. London 1977.

160 Meier, Christel: Zwei Modelle von Allegorie im 12. Jahrhundert: Das allegorische Verfahren Hildegards von Bingen und Alans von Lille. In: Formen und Funktionen der Allegorie. Symposion Wolfenbüttel 1978. Hrsg. von Walter Haug. Stuttgart 1979. S. 70–89.

161 Mens, Alcantara: Oorsprong en betekenis van de Nederlandse Begijnen – en Begardebeweging. Vergelijkende Studie: XIIe–XIIIe eeuw. Antwerpen 1947. (Verhandelingen van de koninklijke Vlaamse Academie voor wetenschappen, letteren en schone kunsten van Belgie. Klasse der letteren IX,7).

162 Mystisches Leben in dem Dominikanerinnenkloster Weiler bei Esslingen im 13. und 14. Jahrhundert. Hrsg. von Karl Bihlmeyer. In: Vierteljahresschrift für Landesgeschichte. Neue Folge 25 (1916). S. 61–93.

163 Nichols, John A.; Shank, Lillian Thomas: Medieval Religious Women I ff. Kalamazoo 1984 ff.

164 Ringler, Siegfried: Viten- und Offenbarungsliteratur in Frauenklöstern des Mittelalters. Quellen und Studien. München 1980. (Münchener Texte und Untersuchungen zur deutschen Literatur des Mittelalters 72).

165 Rotter, Friedrich; Weier, Reinhold: Nähe Gottes und Gottesfreunde. Mystische Erfahrungen der heiligen Mechthild von Magdeburg. Aschenburg 1980.

166 Ruh, Kurt: Franziskanisches Schrifttum im deutschen Mittelalter. Bd. 1. München 1965. (Münchener Texte und Untersuchungen zur deutschen Literatur des Mittelalters 11).

167 Ruh, Kurt: Beginenmystik. In: Zeitschrift für deutsches Altertum 106 (1977). S. 265–277.

168 Ruh, Kurt: Vorbemerkungen zu einer neuen Geschichte der abendländischen

Mystik im Mittelalter. München 1982. (Sitzungsberichte der Bayerischen Akademie der Wissenschaften. Philologisch-historische Klasse, Jahrgang 1982, Heft 7).

169 Rupp, Heinz: Deutsche religiöse Dichtungen des 11. und 12. Jahrhunderts. 2. Aufl. Bern, München 1971. (Bibliotheca Germanica. Bd. 13).

170 Schmidt, Margot; Bauer, Dieter R.: «Eine Höhe, über die nichts geht». Spezielle Glaubenserfahrung in der Frauenmystik. Stuttgart, Bad Cannstatt 1986.

171 Schmitt, Jean Claude: Mort d'une Hérésie: L'Eglise et les clercs face aux béguines et aux béghards. Paris 1978.

172 Schreiner, Klaus: «... wie Maria geleicht einem puch». Beiträge zur Buchmetaphorik des hohen und späten Mittelalters. In: Archiv für die Geschichte des Buchwesens 11 (1971). Sp. 1437 ff.

173 Schreiner, Klaus: Zur biblischen Legitimation des Adels. Auslegungsgeschichtliche Studien zu 1. Kor. 1, 26–29. In: Zeitschrift für Kirchengeschichte 85 (1974). S. 317–357.

174 Schröder, Werner: Der Geist von Cluny und die Anfänge des frühmittelhochdeutschen Schrifttums. In: Beiträge zur Geschichte der deutschen Sprache und Literatur 72 (1950). S. 321–386.

175 Smalley, Beryl: The Study of the Bible in the Middle Ages. 2. Aufl. Oxford 1952.

176 Speculum ecclesiae. Eine frühmittelhochdeutsche Predigtsammlung. Hrsg. von Gert Mellbourn. (Lunder Germanistische Forschungen 12). Lund/Kopenhagen 1944.

177 Spiess, Emil: Ein Zeuge mittelalterlicher Mystik in der Schweiz. Basel, Rorschach 1935.

178 Temi e problemi nella mistica femminile trecentesca. Hrsg. von Ovidio Capitani. Todi 1983.

179 Walz, Angelus: Dominikaner und Dominikanerinnen in Süddeutschland (1225–1966). Meitingen, Freising 1967.

180 White, Lynn Jr.: Medieval Religion and Technology. Berkeley 1976.

181 Wilms, Hieronymus: Aus mittelalterlichen Frauenklöstern. Freiburg (Breisgau) 1918.

182 Wilms, Hieronymus: Das Beten der Mystikerinnen. Freiburg (Breisgau) 1923.

183 Wilms, Hieronymus: Das Tugendstreben der Mystikerinnen. Vechta 1927.

4. Zur Öffentlichkeit, Verbreitungsform, zum Theater und zu den literarischen Zentren

184 Benton, John F.: The Court of Champagne as a Literary Center. In: Speculum 36 (1961). S. 551–591.

185 Boehm, Laetitia: Das mittelalterliche Erziehungs- und Bildungswesen. In: Propyläen Geschichte der Literatur. Bd. 2: Die mittelalterliche Welt 600 bis 1400. Berlin 1982. S. 143 ff.

186 Boehm, Laetitia: Erziehungs- und Bildungswesen. A. Westliches Europa. In: Lexikon des Mittelalters. Bd. 3. München, Zürich 1986. Sp. 2196–2203.

187 Brincken, Anna-Dorothee: Die Rezeption mittelalterlicher Historiographie durch den Inkunabeldruck. In: Geschichtsschreibung und Geschichtsbewußtsein im späten Mittelalter. Hrsg. von Hans Patze. Sigmaringen 1987. (Vorträge und Forschungen 31). S. 215–238.
188 Bumke, Joachim: Höfische Kultur. Literatur und Gesellschaft im hohen Mittelalter. 2 Bde. München 1986.
189 Bumke, Joachim: Mäzene im Mittelalter. Die Gönner und Auftraggeber der höfischen Literatur in Deutschland 1150 bis 1300. München 1979.
190 Classen, Peter: Die Hohen Schulen und die Gesellschaft im 12. Jahrhundert. In: Archiv für Kulturgeschichte 48 (1966). S. 155–180.
191 Curschmann, Michael: Hören – Sehen – Lesen. Buch und Schriftlichkeit im Selbstverständnis der volkssprachigen literarischen Kultur Deutschlands um 1200. In: Beiträge zur Geschichte der dt. Sprache und Literatur 106 (1984). S. 218–257.
192 Fechter, Werner: Das Publikum der mittelhochdeutschen Dichtung (Unveränd. reprogr. Nachdr. der Ausg. Frankfurt [Main] 1935). Darmstadt 1966.
193 Hartung, Wolfgang: Die Spielleute. Eine Randgruppe in der Gesellschaft des Mittelalters. Wiesbaden 1982.
194 Hauck, Karl: Mittellateinische Literatur. In: Literarisches Mäzenatentum. Ausgewählte Forschungen zur Rolle des Gönners und Auftraggebers in der mittelalterlichen Literatur. Hrsg. von Joachim Bumke. Darmstadt 1982. (Wege der Forschung 598). S. 68–83.
195 Höfische Literatur, Hofgesellschaft, Höfische Lebensformen um 1200. (Kolloquium am Zentrum für Interdisziplinäre Forschung der Universität Bielefeld. 3.–5. 11. 1983). Hrsg. von Gert Kaiser und Jan-Dirk Müller. Düsseldorf 1986.
196 Holzknecht, Karl Julius: Literary Patronage in the Middle Ages. Philadelphia 1923 (Neudruck New York 1966).
197 Kiesel, Helmuth: «Bei Hof, bei Höll». Untersuchungen zur literarischen Hofkritik von Sebastian Brant bis Friedrich Schiller. Tübingen 1979. (Studien zur deutschen Literatur. Bd. 60).
198 Krohn, Rüdiger: Literaturbetrieb im Mittelalter. In: Propyläen Geschichte der Literatur. Literatur und Gesellschaft der westlichen Welt. Band 2: Die mittelalterliche Welt 600–1400. Berlin (West) 1982. S. 199–220, S. 515–516.
199 Lintzel, Martin: Die Mäzene der deutschen Literatur im 12. und 13. Jahrhundert. In: Literarisches Mäzenatentum. Ausgewählte Forschungen zur Rolle des Gönners und Auftraggebers in der mittelalterlichen Literatur. Hrsg. von Joachim Bumke. Darmstadt 1982. (Wege der Forschung 598). S. 33–67.
200 Literarisches Mäzenatentum. Ausgewählte Forschungen zur Rolle des Gönners und Auftraggebers in der mittelalterlichen Literatur. Hrsg. von Joachim Bumke. Darmstadt 1982. (Wege der Forschung 598).
201 Masser, Achim: Wege der Darbietung und der zeitgenössischen Rezeption höfischer Literatur. In: Deutsche Heldenepik in Tirol. König Laurin und Dietrich von Bern in der Dichtung des Mittelalters. Beiträge der Neustifter Tagung 1977 des Südtiroler Kulturinstitutes. Hrsg. von Egon Kühebacher. Bozen 1979. S. 382–406. (Schriftenreihe des Südtiroler Kulturinstitutes 7).
202 McDonald, William C.: German Medieval Literary Patronage from Charle-

magne to Maximilian I. A Critical Commentary with Special Emphasis on Imperial Promotion of Literature. Amsterdam 1973. (Amsterdamer Publikationen zur Sprache und Literatur 10).

203 Mendels, Judy; Spuler, Linus: Landgraf Hermann von Thüringen und seine Dichterschule. In: Deutsche Vierteljahresschrift für Literaturwissenschaft und Geistesgeschichte 33 (1959). S. 361–388.

204 Moore, Samuel: General Aspects of Literary Patronage in the Middle Ages. In: The Library. Ser. 3, vol IV (1913). S. 369 ff.

205 Naumann, Hans: Die Hohenstaufen als Lyriker und ihre Dichterkreise. In: Dichtung und Volkstum 36 (1935). S. 21 ff.

206 Oral Poetry. Das Problem der Mündlichkeit mittelalterlicher epischer Dichtung. Hrsg. von Norbert Voorwinden und Max de Haan. Darmstadt 1979. (Wege der Forschung 555).

207 Peters, Ursula: Cour d'amour – Minnehof. Ein Beitrag zum Verhältnis der französischen und deutschen Minnedichtung und zu den Unterhaltungsformen ihres Publikums. In: Zeitschrift für deutsches Altertum 101 (1972). S. 117–133.

208 Peters, Ursula: Fürstenhof und höfische Dichtung. Der Hof Hermanns von Thüringen als literarisches Zentrum. Konstanz 1981.

209 Peters, Ursula: Literatur in der Stadt. Studien zu den sozialen Voraussetzungen und kulturellen Organisationsformen städtischer Literatur im 13. und 14. Jahrhundert. Tübingen 1983.

210 Roethe, Gustav: Die deutschen Kaiser und die deutsche Literatur (1893). In: Ders., Deutsche Reden. Leipzig 1927. S. 75 ff.

211 Salmen, Walter: Der fahrende Musiker im europäischen Mittelalter. Kassel 1960 (Die Musik im alten und neuen Europa 4); revidierte Fassung: Der Spielmann im Mittelalter. Innsbruck 1983 (Innsbrucker Beiträge zur Musikwissenschaft 8).

212 Schirmer, Walter F.; Broich, Ulrich: Studien zum literarischen Patronat im England des 12. Jahrhunderts. Köln, Opladen 1962.

213 Schmid-Cadalbert, Christian: Mündliche Traditionen und Schrifttum im europäischen Mittelalter. In: Amsterdamer Beiträge zur älteren Germanistik 21 (1984). S. 85 ff.

214 Schnell, Rüdiger: Kirche, Hof und Liebe. Zum Freiraum mittelalterlicher Dichtung. In: Mittelalterbilder aus neuer Perspektive. Hrsg. von Ernstpeter Ruhe und Reinhold Behrens. München 1985. S. 75–111.

215 Scholz, Manfred Günter: Hören und Lesen. Studien zur primären Rezeption der Literatur im 12. und 13. Jahrhundert. Wiesbaden 1980.

216 Schreier-Hornung, Antonie: Spielleute, Fahrende, Außenseiter: Künstler der mittelalterlichen Welt. Göppingen 1981 (GAG 328).

217 Thompson, James Westfall: The Literacy of the Laity in the Middle Ages. New York 1963.

218 Thum, Bernd: Öffentlich-Machen, Öffentlichkeit, Recht. Zu den Grundlagen und Verfahren der politischen Publizistik im Spätmittelalter. Mit Überlegungen zur sogenannten «Rechtssprache». In: LiLi. Zeitschrift für Literaturwissenschaft und Linguistik 37 (1980). S. 12–69.

219 Vollmann-Profe, Gisela: Wiederbeginn volkssprachiger Schriftlichkeit im hohen Mittelalter (1050/60–1160/70). Königstein (Taunus) 1986. (Geschichte

der deutschen Literatur von den Anfängen bis zum Beginn der Neuzeit. Bd. I/2).

220 Wattenbach, Wilhelm: Das Schriftwesen im Mittelalter. 3. verm. Aufl. Leipzig 1896.

221 Wilhelm, Friedrich: Zur Geschichte des Schrifttums in Deutschland bis zum Ausgang des 13. Jahrhunderts. Teil I: Von der Ausbreitung der deutschen Sprache im Schriftverkehr und ihren Gründen. München 1920. Teil II: Der Urheber und sein Werk in der Öffentlichkeit. München 1921.

5. Zur Literaturgeschichte

222 Bartels, Adolf: Geschichte der deutschen Litteratur. In zwei Bänden. Band I: Von den Anfängen bis zum Ende des achtzehnten Jahrhunderts. Leipzig 1901; Band II: Das neunzehnte Jahrhundert. Leipzig 1902.

223 Bertau, Karl: Deutsche Literatur im europäischen Mittelalter. 2 Bde. München 1972–1973.

224 Bezzola, Reto Raduolf: Der französisch-englische Kulturkreis und die Erneuerung der europäischen Literatur im 12. Jahrhundert. In: Zeitschrift für romanische Philologie 62 (1942). S. 1–18.

225 Bezzola, Reto Raduolf: Les origines et la formation de la littérature courtoise en Occident (500–1200). 5 Bde. in 3 Teilen. Paris 1958–1963. (Bibliothèque de l'école des hautes études. Sciences historiques et philologiques 286, 313, 319, 320).

226 Bolgar, Robert Ralph: The Classical Heritage and its Beneficiaries. From the Carolingian Age to the End of the Renaissance. 2. Aufl. New York 1964.

227 Boor, Helmut de; Newald, Richard: Geschichte der deutschen Literatur von den Anfängen bis zur Gegenwart. Bd. 1: Boor, Helmut de: Die deutsche Literatur von Karl dem Großen bis zum Beginn der höfischen Dichtung (770 bis 1170). 9. Aufl., bearb. von Herbert Kolb. München 1979. Bd. 2: Boor, Helmut de: Die höfische Literatur. Vorbereitung, Blüte, Ausklang (1170 bis 1250). 10. Aufl., bearb. von Ursula Hennig. München 1979. Bd. 3, I: Boor, Helmut de: Die deutsche Literatur im späten Mittelalter. Zerfall und Neubeginn (1250–1350). 4. Aufl. München 1973. Bd. 3, II: Die deutsche Literatur im späten Mittelalter (1250–1370). Reimpaargedichte, Drama, Prosa. Hrsg. von Ingeborg Glier. München 1987.

228 Bostock, John Knight: A Handbook on Old High German Literature. 2. revidierte Auflage durch K. C. King und D. R. McLintock. Oxford 1976.

229 Bräuer, Rolf: Reichspolitik, Artusidealität und Tristanminne. Soziokulturelle und ideologische Determinanten der feudal-klassischen deutschen Literatur. In: Zeitschrift für Germanistik 6 (1985). S. 189–199.

230 Brunhölzl, Franz: Geschichte der lateinischen Literatur des Mittelalters. Band 1: Von Cassidor bis zum Ausklang der karolingischen Erneuerung. München 1975.

231 Bumke, Joachim: Die romanisch-deutschen Literaturbeziehungen im Mittelalter. Ein Überblick. Heidelberg 1967.

232 Bumke, Joachim: Ministerialität und Ritterdichtung. Umrisse der Forschung. München 1976.

233 Colloque sur Pierre Abélard, Pierre Le Vénérable, Cluny 2–9 juil. 1972. Pierre Abélard, Pierre Le Vénérable. Les courants philosophiques, littéraires et artistiques en Occident au milieu du XIIe siècle. (Rapports) Paris 1975.
234 Contreni, John: The Carolingian Renaissance. In: Renaissances before the Renaissance. Cultural Revivals of Late Antiquity and the Middle Ages. Hrsg. von Warren Treadgold. Stanford (California) 1984. S. 59–74.
235 Die deutsche Literatur des Mittelalters. Verfasserlexikon. Begr. von Wolfgang Stammler. Fortgeführt von Karl Langosch. Unter Mitarbeit zahlreicher Fachgelehrter hrsg. von Kurt Ruh, Gundolf Keil u. a. 2. völlig neu bearb. Aufl. Berlin (West), New York 1978ff.
236 Dronke, Peter: Women Writers of the Middle Ages. A Critical Study of Texts from Perpetua († 203) to Marguerite Porete († 1310). Cambridge, New York, Melbourne 1984.
237 Ehrismann, Gustav: Geschichte der deutschen Literatur bis zum Ausgang des Mittelalters. (4 Bde.) München 1959 (unveränd. Nachdruck von 1918 bis 1935).
238 Frühmorgen-Voss, Hella: Mittelhochdeutsche weltliche Literatur und ihre Illustration. Ein Beitrag zur Überlieferungsgeschichte. In: Deutsche Vierteljahrsschrift für Literaturwissenschaft und Geistesgeschichte 43 (1969). S. 23–75.
239 Gervinus, Georg Gottfried: Geschichte der poetischen National-Literatur der Deutschen. 5 Bde. Leipzig 1835–1842.
240 Geschichte der deutschen Literatur von den Anfängen bis zum Beginn der Neuzeit. Hrsg. von Joachim Heinzle, Königstein (Taunus). Bd. 1: Von den Anfängen bis zum hohen Mittelalter; Teil 2: Vollmann-Profe, Gisela: Wiederbeginn volkssprachiger Schriftlichkeit im hohen Mittelalter (1050/60–1160/70). 1986; Bd. 2: Vom hohen zum späten Mittelalter; Teil 2: Heinzle, Joachim: Wandlungen und Neuansätze im 13. Jahrhundert (1220/30–1280/90). 1984.
241 Gröber, Gustav: Übersicht über die lateinische Litteratur von der Mitte des VI. Jahrhunderts bis zur Mitte des XIV. Jahrhunderts. In: Grundriß der romanischen Philologie II, 1. Straßburg 1902. Separater Nachdruck München o. J.
242 Groseclose, J. Sidney; Murdoch, Brian O.: Die althochdeutschen poetischen Denkmäler. Stuttgart 1976.
243 Grundriß der romanischen Literaturen des Mittelalters. Hrsg. von Hans Robert Jauss und Erich Köhler. Heidelberg 1968ff.
243a [Hagen, F. H. v. d.:] Der Nibelungen Lied Hrsg. von Friedrich Heinrich von der Hagen. Berlin 1807.
244 Harms, Wolfgang: Das Interesse an mittelalterlicher deutscher Literatur zwischen der Reformationszeit und der Frühromantik. In: Akten des VI. Internationalen Germanisten-Kongresses Basel 1980. Teil I: Hrsg. von Heinz Rupp und Hans-Gert Roloff. Bern, Frankfurt (Main), Las Vegas 1981. (Jahrbuch für Internationale Germanistik 8,1). S. 60–84.
245 Jauss, Hans Robert: Alterität und Modernität der mittelalterlichen Literatur. Gesammelte Aufsätze 1956–1976. München 1977.
246 Jacobsen, Peter Christian: Die lateinische Literatur der ottonischen und frühsalischen Zeit. In: Europäisches Frühmittelalter. Hrsg. von Klaus von See.

Wiesbaden 1985. (Neues Handbuch der Literaturwissenschaft. Bd. 6). S. 437–478.

247 Koberstein, August: Grundriß der Geschichte der deutschen National-Litteratur. Zum Gebrauch auf Gymnasien entworfen. 1827.

248 Koberstein, August: Grundriß der Geschichte der deutschen National-Litteratur. Zum Gebrauch auf Gymnasien entworfen. 3., verb. u. zum größern Theill völlig umgearb. Ausg. Leipzig 1837.

249 Köhler, Erich: Literatursoziologische Perspektiven. In: Grundriß der romanischen Literaturen des Mittelalters. Hrsg. von Hans Robert Jauss, Erich Köhler u. a. Volume IV: Le roman jusqu'à la fin du XIIIe siècle. Heidelberg 1978. S. 82–103.

250 Koenig, Robert: Deutsche Literaturgeschichte. 34. Aufl. Hrsg., bearb. u. bis auf die Gegenwart fortgeführt von Karl Kinzel. Bielefeld, Leipzig 1920.

251 Koenig, Robert: Abriß der deutschen Litteraturgeschichte. Ein Hilfsbuch für Schule und Haus. Bielefeld 1887.

252 Kontroversen, alte und neue. Akten des VII. Internationalen Germanisten-Kongresses Göttingen 1985. Hrsg. von Albrecht Schöne. Tübingen 1986. Bd. 11: Historische und aktuelle Konzepte der Literaturgeschichtsschreibung. Zwei Königskinder? Zum Verhältnis von Literatur und Literaturwissenschaft. Hrsg. von Wilhelm Vosskamp und Eberhard Lämmert.

253 Langosch, Karl: Profile des lateinischen Mittelalters. Geschichtliche Bilder aus dem europäischen Geistesleben. Darmstadt 1967.

254 Langosch, Karl: Die deutsche Literatur des lateinischen Mittelalters in ihrer geschichtlichen Entwicklung. Berlin 1964.

255 Le Goff, Jacques: Das Hochmittelalter. Frankfurt (Main) 1965. (Fischer-Weltgeschichte Bd. 11).

256 Lemmer, Manfred: «der Dürnge bluome schînet dur den snê». Thüringen und die deutsche Literatur des hohen Mittelalters. Eisenach 1981.

257 Literatur und Sprache im historischen Prozeß. Vorträge des deutschen Germanistentages, Aachen 1982. Hrsg. von Thomas Cramer. Tübingen 1983. Bd. 1: Literatur. Bd. 2: Sprache.

258 Neues Handbuch der Literaturwissenschaft. Hrsg. von Klaus von See. Wiesbaden. Bd. 6: Europäisches Frühmittelalter. Hrsg. von Klaus von See. 1985; Bd. 7: Europäisches Hochmittelalter. Hrsg. von Henning Klaus. 1981; Bd. 8: Europäisches Spätmittelalter.
Hrsg. von Willi Erzgräber. 1978.

259 Nitze, William A.: The So-called Twelfth Century Renaissance. In: Speculum 23 (1948), S. 464–471.

260 Önnerfors, Klaus: Die lateinische Literatur der Karolingerzeit. In: Europäisches Frühmittelalter. Hrsg. von Klaus von See. Wiesbaden 1985. (Neues Handbuch der Literaturwissenschaft. Bd. 6). S. 151–188.

261 Paré, Gérard Marie; Brunet, A.; Tremblay, P.: La renaissance du XIIe siècle. Les Ecoles et L'Enseignement. Paris, Ottawa 1933.

262 Ponert, Dietmar Jürgen: Deutsch und Latein in deutscher Literatur und Geschichtsschreibung des Mittelalters. Stuttgart, Berlin, Köln, Mainz 1975. (Studien zur Poetik und Geschichte der Literatur 41).

263 Potthast, August: Bibliotheca Historica Medii Aevi. Bd. 1–2. Berlin 1986.

264 Rupp, Heinz: Über das Verhältnis von deutscher und lateinischer Dichtung

im 9.–12. Jahrhundert. In: Germanisch-Romanische Monatsschrift. Neue Folge 8 (1958). S. 19ff.

265 Scherer, Wilhelm: Geschichte der deutschen Litteratur. Berlin 1883.

266 Scherer, Wilhelm: Geschichte der deutschen Litteratur. 7. Aufl. Berlin 1894.

267 Schlegel, Friedrich: Geschichte der europäischen Literatur. In: Kritische Friedrich-Schlegel-Ausgabe. Hrsg. von Ernst Behler unter Mitwirkung von Hans Eichner und Jean-Jacques Anstett. München, Paderborn, Wien 1958. Bd. 11: Zweite Abteilung. Schriften aus dem Nachlaß: Wissenschaft der europäischen Literatur. Vorlesungen, Aufsätze und Fragmente aus der Zeit von 1795–1804. S. 3–137.

268 Schlosser, Horst Dieter: Althochdeutsche Literatur mit Proben aus dem Altniederdeutschen. Frankfurt (Main) 1970.

269 See, Klaus von: Das Frühmittelalter als Epoche der europäischen Literaturgeschichte. In: Europäisches Frühmittelalter. Hrsg. von Klaus von See. Wiesbaden 1985. (Neues Handbuch der Literaturwissenschaft. Bd. 6). S. 5–70.

270 Sonderegger, Stefan: Die althochdeutsche Literatur. In: Europäisches Frühmittelalter. Hrsg. von Klaus von See. Wiesbaden 1985. (Neues Handbuch der Literaturwissenschaft. Bd. 6). S. 189–216.

271 Steinmeyer, Elias von: Die kleineren althochdeutschen Sprachdenkmäler. Berlin 1916. («Basler Rezepte», S. 39–42).

272 Steinmeyer, Elias von: Die kleineren althochdeutschen Sprachdenkmäler. Berlin 1916 («Markbeschreibungen», S. 63 und 115).

273 Uhland, Ludwig: Aus den Vorlesungen über Geschichte der deutschen Poesie im Mittelalter. In: Ders., Gesammelte Werke. Hrsg. von Hermann Fischer. Darmstadt 1977. Unveränd. reprograph. Nachdr. der Ausg. in 6 Bdn. Stuttgart 1892. Bd. 3: Enth. Teil 5: Zur deutschen Poesie und Sage. Teil 6: Zur deutschen Poesie. S. 1–154.

274 Vilmar, August Friedrich Christian: Geschichte der deutschen National-Literatur. 2., m. einem Register verm. und verb. Aufl. Marburg 1846.

275 Vilmar, August Friedrich Christian: Geschichte der deutschen National-Literatur. Bd. 1. 7., verm. Aufl. Marburg 1857.

276 Wackernagel, Wilhelm: Geschichte der deutschen Literatur. 1851/1853. 2. Aufl. besorgt durch Ernst Martin.
Bd. 1. Basel 1879.

277 Wehrli, Max: Geschichte der deutschen Literatur vom frühen Mittelalter bis zum Ende des 16. Jahrhunderts. Stuttgart 1980. (Geschichte der deutschen Literatur von den Anfängen bis zur Gegenwart. Bd. 1).

278 Wehrli, Max: Literatur im deutschen Mittelalter. Eine poetologische Einführung. Stuttgart 1984.

279 Wenzel, Horst: Zur Repräsentation von Herrschaft in mittelalterlichen Texten. Plädoyer für eine Literaturgeschichte der Herrschaftsbereiche und ihrer Institutionen. In: Adelsherrschaft und Literatur. Hrsg. von Horst Wenzel. Bern, Frankfurt, Las Vegas 1980. (Beiträge zur Älteren Deutschen Literaturgeschichte 6). S. 339ff.

280 Worstbrock, Franz Josef: Deutsche Antikenrezeption 1450–1550. Teil 1. Verzeichnis der deutschen Übersetzungen antiker Autoren. Mit einer Bi-

bliographie der Übersetzer. Boppard 1976. (Veröffentlichungen zur Humanismusforschung 1).
281 Zumthor, Paul: Essai de poétique médievale. Paris 1972.

6. Zu den Gattungen

282 Adler, Alfred: Die politische Satire. In: Grundriß der romanischen Literaturen des Mittelalters. VI. La littérature didactique, allégorique et satirique. 1. Heidelberg 1968 (Text) und 2. Heidelberg 1970 (Dokumentation).
283 Arthurian Literature in the Middle Ages: a Collaborative History. Hrsg. von Roger Sherman Loomis. Oxford 1959.
284 Axhausen, Käte: Die Theorien über den Ursprung der provenzalischen Lyrik. Diss. Marburg 1937 (Nachdruck Genf 1947).
285 Basler Jahrbuch für historische Musizierpraxis (1). Hrsg. von Wulf Arlt. Teil I: Bericht über ein Basler Symposion zur Aufführungspraxis des mittelalterlichen Liedes (31.1.–4.2.1977). Basel 1978. S. 11–15.
286 Bec, Pierre: «Trobairitz» et chansons de femme. Contribution à la connaissance du lyrisme féminin au moyen âge. In: Cahiers de civilisation médiévale (CCM) 22 (1979). S. 235–262.
287 Bernhart, Joseph: Der Cypernwein. Lieder der deutschen Mystik. Paderborn 1940.
288 Berschin, Walter: Passio und Theater. Zur dramatischen Struktur einiger Vorlagen Hrotsvits von Gandersheim. In: The Theatre in the Middle Ages. ed. by Herman Braet, Johan Nowé, Gilbert Tournoy. Leuven 1985. S. 1–11.
289 Bertau, Karl: Epenrezitation im deutschen Mittelalter. In: Etudes Germaniques 20 (1965). S. 1–17.
290 Boor, Helmut de: Dietrichepik. In: Die deutsche Literatur im späten Mittelalter. Zerfall und Neubeginn. Bd. 3,1. München 1962. S. 147–186.
291 Brincken, Anna-Dorothee von den: Anniversaristische und chronikalische Geschichtsschreibung in den ‹Flores Temporum› (um 1292). In: Geschichtsschreibung und Geschichtsbewußtsein im späten Mittelalter. Hrsg. von Hans Patze. Sigmaringen 1987. S. 194–214. (Vorträge und Forschungen 31).
292 Brinkmann, Hennig: Entstehungsgeschichte des Minnesangs. Halle/Saale 1926. (Deutsche Vierteljahrsschrift für Literaturwissenschaft und Geistesgeschichte. Buchreihe Bd. 8.)
293 Brogsitter, Karl Otto: Artusepik. 2., verb. und erg. Aufl. Stuttgart 1971.
294 Brunner, Horst: Epenmelodien. In: Formen mittelalterlicher Literatur. Siegfried Beyschlag zu seinem 65. Geburtstag. Hrsg. von Otmar Werner und Bernd Naumann. Göppingen 1970. S. 149–178 (Göppinger Arbeiten zur Germanistik 25).
295 Brunner, Horst: Die alten Meister. Studien zu Überlieferung und Rezeption der mittelhochdeutschen Sangspruchdichter im Spätmittelalter und in der frühen Neuzeit. München 1975. (Münchener Texte und Untersuchungen zur deutschen Literatur des Mittelalters. Bd. 54).
296 Brunner, Horst: Strukturprobleme der Epenmelodien. In: Deutsche Heldenepik in Tirol. König Laurin und Dietrich von Bern in der Dichtung des Mittelalters. Beiträge der Neustifter Tagung 1977 des Südtiroler Kulturinstituts. In

Zusammenarbeit mit Karl H. Vigl hrsg. von Egon Kühebacher. Bozen 1979. (Schriftenreihe des Südtiroler Kulturinstitutes. Bd. 7). S. 300–328.

297 Buntz, Herwig: Die deutsche Alexanderdichtung des Mittelalters. Stuttgart 1973.

298 Catholy, Eckehard: Das Fastnachtspiel des Spätmittelalters. Gestalt und Funktion. Tübingen 1961. (Hermaea N. F. Bd. 8).

299 Catholy, Eckehard: Das deutsche Lustspiel. Bd. 1: Vom Mittelalter bis zum Ende der Barockzeit. Stuttgart, Berlin (West) 1969. (Sprache und Literatur. Bd. 47).

300 Cormeau, Christoph: ‹Wigalois› und ‹Diu Crône›. Zwei Kapitel zur Gattungsgeschichte des nachklassischen Aventiureromans. Zürich, München 1977. (Münchener Texte und Untersuchungen zur deutschen Literatur des Mittelalters 57).

301 Curschmann, Michael: Der ‹Münchener Oswald› und die deutsche spielmännische Epik. Mit einem Exkurs zur Kultgeschichte und Dichtungstradition. München 1964. (Münchener Texte und Untersuchungen zur deutschen Literatur des Mittelalters. Bd. 6).

302 Curschmann, Michael: Spielmannsepik. Wege und Ergebnisse der Forschung von 1907–1965. Mit Ergänzungen und Nachträgen bis 1967. Stuttgart 1968.

303 Der Arthurische Roman. Hrsg. von Kurt Wais. Darmstadt 1970. (Wege der Forschung 157).

304 Der deutsche Minnesang. Aufsätze zu seiner Erforschung. Hrsg. von Hans Fromm. 5. Auflage Darmstadt 1972. (Wege der Forschung 15).

305 Der deutsche Minnesang. Aufsätze zu seiner Erforschung. Hrsg. von Hans Fromm. Bd. 2. Darmstadt 1985. (Wege der Forschung 608).

306 Deutsche Predigten des dreizehnten Jahrhunderts. Hrsg. von Franz Karl Grieshaber. Nachdruck der Ausg. Stuttgart 1844–1846. Hildesheim, New York 1978.

307 Dittmann, Wolfgang: Märendichtung. In: Einführung in die deutsche Literatur des 12. bis 16. Jahrhunderts. Hrsg. von Winfried Frey u. a. Bd. 2: 13.–15. Jahrhundert. Patriziat und Landesherrschaft. Opladen 1982. (Grundkurs Literaturgeschichte). S. 155–183.

308 Dronke, Peter: Die Lyrik des Mittelalters. Eine Einführung. München 1973.

309 Dronke, Peter: Medieval Latin and the Rise of European Love-Lyric. 2 Bde. 2. Aufl. Oxford 1968.

310 Dronke, Peter: The Medieval Lyric. London 1968.

311 Dronke, Peter: Poetic Individuality in the Middle Ages. (New Departures in Poetry 1000–1150). 2. Aufl. London 1986.

312 Ebenbauer, Alfred: Das Dilemma mit der Wahrheit. Gedanken zum *historisierenden Roman* des 13. Jahrhunderts. In: Geschichtsbewußtsein in der deutschen Literatur des Mittelalters. Tübinger Colloquium 1983. Hrsg. von Christoph Gerhardt; Nigel F. Palmer; Burghart Wachinger. Tübingen 1985. S. 52–71.

313 Ebenbauer, Alfred: Spekulieren über Geschichte im höfischen Roman um 1300. In: Philologische Untersuchungen. Gewidmet Elfriede Stutz zum 65. Geburtstag. Hrsg. von Alfred Ebenbauer. Wien 1984. (Philologica germanica. Bd. 7). S. 151–166.

314 Eisenhut, Werner: Spätantike Troja-Erzählungen. Mit einem Ausblick auf die mittelalterliche Troja-Literatur. In: Mittellateinisches Jahrbuch 18 (1983). S. 1–28.

315 Fabian, Bernhard: Das Lehrgedicht als Problem der Poetik. In: Die nicht mehr schönen Künste. Grenzphänomene des Ästhetischen. Hrsg. von Hans Robert Jauss. München 1968. S. 67–89.

316 Fischer, Hanns: Studien zur deutschen Märendichtung. Tübingen 1968.

317 Fischer, Hermann: Mittelhochdeutsche Rezeptare aus bayerischen Klöstern und ihre Heilpflanzen. ‹Benediktbeurer Rezeptar›. In: Mitteilungen der Bayerischen botanischen Gesellschaft zur Erforschung heimischer Flora IV, 6. (1926). S. 69–75.

318 Franz, Kurt: Studien zur Soziologie des Spruchdichters in Deutschland im späten 13. Jahrhundert. Göppingen 1974. (Göppinger Arbeiten zur Germanistik 111).

319 Frappier, Jean; Raynand de Lage, Guy: Les romans antiques. In: Grundriß der romanischen Literaturen des Mittelalters. Hrsg. von Hans Robert Jauss und Erich Köhler. Volume IV: Le roman jusqu'à la fin du XIIIe siècle. Heidelberg 1978. S. 145–182.

320 Frenzel, Peter: Minne-Sang. The Conjunction of Singing and Loving in German Courtly Song. In: German Quarterly 55 (1982). S. 336–348.

321 Glier, Ingeborg: Artes amandi. Untersuchung zu Geschichte, Überlieferung und Typologie der deutschen Minnereden. München 1971. (Münchener Texte und Untersuchungen zur deutschen Literatur des Mittelalters 34).

322 Glier, Ingeborg: Konkretisierung im Minnesang des 13. Jahrhunderts. In: From symbol to mimesis. The generation of Walther von der Vogelweide. Hrsg. von Franz Bäuml. Göppingen 1984. (Göppinger Arbeiten zur Germanistik 368). S. 190–207.

323 Goldin, Frederick: The Array of Perspectives in the Early Courtly Love Lyric. In: The Pursuit of Perfection. Courtly Love in Medieval Literature. Hrsg. von Joan M. Ferrante und George D. Economou. New York, London 1975. S. 51–99.

324 Grau, Anneliese: Der Gedanke der Herkunft in der deutschen Geschichtsschreibung des Mittelalters. Trojasage und Verwandtes. Würzburg 1938. Zugl. Diss. Leipzig 1938.

325 Grimm, Wilhelm: Die deutsche Heldensage. 4. Aufl. im unveränd. fotomech. Nachdruck der 3. Aufl. Gütersloh 1889. Darmstadt 1957.

326 Grimminger, Rolf: Poetik des frühen Minnesangs. München 1969. (Münchener Texte u. Untersuchungen zur deutschen Literatur des Mittelalters 27).

327 Grubmüller, Klaus: Ich als Rolle. *Subjektivität* als höfische Kategorie im Minnesang? In: Höfische Literatur. Hofgesellschaft. Höfische Lebensformen um 1200. Hrsg. von Gert Kaiser und Jan Dirk Müller. Düsseldorf 1986. (Studia Humaniora 6). S. 387–406.

328 Grubmüller, Klaus: Meister Esopus. Untersuchungen zu Geschichte und Funktion der Fabel im Mittelalter. Zürich, München 1977. (Münchener Texte und Untersuchungen zur deutschen Literatur des Mittelalters 56).

329 Grundmann, Herbert: Geschichtsschreibung im Mittelalter. In: Deutsche Philologie im Aufriß. Hrsg. von Wolfgang Stammler. Bd. III. unveränd. Nachdruck der 2. Aufl. Berlin (West) 1967. Sp. 2221–2286.

330 Guiette, Robert: D'une poésie formelle au moyen âge. In: Revue des sciences humaines 54 (1949). S. 61–68.

331 Haller, Rudolf: Geschichte der deutschen Lyrik vom Ausgang des Mittelalters bis zu Goethes Tod. Bern, München 1967.

332 Harms, Wolfgang: Des Winsbeckes Genius. Zur Einschätzung didaktischer Poesie des deutschen Mittelalters im 17. und 18. Jahrhundert. In: Mittelalter-Rezeption. Ein Symposion. Hrsg. von Peter Wapnewski. Stuttgart 1986. (Germanistische Symposien-Berichtsbände 6). S. 46–59.

333 Haug, Walter: Vom Imram zur Aventiure-Fahrt. Zur Frage nach der Vorgeschichte der hochhöfischen Epenstruktur. In: Wolfram-Studien 1 (1970). S. 264–298.

334 Haug, Walter: Paradigmatische Poesie. Der spätere deutsche Artusroman auf dem Weg zu einer «nachklassischen» Ästhetik. In: Deutsche Vierteljahrsschrift für Literaturwissenschaft und Geistesgeschichte 54 (1980). S. 204–231.

335 Haymes, Edward E.: Mündliches Epos in mittelhochdeutscher Zeit. Göppingen 1975. (Göppinger Arbeiten zur Germanistik 164).

336 Haymes, Edward E.: Das mündlche Epos Eine Einführung in die *Oral-Poetry*-Forschung. Stuttgart 1977.

337 Heinzle, Joachim: Mittelhochdeutsche Dietrichepik. Untersuchungen zur Tradierungsweise, Überlieferungskritik und Gattungsgeschichte später Heldendichtung. Zürich, München 1978. (Münchener Texte und Untersuchungen zur deutschen Literatur des Mittelalters. Bd. 62).

338 Hoffmann, Werner: Mittelhochdeutsche Heldendichtung. Berlin (West) 1974. (Grundlagen der Germanistik Bd. 14).

339 Huby, Michel: L'adaptation des romans courtois en Allemagne au XIIe et au XIIIe siècle. Paris 1968.

340 Hymnen und Vagantenlieder. Lateinische Lyrik des Mittelalters mit deutschen Versen. Hrsg. von Karl Langosch. 2. Aufl. Basel 1960.

341 Jammers, Ewald: Das mittelalterliche deutsche Epos und die Musik. In: Heidelberger Jahrbücher 1 (1957), S. 31–90.

342 Kaiser, Gert: Deutsche Heldenepik. In: Neues Handbuch der Literaturwissenschaft. Hrsg. von Klaus von See. Bd. 7: Europäisches Hochmittelalter. Hrsg. von Henning Kraus. Wiesbaden 1981. S. 181–216.

343 Kartschoke, Dieter: Altdeutsche Bibeldichtung. Stuttgart 1975.

344 Kippenberg, Burkhard: Der Rhythmus im Minnesang. Eine Kritik der literar- und musikhistorischen Forschung mit einer Übersicht über die musikalischen Quellen. München 1982. (Münchener Texte und Untersuchungen Bd. 3).

345 Klein, Hans-Adolf: Erzählabsicht im Heldenepos und im höfischen Epos. Studien zum Ethos im ‹Nibelungenlied› und in Konrad Flecks ‹Flore und Blanscheflur›. Göppingen 1978. (Göppinger Arbeiten zur Germanistik. Bd. 226).

346 Knapp, Fritz Peter: Historische Wahrheit und poetische Lüge. Die Gattungen weltlicher Epik und ihre theoretische Rechtfertigung im Hochmittelalter. In: Deutsche Vierteljahrsschrift für Literaturwissenschaft und Geistesgeschichte 54 (1980). S. 581–635.

347 Knapp, Fritz Peter: Nibelungentreue wider Babenberg? Das Heldenepos und die verfassungsgeschichtliche Entwicklung Österreichs im Lichte der neue-

sten Forschung. In: Beiträge zur Geschichte der deutschen Sprache und Literatur 107 (Tübingen 1985). S. 174–189.

348 Köhler, Erich: Ideal und Wirklichkeit in der höfischen Epik. Studien zur Form der frühen Artus- und Graldichtung. 2., erg. Aufl. Tübingen 1970. (Beihefte zur Zeitschrift für Romanische Philologie 97).

349 Köhler, Erich: Trobadorlyrik und höfischer Roman. Aufsätze zur französischen und provenzalischen Literatur des Mittelalters. Berlin 1962. (Neue Beiträge zur Literaturwissenschaft 15).

350 Köhler, Erich: Vergleichende soziologische Betrachtungen zum romanischen und zum deutschen Minnesang. In: Der Berliner Germanistentag 1968. Vorträge und Berichte. Hrsg. von Karl Heinz Borck und Rudolf Henss. Heidelberg 1970. S. 63–76.

351 Köpf, Gerhard: Märendichtung. Stuttgart 1978.

352 Kuhn, Hugo: Minnesangs Wende. 2. vermehrte Auflage Tübingen 1967. (Hermaea 1).

353 Leibfried, Erwin: Fabel. Stuttgart 1967.

354 Lipphardt, Walther: Epische Liedweisen des Mittelalters in schriftlicher Überlieferung. In: Deutsche Heldenepik in Tirol. König Laurin und Dietrich von Bern in der Dichtung des Mittelalters. Beiträge der Neustifter Tagung 1977 des Südtiroler Kulturinstituts. In Zusammenarbeit mit Karl H. Vigl hrsg. von Egon Kühebacher. Bozen 1979. (Schriftenreihe des Südtiroler Kulturinstituts 7). S. 275–299.

355 Lomnitzer, Helmut: Zur wechselseitigen Erhellung von Text- und Melodiekritik mittelalterlicher deutscher Lyrik. In: Mittelhochdeutsche Spruchdichtung. Hrsg. v. Hugo Moser. Darmstadt 1972 (Wege der Forschung 154), S. 325–360.

356 Mihm, Arend: Überlieferung und Verbreitung der Märendichtung im Spätmittelalter. Heidelberg 1967. (Germanische Bibliothek. Reihe 3).

357 Minne ist ein swaerez Spil. Neuere Untersuchungen zum Minnesang und zur Geschichte der Liebe im Mittelalter. Hrsg. von Ulrich Müller. Göppingen 1986. (Göppinger Arbeiten zur Germanistik 440).

358 Minnesang in Österreich. Hrsg. v. Helmut Birkhan. Wien 1983. (Wiener Arbeiten zur germanischen Altertumskunde und Philologie 24).

359 Minnesinger. Deutsche Liederdichter des zwölften, dreizehnten und vierzehnten Jahrhunderts, aus allen bekannten Handschriften und früheren Drucken gesammelt und berichtigt, mit den Lesarten derselben, Geschichte des Lebens der Dichter und ihrer Werke, Sangweisen der Lieder, Reimverzeichnis der Anfänge, und Abbildungen sämmtlicher Handschriften. 5 Teile in 4 Bdn. und ein Atlas. Teil 1–4 Leipzig 1838; Teil 5 und Atlas Berlin 1856. Unverändert. Nachdruck Aalen 1963.

360 Mittelhochdeutsche Spruchdichtung. Hrsg. von Hugo Moser. Darmstadt 1972. (Wege der Forschung 154).

361 Meissburger, Gerhard: Grundlagen zum Verständnis der deutschen Mönchsdichtung im 11. und 12. Jahrhundert. München 1970. (Zugl. Habil.schr. Freiburg/Breisgau).

362 Morvay, Karin; Grube, Dagmar: Bibliographie der deutschen Predigten. Hrsg. von der Forschungsstelle für Deutsche Prosa des Mittelalters am Seminar für Deutsche Philologie der Universität Würzburg unter der Leitung von

Kurt Ruh. München 1974. (Münchener Texte und Untersuchungen zur deutschen Literatur des Mittelalters Bd. 47).

363 Müller, Ulrich: Ein Beschreibungsmodell zur mittelhochdeutschen Lyrik – ein Versuch. In: Zeitschrift für deutsche Philologie 98 (1979). S. 53–73.

364 Müller, Ulrich: Untersuchungen zur politischen Lyrik des deutschen Mittelalters. Göppingen 1974. (Göppinger Arbeiten zur Germanistik 55/56).

365 Neumeister, Sebastian: Das Spiel mit der höfischen Liebe. Das altprovenzalische Partimen. München 1969. (Beiheft zu Poetica 5).

366 Pérennec, René: Recherches sur le roman arthurien en vers en Allemagne aux XIIe et XIIIe siècles. 2 Bde. Göppingen 1984. (Göppinger Arbeiten zur Germanistik. Bd. 393/I u. II).

367 Ragotzky, Hedda; Weinmayer, Barbara: Höfischer Roman und soziale Identitätsbildung. Zur soziologischen Deutung des Doppelwegs im ‹Iwein› Hartmanns von Aue. In: Deutsche Literatur im Mittelalter. Kontakte und Perspektiven. Hugo Kuhn zum Gedenken. Hrsg. von Christoph Cormeau. Stuttgart 1979. S. 221–253.

368 Ranawake, Silvia: Höfische Strophenkunst. Vergleichende Untersuchungen zur Formentypologie von Minnesang und Trouvère-Lied an der Wende zum Spätmittelalter. München 1976. (MTU 51).

369 Richter, Werner: Lehrhafte Dichtung. In: Reallexikon der deutschen Literaturgeschichte. Hrsg. von Werner Kohlschmidt und Wolfgang Mohr. Bd. 2. 2. Aufl. Berlin 1965. S. 31–39.

370 Röcke, Werner: Höfische und unhöfische Minne- und Abenteuerromane. In: Epische Stoffe des Mittelalters. Hrsg. von Volker Mertens und Ulrich Müller. Stuttgart 1984. S. 395–423.

371 Rosenfeld, Hellmut: Legende. 4. Aufl. Stuttgart 1982.

372 Ruh, Kurt: Epische Literatur im Spätmittelalter. In: Europäisches Spätmittelalter. Hrsg. von Willi Erzgräber. Wiesbaden 1976. S. 117–186. (Neues Handbuch der Literaturwissenschaft Bd. 8).

373 Ruh, Kurt: Deutsche Predigtbücher des Mittelalters. In: Beiträge zur Geschichte der Predigt. Hrsg. von Heimo Reinitzer. Hamburg 1981. S. 11–30.

374 Ruh, Kurt: Höfische Epik des deutschen Mittelalters. Band 1: Von den Anfängen bis zu Hartmann von Aue. 2., verb. Aufl. Berlin 1977. (Grundlagen der Germanistik. Bd. 7). Band 2: ‹Reinhart Fuchs›, ‹Lanzelet›, Wolfram von Eschenbach, Gottfried von Straßburg. Berlin 1980. (Grundlagen der Germanistik. Bd. 25).

375 Sayce, Olive: The Medieval German Lyric 1150–1300. The development of its themes and forms in their European context. Oxford 1982.

376 Schirmer, Karl-Heinz: Stil- und Motivuntersuchungen zur mittelhochdeutschen Versnovelle. Tübingen 1969. (Hermaea N. F. Bd. 26).

377 Schneider, Karin: Der ‹Trojanische Krieg› im späten Mittelalter. Deutsche Trojaromane des 15. Jahrhunderts. Berlin 1968. (Philologische Studien und Quellen 40).

378 Schönbach, Anton: Altdeutsche Predigten. Texte. (Unveränd. reprograf. Nachdruck der Ausg. Graz 1886–1891.) 3 Bde. Darmstadt 1964.

379 Schröder, Walter Johannes: Spielmannsepik. 2., verb. Aufl. Stuttgart 1967.

380 Schwab, Ute: Zur Interpretation der geistlichen Bispelrede. Aion. Sezione Germanica 1 (1958). S. 153–181.

381 Schweikle, Günther: Humor und Ironie im Minnesang. In: Wolfram-Studien VII (1982). S. 55–77.
382 See, Klaus von: Germanische Heldensage. Stoffe, Probleme, Methoden. Frankfurt (Main) 1971.
383 Siekhaus, Heinrich: Revocatio. Studie zu einer Gestaltungsform des Minnesangs. In: Deutsche Vierteljahrsschrift für Literaturwissenschaft und Geistesgeschichte 45 (1971). S. 237–251.
384 Soeteman, Cornelis: Deutsche geistliche Dichtung des 11. und 12. Jahrhunderts. Stuttgart 1963.
385 Sowinski, Bernhard: Lehrhafte Dichtung des Mittelalters. Stuttgart 1971. (Realien zur Literatur Bd. 103).
386 Spätmittelalterliche Artusliteratur. Ein Symposion der Görresgesellschaft. Bonn, 25.–29. September 1982. Hrsg. von Karl Heinz Göller. Paderborn, München, Wien, Zürich 1984.
387 Spielmannsepik. Hrsg. von Walter Johannes Schröder. Darmstadt 1977. (Wege der Forschung 385).
388 Stäblein, Bruno: Schriftbild der einstimmigen Musik. Leipzig 1975 (Musikgeschichte in Bildern III,4).
389 Steinhoff, Hans-Hugo: Die Darstellung gleichzeitiger Geschehnisse im mittelhochdeutschen Epos. Studien zur Entfaltung der poetischen Technik vom Rolandslied bis zum ‹Willehalm›. München 1964. (Medium Aevum 4).
390 Stolzenberg, Ingeborg: Urkundsparteien und Urkundensprache. Ein Beitrag zur Frage des Aufkommens der deutschsprachigen Urkunde am Oberrhein. In: Archiv für Diplomatik 7 (1961). S. 214–289; 8 (1962), S. 147–269.
391 Straßner, Erich: Schwank. Stuttgart 1968.
392 Tervooren, Helmut: *Spruch* und *Lied*. Ein Forschungsbericht. In: Mittelhochdeutsche Spruchdichtung. Hrsg. von Hugo Moser. Darmstadt 1972. (Wege der Forschung 154). S. 1–25.
393 Tieck, Ludwig: Minnelieder aus dem Schwäbischen Zeitalter. Neu bearbeitet. Mit gestochenem Titel, 2 ganzseitigen Kupfern und mehreren Vignetten, Ph. O. Runge sc. Berlin, Realschulbuchhandlung, 1803.
394 Tubach, Frederic C.: Struktur im Widerspruch. Studien zum Minnesang. Tübingen 1977. (Untersuchungen zur deutschen Literaturgeschichte 16).
395 Voelkel, Carola: Der Erzähler im spätmittelalterlichen Roman. Frankfurt, Bern 1978.
396 Wachinger, Burghart: Sängerkrieg. Untersuchungen zur Spruchdichtung des 13. Jahrhunderts. München 1973. (MTU 42).
397 Wallbaum, Christel: Studien zur Funktion des Minnesangs in der Gesellschaft des 12. und 13. Jahrhunderts. Diss. FU Berlin 1972.
398 Waltharius, R., Märchenepen. Hrsg. v. K. Langosch. 3. Aufl. Darmst. 1967.
399 Wapnewski, Peter: Waz ist minne. Studien zur Mittelhochdeutschen Lyrik. 2. Auflage München 1979.
400 Waremann, Piet: Spielmannsdichtung. Versuch einer Begriffsbestimmung. Amsterdam 1951.
401 Warning, Rainer: Formen narrativer Identitätskonstitution im höfischen Roman. In: Le roman jusqu'à la fin du XIIIe siècle. Band 1. Hrsg. von Jean Frappier und Reinhold R. Grimm. Heidelberg 1978. (Grundriß der romanischen Literaturen des Mittelalters. Bd. 4,1). S. 25–59.

402 Wechssler, Eduard: Das Kulturproblem des Minnesangs. Studien zur Vorgeschichte der Renaissance. Bd. I: Minnesang und Christentum. Halle (Saale) 1909.
403 Wenzel, Horst: Höfische Geschichte. Literarische Tradition und Gegenwartsdeutung in den volkssprachigen Chroniken des hohen und späten Mittelalters. Bern, Frankfurt (Main), Las Vegas 1980 (Beiträge zur älteren deutschen Literaturgeschichte 5).
404 Wilhelm, Friedrich: Denkmäler deutscher Prosa des 11. und 12. Jahrhunderts. München 1916 (Nachdruck München 1960). Bd. 1: S. 53–59, Bd. 2: S. 244–254. (‹Arzenîbuoch Ipocratis›).
405 Wilhelm, Friedrich: Denkmäler deutscher Prosa des 11. und 12. Jahrhunderts. München 1916 (Nachdruck: München 1960). Bd. 1: S. 39–45, Bd. 2: S. 88–104. (‹Innsbrucker Arzneibuch und Kräuterbuch›).
406 Wyss, Ulrich: Theorie der mittelhochdeutschen Legendenepik. Erlangen 1973. (Erlanger Studien Bd. 1).

7. Zu einzelnen Autoren und Werken

407 Bäuml, Franz: Zur mündlichen Überlieferung des Nibelungenliedes. In: Deutsche Vierteljahrsschrift für Literaturwissenschaft und Geistesgeschichte 41 (1967). S. 351–390.
408 Basler, Karl: Konrads von Würzburg ‹Trojanischer Krieg› und Benoîts de Ste Maure ‹Roman de Troie›. Diss. Berlin 1910.
409 Behr, Hans-Joachim: «Der werden lop» und «Gotes hulde». Überlegungen zur konzeptionellen Einheit des ‹Winsbecke›. In: Leuvense Bijdragen 74 (1985). S. 377–394. (tijdschrift voor germaanse filologie).
410 Bertau, Karl: Das deutsche Rolandslied und die Repräsentationskunst Heinrichs des Löwen. In: Der Deutschunterricht 20 (1968) H. 2. S. 4–30.
411 Bertau, Karl: Wolfram von Eschenbach. Neun Versuche über Subjektivität und Ursprünglichkeit in der Geschichte. München 1983.
412 Berthold von Regensburg. Hrsg. von Franz Pfeiffer und Joseph Strobl. 2 Bde. Berlin (West) 1969. (Nachdruck der Ausg. Wien 1862–1880.) (Reihe Texte es Mittelalters).
413 Bibliographie zu Wolfram von Eschenbach. Von Ulrich Pretzel, Wolfgang Bachofer u. a., 2. Aufl. Berlin 1968. (Bibliographien zur deutschen Literatur des Mittelalters 2).
414 Birkhan, Helmut: Quelque remarques sur ‹La Guerre de Troie› conservée à Göttweig. In: La représentation de l'antiquité au moyen âge. Actes du colloque des 26, 27 et 28 mars 1981. Hrsg. von Danielle Buschinger und André Crepin. Wien 1982. (Wiener Arbeiten zur Germanischen Altertumskunde und Philologie 20). S. 103–120.
415 Blattmann, Ekkehard: Die Lieder Hartmanns von Aue. Berlin 1968. (Philologische Studien 44).
416 Bonath, Gesa: Untersuchungen zur Überlieferung des ‹Parzival› Wolframs von Eschenbach. Lübeck, Hamburg 1970/1971. (Germ. Studien 238/239).
417 Boor, Helmut de: Hat Siegfried gelebt? In: Beiträge zur Geschichte der deutschen Sprache und Literatur 63 (1939). S. 250–271.

418 Borck, Karl Heinz: Walthers Lied ‹Aller werdekeit ein füegerinne› (Lachmann 46,32). In: Festschrift für Jost Trier zum 70. Geburtstag. Hrsg. von W. Foerste und Karl Heinz Borck. Köln, Graz 1964. S. 313–334.
419 Brackert, Helmut: Beiträge zur Handschriftenkritik des Nibelungenlieds. Berlin 1963. (Zugl. Diss. Hamburg 1963).
420 Brackert, Helmut: Hartmann von Aue: ‹Mich hât beswaeret mînes heren tôt›. Zu MF 205,1. In: Interpretationen mittelhochdeutscher Lyrik. Hrsg. von Günther Jungbluth. Bad Homburg, Zürich, Berlin 1969. S. 169–184.
421 Brackert, Helmut: Nibelungenlied und Nationalgedanke. Zur Geschichte einer deutschen Ideologie. In: Mediævalia Litteraria. Hrsg. von Ursula Hennig und Herbert Kolb. München 1971. S. 343–364.
422 Brackert, Helmut: Rudolf von Ems. Dichtungen und Geschichte. Heidelberg 1968.
423 Brall, Helmut: Strickers ‹Daniel von dem blühenden Tal›. Zur politischen Funktion spähöfischer Artusepik im Territorialisierungsprozeß. In: Euphorion 70 (1976). S. 222–257.
424 Brandt, Wolfgang: Die Erzählkonzeption Heinrichs von Veldeke in der ‹Eneide›. Ein Vergleich mit Vergils ‹Aeneis›. Marburg 1969. (Marburger Beiträge zur Germanistik 29).
425 Brincken, Anna-Dorothee von den: Geschichtsbetrachtung bei Vincenz von Beauvais. Die Apologia Actoris zum Speculum Maius. In: Deutsches Archiv für Erforschung des Mittelalters 34 (1978). S. 410–499.
426 Brincken, Anna-Dorothee von den: Islam und Oriens Christianus in den Schriften des Kölner Domscholasters Oliver († 1227). In: Orientalische Kultur und europäisches Mittelalter. Miscellanea Mediaevalia 17 (1985). S. 86–102.
427 Brunner, Horst: Die derzeit bekannten Handschriften zur Melodieüberlieferung Walthers von der Vogelweide. In: Walther von der Vogelweide. Die gesamte Überlieferung der Texte und Melodien. Abbildungen, Materialien, Melodietranskriptionen. Hrsg. von Horst Brunner, Ulrich Müller, Franz Viktor Spechtler. (Mit Beiträgen von Helmut Lomnitzer und Hans-Dieter Mück. Geleitwort von Hugo Kuhn).
Göppingen 1977 (Litterae 7).
428 Bumke, Joachim: Die Wolfram-von-Eschenbach-Forschung seit 1945. Bericht und Bibliographie. München 1970.
429 Bumke, Joachim: Wolfram von Eschenbach. 5. vollst. neu bearb. Aufl. Stuttgart 1981.
430 Burdach, Konrad: Der Gral: Forschungen über seinen Ursprung und seinen Zusammenhang mit der Longinuslegende. Mit einem Vorwort zum Neudruck von Johannes Rathofer. 2. Aufl. Darmstadt 1974.
431 Burdach, Konrad: Reinmar der Alte und Walther von der Vogelweide. 2. berichtigte Auflage, mit ergänzenden Aufsätzen über die altdeutsche Lyrik. Halle 1928.
432 Burdach, Konrad: Walther von der Vogelweide. Philologische und historische Forschungen I. Leipzig 1900.
433 Buschinger, Danielle: Le poème de ‹La Guerre de Troie› consigné dans le manuscrit E VI, 26 de la bibliothèque universitaire de Bâle. In: La représentation de l'antiquitè au moyen âge. Hrsg. von Danielle Buschinger und André

Crepin. Wien 1982 (Wiener Arbeiten zur Germanischen Altertumskunde und Philologie 20). S. 121–139.

434 Cormeau, Christoph: Quellenkompendium oder Erzählkonzept? Eine Skizze zu Konrads von Würzburg ‹Trojanerkrieg›. In: Befund und Deutung. Zum Verhältnis von Empirie und Interpretation in Sprach- und Literaturwissenschaft. Hrsg. von Klaus Grubmüller. Tübingen 1979. S. 303–319.

435 Cormeau, Christoph; Störmer, Wilhelm: Hartmann von Aue. Epoche – Werk – Wirkung. München 1985.

436 Cormeau, Christoph: Heinrich von dem Türlîn. In: Die deutsche Literatur des Mittelalters. Verfasserlexikon. Hrsg. von Kurt Ruh u. a. Bd. 3. 2., völlig neu bearb. Aufl. Berlin, New York 1981. Sp. 894–899.

437 Cormeau, Christoph: Tradierte Verhaltensnormen und Realitätserfahrung. Überlegungen zu Thomasius ‹Wälschem Gast›. In: Deutsche Literatur im Mittelalter. Kontakte und Perspektiven. Hugo Kuhn zum Gedenken. Hrsg. von Christoph Cormeau. Stuttgart 1979. S. 276–295.

438 Cramer, Thomas: Normenkonflikte im ‹Pfaffen Amis› und im ‹Willehalm von Wenden›. Überlegungen zur Entwicklung des Bürgertums im Spätmittelalter. In: Zeitschrift für deutsche Philologie 93 (1974). S. 124–140.

439 Cramer, Thomas: Soziale Motivation in der Schuld-Sühne-Problematik von Hartmanns ‹Erec›. In: Euphorion 66 (1972). S. 97–112.

440 Curschmann, Michael: ‹Nibelungenlied› und ‹Nibelungenklage›. Über Mündlichkeit und Schriftlichkeit im Prozeß der Episierung. In: Deutsche Literatur im Mittelalter – Kontakte und Perspektiven. Hrsg. von Christoph Cormeau. Stuttgart 1979. S. 85–119.

441 Das Leben Jhesu. Diatessaron Theodiscum. Hrsg. von Christoph Gerhardt. Leiden 1970. (Verzamelingen-van-Middelnederlandse Bijbelteksten. Kleine reehs. Afdeling 1: Evangeliënharmonieën. Nr. 41).

442 Das Nibelungenlied. Mittelhochdeutscher Text und Übertragung. Hrsg. und übersetzt von Helmut Brackert. 2 Bde. Frankfurt (Main) 1970 und 1971. (Nachwort: S. 266–272).

443 David von Augsburg. Die sieben Staffeln des Gebetes. In der deutschen Originalfassung hrsg. von Kurt Ruh. München 1965. (Kleine deutsche Prosadenkmäler des Mittelalters. Heft 1).

444 Der altdeutsche ‹Physiologus›. Die Millstätter Reimfassung und die Wiener Prosa nebst dem lateinischen Text und dem althochdeutschen ‹Physiologus›. Hrsg. von Friedrich Maurer. Tübingen 1967. (Altdeutsche Bibliothek Nr. 67).

445 Deutsche Literatur. Reihe Geistliche Dichtung des Mittelalters. Bd. 5: Das ‹Alexanderlied› des Pfaffen Lamprecht. Das ‹Rolandslied› des Pfaffen Konrad. Hrsg. von Friedrich Maurer. Darmstadt 1964; Bd. 6: Die Erlösung. Eine geistliche Dichtung des 14. Jahrhunderts. Auf Grund der sämtlichen Handschriften zum erstenmal kritisch herausgegeben von Friedrich Maurer. Darmstadt 1964.

446 Die Gedichte Reinmars von Zweter. Hrsg. von Gustav Roethe. Leipzig 1887. Nachdruck Amsterdam 1967.

447 Die Gedichte Walthers von der Vogelweide. Hrsg. von Karl Lachmann. Neu hrsg. von Hugo Kuhn. 13. Ausg. Berlin (West) 1965.

448 Die Lieder Walthers von der Vogelweide. Unter Beifügungen erhaltener und

erschlossener Melodien neu hrsg. von Friedrich Maurer. Band 1: Die religiösen und die politischen Lieder. Tübingen 1955. Band 2: Die Liebeslieder. 1956. (Altdeutsche Textbibliothek Nr. 43 und 47).

449 Dittrich-Orlovius, Gunda: Zum Verhältnis von Erzählung und Reflexion im ‹Reinfried von Braunschweig›. Göppingen 1971. (Göppinger Arbeiten zur Germanistik 34). (Zugl. Diss. Marburg 1970).

450 Diu Klage. Mit den Lesarten sämtlicher Handschriften hrsg. von Karl Bartsch. Leipzig 1875. Nachdruck Darmstadt 1964.

451 Dronke, Peter: Problemata Hildegardiana. In: Mittellateinisches Jahrbuch 16 (1981). S. 97–131.

452 Ebenbauer, Alfred: Der ‹Apollonius von Tyrlant› des Heinrich von Neustadt und die bürgerliche Literatur im spätmittelalterlichen Wien. In: Die österreichische Literatur. Eine Dokumentation ihrer literarhistorischen Entwicklung. Bd. 1: Ihr Profil von den Anfängen im Mittelalter bis ins 18. Jahrhundert (1050–1750). Unter Mitwirkung von F. P. Knapp hrsg. von H. Zeman. Graz 1986. S. 311–347.

453 Ebenbauer, Alfred: ‹Orendel› – Anspruch und Verwirklichung. In: Strukturen und Interpretationen. Studien zur deutschen Philologie. Gewidmet Blanka Horacek zum 60. Geburtstag. Hrsg. von Alfred Ebenbauer und Fritz Peter Knapp. Wien, Stuttgart 1974. S. 25–63. (Philologica germanica. Bd. 1).

454 Ehlers, Joachim: Hugo von Sankt Viktor. Studien zum Geschichtsdenken und zur Geschichtsschreibung des 12. Jahrhunderts. Wiesbaden 1973. (Frankfurter historische Abhandlungen. Bd. 7).

455 Ehrismann, Otfrid-Reinald: Das Nibelungenlied in Deutschland. Studien zur Rezeption des Nibelungenlieds von der Mitte des 18. Jahrhunderts bis zum Ersten Weltkrieg. München 1975. (Münchener germanistische Beiträge. Bd. 14).

456 Eigler, Günter: Die ethischen Anschauungen in ‹Freidanks Bescheidenheit›. Tübingen 1969. (Hermaea. Neue Folge 25).

457 Eike von Repgow: Sachsenspiegel. Hrsg. von Karl August Eckhardt. 3 Bde. Göttingen, Berlin, Frankfurt 1955–1956. (Germanenrechte. N. F. Land- und Lehnrechtsbücher).

458 Ertzdorff, Xenia von: Rudolf von Ems. Untersuchungen zum höfischen Roman im 13. Jahrhundert. München 1967.

459 Faral, Edmond: La légende arthurienne. Etudes et documents. 3 Bde. Paris 1929. (Bibliothèque de l'école des hautes études. 255–257).

460 Fischer, Clemens: Der altfranzösische ‹Roman de Troie› des Benoît de Sainte-Mor als Vorbild für die mittelhochdeutschen Trojadichtungen des Herbort von Fritslâr und des Konrad von Würzburg. Hrsg. von Gustav Körting. Paderborn 1883. (Neuphilologische Studien 2).

461 Fischer, Hubertus: Ehre, Hof und Abenteuer in Hartmanns ‹Iwein›. Vorarbeiten zu einer historischen Poetik des höfischen Epos. München 1983. (Forschungen zur Geschichte der älteren deutschen Literatur 3).

462 [Frank, István:] Trouvères et Minnesänger. Recueil de textes pour servir a l'étude des rapports entre la poésie lyrique romane et le Minnesang au 12e siècle. Hrsg. v. István Frank. Saarbrücken 1952 (Schriften der Universität des Saarlandes).

463 Franklin, James C.: Mystical Transformations. The Imagery of Liquids in the Work of Mechthild von Magdeburg. Cranbury 1978.

464 Frappier, Jean: Chrétien de Troyes. L'homme et l'œuvre. 2. Aufl. Paris 1968. (Collection Connaissance des Lettres 50).

465 Frappier, Jean: Chrétien de Troyes et le mythe du Graal. Étude sur Perceval ou le Conte du Graal. 2. Aufl. Paris 1979. (Bibliothèque du Moyen Age).

466 Frappier, Jean: Le cycle de la Vulgate (Lancelot en prose et Lancelot-Graal). In: Le roman jusqu'à la fin du XIIIe siècle. Band 1. Hrsg. von Jean Frappier und Reinhold R. Grimm. Heidelberg 1978. (Grundriß der romanischen Literaturen des Mittelalters. Bd. 4). S. 536–589.

467 Frauenlob. (Heinrich von Meißen). Leichs, Sangsprüche, Lieder. Hrsg. von Karl Stackmann und Karl Bertau. 2 Teile. Göttingen 1981. (Abhandlungen der Akademie der Wissenschaften in Göttingen, philologisch-historische Klasse, Folge 3, 119/120).

468 Frey, Winfried: «die rede ich in dîn herze grabe». Zur Vermittlung von Herrenethik im ‹Winsbecke›. In: Philologische Untersuchungen. Gewidmet Elfriede Stutz zum 65. Geburtstag. Hrsg. von Alfred Ebenbauer. Wien 1984. (Philologica Germanica. Bd. 7). S. 176–195.

469 Fromm, Hans: Der ‹Jüngere Titurel›. Das Werk und sein Dichter. In: Wolfram-Studien 8 (1984). S. 11–33.

470 Fromm, Hans: Der oder die Dichter des Nibelungenlieds. In: Colloquio Italo-Germanico sul tema: ‹I Nibelunghi› organizzato d'intesa con la Bayerische Akademie der Wissenschaften. (Roma, 14–15 Maggio 1973). Roma 1974. S. 63–74.

471 Fromm, Hans: Lancelot und die Einsiedler. In: Geistliche Denkformen in der Literatur des Mittelalters. Hrsg. von Klaus Grubmüller; Ruth Schmidt-Wiegand; Klaus Speckenbach. München 1985. (Münstersche Mittelalter-Schriften 51). S. 198–209.

472 Führkötter, Adelgundis: Hildegard von Bingen. 2. Aufl. Salzburg 1979.

473 Garstka, Ruth: Untersuchungen zu Konrads von Würzburg Versroman ‹Partonopier und Meliur›. Funktionsänderungen epischer Komposition im nachhöfischen Epigonenroman im Vergleich zu Beispielen aus den «klassischen» Artusromanen Hartmanns. Tübingen 1979.

474 Gentry, Francis G.: Noker's ‹Memento mori› and the Desire for Peace. In: Amsterdamer Beiträge zur Älteren Germanistik 16 (1981). S. 25 bis 62.

475 Giloy-Hirtz, Petra: Deformation des Minnesangs. Wandel literarischer Kommunikation und gesellschaftlicher Funktionsverlust in Neidharts Liedern. Heidelberg 1982. (Beiheft zum Euphorion 19).

476 Green, William M.: Hugo of St. Victor. ‹De Tribus Maximis Circumstantiis Gestorum›. In: Speculum 18 (1943). S. 484–493.

477 Grosse, Siegfried: Zur Rezeption des ‹Nibelungenliedes› im 19. Jahrhundert. In: Kunsterfahrung und Kulturpolitik im Berlin Hegels. Hrsg. von Otto Pöggeler und Annemarie Gethmann-Siefert. (Hegel-Studien. Beiheft 22). Bonn 1983. S. 309–331.

478 Grubmüller, Klaus: Artusroman und Heilsbringerethos. Zum ‹Wigalois› des Wirnt von Gravenberg. In: Beiträge zur Geschichte der deutschen Sprache und Literatur 107 (1985). S. 218–239.

479 Grundmann, Herbert: Dichtete Wolfram von Eschenbach am Schreibtisch? In: Archiv für Kulturgeschichte 49 (1967). S. 351–405.

480 Gürsching, Heinrich: Neue urkundliche Nachrichten über den Mystiker Heinrich von Nördlingen. In: Festgabe aus Anlaß des 75. Geburtstages Karl Schornbaums. Neustadt (Aisch) 1950. S. 42–57.

481 Haage, Bernhard Dietrich: Das Arzneibuch des Erhart Hesel. Hrsg. und eingel. von Bernhard Dietrich Haage. Göppingen 1973. (Göppinger Arbeiten zur Germanistik 88).

482 Haas, Alois Maria: Themen und Aspekte der Mystik Mechthilds von Hackeborn. In: Geistliches Mittelalter. Fribourg 1984. S. 373–391.

483 Haenel, Klaus: Textgeschichtliche Untersuchungen zum sogenannten ‹Puchlein des Lebens und der Offenbarung Swester Elsbethen von Oye›. Diss. Göttingen 1958.

484 Hahn, Gerhard: Walther von der Vogelweide. Eine Einführung. München, Zürich 1986.

485 Hahn, Gerhard: Zum sozialen Gehalt von Walthers Minnesang. Einige Beobachtungen am Text. In: Medium Aevum deutsch. Beiträge zur deutschen Literatur des hohen und späten Mittelalters. Festschrift für Kurt Ruh zum 65. Geburtstag. Hrsg. von Dietrich Huschenbett u. a. Tübingen 1979. S. 121–138.

486 Hahn, Ingrid: Das Ethos der *kraft*. Zur Bedeutung der Massenschlachten in Strickers ‹Daniel von dem Blühenden Tal›. In: Deutsche Vierteljahrsschrift für Literaturwissenschaft und Geistesgeschichte 59 (1985). S. 173–194.

487 Hahn, Ingrid: *güete* und *wizzen*. Zur Problematik von Identität und Bewußtsein im ‹Iwein› Hartmanns von Aue. In: Beiträge zur Geschichte der deutschen Sprache und Literatur 107 (1985). S. 190–217.

488 Hahn, Ingrid: Raum und Landschaft in Gottfrieds ‹Tristan›. Ein Beitrag zur Werkdeutung. München 1963. (Medium Aevum 3).

489 Hartmann von Aue. Hrsg. von Hugo Kuhn und Christoph Cormeau. Darmstadt 1973. (Wege der Forschung 309).

490 Hatto, Arthur Thomas: Parzival. Wolfram von Eschenbach. Harmondsworth 1980.

491 Haug, Walter: Normatives Modell oder hermeneutisches Experiment: Überlegungen zu einer grundsätzlichen Revision des Heuslerschen Nibelungen-Modells.
In: Montfort. Vierteljahresschrift für Geschichte und Gegenwartskunde Vorarlbergs 32 (1980). S. 212–226.

492 Haug, Walter: Höfische Idealität und heroische Tradition im Nibelungenlied. In: I Nibelunghi. Roma 1974. S. 35–50.

493 Haug, Walter: «Das Land, von welchem niemand wiederkehrt.» Mythos, Fiktion und Wahrheit in Chrétiens ‹Chevalier de la Charrete›, im ‹Lanzelet› Ulrichs von Zatzikhoven und im ‹Lancelot›-Prosaroman. Tübingen 1978.

494 Haug, Walter: Die historische Dietrichsage. Zum Problem der Literarisierung geschichtlicher Fakten. In: Zeitschrift für deutsches Altertum 100 (1971). S. 43–62.

495 Haug, Walter: Die Symbolstruktur des höfischen Epos und ihre Auflösung bei Wolfram von Eschenbach. In: Deutsche Vierteljahrsschrift für Literaturwissenschaft und Geistesgeschichte 45 (1971). S. 668–705.

496 Haug, Walter: Erzählen vom Tod her. Sprachkrise, gebrochene Handlung und zerfallende Welt in Wolframs ‹Titurel›. In: Wolfram-Studien 6 (1980). S. 8–24.

497 Haug, Walter: Rezension zu: Tankred Dorst. Merlin oder Das wüste Land. In: Arbitrium 1 (1983). S. 100–108.

498 Haverkamp, Alfred: Tenxwind von Andernach und Hildegard von Bingen. Zwei *Weltanschauungen* in der Mitte des 12. Jahrhunderts. In: Institutionen, Kultur und Gesellschaft im Mittelalter. Festschrift für Josef Fleckenstein. Hrsg. von Lutz Fenske; Werner Rösener; Thomas Zotz. Sigmaringen 1984. S. 515–548.

499 Heinrich von Veldeke. Eneasroman. Nach dem Text von Ludwig Ettmüller ins Neuhochdt. übersetzt, mit einem Stellenkommentar und einem Nachwort von Dieter Kartschoke. Stuttgart 1986.

500 Heinzle, Joachim: Über den Aufbau des ‹Wigalois›. In: Euphorion 67 (1973). S. 261–271.

501 Heinzle, Joachim: Stellenkommentar zu Wolframs ‹Titurel›. Beiträge zum Verständnis des überlieferten Textes. Tübingen 1972. (Hermea. Neue Folge 30).

502 Heinzle, Joachim: Zur Stellung des ‹Prosa-Lanzelot› in der deutschen Literatur des 13. Jahrhunderts. In: Artusrittertum im späten Mittelalter. Ethos und Ideologie. Vorträge des Symposiums der deutschen Sektion der Internationalen Artusgesellschaft vom 10. bis 13. November 1983 im Schloß Rauischholzhausen (Universität Gießen). Wilhelm Kellermann zum Gedächtnis. Hrsg. von Friedrich Wolfzettel. Gießen 1984. S. 104–113. (Beiträge zur deutschen Philologie 57).

503 Heinzle, Joachim: Dietrich von Bern. In: Epische Stoffe des Mittelalters. Hrsg. von Volker Mertens und Ulrich Müller. Stuttgart 1984. S. 141–155.

504 Hellmuth, Leopold: Zur Entstehungszeit der ‹Weltchronik› des Jans Enikel. In: Österreich in Geschichte und Literatur 29 (1985). S. 163–170.

505 Henric van Veldeken. Hrsg. von Gilbert de Smet. Symposion. Gent 23–24 Oktober 1970. Antwerpen, Utrecht 1971.

506 Herzog, Urs: Minneideal und Wirklichkeit. Zum ‹Frauendienst› des Ulrich von Liechtenstein. In. Deutsche Vierteljahrsschrift für Literaturwissenschaft und Geistesgeschichte 49 (1975). S. 502–519

507 Hildegard von Bingen 1179 bis 1979. Festschrift zum 800. Todestag der Heiligen. Hrsg. von Anton Ph. Brück. Mainz 1979.

508 Historie von Alexander dem Großen. Aus dem Mittellat. übersetzt und hrsg. von Wolfgang Kirsch. 4. Aufl. Leipzig 1984.

509 Huschenbett, Dietrich. ‹Der heimliche Bote›. In: Die deutsche Literatur des Mittelalters. Verfasserlexikon. Hrsg. von Kurt Ruh u. a. Bd. 3. 2. Aufl. Berlin 1981. Sp. 645–649.

510 Huschenbett, Dietrich: Der ‹Jüngere Titurel› als literaturgeschichtliches Problem. In: Wolfram-Studien 8 (1984). S. 153–168.

511 Huschenbett, Dietrich: Albrechts ‹Jüngerer Titurel›. Zu Stil und Komposition. München 1979. (Medium Aevum 35).

512 Huschenbett, Dietrich: Albrecht, Dichter des ‹Jüngeren Titurel›. In: Die deutsche Literatur des Mittelalters. Verfasserlexikon. Hrsg. von Kurt Ruh u. a. Band 1. Berlin, New York 1978. Sp. 158–173.

513 Huygens, Robert Burchard Constantijn: Lettres de Jacques de Vitry. Leiden 1960.

514 Jackson, William E.: Reinmar's Women. A Study of the Woman's Song (‹Frauenlied› und ‹Frauenstrophe›) of Reinmar der Alte. Amsterdam 1981. (German Language and Literature Monographs 9).

515 Jäger, Berndt: «Durch reimen gute lere geben». Untersuchungen zu Überlieferung und Rezeption Freidanks im Spätmittelalter. Göppingen 1978. (Göppinger Arbeiten zur Germanistik 238).

516 Jaeger, Charles Stephan: Medieval Humanism in Gottfrieds von Straßburg ‹Tristan und Isolde›. Heidelberg 1977. (Germanische Bibliothek: Reihe 3. Untersuchungen und Einzeldarstellungen).

517 Jillings, Lewis: ‹Diu Crone› of Heinrich von dem Türlîn: The attempted Emancipation of Secular Narrative. Göppingen 1980. (Göppinger Arbeiten zur Germanistik 258).

518 Kaiser, Gert: Textauslegung und gesellschaftliche Selbstdeutung. Aspekte einer sozialgeschichtlichen Interpretation von Hartmanns Artusepen. Frankfurt (Main) 1973.

519 Kaiser, Gert: Der ‹Wigalois› des Wirnt von Grâvenberc. Zur Bedeutung des Territorialisierungsprozesses für die *höfisch-ritterliche* Literatur des 13. Jahrhunderts. In: Euphorion 69 (1975). S. 410–443.

520 Kaiser, Gert: Zur Funktion des Hofes in der Lyrik Walthers von der Vogelweide. In: Ruperto Carola 27 (1975). Heft 54. S. 59–66.

521 Kartschoke, Dieter: Bibeldichtung. Studien zur Geschichte der epischen Bibelparaphrase von Juvencus bis Otfrid von Weißenburg. München 1975. Zugl. Habil.-Schrift Karlsruhe 1975.

522 Kellermann, Wilhelm: Aufbaustil und Weltbild Chrestiens von Troyes im Percevalroman. Halle 1936. (Zeitschrift f. romanische Philologie. Beiheft 88).

523 Kern, Peter: Rezeption und Genese des Artusromans. Überlegungen zu Strickers ‹Daniel vom blühenden Tal›. In: Zeitschrift für deutsche Philologie 93 (1974). (Sonderheft: Spätmittelalterliche Epik). S. 18–42.

524 Kern, Peter: Die Artusromane des Pleier. Untersuchungen über den Zusammenhang von Dichtung und literarischer Situation. Berlin (West) 1981. (Philologische Studien und Quellen 100).

525 Kesting, Peter: «Diu rehte wârheit». Zu Konrads von Würzburg ‹Engelhard›. In: Zeitschrift für deutsches Altertum 99 (1970). S. 246–259.

526 Köhn, Rolf: *Militia curialis*. Die Kritik am geistlichen Hofdienst bei Peter von Blois und in der lateinischen Literatur des 9.–12. Jahrhunderts. In: Soziale Ordnungen im Selbstverständnis des Mittelalters. Hrsg. von Albert Zimmermann. Bd. 1. Berlin, New York 1979. S. 227–257. (Miscellanea mediaevalia Bd. 12).

527 Koelliker, Beat: Reinfrid von Braunschweig. Bern 1975. (Basler Studien zur deutschen Sprache und Literatur. Bd. 51).

528 Könneker, Barbara: Erzähltypus und epische Struktur des ‹Engelhard›. Ein Beitrag zur literarhistorischen Stellung Konrads von Würzburg. In: Euphorion 62 (1968). S. 239–277.

529 Köster, Kurt: Elisabeth von Schönau. Leben, Persönlichkeit und visionäres Werk. In: Schönauer Elisabeth-Jubiläum 1965. Kloster Schönau 1965, S. 17–46.

530 Köster, Kurt: Elisabeth von Schönau. In: Die deutsche Literatur des Mittelalters. Verfasserlexikon. ^{2}1980. Bd. 2, Sp. 487–494.
531 Kohlmayer, Rainer: Ulrichs von Eschenbach ‹Wilhelm von Wenden›. Studien zu Tektonik und Thematik einer politischen Legende aus der nachklassischen Zeit des Mittelalters. Meisenheim (Glan) 1974. (Deutsche Studien 25). Zugl. Diss. Mainz 1974.
532 Kohlmayer, Rainer: Formkunst und Politik in den Werken Ulrichs von Etzenbach. Zahlenkomposition und politische Thematik in der ‹Alexandreis›, im ‹Herzog Ernst D›, im ‹Wilhelm von Wenden› und im *Anhang* der ‹Alexandreis›. In: Zeitschrift für deutsche Philologie 99 (1980). S. 355–384.
533 Kraus, Carl von: Die Lieder Reinmars des Alten. München 1919. (Abhandlungen der Bayerischen Akademie der Wissenschaften. Philosophisch-philologische und historische Klasse. Bd. 30, 4. Abhandlung).
534 Kraus, Carl von: Walther von der Vogelweide. Untersuchungen. 2. Auflage Berlin 1966.
534a Krüger, Rüdiger: Studien zur Rezeption des sogenannten ‹Jüngeren Titurel›. Stuttgart 1986. (Helfant-Studien 1).
535 Kudrun. Hrsg. von Karl Bartsch. 5. Aufl., überarb. und neu eingel. von Karl Stackmann. Wiesbaden 1965.
536 Kühnel, Jürgen: Zum ‹Reinhart Fuchs› als antistaufischer Gesellschaftssatire. In: Stauferzeit. Geschichte, Literatur, Kunst. Hrsg. von Rüdiger Krohn u. a. Stuttgart 1978. S. 71–86. (Karlsruher Kulturwissenschaftliche Arbeiten 1).
537 Kühnel, Jürgen: Zur Struktur des ‹Herzog Ernst›. In: Euphorion 73 (1979). S. 248–271.
538 Kugler, Hartmut: Jans Enikel und die Weltchronistik im späten Mittelalter. In: Einführung in die deutsche Literatur des 12. bis 16. Jahrhunderts. Band 2: Patriziat und Landesherrschaft – 13.–15. Jahrhundert. Hrsg. von Winfried Frey, Walter Raitz u. a. Opladen 1982. S. 216–252.
539 Kühn, Dieter: Der ‹Parzival› des Wolfram von Eschenbach. Frankfurt (Main) 1986.
540 Kuhn, Hugo: ‹Winsbecke› und ‹Winsbeckin›. In: Die deutsche Literatur des Mittelalters. Verfasserlexikon. Hrsg. von Karl Langosch. Bd. 4. Berlin 1953. Sp. 1011–1016.
541 Kuhn, Hugo: Gestalten und Lebenskräfte der frühmittelhochdeutschen Dichtung. ‹Ezzos Lied›, ‹Genesis›, ‹Annolied›, ‹Memento mori›. In: Ders., Dichtung und Welt im Mittelalter. Stuttgart 1959. S. 112–132.
542 Kuhn, Hugo: Thomasin von Zerklaere. In: Die deutsche Literatur des Mittelalters. Verfasserlexikon. Hrsg. von Karl Langosch. Bd. 4. Berlin 1953. Sp. 466–472.
543 Kuhn, Hugo: Erec. In: Festschrift Paul Kluckhohn und Hermann Schneider. Gewidmet zu ihrem 60. Geburtstag. Hrsg. von ihren Tübinger Schülern. Tübingen 1948. S. 122–147.
544 Kunisch, Herrmann: Margarete Ebner oder das gottgelobte Herz. In: Kleine Schriften. Berlin (West) 1968. S. 157–163.
545 Lachmann, Karl: Über die ursprüngliche Gestalt des Gedichts von der ‹Nibelungen Noth›. Berlin 1816.
546 Lamprecht von Regensburg, Sanct Francisken Leben und Tochter Syon. Hrsg. von Karl Weinhold. Paderborn 1880.

547 Lancelot. Actes du colloque des 14 et 15 janvier 1984, Université de Picardie, Centre d'études médievales. Publiés par les soins de Danielle Buschinger. Göppingen 1984. (Göppinger Arbeiten zur Germanistik 415).
548 Langer, Otto: Der *Künstlerroman* Gottfrieds – Protest bürgerlicher *Empfindsamkeit* gegen höfisches *Tugendsystem*? In: Euphorion 68 (1974). S. 1–141.
549 Laubner, Horst: Studien zum geistlichen Sinngehalt des Adjektivs im Werk Mechthilds von Magdeburg. Göppingen 1975.
550 Leben und Geschichte der Christina Ebnerin, Klosterfrau zu Engelthal. Hrsg. von Georg Wolfgang Karl Lochner. Nürnberg 1872.
551 Leitzmann, Albert: Der ‹Winsbecke› und Wolfram. In: Beiträge zur Geschichte der deutschen Sprache und Literatur 14 (1889). S. 149–152.
552 Lengenfelder, Helga: Das ‹Liet von Troyge› Herborts von Fritzlar. Untersuchungen zur epischen Struktur und geschichts-moralischen Perspektive. Frankfurt (Main), Bern 1975. (Europäische Hochschulschriften I, 133). Zugl. Diss. München.
553 Lex Salica. 100 Titel-Text. Hrsg. von Karl August Eckardt. Weimar 1953. (Germanenrechte. Neue Folge. Abteilung Westgermanisches Recht).
554 Liebertz-Grün, Ursula: Gesellschaftsdarstellung und Geschichtsbild in Jans Enikels ‹Weltchronik›. Mit Notizen zu Geschichtserkenntnis und Geschichtsbild im Mittelalter. In: Euphorion 75 (1981). S. 71–99.
555 Liebertz-Grün, Ursula: Das andere Mittelalter. Erzählte Geschichte und Geschichtserkenntnis um 1300. Studien zu Ottokar von Steiermark, Jans Enikel, ‹Seifried Helbling›. München 1984. (Forschungen zur Geschichte der älteren deutschen Literatur 5).
556 Liebertz-Grün, Ursula: Zum ‹Annolied›. Atypische Struktur und singuläre politische Konzeption. In: Euphorion 74 (1980). S. 223–256.
557 Liebertz-Grün, Ursula: ‹Seifried Helbling›. Satiren kontra Habsburg. München 1981.
558 Liebertz-Grün, Ursula: Bürger, Fürsten, Dienstherren, Ritter und Frauen. Gesellschaftsdarstellung und Geschichtsbild in Jans Enikels ‹Fürstenbuch›. In: Euphorion 74 (1980). Heft 1. S. 77–94.
559 Liebeschütz, Hans: Das allegorische Weltbild der heiligen Hildegard von Bingen. Leipzig-Berlin 1930 (Nachdruck: Darmstadt 1964).
560 Lieder des Mittelalters und der Mönch von Salzburg. Sonderdruck im Programm der *Szene der Jugend*. Hrsg. von Ulrich Müller. Salzburg 1981.
561 Loehr, Maja: Der steirische Reimchronist: «her Otacher ouz der Geul». In: Mitteilungen des Instituts für österreichische Geschichtsforschung 51 (1937). S. 89–130.
562 Lucidarius. Aus der Berliner Handschrift. Hrsg. von Felix Heidlauf. Berlin 1915. (Deutsche Texte des Mittelalters 28).
563 Lüers, Grete: Die Sprache der deutschen Mystik des Mittelalters im Werke der Mechthild von Magdeburg. 2. Aufl. Darmstadt 1966 (unveränd. reprogr. Nachdruck d. Ausg. München 1926).
564 Malsen-Tilborch, Gabriele von: Repräsentation und Reduktion. Strukturen späthöfischen Erzählens bei Berthold von Holle. München 1973. (Münchener Texte und Untersuchungen. Bd. 44).
565 Marchand, James: The Frankish Mother, Dhuoda. In: Medieval Women Writers. Hrsg. von Katharina M. Wilson. Manchester 1984. S. 1–29.

566 Margetts, John: Latein und Volkssprache bei Mechthild von Magdeburg. In: Amsterdamer Beiträge zur Älteren Germanistik 12 (1977). S. 119–136.
567 Mayser, Eugen: Studien zur Dichtung Johanns von Würzburg. Berlin 1931. Nachdruck Nendeln (Liechtenstein) 1967.
568 Meier, Christel: Eriugena im Nonnenkloster? Überlegungen zum Verhältnis von Prophetentum und Werkgestalt in den ‹figmenta prophetica› Hildegards von Bingen. In: Frühmittelalterliche Studien 19 (1985). S. 466–497.
569 Meier, Christel: *Virtus* und *operatio* als Kernbegriffe einer Konzeption der Mystik bei Hildegard von Bingen. In: Theologia mystica. Hrsg. von Margot Schmidt. Stuttgart 1987. S. 73–101.
570 Meier, Christel: «Scientia divinorum operum». Hildegards von Bingen visionär-künstlerische Rezeption Eriugenas. In: Eriugena redivivus. Hrsg. von Werner Beierwaltes. 1987. S. 89–141.
571 Meier, Christel: Die Bedeutung der Farben im Werk Hildegards von Bingen. In: Frühmittelalterliche Studien 6 (1972), S. 245–355.
572 Meier, Christel: Hildegard von Bingen. In: Die deutsche Literatur des Mittelalters. Verfasserlexikon. 2. Aufl. Berlin, New York 1981. Bd. 3. Sp. 1257–1280.
573 Mertens, Volker: ‹Iwein› und ‹Gwigalois› – der Weg zur Landesherrschaft. In: Germanisch-Romanische Monatsschrift NF 31 (1981). S. 14–31.
574 Mertens, Volker: Laudine. Soziale Problematik im ‹Iwein› Hartmanns von Aue. Berlin (West) 1978. (Beihefte zur Zeitschrift für deutsche Philologie 3).
575 Meves, Uwe: Studien zu ‹König Rother›, ‹Herzog Ernst› und ‹Grauer Rock› (Orendel). Frankfurt (Main), Bern 1976. (Europäische Hochschulschriften. Bd. I, 181).
576 Micha, Alexandre: Chrétien de Troyes. In: Le roman jusqu'à la fin du siècle. Band 1. Hrsg. von Jean Frappier und Reinhold R. Grimm. Heidelberg 1978. (Grundriß der romanischen Literaturen des Mittelalters. Bd. 4,1). S. 231–264.
577 Mohr, Wolfgang: Darbietungsformen der Mystik bei Mechthild von Magdeburg. In: Märchen, Mythos, Dichtung. Festschrift zum 90. Geburtstag Friedrich von der Leyens am 19. August 1963. Hrsg. von Hugo Kuhn und Kurt Schier. München 1963. S. 375–399.
578 Mohr, Wolfgang: Die *Vrouwe* Walthers von der Vogelweide. In: Zeitschrift für deutsche Philologie 86 (1967). S. 1–10.
579 Mohr, Wolfgang: Wolfram von Eschenbach. Aufsätze. Göppingen 1979. (Göppinger Arbeiten zur Germanistik 275).
580 Mohr, Wolfgang: Wolfram von Eschenbach. Parzival (Übersetzung). Göppingen 1977 u. ö. (Göppinger Arbeiten zur Germanistik 200).
581 Monecke, Wolfgang: Studien zur epischen Technik Konrads von Würzburg. Das Erzählprinzip der *wildekeit*. Stuttgart 1968. (Germanistische Abhandlungen 24).
582 Moos, Peter von: Hildebert von Lavardin. 1056 bis 1133. Humanitas an der Schwelle des höfischen Zeitalters. Stuttgart 1965. (Pariser historische Studien 3).
583 Müller, Irmgard: Die pflanzlichen Heilmittel bei Hildegard von Bingen. Salzburg 1982.

584 Müller, Jan-Dirk: «Sivrit: künec – man – eigenholt». Zur sozialen Problematik des Nibelungenliedes. In: Amsterdamer Beiträge zur Älteren Germanistik 7 (1974). S. 85–124.

585 Müller, Jan-Dirk: Lachen – Spiel – Fiktion. Zum Verhältnis von literarischem Diskurs und historischer Realität im ‹Frauendienst› Ulrichs von Lichtenstein. In: Deutsche Vierteljahrsschrift für Literaturwissenschaft und Geistesgeschichte 58 (1984). S. 38–73.

586 Müller, Ulrich: Parzival 1980 – auf der Bühne, im Fernsehen und im Film. In: Mittelalter-Rezeption II. Gesammelte Vorträge des 2. Salzburger Symposions: Die Rezeption des Mittelalters in Literatur, Bildender Kunst und Mystik des 19. und 20. Jahrhunderts. Hrsg. von Jürgen Kühnel u. a. Göppingen 1982. (Göppinger Arbeiten zur Germanistik 358). S. 623–640.

587 Müller, Ulrich: Die färöischen Tanzballaden: Ihr «Sitz» im Leben. In: Die färöischen Lieder der Nibelungensage II: Brinhild. Hrsg. von Klaus Fuss. Göppingen 1985 (Göppinger Arbeiten zur Germanistik 428). S. 173–186.

588 Müller, Ulrich: ‹Parzival› und ‹Parsifal›. Vom Roman Wolframs von Eschenbach und vom Musikdrama Richard Wagners. In: Sprache – Text – Geschichte. Beiträge zur Mediävistik und Germanistischen Sprachwissenschaft aus dem Kreis der Mitarbeiter 1964–1979 des Instituts für Germanistik an der Universität Salzburg. Hrsg. von Peter K. Stein u. a. Göppingen 1980. (Göppinger Arbeiten zur Germanistik 304). S. 479–502.

589 Müller, Ulrich: Überlegungen und Versuche zur Melodie des ‹Nibelungenliedes›, zur *Kürenberger-Strophe* und zur sogenannten ‹Elegie› Walthers von der Vogelweide. In: Zur gesellschaftlichen Funktionalität mittelalterlicher deutscher Literatur. Greifswald 1984 (Wissenschaftliche Beiträge der Ernst-Moritz-Arndt-Universität Greifswald. Deutsche Literatur des Mittelalters 1). S. 27–42.

589a Müller, Ulrich: Bemerkungen zu einer Tonbandaufnahme des «Hessischen Weihnachtsspieles». In: Egon Kühebacher (Hrsg.): Tiroler Volksschauspiel. Bozen 1976. S. 190–193.

590 Nagel, Bert: Hrotsvit von Gandersheim. Stuttgart 1965.

591 Neidhart. Hrsg. von Horst Brunner. Darmstadt 1986. (Wege der Forschung 556).

592 Neidhart von Reuental. Aspekte einer Neubewertung. Hrsg. von Helmut Birkhan. Wien 1983.

592a Nellmann, Eberhard: Wolframs Erzähltechnik. Untersuchungen zur Funktion des Erzählers. Wiesbaden 1973.

593 Neumann, Friedrich: Der Denkstil Hrotsvits von Gandersheim. In: Festschrift für Hermann Heimpel zum 70. Geburtstag. Hrsg. von Mitarbeitern des Max-Planck-Instituts für Geschichte. Bd. III. Göttingen 1972. S. 37–60.

594 Neumann, Friedrich: Freidank. In: Die deutsche Literatur des Mittelalters. Verfasserlexikon. Hrsg. von Kurt Ruh u. a. Bd. 2. Berlin 1980. Sp. 897–903.

595 Neumann, Hans: Beiträge zur Textgeschichte des ‹Fließenden Lichts der Gottheit› und zur Lebensgeschichte Mechthilds von Magdeburg. In: Nachrichten der Akademie der Wissenschaften in Göttingen Nr. 3 (1954). S. 27–80.

596 Neumann, Hans: Problemata Mechtildiana. In: Zeitschrift für deutsches Altertum 82 (1948/50). S. 143–172.

597 Neumann, Hans: Fragmenta Mechtildiana inedita. In: Annales Academiae Scientiarum Fennica Ser. B 84, 12 (1954). S. 161–178.
598 Neumann, Hans: Ein ungedrucktes Mechthild-Fragment. In: Festschrift für Ulrich Pretzel. Hrsg. v. Werner Simon u. a. Berlin 1963. S. 316–326.
599 Neumann, Hans: Mechthild von Magdeburg und die niederländische Frauenmystik. In: Medieval German Studies. Festschrift für Frederick Norman. Hrsg. v. A. T. Hatto u. M. O. Walshe. London 1965. S. 231–246.
600 Ortmann, Christa: Die Kunst *ebene* zu werben. Zu Walthers «Aller werdekeit ein füegerinne» (L. 46,32). In: Beiträge zur Geschichte der deutschen Sprache und Literatur 103 (1981). S. 238–263.
601 Paradisus animae intelligentis. Hrsg. von Phillipp Strauch. In: Deutsche Texte des Mittelalters. Hrsg. von der königlich preußischen Akademie der Wissenschaften. Bd. 30. Berlin 1919.
602 Pastré, Jean-Marc: Hervort de Fritslar, Konrad de Würzburg et la ville de Troie. In: La représentation de l'antiquité au moyen âge. Hrsg. von Danielle Buschinger und André Crepin. Wien 1982. (Wiener Arbeiten zur Germanischen Altertumskunde und Philologie 20). S. 141–155.
603 Pérennec, René: Adaptation et société: L'adaptation par Hartmann d'Aue du roman de Chrétien de Troyes ‹Erec et Enide›. In: Études germaniques 28 (1973). S. 289–303.
604 Peters, Ursula: Artusroman und Fürstenhof. Darstellung und Kritik neuerer sozialgeschichtlicher Untersuchungen zu Hartmanns ‹Erec›. In: Euphorion 69 (1975). S. 175–196.
605 Peters, Ursula: Frauendienst. Untersuchungen zu Ulrich von Lichtenstein und zum Wirklichkeitsgehalt der Minnedichtung. Göppingen 1971. (Göppinger Arbeiten zur Germanistik 46).
606 Quint, Josef: Der ‹Roman d'Eneas› und Veldekes ‹Eneit› als frühhöfische Umgestaltung der ‹Aeneis› in der *Renaissance* des 12. Jahrhunderts. In: Zeitschrift für deutsche Philologie 73 (1954). S. 241–267.
607 Raab, Rudolf Wolfgang: Gottfrieds ‹Tristan›. Eine sozialliterarische Interpretation. Diss. Univ. of California 1977.
608 Rädle, Fidel: Hrotsvit von Gandersheim. In: Die deutsche Literatur des Mittelalters. Verfasserlexikon. Hrsg. von Kurt Ruh u. a. Bd. 4. Berlin/New York 1983, Sp. 196–210.
609 Ragotzky, Hedda: Gattungserneuerung und Laienunterweisung in Texten des Strickers. Tübingen 1981.
610 Renk, Herta-Elisabeth: Der Manessekreis, seine Dichter und die manessische Handschrift. Stuttgart 1974. (Studien zur Poetik und Geschichte der Literatur 33).
611 Resler, Michael: Zur Datierung von Strickers ‹Daniel von dem blühenden Tal›. In: Euphorion 78 (1984). S. 17–30.
612 Röcke, Werner: Feudale Anarchie und Landesherrschaft. Wirkungsmöglichkeiten didaktischer Literatur: Thomasin von Zerklaere ‹Der wälsche Gast›. Bern, Frankfurt (Main), Las Vegas 1978. (Europ. Hochschulschr. Bd. 224).
613 Rosenfeld, Helmut: Die Datierung des Nibelungenliedes Fassung * B und * C durch das Küchenmeisterhofamt und Wolfger von Passau. In: Beiträge zur Geschichte der deutschen Sprache und Literatur 91 (Tübingen 1969). S. 104–120.

614 Rozumek, Angela: Die sittliche Weltanschauung der heiligen Hildegard von Bingen (1098–1179). Eine Darstellung der Ethik des ‹Liber vitae meritorum›. Diss. Bonn 1934.

615 Ruberg, Uwe: ‹Lancelot› (Lancelot-Gral-Prosaroman). In: Die deutsche Literatur des Mittelalters. Verfasserlexikon. Hrsg. von Kurt Ruh u. a. Bd. 5; 2., völlig neu bearb. Aufl. Berlin, New York 1985. Sp. 530–546.

616 Ruff, Ernst Johann Friedrich: Der ‹Wälsche Gast› des Thomasin von Zerklaere. Untersuchungen zu Gehalt und Bedeutung einer mittelhochdeutschen Morallehre. Erlangen 1982. (Erlanger Studien 35).

617 Ruh, Kurt: Der ‹Lanzelet› Ulrichs von Zatzikhoven. Modell oder Kompilation? In: Deutsche Literatur des späten Mittelalters. Hamburger Colloquium 1973. Hrsg. von Wolfgang Harms und Peter Johnson. Berlin 1975. S. 47–55.

618 Ruh, Kurt: ‹Lancelot›. Wandlungen einer ritterlichen Idealgestalt. Marburg 1982. (Marburger Universitätsreden. Bd. 2).

619 Ruh, Kurt: Moriz von Craun. Eine höfische Thesenerzählung aus Frankreich. In: Ders., Kleine Schriften I. Berlin 1984. S. 129–144.

620 Ruh, Kurt: Zur Interpretation von Hartmanns ‹Iwein›. In: Philologia Deutsch. Festschrift zum 70. Geburtstag von Walter Henzen. Hrsg. von Werner Kohlschmidt und Paul Zinsli. Bern 1965. S. 39–51.

621 Rupp, Heinz: Zum ‹Renner› Hugos von Trimberg. In: Typologia Litterarum. Festschrift für Max Wehrli. Hrsg. von Stefan Sonderegger u. a. Zürich 1969. S. 233–259.

622 Sächsische Weltchronik. Hrsg. von Ludwig Weiland. Dublin, Zürich 1971 (Nachdruck der Ausg. Hannover 1876). (Monumenta Germaniae Historica. Deutsche Chroniken 2).

623 Scheunemann, Ernst: ‹Mai und Beaflor› und Hans von Bühels ‹Königstochter von Frankreich›. Eine vergleichende Untersuchung zur Darstellung im hohen und späten Mittelalter. Breslau 1934. (Deutschkundliche Arbeiten. Allgemeine Reihe. Bd. 2).

624 Schindele, Gerhard: ‹Helmbrecht›. Bäuerlicher Aufstieg und landesherrliche Gewalt. In: Literatur im Feudalismus. Hrsg. von Dieter Richter. Stuttgart 1975. (Literaturwissenschaft und Sozialwissenschaften 5). S. 131–211.

625 Schipperges, Heinrich: Das Schöne in der Welt Hildegards von Bingen. In: Jahrbuch für Ästhetik 4 (1958). S. 83–139.

626 Schipperges, Heinrich: Die Welt der Engel bei Hildegard von Bingen. Salzburg 1963.

627 Schipperges, Heinrich: Das Bild des Menschen bei Hildegard von Bingen. Diss. Bonn 1952 (Masch.).

628 Schirok, Bernd: Perzivalrezeption im Mittelalter. Darmstadt 1982. (Erträge der Forschung 174).

629 Schlegel, August Wilhelm: (Rezension zu J. B. Dooen 1810). In: Heidelbergische Jahrbücher der Literatur Nr. 68–70 (1811). S. 1073–1111.

630 Schmidt, Margot: Hildegards Lichtschau als Einheit von *Rationalitas* und Mystik. In: Forum Katholische Theologie 2 (1986), S. 24–42.

631 Schmidtke, Dietrich: Die künstlerische Selbstauffassung Hugos von Trimberg. In: Wirkendes Wort 24 (1974), S. 325–339.

632 Schnell, Rüdiger: Rudolf von Ems. Studien zur inneren Einheit seines Ge-

samtwerkes. Bern 1969. (Basler Studien zur deutschen Sprache und Literatur Bd. 19).

633 Schrader, Marianna; Führkötter, Adelgundis Die Echtheit des Schrifttums der heiligen Hildegard von Bingen. Quellenkritische Untersuchungen. Köln, Graz 1956.

634 Schröder, Werner: Veldeke-Studien. Berlin 1969.

635 Schrörs, H.: Hinkmar Erzbischof von Reims. Sein Leben und seine Schriften. Freiburg (Breisgau) 1884.

636 Schultz, R.: Heinrich von Nördlingen. Seine Zeit, sein Leben und seine Stellung innerhalb der deutschen Mystik. In: Jahrbuch des Vereins für Augsburger Bistumsgeschichte 18 (1976). S. 114–164.

637 Schulze, Ursula: *âmis* und *man*. Die zentrale Problematik in Hartmanns ‹Erec›. In: Beiträge zur Geschichte der deutschen Sprache und Literatur 105 (1983). S. 14–47.

638 Schulze, Ursula: Stationen der ‹Parzival›-Rezeption. Strukturveränderung und ihre Folgen. In: Mittelalter-Rezeption. Ein Symposion. Hrsg. von Peter Wapnewski. Stuttgart 1986. (Germanistische Symposien. Berichtsbände. Bd. 6). S. 555–580.

639 Schwarz-Mehrens, Elisabeta: Zum Funktionieren und zur Funktion der Compassio im ‹Fließenden Licht der Gottheit› Mechthilds von Magedburg. Göppingen 1985.

640 Schweikle, Günther: Hugo von Trimberg. In: Die deutsche Literatur des Mittelalters. Verfasserlexikon. Hrsg. von Kurt Ruh u. a. Bd. 4. Berlin 1983. Sp. 268–282.

641 Schweikle, Günther: *Minne* und *Mâze*. Zu «Aller werdekeit ein füegerinne» (Walther 46,32). In: Deutsche Vierteljahrsschrift für Literaturwissenschaft und Geistesgeschichte 37 (1963). S. 498–528.

642 Seemüller, Josef: Studien zum ‹Kleinen Lucidarius› (‹Seifried Helbling›). Wien 1883.

643 Seitz, Dieter: Gottfried von Straßburg. ‹Tristan›. In: Einführung in die deutsche Literatur I des 12.–16. Jahrhunderts. Band I: Adel und Hof, 12./13. Jahrhundert. Hrsg. v. Winfried Frey; Walter Raitz; Dieter Seitz u. a. Opladen 1979 (Grundkurs Literaturgeschichte). S. 222 bis 261.

644 Simrock, Karl: Gedichte Walthers von der Vogelweide. Übersetzt von Karl Simrock. Berlin 1833.

645 Sklenar, Hans: Die literarische Gattung der Nibelungenklage und das Ende «alter mære». In: Poetica. Zeitschrift für Sprach- und Literaturwissenschaft 9 (1977). S. 41–61.

646 Speckenbach, Klaus: Endzeiterwartung im ‹Lancelot-Gral-Zyklus›. Zur Problematik des Joachitischen Einflusses auf den Prosaroman. In: Geistliche Denkformen in der Literatur des Mittelalters. Hrsg. von Klaus Grubmüller; Ruth Schmidt-Wiegand; Klaus Speckenbach. München 1984. S. 198–209. (Münstersche Mittelalter-Schriften. Bd. 51).

647 Spiewok, Wolfgang: Wolfram von Eschenbach. ‹Parzival›. Leipzig 1977. (Sammlung Dieterich 1). Stuttgart 1981.

648 Spitzer, Leo: The Epic Style of the Pilgrim Aetheria. In: Romanische Literaturstudien 1936–1956. Tübingen 1959. S. 871–912.

649 St. Trudperter Hohes Lied. Hrsg. von Hermann Menhardt. Halle (Saale) 1934.
650 St. Georgener Prediger. Hrsg. von Karl Rieder. Berlin 1908. (Deutsche Texte des Mittelalters 10).
651 Stackmann, Karl: Kudrun. In: Die deutsche Literatur des Mittelalters. Verfasserlexikon. Bd. 5. Berlin, New York 1984. Sp. 410–426.
652 Stein, Peter K.: Die Musik in Gottfrids von Straßburg ‹Tristan› – ihre Bedeutung im epischen Gefüge. Vorstudie zu einem Verständnishorizont des Textes. In: Sprache – Text – Geschichte. Beiträge zur Mediävistik und germanistischen Sprachwissenschaft aus dem Kreis der Mitarbeiter 1964–1979 des Instituts für Germanistik an der Universität Salzburg. Göppingen 1980 (Göppinger Arbeiten zur Germanistik 304). S. 569–649.
653 Steinhoff, Hugo: Bibliographie zu Gottfried von Straßburg. Berlin 1971. (Bibliographien zur deutschen Literatur des Mittelalters. H. 5).
654 Steinhoff, Hugo: Bibliographie zu Gottfried von Straßburg. II. Berichtzeitraum 1970–1983. Berlin 1986. (Bibliographien zur deutschen Literatur des Mittelalters. H. 9).
655 Tax, Petrus W.: Die große Himmelschau Mechthilds von Magdeburg und ihre Höllenvision. In: Zeitschrift für deutsches Altertum 108 (1979). S. 112 bis 137.
656 Thoran, Barbara: Zur Struktur des ‹Lanzelet› Ulrichs von Zatzikhoven. In: Zeitschrift für deutsche Philologie 103 (1984). S. 52–77.
657 Uhland, Ludwig: ‹Herzog Ernst›. Hrsg. von Karl Bartsch. Wien 1869. Nachdruck Hildesheim 1969.
658 Unger, Helga: ‹Geistlicher Herzen Bavngart›. Ein mittelhochdeutsches Buch religiöser Unterweisung aus dem Augsburger Franziskanerkreis des 13. Jahrhunderts. Untersuchungen und Text. München 1969. (Münchener Texte und Untersuchungen zur deutschen Literatur des Mittelalters 24).
659 Urbanek, Ferdinand: Kaiser, Grafen und Mäzene im ‹König Rother›. Berlin 1976. (Philologische Studien und Quellen 71).
660 Völker, Wolfram: Märchenhafte Elemente bei Chrétien de Troyes. Diss. Bonn 1972. (Romanische Versuche und Vorarbeiten 39).
661 Vogt, Dieter: Ritterbild und Ritterlehre in der lehrhaften Kleindichtung des Stricker und im sogenannten ‹Seifried Helbling›. Frankfurt, Bern, New York 1985.
662 Voorwinden, Norbert: Nibelungenklage und Nibelungenlied. In: Montfort. Vierteljahresschrift für Geschichte und Gegenwartskunde Vorarlbergs 32 (1980). S. 276–287.
663 Voss, Rudolf: Die Artusepik Hartmanns von Aue. Untersuchungen zum Wirklichkeitsbegriff und zur Ästhetik eines literarischen Genres im Kräftefeld von soziokulturellen Normen und christlicher Anthropologie. Köln, Wien 1983.
664 Wachinger, Burkhart: Die ‹Klage› und das ‹Nibelungenlied›. In: Montfort. Vierteljahresschrift für Geschichte und Gegenwartskunde Vorarlbergs 32 (1980). S. 264–275.
665 Wailes, Stephen, L.: Studien zur Kleindichtung des Stricker. Berlin 1981.
666 Walliczek, Wolfgang: Rudolf von Ems ‹Der guote Gêrhart›. München 1973.
667 Walther von der Vogelweide: Gedichte. Mittelhochdeutscher Text und Über-

tragung. Ausgewählt, übersetzt und mit einem Kommentar versehen von Peter Wapnewski. Frankfurt (Main) 1962.

668 Walther von der Vogelweide. Hrsg. von Siegfried Beyschlag. Darmstadt 1971. (Wege der Forschung 112).

669 Wapnewski, Peter: Die Lyrik von Eschenbach. Edition, Kommentar, Interpretation. München 1972.

670 Wapnewski, Peter: Rüdigers Schild. Zur 37. Aventiure des ‹Nibelungenliedes›. In: Euphorion. Zeitschrift für Literaturgeschichte 54 (1960). S. 380 bis 410.

671 Wapnewski, Peter: Tristans Abschied. Ein Vergleich der Dichtung Gotfrits von Straßburg mit ihrer Vorlage Thomas. In: Festschrift für Jost Trier zum 70. Geburtstag. Hrsg. von William Foerste und Karl Heinz Bork. Köln, Graz 1964. S. 335–363.

672 Weber, Gottfried: ‹Das Nibelungenlied›. Problem und Idee. Stuttgart 1963.

673 Weber, Gottfried: Gottfried von Straßburg. Vorwort und bearb. von Werner Hoffmann. 5. bearb. Aufl. Stuttgart 1981.

674 Wehrli, M.: ‹Herzog Ernst›. In: Der Deutschunterricht 20 (1968). S. 31–42.

675 Welz, Dieter: Lancelot auf der «fremden Insel». Zur strukturalen Lektüre einer Episode aus dem deutschen Prosa-Lancelot. In: Acta Germanica 11 (1979). S. 53–75.

676 Welz, Dieter: Zeit als Formkategorie und Erzählproblem im ‹Friedrich von Schwaben›. In: Zeitschrift für deutsches Altertum 104 (1975). S. 157–169.

677 Werner, Gisela: Studien zu Konrads von Würzburg ‹Partonopier und Meliur›. Bern, Stuttgart 1977. (Sprache und Dichtung N. F. Bd. 26).

678 Widmer, Bertha: Heilsordnung und Zeitgeschehen in der Mystik Hildegards von Bingen. Basel, Stuttgart 1955.

679 Wilmanns, Wilhelm: Leben und Dichten Walthers von der Vogelweide. 2 Bde. 2. vollständig umgearbeitete Auflage besorgt von Victor Michels. Halle (Saale) 1916. (Germanistische Handbibliothek I, 1/2).

680 Wolf, Alois: Erzählkunst und verborgener Schriftsinn. Zur Diskussion um Chrétiens ‹Yvain› und Hartmanns ‹Iwein›. In: Sprachkunst. Beiträge zur Literaturwissenschaft 2 (1971). S. 1–42.

681 Wolfram von Eschenbach. Hrsg. von Heinz Rupp. Darmstadt 1966. (Wege der Forschung 57).

682 Wolfram von Eschenbach. Hrsg. von Karl Lachmann. Berlin 1833 u. ö.

683 Wolfram von Eschenbach. ‹Parzival›. Die Bilder der illustrierten Handschriften. Hrsg. von Bernd Schirok. Göppingen 1985. (Litterae 67).

684 Worstbrock, Franz Josef: Zur Tradition des Trojastoffes und seiner Gestaltung bei Herbort von Fritzlar. In: Zeitschrift für deutsches Alterum und deutsche Literatur 92 (1963). S. 248–274.

685 Wunderlich, Werner: Der «ritterliche» Kaufmann. Literatursoziologische Studien zu Rudolf von Ems' ‹Der guote Gêrhart›. Kronberg (Taunus) 1975.

686 Wyss, Ulrich: Die Wunderketten in der ‹Crône›. In: Die mittelalterliche Literatur in Kärnten. Vorträge des Symposions in St. Georgen/Längsee vom 8. bis 13. 9. 1980. Unter Mitarb. von Alexander Cella hrsg. von Peter Krämer. Wien 1981. S. 269–291.

687 Zimmer, Uwe: Studien zu ‹Alpharts Tod› nebst einem verbesserten Abdruck der Handschrift. Göppingen 1972.

688 Zinter, Edith: Zur mystischen Stilkunst Mechthilds von Magdeburg. Diss. Jena 1931.
689 Zoepf, Ludwig: Die Mystikerin Margaretha Ebner (ca. 1291–1351). Leipzig 1914.

8. Zu einzelnen Themen, Stoffen und Topoi

690 Artusrittertum im späten Mittelalter. Ethos und Ideologie. Vorträge eines Symposiums der deutschen Sektion der Internationalen Artusgesellschaft vom 10.–13. November 1983 im Schloß Rauischholzhausen. Wilhelm Kellermann zum Gedächtnis. Hrsg. von Friedrich Wolfzettel. Gießen 1984. (Beiträge zur deutschen Philologie. Bd. 57).
691 Besseler, Heinrich; Gülke, Peter: Schriftbild der mehrstimmigen Musik. Leipzig 1973 (Musikgeschichte in Bildern III., 5).
692 Blumenberg, Hans: Schiffbruch mit Zuschauer. Paradigma einer Daseinsmetapher. Frankfurt (Main) 1979.
693 Bornscheuer, Lothar: *Miseriae Regum*. Untersuchungen zum Krisen- und Todesgedanken in den herrschaftstheologischen Vorstellungen der ottonisch-salischen Zeit. Berlin 1968. (Arbeiten zur Frühmittelalterforschung. Bd. 4).
694 Deutsches Heldenbuch. Bd. 2. Hrsg. von Ernst Martin. Berlin 1866. Nachdruck Dublin, Zürich 1967.
695 Deutsches salernitanisches Arzneibuch. Carl Külz; E. Külz-Trosse. Das Breslauer Arzneibuch R. 291 der Stadtbibliothek Dresden 1908.
696 Didos Minne – Didos Schuld. Hrsg. von Dieter Kartschoke. In: Liebe als Literatur. Aufsätze zur erotischen Dichtung in Deutschland. Hrsg. von Rüdiger Krohn. München 1983. S. 99–116.
697 Dunger, Hermann: Die Sage vom trojanischen Kriege in den Bearbeitungen des Mittelalters und ihren antiken Quellen. Leipzig 1869.
698 Ebenbauer, Alfred: Antike Stoffe. In: Epische Stoffe des Mittelalters. Hrsg. von Volker Mertens und Ulrich Müller. Stuttgart 1984. S. 247–289.
699 Epische Stoffe des Mittelalters. Hrsg. von Volker Mertens und Ulrich Müller. Stuttgart 1984.
700 Frappier, Jean: La légende du Graal: Origine et évolution. In: Le roman jusqu'à la fin du XIIIe siècle. Band 1. Hrsg. von Jean Frappier und Reinhold R. Grimm. Heidelberg 1978. (Grundriß der romanischen Literaturen des Mittelalters. Bd. 4). S. 292–331.
701 Graus, Frantisek: Über die sogenannte germanische Treue. In: Historia. Les sciences historiques en Tchécoslovaquie 1 (1959). S. 71–121.
702 Grubmüller, Klaus: Nôes Fluch. Zur Begründung von Herrschaft und Unfreiheit in mittelalterlicher Literatur. In: Medium aevum deutsch. Beiträge zur deutschen Literatur des hohen und späten Mittelalters. Festschrift für Kurt Ruh zum 65. Geburtstag. Hrsg. von Dietrich Huschenbett u. a. Tübingen 1979. S. 99–119.
703 Homeyer, Helene: Die spartanische Helena und der trojanische Krieg. Wandlungen und Wanderungen eines Sagenkreises vom Altertum bis zur Gegenwart. Wiesbaden 1977. (Palingenesia 12).

704 Irigaray, Luce: Speculum. Spiegel des anderen Geschlechts. Frankfurt (Main) 1974.
705 Javelet, Abbé Robert: Image et ressemblance au douzième siècle: De Saint Anselme à Alain de Lille. 2 Bde. Straßburg 1967.
706 Kasten, Ingrid: Frauendienst bei Trobadors und Minnesängern im 12. Jahrhundert. Zur Entwicklung und Adaption eines literarischen Konzepts. Heidelberg 1986. (Germanisch-romanische Monatsschrift. Beiheft 5). Zugl. Habil.-Schrift Univ. Hamburg 1983.
707 Kesting, Peter: ‹Cato›. In: Die deutsche Literatur des Mittelalters. Verfasserlexikon. Hrsg. von Kurt Ruh u. a. Bd. 1. 2. Aufl. Berlin 1978. Sp. 1192–1196.
708 Kesting, Peter: Maria – Frouwe. Über den Einfluß der Marienverehrung auf den Minnesang bis Walther von der Vogelweide. München 1965. (Medium Aevum. Philologische Studien 5).
709 Knapp, Gerhard Peter: Hector und Achill: Die Rezeption des Trojastoffes im deutschen Mittelalter. Personenbild und struktureller Wandel. Bern, Frankfurt (Main) 1974. (Utah Studies in Literature and Linguistics 1).
710 Köhler, Erich: Esprit und arkadische Freiheit. Aufsätze aus der Welt der Romania. Frankfurt (Main), Bonn 1966.
711 Kuhn, Hugo: Determinanten der Minne. In Lili 7 (1977). S. 83–94.
712 Kuhn, Hugo: Die Klassik des Rittertums in der Stauferzeit. In: Annalen der deutschen Literatur. Hrsg. von Heinz Otto Burger. 2. überarb. Aufl. Stuttgart 1971. S. 99–177.
713 Liebe als Literatur. Aufsätze zur erotischen Dichtung in Deutschland. Hrsg. von Rüdiger Krohn. München 1983.
714 Lomnitzer, Helmut: Geliebte und Ehefrau im deutschen Lied des Mittelalters. In: Liebe – Ehe – Ehebruch in der Literatur des Mittelalters. Vorträge des Symposiums vom 13.–16. Juni 1983 am Institut für deutsche Sprache und mittelalterliche Literatur der Justus-Liebig-Universität Gießen. Hrsg. von Xenja von Ertzdorff und Marianne Wynn. Gießen 1984. (Beiträge zur deutschen Philologie 58). S. 111–124.
715 Londner, Monika: Eheauffassung und Darstellung der Frau in der spätmittelalterlichen Märendichtung. Eine Untersuchung auf der Grundlage rechtlich-sozialer und theologischer Voraussetzungen. Berlin (West) 1973. Zugl. Diss. FU Berlin 1973.
716 Lord, Albert B.: The Singer of Tales. Cambridge, Mass. (USA) – Deutsch: Der Sänger erzählt.
Übersetzt von Helmut Martin. München 1975.
717 Ludwig, Friedrich: Die geistliche nichtliturgische/weltliche einstimmige Musik und die mehrstimmige Musik des Mittelalters bis zum Anfang des 15. Jahrhunderts. In: Handbuch der Musikgeschichte. Hrsg. von Guido Adler. 2. Aufl. Berlin-Wilmersdorf 1930.
718 Lüderitz, Anna: Die Liebestheorie der Provençalen bei den Minnesingern der Stauferzeit. Eine literarhistorische Untersuchung. Berlin, Leipzig 1904. (Literarhistorische Forschungen 29). Nachdruck Nendeln 1976.
719 Meier, Christel: Vergessen, Erinnern, Gedächtnis im Gott-Mensch-Bezug. Zu einem Grenzbereich der Allegorese bei Hildegard von Bingen und anderen Autoren des Mittelalters. In: Verbum et Signum. Friedrich Ohly zum 60. Geburtstag. Hrsg. von Hans Fromm, Wolfgang Harms, Uwe Ruberg. 2 Bde.

München 1975. Bd. 1: Beiträge zur mediävistischen Bedeutungsforschung. S. 143–194.
720 Melville, Gert: Zur *Flores-Metaphorik* in der mittelalterlichen Geschichtsschreibung. Ausdruck eines Formungsprinzips. In: Historisches Jahrbuch 90 (1970). S. 65–80.
721 Mohr, Wolfgang: Iweins Wahnsinn. Die Aventüre und ihr «Sinn». In: Zeitschrift für deutsches Altertum und deutsche Literatur 100 (1971). S. 73–94.
722 Müller, Ulrich: «Augen zu, wenn Noten kommen». Zur Bedeutung der Musik für die mittelhochdeutsche Sangverslyrik und Sangversepik. In: Ältere deutsche Literatur. Eine Einführung. Hrsg. von Alfred Ebenbauer und Peter Krämer. Wien 1985. S. 167ff.
723 Nellmann, Eberhard: Die Reichsidee in deutschen Dichtungen der Salier- und frühen Stauferzeit. ‹Annolied›–‹Kaiserchronik›–‹Rolandlied›–‹Eraclius›. Berlin 1963. (Philologische Studien und Quellen. Bd. 16).
724 Nelson, Janet L.: Queens as Jezebels. The Careers of Brunhild and Balthild in Merovingian History. In: Medieval Women. Dedicated and presented to Professor Rosalind M. T. Hill on the Occasion of her Seventieth Birthday. Hrsg. von Derek Baker. Oxford 1978. S. 31–77. (Studies in Church History: Subsidia 1).
725 Nicholson, Joan: Feminae gloriosae. Women in the Age of Bede. In: Medieval Women. Dedicated and presented to Professor Rosalin M. T. Hill on the Occasion of her Seventieth Birthday. Hrsg. von Derek Baker. Oxford 1978. S. 15–29. (Studies in Church History: Subsidia 1).
726 Pretzel, Ulrich: Treue. In: Deutsches Wörterbuch. Bd. 11. Leipzig 1952. Sp. 282–342.
727 Salem, Leila: Die Frau in den Liedern des *Hohen Minnesangs*. Forschungskritik und Textanalyse. Frankfurt (Main), Bern, Cirencester 1980. (Europäische Hochschulschriften. Reihe I. Deutsche Literatur und Germanistik 328).
728 Schirmer, Eva: Mystik und Minne. Frauen im Mittelalter. Berlin 1984.
729 Schnell, Rüdiger: *Causa amoris*. Liebeskonzeption und Liebesdarstellung in der mittelalterlichen Literatur. München, Bern 1985. (Bibliotheca Germanica 27).
730 Stein, Peter K.: Tristan. In: Epische Stoffe des Mittelalters. Hrsg. von Volker Mertens und Ulrich Müller. Stuttgart 1984. S. 365–394.
731 Vries, Jan De: Die Brautwerbungssagen. In: Germanisch-Romanische Monatsschrift 9 (1921). S. 330–341; 10 (1922). S. 31–44.
732 Wapnewski, Peter: Tristan, der Held Richard Wagners. Berlin 1981.
733 Wenzel, Horst: Frauendienst und Gottesdienst. Studien zur Minne-Ideologie. Berlin 1974 (Philologische Studien und Quellen 74). Zugl. Diss. Univ. Karlsruhe 1971.

Zeittafeln

	Daten deutscher Literatur und Philosophie	Allgemeine kulturgeschichtliche Daten

(Die literaturgeschichtlichen Daten beziehen sich auf Zeiten der Entstehung oder der Niederschrift)

um 725		Bonifatius fällt Donars-Eiche bei Fritzlar (Hessen) und zerstört germanischen Götterglauben: Beginn der Christianisierung Blüte des Buddhismus in China
um 730		*Beowulf* Verbot des Bilderdienstes in Kirchen und Klöstern
um 735		† Beda Venerabilis (schrieb: *Kirchengeschichte des Volkes der Angeln*, führte die Zählung der Jahreszahlen von Christi Geburt ein)
um 740		Kloster St. Gallen entsteht Älteste abendländische Kreuzigungsdarstellung in S. Maria Antica, Rom
742		Karl I. (der Große) [Sohn Pippins] geb. († 814)
vor 750	*Malbergische Glossen* *Merseburger Zaubersprüche*	um 750 Althochdeutsche Sprache (bis 11. Jh.) Neumen-Notenschrift
751		Pippin (der Kleine), 1. Karolingerkönig der Franken bis 768
754		Märtyrertod von Bonifatius
756		«Pippinsche Schenkung» (König Pippin übergibt dem Papst das eroberte Ravenna)

764/72	*Abrogans*	Benediktinerabtei in Ottobeuren gegründet Fränkischer Königshof bei Aachen bezeugt
770/90	*Wessobrunner Gebet*	Karl der Große beginnt, die Sachsen unter Widukind zu unterwerfen und zum Christentum zu bekehren
um 775	Alkuin: *Leben Martins*	Die Urteilsfindung der Grafengerichte wird «Schöffen» (Schöppen = Schöpfern) übertragen, die Verkündung erfolgt durch den Grafen
777	*Hammelburger Markbeschreibung*	1. Reichstag Karls des Großen nach der Unterwerfung der Sachsen in Paderborn
um 782		Alkuin versammelt am Hof Karls des Großen den Großen Gelehrtenkreis
um 786	Alkuin: *Dialog der Sachsen und der Franken* Alkuin: *Von der Rhetorik; Von der Dialektik; Von der Orthographie*	Erstmals «deutsche» Sprache im Sinne von «Volkssprache» im Gegensatz zum Latein erwähnt Köln wird Erzbistum
789		Admonitio generalis
790/800	*Isidors De fide catholica contra Judaeos* (Übers.) *Vocabularius Sancti Galli*	
793		Frankfurt am Main urkundlich genannt Normannen überfallen von Skandinavien aus das engl. Inselkloster Lindisfarne (Beginn der «Wikingerzeit»)
um 800	*Basler Rezepte* *Hildebrandslied* *Kasseler Glossen* *Muspilli*	«Karolingische Renaissance» Lesbarere Schrift (Karolingische Minuskel) Kaiserliche Palastschulen für Schreibkunst (bes. Buchmalerei) und Musikpflege (Sieg römischen Kirchengesangs)
800		Kaiserkrönung Karls des Großen
802	*Alemannische Psalmen* *St. Galler Paternoster*	*Lex Salica* Benediktinerregel
804		Odo von Metz: Pfalz-Kapelle Karls des Großen (karoling. Rundbau seit 798, Kern des Aachener Münsters)

um 830	*Altsächsische Genesis* *Heliand* *Tatians Evangelienharmonie*	
nach 830	Einhard: *Leben Karls des Großen*	
842	*Straßburger Eide*	
847		Hrabanus Maurus Erzbischof von Mainz, fördert Kloster-, Schulwesen und romanische Bildung

Im 9. Jahrhundert

	Kasseler Glossen *Murbacher Hymnen* *2. Trierer Spruch* *Wiener Hundesegen* *Wiener Spruch* *Wurmsegen*	Beginn der *Edda*-Dichtung Entstehung der zwölf Kirchentonarten, auf den altgriech. Tongeschlechtern beruhend Deutsche Könige beanspruchen das Recht der Investitur. Friesen lassen sich an der Westküste Schleswigs nieder, sichern in der Folgezeit das Land durch Deiche und bilden kleine Bauernfreistaaten. Angelsächsischer Gesamtstaat Bäckerei als Verkaufsgewerbe Seifensiederhandwerk in Marseille
863/71	Otfried von Weißenburg: *Evangelienharmonie*	
um 870		Johannes Scotus Eriugena: *Über die Einteilung der Natur*
um 880		*Gesang der heiligen Eulalia*
um 881	*Ludwigslied*	
um 885	*Petruslied*	
um 890	Ratpert: *Lobgesang auf den heiligen Gallus* Ratpert: *Lateinische Hymnen*	
896	*Georgslied*	
um 900	*Christus und die Samariterin* *Hammelburger Markbeschreibung* (erste Handschrift) Notker Balbulus: *Lateinische Sequenzen*	Zerfall des karolingischen Reiches Beginn der Reconquista in Spanien
910		Benediktiner-Abtei Cluny gegründet
936		Beginn der «Ottonischen Renaissance» (bes. in Baukunst, Miniatur, Malerei)

um 940	*Flucht der Gefangenen*	
955		Sieg Ottos I. über die Ungarn in der Schlacht auf dem Lechfeld beendet sechzigjährige ungarische Beutezüge nach Deutschland, Italien und Frankreich mit Frauen- und Kinderverschleppungen. Salzquellen von Lüneburg gewinnen Bedeutung, Lüneburg entsteht als Salinenstadt.

Im 10. Jahrhundert

	Ekkehard IV.: *Casus Sancti Galli*	
		Romanik in der europäischen Kunst Reichenauer Schule der Buchmalerei (Kloster Reichenau) Aufkommen der Glasmalerei Französische Scholastik Araber bringen Handpauke und Trompete nach Europa Beginn des steinernen Burgenbaus Zeit der sittenlosen Päpste Worms wird bischöfliche Stadt Araber und Juden als Leibärzte in Deutschland. Auf Märkten Harnbeschauer und Heilmittelverkäufer. Neben Schäfern und Schmieden Benediktinermönche als Volksärzte
vor 959–962	Hrotsvit von Gandersheim: *Das Legendenbuch* (enthält: *Maria, Pelagius, Theophilus, Gongolf, Ascensio, Basilio, Agnes, Dionysius*)	
um 960		Piastenfürst Mieszko I. erster historischer polnischer Herrscher
962		Kaiserkrönung Ottos I. Beginn des «Heiligen Römischen Reiches Deutscher Nation» (Italien unter deutschen Kaisern bis 1268). In der Sung-Zeit Höhepunkt der chinesischen Töpferei mit Glasuren
nach 962	Hrotsvit von Gandersheim: *Das Dramenbuch* (enthält: *Gallicanus, Dulcitius, Abraham, Pafnutius, Sapientia, Calimachus*)	

971		*Blickling-Homilien* (altenglische Predigtliteratur)
vor 973	Hrotsvit von Gandersheim: *Taten Ottos I.*	
Ende 10. Jh.		*Christi Passion* *Das Leben des Heiligen Leodegar*
um 1000	*De Heinrico* Notker Labeo von St. Gallen: *Trost der Philosophie* (Übers. von Boethius) Notker Labeo von St. Gallen: *Kategorien* (Übers. von Aristoteles)	Blüte des Kunstgewerbes im Kloster St. Emmeram in Regensburg (u. a. Deckel vom Utakodex)
1003		Essen als Stadt genannt
1026		Der französische Musiker Guido von Arezzo führt die «Solmisation» ein (Tonsilben Do, Re, Mi, Fa, Sol, La und Vierliniensystem mit Notenschlüsseln in der Notenschrift)
1034		Baubeginn des Würzburger Doms
1048		*Wis und Râmîn* (persisches Epos)
Mitte 11. Jh.	*Ruodlieb*	Reformbewegung der benediktinischen Cluniazenser-Kongregation (gegen Verweltlichung der Kirche), unter Abt Odilo von Cluny eingeleitet, gefördert von Papst Leo IX. (Graf Bruno von Egisheim)

Im 11. Jahrhundert

	Cambridger Liederhandschrift	Mittelhochdeutsche Sprache (bis ca. 1350, vor allem Abschwächung der Endsilben) Aufkommen der Reimbibeln Fahrende Sänger als Träger der Spielmannsdichtung Erste christliche Ordensgenossenschaften nach Augustinerregeln Älteste russische Klöster in Kiew Münster in Konstanz / Würzburger Dom / Burg Rolandseck am Rhein «Makedonische Renaissance» der byzantinischen Kunst Chorgestühl aus Holz (bisher Stein) Beginn des europäischen Fernhandels
1066		In der Schlacht von Hastings siegt Wilhelm der Eroberer über König Harald II. von England und gewinnt den englischen Thron
um 1070	*Macer floridus* Notker: *Memento mori*	
1072		Normannen unter Robert Guiscard erobern Palermo (Sizilien) Zunftordnung in Venedig
1075		Beginn des Investiturstreites um Einsetzung der Bischöfe und Äbte zwischen Papst Gregor VII. und Heinrich IV.
1076		Synode zu Worms setzt Papst Gregor VII. ab. Gregor antwortet mit dem Bann über Heinrich IV.
um 1077	*Annolied*	
1077		Heinrichs IV. Bußgang nach Canossa
1078		Wilhelm der Eroberer veranlaßt den Bau des Towers in London.
um 1080	*Annolied* *Münchener Dreikönigsspiel*	
1084		Robert Guiscard befreit Papst Gregor VII., der von Kaiser Heinrich IV. in Rom eingeschlossen ist

1085		Kaiser Heinrich IV. verkündet in Mainz den Gottesfrieden. Spanisches Königreich Kastilien erobert Toledo von den Arabern
1086		Mainzer Reichssynode.
um 1090		Bernhard von Clairvaux: *Cantica Canticorum*
um 1094		Anselm von Canterbury: *Warum Gott Mensch geworden* (bis 1098)
1096		1. Kreuzzug zur Eroberung Jerusalems und Brechung der Macht des türkischen Islams von Papst Urban II. veranlaßt
1099		Kreuzheer unter Gottfried von Bouillon erobert Jerusalem
um 1100	*Arzenîbuoch Ipocratis* *Gesta Treverorum* *Innsbrucker Arzneibuch* *Innsbrucker Kräuterbuch*	*Das Rolandslied* *Der Streit zwischen Körper und Seele* *Das Spiel von den klugen und törichten Jungfrauen* Kreuzgewölbe in der romanischen Kirchenbaukunst «Ars antiqua» in der französischen Musik: Mehrstimmiger einfacher Kontrapunkt mit ténor (Träger) und Diskant Christianisierung Schwedens
vor 1106	Frutolf von Michelsberg: *Chronica* (oder vor 1114?)	
um 1106		Benoît: *Die Reise des hl. Brendan* Schiffer in Worms bilden erste deutsche Zunft.
1110		Trota, Ärztin in Salerno, schreibt über Entbindung, Mißgeburten, Arzneimittel.
1115		Bernhard von Clairvaux gründet Zisterzienserkloster Clairvaux.
1119		Templerorden zum Schutz des Heiligen Grabes in Jerusalem gegründet
1120	*Vorauer Bücher Mosis* (1120–1140)	
1121		Alberich de Besançon: *Alexandreide* (bis um 1140)
um 1125	Klausnerin Ava: *Das Leben Jesu*	
1125		Wilhelm von Malmesbury: *Geschichte der engl. Könige* Philippe de Thaon: *Das Tierbuch*

		Beginn der Blüte der südfranzösischen Troubadour- und nordfranzösischen Trouvères-Lyrik
1126	*Kaiserchronik* (um 1126 bis nach 1147)	
1127		Ritterturnier in Deutschland
1130		*Gormont und Isenbart* Baubeginn der Kathedrale von Chartres
1137		Baubeginn von Saint Denis bei Paris (bis 1144; die hier erstmals hervortretende französische Frühgotik vereinigt Spitzbogen, Rippengewölbe und Strebewerk)
1138		Marcabrun: *Minnelieder* Bolesław III. von Polen teilt den Staat vor seinem Tod unter seine fünf Söhne auf. Die nächsten 200 Jahre ist Polen ein schwaches Großfürstentum.
1139		Geoffrey of Monmouth: *Geschichte der Könige der Briten* Toscana unter staufischer Reichsverwaltung bis 1266
1140	Pfaffe Lambrecht: *Alexanderlied* (1140/50)	*Das Wilhelmslied* Pierre Abélard: *Die christliche Theologie* Geoffroi Gaimar: *Geschichte der Engländer* Hugo von St. Viktor: *Über die Sakramente des christlichen Glaubens* Französisches Kloster La Trappe gegründet. Wird 1662 Ausgangspunkt der strengen Zisterzienser-Reform der Trappisten
1141	Hildegard von Bingen: *Liber scivias* (*Wisse die Wege*)	
1142		Briefwechsel von Pierre Abélard mit Heloise (frei gestaltet)
1144		Hungersnot in Europa
1145		*Die Wagenfahrt von Nîmes*
1146		*Das Adamspiel* (bis 1174)
1147		2. Kreuzzug veranlaßt durch Bernhard von Clairvaux unter König Konrad III. und König Ludwig VII. von Frankreich

Im 12. Jahrhundert

		Mosaik der Kuppeln und oberen Wände in S. Marco (Venedig) Rein byzantinische Wandmalerei und Mosaikkunst in Kiew und Nowgorod geht über in russische Ikonenmalerei Münster in Basel / Synagoge in Worms / Peterskirche in München «Beginenhöfe» (religiöse Frauenvereinigungen ohne Gelübde) in den Niederlanden Ausdehnung des deutschen Bergbaus Entwicklung der Warenmessen im Anschluß an den Gottesdienst Neben die Klosterwerkstätten treten die bürgerlichen Handwerker Gemeindeeigentum an Wald und Weideland (Allmende) mit genossenschaftlicher Nutzung in den fränkischen und alemannischen Gebieten Höhepunkt der medizinischen Schule in Salerno
(um) 1150	Priester Arnold: *Loblied auf den heiligen Geist* Hildegard von Bingen: *Causae et curae* Der von Kürenberg (erster deutscher Minnesänger): *Lieder* (bis 1170) *König Rother*	*Girart von Roussillon* (bis 1180) *Die Pilgerfahrt Karls des Großen* *Der Roman der sieben Weisen* (bis 1200) *Thebenroman* Universität Paris entsteht aus Zusammenschluß der geistlichen Schulen Sachsen werden in Ungarn angesiedelt (Siebenbürgen)
nach 1150		*Die Einnahme von Orange*
1151	Hildegard von Bingen: *Lingua ignota* (bis 1158) Hildegard von Bingen: *Ordo virtutum* (bis 1158) Hildegard von Bingen: *Physica* (bis 1158)	

2. Hälfte des 12. Jhs.	*Benediktbeurer Weihnachtsspiel* *Jüngerer Spervogel*	Petrus Comestor: *Historica Scholastica* Aufkommen von Städtesiegeln und Ritterwappen Höhepunkt der japanischen Lackkunst (Malerei, Einlegearbeiten) Kreuzfahrer bringen schwarze Ratte nach Europa; die Flöhe dieser Ratte verbreiten die Pest.
1155		Thomas d'Angleterre: *Tristan* (1155–1175) Marie de France: *Die Lais* Wace: *Der Roman von Brutus* Friedrich I. (Barbarossa) römisch-deutscher Kaiser
1156		Reichstag in Regensburg: Österreich wird Herzogtum, Heinrich der Löwe erhält Herzogtum Bayern. Provenzalische Troubadourdichtung (Bernart de Ventadorn u. a.)
1158	Hildegard von Bingen: *Buch der Lebensverdienste* (bis 1163) Otto von Freising: *Taten Friedrichs I.* (1157/58)	Petrus Lombardus: *Die vier Sentenzenbücher*
1159	Archipoeta: *Gedichte* (1159/65)	Johannes von Salisbury: *Polycraticus oder Über die Zerstreuungen der Hofleute und die Kennzeichen der Philosophen*
1160	Dietmar von Aist: *Erstes «Tagelied»* (Tag beendet Nacht zweier Liebender) *Ludus de Antichristo* Heinrich von Melk: *Erinnerung an den Tod* *Salman und Morolf* *St. Trudperter Hohelied* (zw. 1160 u. 1170)	*Der Äneasroman* *Das Mönchsleben Wilhelms* (bis 1180) Wace: *Der Roman von Rollo* (bis 1175)
nach 1160		*Floire und Blancheflor*
1163	Hildegard von Bingen: *Buch der göttlichen Werke* (bis 1173/74)	
1164		Gautier d'Arras: *Herakles* Pariser Kathedrale Notre-Dame (gotisch, fertiggestellt im 14. Jh.)

1165		Benoît de Sainte-More: *Der Trojaroman* Chrestien de Troyes: *Erec und Enide* Buddhistische Felsbauten und Felsskulpturen bei Pollonaruwa, seit 846 Hauptstadt von Ceylon (bis 6 m hohe Buddha-Figuren)
1168		Etienne de Fougières: *Das Buch über die Sitten*
vor 1170	Heinrich von Veldeke: *Servatius*	
(um) 1170	Dietmar von Aist: *Lieder* *Graf Rudolf* (1170/85) Friedrich von Hausen: *Minnelieder* Herger (oder Kerling): *Sprüche* Pfaffe Konrad: *Das Rolandslied* Eilhard von Oberg: *Tristrant und Isalde* *Sanct Oswald* *Trierer Floyris* (*Flore und Blancheflur*) Heinrich von Veldeke: *Eneide* (bis vor 1190) Heinrich von Veldeke: *Minnelieder* (bis 1190)	Béroul: *Der Roman von Tristan* Benoît de Sainte-More: *Chronik der normannischen Herzöge* Englischer Geistlicher Johann von Tilbury entwickelt in *Nova ars notaria* Kurzschriftsystem El-Azhar-Universität in Kairo gegründet Thomas Becket, Erzbischof von Canterbury, als Gegner der kirchlichen Machtbestrebungen König Heinrichs II. ermordet
1172		Garnier de Pont-Sainte-Maxence: *Das Leben des Märtyrers Thomas* (bis 1176)
1174		Pierre de Saint-Cloud u. a. (z. T. anonym): *Reinhart der Fuchs* (27 Erzählzweige bis 1250)
1175	Albrecht von Johannsdorf: *Minnelieder*	Chrestien (de Troyes?): *Wilhelm von England* Chrestien de Troyes: *Cligès* Neubau des Straßburger Münsters begonnen
1178		Chrestien de Troyes: *Der Karrenritter* (*Lancelot*) Chrestien de Troyes: *Der Löwenritter* (*Yvain*) Benedetto Antelami: «Kreuzabnahme Christi» (Dom in Parma) Das Wort «Weihnachten» («wihe naht») wird erstmals gebraucht
1180	Hartmann von Aue: *Das Büchlein* Hartmann von Aue: *Erec*	Alexandre de Bernay, Lambert de Tort u. a.: *Der Alexanderroman*

	Hartmann von Aue: *Minnelieder* (bis 1189) Heinrich (der Glîchesaere): *Reinhart Fuchs* *Herzog Ernst* (weitere Bearbeitungen des Stoffes: Odo von Magdeburg: *Ernestus* [Hs. E.], 1206; *Herzog Ernst* [Hs. B.], 1210/20; *Herzog Ernst* [C], 2. Hälfte des 13. Jhs; Ulrich von Etzenbach: *Herzog Ernst* [D]) Heinrich von Morungen: *Minnelieder*	Robert de Boron: *Der Roman von der Gralsgeschichte* Marie de France: *Fabeln* *Moriz von Craûn* (frühestens 1180, spätestens 1230) Richard le Pèlerin, Graindor de Douai: *Das Lied von Antiocha* Chrestien de Troyes: *Perceval* Bonannus von Pisa: Bronzereliefs an der Domtür zu Pisa
1182		Alain de Lille: *Anticlaudianus*
1184		Walter von Châtillon: *Alexandreis* N. Wireker: *Torenspiegel* Mainzer Pfingstfest (Friedrichs I.)
1185	Reinmar der Alte: *Minnelieder*	Renaut de Beaujeu: *Guinglain oder der schöne Unbekannte* (bis 1190)
vor 1187	*Straßburger Alexander*	
1187	Hartmann von Aue: *Gregorius* (1187/88) Ulrich von Etzenbach: *Alexander*	Eroberung Jerusalems durch ägyptischen Sultan Saladin (Anlaß zum 3. Kreuzzug)
vor 1188		*Partenopeus von Blois*
1189		3. Kreuzzug unter Kaiser Friedrich I., König Philipp II., August von Frankreich und König Richard Löwenherz von England (bis 1192)
1190	Herbort von Fritzlar: *Lied von Troya* (bis 1217) Albrecht von Halberstadt: *Ovids Metamorphosen* *Lucidarius* *Orendel* (1190/96)	Dom zu Pisa (Baubeginn 1063)
nach 1190		Marie de France: *Das Fegefeuer des heiligen Patrizius*
1191		*Perlesvaus* (bis 1225)
1192		Der japanische Shogun Yorimoto errichtet Lehnsstaat. Mikado und Hofadel verlieren Macht und Besitz.
1194		Hélinant: *Gedicht über den Tod* (bis 1197)

1195	Hartmann von Aue: *Der arme Heinrich* Ulrich von Zatzikhoven: *Lanzelet* (1195/1200)	
1196		Jean Bodel: *Das Sachsenlied* (bis 1200) *Igorlied* (russische Heldensage)
1197	Walther von der Vogelweide: *Lieder gegen Reinmar den Alten*	Beginn des Steinkohlenbergbaus im Lütticher Gebiet
1198	Walther von der Vogelweide: *Politische Spruchdichtung* (bis 1227)	Deutscher Orden (gegründet 1190) wird geistlicher Ritterorden (Sitz in Akkon/Palästina)
Ende des 12. Jhs.	*Die ältere Judith* *Benediktbeurer Rezeptar* *Spervogel* *Vorauer Alexander* Walther von der Vogelweide wird fahrender Spielmann, preist die «niedere Minne» zu Frauen aus dem Volke	*Die Zerstörung Roms* *Robert der Teufel* *Das Leben des heiligen Gregorius* *Athis und Prophilias* Blütezeit des Bürgertums in den flandrischen (Gent und Brügge) und obertitalienischen Städten (Pisa, Venedig, Genua) Hungersnot in Europa Papst Innozenz III. führt beim Ospedale di Santo Spiritu eine Drehlade für Findlinge ein, in die jeder unerkannt von außen Säuglinge einlegen kann
um 1200	Hartmann von Aue: *Iwein* Wolfram von Eschenbach: *Minnelieder* (1200/05) Wolfram von Eschenbach: *Parzival* (1200/10) *Hildebrands Sterbestrophe* *Nibelungenlied*	*Aliscans* *Der Schwanenritter* *Tristan, der Narr* Jean Bodel: *Das Spiel vom heiligen Nikolaus* Raoul de Houdenc: *Méraugis von Portlesguez* Raimbert de Paris: *Das Leben des Ritters Ogier* (bis 1220) Jean Renart: *Der Raubvogel*
Beginn des 13. Jhs.	*Bartholomäus* *Deutsches Salernitanisches Arzneibuch* *Oberaltaicher Predigten* Walther von der Vogelweide: *Mädchenlieder*	Kunst der Troubadoure und Minnesänger In der Baukunst: deutsche Spätromanik / englische und französische Frühgotik Patriziertum in den Städten Kulturelle Blütezeit des Rittertums In Südeuropa entsteht die jüdische Kabbalistik Aufkommen der Buchillustration (Federzeichnungen)

		Schriften des Aristoteles und Ptolemäus werden bekannt
1205	Hartmann von Aue: *Iwein* (1200/05) Wirnt von Grafenberg: *Wigalois* (1202/05)	Guiot de Provins: *Die Bibel des Guiot* (1205/06) Geoffroy de Villehardouin: *Die Geschichte der Eroberung von Konstantinopel* (bis 1213)
1207		Angeblicher Sängerkrieg auf der Wartburg zwischen Minnesängern unter Hermann I. von Thüringen
1209		Baubeginn des Magdeburger Doms (gilt als erster gotischer Bau in Deutschland, bis 1263, Westtürme bis 1520) Beginn der Albigenserkriege (Albigenser gehören zur Sekte der Katharer, die kirchliche Ordnung und Teile des kirchlichen Dogmas ablehnen)
um 1210	Neidhart von Reuental: *Lieder* (seit 1210) Gottfried von Straßburg: *Tristan und Isolt* Walther von der Vogelweide: *Lieder von der «ebenen» Minne* (seit etwa 1210 *Winsbeckische Gedichte*	Chorschranken der Liebfrauenkirche in Halberstadt
1212		Kinderkreuzzug
1214		Raoul de Houdenc: *Der Traum von der Hölle* (bis 1225)
1215	Rudolf von Ems: *Der gute Gerhard* Wolfram von Eschenbach: *Titurel* (nach 1215) Wolfram von Eschenbach: *Willehalm* (zw. 1215 und 1218) Der Stricker: *Daniel vom blühenden Tal* Heinrich von dem Türlin: *Der âventiure crône* (bis 1220) Thomasin von Zerklaere: *Der Wälsche Gast* (1215/16)	*Lancelot-Graal-Zyklus* (bis 1230) Englische Barone erzwingen von König Johann die «Magna Charta» (Privilegien der Städte, freier Verkehr der Kaufleute, Erblichkeit der Lehen, freie Wahl der Bischöfe durch die Geistlichkeit) Kirche verbietet die üblichen Gottesurteile (Feuer- und Wasserprobe)
1216		*Huon von Bordeaux*
1218	Walther von der Vogelweide: *Kulturkritische Gedichte* (seit etwa 1218)	Gautier de Coincy: *Die Wunder der heiligen Jungfrau*

1220	Konrad Fleck: *Floire und Blancheflur* *Snorra Edda* Eike von Repgow: *Sachsenspiel* (zwischen 1220 und 1235) Der Stricker: *Karl* Der Stricker: *Die Gauhühner, Die Martinsnacht, Das erzwungene Gelübde* (alle zwischen 1220 und 1250)	In Italien entsteht die Gedichtform des Sonetts Kaiserkrönung Friedrichs II. Papst Honorius III. gründet und ordnet die erste medizinische Fakultät Montpellier (wird Bischof unterstellt).
1225	Rudolf von Ems: *Baarlam und Josaphat*	Henri d'Andeli: *Der «Lai» des Aristoteles* *Tristan* (Prosaroman, bis 1240) Baubeginn des Wiener Stephansdoms (bis 1450)
1226	*Tristramsaga* (nord.)	In Deutschland entstehen die unmittelbar dem Kaiser unterstellten Reichsstädte.
1228	Walther von der Vogelweide: *Kreuzlieder* Walther von der Vogelweide: *Elegie*	Jean Renart: *Der Roman von der Rose oder von Guillaume de Dôle* Heiligsprechung des Franz von Assisi Konzil von Toulouse (verbietet Lesen der Bibel in der Landessprache, um Sektenbildung vorzubeugen)
um 1230	*Dietrich*-Epik (zwischen 1230 und 1300) Freidank: *Bescheidenheit* *Die Gute Frau* Gottfried von Neifen: *Minnelieder* (zwischen 1230 und 1250) Albrecht von Kemnaten: *Goldemar* *Ortnit und Wolfdietrich* (zwischen 1230 und 1250) Reinmar von Zweter: *Sprüche* (zwischen 1230 und 1250)	
1232		Kaiser Friedrich II. macht seinen Hof in Palermo zum Mittelpunkt des italienischen kulturellen Lebens und überläßt in Deutschland den geistlichen und weltlichen Fürsten wichtige kaiserliche Hoheitsrechte.
1235		Pfingstfest Kaiser Friedrichs II. in Mainz

		Zollerhebungsrecht der deutschen Landesfürsten
1237	Rudolf von Ems: *Wilhelm von Orlens* (zwischen 1235 und 1240)	Guillaume de Lorris: *Der Rosenroman* (vollendet 1287 von Jean de Meun[g]) Bamberger Dom geweiht Heiliggeisthospital (romanischer Bau) in Mainz
(um) 1240	Rudolf von Ems: *Alexander* *Kudrun* Albertus Magnus: *Summe über die Geschöpfe* Der Stricker: *Der Pfaffe Amîs*	Gründung des mongolischen Reiches der «Goldenen Horde» von Kiptschak; die Mongolen-Khane ernennen in der Folgezeit den russischen Großfürsten und die Teilfürsten. König Alfons X. van Kastilien beruft astronomischen Kongreß von 50 arabischen, jüdischen und christlichen Gelehrten nach Toledo. Messe in Frankfurt urkundlich erwähnt
1245		Gossuin de Metz: *Das Bild der Welt*
1247	Der Marner: *Sprüche und Lieder*	Jagdschloß Castel del Monte bei Andria in Apulien für Kaiser Friedrich II.
1248		Meister Gerhard beginnt den Bau des Kölner Domes. 6. Kreuzzug (gescheitert) unter König Ludwig IX. von Frankreich

Im 13. Jahrhundert

		Araber bringen Baumwolle nach Europa Blüte der gotischen Glasmalerei (Chartres, Köln ...) Frühmerkantilismus / Entwicklung des Großhandels Mongolischer Stil in der Baukunst des islamischen Orients Langsames Zurücktreten der lateinischen Schriftsprache Lieder-*Edda* (altisländische Liedersammlung mit germanischen Götter- und Heldensagen) entsteht Pariser «Ars Antiqua»-Stil (mehrstimmig unter Verwendung von Mensuralnoten) Mittelalterliche Einteilung der «freien» Künste in das Trivium: Grammatik, Rhetorik, Dialektik, und das Quadrivium: Musik, Astronomie, Arithmetik, Geometrie Seit den Kreuzzügen Judenverfolgungen in Europa und Abtrennung der Juden in Gettos Venezianische Glasindustrie in Murano
(um) 1250	Rudolf von Ems: *Weltchronik* (1250/54) Wernher der Gartenaere: *Meier Helmbrecht* (1250/80) Berthold von Holle: *Kranich* Mechthild von Magdeburg: *Das fließende Licht der Gottheit* (1250–1280) *Osterspiel von Muri* *Der Sängerkrieg auf der Wartburg* (1250/60)	*Die Kastellanin von Vergi* Richard de Fournival: *Bestiarium der Liebe* *Der Fuchs und der Wolf*
1252		Inquisition beginnt Folter anzuwenden Von Italien (Florenz, Venedig) aus verbreiten sich Goldmünzen in Europa.
1254		Hofkaplan Robert de Sorbon

		gründet in Paris Theologenschule (im 14. Jh. «Sorbonne» genannt); sie wird 1554 Sitz der theologischen Fakultät der Pariser Universität. Rheinischer Städtebund von über 50 Städten zur Erhaltung des Landfriedens und zum Schutz gegen das die wirtschaftliche Entfaltung der Städte durch Abgaben und Überfälle behindernde Rittertum
1255	Ulrich von Lichtenstein: *Frauendienst* Konrad von Würzburg: *Herzmaere*	In Deutschland werden ständige berufsmäßige Scharfrichter erwähnt, die sich zu Zünften zusammenschließen
1260	Thomas von Aquin: *Summe gegen die Heiden* (bis 1267)	Nicola Pisano: Marmorkanzel im Baptisterium von Pisa Philosophie Roger Bacons beeinflußt nachhaltig die Alchimie. Erste Meistersinger-Schule in Mainz gegründet Geißlerzüge unter Bußgesängen durch Italien bis nach Deutschland (1349 vom Papst verboten, in Deutschland noch bis zum 15. Jh.) Anwendung von Pulvergeschützen durch die Chinesen
nach 1270	Albertus Magnus: *Summe der Theologie*	
1257		Thomas von Aquin doziert in Paris (bis 1260, 1268–1272)
1260	*Biterolf und Dietleib* *Kurzer Harntraktat* (zwischen 1260 und 1270)	Rutebœuf: *Das Mirakelspiel von Theophilus* Kublai Khan (mongolischer Groß-Khan) wird Kaiser von China, unter ihm Marco Polo in China (1275–1290)
1263	Jacobus de Voragine: *Legenda aurea* (zwischen 1263 und 1273)	
1265	Thomas von Aquin: *Summe der Theologie* (bis 1273, unvollendet)	
1266		*Der Junge und der Blinde* Roger Bacon: *Großes Werk. Kleineres Werk. Drittes Werk* (bis 1268)
1267		Brunetto Latini: *Das Schatzbuch*
1268		Nicola Pisano: Marmorkanzel im Dom zu Siena

		Hinrichtung Konradins durch Karl von Anjou nach Schlacht bei Tagliacozzo (Ende der deutschen Kaiserherrschaft in Italien)
1270	*Göttweiger Trojanerkrieg* (bis 1300) Der Pleier: *Garel vom blühenden Tal* Albrecht von Scharfenberg (?): *Der jüngere Titurel*	Etienne Boileau: *Buch der Berufe*
1271		Beginn der Reise Marco Polos durch Zentralasien nach China (1295 Rückkehr nach Venedig)
1272	*Braunschweiger Reimchronik* (1272/92)	
1273		Nicola Pisano: Brunnen vor dem Dom in Perugia Rudolf I. von Habsburg wird deutscher König
1274	*Deutschenspiegel* (1274/75)	Beginn der Liebe Dante Alighieris zu Beatrice
1275	*Schwabenspiegel* (1275/76) Steinmar: *Lieder niederer Minne* (bis 1295) Konrad von Würzburg: *Die goldene Schmiede* Konrad von Würzburg: *Engelhard*	Vermählung der Francesca da Rimini mit Gianciotto Malatesta (Ermordung der beiden von Dante nachgedichtet) Herz-Jesu-Brautmystik in den Nonnenklöstern
1276		Adam de La Halle: *Das Laubenspiel* Hochgotische Westfassade des Straßburger Münsters mit reicher Plastik der Portale und großer Fensterrose Augsburg wird im Kampf gegen die Bischofsgewalt freie Reichsstadt.
1277	Jansen Enikel: *Fürstenbuch* (letztes Drittel des 13. Jhs.) Jansen Enikel: *Weltchronik* Konrad von Würzburg: *Partonopier und Meliur*	Tiere und Fabelwesen als Wasserspeier an gotischen Kirchen
1279		Sternwarte in Peking erbaut
1280	Ulrich von Etzenbach: *Alexandreis*	Jean de Meun(g): *Der Rosenroman* (Fortsetzung des 1237 von

	Konrad von Würzburg: *Der Trojanerkrieg* (zwischen 1280 und 1287)	Guillaume de Lorris begonnenen Romans) Aufstand der flandrischen Textilhandwerker gegen die patrizischen Kaufleute und Verleger, von denen (als Eigentümer der Rohstoffe) sie abhängig sind.
(um) 1283	*Lohengrin* (bis ca. 1289) *Seifried Helbling* (auch: *Kleiner Lucidarius*, Gedichte bis 1299)	Elisabeth-Kirche in Marburg (seit 1235, gilt als erstes völlig gotisches deutsches Bauwerk)
um 1285		Jakemes: *Der Kastellan von Coucy* Adam de La Halle: *Das Spiel von Robin und Marion*
1287	Ulrich von Etzenbach: *Wilhelm von Wenden* (zwischen 1287 und 1297)	
1288		Palazzo Pubblico in Siena begonnen (mit 102 m hohem Glockenturm; bis 1309) Düsseldorf wird Stadt
1290	Hugo von Trimberg: *Der Renner* (etwa 1290–1300)	Glasmalereien im nördl. Seitenschiff des Straßburger Münsters Giovanni Pisano: Monumentalstatuen an der Domschauseite in Siena Anfänge des Bergbaus im Erzgebirge Universität Lissabon gegründet
1291	*Reinfried von Braunschweig* (nach 1291)	Ende der Kreuzzüge (seit 1096)
1293		Dante Alighieri: *Das erneuerte Leben* Gründung der Städte-Hanse
1295	Meister Eckhart: *Mystische Schriften* (bis 1327)	Cimabue (eigtl. Cenni di Pepo): «Madonna mit dem hl. Franziskus» Mehrstöckige Steinwohnhäuser in west- und süddeutschen Städten
1298		Marco Polo diktiert in Genueser Gefangenschaft Rusticien de Pise seine Reiseerlebnisse in Asien Arnolfo di Cambio: Palazzo Vecchio in Florenz (bis 1314)
1299		Cimabue: «Thronende Madonna mit Engeln» Rotterdam wird Stadt und ent-

		wickelt sich zum Zentrum der Heringsfischerei.
um 1300	*Carmina Burana* Johannes Hadlaub: *Minnelieder* Heinrich von Neustadt: *Apollonius von Tyrland* *Das Passional* (Legendensammlung) *Das Väterbuch* Ritterlicher Minnesang geht in den bürgerlichen Meistersang über	Giovanni Pisano: «Madonna» (frühgotische Plastik im Dom von Prato) Weltliche Liedkunst in Italien («Ars Nova») Harnschau zur Krankheitsdiagnose Aufkommen des Trittwebstuhles Familiennamen setzen sich weitgehend durch
1301		Giovanni Pisano: «Marmorkanzel» in S. Andrea in Pistoia
1302		Dante, Prior von Florenz, als Gegner der päpstlichen Partei zum Tode verurteilt. Cimabue: Figur des «Johannes» im Mosaik der Domapsis zu Pisa «Unam sanctam»-Bulle des Papstes Bonifatius VII. (bestritten von König Philipp IV.)
1303		Bernhard von Gordon: *Lilie der Medizin* König Philipp IV. (der Schöne) läßt Papst Bonifatius VIII. gefangennehmen, erzwingt 1305 Wahl des Papstes Clemens V. Universität Rom gegründet
1304		Dietrich von Freiberg erklärt den Regenbogen Weiterbau des Stephansdoms in Wien (ursprünglich romanische Basilika von ca. 1225, bis 1340 gotischer Chor)
1305		Jean de Joinville: *Die Geschichte des heiligen Ludwig* (bis 1309) Zunftartiger Zusammenschluß der Prostituierten, die offiziell anerkannt und zu Abgaben verpflichtet sind. Unterstehen dem Henker
1306		Streben der Zünfte nach Selbstverwaltung und eigener Gerichtsbarkeit Pietro d'Albano wird Lehrer der Medizin in Padua und begründet Ruhm dieser Fakultät.

		Erste öffentliche Leichensezierung durch Mondino di Luzzi in Bologna
1307		Dante Alighieri: Beginn der Arbeit an der *Göttlichen Komödie* (bis 1321; Dr. 1472) Giotto: «Jüngstes Gericht» (Fresken in der Arena-Kapelle zu Padua) Sagenhafter Rütli-Schwur der drei Schweizer Urkantone gegen Habsburg
1308		Dante Alighieri: *Das Gastmahl* (entst. seit 1303; Dr. 1490)
1309		Dogenpalast in Venedig begonnen (bis 1438) Papst Clemens V. verlegt Papstsitz nach Avignon («Babylonische Gefangenschaft der Kirche», bis 1376) Universität in Orléans gegründet
1310	*Große Heidelberger Liederhandschrift* (auch: *Manessische Hs.*) Heinrich von Hesler: *Apokalypse* Heinrich von Hesler: *Evangelium* Heinrich von Hesler: *Nicodemi* *Steirische Reimchronik*	Dante Alighieri: *Drei Bücher über die Monarchie* (Dr. 1559) Gervais du Bus: *Der Roman von Fauvel* (bis 1314) Fassade des Doms von Orvieto (italienische Gotik) Erste Seekarten aus Italien und Spanien
1311	Unter Luther von Braunschweig Blüte der Dichtung des Deutschen Ordens (christliche Heldendichtung und Chroniken)	Dante besteigt den Pinto al Saglio in den Apenninen 15. Allgemeines Konzil zu Vienne Kirche S. Chiara in Neapel gegründet (mit Grabmälern der Anjou)
1312		Papst Clemens V. hebt Templerorden auf. Aufhebung und blutige Verfolgung des Ordens in Frankreich auf Veranlassung Philipps IV. (des Schönen)
1313		Päpstliches Turnierverbot (setzt sich aber nicht durch)
1314	Meister Eckhart: *Predigten*	
1315		Simone Martini: «Maestà» («Maria als Himmelskönigin», Fresko im Rathaus von Siena)

		Antwerpen wird Mitglied der Hanse Karlstor in München Beginn der Abschaffung der Leibeigenschaft in Frankreich durch Ludwig X.
1316		*Der moralisierte Ovid* (bis 1328) Meißen erhält Stadtrecht Papst Johannes XXII. geht nach Avignon
1317	Heinrich von Meißen gen. Frauenlob: *Sprüche und Lieder* (seit etwa 1270)	Giotto: «Leben des hl. Franziskus und der beiden Johannes» (Fresken in S. Croce, Florenz)
1319		Ambrogio Lorenzetti: Madonna in S. Francesco, Siena Pietro Visconte: Seekarte der Erde
1320	*Das Märterbuch* (1320/40) Ottokar von Steiermark: *Österreichische Reimchronik*	Pietro Lorenzetti: Altarwerk in Pieve de S. Maria, Arezzo Philippe de Vitry, Johannes de Muris pflegen als erste französische Komponisten die weltliche Liedkunst der italienischen «Ars nova»

(Zusammengestellt von Rita Becker)

Über die Verfasser

Dr. Ingrid Bennewitz-Behr, Lektorin für Ältere deutsche Sprache und Literatur an der Universität Salzburg (Österreich)

Dr. Anna-Dorothee von den Brincken, Professorin für Mittelalterliche Geschichte und Historische Hilfswissenschaften an der Universität Köln

Dr. Horst Brunner, Professor für Deutsche Philologie an der Universität Würzburg

Dr. Joachim Bumke, Professor für Deutsche Philologie an der Universität Köln

Dr. Alfred Ebenbauer, Professor für Ältere deutsche Sprache und Literatur an der Universität Wien (Österreich)

Dr. Francis G. Gentry, Professor für Deutsche Sprache und Literatur an der University of Wisconsin/Madison (USA)

Dr. Klaus Grubmüller, Professor für Deutsche Literatur des Mittelalters und Deutsche Sprache an der Universität Münster

Dr. Alois M. Haas, Professor für Ältere deutsche Literatur von den Anfängen bis 1700 an der Universität Zürich (Schweiz)

Dr. Franz Irsigler, Professor für Geschichtliche Landeskunde an der Universität Trier

Dr. Alfred Karnein, Professor für Deutsche Philologie an der Universität Frankfurt

Dr. Erika Kartschoke, Professorin für Ältere deutsche Sprache und Literatur an der Freien Universität Berlin

Dr. Ingrid Kasten, Professorin für Ältere deutsche Literatur und Sprache an der Freien Universität Berlin

Dr. Rüdiger Krohn, Professor für Deutsche Philologie an der Universität Karlsruhe

Dr. Ursula Liebertz-Grün, Professorin für Deutsche Philologie an der Universität Köln

Dr. Christel Meier, Professorin für Latinistik an der Universität Wuppertal/Gesamthochschule

Dr. Volker Mertens, Professor für Ältere deutsche Sprache und Literatur an der Freien Universität Berlin

Dr. Ulrich Müller, Professor für Ältere deutsche Literatur an der Universität Salzburg (Österreich)

Dr. Fidel Rädle, Professor für Lateinische Philologie des Mittelalters und der Neuzeit an der Universität Göttingen

Dr. Ursula Schulze, Professorin für Ältere deutsche Sprache und Literatur an der Freien Universität Berlin

Dr. Horst Wenzel, Professor für Ältere deutsche Literatur und Sprache an der Universität Essen/Gesamthochschule

Personenregister

Die Daten sind weitgehend hypothetisch. Das entspricht dem Stand der Forschung: Die Lebensdaten mittelalterlicher Autoren (Autorinnen) können – von wenigen Ausnahmen abgesehen – nur ungefähr erschlossen werden.

(Zusammengestellt von Rita Becker)

Werkregister

Die Daten sind weitgehend hypothetisch. Das entspricht dem Stand der Forschung: Die Entstehungsdaten der Werke können – von wenigen Ausnahmen abgesehen – nur ungefähr erschlossen werden.

(Zusammengestellt von Rita Becker)

Deutsche Literatur

Herausgegeben von Horst Albert Glaser

Eine Sozialgeschichte
Von den Anfängen bis zur Gegenwart

1 **Aus der Mündlichkeit in die Schriftlichkeit –** Höfische und andere Literatur 750-1320 (6250)

2 **Spätmittelalter –** Reformation, Humanismus (in Vorbereitung)

3 **Zwischen Gegenreformation und Frühaufklärung:** Späthumanismus, Barock 1572-1740 (6252)

4 **Zwischen Absolutismus und Aufklärung:** Rationalismus – Empfindsamkeit – Sturm und Drang 1740-1786 (6253)

5 **Zwischen Revolution und Restauration:** Klassik – Romantik 1786-1815 (6254)

6 **Vormärz:** Biedermeier – Junges Deutschland – Demokraten 1815-1848 (6255)

7 **Vom Nachmärz zur Gründerzeit:** Realismus 1848-1880 (6256)

8 **Jahrhundertwende:** Vom Naturalismus zum Expressionismus Expressionismus 1880-1918 (6257)

9 **Weimarer Republik – Drittes Reich:** Avantgardismus, Parteilichkeit, Exil 1918-1945 (6258)

10 **Gegenwart** (in Vorbereitung)

handbuch rororo

C 2180/3

Literatur für Kopf Hörer

Otto Sanders liest Robert Musil
Drei Frauen
Grigia, Tonka
2 Tonbandcassetten im Schuber mit
je 90 Minuten Spieldauer
(66005)

Armin Müller-Stahl liest
Vladimir Nabokov
Der Zauberer
Deutsch von Dieter E. Zimmer
2 Tonbandcassetten im Schuber mit
je 90 Minuten Spieldauer
(66005)

Uwe Friedrichsen liest
Kurt Tucholsky
Schloß Gripsholm
3 Tonbandcassetten im Schuber mit
je 90 Minuten Spieldauer
(66006)

Christian Brückner liest John Updike
Der verwaiste Swimmingpool
Der verwaiste Swimmingpool,
Wie man Amerika gleichzeitig liebt und
verläßt
Deutsch von Uwe Friesel und Monika
Michieli.
1 Tonbandcassette im Schuber mit
90 Minuten Spieldauer
(66004)

Produziert von Bernd Liebner